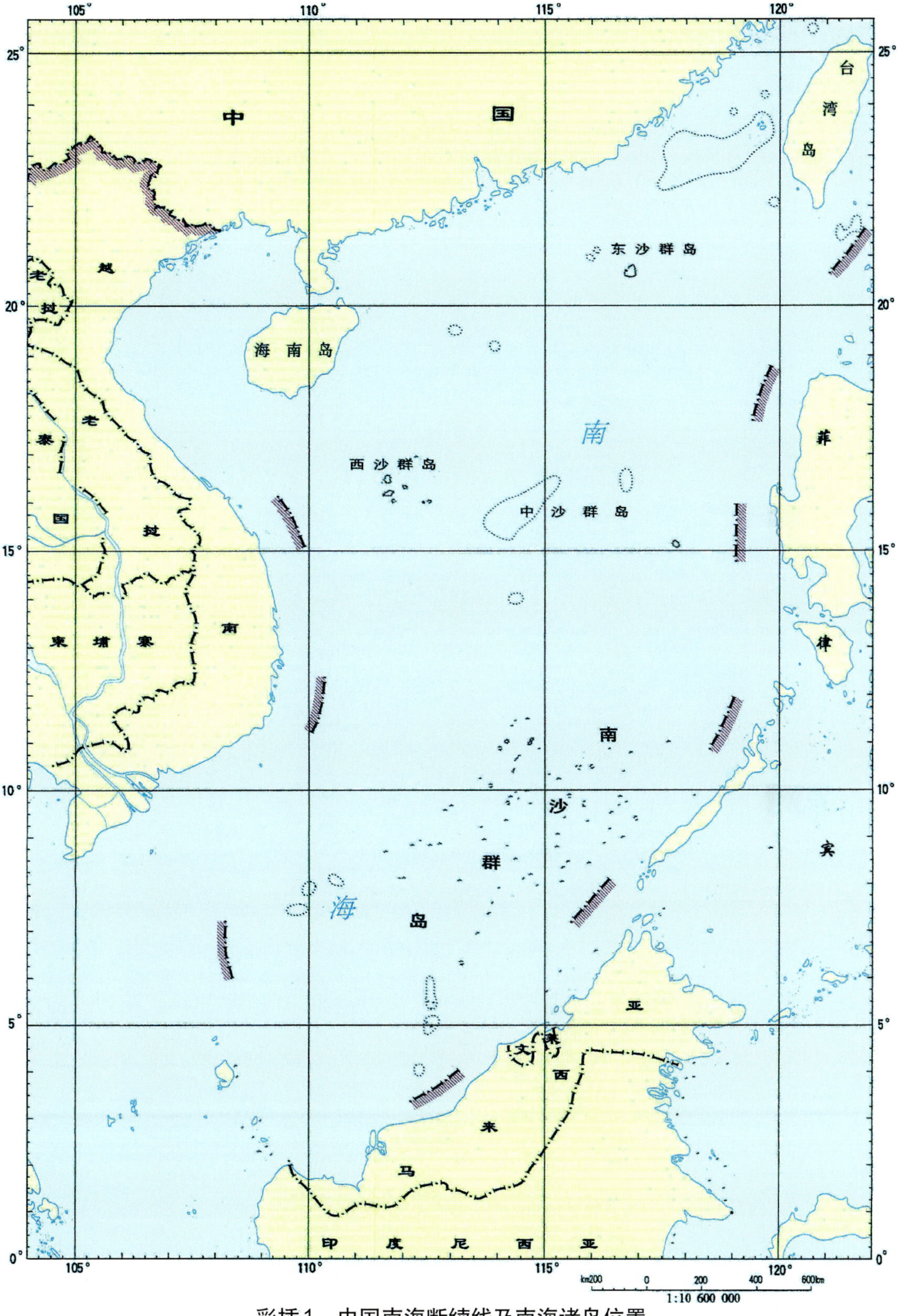

彩插1　中国南海断续线及南海诸岛位置

资料来源：联合国网站

Chinese-claimed straight baseline
Chinese territorial sea limit (12 nautical miles)
Other claimed straight baseline
182 nm Selected distance measurement
Ma-tsu Tao Island administered by Taiwan
Reef
Shoal

Bathymetry
Less than 20 meters
20 to 50 meters
50 to 200 meters
200 to 2500 meters
Greater than 2500 meters

Chinese declaration of straight baselines, May 1996

Coordinates around Paracel Islands

1. Dong Dao	16 40 30N 112 44 12E	10. Zhongjian Dao	15 46 24N 111 11 48E	19. Bei Jiao	17 06 30N 111 29 12E
2. Dong Dao	16 40 06N 112 44 30E	11. Zhongjian Dao	15 46 30N 111 11 36E	20. Bei Jiao	17 07 00N 111 31 00E
3. Dong Dao	16 39 48N 112 44 42E	12. Zhongjian Dao	15 46 42N 111 11 24E	21. Bei Jiao	17 07 06N 111 31 36E
4. Langhua Jiao	16 04 24N 112 35 48E	13. Zhongjian Dao	15 46 54N 111 11 18E	22. Bei Jiao	17 06 54N 111 32 00E
5. Langhua Jiao	16 01 54N 112 32 42E	14. Zhongjian Dao	15 47 12N 111 11 24E	23. Zhaoshu Dao	16 59 54N 112 14 42E
6. Langhua Jiao	16 01 30N 112 31 48E	15. Bei Jiao	17 04 54N 111 26 54E	24. Zhaoshu Dao	16 59 42N 112 15 36E
7. Langhua Jiao	16 01 00N 112 29 48E	16. Bei Jiao	17 05 24N 111 26 54E	25. Zhaoshu Dao	16 59 24N 112 16 36E
8. Zhongjian Dao	15 46 30N 111 12 36E	17. Bei Jiao	17 05 42N 111 27 12E	26. Bei Dao	16 58 24N 112 18 18E
9. Zhongjian Dao	15 46 24N 111 12 06E	18. Bei Jiao	17 06 00N 111 27 48E	27. Zhong Dao	16 57 36N 112 19 36E
				28. Nan Dao	16 56 54N 112 20 30E

This map is for illustrative purposes only. The baselines and limits shown are drawn from the best available information as of 1 June 1996. They are not necessarily recognized by the United States or by the countries shown.

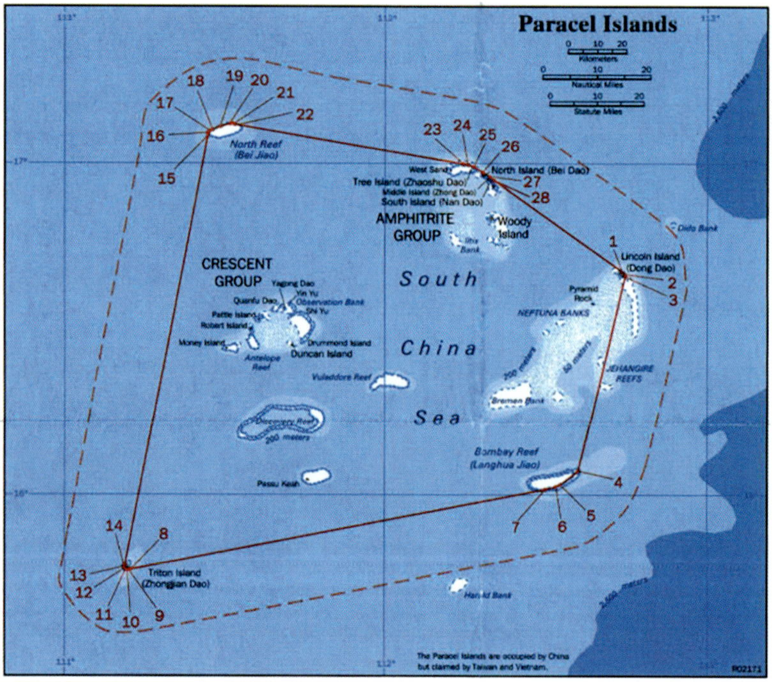

彩插2 西沙群岛领海基线和领海界限

资料来源：美国佛罗里达州大学法学院，
http://www.law.fsu.edu/library/collection/LimitsinSeas/maps/ls117.html

彩插3　越南出版的“越南地图”

资料来源：http://coombs.anu.edu.au/~vern/ban_do/VNmap64.pdf

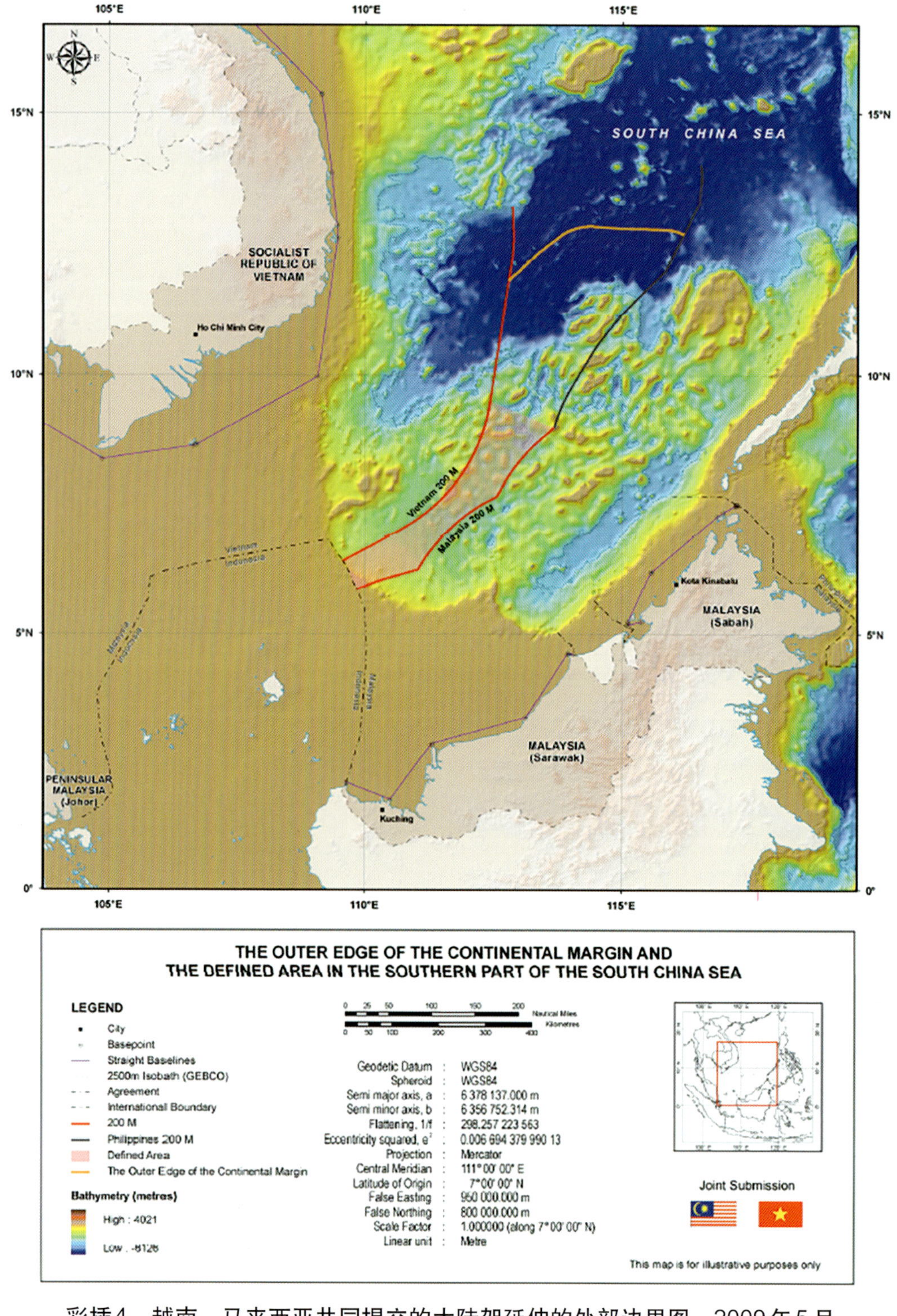

彩插4　越南、马来西亚共同提交的大陆架延伸的外部边界图，2009年5月

资料来源：联合国网站。

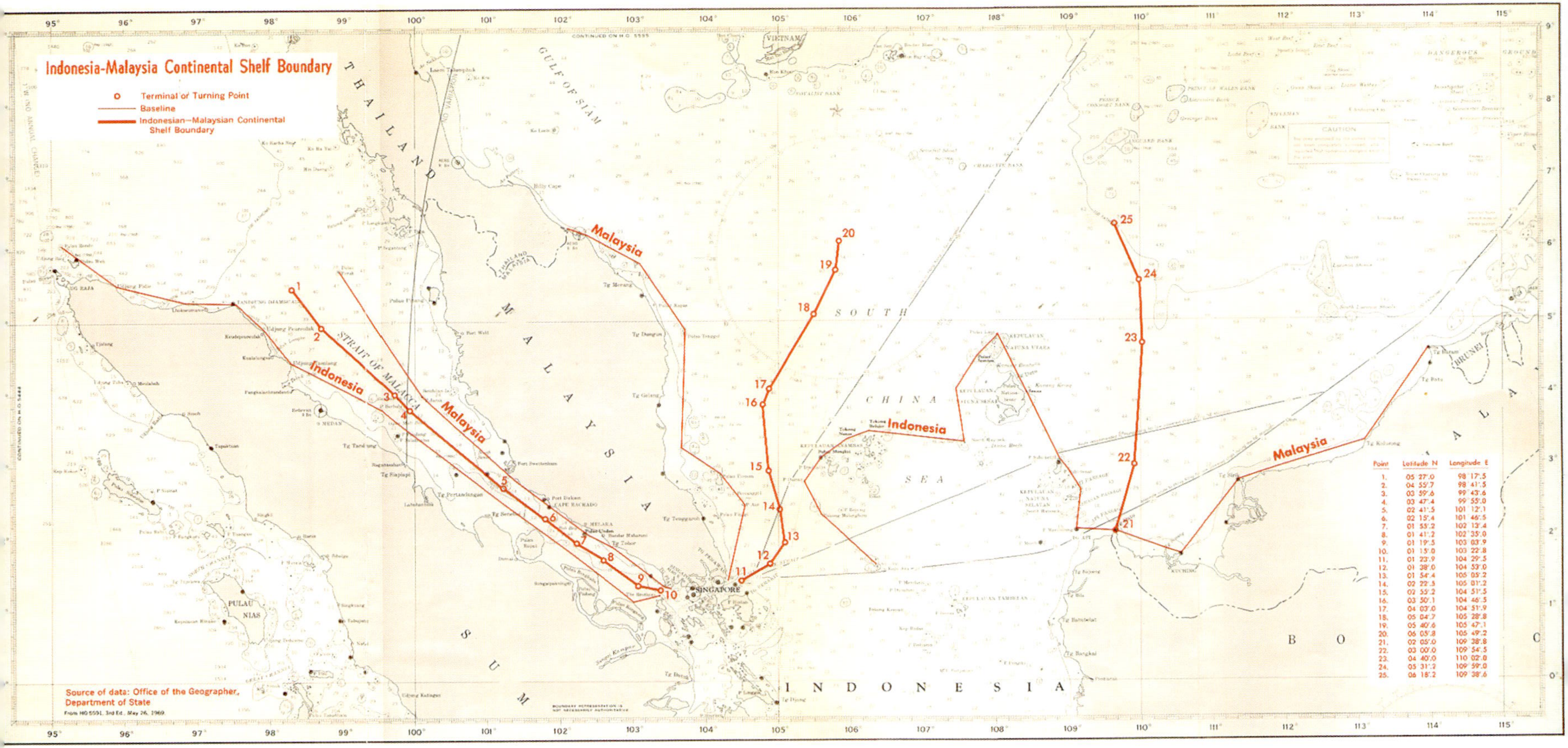

彩插5　印尼—马来西亚海洋划界

资料来源：美国国务院网站，http://www.state.gov/

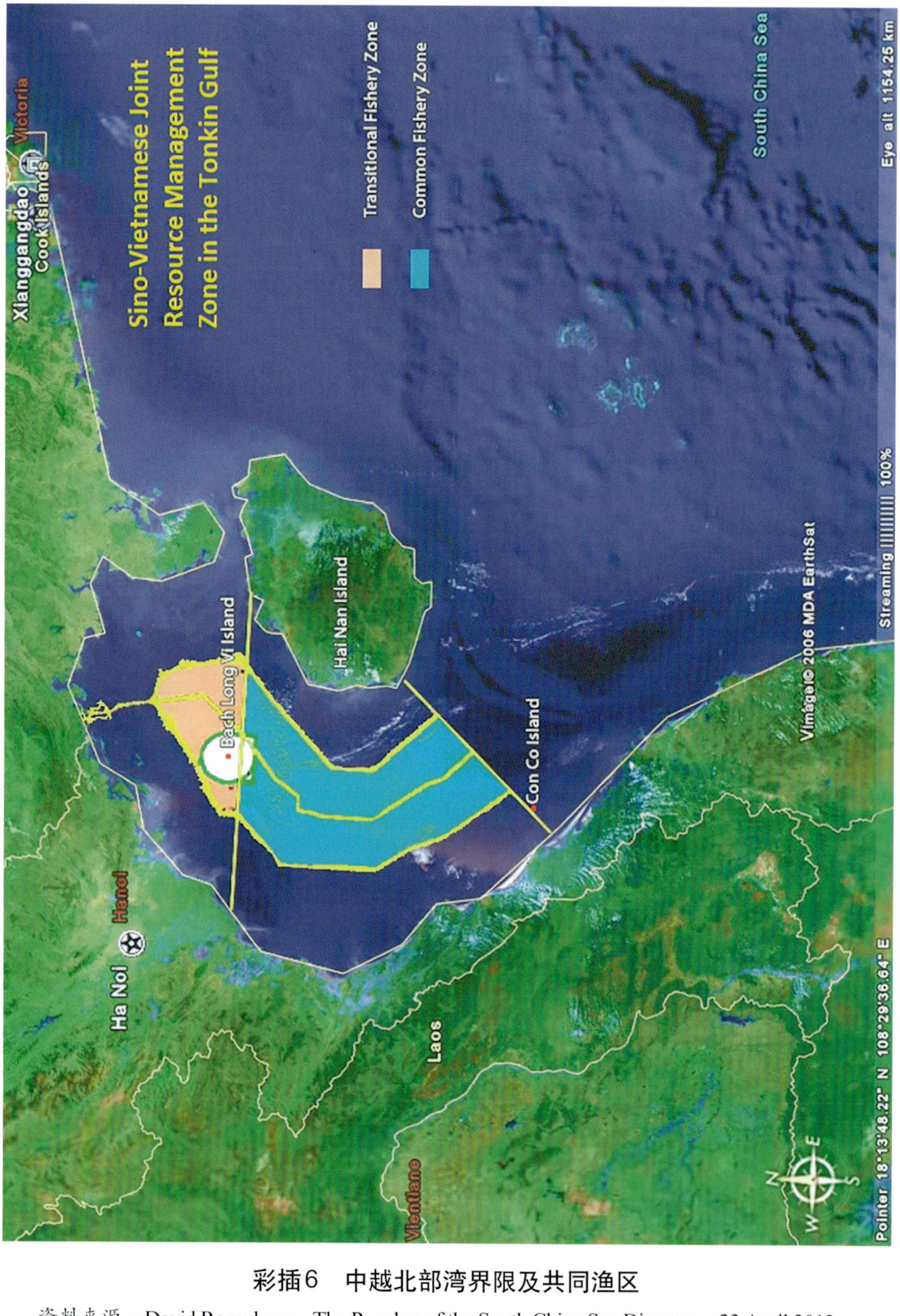

彩插6　中越北部湾界限及共同渔区

资料来源：David Rosenberg，The Paradox of the South China Sea Disputes，23 April 2013，http://www.thechinastory.org/2013/04/the—paradox—of—the—south—china—sea—disputes/

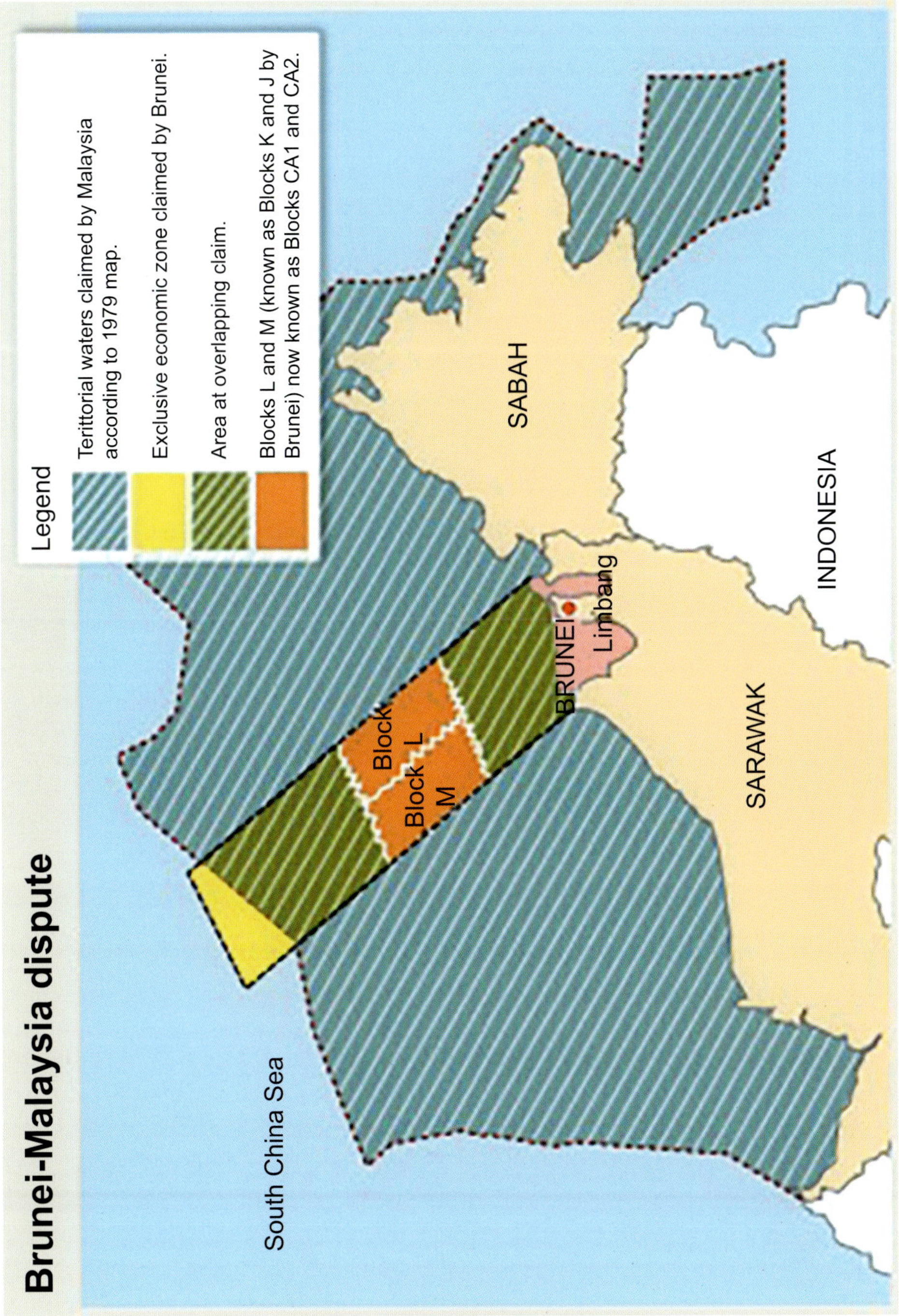

彩插7　文莱—马来西亚协议

资料来源：http://www.nansha.org.cn/news/2010—05—29.html

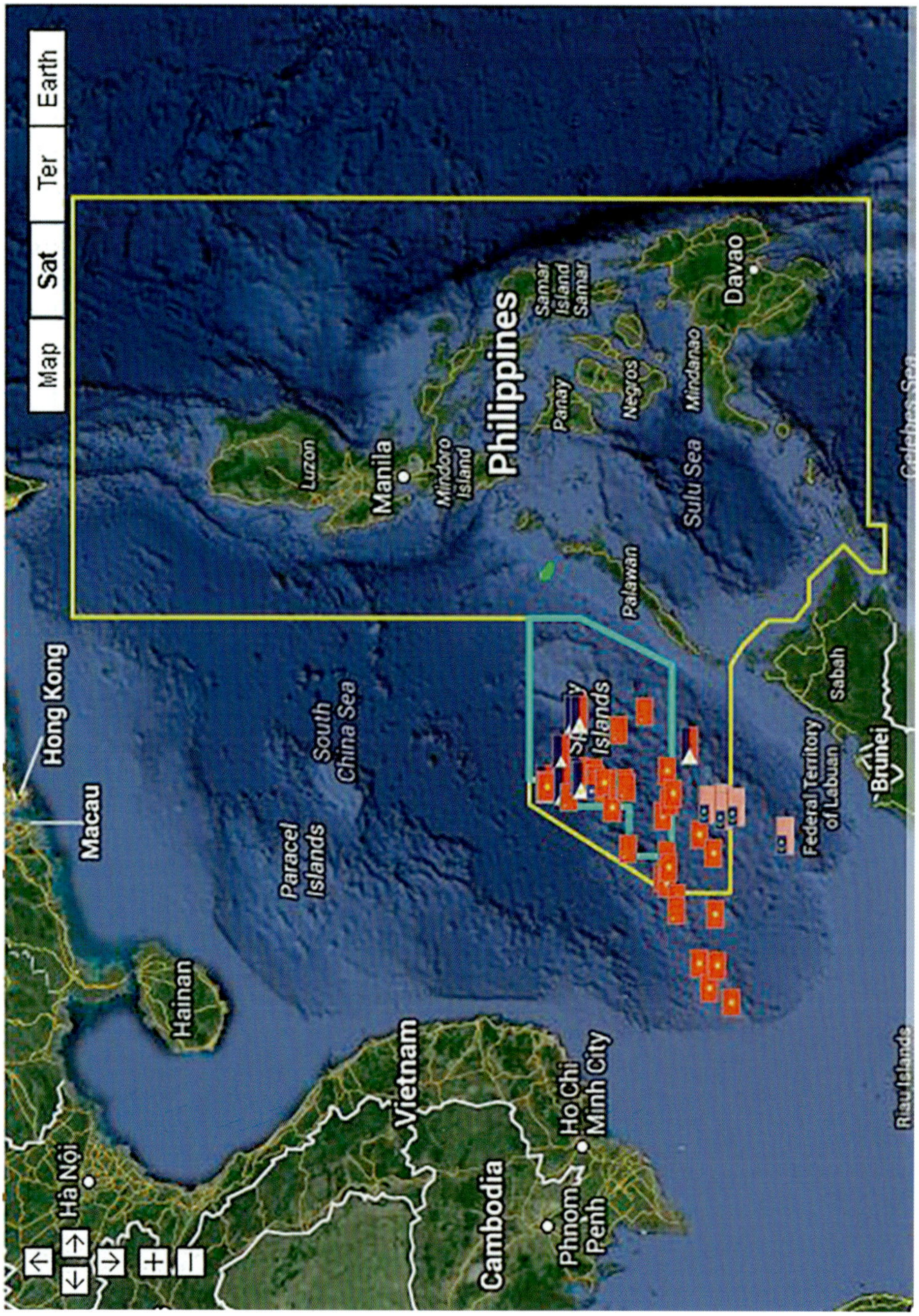

彩插8　中—越—菲联合开发区

资料来源：Environmental Science for Social Change (ESSC)

南海论坛文集

(2014)

朱　锋 / 主编

世界知识出版社

图书在版编目(CIP)数据

南海论坛文集. 2014 / 朱锋主编. —北京：世界知识出版社，2015.11
ISBN 978-7-5012-5149-0

Ⅰ.①南… Ⅱ.①朱… Ⅲ.①南海—问题—文集—2014
Ⅳ.①D815.3-53
中国版本图书馆CIP数据核字（2016）第034762号

责任编辑 范景峰
责任出版 王勇刚

书　　名 南海论坛文集（2014）
Nanhai Luntan Wenji (2014)

主　　编 朱　锋

出版发行 世界知识出版社
地址邮编 北京市东城区干面胡同51号（100010）
网　　址 www.ishizhi.cn
电　　话 010-65265923（发行）　010-85119023（邮购）
经　　销 新华书店
印　　刷 北京艺堂印刷有限公司
开本印张 710×1000毫米　1/16　34印张　5插页
字　　数 490千字
版次印次 2016年6月第1版　2016年6月第1次印刷
标准书号 ISBN 978-7-5012-5149-0
定　　价 60.00元

序 言

2014年，对于整个世界，是一个不平凡的一年。中东地区因“阿拉伯之春”运动的影响而动荡不已，“伊斯兰国”极端组织乘机而坐大，恐怖主义势力及其影响不断扩大，正在严重影响乃至塑造着中东地区格局。欧洲因美国对乌克兰推行“颜色革命”而导致俄罗斯强力反弹，俄罗斯不仅借机从乌克兰手中“收回”了克里米亚，而且还在乌克兰东部地区建立起来了“势力范围”，从而形成“乌克兰危机”，造成俄罗斯与西方国家之间新的对抗，改变着欧洲地区的格局。

即使是在这样不利的战略环境下，美国依然将中国视为最主要的战略竞争对手，紧紧盯住中国目标不放，继续推行和不断深化亚太“再平衡”战略，TPP谈判虽困难重重，但步伐明显加快，力图进一步巩固其在亚太的军事主导地位，并夺取地区经济主导地位，迟滞中国经济发展与和平崛起的进程，借此稳固其世界霸主地位和单极世界体系，2015年出台的《国家安全报告》明确地阐释了美国的这一战略意图。

2014年，对于南海问题，也是一个非常不平凡的一年。南海形势在域内外各种因素的作用下进一步趋向复杂多变，彼此摩擦的机会增多，擦枪走火的可能性增大：中越关系经历了“981钻井平台”事件；中菲关系面临着“菲南海仲裁案”的考验；美国在南海问题上的立场从模糊走向清晰；东盟在南海问题上的态度发生微妙变化；日本开始将南海问题与东海问题捆绑在一起；印度对南海问题的介入力度逐步加大。显然，南海局势在继续维持总体稳定、局部紧张基本特点的前提下，南海主权争端不断趋紧。

面对主权权益不断遭到侵蚀和外部力量不断加大介入南海事务的不利局面，中国加大了维权力度，对菲律宾、越南等南海声索国损害我南海权益的做法做出了相应的反击。鉴于南海形势和南海问题日趋复杂多变，维权任务日趋艰巨，尤其是确保维权与维稳的动态平衡框架下最大限度地维护国家利益的难度日趋增大，专家、学者和智库深入系统研究的任务更加迫切和繁重。

正是在此背景下，“中国南海研究2014年度论坛”于2014年12月3-4日在南京大学举行。中国国际关系学会副会长杨洁勉、南京大学中国南海研究协同创新中心执行主任朱锋等150名国内南海问题专家和学者与会，并就南海问题的不同领域进行了广泛的交流与讨论。

李忠林认为，由于在南海领土主权争端中，各声索国的主权诉求各不相同，我们必须详细确定各国诉求的地理空间，以便全面准确了解各国政治立场，并为我有效应对提供可靠的依据。孙晓光和刘成认为，在全球化的今天，国际社会是一种共存共荣的社会，任何一个国家的发展都无法离开其他国家的发展与联系，须走与其他国家合作的道路。在此背景下，和平学的和平理论作为一种超越理论，应该成为解决南海问题的主要理论基础，其目标是借助各种非暴力的手段实现冲突的转化。亚太的矛盾与冲突不能像传统欧洲那样通过战争形式加以解决，亚洲的未来应该建立在和平学的理论基础之上。

在南海环境保护方面，徐鹏认为，船源污染是威胁海洋环境的重要污染源。由于南海复杂的地理环境和气象条件，南海成为了事故高危海域。为防止船舶发生事故或控制事故的扩大，避免对南海海洋环境造成污染或尽量将污染最小化，加强海上救助与打捞是必要的手段。常娜认为，冷战时期波罗的海环境保护合作经验与模式可以为南海环保提供有益的借鉴。

在历史研究方面，郑安光认为，1856年美国《鸟粪岛法案》可以为我国海洋领土主权斗争提供某种启示作用，因为国内立法常常在国家争夺领土主权利益的斗争中发挥独特的作用，不仅可以为领土的主权声索提供某些合法性来源，同时还可以成为领土主权斗争中博弈的工具，更可以通过立法的形式提高政府在处理这些问题时的“观众成本”来强化主权声索的官方意志。他们在论证问题的过程中有对法、日、英文资料的运用，为水陆地图审查委员会对南沙群岛的命名和舆图的绘制，起到了很好的历史铺垫作用。

在对南海声索国的研究方面，张炜对越南南海权利主张进行了系统分析和深入思考，指出在南海岛礁主权和海洋权益争端中，越南是全面挑战我权利主张的国家，其权利主张得到西方国家若明若暗的支持。牟文富认为，为了绕过中国在《海洋法公约》第298条下做出的管辖保留，菲律宾声明仲裁不涉及岛屿领土主权、海洋划界争端，试图以此构建其仲裁请求。

在国际法研究方面，林蓁认为,《联合国海洋法公约》引入了强制性争端解决机制，保证《公约》大量新的规则可以得到施行。作为一个一揽子交易,《公约》不允许保留，但由于某些争端的特殊性，不适合强制性争端解决机制的适用,《公约》298条对强制性争端解决机制做出了例外性规定。298条的解释和应用，尤其是其1（a）款的解释将直接关系中菲仲裁的结果，而其结果又会对298条的未来解释和适用产生深远的影响。

在南海资源开发与利用方面，刘思培认为，南海渔业资源利用与开发是南海问题的重要议题之一，我们应该对现有渔业资源现状进行系统分析，针对现有问题对渔业管理中相关的法律问题进行积极的应对。杨泽伟认为，影响海上共同开发“区块”选择的因素主要有：政治意愿、经济考量、所涉国家的多寡、主张的合法性以及文化因素等。为了推进中国与有关国家在南海共同开发“区块”的选择工作，有必要进一步拓展在南海的地理和资源的调查活动，选择的潜在共同开发“区块”宜小，要鼓励石油公司积极参与南海的共同开发活动。李金明认为，由于主权争端的存在和美国等域外大国对菲律宾的支持，中菲“共同开发”礼乐滩前景非常渺茫。

在南海维权方面，赵绪明和金晶认为，军警民联合维权是当前世界主要濒海国家海洋权益斗争的一种新方式。针对南海方向海上维权的形势特点，加强该海域海军与海警、海事及地方其他力量联合维权研究，对于强化南海方向海上维权斗争具有重要的理论和实践意义。王军杰认为，尽管近年来中国强化了在该地区的存在和管控，但是，强化我国对南海海域的管理与执法维权的前提是，必须明确我国的海域范围，现在的问题是，传统“断续线”海域的界定不够清晰，受到周边国家的质疑，并给我国的执法维权带来了诸多困难。马博认为，中国在南海维护领土主权、海洋权益的坚定立场与部分东盟国家产生了摩擦，因此，如何将南海建设成为“和平之海、友谊之海、合作之海”，确保双方经济合作不受干扰，是当前“中国-东盟”外交的重中之重。冯梁、杜博和阮帅认为，近年来，一些国家基于不同的政治考量，故意夸大和吹嘘南海航行自由受到威胁，并以此为借口介入和干涉南海事务。认识域内外主要国家对南海航行自由的诉求，分析南海航行自由问题对南海主权安全和区域稳定的影响，提出确保南海航行自由与安全稳定的应对之策，对维护我国南海权益和国家发展重要战略机遇期具有积极意义。金永明认为，鉴于菲律宾南海争议仲裁案和中越西沙海域对峙事件的发生，我们有必要结合《联合国海洋法公约》的争端解决制度包括仲裁制度分析其内容和特征，也有必要论述中国对于南海问题的政策和立场，特别应阐述南海断续线的性质及线内水域的法律地位，来维护中国在南海的权益。

在对南海问题发展走向的研判方面，高子川、闫伟锋和朱丹认为，南海问题的发展将呈现出斗争与合作并行、域内与域外互动、总体稳定可控与局部对抗紧张共存的复杂态势。围绕领土主权与海洋权益的斗争仍将持续，不排除出现局部紧张和冲突；谋求局势稳定、推动争端和平解决的努力将逐步推进，南海局势总体可控；南海问题的最终解决仍将经历较长的时间。

在中国—东盟关系方面，杜博、林松、阮帅认为，当前，双方海上安全合作面临诸多挑战，其中既有中国和东盟自身症结所在，又有外部因素的影响和作用。深入分析中国—东盟海上安全合作面临的主要挑战，对我把握双方海上安全合作形势，探寻推进合作深入开展之策非常重要。

韩冰认为，南海争端之所以成为目前情况最复杂的海洋权益之争，是因为南海地区拥有丰富的资源并且还是海上主要的交通枢纽。泰国尽管不是南海主权声索国，但也免不了受到南海争端问题的影响。为了在南海问题上扮演协调者的角色，泰国对南海争端一直持“中立”态度，并且收到了良好的效果。计秋枫和苏奕文认为，海洋问题在马来西亚国家战略占据非常重要的地位，南海尤其如此，同时，马政府高度重视海洋规划与开发，并为此展开了一系列的布局活动，其做法值得我关注。徐亮认为，2010年以来，受美国亚太“再平衡”战略影响，菲律宾借机强化与美国的军事同盟关系，加快自身军队现代化建设，在南海问题上不断向中国进行挑衅。同时，受其国内政治因素、东盟与域外大国的影响，未来的菲律宾南海政策可能变得更加激进。

在主要域外大国南海政策和战略方面，李聆群认为，作为亚洲大国和美国构建的同盟体系在亚太运转的基础，日本的南海政策对南海地区的局势有很强的影响力。而且，日本的南海政策的演变呈现出非常独特的规律和特点。我应当全面了解和把握日本南海政策的演变与发展趋势，为维护和实现我国的南海主权利益与和平发展创造良好的周边环境。鲁鹏认为，澳大利亚外交具有两个核心内容：一是基于中等强国身份的对外战略；二是以本土安全为核心的国家安全战略。鉴于此，中澳两国在对外战略上既没有类似于中美之间霸权国——挑战国的结构性冲突也没有类似于中日之间的地区大国身份的竞争，双方在各自对外战略的制约下都不会威胁到对方的核心安全利益，因此中澳两国可以在包括南海问题在内的广泛问题上展开积极的战略对话与合作以促进双方的战略目标的实现。

总的看，无论南海局势如何变化，中国政府在2014年的国际实践充分证明了这一点：中国在不断和平崛起的过程中，更加珍视和平环境——尤其是周边和平环境——的维护与治理，世界和平和周边和平从来都没有像现在那样对中国重要。正因为如此，中国在南海问题上始终以大局为重，始终坚持奉行维稳与维权相平衡的基本原则，始终高举

“以邻为伴，与邻为善”大旗，并将“亲、诚、惠、容”的理念贯穿于整个周边外交政策和行为之中，通过推动“海上丝绸之路”战略，努力将我与包括南海国家的东盟打造成一个同命运、共呼吸的“有机合作共同体”，最终实现“共同发展，共同繁荣，共同幸福”的地区战略目标。

中国南海研究协同创新中心执行主任　朱锋

2015年3月于南京

目 录

南海争端各方地理空间诉求、交叉重叠情况及解决现状

李忠林

[内容提要] 在南海领土主权争端中，各声索国的主权诉求各不相同。因此，必须详细确定各国诉求的地理空间，这是全面了解各国政治立场的基础。而且，其他各争端声索国之间也存在着双边或多边的争端，这些争端及其解决会对中国产生直接或间接的影响。对中国而言，在着手处理南海争端之前，必须对重叠及其解决现状进行全面的分析，包括其他声索国之间进行或完成的双边和多边的解决措施，这对中国早日采取措施解决岛礁争端和海洋划界问题十分重要。

[关键词] 南海争端　地理空间　重叠状况　争端解决

[作者简介] 李忠林，中共中央党校国际战略研究所研究员。

一、南海主权争端各方地理空间诉求

本文主要对中国、越南、菲律宾、马来西亚、文莱、印尼和台湾等“六国七方”在南海主权问题上的诉求进行确认和空间描述。

（一）中国的地理空间诉求

1、主权要求

关于中国政府[①] 对南海诸岛及其附近海域的主张，最早见于上个世纪50年代的两个政府声明，一个是1951年8月15日的《关于美英对日和

---

① 如无特殊说明，本文所指“中国政府”均为中华人民共和国政府。

约草案及旧金山会议的声明》，另外就是1958年9月4日第一届全国人大常务委员会批准通过的《关于领海的声明》。两个声明均明确指出，东沙群岛、中沙群岛、西沙群岛和南沙群岛等南海诸岛均属于中国，并规定了12海里领海制度。

中国政府于1980年1月30日公布的《中国对西沙群岛和南沙群岛的主权无可争辩》① 已经做了明确的说明。1988年5月12日发表的《关于西沙群岛、南沙群岛问题的备忘录》② 就中国政府对西沙群岛、南沙群岛问题的基本立场和态度再次进行了重申。此后，中国出台的相关法律法规、政府声明等都基本遵循此立场。有关的表述是：中国对南海诸岛及其附近海域拥有无可争辩的主权，并对相关海域及其海床和底土享有主权权利和管辖权。③

中国的主权主张可以概括为两类：岛礁和海域。中国政府早期的主张主要是岛礁，随着形势的发展特别是国际海洋法的发展，逐渐开始重视海洋维权。

2、空间描述

(1) 关于岛礁

中国政府对岛礁的主权诉求客体是“南海诸岛”，但无论是政府文件还是官方地图都没有明确规定各个群岛的具体地理位置。不过，1983年公布的《我国南海诸岛部分标准地名》明确规定了包括西沙群岛、南沙群岛在内的中国南海诸岛的组成部分，公布了各个岛礁沙滩的官方名称，共计二百八十七个。这在一定程度上明确了中国政府关于南海岛礁主权诉求的地理空间。

---

① 《中国对西沙群岛和南沙群岛的主权无可争辩——中华人民共和国外交部文件》，《人民日报》，1980年1月31日。

② 中华人民共和国外交部：《关于西沙群岛、南沙群岛问题的备忘录》，1988年年5月12日。

④ 2011年4月14日外交部发言人洪磊举行例行记者会，2011年4月14日。http://www.fmprc.gov.cn/mfa_chn/fyrbt_602243/jzhsl_602247/t815309.shtml.

(2) 关于海域

中国主张对南海诸岛及其附近海域拥有主权，并对相关海域及其海床和底土享有主权权利和管辖权。由此看，中国主张的南海海域的面积和位置，首先基于中国对南海诸岛的主权，其次是确定“相关海域”的南海断续线（九段线)。但是，不同性质的岛礁拥有的海洋权利是不同的，而且南海断续线的具体性质和地理坐标也不明确，这导致各方对中国的主张表示疑惑。目前，除了1996年公布的西沙群岛领海基线外，中国主张主权权利和管辖权的具体海域还无法确定。不过，南海断续线仍然为中国实施主权权利和管辖权的具体海域提供了历史基础。

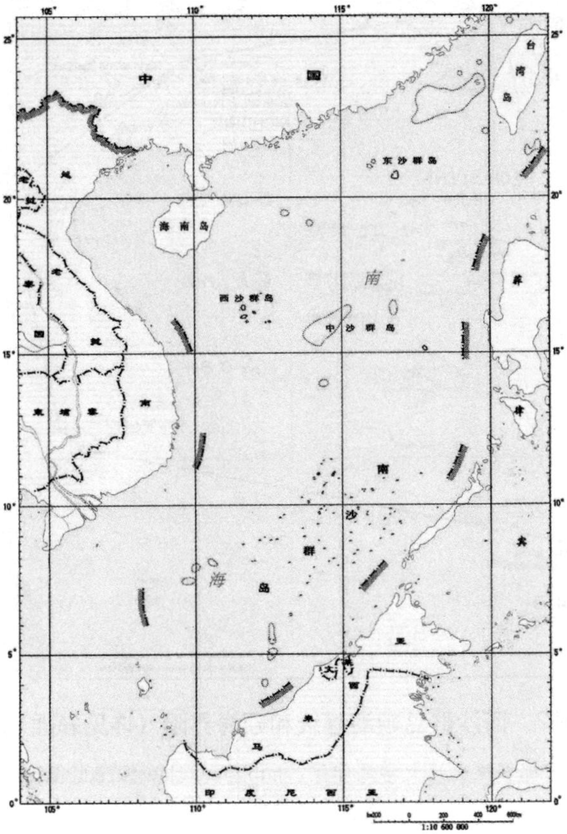

图1　中国南海断续线及南海诸岛位置（详见彩插1）

资料来源：联合国网站

1996年5月15日，中国政府公布的《关于领海基线的声明》宣布了西沙群岛的领海基线。西沙群岛的领海基线由28个领海基点之间的直线构成一个准梯形结构，以内的岛礁和海域有31,700平方公里。这28个领海基点分布在8个岛礁上，众所周知的是，西沙群岛由大小22个岛屿、7个沙洲、10多个暗滩组成，其他20个岛礁处于西沙群岛的领海基线之内，如最大的岛屿永兴岛。领海基线内的水域为中国的内水。

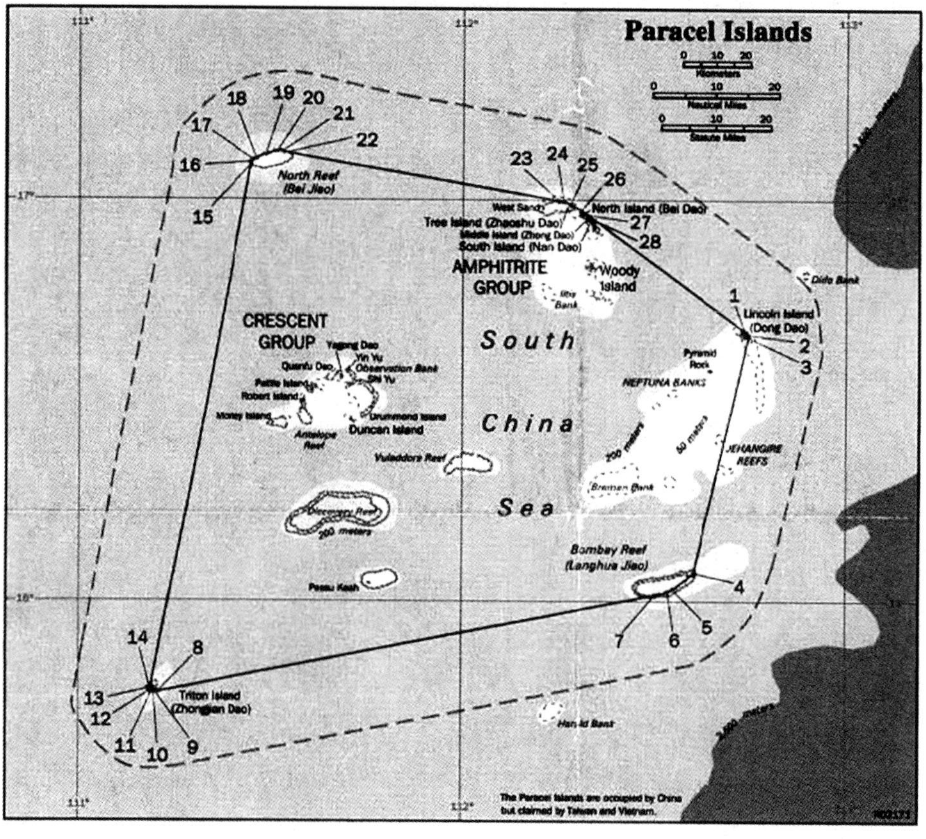

图2　西沙群岛领海基线和领海界限（详见彩插2）

资料来源：美国佛罗里达州大学法学院，http://www.law.fsu.edu/library/collection/LimitsinSeas/maps/ls117.html

（二）越南的地理空间诉求

1、主权要求

越南对整个西沙群岛和南沙群岛都提出了主权要求，分别称为“黄沙群岛”和“长沙群岛”，并改称南海为“东海”。越南的主张主要体现在其发布的一系列白皮书、声明、领导人谈话、国内法律和外交部发言人发言等，特别是1975年南越政府的《关于黄沙和长沙群岛的白皮书》、1979年的《越南对黄沙和长沙群岛的主权》、1982年的《黄沙和长沙群岛：越南领土》以及1988年的《黄沙和长沙群岛与国际法》。[①] 越南认为：早在“黄沙”和“长沙”两群岛尚未属于任何国家主权的时候，越南就已经控制了这两个群岛；从那时起直到现在，越南对“黄沙群岛”和“长沙群岛”连续地行使了主权；同时，享有在东海的内水、领海、毗连区、专属经济区和大陆架的主权、主权权利和管辖权。

2、空间描述

需要指出的是，越南对两个群岛的描述在地理空间上与中国有所出入。1975年南越政府的《关于黄沙和长沙群岛的白皮书》正文指出，“黄沙和长沙两群岛是在17°以南”。但在附件一1974年《越南共和国声明》中，“黄沙群岛”的地理位置是E111°—113°，和N15°45′—17°15′之间。“长沙群岛”大约在N8°—11°40′之间。关于西沙群岛越南官方的说法存在矛盾之处。

越南关于南沙群岛的地理定位出入较大。若以N8°—11°40′之间为准，自西卫滩（N7°52′E109°58′）向东蓬勃堡（N7°56′E114°44′）—安波沙洲（N7°54′E112°54′）到南海礁（N7°56′—8°00′E113°53—58′）以南均不在越南主张的长沙群岛的范围内，包括万安滩、南微滩、弹丸礁、南通礁、曾母暗沙等系列岛礁。但是事实上，越南实际占有着北纬8°以南

① 参见戴可来、童力：《越南关于西、南沙群岛主权归属问题文件、资料汇编》，河南人民出版社，1991年。

的部分岛礁，如蓬勃堡、万安滩、安波沙洲、西卫滩、奥南暗沙、金盾暗沙等，对未占有的弹丸礁也宣称主权。

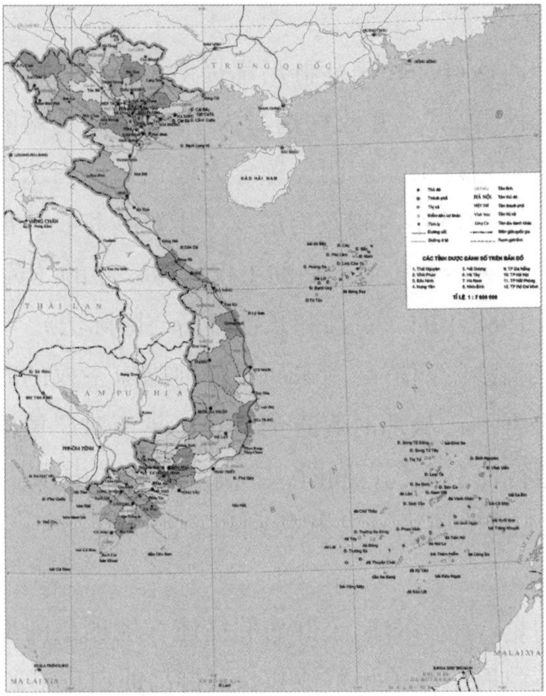

图3 越南出版的"越南地图"（详见彩插3）

资料来源：http://coombs.anu.edu.au/~vern/ban_do/VNmap64.pdf

越南于1977年5月12日发布《关于越南领海、毗连区、专属经济区和大陆架的声明》①，宣布了其12海里的领海、12海里的毗连区和200海里的专属经济区。2013年1月1日生效的《越南海洋法》②以国内法的形式对南海提出要求，把西沙群岛和南沙群岛列入其领土范围。2009年5

① Statement of 12 November 1982 by the Government of the Socialist Republic of Viet Nam on the Territorial Sea Baseline of Viet Nam. http://www.un.org/Depts/los/LEGISLATIONANDTREATIES/PDFFILES/VNM_1982_Statement.pdf.

② "The Law of the Sea of Viet Nam", August 07, 2012. http://vietnamnews.vn/politics-laws/228456/the-law-of-the-sea-of-viet-nam.html.

月，越南向大陆架界限委员会提交了在南海中部和南部两个区域的外大陆架主张。[①] 但是迄今为止，越南并未公布所谓的“黄沙群岛”和“长沙群岛”的领海基线。

附图：越南、马来西亚共同提交的大陆架延伸的外部边界图，2009年5月，详见彩插4。

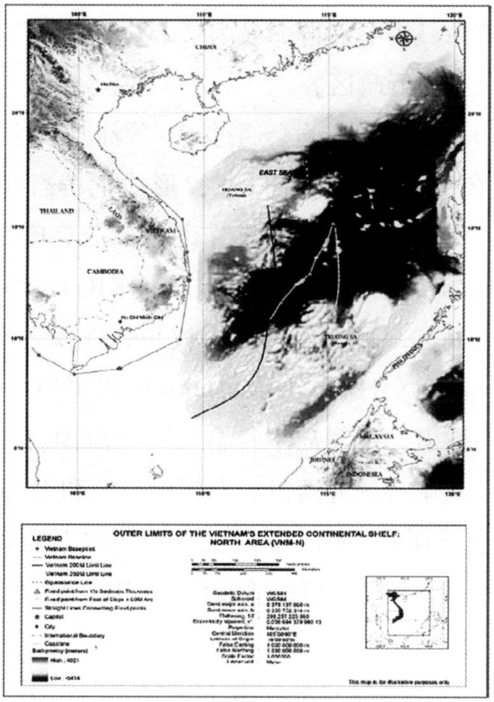

图4　越南大陆架延伸的外部边界图

资料来源：联合国网站。

（三）菲律宾的地理空间诉求

1、主权要求

菲律宾将南海改称为“西菲律宾海”。1971年7月10日，菲律宾政府

① PARTIAL SUBMISSION IN RESPECT OF VIENAM’S EXTENDED CONTINENTAL SHELF: NORTH AREA(VNM-N),p2. http://www.un.org/depts/los/clcs_new/submissions_files/vnm37_09/vnm2009n_executivesummary.pdf.

发表公报，第一次正式向南沙群岛部分岛礁提出了主权要求。它将所谓的“卡拉延群岛”规定为“不包括南沙群岛的由53个岛礁组成的岛礁群体，由克罗马在1947年至1959年间发现并占领”。

1978年6月11日，菲律宾总统马科斯发布第1596号总统令[①]，把南沙群岛33个岛、礁、沙、滩，面积达64,976平方海里的海域称为菲律宾领土的一部分，将该海域内的岛群命名为“卡拉延群岛”，并将这一地区划入巴拉望省的一个单独行政区。

2009年3月10日，菲律宾国会通过了“领海基线法案”[②]。该法案整合了2699号法案和3216号法案，以法律形式把黄岩岛和南沙部分岛礁划入菲律宾领土。菲律宾将南沙群岛东北部部分岛礁纳入其所称的“卡拉延岛群”(The Kalayann Island Group，简称KIG)，即“自由群岛”，归属巴拉望省，并与黄岩岛共同纳入其主权与管辖权之下。菲律宾将黄岩岛称为巴约的马辛洛克（Bajo de Masinloc）和“帕纳塔格礁”(Panatag Shoal)。菲律宾还指出，黄岩岛不符合《联合海国海洋公约》下的岛屿的标准，只是一个只享有领海而没有专属经济区和大陆架的环形珊瑚礁。同时，黄岩岛位于菲律宾200海里专属经济区和大陆架内。因此，菲律宾对黄岩岛享有主权，拥有领海，同时还对其周围的水域和大陆架享有主权权利。[③]

2013年1月22日，菲律宾外交部向中国驻菲律宾大使馆发来照会。菲律宾表达了以下观点：“卡拉延群岛”和黄岩岛是菲律宾领土的组成部分，在其主权管辖之下；按照《联合国海洋法公约》，菲律宾对“卡拉延群岛”和黄岩岛周围海域拥有主权和管辖权。

---

① Presidential Decree No. 1596, Declaring Certain Areas of the Philippine Territory and Providing for Their Government and Administration, 11 June 1978.

② An Act to Amend Certain Provisions of Republic Act No. 3046, As Amended by Republic act No. 5446, to Define the Archipelagic baselines of the Philippines, and for Other Purposes.

③ Department of Foreign Affairs, Philippine, Philippine Position on Bajo de Masinloc and the Waters Within its Vicinity, April 18, 2012. http://www.gov.ph/2012/04/18/philippine-position-on-bajo-de-masinloc-and-the-waters-within-its-vicinity/.

2、空间描述

在1978年6月11日菲律宾总统马科斯发布的第1596号总统令中，菲律宾以标示经纬度的方式确定了“卡拉延群岛”具体地理位置。共包括N7°40'E116º00'、N7°40'E112º10'、N9º00'E112º10'、N12º00'E114°30'、N12º00'E118º00'和N10º00'E118º00等六个地理坐标，顺序连接这六个地理坐标的线段构成了“卡拉延群岛”的区域。具体而言，从N7°40'E116º00正西到达N7°40'E112º10'，然后正北到达N9º00'E112º10'，接着东北到达N12º00"E114°30，然后正东到达N12º00'E118º00'，接着正南到达N10º00'E118º00，最后向西南至起点。法令指出，该区域的海床、底土、大陆边缘和空间都属于菲律宾的主权。

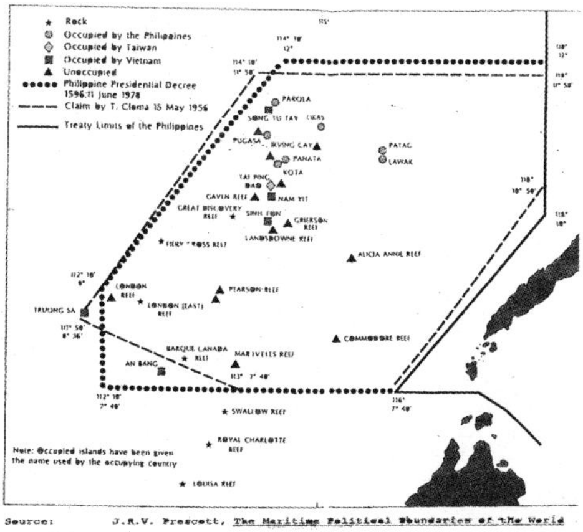

图5 “卡拉延”地图

资料来源：http://community.middlebury.edu/~scs/maps/SCS_claims.jpg。

黄岩岛，位于N15°07′00″E117°51′00″，处于中沙群岛与菲律宾群岛的自然地理分界马尼拉海沟以西。该岛距海南岛约500海里，距西沙群岛约340海里，距中沙环礁约160海里，距菲律宾苏比克港约100海里。

可以确认的是，菲律宾目前侵占了南沙群岛8个岛礁，包括马欢岛、费信岛、中业岛、南钥岛、北子岛、西月岛、双黄沙洲和司令礁这些岛礁成为当前菲律宾实际管辖的“卡拉延群岛”部分。

（四）马来西亚的地理空间诉求

1、主权要求

1979年12月，马来西亚公布新的1：150万比例尺的领海和大陆架疆域图，将南乐暗沙、校尉暗沙、司令礁、破浪礁、南海礁、安波沙洲一线以南的12个南沙岛礁和周围27万平方公里的海域划入其版图，对南沙群岛主权提出要求。[①] 马来西亚提出主权要求的南沙群岛12个岛礁分别为：柏礁、安波沙洲、南海礁、光星礁、光星仔礁、弹丸礁、皇路礁、南通礁、司令礁、簸箕礁、榆亚暗沙、北康暗沙、南康暗沙。曾母暗沙虽未在地图上显示，但是也在此范围内。1980年4月25日，马来西亚政府发表声明，宣布建立“从领海基线起扩展至200海里”的专属经济区，其主张的专属经济区与大陆架外部界限基本一致。2009年5月，马来西亚与越南联合提交南海南部外大陆架的申请。

2、空间描述

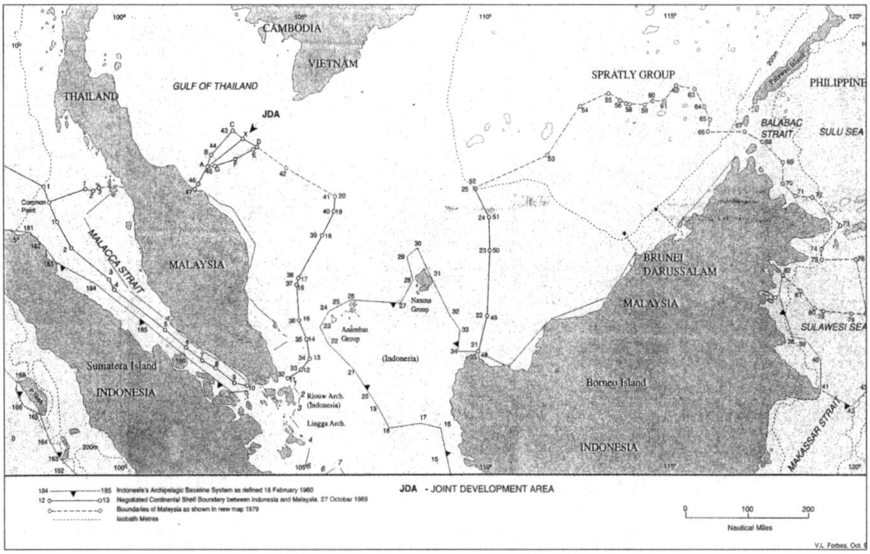

图6　马来西亚1979年地图中的大陆架海图

资料来源：http://www.nansha.co/maps/7/malaysia_claimed_continental_shelf_boundaries.jpg

---

① 吴士存：《南沙争端的起源与发展》，中国经济出版社2010年，第143—144、149页。

（五）文莱的地理空间诉求

1、主权要求

文莱宣称对南通礁拥有主权。1984年文莱独立后即宣称对南沙群岛西南端的南通礁拥有主权。为了确立主权，文莱先后于1987年和1988年两次照会中国外交部表明它对南通礁的主权要求。1988年，文莱绘制了标明3,000平方公里的海域管辖图。在其声称的专属经济区里，包括南沙群岛的两个岛礁，分别是南通礁和南薇滩。

1982年，尚未独立的文莱颁布《文莱领水法案》，宣布其领海宽度为12海里。① 与此同时，文莱颁布的《文莱渔业法案》规定，其渔区外部边界按200海里计算，实际上宣布了200海里专属经济区。1993年7月，文莱宣布建立200海里专属经济区，将南通礁划入其专属经济区范围。文莱主张的专属经济区与它规定的渔业区一致。2009年5月，文莱还向大陆架界限委员会提出了其在南海的外大陆架初步信息，保留今后提出外大陆架的权利。文件指出，文莱延伸的外大陆架界限不超过350海里，但并没有提供海图和地理坐标。② 总体上，文莱在南海争端中的主张比较模糊。

2、空间描述

文莱曾相继出版三种地图，即1987年的“文莱达鲁萨兰王国水域图”、1988年的“文莱达鲁萨兰王国大陆架地图”和“文莱达鲁萨兰王国渔业区边界图”。其中，1988年出版的大陆架地图将文莱大陆架进一步延伸，以证明其对南薇滩拥有主权。文莱自称“从其海岸外以一条走廊的形式延伸出200海里，至南沙群岛的南部，包括了南薇滩和卡拉延的一小角”。③ 南薇滩位于N7°50′E111°40′，其地理坐标恰好位于文莱宣称的

---

① Territorial Waters of Brunei Act, 1982, http://www.un.org/Depts/los/LEGISLATIONANDTREATIES/PDFFILES/BRN_1982_Act.pdf.

② Brunei Darussalam’s Preliminary Submission concerning the Outer Limits of its Continental Shelf, http://www.un.org/depts/los/clcs_new/submissions_files/preliminary/brn2009preliminaryinformation.pdf.

③ Jianming Shen, “International Law Rules and Historical Evidences Supporting China’s Title to the South China Sea Islands”,Hastings International and Comparative Law Review. Vol. 21,No.1, pp.64-65.

海上边界线以内。

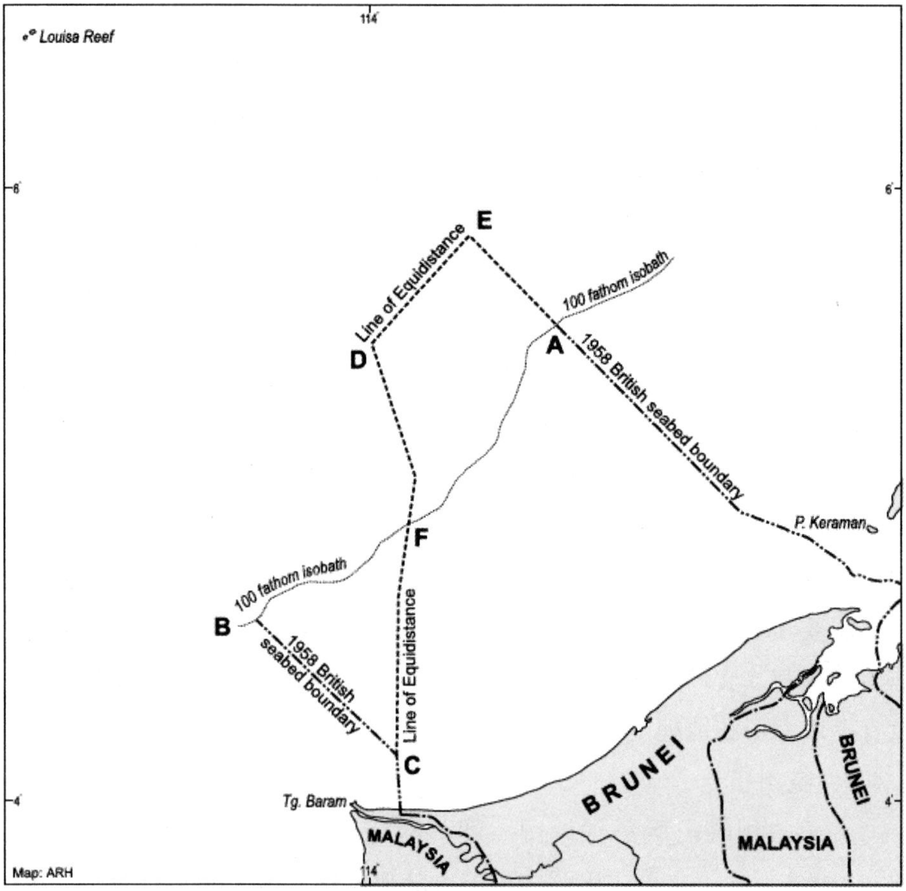

图7　文莱近海边界

资料来源：Victor Prescott and Clive Schofield，Undelimited Maritime Boundaries of the Asian Rim in the Pacific Ocean，MARITIME BRIEFING，Vol 3，No 1

文莱主张的海上边界北线东侧起源于与马来西亚沙巴的陆上边界，在文莱湾经过转折后与100英尺等深线相交于N5°13′52.2″E114°55′12″（图7中的A、图8中的2）。然后，从100英寸等深线处延伸到N8°15′13.8″E111°56′16.2″（图8中的4）。文莱海上边界的南线东侧起源于与马来西亚沙捞越的陆上边界N4°35′20″E114°5′00″，由该点沿等距离线延伸5海里到达图8中的C。然后沿着等距离线以45度角向西北方向延伸，与100英尺等深线相交于N5°02′00″E113°46′00″（图7中的B，图8中的1），然后延伸到N7°35′19.2″E111°5′30″（图8中的3）。由此看，文莱主张的大陆架/专属经济区呈矩形分布，外部界线与文莱的海岸基本平行。

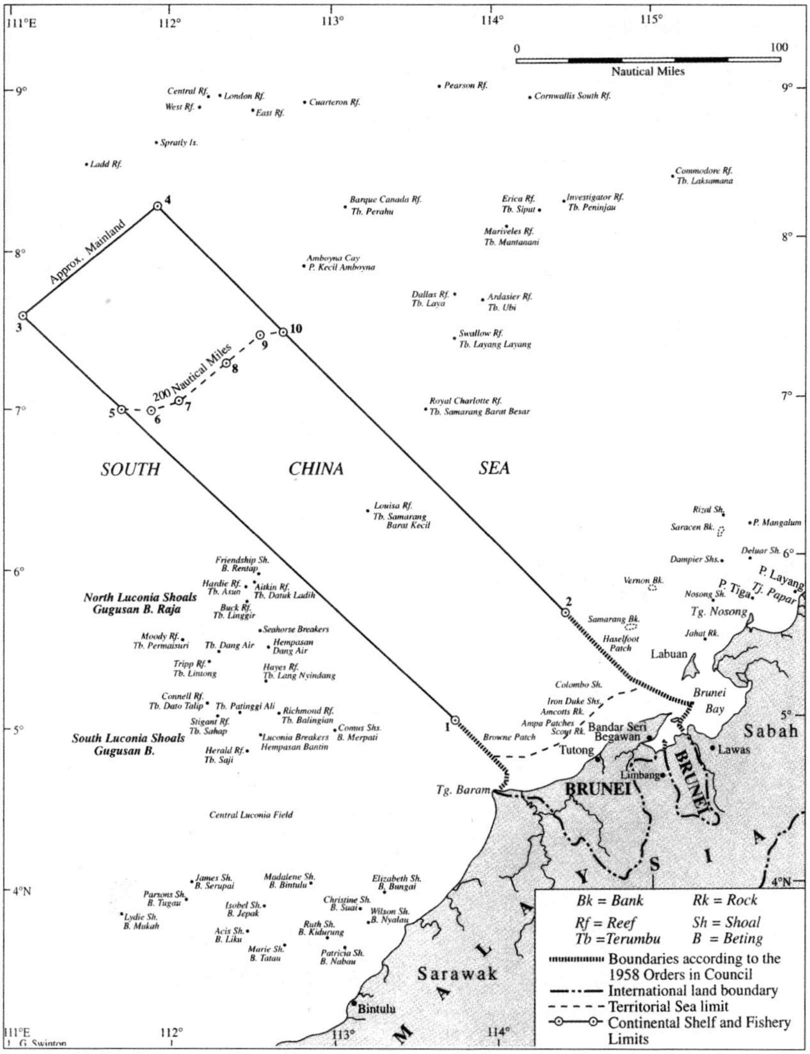

图8　文莱主张的大陆架和海上专属经济区地图（1988）

资料来源：Renate Haller—Trost.The Brunei—Malaysia Dispute over Territorial and Maritime Claims in International Law，MARITIME BRIEFING，Vol 1，No 3。

（六）印尼的地理空间诉求

1、主权要求

作为南海争端“六国七方”之一，印尼并未对任何南海岛礁提出主权要求，与其他南海争端声索国不存在主权争端问题。印尼官方文件也指出：印尼是南海主权争端的非声索国。[①] 印度尼西亚涉及的南海权益纠纷主要是海洋划界问题。

2、空间描述

1957年12月3日，印尼政府宣布其领海宽度为12海里，按群岛原则，各岛屿最外端点的连接直线为基线。1960年2月18日，印度尼西亚政府颁布了《印度尼西亚第四号法令》，规定“印度尼西亚的领海是一条宽为12海里的海水带”。

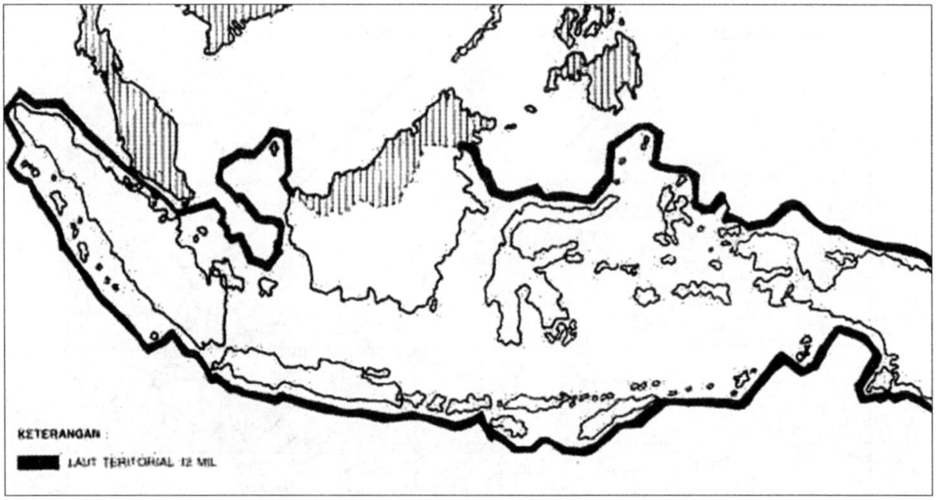

图9 印度尼西亚发布的领海基线、领海

资料来源：http://www.globalsecurity.org

① Permanent Mission of Republic of Indonesia to the United Nations.July 8 2010, New York. No. 480 / POL -703 /VII/10, www.indonesiamission-ny.org.

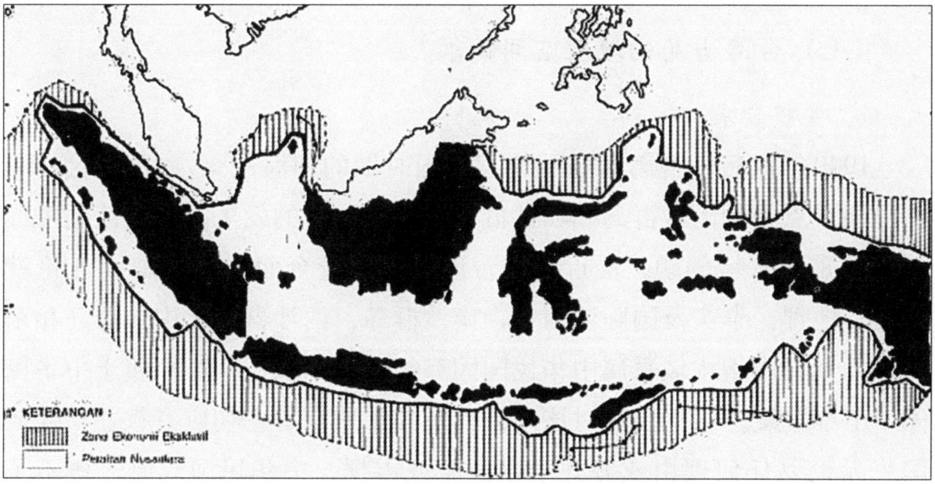

图10 印度尼西亚发布的专属经济区地图

地图来源：http://www.globalsecurity.org。

1980年3月21日，印度尼西亚发布《印度尼西亚专属经济区政府宣言》①，宣布设立200海里专属经济区，主张大陆架从群岛基线量起，至少应扩展到200海里，在200海里距离内可以不考虑海底的地质、地貌特征。1983年10月18日，发布关于印度尼西亚专属经济区的第5号法令②，宣布了200海里专属经济区。

1998年6月16日，印度尼西亚政府公布了61号政府条例，即《关于印度尼西亚纳土纳海群岛基线基点地理坐标表的政府条例》③。该条例公布了印尼在纳土纳群岛海域的领海基线及其地理坐标，将纳土纳海域封闭为它的群岛水域。

---

① Declaration by the Government of Indonesia concerning the Exclusive Economic Zone of Indonesia, 21 March 1980. http://www.un.org/depts/los/LEGISLATIONANDTREATIES/PDFFILES/IDN_1980_Declaration EEZ.pdf.

② Act No. 5 of 1983 on the Indonesian exclusive economic zone,18 October 1983. http://www.un.org/Depts/los/LEGISLATIONANDTREATIES/PDFFILES/IDN_1983_Act.pdf.

③ Government Regulation No. 61 of 1998 on the list of geographical coordinates of the base points of the archipelagic baselines of Indonesia in the Natuna Sea.

（七）台湾当局的地理空间诉求

1、主权要求

1949年以后，台湾当局延续了民国时期的南海政策，但有所变化。在早期重点强调南沙群岛和西沙群岛。随着形势的发展，诉求范围中逐渐开始重视水域问题。最近几年台湾当局比较全面的声明是："无论就历史、地理、事实及国际法而言，南沙群岛、西沙群岛、中沙群岛和东沙群岛及其周遭水域系属中华民国固有领土及水域，其主权属于中华民国，不容置疑。中华民国对该四群岛及其水域享有一切应有权益，任何国家无论以任何理由或方式予以主张或占据，中华民国政府一概不予承认"①。

2、空间描述

（1）关于岛礁

台湾当局对岛礁的主权诉求范围是"南沙群岛、西沙群岛、中沙群岛和东沙群岛等四群岛"，但和大陆一样，无论是官方文件还是地图都没有明确规定各个群岛的具体的地理位置。最早有据可查的只有1935年中华民国政府公布的《南海诸岛地名》共计95个。1947年12月1日，中华民国政府正式公布了《南海诸岛新旧地名对照表》，其中东沙群岛3个、西沙群岛33个、中沙群岛29个、南沙群岛102个，合计167个岛礁沙滩洲。此外，1948年2月内政部公布《中华民国行政区域图》，包括《南海诸岛位置图》，图中西起北仑河口，南至曾母暗沙，东至台湾东北共标绘11段线，构成了呈"U"型的断续线。

台湾当局于2009年11月修正公布了《中华民国第一批领海基线、领海及邻接区外界线》。它涉及到东沙群岛、中沙群岛和南沙群岛，不涉及西沙群岛。一是公布了东沙群岛的四处领海基点，实行包括正常基线和

① 中华民国外交部网站，http://www.mofa.gov.tw/News_M_2.aspx?n=5028B03CED127255&page=1&PageSize=20.

直线基线在内的混合基线。二是在中沙群岛的黄岩岛则实行正常基线，但未公布基点。三是对于南沙群岛称："在我国传统U形线内之南沙群岛全部岛礁均为我国领土，其领海基线采直线基线及正常基线混合基线法划定，有关基点名称、地理坐标及海图另案公告。"①

表格1　中华民国第一批领海基线、领海及邻接区外界线（南沙群岛部分）

岛屿	基线	地点	地理坐标		基点	基线
			经度（E）	纬度（N）		
东沙群岛	D1	西北角	116°45′55.79″	20°46′03.92″	D2	直线基线
	D2	东沙北角	116°42′36.58″	20°44′03.93″	D3	正常基线
	D3	东沙南角	116°41′46.77″	20°41′55.20″	D4	直线基线
	D4	西南角	116°45′16.75″	20°35′41.12″	D1	正常基线
中沙群岛	—	黄岩岛	—	—	—	正常基线
南沙群岛	在我国传统U形线内之南沙群岛全部岛礁均为我国领土，其领海基线采直线基线及正常基线混合基线法划定，有关基点名称、地理坐标及海图另案公告。					

资料来源：《中华民国第一批领海基线、领海及邻接区外界线》，《行政院公报》，第225期，2009年11月20日。

（2）关于海域

如前所述，台湾当局主张"南沙群岛、西沙群岛、中沙群岛和东沙群岛及其周遭水域系属中华民国固有领土及水域，其主权属于中华民国……对该四群岛及其水域享有一切应有权益"。但同大陆一样，台湾当局主张的南海海域除取决于南海岛礁外，还取决于"U"型的断续线。

台湾当局曾主张南海断续线内的水域为其历史性水域。1993年4月，台湾制定的《南海政策纲领》前言明确指出："南海历史性水域界线内之海域为中国管辖之海域，中国拥有一切权益。中国政府愿在和平理性的基础上，及维护中国主权原则下，开发此一海域，并愿依国际法及联合

① 《中华民国第一批领海基线、领海及邻接区外界线》，《行政院公报》，第225期，2009年11月20日。

国宪章和平解决争端”。[①] 1995年5月，台湾外交部发布声明强调：“对于南沙群岛问题，在牵涉我国历史性水域主权方面，我国坚持主权之立场绝不改变”。[②] 但在1998年1月台“立法院”通过《中华民国领海及邻接区法》时，却删除了原草案中有关“历史性水域”的条文。[③] 2001年颁布的《海洋白皮书》，对于“历史性水域”只字未提。

二、南海主权争端各方主张交叉重叠情况

南海争端不仅涉及到中国和南海周边国家之间的海洋领土争端，还包括周边国家彼此之间的争端，这造成六国七方之间的要求呈现不同程度的双边和多边重叠。为避免重复，此处不再单独列举海峡两岸与他方的重叠情况。

表格2　各方之间存在争端以及解决情况关系图

	中国	越南	菲律宾	文莱	马来西亚	印度尼西亚
中国	—		×	×	×	×
越南		—	×	×	×	√
菲律宾	×	×	—	×	×	—
文莱	×	×	×	—	√	—
马来西亚	×	×	×	√	—	√
印度尼西亚	×	√	—	—	√	—

说明：“√”指已经达成协议或以解决争端；“×”指尚未解决争端；“—”指无争端；乂表示部分解决。

（一）越南与他方交叉重叠情况

越南与他方重叠情况就类型而言，分为岛礁和海域两类。就地域而

① 林正义、宋燕辉：《南海情势与中国应有的外交国防战略》，台湾：行政院研究发展考核委员会编印1996年，第279页。

言，包括西沙群岛和南沙群岛及其附近海域，以及越南本土的沿海海域。

越南本土的沿海海域，在北端主要是与中国关于北部湾的海域争端。北部湾是由中国、越南领土包围的一个半封闭海域，面积约12.8万平方公里。上个世纪70年代后期，随着中越关系的恶化以及现代海洋法的发展，两国在北部湾的海洋划界和渔业纠纷问题日益凸显。按照《联合国海洋公约》的规定，沿海国可拥有宽度为12海里的领海、200海里的专属经济区和不超过350海里的大陆架。但是北部湾是个比较狭窄的海湾，最宽处也不超过180海里，导致两国在北部湾的专属经济区和大陆架全部重叠。

在中部，越南1982年11月12日宣布的领海基线系统不顾南部的海岸线相对平缓，在紧接海岸的区域里也没有一系列的岛屿，按照《联合国海洋法公约》的规定并不适用直线基线法的事实，单方面主张南部基线完全由距海岸线几十甚至上百公里的6个小岛之间的直线组成。基线的向外扩张，越南领海和专属经济区的外部界限也相应向外扩张，导致越南与中国的要求发生重叠。

南沙群岛及其附近海域之争既包括双边争端，也有众多的多边争端。需要说明的是，越南虽然声称拥有整个南沙群岛，但与中国声称的南沙群岛有差异。越南和中国对整个南沙群岛及其附近海域的主张存在冲突，但不包括曾母暗沙、南康暗沙、北康暗沙系列。

越南与印度尼西亚在南海西南区域存在海域重叠问题。其中，部分海域属于越南与印尼之间的双边之争，部分海域则处于中国传统的九段线之内，构成了越南、印尼和中国的三边争端。

越南与菲律宾的重叠区域主要是菲律宾声称的卡拉延群岛及其附近海域。

越南与马来西亚的重叠问题主要是南乐暗沙、校尉暗沙、司令礁、破浪礁、南海礁、安波沙洲一线以南的南沙群岛27万平方公里的海域及其岛礁，马来西亚认为这些岛礁位于其大陆架上。马来西亚提出主权要求的南沙群岛12个岛礁分别为：安波沙洲、柏礁、安渡滩、司令礁、光星礁、簸箕礁、榆亚暗沙、南通礁、卢康暗沙、南海礁、皇路礁、弹丸礁。越南和马来西亚对这些岛礁及其附近海域的归属存在争议。

越南与文莱的重叠问题主要是文莱向外延伸的矩形专属经济区和大陆架区域，以及该区域内的南通礁和南微滩。目前，文莱和马来西亚就南通礁的归属也存在争议，但越南已经实际控制了南微滩。

越南还依据《联合国海洋法公约》有关200海里以外大陆架的规定，于2009年单独提交、并与马来西亚联合提交了在南海中部、南部区域的外大陆架主张。越南和马来西亚两国200海里之外的准矩形区域为两国共同提交的外大陆架主张区域，两国承认双方对该区域也存在争议。对此，中国方面表达了反对立场，但并未明确提出自己的南海大陆架主张。另外，文莱也表达了保留意见。

（二）菲律宾与他方交叉重叠情况

在南海争端中，菲律宾与他方重叠情况分为两部分：中沙群岛的黄岩岛及其附近海域，争端对象是中国；南沙群岛及其附件海域，主要争端对象包括中国、越南、马来西亚和文莱。

所谓的卡拉延群岛及其附近海域属于南沙群岛及其附近海域，菲律宾在该区域与中国和越南存在大幅度重叠，在南面一侧与马来西亚和文莱也存在部分重叠。在南海争端中，菲律宾涉及的重叠部分，既有双边争端，也有多边争端，包括三边、四边和五边。不过，菲律宾和中国、越南、马来西亚既存在岛礁之争，也存在海域之争，与文莱则不存在岛礁之争，只存在海域重叠。

菲律宾目前占据了南沙群岛8个岛礁，包括马欢岛、费信岛、中业岛、南钥岛、北子岛、西月岛、双黄沙洲和司令礁。中国、越南、马来西亚对这些岛礁的全部或者部分提出了要求。目前中国控制的永暑礁、华阳礁、南薰礁、渚碧礁、东门礁以及美济礁也处于菲律宾声称的卡拉延的范围内。

（三）马来西亚与他方重叠情况

马来西亚对南沙群岛部分岛礁和南海部分海域的要求，与文莱、中国、菲律宾、印尼和越南存在重叠。1969年以前，马来西亚与印尼的大陆架也存在重叠，目前已经完成海洋划界。

1979年，马来西亚公布了新的领海和大陆架疆域图，第一次正式将南沙群岛南部部分岛礁列入马国版图，对南沙群岛主权提出要求。该图把南乐暗沙、校尉暗沙、司令礁、破浪礁、南海礁、安波沙洲一线以南的南沙群岛27万平方公里的海域划入其版图。马来西亚提出主权要求的南沙群岛12个岛礁分别为：安波沙洲、柏礁、安渡滩、司令礁、光星礁、簸箕礁、榆亚暗沙、南通礁、卢康暗沙、南海礁、皇路礁、弹丸礁。曾母暗沙盆地和文莱沙巴盆地都被划入马来西亚的大陆架。

首先，以上所有这些岛礁均属于南沙群岛，马来西亚因此和中国就这些岛礁及其附近海域存在争议。其次，马来西亚和越南就这些岛礁及其附近海域也存在争议，但不包括曾母暗沙、北康暗沙和南康暗沙系列。再次，马来西亚主张的海域与文莱主张的专属经济区和大陆架存在大幅度重叠，双方对其中的南通礁的主权也存在争议。最后，马来西亚主张的岛礁及其附近海域的北端和菲律宾主张的卡拉延群岛及其附近海域的南端存在重叠。

目前，马来西亚实际占有的南沙岛礁分别为：弹丸礁、光星礁、光星仔礁、南海礁、榆亚暗沙、簸箕礁、皇路礁。可见，无论是马来西亚宣布占有的还是实际占有的，都与他国存在争端。

马来西亚还依据《联合国海洋法公约》有关200海里以外大陆架的规定，于2009年5月与越南联合提交了在南海南部区域的外大陆架主张。马来西亚和越南两国200海里之外的准矩形区域为两国共同提交的外大陆架主张区域，两国承认双方对该区域也存在争议。

（四）文莱与他方重叠情况

文莱介入南海争端最早源于马来西亚1979年的新版地图，该地图单方面确定了马来西亚和文莱的大陆架分界线。对此，文莱提出了抗议。文莱认为，两国间大陆架分界线的确定应采取“中线原则”。

文莱先后于1987年和1988年两次照会中国外交部表明它对南通礁的主权要求。可见，文莱在南通礁的主权归属上和中国存在争端。另外，越南、马来西亚也对南通礁提出了要求。文莱还将南微滩划归文莱主张的海域内，由此与中国、越南也产生了争议。

文莱单方面主张的海域侵占中国传统海疆线内大约5万平方公里的海域，相当于文莱本国面积的8.6倍。除中国外，文莱的主张还与马来西亚、越南和菲律宾主张的海域存在重叠区域。其中，与菲律宾重叠的海域面积最小。

1993年，南通礁被马来西亚实际控制。南微滩则长期被越南实际控制。

（五）印度尼西亚与他方重叠情况

在南海争端中，印尼主要与中国、越南和马来西亚存在海洋划界问题。

印尼与马来西亚在1969年10月签署南海大陆架划界协定之前，两国在南海南部存在着海洋划界问题。2003年6月之前，印越两国主张的南海南部海域也存在重叠。具体而言，在纳土纳群岛东侧，印尼的专属经济区和马来西亚东部领土的专属经济区（大陆架）发生重叠，其中两国重叠的部分海域在中国的南海断续线以内。在纳土纳群岛西侧，印尼的专属经济区与马来西亚西部以及越南方面宣称的专属经济区发生重叠，这一重叠及解决现状会对中国与相关国家间的海洋划界的产生间接影响。

对中国而言，印尼的专属经济区在纳土纳群岛北部一侧已深入南海断续线以内，与中国传统水域重叠。早在上个世纪60年代，在纳土纳群岛以北和以西，印尼的“协议开发区”已进入我国传统水域内达5万平方公里。即便1969年10月印尼与马来西亚签署南海大陆架划界协定后，印尼所得水域面积也有约3.5万平方公里与九段线重叠。

（六）小结

以上是各个南海周边国家在岛礁和海域方面与其他声索国之间的重叠情况。但是，南海争端涉及多国，还需对其进行综合分析。

除了中越已经完成岛礁归属和海洋划界的北部湾，以及印尼和越南、马来西亚的海洋划界外，目前的南海主权争端在地理空间上主要分布在西沙群岛及其附近海域、中沙群岛的黄岩岛及其附近海域、南沙群岛及其附近海域。中沙群岛的黄岩岛及其附近海域的争端方主要是中国和菲律宾，也属于双边性质。南沙群岛及其附近海域的争端比较复杂：角逐在六国之间展开，既有双边争端，也有三边、四边甚至五边争端；既有岛礁及其附近海域之争，也有仅海域之争。总体而言：所有南海声索国都涉及双边争端和多边争端；中国涉及所有重叠区域内的岛礁和海域争端，是所有声索国中最多的。

南沙群岛及其附近海域争端的分析可以分为两步：第一，印尼与中国、越南、马来西亚的海域争端；第二，除去印尼之后，中国、越南、马来西亚、菲律宾和文莱围绕南沙群岛及其附近其他海域的争端。

具体而言，双边争端有中国—越南、中国—菲律宾、越南—印尼、越南—马来西亚、越南—文莱、越南—菲律宾、中国—马来西亚、中国—文莱、中国—印尼、菲律宾—文莱、菲律宾—马来西亚、马来西亚—文莱、马来西亚—印尼。换句话而言，中国、越南与除自身之外的所有其他声索国存在双边争端。印尼则只与中国、马来西亚、越南存在争端，不与文莱和菲律宾存在争端。菲律宾、文莱则均与除自身和印尼之外的其他声索国存在争端。

三边争端主要有中国—越南—文莱、中国—马来西亚—印尼、中国—马来西亚—文莱、中国—马来西亚—菲律宾、中国—菲律宾—越南、中国—马来西亚—越南。可见，南海争端中的六块三边争端区域均包括中国。

四边争端主要是中国—越南—马来西亚—菲律宾、中国—越南—马来西亚—文莱、中国—越南—菲律宾—文莱。南海争端中的三块四边争端均包括中国、越南。

五边争端则是在中国、越南、马来西亚、文莱、菲律宾之间，海域面积较小。

三、南海主权争端各方交叉重叠主张解决现状

从目前看，各国之间已经完成多起主权归属和海洋划界的协议。其解决实践多样，包括签署海域划界协定、提交国际法院裁决、共同开发和共同提交200海里外大陆架划界案等。这些活动有的涉及中国南海断续线，有的则只在彼此间在各自所处具体海区处理争端。这些案例涉及到中国在南海地区的正当权益，并对今后南海争端的解决存在直接或者间接的影响，值得重点研究。另外，有些国家之间虽然未能完成岛礁归属或者海洋划界的谈判，但是仍然进行了一些有益的探索。

（一）印尼—马来西亚重叠解决现状（附图详见彩插5）

1969年10月27日，印度尼西亚与马来西亚在吉隆坡签订了两国之间大陆架划界协定，并于1969年11月7日生效。根据该协定，印尼和马来西亚用两条线划定了两国之间在南海南部的大陆架：一条靠近西马来西亚，一条靠近东马来西亚，均大致呈南北走向。该协定也是该地区第一个海洋划界协议。其中，东部边界线进入南海断续线内，这是一种瓜分南海的行为，显然侵犯了中国的海洋权益。西部边界线和南海断续线没有交集，但是对中国存在潜在影响：该分界线的最北段成为印尼—马来西亚—越南三国事实上的交界处，该点和印尼—马来西亚东段线的北部终点构成了印尼—越南的海洋边界。需要指出的是，印尼—马来西亚划

定两国大陆架边界是基于中间线方法。

在西段线，基点20是印尼、马来西亚和越南三国的交界处，也是印尼—越南大陆架的最西部的界标，同时也是马来西亚—越南该主张重叠区最东边的端点。基点20的地理坐标是N6°5'8″E105°49'2″。西段大陆架最南端的界标坐落于白礁岛东侧。这条海上分界线并不在南海断续线之内，但是它直接影响后来越南和印尼的海上划界以及可能的越南和马来西亚之间的海上划界，进而会对中国在南海南部地区的海上划界产生间接的影响。

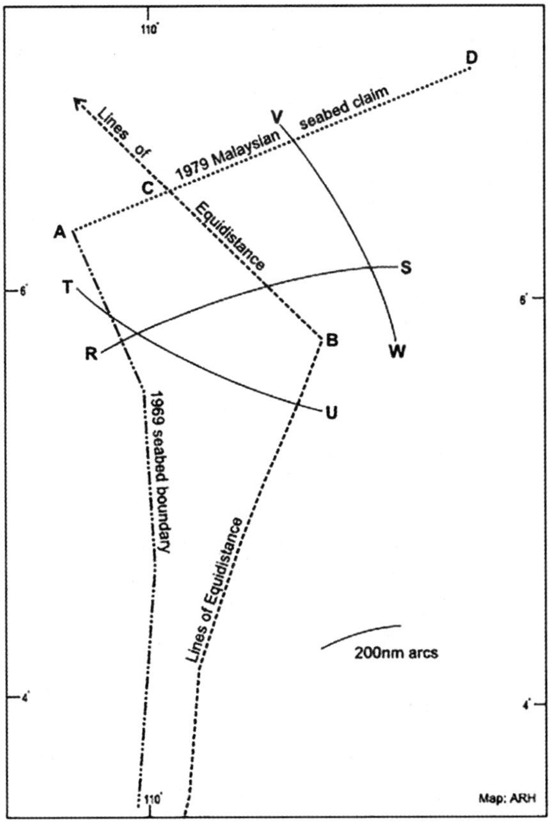

图11　印尼—马来西亚海洋划界（南海南部东侧）

资料来源：Victor Prescott and Clive Schofield.Undelimited Maritime Boundaries of the Asian Rim in the Pacific Ocean.MARITIME BRIEF，Vol 3，No 1

印尼和马来西亚在南海南部东侧的另一条海上边界线其实是两国陆上边界的延伸，其起点是最南端的基点21，地理坐标为N2°05'0″E109°38'8″。从该点起，边界线大致成直线向北一直到达基点25，地理坐标为N6°18'2″E109°38'6″。基点25也是印尼—越南大陆架边界的最东端，该点也成为印尼、越南和马来西亚三国的共同交汇点。该点还是马来西亚1979公布的领海和大陆架疆域图宣称的马来西亚在南中国海大陆架的最西端。分析发现，虽然两国在海洋划界是采用中间线方法，但是东段线显然在此基础上做了调整，实际上的边界线是稍微偏向马来西亚的，这种偏离中间线应该是为达成协议而做的妥协。

（二）印尼—越南重叠解决现状

历经25年的谈判，印尼与越南于2003年6月26日在河内签署了《印度尼西亚共和国和越南社会主义共和国政府关于划分大陆架的协议》”[①]，双方以中间线划定了两国相向的大陆架边界线。这条大陆架边界线位于南海南部，印尼南图纳群岛的北侧。该协议事实上承认了印尼和马来西亚于1969年划定的大陆架边界，从而在南海形成了一个印尼、越南和马来西亚三国海上边界的交界处。

这条边界线由东西两个端点构成的直线构成，两个端点分别是西侧的基点20（N6°5'48"E105°49'12"）和东侧的基点25（N6°18'12"E109°38'36"）。这两个基点则分别是1969年印尼和马来西亚划定的大陆架界限的组成部分，基点20是南海南部西侧大陆架边界的最北段，基点25是南海南部东侧大陆架边界的最北段。印尼和越南的这条大陆架边界线共有六个基点构成，除了端点的20和25之外，自西向东分别是H（N6°15'E106°12'），H1（N6°15'E106°19'1"），A4（N6°20'59.88"E106°39'37.67"），X1（N6°50'15"E109°17'13"）。

① The Agreement between the Government of the Republic of Indonesia and the Government of the Socialist Republic of Vietnam concerning the delimitation of the Continental Shelf Boundary. 26 June 2003 in Hanoi, Vietnam. http://www.un.org/depts/los/doalos_publications/LOSBulletins/bulletinpdf/bulletin67e.pdf.

表格 14 大陆架的终点和折点坐标

基点	经度(E)	纬度(N)	备注
20	105°49'12"	06°5'48"	该点是是1969年划定的印尼—马来西亚大陆架边界的最北段（南海西段线），也是马来西亚—越南主张重叠区的最东端。
H	106°12'00"	06°15'00"	
H1	106°19'01"	06°15'00"	
A4	106°39'37.67"	06°20'59.88"	
X1	109°17'13"	06°50'15"	
25	109°38'36"	06°18'12"	该点是印尼—马来西亚1969年界定的大陆架边界的最北端（南海东段线），也是马来西亚1979年地图声称的大陆架的最西端。

资料来源：DIVISION FOR OCEAN AFFAIRS AND THE LAW OF THE SEA OFFICE OF LEGAL AFFAIRS, Vietnam and Indonesia Agreement between the Government of the Socialist Republic of Vietnam and the Government of the Republic of Indonesia concerning the Delimitation of the Continental Shelf Boundary，LAW OF THE SEA BULLETIN (No.67), 2008

（三）中国—越南重叠解决现状（附图详见彩插6）

2000年12月25日，中越两国签署了《中华人民共和国和越南社会主义共和国关于两国在北部湾领海、专属经济区和大陆架的划界协定》和《中越北部湾渔业合作协定》。2004年，在中越两国均完成法律程序，具有了法律效力。

按照该协定，北部湾划界的范围是“北面为中国和越南两国陆地领土海岸、东面为中国雷州半岛和海南岛海岸、西面为越南大陆海岸所环抱的半封闭海湾，其南部界限是自地理坐标为N18°30′19″E108°41′17″的中国海南岛莺歌嘴最外缘突出点经越南昏果岛至越南海岸上地理坐标为N16°57′40″E107°08′42″之间的直线连线。”①

根据该协定，中越两国在北部湾的海上边界（领海、专属经济区和大

① 《中华人民共和国和越南社会主义共和国关于两国在北部湾领海、专属经济区和大陆架的划界协定》，2000年12月25日，北京。

陆架分界线）共由21个界点以直线顺次连接确定。其中，从1至9的分界线是两国在北部湾的领海分界线，从9至21的分界线是两国在北部湾的专属经济区和大陆架的分界线。中越各得北部湾面积的46.77%和53.23%。

同时签署和生效的《中越北部湾渔业合作协定》则划定了两国共同开发的渔区范围。该渔区处于北部湾封口线以北、北纬20度以南、距北部湾划界协定所确定的分界线各自30.5海里的两国各自专属经济区内。共同渔区的具体范围为16个基点顺次用直线连接而围成的水域。

中越成功地实现北部湾海洋划界具有几个典型特点。第一，双方本着自愿和公平原则，通过双边和平谈判的方式划定了两国在北部湾地区的海洋边界。显示了双方通过和平谈判解决海域划界问题的诚意，也为中国今后与邻国划分海上界线积累了经验，而且对解决其他海域划界问题也具有重要的指导意义。第二，过程漫长。中越谈判历经三个阶段，1974年、1977—1978年、1992—2002年，前后历经27年。仅从1992年到2000年，双方共举行了7轮政府级谈判、3次政府代表团团长会晤、18轮联合工作组会谈，平均每年举行6轮各种谈判和会谈。第三，用单一界线确定专属经济区和大陆架界限，既便于划界也便于管理。第四，两国对划界和渔业问题采取捆绑解决的方式。《中越北部湾渔业合作协定》对北部湾渔业活动做出的过渡性安排，与《北部湾划界协定》同时签署，同时生效。第五，部分岛礁没有享有完全的效力。白龙尾岛与北部湾分界的距离是15海里，因此可以享有12海里的领海，但只享有3海里的专属经济区和大陆架。昏果岛由于离越南海岸较近（约13海里），在划分北部湾专属经济区和大陆架时只享有50%的效力。

2011年10月12日，中越两国签署了《关于指导解决中华人民共和国和越南社会主义共和国海上问题基本原则协议》。[①] 根据该协议，双方同意同时考虑法理依据和历史依据，根据《联合国海洋法公约》在内的

---

① 《关于指导解决中华人民共和国和越南社会主义共和国海上问题基本原则协议》，北京，2011年10月11日。

国际法寻求双方都能接受的解决海上争议问题的办法。对中越海上争议，双方将通过谈判和友好协商加以解决。如争议涉及其他国家，将与其他争议方进行协商。双方将积极探讨不影响双方立场和主张的过渡性、临时性解决办法，包括积极研究和商谈共同开发问题。对于海上争议，双方将本着循序渐进、先易后难的精神解决，稳步推进北部湾湾口外海域划界谈判，同时积极商谈该海域的共同开发问题，积极推进海上低敏感领域合作。

2013年10月15日，两国在河内发表《新时期深化中越全面战略合作的联合声明》。[①] 根据该声明，两国将决定成立海上共同开发磋商工作组，推进北部湾湾口外海域划界谈判，并积极推进该海域的共同开发。特别的，双方一致同意本着先易后难、循序渐进的原则，稳步推进湾口外海域划界谈判并积极推进该海域的共同开发，年内启动该海域共同考察，落实北部湾湾口外海域工作组谈判任务。

（四）文莱—马来西亚重叠解决现状（附图详见彩插7）

2009年之前，马来西亚并不承认文莱的专属经济区要求，认为文莱的海上领土终结于100英尺等深处。在1979年的领水和大陆架图中，马来西亚宣称这一区域是其大陆架的一部分，认为文莱—马来西亚的海上边界线沿100英尺等深线划分。但是，文莱对此并不认可，称两国的海上边界应该使用中间线。

经过20多年的双边谈判，文莱—马来西亚两国于2009年3月16日通过换文方式一揽子解决了两国间所有的陆地和海洋边界问题。在文莱首都斯里巴加湾，双方成立一个联合委员会，以决定两国间最终的海上边界。后来马国总理巴达维曾指出，2009年的交换信解决了争议区的主权问题，即争议地区“资源的主权权利归属文莱”[②]，这其实意味着马来西

---

① 《新时期深化中越全面战略合作的联合声明》，河内，2013年10月15日。

② LEONG SHEN LI.Brunei drops claim over Limbang district, says Abdullah.The Star, March 17, 2009.

亚已经同意放弃有争议海域的要求，承认文莱先前的主张。2010年3月，马来西亚外交部发表声明，确认马方承认两块油气区的主权归属文莱。

根据双方的声明，互换书最终确定了两国领海、大陆架和经济专属区的界线，并确认马来西亚两个石油开采区（CA1和CA2）与文莱的重叠区在文莱海域内，文莱根据《联合国海洋公约》对这两个石油开采区拥有。马来西亚将以商业合约方式参与该海域石油和天然气的探勘和开采活动，有效期为40年。

（五）马来西亚—越南重叠解决现状

马来西亚和越南的重叠主张主要是南沙群岛中的岛屿及其附近海域和泰国湾海域。目前两国尚未就岛礁归属和海洋划界达成边界协议，但是两国同意在泰国湾重叠区域进行共同开发。

1992年6月5日，两国签署《谅解备忘录》，决定在靠近泰国湾一侧确定联合勘探和开发地区的油气资源。[①] 这一地区被称为Block PM—3 CAA（Commercial Arrangement Area），大约1358平方方公里。该区块最东侧的端点是1969年印尼与马来西亚的大陆架边界的最北段基点25（N6°5'8"E105°49'2"）。即便三国尚未签署任何协议，但是该点已经成为事实上的印尼—马来西亚—越南三国的等距离点和共同交界处。换言之，未来越南马来西亚如果就这重叠区域的划界达成协议的话，需要建立在1969年确立的基点25的基础之上。另外，该重叠区块的最西侧的端点则是越南、马来西亚和泰国三国的交界处，目前三国也没有签署任何边界协议。

---

① 1992 MEMORANDUM OF UNDERSTANDING BETWEEN MALAYSIA AND THE SOCIALIST REPUBLIC OF VIETNAM FOR THE EXPLORATION AND EXPLOITATION OF PETROLEUM IN A DEFINED AREA OF THE CONTINENTAL SHELF INVOLVING THE TWO COUNTRIES.Kuala Lumpur, Malaysia,5 June 1992.

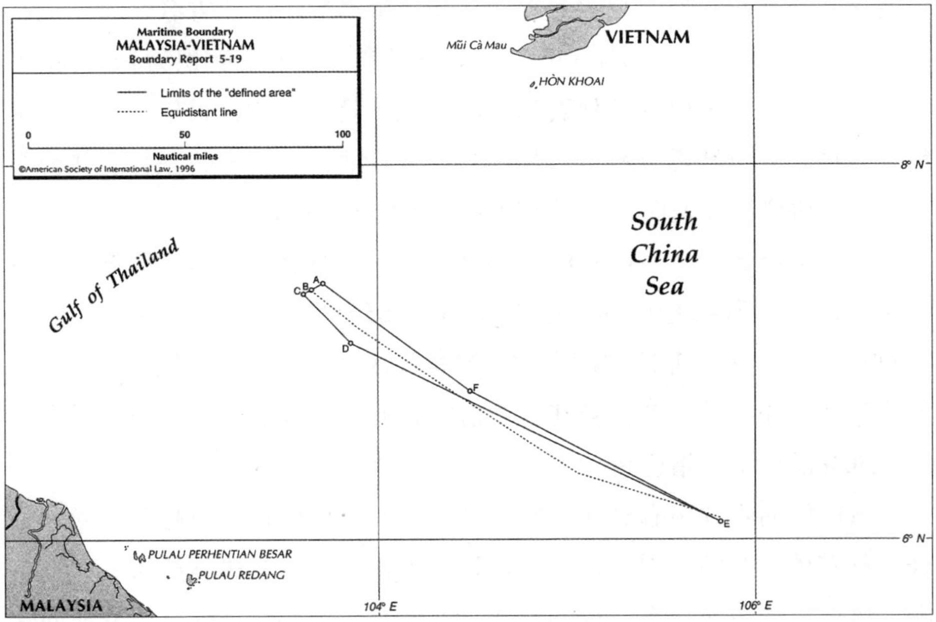

图12　马来西亚—越南联合开发区块

资料来源：1992 memorandum of understanding between malaysia and the socialist republic of vietnam for the exploration and exploitation of petroleum in a defined area of the continental shelf involving the two countries. Kuala Lumpur, Malaysia, 5 June 1992

2009年5月，马来西亚和越南不仅单独向联合国大陆架界限委员会提交200海里外大陆架划界案，两国还进行了联合提交。双方承认在提交案中定义明确的地区存在争议问题。中国、文莱对马来西亚和越南的“外大陆架划界案”提出了异议。

（六）中国—越南—菲律宾重叠解决现状（附图详见彩插8）

2004年11月，中国海洋石油总公司与菲律宾国家石油公司签署《在南中国海部分海域开展联合海洋地震工作协议》。最初越南方面表示了反对意见，后在中国的建议下寻求加入。2005年3月14日，中国的中国海洋石油总公司、菲律宾的菲律宾国家石油公司和越南的越南石油和天然气公司在菲律宾首都马尼拉签署《在南中国海协议区三方联合海洋地震工作协议》。[①] 该协议为期3年，三家公司将在一个总面积为1420886平方公里的协议区内研究评估石油资源状况，具体是联合采集二维和三维地震数据，并对地震资料进行处理。三家石油公司发表的联合新闻公报说，这一协议不会表损害各国政府在南海问题上的基本立场。[②]

该协议签署后，菲律宾国内一直存在不同意见。他们声称该协议中所标识的大多数勘探区域位于菲律宾专属经济区内，抨击阿罗约政府"引狼入室"、"承认菲律宾固有领土是争议区域，拱手让给他国"。另外，该协议还因为不符合菲律宾法律中合资企业联合开发自然资源不得占股超过40%的规定被指违宪。

该协议的附件中有具体的联合开发区的地理位置，但是目前尚未公开。从有关组织的图中可以看出，整个工作区域与菲律宾声索区大部重合。该协议侵犯菲律宾主权的看法以及阿罗约家族从该项目中受贿的曝光，构成菲律宾国内存在反对之声的原因，这迫使菲律宾政府在该协议2008年执行期满后没有延长。[③]

四、对中国的几点启示

综上分析，南海声索国存在的双边和多边的岛礁与海洋划界问题，已有的和进行中的解决模式与探索路径对中国具有重要的战略启示：

第一，相关国家间经过较长时间的外交谈判和政治协商成功地解决了一些争端，充分说明了和平解决南海争端的建议不只是一种理论说教，

① A Tripartite Agreement for Joint Marine Scientific Research in Certain Areas in the South China Sea By and Among China National Offshore Oil Corporation,Vietnam Oil and Gas Corporation,Philippine National Oil Company. ManilaMarch 14, 2005.

② "中菲越三国石油公司签署南海联合地震勘探协议"，2005年3月14日。http://news.xinhuanet.com/world/2005-03/14/content_2697227.htm

③ Thomas Lum,"The Repbulic of the Philippines and U.S. Interests ",Report for Congress, Congress Research Service,Jan.3,2011,p.19.

更具有重要的现实可行性。相关国家间解决海洋争端的政策行为也证明了中国长期以来所倡导和坚持的使用和平手段解决南海争端的重要性，为中国驳斥“中国威胁论”和抵制南海问题国际化企图提供了有力的工具和筹码。事实雄辩地证明，武力方式并非最佳的选择，和平解决才是唯一的出路。只要各争端方拿出诚意，愿意做出让步和妥协，争端的解决并非是一件遥不可及的事情。同时也说明，政治关系的好坏也是影响海洋划界进程的重要的外部变量。需要指出的是，以和平手段解决南海争端具备现实可行性，但并不意味着和平方式的必然实现，这需要争端各方的共同努力。同时也说明，政治关系的好坏也是影响海洋划界进程的重要的外部变量。积极营造良好的双边政治和外交关系，也是解决国家间争端进程的重要内容。但是，还需要防止某些国家打着和平的幌子制造既成事实的企图。

第二，上述成功的案例只占到南海争端中极小的一部分，大部分争端仍然悬而未决，且均为以双边形式解决，尚没有通过多边途径完成的，这说明通过双边途径解决争端容易，多边途径相对困难。南海争端中既有双边争端也有多边纠纷，情况十分复杂，仅仅依靠双边手段难以最终解决。但是，双边途径虽然在解决南海争端上难以发挥整体性功能，这并不意味着其不可以在局部地区发挥作用。中国和越南的北部湾划界、印尼和马来西亚的大陆架划界、马来西亚和文莱的一揽子计划以及印尼和越南的海洋划界皆是如此。在目前形势下，对包括中国在内的诸多南海争端当事国而言，双边途径仍然是首选，同时应该积极探索以双边促多边的方式。印尼—越南和印尼—马来西亚先后分别通过双边形式解决了之间的海洋划界问题，越南和马来西亚之间联合开发协议则是基于前两个双边协议。显然，这些成果并非是直接通过三方协议的形式来完成的。需要指出的是，中越两国2011年10月11日在北京签订《关于指导解决中华人民共和国和越南社会主义共和国海上问题基本原则协议》。其中第三项原则中指出，“对中越海上争议，双方将通过谈判和友好协商加以解决。如争议涉及其他国家，将与其他争议方进行协商。”[①] 这正是典型的以双边促多边的形式，值得在南海争端解决进程中加以实践和推广。

第三，上述案例中已解决的主要是海洋划界问题，作为争端核心的岛礁的主权归属问题并非重点，表明解决海洋划界问题相对容易，确定岛礁主权归属比较困难。印尼、越南、马来西亚之间的协议解决的都是海洋划界问题，并不涉及岛礁的主权归属。在南海争端中，中国与其他国家之间涉及的不仅包括海洋划界问题，也有领土主权之争，其复杂程度和解决起来的困难程度远远超过文中提到的这些已完成的案例。南海争端在短期内基本上难以得到彻底的解决，对此，我们必须具有一定的战略定力和心理准备。

第四，其他声索国解决双边海洋争端与中国和其他声索国解决双边海洋争端是一种竞争关系，争夺的是一种主动权和战略优势。别国之间解决双边海洋争端的实践对于下一步中国与相关国家解决争端的方式和进程有直接的影响，其他声索国在这方面的共性会增多，中国存在被孤立为少数派的可能性，形势会更加被动。而且，他国之间解决彼此的争端之后，在南海争端中的立场会更加趋向一致，届时将会增大中国按照自己的战略规划对各个声索国采取差别外交的难度。同时，此举很可能刺激更多的其他声索国着手解决彼此之间的海洋争端。

第五，东南亚有关国家之间绕开中国通过双边途径解决南海争端的行为侵犯了中国的主权权利，是对中国南海海洋权益一种公然的瓜分行为。对于这种企图造成既成事实的行为，中国在反对侵权行为的同时，更需要及早行动起来，以我为主，夺取主动权。比如，中国和印度尼西亚不存在岛礁主权归属问题，可以尝试与其早日划定海洋边界，维护中国海洋权益。另外，在形式上中国可以探索双边加多边的模式，先以双边为基础，然后融入涉及争端的第三方展开多边协商。

---

① 《关于指导解决中华人民共和国和越南社会主义共和国海上问题基本原则协议》，2011 年 10 月 11 日，北京。http://www.fmprc.gov.cn/mfa_chn/wjb_602314/zzjg_602420/bjhysws_603700/bhfg_603706/t872687.shtml.

总之，面临着他国对中国南海权益的竞相瓜分，需早日采取应对措施，中国需要更加主动尝试率先与部分国家就南海问题进行双边的谈判，早日谈出成果则是对菲律宾坚持国际仲裁的最好回击，也是以我为主、争夺南海主动权的必然选择。

和平学视角下的南海地缘形势与和平构建[①]

孙晓光 刘成

[内容提要] 在全球化的今天，和平学的和平理论是一种超越理论，和平的理念应该成为解决南海问题的理论归宿。我们的目标是冲突化解，途径是借助各种非暴力的手段，但其基础是冲突的转化。亚洲的未来发展不能像传统欧洲那样通过战争形式加以解决。国际社会是一种共存共荣的社会，任何一个国家的发展都无法离开其他国家的发展与联系，须走与其他国家合作的道路。通过战争的方式解决往往要各方付出巨大的代价，这是处于全球化今天的人们不愿意看到的。

[关键词] 和平学视角 南海地缘形势 和平构建

[作者简介] 孙晓光，南京大学历史学系博士生，曲阜师范大学中国南海与周边国家关系研究中心执行副主任、副教授；刘成，南京大学历史学系教授，中国南海研究协同创新中心兼职教授。

一、冷战以来南海地缘形势

南海具有独有的地缘政治特征，这个贯穿整个南海海域国际航道的“边缘地带”，对南海域内外的国家政治、经济、战略等影响重大。冷战时期地缘战略主要以“遏制”为基本内容，主要表现为斯皮克曼的“边缘地带”学说。美国地缘政治学家尼古拉斯·斯皮克曼在其著作《和平地理学》一书中指出，英国地理学家麦金德提出的“心脏地带”理论高

---

① 本文受中国南海研究协同创新中心课题与国家社科基金重点项目“冷战以来南海地缘形势与中国维护海洋权益研究”（13AZS021）资助。

估了亚欧“心脏地带”的作用[①]。根据斯皮克曼的“边缘地带”理论，一个国家为了实现扩张的需要，总要寻求进入海洋的通道，支配接近交通要道的战略要点，控制大陆的“边缘地带”。谁控制了边缘地区，谁就能控制欧亚大陆；谁支配着欧亚大陆，谁就能决定世界的命运。

冷战时期，南海地缘态势表现为对抗性的两极格局，是一种以美苏两极为特点的所谓“均衡”机制。苏联解体和冷战结束打破了传统的欧亚大陆的战略均势格局，美国成为唯一超级大国，几乎所有的欧亚大陆国家都不同程度受到美国战略的影响。当前南海地缘政治环境极其复杂，牵涉到南海各方的地缘战略利益，由于域内外各种力量的卷入而成为国际问题的焦点。近年来，在美国“重返亚太”战略的助推下，使南海问题变得更加复杂化。南海周边国家不断侵占中国南沙岛礁，对南海资源进行掠夺性开采，美国、日本、印度等区域外势力从维护自身利益和亚太战略需要出发积极干预南海问题。中国与南海争端国在南海的争执与矛盾出现加剧、升级的态势，这对中国的地缘政治环境构成严峻挑战。

二、民族国家与南海问题

南海问题目前依然没有超越民族国家的范畴。民族国家理论源于欧洲的历史与文化。民族/国家体系在基本价值观上与西方思想中“个体”这样的基本概念或基本思考单位是一致的，并且存在着映射关系，只不过民族/国家单位更大[②]。西方世界强调利益最大化，而对利益的“共享性”涉及较少。民族国家要维护自己的主权，争取自己的利益，必然要诉诸暴力，并以“争霸”的形式变现出来。于是，欧洲民族国家形成与战争同步发展。

欧洲的争霸不限于陆地，从一开始就涉及海洋。因为“海权提供了

① 刘从德主编：《地缘政治学导论》，中国人民大学出版社2010年版，第82页。
② 赵汀阳：《天下体系》，南京教育出版社2005年版，第90页。

夺取世界霸权的最便捷的途径”，海权是那些渴望世界权力的人们的根本需求，只有海洋产生真正的世界大国。陆权国家的影响在其边境终结，但是海权国家的影响却可能遍及全球[①]。海权是通向世界权力的钥匙[②]。这一分析的理论假设，强调海权国家是全球政治行动不可或缺的，因为它是操纵全球范围的必要条件。

比如教皇划定的海上子午线就是为西班牙与葡萄牙这两个最早的民族国家的海上争夺而划定的势力范围。自17世纪中叶，英、荷便在各大海洋又展开了海上争霸战，后来法国也参加进来。荷兰的衰落与其特殊的地缘条件关系甚大，它南邻陆上大国法国，西面与海上强国英国隔海相望。到17世纪末，英国登上霸主宝座，通过与西班牙、葡萄牙、荷兰、法国在海上的争夺，最终建立起遍布全球的“日不落帝国”。

欧洲的发展史就是全面征服海洋与陆地的扩展史。因此，西方人容易错误地认为，中国的南海政策也会遵循这样的逻辑，以谋求“霸权”为其根本追求，追求霸权的过程必然导致战争。在现代世界历史上，导致霸权继承的主要机制是霸权战争，霸权战争的后果是新一轮霸权期的开始，在两次霸权战争间歇期，通常会出现一个得到良好治理的国际政治经济体系，这种体系只有在另一场霸权战争到来时才会崩溃。[③]

然而，中国奉行以“和为贵”处理国际、国内问题的原则，睦邻友好，共同发展，是我们国家的一贯方针，“和平与发展”是我们努力的方向。“和”是张载哲学的一个重要范畴，而其所强调的“和”并不是没有矛盾斗争[④]。在冯友兰先生看来，客观的辩证法只有一个，但是人们对于它的认识和了解可以有很多，至少有两个。一个统一体的两个对立面是矛盾的统一，这是都承认的，但是一种认识可以以矛盾为主，另一种认

---

① 杰弗里·帕克：《地缘政治学：过去、现在和未来》，刘从德译，新华出版社2003年版，第38、149页。

② 杰弗里·帕克：《地缘政治学：过去、现在和未来》，150页。

③ 吴征宇：《.霸权的逻辑：地理政治与战后美国大战略》，中国人民大学出版社2010年版，第103页。

④ 修建军：“论‘和’为儒学之精义”，《.孔子研究》，2005年第3期。

识可以以统一为主。后者认为“仇必和而解”，前者认为“仇必仇到底”。这是两种辩证法的根本差别①。新中国成立以来在处理国际关系问题上的理论与实践坚持的就是一条非西方的和平路线。正如习近平总书记在联合国教科文组织总部演讲中所言：“通过跨国界、跨时空、跨文明的教育、科技、文化活动，让和平理念的种子在世界人民心中生根发芽，让我们共同生活的这个星球生长出一片又一片和平的森林”。②

战争的循环发展最终只能致使地球的毁灭。正如爱因斯坦所言，我们必须进行一种新的思考，战争不能再作为人类的一种手段，否则人类消亡的日子将很快降临。这个新的思考，应该是一种创造性的思维方式，是用非暴力的方式实现冲突转化，实现世界的和平③。在一个全球化的今天，我们具备了激发这种人类潜能的条件，暴力对抗，暴力伤害我们人类自己，在今天看起来比过去更加没有意义。全球化是一个最近出现的新情况，也是和平建设的新机会。我们正在意识到，我们的世界是一个超越的世界，它是包容全部的一种结构，也是一种穿越全球的运动。我们生活在一个超越的世界里，意味着合打一把伞，同在一个屋檐下。麦克尼尔阐述了人类之网的构建与扩大或相互联合，从而促使文化和文明更紧密地结合起来。网络社会的出现是通过交通、通信、经济、政治以及与环境的互动而实现的。文化的全球趋同性是和平建设的唯一的结构要素，而结构的变化是个人变化的结果，也是其条件④。

三、思考与建议

我们认为，以史为鉴，从和平学的视角对南海地缘形势进行积极应

① 冯友兰：《中国哲学的底蕴精神》，首都师范大学出版社1999年版，第172页。

② 参阅习近平在联合国教科文组织总部的演讲。http://edu.people.com.cn/n/2014/0328/c1053-24759429.html

③ David P. Barash, *Approaches to Peace*, Oxford University Press, 2000, p.1.

④ 参阅：约翰·R麦克尼尔和威廉·H麦克尼尔：《人类之网：鸟瞰世界历史》，王晋新等译，北京大学出版社2007年版。

对，在维护本国利益的前提下，各方应考虑对方的利益诉求，这是实现合作的重要途径。

一是不走欧洲历史老路，而是世界和平发展新路。传统安全观，即传统的国家安全观，是指在一个相当长的历史时期内，自有国家以来到冷战结束这样一个历史时期内的各种安全思想和观点，关注点是各自的领土（海洋）、经济等利益。冷战后出现的新安全观的内容更加宽泛，从主体上讲是“共同安全”，从客体上讲是“综合安全”，从过程看是“合作安全”，从其生长环境而言则是“多边安全”。历史证明，以军事联盟为基础，以加强军备为手段的旧安全观，无助于保障国际安全，更不能营造世界的持久和平。这就要求必须建立适应时代需要的新安全观，并积极探索维护和平与安全的新途径[①]。

“平等”主要针对安全主体来说，它表明“安全必须是各国普遍安全，国家不论大小、贫富、强弱，都有享受安全的平等权利”，也就是各国应追求“共同安全”；“互利”则由安全客体而引申——安全本质上是一种“综合安全”，对各领域安全的追求其结果应使得大家获得互利互惠的安全。“合作”是从安全实现过程来讲，即各国应信守“合作安全”的承诺；“互信”总体上从安全环境而言，它强调了“建立信任措施”的重要性，而这往往通过“多边安全”的形式来实现的。因此，在全球化的今天，所有国家都生活在一个经济体系中，应顺应当代和平发展潮流，以平等、协作的和平理念，与各国合作确保海洋的安全。

二是从南海环境等低敏感领域方面展开合作。作个为全球最大的大型生态系统之一，南海生态环境面临着巨大压力。这一区域存在着占世界7%的珊瑚礁，大约12%的红树林以及0.93%的海底山脉。海洋的整体性决定了保护海洋环境中合作的必然性，因此南海的岛屿归属与海域划界争端不应成为进行区域环保合作的障碍；相反，在环境保护这类低敏感领域的合作更有利于国家间建立互信，为推动南海争端最终解决创造

① 江泽民：《江泽民文选》（第二卷），人民出版社2006年版，第313页。

条件。对此，2002年《南海各方行动宣言》第6条明确规定，在全面和永久解决争议之前，有关各方可以探讨或开展在海洋环境保护等低敏感领域展开合作。2012年1月，中国设立30亿元的中国——东盟海上合作基金，以落实《南海各方行动宣言》；同月，中国国家海洋局发布《南海及周边国际合作框架计划2011-2015》，突出南海环境合作的优先事项。2013年11月，在印尼巴厘岛举办首届中国——东盟海洋科技合作论坛，进一步夯实了南海环保合作平台。最近提出的“一带一路”计划更为南海各国的合作提供了机遇。

三是创设“南中国海联合组织”，使和平解决南海问题成为可能。按照和平学之父加尔通的观点，中国若想与东盟达成“双赢”的局面，就应该建立一个中国与东盟的联合组织来掌握岛屿的所有权，且设计出一个更复杂的利益分配模型。南海的和平与稳定，应该“由中国和东盟国家共同维护”，而不是“由中国与东盟声索国共同维护”，事实上，东盟所有成员国可以而且应该在南海和平与稳定上发挥作用。我们可以通过“南中国海联合组织”这一平台，“以区域化阻断全球化”的应对思路，当然这一政策在一定程度上也呼应了东盟的要求，有助于中国构建与东盟“命运共同体”，并防止南海问题进一步国际化，尤其是阻止区域外大国直接干涉南海问题。

四是适时发挥国际机制的作用。虽然包括国际法在内的机制、制度解决不了所有问题（包括南海问题），但中国必须学会有效利用现有的国际机制保护自己的合法权益，而不能完全依靠所谓的“自助”原则解决南海问题[①]。学习、利用联合国和相关国际组织以及海洋大国的合作来维护中国的南海权益。在解决南海争端问题方面，一些欧洲国家之间通过国际机构或国际组织解决争端的例子是可以借鉴的。如英法两国就如何划分英吉利海峡和海峡西南口大西洋一带的大陆架进行过谈判，但都没有结果，后来两国达成建立仲裁法庭，最后达成两国都接受的裁决结果，

① 叶自成：《陆权发展与大国兴衰》，新星出版社2007年版，第273页。

解决了这一争端。如北海大陆架的划分，丹麦与荷兰为一方，与另一方德国在北海大陆架的划分存在分歧。丹麦、荷兰主张按照等距离原则划分北海大陆架，而德国方面认为，等距离划分适用海岸线比较平直的条件，而在海岸线比较曲折的条件下，不适用这一原则，因此提出应按照公平合理的原则进行划分。在三国争端不决的情况下，三国同意提交国际法庭。国际法院判决指出，等距离线不是一个必须执行的划界方法，应按照公平原则通过协议。每个国家尽可能取得构成它的陆地领土在海洋中的和在海洋下的自然延伸的大陆架，如果产生重叠，应在各国之间按议定的比例划分，如果达不成协议，则平均划分。三国基本上按照这个判决解决了北海大陆架的划分问题。这些案例对解决中国与邻国的海洋领土纠纷也是有借鉴意义的。海洋划界司法实践的历史表明，公平原则放之四海而皆准。各国应该本着公平的心态，妥善解决海洋领土争端问题。

五是关注利益型立场下的“利益”。从和平学的视角进行理解，“它试图避免冲突谈判中一方对另一方的优势和压迫，尽力满足各方的需要，培育冲突中所有人的安全、身份、自立和生活质量”。冲突化解的正确方案应该采取利益型立场，而不是权力型立场。利益型方式关注深层次问题或冲突之下的利益，追求一种新的和创造性的解决方案。隐藏在冲突下面的利益是指冲突各方的“必需、需求、恐惧和担心”，它们存在于各方的初始态度和冲突过程之中。[①] 当前，面对南海复杂地缘政治局势，单纯的宣示主权已经无法有效解决问题，中国应当面对现实，从战略高度，稳妥地处理好利益关切，逐步增强中国在南海问题上的发言权，以减弱不良影响。如在航行自由问题上，相关国家故意挑起南海航行自由问题。但是，南海航行自由从来不是问题，也没有因为南海争议受到任何影响。为此，中国应以灵活务实的外交姿态，积极主动地加强与域内外国家的战略对话与合作，寻求相关方共同利益的增长点，扩大交流与

---

① 刘成：“积极和平与冲突化解”，《史学月刊》，2013年第12期。

对话的渠道、水平，建立各层次、各级别战略对话机制，增信释疑，尽量将其对南海问题消极影响减少到最低限度。

六是注重“冲突的转化而不是解决”。冲突化解的目的不是避免冲突，而是采取某种方式去处理冲突，即如何在和平价值的框架内，将冲突的消极影响降低到最小程度，将冲突的积极潜在因素激发到最大程度。以一种可接受和可持续的方法处理冲突转化，是一个非常重要的目标①。和平体制是可以建构的，也可以是长期的，建构的原则也可以是多元的②。总体看来，一国在国际关系领域的合作、竞争或矛盾冲突中，通过分析地缘要素与地缘关系，剖析彼我双方力量对比状况，来探索世界或区域局势发展演变，为谋取和维护本国利益、安全而制定全局性方略。在南海地缘形势中，每个国家都有其特殊的地理条件，并形成相应的地缘诉求，这为冲突的转化提供了非常好的环境和条件，我们应当加以充分利用。

---

① 刘成：“转化而不是解决：和平学范畴内的冲突化解”，《南京大学学报》，2005年第6期。

② 阎学通：《中国崛起及其战略》，北京大学出版社2005年版，第194页。

两岸南海环境保护与海上救捞合作剖析

徐鹏

[内容提要] 船源污染是威胁海洋环境的重要污染源，因此保证海上航行安全与海洋环境密切相关。由于南海复杂的地理环境和气象条件，导致南海成为了事故高危海域。为防止船舶发生事故或控制事故的扩大，避免对南海海洋环境造成污染或尽量将污染最小化，加强海上救助与打捞是必要的手段。由于海洋污染的特点以及南海的特殊情势，需要两岸在南海加强合作以保护海洋环境。目前，两岸在救捞方面的合作已经取得了相当的成果，但因存在政治上的障碍，合作还很不完善。在此种情形下，两岸合作设立打捞公司在南海实施救助和防治污染工作，是一种可行的方案，它既可以避免政治的障碍，又可以整合两岸救捞资源，以促进南海环境的保护。

[关键词] 海峡两岸　环境保护　海上救捞　南海

[作者简介] 徐鹏，厦门大学南海研究院助理教授，中国南海研究协同创新中心研究员。

"Torrey Canyon" 号事件、"Amoco Cadiz" 号事件，以及"Exxon Valdez"号事件和"prestige"号事件等一系列船难溢油事故，少则数万吨，多则数十万吨的溢油量造成了海洋及沿岸国家的环境灾难。同时，我们也注意到南海作为全球第二大繁忙海道，以及其复杂的气象和海洋地质条件，令其航行及环境安全存在颇多的危险。特别是，作为众多鱼类和珊瑚重要栖息地的南海，一旦发生重大的船难事故，其海洋环境将遭受不可估量的损失。因此，保障航行安全以及将事故损害最小化，是控制南海环境污染的有效举措。而为实现这一目标，加强南海海上救捞工作是必要的手段。

一、南海的地理及交通状况

主要从三个方面来叙述：

（一）南海地理及海洋地质①

南海，英文South China Sea，是中国以南的边缘海，是亚洲三大边缘海之一，其位居太平洋和印度洋之间的航运要冲。南海位于中国大陆的南方，是面积3,560,000平方公里的深海盆，四周较浅，中间深陷，平均深度1,212公尺。

南海的浅滩及岛礁众多，海洋地质复杂。由于南海气温及水质适宜珊瑚生长，在海底高台上形成了众多的珊瑚岛礁，岛屿总计约有两百多个，其海面下密布着暗礁。此外，南海还存在众多的浅滩，浅滩是由珊瑚礁盘组成，一般在水面以下，离水面极近。这些浅滩和岛礁，特别是暗礁，是航行安全的重要障碍。更为重要的是，由于南海多为珊瑚岛礁，随时间推移，礁区会发生变化。因此，航线也将随之发生变动。

（二）南海的气象②

南海气象的特点是终年高温、季风明显，受台风影响显著。由于接近赤道，所以南海气温较高，年均气温在25~28℃。南海热带海洋性季风气候非常明显。南海在夏秋季常受台风影响，其影响非常巨大。台风风力狂虐，裹挟暴雨，掀起巨浪，往往对航运、海上生产造成损害。南海北部及东北部区域是台风多发区，并且其本身也是台风策源地，如西沙群岛附近海域。台风具有很强的破坏力，其导致的雷电、暴雨以及巨浪、

① 百度百科：南海，http://www.hudong.com/wiki/，2012年8月25日访问。

② 同上。

海潮等对船舶安全形成巨大威胁。

（三）南海的交通

在现代国际航海交通上，南海是东盟及东亚各国等众多经济体的海上航运生命线。这里是东亚各国联系东南亚、印度洋沿岸、非洲及欧洲海上通道的必经之路。南海国际航道是我国、本地区其他国家及世界各国的重要运输通道，占世界海运总量的一半以上，每天过往的船只平均270多艘。日本、韩国和我国台湾省，90%以上的石油输入要依赖南海航道。[①] 而随着我国石油进口总量和对外贸易额的激增，每年至少有80%的石油运输和70%的外贸运输需要航经南海。南海的交通管理、交通设施存在缺陷，主要表现为：[②] 1、交通管理较为混乱。作为全球第二大繁忙海道，南海来往的船舶不仅数量日益增多，而且船舶的大型化、专业化以及高速化趋势明显，为交通管理造成困难。此外，由于南海周边国家众多，特别是一些国家非法占有我岛礁，导致南海航行管理的统一困难重重。另外，南海的渔船众多且活动频繁，其行驶相对随意，在其成群结队穿越航道时，对商船的航行造成影响，而他们又隶属不同国家，对其无法形成统一管理。2、交通设施不完善。南海航道距离周边国家或地区海岸较远，且各国或地区发展不平衡，以及我国岛礁被非法占据，导致航道沿线岛礁上的助航设施缺乏统一规划，因此，沿线能提供的航海安全保障、航行安全信息及搜救能力有限。复杂的气象及地质条件、繁忙而相对无序的交通、渔业生产与航运的混杂，使得南海成为海难事故的高风险地带。因此，自古至今，南海特别是南海诸岛附近水域都是事故频发区域。

---

① 前驻菲大使：中国在南海问题上的基本立场是明确的，http://txjs.chinamil.com.cn/junshity/2012-04/13/content_4834652.htm，2012年4月13日。

② 本节参照史春林：《当前影响南海航行安全主要因素分析》，载《新东方》2012年第2期第7—8页。

二、海上救捞与海洋环境保护

毋庸置疑，海上救捞对保护海洋环境具有重要的意义。无论是从打捞船舶、消除障碍物以保障航行安全的角度，还是从清除溢油及其他有毒有害危险品以减少环境污染的角度，海上救捞对于海洋环境的保护都具有不可替代的作用。随着国际国内社会对海洋环境保护的重视，如今救捞系统已经将防止或减轻海洋污染作为除了人命救助之外的另一项重要任务，并且他们也是防止和清理海洋污染的主力军。

（一）打捞沉船沉物、拖曳事故船舶，防止船源污染

毫无疑问，航道的畅通对于船舶航行安全至关重要，但由于天灾人祸等原因，会造成船舶或载运物体的沉没，从而阻塞航道，特别是在繁忙的港口附近，这种情形会严重危及过往船舶。一旦形成船难，必然导致海洋的污染。因此，对于可能危及航行的沉船沉物，法律要求船舶所有人应予打捞，或主管部门强制打捞，如依据我国《打捞沉船管理办法》第三、四、五条的规定，对于严重危及航行的沉船，主管机关应通知船主限期打捞，或强制打捞及解体清除。这样的规定，除了维护正常的生产生活外，也是为防止发生航行事故从而造成海洋污染，因为即便是空载的船舶，其燃油的泄漏也会污染水域，更不要说载运危险品，如石油、化学品等的船舶了。并且，对于某些沉船沉物，如不及时打捞清除，其船体内有毒有害物体将会溢出而污染海洋。此外，拖曳船舶至安全地带，也是防止或减少海洋污染的重要方式。一些船舶因机械事故、失火、碰撞、触礁及搁浅等原因失去动力或泄漏污染物，如救助不及时，可能会扩大事故或污染。此情形下，需要将船舶拖曳至安全或便于处理的区域，方便施救并防止影响其他船舶航行。如2002年7月广州救捞局将一艘因机械事故而失去动力的26万吨超级油轮拖曳至香港海域，避免了该油轮

随风飘向礁石林立的台湾海峡导致触礁漏油的环境灾难。[①]

（二）对事故船舶或海上设施实施救助，防止、减少及清除原油（燃油）和有毒有害危险品对海洋的污染

事故船舶造成海洋污染，除了所载运的物品，如原油、化学品等危险品外，还有其自身的燃油，大型船舶所载燃油可达上千吨，一旦泄漏将造成不可估量的环境损害。对于溢出的原油及化学品，救助船舶需要以回收和清除方式恢复海洋环境，但这两种工作的难度相当大，成功率有限，如目前对海洋事故中原油的回收率不超过10%，而清除难度则更大。因此，防止或减少泄漏是保护环境更为有效的方式。为此，在发生船难时，需要救助船舶及时将所载运原油、化学品以及燃油过驳，以防止这些物品污染海洋，而这些工作都需要专业的救捞人员（如救捞潜水员）和特殊设备（如大型救助船）才能胜任。正是各国救捞系统的努力，避免了众多海洋污染事故的发生或扩大，有效地保护了海洋环境安全。据国际救捞协会统计，自1994年至2003年间，国际救捞协会成员国共对事故船舶进行了2,088次救助，这些船舶载有1,100万吨油料、化学品及其他污染物，其中包括89万多吨原油、62万多吨化学品以及64万多吨燃油，救助取得了很大的成绩，防止或减轻了这些物品对海洋污染。仅在2003年，救捞活动就回收了6.1万吨化学品、7.2万吨燃油以及16.9万吨其他污染物。[②]

三、两岸救捞合作实现对南海环境的保护

据统计，台湾约90%以上的原油输入要依赖南海航道。经过南海航

① “新加坡超级油轮海上求救广州救捞局风浪中抢救”，http://news.sohu.com/36/73/news202387336.shtml，2012-10-19。

② 于建新：《海上救捞与防污染》，载《救捞专业委员会2004年学术交流会论文集》第28页。

道运输的液化天然气，占世界总贸易额的三分之二。[①] 在大陆近40条国外航线中，超过一半以上的航线经过南海海域。而随着大陆石油进口总量和对外贸易额的激增，它成为大陆极为重要的海上运输通道。因此，维护南海的航行安全，不仅是环境保护的要求，还关系到两岸的经济安全，加强两岸在南海的合作是实现航行及环境安全的必要手段。

（一）两岸南海海洋环境保护合作的必要性

1、尽管政治上存在分歧，但两岸都主张对南海拥有无可争议的主权，南海的各种资源是包括台湾同胞在内的中华民族的共同财富。因此，在当今全球资源日渐匮乏的背景下，两岸携手合作保护南海海洋环境和资源，既是两岸中国人的共同使命，也关系着两岸经济社会的未来发展，客观上又能推动两岸交流，达到双赢。

2、两岸对南海环境保护的合作，可显示两岸共同维护南海主权的决心，特别是在当前南海局势复杂，周边及区外国家觊觎我南海领土主权及海洋资源的情况下，打消某些国家企图“拨弄是非，坐收渔翁之利”的想法。尤其是对于南沙群岛附近海域，由于此处政治、地理情势更为复杂，更需两岸加强在此海域的合作。

3、海洋是个整体，那么对于它的环境保护也应当是统一的。对于各自管辖区内的污染不予防治或防治不利，则污染会随海水的流动影响临近海区，最终将影响整个海域的环境和资源。因此，只有各海域管辖方相互合作，共同防治，才能真正实现对海洋环境的保护。由于在南海各自拥有实际管辖区，两岸只有加强环境保护合作，才能达到南海海洋环境保护事半功倍的效果。

4、海洋环境的保护与海洋资源的保护密不可分。一定意义上讲，对环境保护的目的也是保护资源，是保障人类对资源的可持续利用。例如，

---

① “前驻菲大使：中国在南海问题上的基本立场是明确的”，http://txjs.chinamil.com.cn/junshity/2012-04/13/content_4834652.htm，2012年4月13日。

南海海域拥有丰富的渔业资源，并且这里也是两岸渔民的传统捕鱼区。海洋环境对于渔业的可持续发展具有重要的意义，它事关渔民、渔业的生存与发展，关系着两岸经济利益和社会的稳定。因此，两岸合作保护南海环境也就是保护两岸共同的海洋资源，它关系着两岸中国人未来的生存与发展。

但是，目前大陆和台湾各自实际管辖着西沙和东沙群岛，以及部分南沙群岛，由于两岸长期的政治割裂，任何一方都不可能独立完成南海水域内的地质及资源普查工作，只能在各自管辖范围内实施探测与管理，这导致南海地质及资源可能长期处于家底不清、现状不明状态，显然不利于南海海洋环境及资源的保护。

5、防止、减少以及清除海洋污染投资较大，需整合双方资源。一旦发生海上船难并造成原油及化学品的泄漏，其污染区域少则数十，多则上千公里，其需要投入的人、财、物力资源甚为巨大。此外，为防止事故船舶影响航道安全，以及控制污染的进一步扩大，而对失事船舶拖曳、打捞以及载运原油或燃油的过驳等都需要大型或特殊设备，其造价亦不菲。如在打捞“南海Ⅰ号”时，出水的沉船重达百吨，使用了广州打捞局的大型打捞船“华天轮”号，其造价达6亿元人民币。为避免重复投资，需要两岸整合利用双方资源，实现两岸合作共赢。

（二）两岸救捞合作保护海洋环境

虽然可以通过船舶管理等方式，把海难事故风险降至最低，但任何方式都无法保证海难事故不再发生。海上风险惊人，海难损失巨大，这些不是个体所能够抵御和承受的，而海上有效救助是减少或避免重特大事故以及遏制事故发展的重要手段。[①] 完善的救助打捞体系可以在海难事故发生后及时进行科学的救援，最大限度地减少和避免人员伤亡、财

① 横锐：《科学规范完善体制遏制重大恶性事故发生——从“11.24”海难事故引发有关问题的思考》，载于《世界海运》2003年第3期。

产损失和海洋环境污染，为海上运输事业及环境保护提供坚实保障。

海上救捞需要很大的人力、物力资源，特别是对于广阔的南海，以及繁忙的国际海道上往来穿梭的各类船舶，无论是大陆或者台湾的救捞力量都是显然不够的。因此，整合两岸救捞资源，充分发挥两岸的人力和物力，对于目前捉襟见肘的海上救捞力量应对海上复杂情势，保障南海航行及环境安全是一个迫切的需求。

1、两岸的救捞力量

（1）大陆救捞力量。大陆海上搜救力量主要由专业救助船舶、专业救助直升机、海事海关等政府公务船舶等。交通部救助打捞局是专业搜救打捞力量和救捞力量主体，其下属包括：北海、东海与南海救助局，负责海上搜救工作；烟台、上海和广州打捞局，负责海上打捞工作；四个搜救飞行队；以及在沿海设置的救助基地。其中，在南海周边地区设置有西沙、海口、广州以及汕头等8个救助基地。

（2）台湾救捞力量。台湾的救捞力量分为空中和海上两部分，空中力量主要包括“空中勤务总队”的直升机和固定翼飞机，以及军方的空中救助力量，分置于台湾岛周边，负责周围海域的搜寻和救助工作。海岸巡防署所属海洋巡防总局是海上救助的主要力量，有巡逻舰船118艘，但不完全具备救难性能。另有海军的海上救难船可协助执行海上搜寻及拖救任务。

相比之下，台湾相关的海上救助及打捞力量较为薄弱，其海上打捞、拖航力量以及治污能力相对不足，但其空中搜救力量相比则较强，两岸应相互取长补短，合作维护航行和环境安全。

2、目前两岸的救捞合作实践[①]

目前，大陆救捞系统与台湾有关方面在海上应急救援领域开展了丰富多样、卓有成效的交流与合作，在长期的合作中增进了相互之间的了

---

① 宋家慧：《唇齿相依戮力同心共同致力海峡两岸海洋环境安全》，载《<两岸海洋油污染紧急应变交流研讨会>论文集》（2009年11月18日金门召开）。

解和信任，为保障两岸海上人命、环境、财产安全，起到了积极作用。

（1）大力开展两岸救捞技术交流与合作。自1992年起，双方即依托学术研讨会平台，就两岸海上直航安全、海难救助等问题进行交流、研讨，确立了开展长期救捞技术业务交流与合作的决议。2006年5月，救捞系统组织考察团，应邀赴台湾参加研讨会并进行了现场考察。通过交流考察，双方对救助与打捞方面的法律法规、应急救捞程序、救捞设备器材及技术水平能力有了比较全面的了解，进一步促进了海峡两岸的救助打捞技术合作。2009年4月，救捞系统再次派遣人员赴台湾参加研讨会，就加强潜水打捞，确保有效处理两岸直航所产生的环境问题进行研讨和交流。

（2）开设两岸救捞直通“热线”。1996年3月救捞系统与（台湾）中华搜救协会建立了二十四小时救捞联系热线。台湾海峡或相关海域船舶一旦发生海难报警求救信息，双方可及时沟通情况，就近派出船舶实施救助；在应急处置过程中，也可通过热线联系，相互通报现场救助情况，优先向救援船只和遇难船只提供安全作业港湾及锚地。

（3）正式签署两岸合作意向书。2008年9月大陆救捞系统与（台湾）中华搜救协会在大连正式签署了《加强海峡两岸救助打捞合作意向书》，构建了两岸救捞交流与合作的大框架。双方就救捞热线、海上救捞过程中的情况通报、救捞结束后的共同评估以及定期交流机制进行了明确规定。

（4）两岸联合实施救助演练。2008年、2010年、2012年和2014年两岸救捞部门连续在厦门—金门、马尾—马祖海域联合进行了搜寻救助演练，其规模逐次扩大，级别逐步提高，救助内容也日益深入和丰富。此外，双方同意，以后每两年轮流举办一次救助演练，使两岸的联合救助演练实现常态化、机制化。

（5）目前两岸海上救捞合作的方式。两岸台湾海峡搜救合作与联络渠道主要存在三种方式：中国海上搜救中心和（台湾）中华搜救协会联络协调合作搜救为主要方式，即两岸的救捞管理机构通过逐级上报方式，经由民间组织（台湾）中华搜救协会进行信息传递；省级海上搜救中心直接联系中华搜救协会开展海上搜救工作时，同时上报中国海上搜救中心，并按规定上报搜救进展和结果；两地直接联系开展海上搜救合作，如厦门—金门、福州—金门、马祖—马尾已经直接建立海上突发事件的应急联系渠道，相互及时通报海上突发事件种类，需要援助的方式等。

3、推动两岸救捞系统在防治海洋污染领域的合作

随着两岸救捞系统的合作逐步深入，除了人命救助和船舶救助外，还应深化在防治海洋污染领域的合作。应在合作的内容、规模方面扩展，更要在合作的海域上进行扩大，即不仅在台湾海峡，还应将合作海域扩展至南海。为此，可采取如下措施，推动两岸在南海海域的环境保护合作。

（1）信息沟通应更为直接和及时。除了借助中华搜救协会进行联络外，可借鉴厦门—金门救助机构直接建立海上突发事件应急联系渠道的方式，由台湾救捞系统直接联系海南和广东地方救捞机构，就近就便实施救助，防止污染的发生或扩大。

（2）联合演习海域扩大至南海。两岸联合在南海某海域实施演练，使两岸更多救捞机构参与，进一步熟悉双方配合程序。目前的两岸联合海上救助演练都是集中于厦金及双马（马尾马祖）海域，大陆参加的多为福建的救捞机构。为熟悉在南海海域的合作，可扩展至在东沙群岛与大陆间海域，或西沙群岛附近水域进行演练，参加机构可由海南、广东省的救捞机构组成。甚至两岸还可考虑在南沙群岛海域进行联合演练。

（3）尽快建立南海海洋污染应急联动机制。在现有的交流合作基本框架下，两岸相关机构应尽快建立两岸海洋污染应急联动机制，并着力加强以下几项重要工作：一是尽快建立一个两岸海洋污染应急协作与联动的文本草案，形成基本的合作框架，用以规范、指导具体的应急处置工作；二是对两岸历年的船舶污染案例进行分析，掌握了南海船舶污染事故多发的地点、季节与特征，核定敏感区域；三是整合两岸南海周边防污染应急资源，建立污染应急专家组和应急设备数据库，实现信息

共享，提升应对重、特大船舶污染突发事件的能力；四是推动卫星遥感、空中监视、水上巡航、水下探摸、陆地检测等海洋污染处置技术的应用。[①]

（4）合作研发海洋防污染技术。研发海洋防污染的各种技术是一项庞大而复杂的工程，需要政府相关部门、航运和港口及石化企业、规划设计部门、科研机构及学术团体、污染治理企业等多部门跨学科、跨领域的协作与推进。两岸有关部门要在传统的污染消除技术上，加大新技术、新设备的研发工作，建设配套的船舶防污染对策措施与技术支撑体系，并紧密关注国际上一些新的技术成果。[②]

然而，毕竟经过多年的隔绝，两岸的合作虽然近年来发展较快，但还是存在诸多政治障碍。在此种情形下，两岸相关机构的直接合作仍然存在障碍，但是随着两岸经贸关系的日益密切，以及环境保护的日趋紧迫，致使两岸在救捞上的合作又不容再行拖延。因此，如两岸合作设立一个商业救捞组织——打捞公司，这样既能整合两岸救捞力量，保障航行安全和保护海洋环境，又不触及双方的政治现状，其不失为一个现实的选择。

（三）两岸合作设立打捞公司的可行性及具体内容

近年来我国与南海周边某些国家存在着一些摩擦，为更好地维护南海航行与环境安全，进而更好的以主权为基础共同开发南海资源，两岸共同设立商业打捞公司，以商业运作的模式来维护南海航行与环境安全是一种有效的模式。

1、两岸合作设立商业打捞公司的可行性

（1）两岸对南海问题的广泛共识为两岸合作打下了坚实的政治基础。两岸都主张，无论就历史、地理及国际法而言，南海诸岛及周遭水域的

① 宋家慧：《唇齿相依戮力同心共同致力海峡两岸海洋环境安全》，载《〈两岸海洋油污染紧急应变交流研讨会〉论文集》（2009年11月18日金门召开）。

② 同上。

主权属于中国。并且，两岸均反对将南海问题国际化，应当直接由相关国家通过友好磋商和谈判，以和平方式解决领土和管辖权争议。

（2）经贸紧密合作为两岸合作设立打捞公司提供了强大的动力。两岸签署了《海峡两岸经济合作框架协议》（简称ECFA），该协议的签订实现了两岸经济关系的正常化、制度化，标志着两岸关系取得了重大突破，是两岸关系进一步和平发展的新起点，打捞公司的出现符合ECFA框架下经贸发展的要求，也从ECFA协议的签订获得了政策支持。

（3）两岸合作设立打捞公司存在法律基础。两岸在立法的目的、打捞单位的资质、打捞方式以及审批程序方面的趋同，使得公司开展相应打捞业务时减少了适用法律带来的成本，有效避免了两岸合作设立打捞公司时出现的法律冲突。

（4）两岸救捞资源寻求整合的意愿为两岸合作设立打捞公司创造了契机。由双方共同出资建立的负责执行涉及两岸救捞事务的专业机构，可作为执行具体救捞事务的载体，整合双方的救捞资源。

2、两岸合作设立商业打捞公司的具体考量

（1）采取两岸相关部门特批设立、授权经营的运作模式

目前可行的操作模式是，由两岸民间资本合资、经两岸相关部门特批设立一家商业打捞公司，并授权该公司设备自由进出南海以及海峡受限制海域从事打捞工作。该公司进行纯商业化运作，自负盈亏。

（2）采取轻资产公司模式进行运作

在符合现有法律规定的前提下，建议该打捞公司采取轻资产公司的模式运作。具体而言，该公司应整合两岸现有的打捞资源，并作为在南海以及海峡受限制海域救捞的商业化运作平台。其凭借经两岸特批的资质承揽受限制海域的救捞业务，然后采取服务外包等形式承做救捞业务，以最大限度地降低运作成本，提高运作收益。

（3）在主营商业打捞的同时，兼营其他海洋工程业务

经营范围上，打捞公司在从事商业打捞的同时，应兼营海洋工程、科学实验、海上桥梁隧道建设以及油污和化学危险品清除等领域的多种

经营活动，争取收益多元化，降低对打捞收入的过分依赖。同时，从方便申请国家对行业的政策扶持、企业履行社会责任等方面的考虑，在经营范围上，公司应同时从事抢险救灾等业务。

(4) 以南海为主，并扩大到海峡受限海域

打捞市场是高投入、低产出的行业。为了尽可能实现规模效益，建议该公司在主做南海沉船沉物打捞的同时，将市场范围扩大到周边其他海域，如海峡受限海域。

(5) 设立中外合作打捞企业的阶段安排

首先，合作双方订立合作企业合同，合同中应载明费用与风险的分配、收益的分配等事项；其次，制定打捞作业实施方案，取得港务监督机构、渔政渔港监督机关或军事主管部门的核准文件；再次，将合作双方签订的协议、合同、章程等文件报国务院对外经济贸易主管部门或者国务院授权的部门和地方政府审查批准；最后，取得批准证书之日起三十天内向工商行政管理机关申请登记，领取营业执照。

(6) 投资估算

建议从打捞业务市场前景、所需购买的打捞设备及日常办公需要来进行投资估算，如市场前景较好、业务量较多，需要购置较多的打捞设备，可考虑做较大的投资安排。

(7) 设立地点及公司结构

相较而言，公司设立于大陆更有优势，它主要体现在运作成本较低，便于整合大陆的打捞资源，发挥大陆较强打捞力量的优势；有利于与大陆打捞机构的联系沟通，整合大陆包括国家级和民间较成熟的打捞力量在内的打捞资源。同时，考虑在台湾设立办事处，将有利于方便与台湾相关部门的联系沟通，及时在台湾开展业务。公司内部经营管理结构方面，除了上述台湾办事处外，应根据业务经营需要设立行政部、财务部和各种打捞业务部门。

南海与极地圈：
两种地缘和生态情境下的地区协同比较研究

周雷

[内容概要] 在对南海的地理、生态、媒介政治等方面进行文献和策略分析的基础上，本文基于对挪威极地圈项目的实地考察、关键人物访谈和文献回顾，对南海和极地圈的地区协同、生态保护、媒介表述进行深入分析，旨在找到能够弥合南海区域争端的新理论和策略空间。本文的研究还将南海放在整个东盟、东南亚、中国东海岸的新地理架构进行反思，对比同样具有争端、竞争、冲突的极地圈经验，通过新的分析框架来探讨一种基于地缘、文化、生态保护、媒介互动的未来战略协同的可能。

[关键词] 南海　极地圈　跨区域协同　比较研究

[作者简介] 周雷，中国南海研究协同创新中心研究员。

同样作为多权力渗透和交融的陆海地理区域，南海在多种指标落后于极地圈，其中包括学术共同体与知识创新、政府间政治互信与协商机制、跨区域商业开发战略、文化历史共同体与原住民互动、海洋媒介传播等多方面，本文的讨论基于作者在挪威和东南亚地区的综合考察，试图通过政治传播学、媒介人类学、政治人类学的视角重新看待南海的现有争端和未来发展，以此寻找东南亚区域的“极地圈”政治和文化协同的新可能。

南海区域不同声索国的竞争态势近来不断升级，从国际仲裁申请、组织游泳比赛、石油钻井开钻、建筑基础设施扩张到街头排华政治秀、办三沙小学等——也许因为媒体选择性发声的缘故，公众很少能听到彼此合作的好消息，更容易认为南海已经进入一种白热化和准军事化境地。

抛开资源政治和地缘政治不谈，笔者认为包括中国在内的所有南海声索国都应该检讨和反思一个基本的事实：长期以来，该区域缺少对于南海富有探索、探险、知识增长意义的科学系统考察；对于这一地区在地理、生物、地质、宗教、神话、人类学等方面的知识空缺，彼此鲜有真正的求知欲；即使是已经开展的资源开发和利用，仍然是使用较为粗陋、攫取性的开发模式。以上弊端，都可以看作是大时间向度的南海海洋协同的缺乏和“精神危机”。

一、南海和平转向需要找寻“集体海洋精神”

2014年9月，笔者对挪威奥斯陆、特洛恩海姆等地进行考察和走访，也因此从斯堪的纳维亚国家的历史和极地生态史当中获得许多值得南海借鉴的经验。

与南海研究、探险、互动交往的破碎性、断裂和实用主义不同，北欧国家对极地地带的好奇心和求知欲一直亢奋，并形成了人类历史上对这个未知地的多次大型探险。从十九世纪一直持续到现在，挪威的探险家和科学家，最初从因纽特人身上学习极地生活技巧，然后用非常简陋的方式，开始对极地进行探险，并持续使用古典探险船、热气球、飞艇、飞机、极地航船等最新技术成果持续探索这一占据地球15%面积的区域。

据不完全统计，这一地区的多国科考，已经为地球生成史、气候变迁、冰川发育、地质科学、极地生物学、极地民族学、萨满教、海洋学、大气洋流学、航运学、分子生物学、海洋生物学、制图学、考古学等多学科提供了最为前沿的研究资料。①

亚洲也有许多类似的极限地区，例如海沟、地陷、地球板块构造带、古地震遗址、巨型冰川发育地、国际河流源头地、岛屿热带雨林、宗教

① 本文所涉及的多种有关挪威的数据均为笔者在挪威考察通过访谈、博物馆记录、田野调查、现场观察所得。

发生学原生地等，但是，围绕这些共同环境和精神遗产，亚洲国家鲜有长期性和建设性的合作，较少从知识增长的意义上去竞争、冒险、探险，而总是因为石油、矿藏、天然气等蝇头小利而大动干戈。

南海地区曾经出现的航海人物——郑和，它虽然早于西方地理大发现进行了跨洲远距离航行，但是诡异的是，他和他的团队在地理上的发现并没有产生认识世界的革命性影响。这些跨文明的航行，虽然沿线有关郑和的历史遗迹和传说很多，但是没有形成这一区域跨族群心理认同的人物，而这是中国惟一能拿得出手的人物，屡屡试图用他来整饬南海的文化秩序，也用他的名字和朝代为南海的岛屿命名。

明帝国和郑和船队出色的航海能力没有转换成现实的政治威慑力，实际上左右南海海权的人物是美国人艾尔弗雷德·马汉，他最早提出海权（sea power）的概念，现有的南海的争端并不是一个郑和探险、天下共和、利益共同体的解决模式；马汉式海洋地图学、政治治理架构、经济主导海军协同模式是南海治理的现实模式。

然而，在北欧极地区域，由于美国、俄罗斯、挪威、丹麦、瑞典、英国、加拿大等国对这一区域持续的研究和探险，它客观上形成了一个区域的知识共同体和极地知识探险“封神榜”，在知识贡献意义上，每个国家都有其独特之处，而这种围绕一个区域，在经济开发之前的长期智力投入是欧美社会高明之处。虽然这些探险背后也有阴谋、政治抱负、地理觊觎，但是，它没有转化为低端资源竞争和文化挑衅的模式。

因此，极地国家形成了极地委员会这一较为有效的治理架构，成立于1996年的委员会包括加拿大、丹麦、芬兰、冰岛、挪威、俄罗斯、瑞典、美国这些环极地国家，同时还吸收6个少数民族团体作为永久性参与者。2010年，挪威和俄罗斯还在海洋法（law of sea）的圭臬之下，解决了巴伦支海的划界问题。

在挪威，各种有关极地探险的博物馆、海洋馆、文化馆、民俗馆林立，这些博物馆知识架构既是结果也是一种开始，它在总结的同时昭示着作为一种区域、族群、文化、文明的共同性区域（regional commons），其最重要的价值在于精神意义、知识增长、跨文明认知，经济利益和开发虽然重要，但不应该以此为鹄。

从政治意义上，南海成为一个问题，和亚洲文明整体塌陷、西方殖民、后殖民民族解放、社会主义运动、全球化经济卷入、区域地理的再全球化等因素有关，如果还仅限于成立机构、上街抗议、偷钻石油这些低端方式，南海没有未来。

不久前，英国首相卡梅伦曾经呼吁英国重新振兴“巴克尼尔精神”（buccaneering）——也就是殖民时代呈现出来的企业家精神、探险精神以及“海盗”精神。我认为，如果亚洲人真有文化抱负，应该不去满足“盗油盗气”的小利，而是盗取认知意义上的文化之火，因为只有真正对亚洲、南海、亚洲跨海洋国家联合体、印度洋—太平洋文化体系的内在价值和命运有了充分的认识和掌握，东亚才会出现普罗米修斯那样的“盗火者”。

二、寻找海洋政治地理的“制度压舱石”

中国与东南亚区域国家在经济和文化交往不断增加的同时，彼此的历史和现实矛盾也不断累积，关键在于这一区域缺少公开、透明、有效、建设性的仲裁、商讨、协同机制，同时在地区远景、利益共同体方面存在诸多政策空白。

香港独立智库自然力研究院提出中国在解决了近期突发事件的不良影响之后，还应该从制度设计、概念协同、知识生产、经济模式、开发协作等多方面重新设计南海的远期战略，争取在不远的未来，形成南海福利机制（South China Sea Welfare）、南海国际协作、南海分享型社会、资源正义性开发、南海对话机制等多领域的互动新态势。

我认为中国在有效应对当前南海冲突加剧的同时还需要更多的战略思维准备。首先，中国应该面对南海仍然存在声索国及争议的历史和现实，同时关注到海洋性和岛屿型国家对海域边界的敏感心理和情绪，针对南海断续线与涉及国家距离切近这一现实，以及历史上、现实中海上经济活动频繁、互动的事实，将南海所涉及的重大资源、收益、隐形财富、精神价值看作一个区域性的遗产，并形成具体的制度性区域协同战略。

与南海经济和资源开发所涉及的一切活动，应该首先照顾到这一区域经济活动的环境正义和协同分享型开发的机会，争取创造出更多的南海福利机制，这个机制不应该仅由能源巨头、开发企业、能源所供给城市所享有，而是应该首先照顾到南海资源区块周边居民在宗教认同、环境保护、服务及基础设施配套、近海社区建设等方面的需求和关切。

南海区域的资源开发，应该记取英国石油在墨西哥湾漏油、美国康菲在渤海湾漏油、日本福岛核电站因震灾所造成的全海域污染这些惨痛的事实，并因此在资源探测、近海石油勘探及开发、南海基础设施环保建设、远洋运输安全、近海资源服务配套、南海周边渔业开发、近海工业布局、突发事件一级协同响应等多方面形成有效协作和监督。南海甚至应该成立以照顾到这些目的南海共同基金和南海国际协作基金会。

在这一区域分享型和发展正义的理念之下，南海才可能出现真正具有协同、协作、协商的契机，在南海国际协作基金的运行方面，中国应该以大国姿态，从战略和细节角度承担起区域性的国际责任，例如可以设计能源与建筑革新、海洋资源与城市化、近海渔民社区生计与海洋资源开发、南海互信共同体、能源投资责任和组织行为学研究、南海周边国家生态足迹和生态友好型行为、投资未来——南海经济与安全利益机制、南海共享型开发的远期社会经济学影响等多方面的国际协作课题，在南海争议之外，能创造更多的知识共同体和利益共同体。

南京大学—霍普金斯大学中美中心在近日召开了一次建立东亚共同体的学术研讨会，其中有一个专门的南海议题，其中中国学者呼吁，中国应该至少在声索国之间建立一个对话和商讨的常态机制，如果有正常的对话和南海协商机制，它可以在避免南海国际化的同时，在南海所涉周边国家形成一个良性的意见、建议、策略、批评的生成机制。

避免一有情况，便通过民粹式、政治式，乃至街头暴动和骚乱的形式表达诉求和争议，使得局面不断恶化。通过以上模式，南海至少可以开始想象自己不会因为资源和近邻因素，遭遇资源诅咒，使得资源之海和历史遗产之海变成争讼、武斗的“海上加沙”或“海上萨拉热窝”。

南海从政治地缘形态来说，它较为健康的形态是发展成为“亚洲的地中海”，基于类似的历史记忆和文化抱负，发展具有区域协同性和共生性的南海经济和生活方式。避免将南海的能源和资源片面供给已经畸形的能源巨噬型城市化和超级工程，成为不断滋生环境、生态、民生、政治问题的火药桶。

三、来自极地圈协同治理的启示

与南海及其周边国家在城市建设、生活方式、知识生产、跨文化传播、政治动员的结构性混乱、随意和紧张相比，极地圈在许多方面的指标形成了鲜明对比。飞机进入挪威奥斯陆的那一刻，游客就能从上空俯瞰当地俊美的天际线、峡湾、森林和整饬的城市群，在奥斯陆各种与海洋有关的物理设施和软性文化随处可见：沿着港口各种文化、休闲、历史遗迹富有节奏地展开，奥斯陆向外来游客首先推荐的就是包括维京人、极地探险、海洋生活方式的挪威海洋文化。

这种文化意义上的极地权力的“柔软宣示”并不是挪威的专利而是在斯堪的纳维亚地区的普遍基调，在奥斯陆即使是海港周边的军事学院和海洋军事博物馆也是对外开放的，笔者调查期间还前往观礼军官的毕业礼和内部培训。在多个以海洋为主题的展览馆中，挪威不仅通过软实力的方式宣示了自古以来的挪威海洋精神、海洋考古证据和海洋生活方式，尤其强调自己对极地地区持续几百年的科考和探险努力。许多展馆都把不同时期船舶的原件放进室内空间里，挪威的海洋文化展示者似乎在效仿俄罗斯套娃创造了一种“船舶连环套具”——某种程度上挪威在现代化和文化革新的过程中，核心的器物就是“船”，从维京人的艨艟到极地想象力探险的高科技舰船。

包括挪威在内的多个极地国家，他们都至少从三个层面进行了“极地治理”(Arctic Governance）尝试：第一，在民间社会培育软性、休闲的文化调性，针对极地、峡湾区域，它不是军事禁区化管理和秘密地带，而是百姓的极地后花园，笔者的挪威、冰岛、瑞典同学和朋友在他们的FACEBOOK时常发布的就是他们在极地探险、徒步、露营、泡温泉、游泳、垂钓的极地生活方式，极地的自然条件在某种程度上较为严酷，但是它给当地百姓带来的是各种趣味和共同记忆。

第二，学术层面的知识创新培育，滋养探索极地治理最佳范例和和平利用极地资源的知识储备和创新文化气氛，挪威在它距离极地较近的区域布局了多个高质量综合性大学，甚至把特罗姆瑟（Tromsø）打造成了一个极地知识中心和极地首都（Arctic capital)，极地国家已经在此地成立了极地委员会的永久秘书处（Arctic Council’s Permanent Secretariat)，沿着斯塔万格（Stavanger）一路建造新的环极地智慧城市群，这里面最大的资助者除了来自政府的资金还有克努克菲利普斯石油集团（ConocoPhillips）的资金。相比之下，中国、越南、菲律宾等国的任何海洋石油勘探有没有如此想象力和魄力，不仅成为能源的开发者、运输者和利用者，还能促进不同国家在南海圈城市群建设的智慧和智能化。

第三，政治架构上的相对透明、协商、对话和建设性，极地国家成立了多个协同架构其中最为有效的机制之一就是“极地疆界”(Arctic Frontiers)，挪威首相索伯格（Solberg）在2014年1月召开的极地疆界会议演讲上提出挪威在极地政策的核心竟然是“知识”，政治家鼓励极地圈的高校组织和扩散各种有关极地的教育资源——部分高校免除学费，同时大量资源面向普通学生和当地市民开放，在雷克雅未克的会议现场，甚至能看到来自当地社区的百姓充当极地会议的志愿者，为会议现场做记录员，这在某种程度上较为贴合会议的主题“极地中的人”(Humans in the Arctic)，为了配合这场会议一个名为青年科学家协会（Association of

Early Polar Career Scientists）甚至在当地的高中组织了一场会议海报设计竞赛。无论是细节、做法、想法，这种极地圈合作和融合都是在南海所涉及国家较为罕见的。①

但是，这些和平主义和建构主义的背后并不是不食烟火，也包含着各种利益博弈的展开，不同国家都将自己的资源开发触角牢牢锁定极地圈。例如，俄国的远东开发战略使得它成为东亚油气市场最主要的极地油商之一，东西伯利亚—太平洋管道（简称ESPO，East Siberia-Pacific Ocean Pipeline）2010年正式启用，这在西伯利亚形成了一个新的石油生产和运输中心，到2015年日产量可达到60万桶。相比之下，跨阿拉斯加管道（简称TAP，Trans-Alaska Pipeline）将石油从北部斜坡区（North Slope）运输至瓦尔迪兹（Valdez）最终抵达东亚的韩国丽水（Yeosu），该地的石油产能达到每日210万桶。此外，ESPO项目还将在2016年于极地地区的奥克拉克（Okrug）启动美索亚卡（Gazprom' s Messoyakha）计划，通过该计划增加向外输送石油的能力，此计划一旦实施韩国大街小巷的现代汽车就将更多燃烧来自俄罗斯的石油。

不断扩大、加深的极地资源开发和商业化运作还将一些新的国家纳入"极地圈泛政治体"。以韩国为例，通过基于极地石油资源的跨洋调运，韩国通过极地油气外运地和远洋船舶中心的身份成为新的潜在"极地成员"之一。2013年，一艘船从俄罗斯的乌斯特鲁戈（Ust-Luga）启航，带着8万吨的货物通过北海航道进入韩国海港丽水，伴随此类航线的日益成熟，韩国将被纳入北太平洋泛极地圈，直接将东亚与太平洋西北部连接起来。

总的看，与极地圈的"汗牛（船）充栋"的极地文献和极地共同体记忆不同，南海区域的历史记忆、民间经济、政治治理、区域协同、知识生产、未来战略存在多层面的龃龉和分裂，这些分裂实际上与包括中

① 更多会议细节参见如下会议参与者官方网站：http://cryopolitics.com/2014/01/29/norways-prime-minister-calls-for-advancing-northern-norways-knowledge-economy/。

国在内的诸多南海周边国家的“知识空洞”有关。

与环境领域的“臭氧层空洞”相似，南海领域的知识空洞并不是历史的必然，而是这个区域在政治互动、军事斗争、殖民遗产、经济复兴、文化认同等领域出现多重危机之后的必然产物，从“臭氧层空洞”穿射过来的不是太阳紫外线，而是“南海域外势力辐射”——真正的南海和平并不是排斥与之相关的日本、美国、德国、法国的介入，而是介入的方式和效果。

目前，以“南海为壑”、以东南亚为砝码和杠杆的政治地理权谋，在某种程度上使南海周边国家军事庸俗化和阴谋论化，似乎任何设计和考量都在物质意义上的资源和利益，如果中国也深陷其中，看不到南海在石油、天然气、渔业等物质收益背后的精神价值、协同价值、南海中华记忆体、东南亚的“文化地中海”等方面的潜在要素，南海也没有未来。

极地国家的许多政治人物已经在考虑极地“典型资源”枯竭后的价值，其中最大的共识是笔者所归纳的极地对于人类在生态、认知、环境、气候变暖等方面的元认知战略位（strategic and meta-cognitive position）价值。而在这一方面，南海所关涉的国家应该眼光向外，看到南海之外的大洋、高山和平川。

冷战时期波罗的海环境保护合作研究

常娜

[内容提要] 波罗的海海洋环境在二战后严重恶化，冷战期间沿岸国家需要通过合作治理解决污染问题。其经验教训中国同他国开展国际合作有借鉴意义。有必要对隶属不同阵营的沿岸国家如何超越政治利益分歧，达成合作进行研究。

[关键词] 波罗的海　环境污染　国际合作　冷战时期

[作者简介] **常娜**，中国南海研究协同创新中心研究员、博士。

波罗的海是一个半闭海，周边共有9个国家。尽管彼此间不乏渔业捕捞、海洋划界等方面的纠纷，但是，面对该片海域内历史遗留及工业发展带来的环境污染，自上世纪70年代起，这些沿岸国家还是通过签约、建立中心调节机构等方式逐步形成了良好的合作机制。南海海域不仅在地理环境上同波罗的海地区类似，而且其面临的环境污染、生态恶化等方面的问题也很相似。因此，波罗的海周边国家解决环境问题的历史经验可以成为中国同南海地区周边国家合作治理环境问题的借鉴。

一、波罗的海地形及水文特征

《联合国海洋公约》122条规定，“闭海或半闭海”是指两个或两个以上国家所环绕并由一个狭窄的出口连接到另一个海或洋，或全部或主要由两个或两个以上沿海国的领海和专属经济区构成的海湾、海盆或海域。按照此定义，地处欧洲北部和北冰洋边缘的波罗的海是一个典型的半闭海。其长1,600多公里，平均宽度190公里，面积为471,000平方公里，只有西面经斯卡格拉克海峡、厄勒海峡、卡特加特海峡等海峡和北海以及大西洋相通，它实际上属于大西洋的一部分，同时也是世界最大的微咸水水域。[①] 由于波罗的海处在斯堪的那维亚半岛与欧洲大陆之间，四周被陆地上的德国、丹麦、波兰、瑞典、芬兰、俄罗斯、爱沙尼亚、拉脱维亚、立陶宛等9个国家所环绕，是一个国际性的水域。

二、波罗的海的环境污染问题

由于连通北海和大西洋的海峡又窄又浅，限制了咸水从北海流入波罗的海，波罗的海同这两片水域的水体交换十分有限。历史上波罗的海水体流动主要依靠来自卡特加特地区的咸水和富氧水。近年来，此类水体流动减少，使得波罗的海底部水体流动性大大降低。再加上同大洋的水体交换有限，波罗的海海水更新速度极慢，海水在其内停留的时间大约为25到40年，极易造成有害物质堆积。由于该水体所独具的特征，其生物多样性非常差。进入工业社会后，波罗的海海水污染问题日趋严重，主要有以下几方面的原因：

（一）人类排放到波罗的海中的污水废水是造成富营养化的直接原因

18世纪之前，人类生产生活对波罗的海海水质量影响微小。但是，从18世纪开始，波罗的海沿岸人口大幅度增加，农业大规模发展，沿岸出现了数量众多的小工业，海上贸易量上升，人类通过河流湿地排放到该片海域的废水急剧增加。随着农业技术的发展，排进海中的废水中含

① Klaus Voigt.农恒佳，周亦新译：“波罗的海—污染问题与自然环境的变化”，《科学对社会的影响》，Z1（1983），第150-157页。

有的有机化肥含量增加，大大加剧了波罗的海海水富营养化的过程。[①] 19世纪后期开始，随着工业化的普及，工农业生产中产生了大量废水，内含农药及其他药物残留物，粪便等污物，排向波罗的海的废水中化学毒素越来越多。同时，类似塑料、渔具、玻璃以及金属等难以降解的废物通过下水系统、河流、风暴等被带入海洋。这些有毒物质会影响动植物的免疫系统和荷尔蒙分泌，从而影响其生长和繁殖，给海洋生物的生存带来极大的危险。加之海上贸易愈发繁荣，海上倾倒垃圾以及陆地排放垃圾都加剧了波罗的海沿岸的污染程度。[②]

（二）海上事故及其所导致的油气泄漏是导致波罗的海海水污染的另一个重要原因

同南海地区类似，波罗的海一直以来是世界上最繁忙的航运通道之一，其航运量占全球海上运输15%。随着经济的增长和技术的发展，波罗的海地区航行的船只数量，船只大小都在不断增加，其中20%的船只属于大型油轮。根据《波罗的海环境状态背景报告》公布的数据显示，波罗的海每年都会因触底或者碰撞发生一百多起航行事故，其中7%的事故会导致漏油并造成环境污染。[③] 漏油事件会给海洋环境带来多方面的破坏，除去对野生动物生存环境的影响，也会严重影响沿岸国家海洋来源食物的种类和安全，进而影响人类身体健康。因此，有关各方对可能发生的油气泄漏事件都非常关注和重视。

---

① 资料来自《波罗的海环境状态背景报告》。该报告主体“The Baltic Sea – Our Common Treasure. Economics of Saving the Sea”有波罗的海系统工具及生态经济评估组织于2013年3月出版，本文引用的背景报告是其8个背景报告之一。第13页。

② 资料来自《波罗的海环境状态背景报告》。该报告主体“The Baltic Sea – Our Common Treasure. Economics of Saving the Sea”有波罗的海系统工具及生态经济评估组织于2013年3月出版，本文引用的背景报告是其8个背景报告之一。第16—17页。

③ 同上，第19页。

（三）二战遗留的化学武器和其他战争残留物是导致波罗的海海水污染的第三大原因

二战结束后，盟军缴获了大批德军化学武器，其中大部分都被倾倒在了北海和波罗的海之中。[①] 目前，这些化学武器的具体数量及其具体倾倒地点尚属未知。根据《波罗的海环境状态背景报告》公布的数据，二战后倾倒入波罗的海的化学武器有50,000吨。[②] 按照Eugeniusz Andrulewicz的统计，65,000吨化学武器被倒入波罗的海，其中有大约13,000吨属于有害化学物质。[③] 当时，由于参战各方缺少有效的运输器材，加上时间紧迫，很多情况下并没有选择远海地区进行倾倒。德军甚至在水深30米的海域处理过化学武器。[④] 除此之外，还有相当一部分化学武器在运往倾倒地点的途中被丢弃到海里。[⑤] 瑞典、德国、波兰、丹麦等国沿岸都曾发现过化学武器，并且还造成了包括儿童在内的人员伤害。例如，1955年波罗的海南岸儿童夏令营成员在岸边发现了一个圆桶并用其玩耍，30分钟左右首例皮肤灼伤案例发生。这次事故造成102个儿童皮肤灼伤，4人眼睛受到严重伤害。[⑥] 可见，这些化武遗留至今依然是对波罗的海环境和当地人们的重大威胁。

---

① Eugeniusz Andrulewicz, ‘Chemical weapons dumped in the baltic sea’, *Assessment of the Fate and Effects of Toxic Agents on Water Resources* edited by I. Ethem Gönenç et al. (London, 2007), p. 306.

② 《波罗的海环境状态背景报告》，第18页。

③ Eugeniusz Andrulewicz, ‘Chemical weapons dumped in the baltic sea’, p. 309.

④ ‘SEA-DUMPED CHEMICAL MUNITIONS’, http://helcom.fi/baltic-sea-trends/hazardous-substances/sea-dumped-chemical-munitions

⑤ Eugeniusz Andrulewicz, ‘Chemical weapons dumped in the baltic sea’, p. 310.

⑥ 同上，第310-313页。

三、波罗的海沿岸国家在治理海水污染问题上面临的障碍与挑战

波罗的海严重的污染是周边国家共同关心的问题。但是，治理污染是一项系统工程，而且耗资庞大，没有哪一个政府或者组织可以独立完成对海洋环境的保护和治理，唯一可行的方法就是在政府间以及国际组织间建立战略性的合作。然而，开展国际合作对于二战后的波罗的海沿岸国家来说还面临诸多挑战和障碍：

（一）需要跨越东西方两大阵营的界限

二战结束时，波罗的海地区无论在政治上还是文化上都是处于分裂状态，大体上由几组不同性质国家组成：丹麦、瑞典、芬兰和联邦德国属于西方阵营，其中联邦德国是北约成员国；苏联、波兰和民主德国则属于东方阵营，均为华约组织的成员国，而且爱沙尼亚、拉脱维亚和立陶宛在此时还都是苏联的加盟共和国。这些国家的社会、政治和经济状况不完全不同甚至根本不同，因为波罗的海北部、西部以及西南地区是欧洲经济最为繁荣和社会最为稳定的民主国家，而东部和东南地区则是社会主义国家，经济上不那么发达和繁荣。政治上，苏联控制了东德，并将爱沙尼亚、拉托维亚和立陶宛纳入自己的版图之中；美国则支配着西德，并将北欧地区纳入西方阵营之中。因此，战后波罗的海地区大部分是在苏联的直接控制之下，而且其在该地区的军事力量呈现逐步增加的发展趋势。[①] 波罗的海地区的政治格局不仅受美国影响，更受苏联左右。这样，不同阵营国家由于意识形态的差别在政治上存在着对立和不信任。有学者指出“努力超越政治利益的分歧”是波罗的海周边国家实

---

① David G. Kirby, *The Baltic World 1772-1993: Europe's Northern Periphery in an Age of Change* (Routledge, 1995).

现共同治理环境问题的首要因素。[①] 因此，要想实现对波罗的海的共同治理，必须首先超越两大阵营的政治束缚和制约。

（二）需要克服或者回避内部矛盾与分歧

波罗的海地区涉及国家众多，存在海洋划界、渔业资源分配等利益冲突。但是，波罗的海国家的内部矛盾与分歧主要表现在瑞典和苏联之间。战后，苏联和瑞典长期存在领土领水争议。苏联宣称波罗的海沿海12海里海域为其领海。[②] 瑞典政府拒绝承认苏联对该海域的领有权，坚持波罗的海沿岸12海里属于瑞典渔民的传统捕捞区。五六十年代，两国还在该海域发生了一系列摩擦甚至严重摩擦：其一是瑞典渔船多次被苏联海岸警卫队方面扣留、羁押，除没收其全部捕捞成果还对瑞典渔民进行了罚款。苏联方面宣称瑞典渔民违反了苏联国内海洋法规定，要求瑞典官方敦促其渔民在苏联领海内遵守苏联规定。其二是瑞典渔民被苏联方面监禁并起诉，指责其非法捕捞并进行间谍活动。其三是瑞典多次通过官方渠道与苏联进行交涉，提出抗议，并要求将此争议提交国际法庭仲裁，但苏联方面拒绝仲裁要求。其四是两架瑞典非武装侦察机1952年在波罗的海上空被苏联击落，并造成人员伤亡。苏联再次拒绝了瑞典政府将纠纷提交国际法庭仲裁的要求。显然，苏联在波罗的海问题上坚持强硬立场的主要目的就是要把它变成自己的“内海”。例如，苏联学者Molodtsov就发表文章宣称波罗的海沿岸国家（苏联）有历史和法律权利阻止一切外国船只进入。[③]

---

① 汪洋：“波罗的海环境问题治理及其对南海环境治理的启示”，《牡丹江大学学报》，8-23 (2014)，140-142，第140页。

② Gene Glenn, ‘The Swedish-Soviet Territorial Sea Controversy in the Baltic’, *The American Journal of International Law*, 50-4 (1956), pp. 942-949.

③ 同上。

（三）需要有一个大家都能认可的国家积极推动环保合作

由于瑞典和苏联是最重要的两个波罗的海国家，两国在波罗的海问题上的分歧与冲突使得它们不可能进行有效的合作。因此，倡议开展共同合作的会议进而签订条约的重任只能由芬兰来承担了。我们知道，芬兰在冷战期间周旋于波罗的海国家之间促进国际合作，为地区稳定和平做出了很大贡献。苏联倡议的欧洲安全与合作会议其实很大程度上是芬兰外交政策的胜利。冷战期间，芬兰在北约和华约两极夹缝中艰难生存。尽管芬兰努力在冷战期间维持自己的中立状态，西方国家仍视其与社会主义阵营更为亲近。“西德的报纸和地图甚至把芬兰归为铁幕另一面的国家”，因此，在同苏联保持良好关系的同时，芬兰还能够同所有西方国家进行贸易，并在上世纪70年代进行的各种缓和活动中扮演重要角色。① 芬兰在召集组织波罗的海国家展开国际合作的过程中遇到的最为棘手的问题是民主德国和联邦德国互不承认对方的合法地位。联邦德国拒绝在另一阵营国家民主德国签字的任何条约上签字。联邦德国和丹麦同时又是欧共体成员国，按照欧共体的规定，他们无权参与签订欧共体条约中已经涵盖的合作内容。而苏联方面要求所有条约的签订一定要有民主德国的参与。有观点认为苏联积极参与所谓海洋环境合作的目的不在环境治理本身，而在于利用国际合作的机会推进国际社会对民主德国的认同。② 这一问题直到1972年，两德签署《两国关系基础条约》，确定东、西德在平等的基础上建立相互之间的正常的睦邻关系，“互设常驻代表机构”才得以解决，为最后实现波罗的海沿岸国家常态化的环保合作创造了条件。

---

① David G. Kirby, *The Baltic World 1772-1993: Europe's Northern Periphery in an Age of Change* (Routledge,1995),pp. 373-399, 424-427

② Tuomas Räsänen and Simo Laakkonen, ‘Cold War and the Environment’, p. 234.

（四）需要构建一个可以从中共同进行治理污染的合作框架

由于污染以及海上交通的增多，以及公众环境意识的觉醒，波罗的海地区科学界在上世纪70年代就开始评估和研究波罗的海污染程度，并认为波罗的海是世界污染最为严重的海域。显然，波罗的海环境污染已经成为北欧最严重的跨国环境问题，影响到沿岸将近八千万人口健康生活。[①] 由于此时还没有成文的国际条约，也没有成熟的国际组织提供环境保护，主要的解决方法就是国家主导的防污措施。然而，波罗的海地理环境复杂，污染具有跨境性，没办法通过某国独立行动完成。因此，签署国际合作条约势在必行。经过芬兰的多方努力，1974年，相关国家在芬兰首都赫尔辛基召开会议，并签订《波罗的海海洋环境保护公约》，也即《赫尔辛基公约》。该公约由当时7个沿岸国[②] 共同签订，规定该片海域所有污染问题均根据此公约内容处理协调治理。

四、波罗的海环保合作机制及其发展演变

波罗的海环保合作机制来之不易，本身也存在着一定缺陷，依然处于发展完善之中。

（一）环保合作机制

1974年《赫尔辛基公约》对污染物及陆源污染物做出了定义，要求签约国独立或共同采取法律、行政或其他措施避免污染保护波罗的海环境。该公约建立了执行机构赫尔辛基委员会，委员会秘书长办公室设在赫尔辛基，委员会主席由签约各国轮流派员担任，任期两年。委员会主席在其任期内不得担任本国在委员会中的代表。委员会主席每年至少召

---

① Tuomas Rasanen and Simo Laakkaonen, 'Instituionalization of an international environment policy regime in Governing a Common Sea: Environmental Policies in the Baltic Sea Region, p. 45.

② 这7个国家包括民主德国、联邦德国、丹麦、波兰、瑞典、芬兰、苏联。

集委员会举行一次会议。两个以上签约国要求召开委员会会议，委员会主席应在90天内增开会议。委员会第一次会议在该公约生效后90天内举行。委员会投票时签约国一国一票。从公约内容看，苏联同其他国家在环境事务中是平等地位，作为超级大国并未凌驾于他国或环境保护需求之上，但实际情况并非如此。

（二）机制的局限性

尽管《赫尔辛基公约》是波罗的海地区环境保护最重要的协议，但是，在当年的冷战背景下其内容有着相当的局限和不足。比如，在苏联等国的坚持下，该公约条款对各国领水没有限制，领水内污染可按签约国国内法要求处理。① 在此类问题上超级大国的安全考虑超越了环境治理的要求。② 在实践中，陆地沿岸海域是污染最为严重的地区，也最需要进行管控和治理。除此之外，该条约不对战舰，战机等军用交通工具产生效力。类似问题在苏联解体后陆续召开的会议中才逐步得到解决。

（三）机制的发展与完善

上世纪90年代，由于《联合国海洋公约》的颁布，以及周边国家政治环境出现变化，所有沿岸国连同欧盟等组织和国家在内共同签订了新的公约。该公约涵盖了当时所知的所有污染物及污染源，管辖范围覆盖整个波罗的海，包括内水、海洋和海底。为控制陆源污染，还覆盖整个波罗的海集水区。赫尔辛基公约的执行机构仍然是赫尔辛基委员会-波罗的海海洋环境保护委员会（HELCOM）。该委员会兼具环境政策制定，环境信息平台的职能，同时在该地区进行监督协调的工作。凭借该公约以及委员会，波罗的海环境问题走上了国际治理的轨道。通过《赫尔辛基

---

① 'Convention on the Protectionof the Marine Environment of the Baltic Sea Area, 1974 (Helsinki Convention)',http://www.helcom.fi/Documents/About%20us/Convention%20and%20commitments/Helsinki%20Convention/1974_Convention.pdf, pp.3, 4.

② Tuomas Räsänen and Simo Laakkonen, 'Cold War and the Environment',p. 233.

公约》的约束，及其委员会和相关各国的努力，波罗的海环境在过去的20年有了一定的改善。[①]2007年，赫尔辛基委员会公布了波罗的海行动计划。该行动计划是地区环境保护的一次大胆尝试，首次将生态系统中人类活动管理等方法运用到海洋环境保护中，改变了过去单一治理污染物的方法。

五、波罗的海国家合作经验的启示

波罗的海国家进行环境保护合作的经验和教训值得中国及南海国家借鉴：

（一）首先，南海沿岸国家应认识到南海环境问题严重性

南海环境问题同波罗的海类似，沿岸国工业经济发展，人类活动给海洋环境带来巨大压力，南海同样存在富营养化及有毒物质堆积等问题。南海地区同样是交通枢纽，往来船只密集，面临着漏油等环境威胁。相关国家应提早进行环境污染防治，避免像波罗的海一样出现严重生态环境事故之后再做反应。

（二）南海沿岸国家应该开始探索进行环保合作的可能性及途径

同波罗的海相似，南海污染不止涉及到某一国家，而是跨界跨境的现象。没有单一国家能在经济，技术，或操作层面独立完成南海环境保护。因此，为了共同治理南海污染，维护良好的海洋环境，相关国家应通过多种轨道开展交流与对话，探讨构建南海环保合作机制的路径，为最后形成常态化的合作机制创造条件。

---

① Minna Pyhälä, ‘HELCOM Baltic Sea Action Plan:An Ecosystem Approach to the Management of Human Activities’, M. Reckermann et al.（eds.）, *Climate Impacts on the Baltic Sea: From Science to Policy*,（Springer，2012）, p.49.

（三）中国应积极推动南海环保合作机制的建立

作为负责任大国，中国应在构建南海环保合作机制方面发挥领头羊的作用，借此表达善意和良好愿望，淡化当前的主权争端，为建立彼此间的政治互信提供机会。

有关宋末泉州蒲氏史料的几个疑点

刘迎胜

[内容提要] 近半个世纪以来，学界在研究在东西海上交通史与中国伊斯兰文化史中占有重要地位的宋末泉州蒲氏家族时，陆续使用了四种新史料，即文莱的蒲公之墓碑铭、清代泉州《西山杂志》残抄本、存世之《泉州蒲氏族谱》与1998年成都市东北郊发现的北宋宋京夫人蒲氏墓志铭。其中第一种与最后一种，因系墓碑与墓志，最为可靠，本文以此二者为据，核查《西山杂志》与《蒲氏族谱》的相关记载，得出《蒲氏族谱》与《西山杂志》有关蒲寿庚家族的记载均不能视为可信史料，而蒲公之墓与蒲寿庚之间的关系仍存疑问。
[关键词] 蒲寿庚　海外交通　伊斯兰文化　蕃商　制干
[作者简介] 刘迎胜，中国南海研究协同创新中心研究员，南京大学历史系教授，博导。

一、有关泉州蒲氏的几条线索真伪辨

蒲寿庚① 宋末在泉州从事海上贸易，并任泉州市舶使。元军进临安后，发兵南下追击逃往福建的宋室残余力量。南宋所依重的蒲寿庚降元，不但了结了赵氏复国的希望，也对元打开与东南亚交往起了非常重要的作用，因此一个世纪以来，蒲氏家族始终是宋元历史研究的热点之一。

日本学者桑原骘藏的《宋末提举市舶西域人蒲寿庚的事迹》（连载于《史学杂志》，1915 -1918年）汉译本在1929年由中华书局出版后，特别

① 郑思肖《心史》作蒲受耕。

是近半个世纪以来，有关学者陆续提到了一些有关宋末蒲氏家族的新线索。这些新资料多数虽已经学界讨论，且不乏新见，但据笔者管见，迄今尚未有将这些线索集中比对。笔者不揣简陋，冀借分析这些新资料与新研究，以订正既往研究的不足之处。有关蒲氏家族的新线索主要是：

（一）文莱宋末的蒲公之墓

1991年初，笔者随联合国“海上丝绸之路”考察队一行来到文莱苏丹国。在东道国考古研究所的带领下，考察队来到其首都斯里巴加湾市（Bandar Seri Begawan）附近小山上的一处名为“郎加斯”的伊斯兰墓葬区（Rangas Muslim Cemetery）。东道主将我们带到一方并不显眼的墓石前停下，我们发现这块墓石是一方宋碑，其铭文是汉文。据介绍，此碑最初是在1972年为德国汉学家傅吾康（Wolfgang Franke）教授所发现。因傅吾康教授所摄照片墓碑字迹不清，马来西亚学者陈铁凡（Chen Tieh Fan）先生又从吉隆坡来此重读并制作拓片，因此才准确读出铭文，[①] 其文曰：“有宋泉州判院蒲公之墓，景定甲子（1264）男应甲立”。

（二）《西山杂志》残抄本

泉州华侨大学林少川教授曾于20世纪80年代末，在闽南侨乡作族谱调查时，偶然在晋江东石一位杂货铺店主蔡春草家中发现四册《西山杂志》。林教授判定系重要发现，但蔡店主因他人曾借走2册未还，不肯出借。于是林教授不得已花费17天时间抄录。店主为他的不懈韧劲所动，同意他借回复印。后来，林教授又发现被借走的两册抄件。[②]

---

① Franke, Wolfgang & Chen Tieh Fan, A Chinese Tomb Inscription of A.D. 1264 Discovered Recently in Brunei, in Brunei Museum Journal, 3, 1 (1973).（此文被译为汉文：见《泉州文史》第九集刊傅吾康、陈铁凡着，温广益译《最近在文莱发现的一块公元1264年的中文墓碑的初步报告》（页1 50—154）4。根据我们在现场的认读，发现此碑完全可以读出。傅吾康教授认为照片不够请晰或为制版的缘故。

② 《厦门晚报》2006年6月26日。

《西山杂志》的撰写者为清乾道间学者蔡永蒹。[①]据是书序言，其七世祖伯蔡延赓曾随郑成功。清廷规定，凡依郑者子孙不得登科仕进。其祖父蔡文扬为泉州东石钜商，“家有航舟十艘，航于番地”。蔡永蒹本人少时曾随叔父蔡幸赴海外贾贩，曾三抵龙牙门（地在今新加坡），到过棉兰佬和苏禄（位于今菲律宾）、三宝垄（位于今印尼）和槟榔屿（马来亚）。他在海上时曾遇风暴，飘至一处，不得已留作私塾教师两年，其间结识吴姓富商，其人藏书万卷。蔡永蒹向其借阅，学识大增。此后又游学于浙、皖、越、齐、粤与交州（今越南北方）等地，“凡诸古刹梵宇，忠节贞孝仁祠碑记，均录之成帙。”其书成于清嘉庆间。[②]

此书原为12册，计1,630页，现仅存六卷，从未刊刻。保存者蔡姓店主为其侄孙。厦门大学庄为玑教授发现，其中有一段题为“蒲厝”，有数则资料被认为与泉州的蒲氏有关：

沧岭之东有蒲厝，隔江与铺中相望。宋绍定间（1228），有进士蒲宗闵司温陵道通判，后升都察院，端平丙申（1236），奉使安南，嘉熙二年（1238）春，奉使占城，淳祐七年（1247）再使渤泥，后卒于官也。（第一段）

其子有三焉，：长子应，次子甲，三子烈。蒲应入勃泥，甲司占城西洋转运使，大食、波斯、狮子之邦蛮人喜谐。（第二段）

记曰：蒲氏盖从五代留从效使蒲华子蒲有良之占城，司西洋转运使，波斯人咸喜为号矣。故自宋元以来，泉郡之蒲氏名于天南也。蒲厝宋末背叛，蒲寿庚航海居菲，一曰麻逸国也，一曰蒲端国也。（第三段）

《仁和诗社》云：温陵都院有蒲公，三使蛮夷渤泥山。远卒异乡铭葬志，千秋魂魄入端桐。（第四段）[③]

---

① 其生卒年为1776（乾隆四十一年）—1835（道光十五年）。

② 刘浩然：《闽南掌故传说》，上册，泉南文化杂志社，2004年12月，第86—87页。

③ 兹据庄为玑：《文莱国发现泉州宋墓考》，《南洋问题研究》，1991年01期；并见氏撰庄为玑《泉州宋船为蒲家私船考》，载《中国与海上丝绸之路》，第347页。

《西山杂志》的上述记载值得注意的是，一是将蒲氏在华历史上推至五代留从效在泉州的时代。二是将其蒲华、蒲有良父子与蒲宗闵与其子蒲应、蒲甲与蒲烈分别视为蒲寿庚的祖辈与近亲。

庄为玑先生将前述新资料一，即德国傅吾康教授在文莱发现的“有宋泉州判院蒲公之墓”，与新资料二，即泉州蔡永蒹的《西山杂志》记载结合起来，推定“有宋泉州判院蒲公之墓”的墓主蒲公应为《西山杂志》所记蒲宗闵；而文莱碑的立碑者“男应甲”，则对应为《西山杂志》所记蒲宗闵之子蒲应与蒲甲。

（三）今存世之《泉州蒲氏族谱》

此《蒲氏族谱》，是1955年厦门大学庄为玑先生向泉州南门城附近忠所蒲姓族人借出抄录的。[①] 此家谱流传不广，据笔者见闻所及，研究者们所依据的基本上是《泉州宗教石刻》所刊庄为玑先生抄录的家谱内容摘录文本。庄先生曾在一篇文章中，将此族谱记为“1953年秦门蒲家藏，手抄本。”[②]《泉州宗教石刻》所刊家谱内容中与蒲氏先世部分的内容如下：

“《泉州南门忠所蒲姓族谱》摘抄

始祖蒲孟宗，宋仁宗初知郓州事，嘉祷中以右丞治蜀，遂为西蜀人。家著多书。二世蒲壳，与苏子瞻有亲戚，历任德州平原县教授。三世蒲尧仁，绍兴间授河西吉安府泰和县。四世蒲绪，为朱熹门生。五世蒲国宝，开禧间家居四川叙州府富顺县，随子入闽。六世蒲仕宾，以恩贡官知福建泉州晋江县，官眷赴任，任满入籍，卜居晋江之法石乡[③]。夫人蔡

---

① 吴文良原著吴幼雄增订：《泉州宗教石刻》（增订本），科学出版社，2005年5月，第1版（以下版本信息略），页266。

② 兹据上引庄为玑《文莱国发现泉州宋墓考》，页7，尾注12。

③ 蒲氏族谱记蒲寿宬、蒲寿庚的父亲是蒲仕宾，但是明代何乔远《闽书》卷一百五十二记：“蒲寿庚，其先西域人，总诸蕃互市，居广州。至寿庚父开宗，徙于泉。”宋朝岳珂《程史 · 番禺海獠》则记蒲氏先世“本占城之贵人”，久居广州“富盛甲一时”，后“其富不如曩日”。这便是蒲开宗自广州迁泉州的原因。族谱所记蒲仕宾，无考。——《泉州宗教石刻》（增订本）原注。

氏，生三子。七世蒲寿晟、蒲寿宬、蒲寿庚，兄弟三人。寿晟，咸淳九年官蒲州知州，性俭约，于民一毫无所取，建曾井日汲水二瓶，置座右，人颂曰：'曾氏井泉千古洌，蒲家心事一般清'。立籍陕西巩昌府秦州，遂于官后居蒲州，今山西、陕西多其苗裔。寿宬，咸淳十年诏为吉州知州，知宋运逆，迨录不赴。……"[①]

除此之外，庄先生在其他文章中还公布过一段《蒲氏族谱》的内容："今吾宗教处九州岛，从未识面者，不异途人也。究而思之，皆吾祖一身所自出也。吾念及此，忍以途人视之乎？因考从来世系'世秉清真教，天下蒲姓，皆一脉'。"[②]《蒲氏族谱》成于何时，尚未见有人讨论。这里提到"吾宗教"这个词，出现的很晚，最早不过清末。由此推测，此族谱应当修于清末以后。

按该家谱，蒲寿庚并非海外入宋的番商后裔，而是汉地世家大族。这一点与上述《西山杂志》一致，但与其他资料完全不同，上引《泉州宗教石刻》（增订本）的作者已经就此质疑。《泉州宗教石刻》（增订本）所录族谱中蒲氏一世祖蒲孟宗，当为蒲宗孟的笔误。庄为玑先生注意到蒲宗孟为北宋时人，而他又考定的文莱蒲公碑与《西山杂志》提到的蒲宗闵为同一人，这意味着蒲宗闵应为南宋末人。蒲宗孟与蒲宗闵如属同一家族，怎么能共用"宗"字来表示相差一二百年的辈分，庄先生为此大惑不解。[③]

先看该族谱中有关蒲寿庚两位兄长的情况。据笔者所见，迄今对该族谱中有关蒲寿庚三兄弟相关记载作过详细讨论的，是陈自强先生，他在其《蒲寿宬史料考辨》中第一节即为《"寿宬"，"寿晟""寿威"同一人

① 《泉州宗教石刻》（增订本），页266。
② 兹据上引庄为玑《文莱国发现泉州宋墓考》，页7，尾注12。家谱有关内容庄文页3—4。
③ 同上注。

也》，并考订蒲寿庚之兄名称的正规写法为蒲寿宬。[①] 近来来淮北煤炭师范学院刘倩博士在其论文《元代回回诗人蒲寿宬仕履及其文学成就综述》中，接受陈自强先生的结论。[②]

对于该族谱中的其他问题，《泉州宗教石刻》（增订本）辨析道：

“族谱涉及的事颇多，属真属伪未能一一考证，现仅择其主要问题略考于下。

一、《闽书》载“蒲寿庚其先西域人，总诸蕃互市，居广州，至蒲寿庚父开宗，徙于泉”，[③] 宋郑所南《井中心史·大义略》“蒲受耕祖南蕃人，富甲两广”。可是本族谱却载“始祖蒲孟宗，宋仁宗初知郓州事……遂为西蜀人”。查《蒲州府志》宋知河中府有“蒲宗孟”一名[④]。又据《泉州府志》宋《艺文》亦有“蒲宗孟”一名[⑤]。不知蒲孟宗和蒲宗孟是否同一人。二、蒲氏族谱对蒲寿庚的父亲蒲仕宾何时入闽和蒲寿庚的事迹只字不提，甚觉奇怪。是否与明初泉州人的反蒲运动有关?1945年，在泉州通淮门城垣，掘获一方辉绿岩石汉字碑刻，可能是不完整的，颇难解读，其汉字横写，自右向左照录是“质轩公配蒲氏滨泗公荏”。不知这里的“蒲氏滨泗公”与“蒲仕宾”有否关系？三、蒲氏族谱载“咸淳九年寿晟官知蒲州”。这里有误，理由如下：其一，咸淳九年，山西蒲州已为金地，寿晟知蒲州不可能。查遍《蒲州府志》，亦不见蒲寿晟名字。其二，《潮州府古考》

---

① 原刊于《泉州文史》，1982年，6—7合刊；兹据福建省泉州海外交通史博物馆泉州市泉州历史研究会编：《泉州伊斯兰教研究论文选》，福建人民出版社，1983年06月第1版，见页241。

此外，《泉州宗教石刻》（增订本）中亦有独立讨论，曰：“《蒲氏族谱》中记载，蒲寿晟和蒲寿宬是两个人。《元史·世祖本纪》及明黄仲昭的《八闽通志》则作蒲寿宬。但蒲寿庚本家的后裔族谱却载蒲寿庚的长兄名蒲寿晟，二兄名蒲寿宬。”——《泉州宗教石刻》（增订本），页266—267。

② 《北方民族大学学报》2009年第3期，见页82。

③ 《闽书》卷一百五十二。

④ 《蒲州府志》卷六，职官，知河中府。乾隆二十年版。

⑤ 《泉州府志》卷七十四，艺文，有“蒲宗孟《文集奏议》七十卷、《八路敕》一卷、《省曹寺监事目格子》四十七卷。蒲宗孟、曾公亮《动德集》三卷”记载。

载：在城西一里有曾井。南汉时程乡令曾芳因民苦瘴，给药愈之，来者接踵。乃以大囊药投井中，民汲水饮之，皆愈。宋皇祐五年，狄青征侬智高经此，祷于井，泉溢出，军士不苦疫疠。青凯旋，仁宗降制，封芳忠孝公，赐飞白，书‘曾氏忠孝泉’五大字旌之。咸淳七年，知府蒲寿晟建亭井上云。①

可见“曾井”是在潮州，非蒲州，看来族谱有误。

其三，《心泉学诗稿》有关广东梅州的诗十多首，有《梅阳壬申邵农偶成书呈同官》一首②。梅阳为梅州，“壬申”为咸淳八年。可见蒲寿峸在咸淳八年居官梅州。”③

可见诸家皆质疑《蒲氏族谱》有关蒲寿庚先世及兄弟记载的可信性。笔者在上述讨论的基础上，再补充几条：

清朱孝臧④所编之“《强邨丛书》一百七十三种二百六十二卷”中有：“蒲寿峸,《心泉诗余》一卷。”⑤《心泉诗稿》的作者是蒲寿晟，因而《心泉诗余》的作者蒲寿峸应当就是蒲寿宬。蒲寿晟又作“窚”。清全祖望在其《题蒲寿窚诗》中提到：

“顾征君亭林纪蒲寿窚事，令人发指。明初禁锢蒲氏子孙，谅寿窚之后亦同在其中，可以报之矣。偶见其为浮屠刺血写法华，诗云：

丹书何切切，滴心不滴血。纵使血可干，其如心不竭。

蜀鸟啼作花，至今万山缬。杀身以成仁，遗训有先喆。

何其谬为激烈一至此也，然读之终无沉痛之意，盖肤语耳。”⑥

---

① 《古今图书集成》，职方典，卷一千三百三十九,《潮州府考》。

② 蒲寿峸:《心泉学诗稿》卷六。

③ 《泉州宗教石刻》(增订本)，页266—267。

④ 孝臧，原名祖谋，字古微，号强　，浙江归安人，光绪癸未（1883）传胪，官至礼部侍郎。

⑤ [清]刘锦藻撰:《皇朝续文献通考》卷二百七十三,《经籍考》十七，民国商务印书馆影印十通本。

⑥ [清]全祖望撰:《鲒埼亭集外编》卷三十三，题跋，清嘉庆十六年刻本，清臧镛批点，缪荃孙录，清严元照校并记，上海图书馆。

这里所言当指宋末蒲寿宬与蒲寿庚叛宋事。明《潮州府志》中有蒲寿晟的资料，曰：

“蒲寿晟，咸淳七年（1271）任，性俭约，于民一毫无取，思曾井遗泽，乃建石亭于上，日汲井水二瓶，置座右。进士杨圭题其亭曰：‘曾氏井泉千古洌，蒲侯心地一般清。’元改知州为达鲁花赤。”①

缪荃孙将蒲寿宬的《心泉诗稿》登录为“《心泉学诗稿》六卷，宋蒲寿晟。”② 由此可证，蒲寿晟就是蒲寿宬。

因此，结论是，《蒲氏族谱》所记蒲寿庚的两位兄长寿崴（这是一个字，山+成，山在上，成在下）、寿晟不过是将蒲寿宬的异写形式并列而已，不足为据。

（四）新的发现

1998年4月底，成都市东北郊的龙潭乡保平村某砖厂在取土时发现一座古墓，成都市文物考古研究所对其进行了抢救性发掘。经过清理发现该墓为北宋宋京夫妇合葬墓，分别出土了宋京及其夫人蒲氏墓志铭，其中宋京的墓志早《炎宋陕西转运副使宋公大卿内志》，而其妻的墓志称《宋故太令人蒲氏墓志铭》。夫妇俩人中宋京与我们讨论的议题关系不大，而其妻蒲氏则引起了我们的注意。

宋京妻蒲氏墓志铭亦为细沙石质，长方形，保存较好。长1.41米、宽0.75米、厚0.09米。碑文隶书，共947字，其左下角一片文字因风化已剥蚀。碑额存，为长方形，长0.54米、宽0.28米，阳刻，篆书“宋故太令人蒲氏墓志铭”。碑文撰者为宋京之侄宋衎，碑称蒲氏为叔母，其文曰：“姓蒲氏，阆州之新井人。自其伯宗孟起儒家、位政府，其父宗闵继

① ［明］郭春震纂：《（嘉靖）潮州府志》卷五“知州”，明嘉靖二十六年刻本。

② ［清］缪荃孙撰：《艺风堂文续集》卷四，清宣统二年刻，民国二年印本，中国科学院图书馆藏。

为省□，出知遂州军州事，后累赠左太中大夫。由是门户益壮，锦屏称着姓，必曰二蒲公。"[①] 故而逝者宋京妻蒲氏为蒲宗闵之女，蒲宗孟之侄。可见此碑不但是有关蒲氏家族的最新发现，而且为解决泉州发现的《西山杂志》与蒲氏族谱的可信性问题提供了关键证据。

清华大学人文学院刘隽一先生近有文对夫人蒲氏墓志详作考证，其要点为：

蒲夫人之伯父蒲宗孟，据《续资治通鉴长编》卷246、427，字传正，阆州新井人。仁宗皇佑五年（1053）进士，神宗熙宁元年（1068）召试学士院，为馆阁校勘。六年，进集贤校理，同修起居注、知制诰，转翰林学士兼侍读。元丰六年（1086），出知汝州，加资政殿学士，徙亳、扬、杭、郸州。哲宗元佑四年（1089），御史劾在郸为政惨酷，夺职知号州。《宋史》有传。

《蒲左丞集》十卷右：皇朝蒲宗孟传正，阆州新井人。皇佑五年进士。曾公亮荐除馆职。神宗谓宰相曰："宗孟有史才。"乃同修《国史》。入为翰林学士，除尚书左丞。卒年六十六。为人酷暴奢侈。苏子瞻尝规之云："一曰慈，二曰俭。"世以为中其膏肓之疾。[②]

又据《续资治通鉴长编》卷二八二，蒲夫人之父蒲宗闵曾为同提举成都府等路茶场公事，是蜀茶官营的具体执行者。他引《蜀中广记》卷六五记载："熙宁七年（1074），始遣三司干当公事李杞入蜀，经画买茶于秦凤、熙河、博马。以著作佐郎蒲宗闵同领其事，诸州创设官场，岁增息为四十万，而重禁榷之令，自是蜀茶尽榷。[③] 刘文又引洪迈《容斋三笔》卷十四之《蜀茶法》有关记载："初，熙宁七年，遣三司干当公事李杞经画买茶，以蒲宗闵同领其事。蜀之茶园不殖五谷。唯宜种茶，赋税一例折输，钱三百折绢一匹，三百二十折紬一匹，十钱折绵一两，二钱折草

---

① 成都市文物考古研究所：《四川成都北宋宋京夫妇墓》，《文物》2006年第12期，页52—67（具体见页64—66），兹据刘隽一：《北宋宋京夫妇墓志铭考释》，《中国典籍与文化》，2013年04期。

② ［宋］晁公武：《郡斋读书志》卷十九，江苏古籍出版社，1988年，页671—672。

③ ［明］曹学　《蜀中广记》卷六五，上海古籍出版社，1993年，页592—592。

一围，凡税额总三十万。杞创设官场，岁增息为四十万。其输受之际，往往压其斤重，侵其加直。杞以疾去，都官郎中刘佐体量，多其条画。于是宗闵乃议民茶息收十之三，尽卖于官场，蜀茶尽榷，民始病矣。①

至此，庄为玑先生在利用《西山杂志》与蒲氏族谱考订文莱发现的蒲公之墓碑时所提出的疑问，即蒲宗孟为北宋时人，但文莱发现的蒲公碑与《西山杂志》有相关记载中的宗闵则为南宋末人，同一家族不同世代的后裔为何共享一个“宗”字表示相差一二百年的辈分②已有了答案：蒲宗孟与蒲宗闵不但属于同一家系，且为兄弟，是同一辈。这又证明《蒲氏族谱》至少在这一点上不可信。

另外，还可借助蒲宗闵之女的墓志来核验前述庄为玑先生将文莱发现的“有宋泉州判院蒲公之墓”的墓主蒲公考定为蒲宗闵，并将该墓的立碑者“男应甲”比为《西山杂志》所记蒲宗闵二子蒲应与蒲甲的结论的可靠性。

上引有关蒲宗闵的资料与刘隽一先生的研究已经证明，蒲宗闵为北宋时人，其活动地域在四川。而据墓志，其女蒲氏生于宋神宗元丰三年（1080），卒于宋高宗绍兴二十年（1150），③享年七十。如以蒲宗闵较其女长二十岁计，则可设想约生于北宋嘉祐五年（1060），以此下推至《西山杂志》所记端平丙申（1236）奉使安南时，已经176岁；至嘉熙二年（1238）春奉使占城时已178岁，至淳佑七年（1247）再使渤泥时，已经187岁。可见《西山杂志》中有关蒲宗闵南宋末年出使安南、占城与渤泥的记载并不可信。

而前面提及的文莱碑石的立碑者“应甲”如真系蒲宗闵子，就应是宋京妻蒲氏之兄弟，就算活到百岁，其去世也在南宋初，故而不可能是1264文莱墓石的立碑人。因此，文莱墓石所记蒲公当另有其人。且按宋京夫妇墓碑，蒲宗孟、蒲宗闵并非海外入宋的番商后裔，而是汉地世家

---

① ［宋］洪迈《容斋随笔》，上海古籍出版社，1978年，页582—583。

② 同上注。

③ 《北宋宋京夫妇墓志铭考释》，《中国典籍与文化》，2013年04期，见页28，32—34。

大族。这一点说明“二蒲公”家族，与宋末泉州的蒲寿庚家族之间其实没有关系。

前述《西山杂志》中“《仁和诗社》云：温陵都院有蒲公，三使蛮夷渤泥山。远卒异乡铭葬志，千秋魂魄入端桐。”虽然明确指向文莱的蒲公之墓，但两者之间吻合度之高，令人难以置信。《西山杂志》的作者蔡永蒹虽然下番经过商，但从笔者曾亲踏勘文莱所存“蒲公之墓”的经历看，相信若非当地人指引，短暂停留的外来者是很难自行找到此墓碑的。而联系到《西山杂志》的撰写者蔡永蒹在下藩经商时，曾因遇海难漂泊异乡的说法，笔者怀疑其所漂流之地即为文莱。也就是说，蔡永蒹可能亲见过“蒲公之墓”。当然，蔡永蒹也可能在下番的过程中，听说过此碑。此外，清代泉州民间与文莱之间应当有着一些迄今尚不为人知的联系，可能当时就有人将所文莱“蒲公之墓”的消息传回泉州。

在上述假设的基础上，笔者进一步推测，《西山杂志》上引所谓《仁和诗社》的诗句，当非独立史料，而系得自文莱的“蒲公之墓”。在《西山杂志》相关记载与“蒲公之墓”之间联系的疑点排除之前，不宜使用以前者佐证后者的方法。

因此，结论是，《蒲氏族谱》与《西山杂志》有关泉南蒲寿庚家族的记载，均不能视为可信史料，而蒲公之墓与蒲寿庚之间的关系仍存疑问。蒲寿庚属于唐宋泛海入华后，定居于东南沿海港市的番商集团，与汉地故有的蒲姓应当没有关系。

二、蒲寿庚的“制干”官职小考

《宋史·瀛国公纪》记载蒲寿庚：“初，寿庚提举泉州舶司，擅蕃舶利者三十年。”[①] 桑原骘藏一度认为，这说明蒲寿庚于宋末任泉州市舶司提举达30年之久。罗香林与余嘉锡均提出质疑。在降元前的三十年时间

① 脱脱等：《宋史》卷四七，瀛国公纪，北京，中华书局1977年标点本，第942页。

内，余嘉锡检出任过泉州市舶司提举者，王会溪和赵日起两人。[①] 而陈自强先生更依据泉州九日山石刻等史料，论证蒲寿庚任宋泉州市舶司提举其实只有七个月。

福建社科院历史所所长，福州师范大学教授徐晓望先生最近发表了《关于泉州蕃商蒲寿庚的几个问题》，[②] 集中讨论了蒲氏家族在宋末的活动。该文依据作者广为收集的史料，提出了一些前人在研究中未曾注意到的问题。今不辞浅陋，循其线索，再加探求。

蒲寿庚，又名海云。徐晓望先生注意到，南宋景定二年至三年间（1261—1262年）董嗣杲九江富池任榷茶官时，曾作诗题为《欲附蒲海云制干舟归》：

"江上楼高暝树连，壮游空慨禹山川。客中问醉当秋晚，梦里怀归在燕先。

水送流年遗楚恨，风吹残雪上吴颠。几番谩附鳞鸿便，不若相依买去船。"[③]

诗中主要抒发的是董嗣杲在搭蒲海云的船，行经长江下游的吴地与中游的楚地时的感想。但其最后两句颇令人玩味，表明董嗣浩曾几次搭蒲海云的便船，很不过意，表示不如与蒲海云一起也购一艘船。由此可见，蒲海云的船经常往返于福建与长江流域，甚至深入长江中游。这使我们对宋末蒲寿庚的商业活动有了新认识。

这首诗提到蒲寿庚在景定二年至三年间（1261-1262年），其官职为"制干"。徐晓望先生搜索《宋史》未得，但他注意到宋末《北游集》的作者汪梦斗曾任承节郎江东司制干，其"承节郎"级别应与其"制干"职务大致对应。于是根据宋武官五十三阶中，第五十一阶为承节郎为

---

① 余嘉锡：《四库提要辨证》北京：中华书局1980年，第1483页。

② 刊于《福建论坛·人文社会科学版》，2013年第4期。

③ 董嗣杲：《庐山集》卷四，四库本，第5页。

“从九品”，因而判定“制干”应约为“从九品”低级官职。他还查到，蒲寿庚之父蒲开宗曾任过安溪主簿，其级别也是承节郎。景定年距宋亡不过十四五年，因此至少在此期间，他不可能任市舶司提举。徐晓望先生上述考证虽然研究了“制干”的品级，但仍然没有说明“制干”的来历。或许正是由于这一点，其文虽以简体字发表，但他在文中一直推持“制干”的写法。

(一)“制干”为“制司”之“干官”说

今存宋代史料中，戴“制干”职衔者甚多，但笔者搜检宋代官制研究论著，如同徐晓望先生，也未见有专门释文。据笔者浅见，而“制干”之“制”，应为“制司”；而“干”则为“干官”。故而“制干”为“制司”中之“干官”。故而“制司干官”应简化为“制干”。

至于“制司”，乃“制置使司”或“制置大使司”的简称，龚延明先生有过说明：

“(宋)(1) 制置司之省称。北宋不常置，徽宗朝，经画边防军事之需，设制置使。南宋军兴，沿江、沿边、要郡并沿海多设制置司，许便宜制置军事。宋周必大《二老堂杂志》卷三《记黎州事》:‘制置使胡元质既调发绵州屯驻军一千五百八人……制置司仍起复前成都钤辖成光延节制军事……制司参议官吕某往黎州。’清徐松《宋会要辑稿·职官》四七之四五:‘朝廷举四蜀之地付之制司，其权不轻，其责甚重，则凡一切之事宜皆归之制司。’(2) 制置大使司省称。地望重要、任使官员官品较高，则称‘大使’。《宋史·理宗纪》四:‘(宝佑六年春正月) 癸酉，罢李曾伯广西经略，以广南制置大使兼知静江府，其经略司官属，改充制司官属。’《宋史·职官志》七:‘中兴以后，置使。掌本路诸州军马屯防捍御，多以安抚大使兼之，亦以统兵马官充；地重秩高者加制置大使，位宣抚

副使上。’①

而“干官”，即“干办公事”官之简称，龚延明先生也有说明：

“干官（宋）干办公事官省称，系属官。大都督、制置、宣谕、宣抚、总领、提举常平、提刑、经略、安抚等使或司，其属都设有干办公事官。宋杨万里《诚斋集》卷六九《吏部差注之弊札子》：‘干官之格，有以通判资序而授者……啬其与，所以重其官也。……有九年而不授者，若广东提刑司干办公事是也；有七年而不授者，若广西提举司干办公事是也；有六年而不授者，若广东经略安抚司干办公事是也。’《宋史·职官志》七《制置使》：‘大使置属参谋、参议、主管机宜、书写文字各一员，干办公事三员，准备将领、差遣、差使各五员。’宋王益之《职源》：提干，‘熙宁二年，置提举常平司勾当公事……绍兴十五年改为干办公事，依漕属例，此常平干也。宣和三年置茶盐提举，属官一员，此茶盐干也。今提举司存二干官以此’。同书《抚干》：‘祖宗朝，安抚司属有勾当公事。高宗即位，避御嫌名，改为干办公事官五员。’《宋史·职官志》七《提点刑狱公事》：‘其属有检法官、干办官。’”②

而“干办公事官”，前人已经有明确说明：

“宋朝制置使、总领、安抚使、镇抚使、转运使、提点刑狱公事、都大提举茶马、都大提举坑冶等所置属官。受主管长官委派办理各种具体任务。简称干办官、干办、干官。原名勾当公事，后避宋高宗赵构名讳改。”③

---

① 《中国历代职官别名大辞典》“制司”条，上海辞书出版社，2006年7月，见页424。

② 同上辞典“干官”条，见页30。

③ 张政主编：《中国古代职官大辞典》，河南人民出版社，1990年10月第1版，页25。

"制司"既然是"制司"，乃"制置使司"或"制置大使司"的简称，且"制置使司"中设有"干办公事"官的事实，前引张政与龚延明先生的释文中已经说明，那么"制置大使司"中也设有"干办公事"官吗？查北宋时人黄伯思有"女一人，适宣教郎、江南西路安抚制置大使司干办公事。"①

论证"制干"为"制司"即"制置使司"或"制置大使司"中的干办公事官之简称的最直接的办法，应当是举出史料说明某位制司干官在其他史料中亦称为"制干"。但这种最直截了当的史料笔者尚未找到。在这种情况下，笔者设计了另一条论证路线，即"干办公事"官既然在宋代许多官僚机构中均有，如果"制司"的"干办公事"官可简称为"制干"，那么其他机构中的"干办公事"官也应有"X干"的专门简称。

（二）其他政府机关中的"干官"

本节讨论的重点是解决蒲寿庚的"制干"官衔问题，而非讨论宋代干办公事官司的专论，所以无需查检宋代所有政府机构中的"干官"称谓。笔者的论证路径是：第一，查检有关宋代有关"安抚司"、"宣抚司"中"干办公事"官的史料，次查有无"抚干"这种官称；第二，查检有关"转运司"中"干办公事"官的史料，再查有无称为"运干"者；第三查有关"酒库所"中有关"干办公事"官的史料，再查是否有称为"所干"者；第四查有关"提举司"中有关"干办公事"官的史料，再查是否有称为"提干"者。如所查结果均是肯定的，则说明"制干"为"制司"干办公事官简称的判断能成立。现将查检结果罗列如次：

1、"抚干"——安抚司或宣抚司干办公事官的简称

前引龚延明先生的"干官"释文中已引宋王益之《职源·抚干》云："祖宗朝，安抚司属有勾当公事。高宗即位，避御嫌名，改为干办公事官

① ［宋］（承奉郎尚书考功员外郎）翁挺：《左朝奉郎行秘书省秘书郎赠左朝请郎黄公墓志铭》，［宋］黄伯思撰：《东观余论》卷下，宋刻本，北京图书馆。

五员。”[①] 可见安抚司中的勾当公事官在宋室南渡之后，为避赵构名，改为干办公事官，简称为“抚干”。兹再补证几条如下：

宋人曹彦约所撰之《黄承议墓志铭》提到，墓主“生于干道之癸巳(九年，1173)，卒嘉定之癸未（十六年，1223)，享年五十有一。娶熊氏，同邑进士炘之女，江西安抚司干办公事方之曾孙。”[②] 同氏所撰：“《致仕通政檀公圹中记》提到檀涣：“暮年犹才选干办湖南安抚司公事，平剧贼李元砺等，奏功幕府，进秩命下而公挂冠之请已上矣。始以升朝官致其事，次以五品服其身。”[③]

会稽人潘畤“子二人，友端，登甲辰进士，第为太学博士，聪敏俊秀，从南轩张公，超然有得，士类服从，授徒里门，屦满户外。友恭，为江淮宣抚司干官，详雅沈静，从晦庵朱公，深造理趣，居官可纪，居乡有行。”[④]

曹彦约所撰《湖南军前晓谕峒贼榜》有句“今委请本司赵抚干前去山前置立安抚司签　……。”[⑤] 同氏还撰《答潘抚干启》[⑥]。可见“抚干”为安抚司、宣抚司干办公事官的简称。

2、运干——转运司干办公事官简称

宋人蔡戡所撰：《荐赵时侃、方信儒奏状》中提到：

“又承务郎、知绍兴府萧山县丞、淮东随军转运司干办公事方信儒，材猷隽明，风力强敏，文采吏治，皆有可观。……今任以获盗赏，改秩知萧山县丞，到官未几，姓名闻于朝廷，选差充淮东随军转运司干办官。”[⑦]

---

① 同上辞典“干官”条，见页30。

② [宋]曹彦约撰：《昌谷集》卷十八，墓志，四库本。以下版本信息略。

③ 《昌谷集》卷十五，记。

④ [宋]张淏：《(宝庆) 会稽续志》卷五，中华书局《宋元方志丛刊》第七册影印清嘉庆十三年刻本，1990年。

⑤ 《昌谷集》卷十六，榜文议说。

⑥ 《昌谷集》卷六，上书启。

⑦ 《定斋集》卷六，清光　常州先哲遗书本。以下版本信息略。

此外宋人陈密所撰《通判赠金紫光禄大夫刘公墓志铭》记其“孙男九人”，其排行第三的孙子“辉叔，通直郎、江南西路转运司干办公事。”[①] 可见转运司中设有干办公事官。而宋人白玉蟾有诗：

闲来爱竹把花嫌，无事看山高卷帘。好鸟一声飞过檐，清风着力送银蟾。

博山一炷小蛇寒，无人独自坐蒲团。柴门却倩冷风关，檐外白云时往还。”

其题为《题胡运干别墅》。[②] 而曹彦约亦写过挽诗《亲友冯仪之运干挽章三首》[③]，可见运司之干官在日常称谓时，通常简略为“运干”。

3、所干——酒库所干办公事官的简称

蔡戡所撰之《中大夫致仕朱公墓志铭》记有：“男五人室案此下原本缺二字郎提领犒赏酒库所干办公事。”[④] 宋人陈良傅所拟封赠的制文中提到：“赵氏亲侄女通直郎、充点检赡军激赏酒库所干办公事韩松妻安人李氏并特封恭人。”[⑤] 同氏还拟制文“皇后亲侄女夫通直郎充点检赡军激赏酒库所干办公事韩松特转一官”，[⑥] 他们的职务均可简称为“所干”。

蔡戡所撰《荐高商老、周熺、刘董状》记“又朝散大夫、知浔州周熺，问学深醇，操履坚正，秉心静退，恬于势利，士论乡评，莫不归重，继宰两邑，吏民至今去思。逮为总所干官，分务池阳，革去弊蠹，号为称职，诸司亦尝交章论荐。”[⑦] 曹彦约《为黄子度丐祠禄上庙堂公札子》

① 《复斋先生龙图陈公文集》（简称《龙图陈公文集》）卷二十二，清抄本，清丁丙跋，南京图书馆。

② 《琼管武夷集》卷七，元刻明修本。

③ 《昌谷集》卷一，五言、七言古诗。

④ [宋]蔡戡：《定斋集》卷十五。

⑤ 《止斋文集》卷十一，四部丛刊景明弘治十八年（1505）泽州张氏刻本。以下版本信息略。

⑥ 《止斋文集》卷十一。

⑦ 《定斋集》卷六。

提到“其长子抗昨任淮西总所干官，奉母就禄，无故而逝。”[①] 可见，不但有“所干”，而且还有“总所干”。

4、提干——提举司干办公事官的简称

提举司中有无干办公事官呢？有。宋谢维新记此职历代沿革，且曰：“（绍兴）十五年，改为干办公事，依漕属例《中兴会要》，此常平干也。宣和三年置茶盐提举属官一员《续会要》，此茶盐干也。今提举司存二干官以此。”[②]

宋李曾伯所撰《特荐陈通判等二十员奏》中提到：“廸功郎、淮东提举司干办公事林月卿，赞画台幙，以肃给闻。”[③] 而前引之淳熙《三山志》在登录当地官员时，记道：“黄槐，字公应，罗源人，终宣教郎、广东提举司干官”，“萧倬，字子章，闽县人，终文林郎、湖南提举司干官。”[④]

在日常中以“提干”职衔来称谓同僚、友人者的例子也俯拾皆是，如曹彦约有诗《和谢景英提干》[⑤]，他还有题记“毛希元提干有庐山癖，既卜筑居之，又作卧龙楼与玉京道院，一时诸老皆为赋诗矣。知贱子非所长，而亦令赋，何也。作三绝句，资一笑”。[⑥]

5、其他干官——兼论蒲寿庚是司舶司中的“制干”官吗？

查宋人刘宰撰《故吏部梁侍郎行状》，其中提到梁先生先后任提点江淮坑冶铸钱司干办公事与鄂州驻札御前诸军都统制司干办公事。[⑦] 宋人

① 《昌谷集》卷十二，札子。

② ［宋］谢维新辑：《古今合璧事类备要》后集卷七一“提举司干官”，明嘉靖三十一年至三十五年夏相刻，万历三十七年秦氏重修本，南京大学图书馆。宋人李廷忠：“宋提干有二，一为提举常平司干办公事，此常平干也。宣和间，置茶盐提举，属官一员，此茶盐干也。”（《橘山四六》卷一，“通巫幹使”条，四庫本）与前引上面提到的龚延明先生所引宋王益之《职源》中有：“提干，‘熙宁二年，置提举常平司勾当公事……绍兴十五年改为干办公事，依漕属例《中兴会要》，此常平干也。宣和三年置茶盐提举，属官一员，此茶盐干也。今提举司存二干官以此’。”（同上辞典“干官”条，见页30。《职源》的全称为《历代职源撮要》，见民国三年张氏刻适园丛书本）均与此相类。

③ 《可斋杂稿》卷十七奏申，清初抄本，北图藏。

④ ［宋］梁克家纂修：《（淳熙）三山志》卷二十八。人物类三，宋淳熙九年（1182）修，中华书局《宋元方志丛刊》第8册影明崇祯十二年林弘衍越山草堂刻本，1990年。以下版本信息略。

⑤ ［宋］曹勋撰：《松隐集》卷十三，民国嘉业堂丛书本。

⑥ 《昌谷集》卷三，七言律诗、五言绝句、七言绝句。

⑦ ［宋］刘宰撰：《漫塘文集》卷三十三，明万历三十二年范仑等刻本，南京大学图书馆。

吴泳起草过制文《张应珙起复差充建康府都统制司干办公事制》[①]。这类史料只要细心去找，可以举出许多。限于篇幅，兹不赘述。

上述论证说明，“制干”为“制司”干办官之说可以成立。

前面提到，徐晓望先生注意到宋末《北游集》的作者汪梦斗曾任承节郎江东司制干，并根据其“承节郎”品资“制干”职务的对应关系，确定“制干”应约为“从九品”低级官职。徐先生还举蒲寿庚之父蒲开宗曾任过安溪主簿，品资承节郎为证。

此处可提出质疑的是有关蒲寿庚与蒲开宗之间的父子关系问题。今存之《泉州蒲氏族谱》所记蒲寿庚之父为蒲大宾。[②]蒲开宗则名见宋淳熙《三山志》:“蒲开宗，字先之，候官人，父尧章，本族尧仁毅。”[③]尧章倒是名见《蒲氏族谱》，但族谱中距蒲寿庚数代。

至于《制干》官的品级，前引龚延明有关“干官”释文中所引杨万里《诚斋集》卷六九《吏部差注之弊札子》:“干官之格，有以通判资序而授者……啬其与，所以重其官也。……有九年而不授者，若广东提刑司干办公事是也；有七年而不授者，若广西提举司干办公事是也；有六年而不授者，若广东经略安抚司干办公事是也。”[④]则说明，干官的品级并不固定。

徐晓望先生曾设问：蒲寿庚所任“制干”是哪一个衙门的职务？他认为“最有可能的是市舶司。”前已提及，“制干”为“制司”干官，这一结论清楚，答案也就清楚了:“制干”不可能是市舶司的官员。

《闽书》记载蒲寿庚:“少豪侠无赖，咸淳末与其兄寿宬平海寇有功，累官福建安抚、沿海制置使，景炎年授福建广东招抚使，总海舶。”[⑤]蒲

---

① [宋]吴泳撰:《鹤林集》卷九，清抄本，南京图书馆。

② 《泉州蒲化族谱》，1953年秦门蒲家藏，手抄本。兹据上引庄为矶《文莱国发现泉州宋墓考》，页7，尾注12。

③ 《(淳熙) 三山志》卷三十一，人物类六。

④ 同上辞典“干官”条，见页30。

⑤ 何乔远:《闽书》卷一五二，蓄德志，福建人民出版社1994年，第4496页。

寿庚任沿海制置使事，虽未见元明史料记载，[1]但清乾隆《晋江县志》却称在抄录《闽书》上述内容后，将蒲寿庚的职务记载为“沿海都制置。”[2]有关宋儒吕大圭的史料中，也谈到蒲寿庚的官职是“沿海都制置”。[3]

“沿海都置制”因未见宋代史料提及，暂置不论。这里引起我们注意的是《闽书》有关蒲寿庚为“沿海置制使”的内容。此职所主持的机构为沿海制置使司，简称为“制司”，而“制干”恰为其中干办公事官的简称。足见，第一，何乔远的记载当可信。第二，蒲寿庚曾任职沿海制置使司干办公事官，后来从干办公事官晋升为制置使。

---

① 前引徐晓望先生论文未注意此点。

② 朱升元等：乾隆《晋江县志》卷十五，杂志，纪兵，乾隆三十年刊本，第44页。

③ [清]朱彝尊：《经义考》卷一九一，四库本，第19页。清代持蒲寿庚为“沿海都置制”说法的史料有好几种，但似均源于宋儒吕大圭著述的题解，如[清]纳兰性德撰：《通志堂集》卷十二《春秋五论》序，清康熙三十年徐乾学刻本，南京图书馆；[清]嵇璜、曹仁虎纂修：《钦定续文献通考》卷一五三《经籍考》“吕大圭《春秋或问》二十卷，附《春秋五论》一卷”，清浙江书书局本等。

"唐船风说书"所见明郑残部的南海移殖*

——兼及清代中日对南海诸国的认知及其落差

陈波

[内容提要] 明郑政权倾覆之际，以杨彦迪、黄进、陈上川为首的郑氏水师残部移殖今越南南部滨海地区，以广南政权为后援，在与暹罗、柬埔寨博弈斗争的同时，开垦农田，开设铺市，广招商客，大大促进了当地的文明进程。本文结合日文史料"唐船风说书"以及中越史籍的相关记载，以期呈现明郑残部播迁海外的活动实态。

[关键词] 唐船风说书 明郑残部 广南

[作者简介] 陈波，中国南海研究协同创新中心研究员，南京大学历史系讲师。

康熙十九年（1680年）正月，清福建水师提督万正色率舟师进攻金、厦。郑经战皆不利，二月二十六日厦门城陷，乃率残军退保台湾，于次年正月二十六日病死①。郑经死后不久，侍卫冯锡范联合提督刘国轩及郑氏宗室，杀害郑经长子监国郑克臧，立其次子郑克塽为国主。而日本海外情报集《华夷变态》卷八所收风说书，起自康熙二十一年四月九日，终于康熙二十二年九月九日，基本上反映了台湾郑氏政权走向覆灭的全过程。关于台湾郑氏政权覆灭过程中的重要事件，例如刘国轩败走澎

---

* 本文是教育部人文社科青年项目"元明时代的滨海民众与东亚海域交流"（批准号：12YJC770007）、国家社科基金青年项目"'唐船风说书'译注及研究"及南京大学人文基金配套资助（批准号：13CZS020）的阶段性成果，并得到中国南海研究协同创新中心的支持。

① 林恕、林凤冈《华夷变态》（东方书店，1981年重印版）补遗卷二《二番普陀山船之唐人口述》，第3003-3004页；卷七《六番七番东宁船之唐人口述》，第328页。

湖[①]、宁靖王自杀殉国，等等[②]，中国史料不乏细节性的记载,《华夷变态》所收风说书多与之相符，正因如此，这些记载多无特别价值。而风说书记述值得珍视者，是关于台湾郑氏政权覆灭前后，长期受其庇护的明朝遗民的出处进退以及海上势力的土崩瓦解，颇能反映明清鼎革这一历史阶段之落幕。下文主要利用《华夷变态》的记载，描述明郑政权倾覆之际，该政权翼卵之下的海上势力去就之实态。

一、明郑水师将领杨彦迪

郑氏政权覆灭前夕，有部分军士不愿剃发降清，不得已播迁异域。其中有一支水师的去就对于当时台湾军民而言生死攸关，正如《华夷变态》卷八《二十番东宁船之唐人口述》所述：

> 秦舍是否准备剃发或者进入内地，尚未知晓。又据内地传来消息，秦舍麾下武将礼武之官名杨二者，考虑行藏，与秦舍不是一条心，此人现在柬埔寨，有关情况先船亦有所述。杨二现在柬埔寨战阵之中，或有志于柬埔寨，自东宁撤退。总之到此时，东宁上下失怙夺气，兵船大小不过数百，军士不过数千，面临大敌，无有胜算，故此人心散乱，似唯有准备剃发。

该风说书署期“亥（1683）八月十一日”，当时郑克塽正为降清的细节与清廷交涉。当时台湾政权统治集团尚幻想接受清廷剃发的要求，但条件是留驻东宁，在此基础上实现一统局面，这个要求被康熙帝断然拒绝。而对于清廷要求郑克塽削发登岸，郑氏政权内部发生重大分歧，其中在柬埔寨征战的所谓礼武之官杨二，不同意削发降清，决意全师撤离

---

① 《华夷变态》卷八，第364、372-375页。
② 《华夷变态》卷八，第383页。

东宁，此举使得台湾军民的最后一丝希望化为泡影，彻底瓦解了其抵抗决心[①]。

所谓"礼武"全称为"礼武镇"，乃是郑氏政权军队基本建制的番号之一。杨二是清初广东著名的"海盗"首领，本名杨彦迪，他联合邓耀、冼彪、杨三等纵横粤海，曾经盘踞廉州龙门多年，并奉郑经之命，保护郑氏往来南洋的船只，同时确保广东沿海之若干岛屿，以为明郑向大陆进攻的跳板，或扰乱闽海沿岸的基地[②]。杨彦迪的活动基地龙门"地枕交广之间，当钦州正南，为外户。自钦州发舟，不一日至。重峰迭岫。七十有二，错落大海中，大小各不相续。海疆多事，则往往盗贼盘据为窟宅"。[③]具有十分有利的地理环境和经济条件。

据雍正《钦州志》记载，杨彦迪原本是海盗首领，其部于康熙二年不敌平南王征剿败走，十六年（1677）就以郑氏水师的面貌出现，聚舟八十，率众数千人自台湾航海重返龙门，"结巢作乱"，十七年（1678）秋八月被清朝游击刘世贵等击败[④]，被迫率部将黄进、陈上川及所部亡命海外，次年正月出现在越南阮氏顺化王朝家门口，此事见于《大南实录·前编》卷五记载：

己未三十一年（1679）春正月，明将龙门总兵杨彦迪、副将黄进，高雷廉总兵陈上川、副将陈安平，率兵三千余，战船五十艘，投思客、沱瀼海口，派员人富春，自陈以明逋臣，义不事清故来，愿臣仆。时议：以彼异族殊音，猝难任使，而穷途来归，不忍拒绝。真腊国东浦地方，沃野千里，朝廷未暇经理，不如因彼之力，使辟地以居，一举而三得也。上从之，乃命宴劳嘉奖，仍各授以官职，令往东浦居之。又告谕真腊，

---

① 《华夷变态》卷八，页407。

② 参见陈荆和《清初郑成功残部之移殖南圻》（上），《新亚学报》第5卷第1期（1968），第451-454页。

③ 潘鼎珪《安南纪游》，《安南传及其他二种》（商务印书馆，民国二十六年）。

④ 雍正《钦州志》卷一及卷六《险要总论》。

以无外之意。彦迪等诣阙谢恩而行。彦迪、黄进兵船驶往雷腊海口驻扎美湫；上川、安平兵船驶往芹漴海口，驻扎于盘辚。[①]

所谓“思客”、“沱壤”，依次相当于今天越南的顺化港和岘港。当时的阮氏顺化王朝与台湾郑氏有来往，杨氏等也曾经在那里活动过，这大概是促成杨氏投靠广南的主因。需要提及的是，当时越南正处于后黎朝的南北朝对峙时期，北方郑氏当国，而南方由阮氏家族世袭掌权，号称“阮主”（Chúa Nguyễn），中国和日本史料习称“广南国”（Quảng Nam Quốc）。杨彦迪亡命之时，正值第五代广南君主（1648年—1687年）阮福濒（Nguyễn Phúc Tần）统治时期。当时阮福濒与北方郑主攻伐不休，但1673年三藩之乱发生后，在康熙皇帝居间调停下，双方休兵，以江（今争江）为界。此后阮福濒致力于南向攻伐桀骜不驯的占城国以及国小民贫的柬埔寨。

杨彦迪所部明郑水师残部的到来，使得阮福濒感到侵吞柬埔寨领土的良机到来，认为可加以利用，遂将他们安置到高蛮国（水真腊，即柬埔寨）东浦。实际上早在1658年，南阮阮福濒曾发兵3000干涉真腊王位的争夺，迫使真腊臣服。此后，围绕王位真腊国发生多次夺嫡之争，每逢真腊内乱，南阮政权与暹罗总是不失时机地介入其中，出兵帮助其中一方登上王位。1674年，真腊再次爆发王位之争，阮福濒出兵制服真腊，立匿螉秋为王、匿螉嫩为副王，将真腊一分为二（陆真腊Lục Chan Lạp、水真腊Thủy Chan Lạp）。广南政权欲藉陈、杨诸人之力，开疆拓土，陈上川、陈安平率部开往美湫（定祥镇），杨彦迪、黄进率部开往盘辚（边和镇）驻扎[②]。从此，这批武装明军就基本驻扎在今越南南方同奈省胡志

① 《大南实录·前编》卷五，东京：庆应义塾大学语学研究所，1961年，第22页。

② 参见《嘉定城通志》卷六《城池志》“边和镇”、“定祥镇”（收入戴可来、杨宝筠校注《岭南摭怪等史料三种》，郑州：中州古籍出版社，1991年，页219、221）。

明市周边地区，并被利用来作为攻掠柬埔寨的急先锋[①]。

关于杨延迪及其部众的活动，除上引风说书之外，《华夷变态》另有不少记载，目前多未被中国学者所利用[②]，故特此列表如下所示：

表四 唐船风说书所见杨彦迪及其余部活动情况表

卷次	风说书标题	年次	署期	内容概要	备注
卷七	二番思明州船之唐人口述	康熙十八年1679	未三月十二日	广东境内，高州、琼州二府，被锦舍手下总镇之官名杨彦迪者所攻取。	页287-288
卷八	五番暹逻船之唐人口述	康熙二十二年1683	亥六月朔日	礼武镇杨二受命经略广东滨海之地，然为广东清军所迫，于去年（1682）十一月南下进入柬埔寨境内。	页366-367
	十九番暹逻船之唐人口述	康熙二十二年1683	亥七月十四日	杨二率领兵船，骤然进入柬埔寨内地，柬埔寨国王避兵山中。	页397-399
卷十三	百七番暹罗船之唐人口述	康熙二十六年1687	卯七月廿三日	杨二为其部将黄氏所杀，黄氏拥立柬埔寨二王，与避兵山中之正王相抗。正王乞援于暹罗，暹罗出兵打败黄氏及二王，黄氏守护二王逃入广南。	页783-785
卷十六	五十二番柬埔寨船之唐人口述	康熙二十八年1689	巳六月十日	黄震乃杨礼武部将，杀杨而代领其部众，为柬埔寨及大清滨海之害。大清广东守将移书广南，协商剿灭黄震及其部众。广南遂遣军六千往讨，黄震败入山中。	页1126-1128 黄震在中国史料及越南史料中被称作黄进。
	七十三番广南船之唐人口述	康熙二十八年1689	巳八月九日	柬埔寨嫡子（国王）与庶子相争，黄震一党辅佐庶子，嫡子请援于广南，广南出兵剿灭黄震一党。	页1153-1154

---

① 参见徐善福《十七、十九世纪的越南南方华侨》(《暨南大学学报》哲学社会科学版，1981年第4期)、石坚平《明末清初岭南移民与广南阮氏政权关系初探》(《青海社会科学》2008年第2期)。

② 台湾学者郑瑞明撰有《日本古籍〈华夷变态〉的东南亚华人史料》(载吴剑雄主编《海外华人研究》第二期，台湾海外华人研究学会，1992年）一文，应该对相关史料做了系统梳理，唯此文暂未见。

续表

卷次	风说书标题	年次	署期	内容概要	备注
	七十四番柬埔寨船之唐人口述	康熙二十八年1689	巳八月十日	柬埔寨乃广南属国。嫡子二王与庶子三王相争。嫡子请兵于广南，剿灭扶助三王之海贼大将黄震及其党徒，黄震党徒一百八十余人被生擒解送广南。三王逃往山中，或请兵于暹罗。	页1154-1155
卷十七	七十五番柬埔寨船之唐人口述	康熙二十九年1690	午七月二日	杨彦迪部将陈尚川，拥立柬埔寨二王与大王相争。	页1264-1266

从上表看，《华夷变态》所收风说书基本准确地记述了杨彦迪及其余部的活动，如以卷八《十九番暹逻船之唐人口述》为例：

暹逻国，正如之前入港五番七番暹逻船所述，别无异事，国中日益宁静。然东宁秦舍之麾下，礼武之官名杨二者，亦如先船所述，为保护自东宁往诸处之商船，以兵船七十余艘，军士三千左右，秘密巡徼广东边境以及广南、东京、柬埔寨之滨海，于当年夏初，乘船入柬埔寨，欲借柬埔寨之地，稍事休整。杨二率领兵船，遽然进入柬埔寨内地，柬埔寨乃边鄙之国，人民寡少，自国主以迄大臣，慑于杨二之势，或以来攻，撤往深山之中。迄至我等发船，杨二仍寄住柬埔寨，原本似无攻取柬埔寨之意，故此亦无残害人民之举，亦向山中之国主遣使，告知无妨贵国可出之意，然国主深疑之而不出。柬埔寨国亦同于他国，如为可攻取之地，乃天赐杨二，国主幸而逃生，未及一战而取之，可谓幸运之至。然总而言之，若柬埔寨国人不为国主，则不成其所，他国人为国主之事，前代所无，不言而喻亦无唐人为王之事。他国似亦有暂时攻取之情况，若然，国之诸色土产不出，人民不附，所输之物亦无分毫。依杨二之本意，似无攻占柬埔寨之企图。然柬埔寨自古以来，即为向暹逻朝贡之属国，此次杨二滞留柬埔寨之事，亦闻于暹逻国王，国王遣使往谕杨二曰：

柬埔寨原为敝国属邦，敝国与东宁，互为通好，足下如为东宁之部下，定无异图，若承此意，仍可寄住旧地，不可妨害柬埔寨之民，如有何不如意事，可报闻敝国，如无则可来敝国一会。杨二回复曰：诚如来意，已悉。敝人自入船之时起，本无妨害贵国之心，勿庸忧虑。殿下希望敝人来会，然无必要，因暂驻贵地，稍后即准备归国，故不拜会殿下。故此柬埔寨亦别无异事。[①]

在这则风说书中，明确交待了杨彦迪军担负保护东宁商船的使命。这是由于郑经率军全师东渡台湾之后，清朝厉行海禁的举措，使得台湾商船前往大陆滨海地区筹措货物变得极为困难，甚至连基本的粮食供应也举步维艰。特别是康熙二十一年姚启圣犯澎湖，以阻风而返，是年底东宁岁饥，米价腾贵，再加上“承天府火，延烧一千六百余家”，民多饿死[②]，使得台湾的粮食危机空前严重，在此前后郑氏政权所派前往广南、暹罗等地的商船往往都是前往购买大米，以供军民食用，这在《华夷变态》卷八之中亦多有记载[③]。而杨彦迪及其所部的使命，无疑就是保护这条重要的海上粮食通道。

对于柬埔寨，台湾郑氏实际上早与之有商贸往来。据延宝八年（康熙十九年，1680）《七番柬埔寨船之唐人口述》云：

去年（1679）自贵地回航柬埔寨的廿番柬埔寨船头薛韬官，当年（1679）四月十九日与柬埔寨河口官吏名吴李者意外发生争执，同月廿二日为吴李所杀，故此当地唐人同诉于柬埔寨国主，言吴李非法杀害韬官，请务必给予调查。国主说称，韬官不守规矩，被杀也无妨。唐人无可奈何。韬官船货物无碍，其船由船内唐人名张圣娘者担任船头，应紧随我

---

① 《华夷变态》卷八，第397-399页。

② 《闽海纪要》卷下。

③ 参见蔡郁 《郑氏时期台湾对日本贸易之研究》，台湾国立成功大学硕士论文，2005年，第59-60页。

船出发之后开洋。[①]

需要提及的是，据同书卷七《二十番柬埔寨船之唐人口述》，薛韬官于康熙十七年（1678）自柬埔寨来日本之前，正值柬埔寨内战，不仅船上银货被柬埔寨二王子所劫，且船员、水手皆被迫参战，而二王子不幸战败之后，试图搭载少量客人渡日，最后仅有一二客人上船，货物仅有碳二千斤[②]。而次年（1679）四月十九日再至柬埔寨时，因与河口柬埔寨官吏名吴李者发生纠纷，为其所杀，而对于当地唐人的申诉，柬埔寨国主态度极为冷漠，作为东宁政权高级军官薛进思之弟，此时竟然也不能保证生命安全，这应与当时东宁政权日益衰微有相当关系。礼武镇杨彦迪之所以在1679年率水师兵临柬埔寨，一方面固然是受阮主的委派，但另一方面，可能也是替东宁政权维护海上交通线，威慑对于郑氏官商不太友好的柬埔寨政权。风说书准确地反映了杨彦迪集团的到来，为这一地区复杂地缘政治生态增添了新的因素、新的力量和新的挑战。当时的柬埔寨夹在两大强国暹罗以及广南阮氏王朝中间，时刻受到两国统治者的觊觎，二王匿嫩与正王匿秋均向广南称臣纳贡，匿秋同时又向暹罗称臣，暹王视为卵翼，因之演成暹罗与广南在柬埔寨的对抗，杨彦迪部成为广南政权在柬埔寨抗衡暹罗的支柱力量。而杨彦迪与二王匿嫩结盟，改变了广南、暹罗两国在柬埔寨的势力平衡。因而其一举一动，也使得视柬埔寨为禁脔的暹罗统治者十分关切。

杨彦迪尽管已在柬埔寨东浦立足，但并未立即放弃反清斗争以及与郑氏政权的配合与联络，康熙二十年（1681）杨彦迪舰队又出现在广东海域，一度攻陷琼州海口所城、澄迈、定安二县。三月十五日，杨部与清军大战，损失惨重，总督周胜、总兵陈曾被擒斩，战船100余只被焚，30余艘被夺，县所三城复失，杨彦迪“势穷逃窜”[③]。此后，杨彦迪的舰队再没有在广东海面出现。而据风说书记载，指导康熙二十三年（1684）

---

① 《华夷变态》补遗卷二，第3009页。

② 《华夷变态》卷七，第304页。

③ 《清圣祖实录》卷九十六，康熙二十年五月丙寅。

清将施琅在平定台湾后，还曾派专使杨安舍、蔡荣官至广南，游说明郑残部降清，但无果而终[①]。

二、杨彦迪之死及其后继者

康熙二十七年（1688）六月，杨部发生内讧，部将黄进发兵攻杀杨彦迪，并其部众。黄进一改杨彦迪不扰柬埔寨边民的既有方针，"移屯难溪，据险筑垒，铸大炮，缮战船，纵兵掳掠。"对此变故，《华夷变态》元禄二年（1689）六拾九番广南船唐人共申口说："唐人之贼首黄震者，引率了兵船数十艘，唐人兵士多数乱入柬埔寨，甚至有意夺占该国"。同年七拾四番柬埔寨船唐人共申口也说："大清国内广东出身海贼头目黄震者，以兵船九艘，人员三四百，均属粤人，来封锁柬埔寨港口，妨碍商船来往，大有待机赶走柬埔寨国王，代之占领该国的样子"[②]因粤语"震"、"进"谐音，这里所谓"黄震"即黄进。黄进的举动引起柬埔寨正王匿秋的怨愤，遂积极备战，筑碧堆（Go-bich，柬埔寨乌栋以北5公里）、求南（Bakau nam，柬埔寨巴普农）、南荣（今柬埔寨首都金边）三垒以御之。二王匿嫩向广南乞援，阮氏派遣镇边营副将枚万龙统兵入东浦，以黄进为先锋，受万龙节制。阮主显然对黄进心怀戒备，认为"黄进擅杀主将，拥兵难溪，其心亦未可知，请令进为先锋，以观向背，倘心怀犹豫，即进兵击之。匿秋阻其前，大兵逼其后，进可擒矣。既胜进，乘势直捣真腊，此万全计也。"[③]实际上是采取了乘明郑军队内乱伺机剿灭并攻伐柬埔寨的一石二鸟之策。对于阮主的如意算盘，黄进显然心中有数。据《华夷变态》元禄二年五十二番柬埔寨船唐人共申口云：该年三月，广南遣使前往黄船，敦促其登陆赴阮方商议军略，黄进知其诈，杀死两名使者并阮兵500余人。阮军猛攻黄进，败进于柬埔寨外匡郎之

① 《华夷变态》卷九《十二番广南船之唐人共申口》，第431页。

② 《华夷变态》卷十六，第1149、1155页。

③ 《大南实录前编》卷六，英宗戊辰元年六月。

地，进退走山中，不知所终。[①] 而《大南实录前编》则谓己已年闰正月枚万龙先以美女游说黄进，继而派人假扮龙门旧人“张老爷”，引诱黄进前来谈判；进轻信中其埋伏，弃舟走逸，不知所终。[②]

随后的风说书对于这支流落异域的郑氏政权水师的来龙去脉也基本交代清楚，例如首领的更迭及其与广南阮氏王朝、柬埔寨以及暹罗之间的关系都有较为明确的记载，很多可以与中国及越南史料互为印证。黄进被阮主剿灭后，其部众被陈上川（1626年—1720年）所并。陈上川字胜才，号义略，是越南历史上著名的华侨首领，郑怀德《题陈将军庙》注云：“陈大明总兵，名胜才，广东高州府吴川人”。[③] 阮氏击灭黄进后，陈上川兼管龙门将卒，并被委为先锋，经略高绵（柬埔寨）。陈上川攻匿秋，陷碧堆、求喃、南荣三垒，屯驻湄公河口之工代马[④]。而据元禄三年（康熙二十九年，1690）七十五番柬埔寨船之唐人共申口：

滨海人将礼武官麾下名陈尚川者，领兵船数十艘，掠夺滨海诸处……闻柬埔寨内乱，遂进兵柬埔寨港口名工代马之地……（柬埔寨）二王闻之，遂即与陈尚川合，攻其兄大王，大王不敌，撤往深山之中，原本即软弱之国，又因系暹罗属国，向之纳贡，故此大王乞援于暹罗，以攻二王及陈尚川，暹罗军强，故二王撤往他山之中。陈尚川乘船，似撤往工代马，并布阵于港口，海边机动，大王虽数度攻打而丝毫不怯，至今仍固守工代马。然与大王之军累战，故人数减至四五百，船数或有六七艘。[⑤]

---

① 《华夷变态》卷十六，第1127-1128页。

② 《大南实录前编》卷六，英宗己已二年闰正月。

③ 郑怀德《艮斋诗集》，转引自陈荆和《清初郑成功残部之移殖南圻》（下），《新亚学报》第八卷第二期，（1968），第468页。

④ 关于“工代马”，E.Gaspardone谓即Pontèmas（河仙，即港口）。据陈荆和先生考证，该地应即《海国见闻录》之“昆大吗”，嘉庆《一统志》、《清文献通考》之“尹代吗”。其地在前江小海门南面的“龙洲”（Culao rong），也就是《嘉定城通志》之“日本洲”，俗称“混艚”（Con Tau）；“工代”为Con Tau即龙洲、日本洲之音译，“马”乃柬埔寨meat（港口、江口）之音译，“工代马”，即龙洲港或混艚港之谓。参见陈荆和《清初郑成功残部之移殖南圻》（下），第445页。

⑤ 《华夷变态》卷十七，第1265-1266页。

陈尚川（即陈上川）盘踞工代马，实际上得到广南国的支援。据《大南实录前编》显宗辛卯二十年（1711）冬十月条谓："真腊匿深自暹罗还，与屋牙高罗歆谋害匿淹，匿淹令哀牢人匿吹盆桲驰报镇边、藩镇二营，请兵赴援，副将阮久云、总兵陈上川以闻"。[①] 可见陈上川已位居总兵。这里的匿深（Préah Srey Thommo Réachéa）乃匿秋之子，匿淹（Prince Em）为匿嫩之子，真腊王室两派势力的对立在陈上川时代仍在持续。同书显宗甲午二十三年（1714）冬十月谓匿淹为匿深所围，淹复求援于藩镇、镇边二营，"藩镇都督陈上川发兵过柴棍，镇边副将阮久富发兵驻雷猎，水军驻美湫，遥为声援。使人具事以闻上，报曰：阃外之事悉委二卿，当审其攻守之宜，以安藩服"，结果匿淹反败为胜，匿深一族逃亡暹罗，陈上川遂立匿淹为真腊国王，终结了柬埔寨久久不决的内乱。[②] 陈上川不仅升任藩镇都督，而且备受阮主信赖，被委以封疆重任。陈上川坐镇柴棍，建立铺市，广招商客，垦殖开发边和的农耐大铺，并积极传播中国文化。康熙五十四年（公元1715年）陈上川病卒，以功追赠辅国将军，春秋两祭，后人怀念陈上川功德，立祠祀之[③]，至今受到当地华侨、华裔和越南人民的长久缅怀仰慕。

余　论

康熙二十二年（1683）十月，靖海候施琅据降将刘国轩提供的信息，向清廷报称"伪礼武镇总兵杨彦迪一队船艅在广南柬埔寨、伪水师二镇总兵周云隆船艅一队在舟山、房锡鹏一队船艅在浙江乌洋。"康熙帝谕令"务尽根除，勿得仍留余党，致滋蔓延。"[④] 郑克塽降清之后虽仍有数支水师在外，但似乎唯有以杨彦迪、陈上川为首的郑氏水师余部引起清朝高

---

① 《大南实录前编》卷八，显宗辛卯二十年冬十月。

② 《大南实录前编》卷八，显宗甲午二十三年十月。

③ 参前揭陈荆和《清初郑成功残部之移殖南圻》（下），第468-469页。

④ 《清代官书记明台湾郑氏亡事》卷4，《台湾文献丛刊》第174种，台北：联经出版社，1995年。

度关切，必欲除之而后快，据《华夷变态》卷十六《五十二番柬埔寨船之唐人口述》，广南国曾接广东守将书信，被要求派遣军队剿灭黄进所部，无疑可与之相印证。当时盘踞巴达维亚的荷兰东印度公司对于杨彦迪部的动向也有所觉察，在1684年8月24日向日本长崎荷兰通词上呈的"风说书"第二条提到："这些话是到巴达维亚的广东贸易商人所说，鞑靼派遣来的军船驶往台湾附近的澎湖，即将攻打台湾，台湾的大将军开城投降并逃往柬埔寨。"所谓台湾大将军逃往柬埔寨，当指"义不事清"的杨彦迪，而不是指郑克塽①。有趣的是，朝鲜王朝也极其敏锐地打听黄进的动向，康熙二十六年（1687）朝鲜谢恩使朗善君李俣在别单中报称，"吴三桂部曲黄进为名者，窃据海岛，仍称永历年号，据险不服，清国方议剿抚云云"②，尽管将黄进错认是吴三桂部下，但也可见这支流落异域的郑氏政权水师余部，显然被视为郑氏覆灭后反清复明武装的一个象征，从而引发了当时国际各方的高度关注，日本在通过采录风说书的形式对其动向持续保持关注，与朝鲜大致出于同样的心态。

需要特别强调的是，东亚地区的中国、日本、朝鲜等三国在进入17世纪以后，由于面临西方海上殖民势力东来的地缘政治压力，几乎不约而同地选择了形式各异的闭关锁国政策。如中国仅仅设有江浙闽粤四海关作为对外贸易的管理机构，进入乾隆时期仅保留粤海关；朝鲜仅与中国及日本保持"事大"或"交邻"关系，以釜山作为与日本交易的唯一海港。日本自岛原之乱（1636年）后也仅保留所谓四口（萨摩、松前、

---

① 日兰学会法政研究所编《荷兰风说书集成》上卷，东京：吉川弘文馆，第115页。又见板泽武雄《阿蘭陀風説書の研究》，东京：吉川弘文馆，1974年，第116-117页。并参见松方冬子著、杉本房代译、刘序枫校修《唐、兰风书中有关郑氏政权瓦解的讯息及其传日经过》，《台湾史研究》第19卷第1期，2012年。板泽武雄误认为此处所谓逃往柬埔寨的大将是郑克塽，风说书所说并非事实。松方冬子通过对比对应的1684年8月25日荷兰商馆日记（荷兰国立中央文书馆所藏日本商馆文书，第97号）所记："Pescadores（澎湖）诸岛被鞑靼人所征服，之后整个福尔摩沙岛也被武力镇压。"认为"郑克塽逃到柬埔寨的说法，和在巴达维亚听到的传闻等，是当初荷兰人不打算提到的，有可能是长崎的荷兰通词在听取时所追加。"松方冬子之说很有道理，但考虑是到达巴达维亚的广东贸易商人传达的消息，基本上可以确定所指并非台湾最高统治者郑克塽，而是长期活动于交广门户钦州龙门一带的郑氏残部杨彦迪。

② 《朝鲜王朝肃宗实录》卷18，肃宗十三年三月辛巳（3日），第39册，第94页。

对马、长崎）以维持国家的基本生存需要。但另一方面，中朝日三国对于外部世界的认知态度和认知程度却大不相同。单就南海诸国而言，三国都程度不等地了解，但可以说并无质的差异。不过日本自岛原之乱以后，完全禁止普通国民的海外航渡，而仅仅通过长崎贸易的唐通事以及荷兰通词询问中国以及荷兰贸易船员，来获取关于南海诸国的消息，其巨细靡遗的程度，仍然令人惊叹。此外尤其值得注意的是，日本对于南海诸国的了解，并不仅仅局限于南海诸国本身。由于对西洋基督教势力的恐惧和警惕，日本致力于搜集殖民南海诸国的西洋列强情报，这在遗留至今的荷兰风说书中有充分体现，而这一点恰恰是中国与朝鲜所不具备的。中国与朝鲜满足于“天朝上国”、“小中华”的自我想象，对于世界形势的剧变尤其西洋的蒸蒸日上颟顸无知到极点，揆诸文献，明清两代中国以及朝鲜的异域记述，常常依赖于各种传世史书中诸如外国传等文献。这些主要来自传世文献的知识陈陈相因，辗转沿袭，甚至还会掺进来自《山海经》式的傲慢和想象。这种域外知识的不对称状况，无疑对于后来东亚三国的世界认识之分野，乃至面临西方势力的冲击所作出的不同反应，有着无可估量的深远影响。

康熙六十一年琉球贡使海难事件
——试综合满文汉文档案建构个案

特木勒

[内容提要] 清代中琉交通产生了大批档案，其中大部分是汉文档案，同时也有相当数量的汉文和满文档案。从1993年到2009年，中国第一历史档案馆编辑出版《清代中琉关系档案选编》及《清代中琉关系档案续编》等，迄今已经先后影印出版七编，这为推动中琉关系研究提供了极大方便。但是这个《选编》系列“基本是以文书种类为主，因而忽略了这些档案在某一事件或问题中的相互关联性。”所以，中国第一历史档案馆按照事件和时间顺序为线索，将这些档案重新加以整理，从2006年开始陆续出版《中琉历史关系档案》顺治朝至嘉庆朝多卷。

[关键词] 康熙时代　琉球贡使　海难事件　满文汉文档案　构建个案

[作者简介] 特木勒，南京大学南海研究协同创新中心研究员，南京大学历史系副教授。

一、问题的提出

1996年，中国第一历史档案馆的屈六生先生发表《论满文档案与中琉关系史料》，认为“编辑中国第一历史档案馆馆藏档案有关中琉关系的专题史料应贯彻‘以汉文为主，以满文补汉’的方针。有关中琉关系的满文档案数量虽远不及汉文档案，但因其形成年代较早，在同时期汉文史料相对缺乏的情况下，自有其独特的重要价值，不容忽视，它必将成为清代中琉关系档案史料的有益补充，使之更加完善。”[①] 他特别强调了顺治朝的满文题本对于中琉关系史的重要意义。他说“清代为了修史和存档备查的需要，将题本分六科汇抄成史书，史书的抄录，顺治年间仅抄录题本的满文部分而不抄汉文部分，成为名副其实的满文史书，到康熙初年才开始同时抄录题本汉文满文两部分，因顺治朝题本原件大多已散失损毁，所以顺治朝满文史书就成为研究历史包括清初中琉关系史不可多得的第一手史料。可以说，顺治年间有关中琉关系的史料以满文档案居多，汉文档案则寥寥无几。”1998年吴元丰先生在《清史研究》发表《新近发现的清代中琉关系满汉文档案及其价值》介绍了他在中国第一历史档案馆新发现的顺治和康熙朝满文和汉文档案，其中13件满文，5件属满汉合璧，3件汉文档案。[②] 可惜的是，2006年开始出版的《中琉历史关系档案》并没有收录到这些新发现的档案。不过，即使就已经刊布的档案来看，学界对于汉文档案的研究已经比较深入，有很多论著发表了。[③] 学者对满文档案的解读、利用和研究的程度，似乎还远不如汉文档案来得那么深广。有关东亚海域史的满文档案的储量及其意义仍然是一个尚未探明的“海域”。[④]

关于清朝皇帝，特别是清朝中期以前的皇帝批阅奏折，屈六生先生说“一般在满文奏折上用满文批示，在汉文奏折上用汉文批示。汉文奏折的作者多为汉族官僚，主要有总督、巡抚、提督、尚书等官员等，比如《清代中琉关系档案选编》一书所收奏折的作者（包括宫中朱批奏折

---

① 屈六生《论满文档案与中琉关系史料》，中国第一历史档案馆、第六届中琉历史关系学术研讨会筹备会编，《第六届中琉历史关系学术研讨会文集》第148-152页。

② 吴元丰《新近发现的清代中琉关系满汉文档案及其价值》，《清史研究》1998年第1期。

③ 具有代表性的著作有谢必震《中琉关系史料与研究》（海洋出版社，2010年）和丁春梅《清代中琉关系档案研究》（中国档案出版社，2007年）

④ 在清代中日贸易关系方面，安双成和关嘉禄1983年在《故宫博物院院刊》发表《清代的两起中日民间贸易活动》，讨论了顺治九年都统葛达浑的奏折和道光七年浙江巡抚刘彬士的奏折。但是并没有公布两通奏折的原文或拉丁转写。尽管如此，松浦章仍然敏锐地把握住了这些信息，结合日本和韩国史料做了进一步研究。参见松浦章著，郑洁西等译《明清时代东亚海域的文化交流》，江苏人民出版社，2009年。第132-142页。

和军机处录副奏折）多为闽浙总督、福建巡抚、福州将军、浙江巡抚、礼部尚书等官员，汉文奏折内容以内地和东南沿海各省事项居多，其中有关中琉关系的史料内容丰富，数量繁多。满文奏折作者多为满族大臣，主要是驻各地将军、都统、内务府大臣、领侍卫内大臣及皇子等，内容多为北部西部边疆事务、军务和皇族事务。其中有关中琉关系的史料偶或有之，数量极少，这与满汉文在公文书中侧重应用范围有很大关系。”雍正七年（1729）军机处设立，逐渐取代内阁而成为综理全国政务的中枢机构。军机处对满汉大臣章京的职责分工规定得很明确：即满章京侧重办理八旗旗务、蒙古及西北地区民族事务，汉章京侧重办理汉地行政事务以及海路朝贡国封贡事务。所以，屈先生说“有关琉球国朝贡封赏事务，均由汉军机章京办理。这正是满文奏折中反映中琉关系内容者极少，而汉文奏折中却很丰富的原因。”

我们要提出并试图回答的问题是，在雍正七年军机处设立以前的情况如何呢？内阁处理琉球封贡事务文件，似乎并没为满章京和汉章京的明确分工。那么雍正七年以前的满文奏折中可能仍然有很多有关中琉关系的重要史料。在清代中琉关系史方面，满文档案与汉文档案的关系如何？完全是汉文档案的翻译或副本吗？内容完全相同吗？如果有差异，差异在哪里？即使要证明满文档案与汉文档案的内容完全一致，我们也不得不逐句解读满文档案并与汉文档案的相应内容进行核对，以得出可信的结论。在雍正七年军机处设立以前有关中琉关系档案方面，我们更无从自信地说满文档案是汉文档案的副本或陪衬。本文要综合满文和汉文档案建构的是康熙六十一年琉球贡使在福州海域发生的海难事件。

二、海难事件的重构

康熙六十一年月，琉球朝贡使臣分乘的两艘船只在福州马尾附近的闽江入海口遭遇海难。沿海我们先把满文和汉文合璧的档案对应逐录如下。既然文本是满汉合璧的，笔者将对照援引如下。满档有而汉档无，则相应表格留空。反之亦然。如果满汉内容大体对应而内容有差异，则满文拉丁转写用斜体。汉文档案原文用宋体，满汉有差异，满文译为汉文则用楷体。满文拉丁转写采用默伦道夫转写体系（Möllendorff System），并与汉文档案如下。

25福建巡抚黄国材为琉球国遭风头号贡船 返国补贡二号船应否一同返回请旨事题本	
fugiyan i siyun fu amban h ū wang guwe tsai i gingguleme wesimburengge. tucibume boolara jalin. amban bi tuwaci, lio kio gurun kooli de juwe aniya emgeri alba jafambi. elhe taifin i ninju emuci aniya alban jafara forgon ofi,	福建巡抚臣黄国材谨题为禀报事，该臣看得，琉球国向例两年一贡，康熙六十一年系值贡期，
harangga gurun i wang šang ging, el mu hafan moo h ū ng giyan、jeng i daifu cen ki siyang sebe tak ū rafi, baci tucike jaka, jai guwe zi giyan de dosimbufi bithe h ū lanbure hafan i juse juwe mederi cuwan de dendeme tebufi, elhe taifin i ninju emuci aniya omšon biyai orin ninggun de sasa jurambuha.	该国王尚敬遣耳目官毛弘健、正议大夫陈其湘等恭进方物，附搭入官监生，分装二船，于康熙六十一年十一月二十六日一同开洋，
emu jai jergi cuwan jorgon biyai ice juwe de i san yuwan sere bade isinjifi iliha.	汉文无相应内容。{满译汉}二号船十二月初二到达名为i san yuwan的地方歇息
emu uju jergi cuwan omšon biyai g ū sin de heng šan alin i teisu isinjifi wehe de šukilafi efujehe seme boolanjiha manggi, siyun fu i baita be daiselaha ši wen jo uthai sy de alban jafanjiha jai jergi cuwan be dorgi onggolo dosimbufi icihiyame tebu, alban jafanjiha uju jergi cuwan be cuwan i cooha tucibufi aitubume unggi seme beilehe bihe.	头号船一只于十一月三十日在横山洋面冲礁打破。据报经署臣石文焯批饬，将二号贡船调进内港安插，仍派拨兵船救护头号船去后，
te bujengši hafan samha i alanjihangge, ciyanzung zo wen bin sei baha amba siltan moo salbi i jergi jaka be lio kio gurun niyalma de takabuci, gemu ceni uju jergi cuwan i jaka tulgiyan	经千总左文彬认获大桅橹尾等物，俱经彝人认系头号船上物。
满文中无相应内容	验明仅存方物一半，不敢入京

续表

25福建巡抚黄国材为琉球国遭风头号贡船 返国补贡二号船应否一同返回请旨事题本	
g ū wa be gemuni da tefi jihe cuwan de tebufi ceni gurun de bederebufi niyeceme alban jafabuki. mederi de iruha niyalma i ton，baci tucike jaka，jai jergi cuwan de ne bisire baci tucike jaka，hafan dahalara urse，cuwan šurure niyalma be bibure amasi unggire babe faksalame ilefi，dangse arafi benehe neneme bibuhe liyang ding sebe ceni gurun de sasa bederebuci acara acarak ū babe getukeleme wesimbufi	汉文中无相应内容。{满译汉} 其他人令其坐原来时乘坐的船遣回，补贡物，再来进贡吧。将沉溺人数、贡物、二号船现有贡物、随从人数，修船人员，留住以后派遣分开记档。如将先前留住的梁鼎等人一同遣回的话，是否可以，验明报告。
jurgan i gisurere be aliyaci acambi sehebi. amban bi dahume baicaci，encu ak ū sy ci geli alban jafanjiha elcin muke de iruhangge gosicuha be dahame jurgan de hese wasimbure be baifi，kooli be baicafi，kesi isibuci acara acarak ū babe gisurebureo seme alanjihabi. dangse be jurgan de benereci tulgiyan hebdenefi gingguleme wesimbuhe，hese be baimbi. h ū waliyasun tob i sucungga aniya aniya biyai orin ninggun de wesimbuhe. ilan biyai ice duin de hese harangga jurgan h ū dun gisurefi wesimbu sehe.	除林宗琏等存留外，其余仍坐原船回国补进贡典，将二号船上现存方物应否一同返国，详请题明，听候部议请旨，雍正元年正月二十六日题，三月四日奉旨："该部速议具奏。"

二号船顺利到达，进入i san yuwan地方休整，这里要提出一个问题，i san yuwan是哪里？满汉合璧的档案，汉文档案却没有出现这个地名，也没有二号船进入此地休息的记录。根据后面档案可知，满文拼写的i san yuwan有误，实际拼写应该是i šan yuwan。满文šan笔画遗漏一撇，写成了san。雍正二年正月的《福建巡抚黄国材为琉球国庆贺使官生等到闽请旨事题本》说：

33福建巡抚黄国材为琉球国庆贺使官生等到闽请旨事题本	
fugiyan i siy ū n fu amban h ū wang guwe tsai i gingguleme wesimburengge, tucibume boolara jalin, amban bi tuwaci, lio kio gurun abkai gurun de alban jafame aniya goidaha.	福建巡抚臣黄国材谨题为禀报事，该臣看得琉球国纳款天朝，已历多年。
te h ū wangdi soorin de tehe doroi harangga gurun i wang šang ging cohome wang ni nakcu ung guwe ju sebe tak ū rafi, urgun i doroi wesimbure biyoo bithe, baci tucire jaka be tukiyame jafabufi fugiyan deri ging hecen de unggire de, hafan i juse jeng bing jen jeng kiyan tsai h ū ng hiy ū n ere ilan niyalma be guwe zi giyan yamun de bithe h ū labure unggihe hafan dahalara niyalma cuwan šurure niyalma uheri emu tangg ū g ū sin ninggun ese h ū waliyasun tob i sucungga aniya jorgon biyai ice uyun de, min an jeng ni i šan yuwan sere bade isinjiha.	恭逢皇上御极，该国王尚敬特遣王舅翁国柱等赍捧表文方物，由闽进京庆贺，并遣官生郑秉哲、郑谦、蔡宏训三人入监读书，官伴、水梢共计一百三十六员名，于雍正元年十二月初九日到闽安镇怡山院地方。
te bujengši hafan hūwang šu wan、fu jeo fu i mederi be seremšere tungjy šen zung siui i alanaha songkoi alanjihangge, lio kio gurun i cuwan mederi furgin be dahame min an jeng de dosika. harangga tungjy, fujeo i hoton be tuwakiyara fujiyang g'o ki i emgi acafi tuwafi acihiyame tebuhe seme dangse arafi benjire de, gurun i wang ni ini nakcu ung guwe ju sebe urgun i doroi ging hecen de gingguleme unggire	今据布政使黄叔琬详据福州府海防同知沈宗叙申报：琉球国船随潮进镇，该同知随同福州城守副将郭祺会验安插，造册详送，并准该国王咨请令王舅翁国柱等赴京师叩贺，
jai hafan i juse jeng bing jen i jergi ilan niyalma be sasa ging hecen de unggifi guwe zi giyan yamun de unggifi bithe hūlabure be baime nithe unggihe babe suwaliyame tucibume alanjihabi. giyan i wesimbuci acambi dangse be jurgan de benereci tulgiyan amban bi hebdenefi ginggulem wesimbuhe. hese be baimbi. hūwaliyasun tob i jai aniya aniya biyai orin sunja de wesimbuhe ilan biyai ice ninggun de hese 'harangga jurgan gisurefi wesimbu' sehe.	官生郑秉哲等三人一同赴京，入监读书等因前来相题明，除册送部外臣谨会题旨雍正二年正月二十五日题，三月初六日奉旨"该部议奏。

经过解读满文文本并与汉文逐句核对，我们可以确定，上引第33件档案满汉完全合璧。我们要讨论的是，第33件档案中出现的i šan yuwan就是怡山院，位于"闽江入海口附近的亭江镇，清代的册封使和琉球使臣会在怡山院地方为海路平安而祈祷。"① 隶属于福州府闽安镇，位于现在福州市亭江镇怡山之巅，天妃庙屹立山顶。明清两代中国册封琉球使

① 松浦章《清代中国琉球交涉史の研究》，第370-374页。関西大学出版部，2011。

者和琉球贡使、商人进出闽江口的必经之地。徐葆光《中山传信录》和《琉球国志略》都有记录。谢必震先生《中琉关系史料与研究》谈到这个“怡山院天后宫”的历史和文物的现状。[①]《清高宗实录》乾隆三十七年四月癸巳“福建巡撫余文儀奏琉球國難夷智汝沃等二十人及流犯比嘉徒犯保佐共二十二名，係琉球國那霸府人，前往八重山收取米粟，並配流徒二犯安插。乾隆三十七年二月十七日在洋遭風，至三月初一日飄至福建亭頭怡山院地方，於三月初九日安插館驛，照例每名加賞布、棉、酒、肉、烟、麪等項，以安插之日為始，每名日給米一升，鹽菜銀六釐，回國時各給行糧一月，以示優卹，俱於存公銀内動給，請銷。至該夷等所坐原船應令自行修葺完固，派撥接貢船内水梢代為駕駛，遣發回國，下部知之。”[②]这里记录的福建亭頭“怡山院地方”就是前引满文档案记录的康熙六十一年琉球贡使二号船进入的i san yuwan sere ba。松浦章《清代中国琉球交涉史研究》第五编中有第三章《福州的怡山院、琉球馆、万寿桥、天后宫》，发掘并介绍了弘治《八闽通志》、《大清一统志》、《清高宗实录》和《闽县乡土志》的史料，讨论了怡山院在清朝-琉球交通路上的位置和作用。

《历代宝案》记录了这批使团的人员构成和所装载贡品的数量、品目，该书第十二卷说：“琉球国中山王尚为进贡事。切照本国世沐天朝洪恩，遵依贡典，二年一次。兹当康熙六十一年贡期，特遣耳目官毛弘健、正议大夫陈其湘、都通事蔡垣等，赍捧表咨，坐驾海船二只，率领官伴、水梢，两船均帮上下员役共不过二百员名，装运常贡煎熟硫磺一万二千六百斤，红铜三千斤，炼熟白刚锡一千斤外，钦蒙圣恩，俞允陪臣子弟入监读书，兹遣官生蔡用佐等三员，更将土产围屏纸三千张、细嫩蕉布五十疋等物前诣福建等处承宣布政使司投纳起送，赴京叩祝圣喜。所据差去员役并无文凭，诚恐各处官军阻留，为此理合给发符文以

---

① 谢必震、胡新《中琉关系史料与研究》第59页，海洋出版社，2010年。

② 《清高宗实录》卷九百七。

便通行。今王府给义字第一百一十六号半印勘合符文，付都通事蔡垣等收执前去。如遇关津及沿海巡哨官军，验实即便放行，毋得留难迟误不便”云。①

这里有几件事需要说明。琉球贡物分装两船，分别为义字第一百一十七号，又一船第一百一十八号，各装硫磺六千三百斤，红铜一千五百斤，白刚锡五百斤。头号船就是“义字第一百一十七号”船，乘坐的人员包括“正使耳目官”毛弘健、“副使正议大夫”陈其湘、都通事蔡垣和郑元良，以及人伴等，共120人。都通事蔡垣所持116号为总勘合，除此以外，船上还有一个通事持有第117号勘合，记录了头号船的人数和主要人物的名称。不幸的是，头号船触礁沉没，这120人全部遇难，船上的表文、贡物、勘合都沉溺了。

二号船就是第118号船。除了分装的一半贡品以外，乘坐的人员包括都通事红士显、通事林宗琏，以及随船使者、管船伙长、人伴等，共计64人。在此一船，通事林宗琏持有第118号勘合，记录了该船所乘坐人数和主要人物的名字。十二月初二日到达怡山院，初九日被安置于内港。福建方面的清朝官员看到的勘合只有这118号。需要注意的是，《历代宝案》记录的二号船人数为64人，而满文档案的却是86人，数目有差异。至于这个差异是如何产生的，还有待考证。

---

① 《历代宝案》第二集，卷十二。第3册第1873-1874页，国立台湾大学，1972年出版。

26管礼部事务允祹等为琉球国贡船遭风照例致祭遇难贡使事题本	
dorolon i jurgan i baita be icihiyara *kubuhe suwayan i manju gūsai gūsai ejen* doroi dorolon giy ū n wang amban yun tao sei gingguleme wesimburengge tucibume boolara jalin amban meni gisurehengge,	管理礼部事务郡王臣允祹等谨题为禀报事，该臣等议得，允祹系满洲镶黄旗都统，汉文中未见
fugiyan i siy ū n fu h ū wang guwe tsai i bithe de lio kio guruni wang šang ging, el mu hafan moo h ū ng giyan sebe tak ū rafi, baci tucike jaka be alban benjime jihe uju jergi cuwan emke omšon biyai g ū sin de fu ning jeo i heng šan alin i teisu wehe de šukilabufi efujehe. alban jafara biyoo bithe baci tucike jaka emu dulin jai ging hecen de genere elcin moo h ū ng giyan、cen ki siyang se guwe zi giyan yamun de dosimbufi bithe h ū labure hafan i juse dahalara niyalma cuwan šurure urse be dabume uheri emu tangg ū orin niyalma gemu muke de irufi baran ak ū ohobi.	福建巡抚黄国材既称琉球国进贡表文并方物一半在头号船上尽行沉失，{满译汉} 琉球国王尚敬遣耳目官毛弘健等携方物入贡，头号船十一月三十日在福宁州横山附近冲礁船破了。进贡表文、方物、进京使臣毛弘健、陈其湘等、国子监入监官生、随从、水梢等共一百二十人都溺水无踪了。
jai jergi cuwan emke da tehe hafan dahalara urse cuwan šurure niyalma uheri jak ū nju ninggun be jorgon biyai ice uyun de dorgi onggolo de dosimbufi icihiyeme tebuhe. tungse lin zung liyan sei boolaha bade, baci tucike jaka, damu emu dulin foncere jakade gilhun ak ū ging hecen de dosikak ū . *lin zung liyan sebe bibureci tulgiyan* g ū wa hafan niyalma, jai *neneme bibuhe tungse liyang ding* sebe juweri ten de isinaha manggi gemuni da tefi jihe cuwan de tebufi, ceni gurun de bederebufi niyeceme alban jafara be jurgan ci gisurere be aliyambi sehebi.	汉文无相应内容，{满译汉} 二号船上原来乘坐的随从水梢共八十六名，十二月初九日使进入内港住下了。据通事林宗琏报，因为贡物只剩下一半，不敢进京（林宗琏自己说）除了林宗琏留住以外，使留边通事梁鼎等在夏至之时全部乘坐来时所乘的船，回他们的国，补充整治，再来进贡。这样是否可以，等候部议。
harangga siy ū n fu lio kio gurun i alban jafara biyoo bithe baci tucike jaka emu dulin uju jergi cuwan de bifi, muke de iruha sehebe dahame, baiha songkoi harangga gurun i jai jergi cuwan i hafan niyalma jai liyang ting(ding) sebe juweri ten i onggolo edun be amcame amasi gurun de bederebufi, alban jafara biyoo bithe baci tucike jaka be niyeceme dasara alban jafanjikini. jai jergi cuwan de bisire jaka be taka giyamun de bibufi lin zung liyan se tuwakiyakini.	该巡抚说： 应如所请，将该国二号船员名并留边通事梁鼎等准其于夏至之前乘风返国，补进表文方物再来进贡。其二号船上所存方物准其暂贮馆驿，听林宗琏等自行看守。

续表

26管礼部事务允祹等为琉球国贡船遭风照例致祭遇难贡使事题本	
geli elcin moo h ū ng giyan ce ki siyang se goro baci alban jafame jihe elcin, muke de iruhangge gosicuka, jurgan de hese wasimbure be baifi, kooli be baicafi, kesi isibuci acara acarak ū babe gisurebureo sehebi. baicaci uheri kooli bithede yaya tulergi gurun i alban benjime jihe elcin nimeme ak ū ohongge oci amban meni jurgan ci wesimbufi dorgi yamun ci wecere bithe arafi ba na i bujengsy wecere jaka be belhefi, emu jergi wecembi sehebi. te lio kio gurun i elcin moo h ū ng giyan cen ki siyang se mederi de iruhangge umesi gosicuka be dahame kooli songkoi wecegi. hese wecekiyaha manggi dorgi yamun ci bithe unggifi wecere bithe arafi, harangga siyūn fu de goobufi harangga bujengsy de afabufi wecere jaka be belhebufi mederi cikin de hargašame wecebuki sembi. gingguleme wesimbuhe. hese be baimbi.	又称贡使毛弘健、陈其湘等远来进贡，冲礁覆没，殊可矜悯，请旨敕部察例应否议给恤典等语。查会典内开，凡外国贡使在途病故者臣部具题令内院撰祭文，所在布政司备祭品，致祭一次。今琉球国贡使毛弘健陈其湘等在海沉没，甚属可悯，应照例致祭。候命下之日行文内阁撰拟祭文，并行文该抚令该布政司备祭品于海岸，遥祭可也。
h ū waliyasun tob i sucungga aniya ilan biyai juwan emu de wesimbuhe ineku biyai juwan duin de hese lio kio gurun i alban benjime jihe elcin moo h ū ng giyan sei tehe uju jergi cuwan wehe de iruhangge umesi jilgan jafaṛa jaka be ging hecen de benjime isinjiha de obu. biyoo bithe jafara jaka be niyeceme benjibure be naka.jai jergi cuwan de funcehe jaka be ini niyalma de afabufi amasi gamakini gemuni ging hecen de alban benjime isinjiha de obufi, šangnara babe baicafi gisurefi wesimbu. hese wasinjiha manggi šangnara jaka be bana i hafasa de bithe unggifi šangnafi jurambukuni. g ū wa be gisurehe songkoi obu sehe.	谨题请旨雍正元年三月十一日题，本月十四日奉旨琉球国进贡使臣毛弘健陈其湘所坐头号船内表文人员方物俱冲礁覆没甚属可悯，所贡方物准作速送到京师。表文方物免其补进，二号船所存方物交典来使带回，仍准作进贡到京。赏给之处着察议具奏。俟降谕旨，所赏之物，行文该地方官赏给，令其起程。余依议。

允祹是多罗履郡王，同时也是满洲镶黄旗都统。只有满文档案记录了这个信息。福宁州就是后来的福宁府，升格为府是在雍正十二年的事情，[①] 在那之前一直是福宁州。就是林宗琏是通事，满文档案写为tungse，林是康熙六十一年随船同来的，关于梁鼎的身份，《历代宝案》记为“留边通事”，满文记录为neneme bibuhe tungse，恰好对应，而汉文档案语焉不详。遇难的三名琉球官生，是《历代宝案》记录的“蔡用佐、蔡元龙、

① 《清世宗实录》卷143，雍正十二年五月辛卯条。

郑师崇”三官生[①]。

三、结论

事件经过大体是这样。

康熙六十一年十一月二十六日，琉球国王尚敬派遣耳目官毛弘健、正议大夫陈其湘为贡使连同贡物分装二船，同时出发。头号船120人，二号船86人，毛弘健和陈其湘乘坐头号船。

十一月三十日，头号船在福宁州附近横山洋触礁沉没，进贡表文、方物和包括毛弘健、陈其湘在内的进京使臣毛弘健、陈其湘等、国子监入监官生、随从、水梢等共一百二十人全部遇难。

十二月初日，二号船进入怡山院，通过二号船的人，福州方面得知海难消息。

十二月初九日，二号船上原来乘坐的随从水梢共八十六名，安插于内港。

“顺治六年十一月，琉球首次正式向清朝派遣使节，建立了与清朝的交往关系。”[②] 之后顺治朝和康熙朝前期的满文记录，写琉球为lio cio，至迟到康熙三十年改写为lio kio。对琉球的满文和汉文表述形成一套固定程式，经历了一些变化。天朝abkai gurun、属国、朝贡alban jafara或alban benjire。贡品的研究，即使满文和汉文档案的内容完全相同，满文档案也有助于句读汉文档案，特别是琉球贡品名称的句读。[③]

经过对康熙六十一年海难事件过程的重构，我们可以得出结论，雍正初年有关中琉关系的清朝档案中有很多是满汉合璧的，信息不对称。

---

① 《历代宝案》第二集，卷十二。第1867页，国立台湾大学，1972年出版。

② 吴元丰《名目繁多的琉球来华使节》,《历史档案》2004年第2期。

③ 例如《中琉历史关系档案》（顺治朝、康熙朝、雍正）上册的顺治、康熙两朝的档案数量不多，有的是满汉合璧的。但是满文部分反应了当时的满族官员对汉文文本的理解，有助于对于汉文档案的句读。

满文档案并非汉文档案的翻译和陪衬，互补的意义非常明显，应该综合利用。

鸦片战争前中英司法冲突及其解决方式
——以“黄亚胜案”为中心的探讨

李雷波

[内容提要] 在不同的时代背景下，人们对同一件事情的观感差异悬殊，提示着近代百年中国社会的沧桑巨变。进入九十年代以后，学术界经过深入研究印证了蒋先生的观点，并且进一步发现当时有很多重要的不平等条款（如领事裁判权）竟是我们自己拱手让出的，一些官员非但没有因出让国家主权受到惩罚，反倒加官进爵，受到格外的恩宠①。而且在相当一段时间以内，这样的“错误”在中外的交涉中仍不断上演。然而在前人自己的意识中却不一定如此认为，有时甚至是相反。

[关键词] 鸦片战争前　中英司法冲突　解决方式　“黄亚胜案”

[作者简介] 李雷波，南京政治学院讲师。

上个世纪30年代，历史学家蒋廷黻在《中国近代史大纲》中提出一个看法：在《南京条约》的各项条款中，“当时的人对于这些条款最痛心的是五口通商”，而“协定关税和治外法权是我们今天所认为不平等的条约的核心，可是当时人并不这样看。”“治外法权，在道光时代的人的目光中，不过是让夷人管夷”，觉得是“最方便、最省事的办法”②。其实，在领事裁判权的相关交涉中，耆英等人的行为若从其前后的语境中去观

---

① 茅海建者：《天朝的崩溃》第七章，三联书店06年第二版；郭卫东：《近代中国利权丧失的另一种因由——领事裁判权确立过程研究》，《近代史研究》1997年第2期。

② 蒋廷黻：《中国近代史大纲》，第一章第五节，《不平等条约的开始》19页。东方出版社，1996年3月第一版。

察，我们或许会发现天朝大吏的行为方式有一贯的特征。本文拟以鸦片战争前发生的一起“民夷”冲突（黄亚胜案）及其处理过程为中心来探讨天朝官员对“司法主权”的维护及其困境。他们在处理类似案件的过程中，形成了具体的“案例”又会影响后来人的行为方式。从这样的角度来理解，我们或许会对耆英等人的行为不感到太荒唐可笑，虽然他也有应付的具体责任。

一、鸦片战争前中外民夷冲突研究的学术史回顾

自从中国知识分子开始认识到领事裁判权的危害以后，便对领事裁判权产生了兴趣，而探讨领事裁判权又不能不回顾鸦片战争以前的中国司法状况和中外的司法冲突。然而最早对鸦片战争前中外冲突进行系统描述的是美国历史学家马士，他在《中华帝国对外关系史》第一卷中有专章记述，书中大量运用东印度公司的原始资料，且作者长期在中国任职能够接触到相关的中国文件，因而具有得天独厚的优势。马士的研究成果成为后来学术讨论的基础，尤其重要的该书还保留了大量珍贵的原始史料。[①] 20世纪20年代，中国民族主义高涨，反帝废约运动引起了普遍的关注，领事裁判权受到中外人士的广泛关注，著名作家许地山先生在留学英伦期间，把校中的波德利安图书馆所藏有关英国和满清交涉史料中辑录出来，编为一册并进行标点审定，以原名《达衷集》行世，副题为“鸦片战争前的中英交涉史料”。史料来源是当年东印度公司在广州分公司存档的旧信和一些往来的公文副本，后来东印度公司都捐赠给牛津大学图书馆。许地山先生所抄的不过是其中极少的一部分，都是东印度公司广州分公司同满清官衙往来交涉的公函呈文和告谕，也有一些私人函件。后者比前者更有趣，因为其中有些竟是这些英国烟商与沿海私枭奸民往来通消息的函件。其中有关“黄亚胜案”的史料尤为详细，成

---

① 马士著，张汇文等译：《中华帝国对外关系史》，商务印书馆2000年中译本。

为了解该案情形的一把钥匙，显示了当时中国司法权面临的危机以及英方的挑战[①]。

近三十年来对鸦片战争前中西关系研究有了新的突破和进展，武汉大学萧致治与杨卫东两先生合著的《鸦片战争前中西关系纪事》“试图采用纪事本末的形式，按照年代顺序，叙述从16世纪初葡萄牙殖民者最先来华到1840年鸦片战争爆发这三百多年间有过中国与欧美各国交往的事件”，被认为“填补了鸦片战争前三百多年间的中西关系缺乏系统研究的空白，具有大事记、著作和工具多种功能”。该书1986年由湖北人民出版社出版，后来2005年又出修订版，更名为《西风拂夕阳——鸦片战争前中西关系》，“增补了20节，约8万字”。[②] 该书根据档案史料对鸦片战争前的中外关系一事件为中心，进行了历时性的叙述，其对于中英司法冲突如“黄亚胜案”“黄奕明案”具体情节已有明晰的疏理。[③]

贺其图的《鸦片战争前的中西司法冲突与领事裁判权的确立》一文把鸦片战争前的中西司法冲突分为三种类型分别进行探讨，认为在中西交往的前期“清政府不但对外人实施法权，并且严厉的执行死刑。至于在华外人之间自戕同类的刑事案件，清政府已依法判刑，如无法执行，就送交罪犯所属国处置。”[④] 但是自从朴维顿事件后“中国在英国的司法权上开了一个恶例。从此英人在中国犯法中国无权单独裁决，必须同英人会同审理。这样，中国的独立司法权被破坏了。黄亚胜案，经过两年多的往复交涉，结果不了了之。从此以后，英人刑事案件，英国都以回国后自行审理为借口，排斥中国司法的管辖”。其后的结论指出“鸦片战争以前，中国虽然国势日以颓丧，但基本保持着国家的独立、司法之主权，也没有放弃“化外人有犯，依律拟断”的原则。林则徐在虎门销烟

① 《达衷集》，许地山编校，商务印书馆发行，民国二十年四月初版。

② 萧致治、杨卫东：《西风拂夕阳---鸦片战争前中西关系》，湖北人民出版社2005年版，《前言》1—6页。

③ 同上，第85、92节。

④ 贺其图：《鸦片战争前的中西司法冲突和领事裁判权的确立》，《内蒙古民族师院学报社科版》，1994年第二期，52页。

和在林维喜案中，同英国殖民者的坚决斗争，有力地证明了这一点。”[①]

中山大学吴义雄教授在其《鸦片战争前英国在华治外法权之酝酿与尝试》一文中对这个问题有过简单的涉及。[②] 其他有关领事裁判权在中国确立的文章也都对鸦片战争前的中外司法冲突稍有论述，兹不一一引述。

从以上粗略的回顾中，我们可以看到对鸦片战争前中外司法冲突进行深入专门研究的文章并不是很多，从中外刑事案件的交涉及解决方式中探讨清帝国官员的态度和处理方法的文章更是少之又少，本文拟从“黄亚胜案”的交涉入手进行初步的探讨。

二、“黄亚胜案”的发生及其初步交涉

马士在《中华帝国对外关系史》中，对“黄亚胜案”有过简单的描述，其文如下：

> 一八一零年，据说一个英国水手造成了一个中国人的死亡，但对于这个事实并不能举出证明，甚至不能辨明为某一船所为，虽然据称是皇家“乔治号”(Roral George) 做的。中国当局照例拒绝发给英国船只的出港执照。但最后，在罪犯一经察觉即依照英国法律惩办的条件下，而给予出港许可了。[③]

这段文字至少包含了以下几个信息：第一，一个中国人的死亡大约与英国一名水手有关；第二，由于证据不足，英方拒绝交出“凶手”，并否认命案与英国人有关；第三，中国方面以封港相威胁，拒绝发给“出港

---

① 同上，第58页。

② 吴义雄：《鸦片战争前英国在华治外法权之酝酿与尝试》，《历史研究》2006年第4期。

③ 马士著，张汇文等译：《中华帝国对外关系史》第一卷，商务印书馆2000年中译本，第119、120页。

执照”，逼英方就犯；其四，英方承诺一旦发现罪犯便以英国法律惩办，最后英国商船被允许出港。但是具体事实并不清楚，下面我们结合许地山的《达衷集》提供的史料进行一番认识。

我们看几则史料，在《广东巡抚为黄亚胜被夷人戳伤致死时下南海县札》中有一段提示该案的大略情节：

> 黄亚胜略知夷语，有红毛国夷人约黄亚胜带往各处玩耍，因黄亚胜诓骗银两，致被夷人戳伤身死。复传到周亚德，讯与方亚科所供无疑，并准咨会该国货船，暂停放关，已交出凶夷，再令回国各等因在卷。[①]

而在《喇佛上两广总督禀》中则引述了南海县县令就此案向英国驻广州大班的最早的文件，大略交待了事发情形。《禀》称：

> 夷等前奉南海县太爷谕饬，内据地保禀报六（住着：疑为去）年十二月十二日夜承远街有工人黄亚胜被人戳伤致死，拘获方亚科、周亚德，供系黄亚胜等诓骗夷人银两被戳身死等因，谕饬夷等交出凶夷办理。夷等即遵遍查本国夷人，均称并不知情，经各商代为禀明后。[②]

由此，该案的情节可以作简要梳理：嘉庆十四年十二月十二日夜，广东承远街附近有中国内地民人黄亚胜被人戳伤致死，后经地保（负责警务的基层官员）禀报至南海县知县处。经过一番查证，此案的目击者有方亚科与周亚德两人，据方周二人供称，该案的凶手是“红毛国夷人”，即英国人。大约是因为黄亚胜略通外语，被一名英国水手雇用作为到各处玩耍的向导。但在此过程中，黄亚胜伙同陈亚茂等几人意欲诓骗该“夷人”银两，“夷人”不从，以致双方扭打在一起，夷人拿出匕首之

---

① 《达衷集》，许地山编校，商务印书馆发行，民国二十年四月初版，第86页。

② 《刺佛上两广总督禀》，收入许地山编校：《达衷集》，商务印书馆发行，民国二十年四月初版，第99页。

类的东西将黄亚胜戳伤，且伤重致死。其同伙见闹出命案，顿时四散，该“夷人”也乘机溜走。当时有一些人在场，略知一些情形，其中就包括方亚科与周亚德。因为与此案有重大关系的陈亚茂没有抓到，所以对肇事夷人的确切情形尚不甚清楚，惟知其为“红毛国夷人”而已。

案发之后南海县知县迅速谕令行上转告英国大班，查明凶手并迅速移交中国地方官办理。英国大班喇佛称在粤英人对此毫不知情，否认该案与英国人有关。[①] 英国人的“桀骜不驯”是当时中国上至嘉庆皇帝下至一线父母官的共识，但是天朝“法度森昭，中外一体，断不能为外人少从宽假[②]”，既然夷人不合作，只好亮出杀手锏。嘉庆十五年正月初五日，粤海关监督常显决定不给英船发放出红牌，禁止英人离去。在《粤海关下洋行商人谕》又中提到：

兹准督部堂百咨开“……当将转饬虎门等处营讯员拚兵役严查出口夷船，无红牌照验者，即行截流……惟查外夷殴毙民人，不但定例森严，亦且与天朝体例功令均有关系，比应据实具奏惩究，该洋商等辄应严谕责令，向该大班交出凶夷，如敢稍有蒙袒以致凶夷漏网，再该商等固应一体严办，而本部堂与贵监督亦恐上干圣诘。相应再行咨会，希即严饬该大班，勒令查明，将凶夷交出究抵，幸切幸切”等因，本关部准此。合行在谕催。谕到，该所商等遵照迅即转饬该国大班查明交出凶夷，以凭究抵，如敢稍有蒙袒，以致稍有漏网，定将该商等一体严办。使馆外衣伤毙民人，勿任免脱，致干株累。速速！特谕。[③]

从该谕的内容我们可以看出，总督的意见非常明确：在凶手没有被交出之前绝不让英船离开广州。然英国人却始终表示此案无确切凭据，

① 《剌佛上两广总督禀》，收入许地山编校：《达衷集》，商务印书馆发行，民国二十年四月初版，第99页。

② 同上，《广东巡抚魏黄亚胜为夷人戳伤身死事下南海县札》，第87页。

③ 《达衷集》，许地山编校，商务印书馆发行，民国二十年四月初版，第98页。

而遽然封锁港口禁止英国人离港引起了英国大班的抗议与不满，而且在粤各英船船主也纷纷通过各种途径向督抚、将军、海关监督等上书表示不满，并以各种借口希望中方能够网开一面，令其回国。

英国船主亚士坦（Capitain Fraincis William Austen）分别向广州将军、总督及其巡抚上书更加明白指出“人证方亚科周亚德是不知犯罪者，或系美利坚人或系英吉利人”，“因夷等已查明，该事且不见实据”。[①] 上引《喇佛上两广总督禀》说道：“倘可查知该夷系何人，即当立即交出，断不肯因包庇凶夷一人，误一国贸易大事，奈遍查无迹，莫可如何。”不但他们自己无法查证凶夷，而且随后“广州府大老爷南海县太爷亲到夷船带出方亚科周亚德等审讯……随讯以一人姓名，不能说出，不能认识一人面貌。且本国夷人在中华贸易人数众多，夷等止系管理贸易之人，非本国夷官可比，不能逐一加以刑法审问，实在无从查实”。[②]

如果撇开民族感情的因素，先不论英国人庇护凶犯的可能性，仅从证据的角度判断，我们不得不承认上述的理由是相对充分的。到此时为止，即使犯罪的确实是英国人，且就在当时的“夷船”“夷馆”内，英国人的辩驳也实在是无懈可击。我们可以确认在中国方面没有新的证据提出之前，凶手只能逍遥法外，而粤海关采取禁止英国船队出洋的措施实在不具合理性也没有相应的“法理依据”。大约粤海关也同时意识到这样一个问题，一再表示此案中“黄亚胜系有罪之人，按之王朝法度，该夷等人自可量从末减”，而且等待训明之后“仍将交夷等领会收管，便可及早放关回国”。但英方并不买账，坚持一贯的见解，不屈不挠。

实际上，此后的交涉中国方面完全陷入被动，在英国船上一再要求和广东行上的奔走之下，准许英人回国只是时间问题。这并非只是中国官员的糊涂与无能，也不是英国人的诡诈多变，只是一个证据问题，即中方是在没有足够的理由确认命案与英国人的直接关系。或许是“夷人”

---

① 同上书，《亚士但上镇粤将军禀》、《亚士但尚广东巡抚禀》，第90、91页。

② 同上书，第99页。

一再提到的所谓“公平”扣动了督抚大员的心弦，因为事先广州政府已经发给美国人“红牌”(Port-clearance)，既然尚无法确定凶手国别，岂不是成为一种不公平。这在天朝大吏的意识里是严重的，“天朝法度森然，中外一体，断不能为外夷而少从宽假，以断不因外夷而过事吹求”，且“该国班商来粤贸易，历有年所，仰荷天朝厚泽深仁，至优极渥，即此次禀内亦无有不遵法度之语，谅不敢庇匿罪犯……且已绝不肯因此一事，致商船货物留滞不行。”[①]

既然黄亚胜案的另一个重要人物没有下落，没法提供关于此案更多的信息与证据，所以，不论从哪个角度考虑，坚持扣留英国船只拒绝发放“红牌”决非明智之举。但是，此案的涉及范围已经很广，中外交涉有关天朝大体，若就如此放了英船显然不成体统。天朝上国岂能被认为行事又是“公道”，且与督抚海关大员的面子上也过不去，还是要有个台阶才好。夷人果然“恭顺”，英国大班喇佛做出一项承诺，终于免除了天朝大吏的尴尬，又维护了他们的尊严。其承诺如下：

……夷等即将此案情由详细寄信，禀知本国国王，将各船人等严审，如有此等凶夷，即当照例治罪交出。或俟拿获陈亚茂等问出凶夷姓名地址，即将姓名寄禀本国王，亦当照例治罪交出。[②]（《喇佛致两广总督禀》）

两广总督百龄最终同意给英船发放“红牌”，“3月1日英船全部放行”[③]。不过，有一点值得我们注意，即在马士书中认为中方同意英船出海的条件是“罪犯一经察觉即依照英国法律惩办”，而我们从上《禀》中无法看出这个结论。“照例治罪交出”应该是按照中国有关法律，并将“凶夷”交出，即送到中国。这一点十分重要，它表明英国人至少在名义

① 同上书，《广东巡抚为黄亚胜被一人戳伤身死事下南海县札》，第87页。

② 许地山编校：《达衷集》，务印书馆发行，民国二十年四月初版，第98-102页。

③ 萧致治、杨卫东：《西风拂夕阳---鸦片战争前中西关系》，湖北人民出版社2005年版，第286页。

上对中国的法律仍然表示服从，并没有暗含类似“领事裁判权”的表示。当然不必理解为久蓄的预谋，只不过是一种权宜之计而已。

英国人的船只回国了，但是事情远远没有结束。在这交涉的第一个回合中由于一个关键人物（即陈亚茂）的缺席，凶手逍遥法外，有重大犯罪嫌疑的英国人虽受到一定的挫折，但最终还是占到上风。中国地方上的督抚海关大员们的“谕饬”虽声色俱厉，却也无可如何。天朝的法度和尊严依旧，英国人不是做出承诺了吗？而且词气甚为“恭顺”，这是最足快慰的！

三、交涉再起：没有结果的结果

在中国人普遍的观念里，“人命关天”，性命比什么事情都重要？但在英国商人的文字中我们也可以看到经常出现的类似的话语，即“资本重大，所关匪轻”。两种不同的关怀提示着此案交涉双方在文化观念上的巨大差异，这种差异必须要双方或一方的妥协方能化解，否则两方都会感到紧张，冲突难免。这种深刻的误解与双方的紧张在黄亚胜案第二个阶段的交涉中表现得尤为明显，我们来看一下此案第二个阶段的交涉情况。

在《喇佛致行商书》中简单记述了此案的转机：

“仁兄有本月初四日由省付来之一信，内包南海县太爷之钧谕。再发起而论民人黄亚胜被戳伤身死一事，照得其事之后谨四月，差役拿到了犯证陈亚茂，被攻黄亚胜被红毛国鬼子晏多尼、委林、百力喇戳伤身死，故此嘱弟等将本案凶犯委林等交出送省，并查凶夷实系何船夷人，何行认保等语。”①

① 许地山编校：《达衷集》，商务印书馆发行，民国二十年四月初版，第108页。

即关键人物陈亚茂的出现让本已平息的事件再泛波澜，南海县知县随即发下一谕要求英国大班交出陈亚茂指认出的三名凶手，然后由行商转交给英国大班喇佛。这当然是双方共同的协议进行的一项交涉，因为两个半月前英国人是在表达了一旦有新证据就将真凶“照例治罪交出”的承诺之后才得以使英船顺利返航的。如今陈亚茂已经被捕，且提供了三名凶手的确切国籍与姓名，英方应该无可抵赖了。但事实却偏偏不能如中方所愿，喇佛在上引致行商的信件中接着说道：

“弟不知缘何如此饬谕，想南海县主及各县并非已忘，如何公司在省时，有无公道，停大公班衙船后，大人以弟等应寄札于本国应使查明，如实船内有凶手即照例究办，即准船开行出口。如此办，似认查到现犯罪为最难，如何穿去了两个半月，着弟交出凶手乎？再，刚称凶手在船内，而船已去了好久，令弟刻日送到省，此无一毫形为公便矣。弟前应入后查出凶手之姓名，就寄之到本国遗嘱查明犯罪者为何人可也而已。知所写出之夷人姓名，因汉字的音韵与祖家的言语不同，名字未为的十分明白，见得不过是名，非是姓。又各船不论系美利坚国船，不论系英吉利国船，都有这些名字，未有姓，何以查得到？陈亚茂所供不足为无疑之凭据。……南海县各县多付来之意，望其缓思该事无不办之。照天朝所久为名，即公智也。但由现南海县之谕，似远离。”①

对于南海县知县发下的饬谕，喇佛表示了极大的反感与不解，并罗列了几点现实困难：一、对于南海县知县提出的将凶犯“刻日送到省”的要求，因船已回国，不能够满足。二、在双方当初的协议中，大班的责任只是“寄札与本国应使查明，……照例究办”，并没有“交凶”的义务。三、民人陈亚茂提供的证据“不足为无疑之凭据”，即证据依然不充分。

---

① 许地山编校：《达衷集》，商务印书馆发行，民国二十年四月初版，第108页。

这是一封发给行商的私信，对比写给督抚海关大员的禀帖，少了一些虚饰与俗套，字里行间充斥了对广东官员的强烈不满，尤其对于即时交凶的要求，剌佛更感到不可思议。这在他们自己的纪录中表露得更为直白：

“我们受到行商转来10日的通知，关于黄阿胜的问题，不得不表示极大的震惊。我们认为，就与我们的关系来说最低限度已经完了，而没有比这一个时期叫我们去调查并将人交出更为不公平的了。必须知道，他们久已离开中国，而且认为他们是属于英国船，也是值得怀疑的，中国人认为拥有的证据按理推论也是不可靠的。”①

在这里剌佛自认为自己所负的责任已经结束，而广东官员这种要求对他来说是“更为不公平”的。此外，仍然怀疑中方提供的证据的有效性，最后归结为两国司法观念的差异，即中国人认为确凿的证据“按理推论是不可靠的”。

广东的官员自然明白英船已经离开，立即交凶是不可能的事情。此举的真正目的是把此案的新进展告知英国人——此案的关键人物陈亚茂已经被捕，涉嫌此案的凶手已经有确切的姓名，对此英国人勿须彻底查出此事。此后，广东方面并没有采取进一步的行动措施，直到近半年后英国商船再次返回广州。

嘉庆十五年十一月十一日，原来与此案交涉的大班剌佛已经去职，取而代之的是新任波郎，此人便成为下一阶段交涉的关键人物。就在这一天，南海县县令发下一谕，由行商首领转交到波郎手中。从该谕的内容看，首先是总督百龄对此案的久悬而未决表示不满，责及南海县县令。语气颇为严厉：

---

① 马士著，区宗华译：《东印度公司对华贸易编年史》，中山大学出版社1991年版，第148页。

……据此案前因方亚科未能指出凶夷姓名，是以保商及大班剌佛等无咨查交；嗣据南海县具详拘获陈亚茂等，讯明凶夷系属委林，当经严批。转饬勒交审办，先当该国货船络绎来粤之时，正应严饬交出，照例审明奏办，以昭国法，而崇体制。①

作为此案实际交涉人的南海县县令大约早已感到此事的复杂与难办，曾经向总督建议“照会该国国王查缉解究”以搪塞，但是遭到督抚严厉的批驳，以为舍近求远且无甚效果。而解决此案有更为简便的方法：

……且该夷来粤贸易，大班剌佛是其专营，又有洋商保结，责有攸归，乃不从此根拘，转欲恃重洋之一纸，为之侦捕。不特本部院向无照会彼国缉捕之例，即使行文该国王，以稽查无获，含糊具覆。其能以一奏之完结乎？②

最后，南海县引用按察使的话表示了最后的决心：

“如该保商及该国大班头目，规避此令并袒护罪犯，在指定期限内不将其交出，则必将彼等以包庇罪犯之律科罪，而该南海县与此事有关，将按其执掌具奏处，本官对此决不宽待。”③

波郎接到该谕后被行商要求按照这个谕令办理，当然“复函只不过是一种形式”，但是波郎却表示反对，认为：

完全不能答应的，最明显的一点，它表示间接承认罪犯十一名英国人，跟着就肯定地承担责任，如今后他在英伦受到惩处，则必须将其递

① 见《南海县下洋商谕》，收入《达衷集》，第108页。
② 见《南海县下洋商谕》，收入《达衷集》，第108页。
③ 见《南海县下洋商谕》，收入《达衷集》，第108页。

解到中国，并将其交到中国政府官吏手里。[①]

于是在1811年1月5日，波郎向总督百龄上了一个简短的抗议书反对按察使和南海县的指控，即我们在《达衷集》中所看到的《波郎上两广总督书》。在此书中，波郎简单的回顾了此事的前因后果，认为：

“前任大班等上年公司船还在粤之时，已经禀明此事。它无实凭，是以不得查出罪人是否本公司船之人，但情愿担保此事。公司船回国之后，定要再查，若查得出凶手，自然按律治罪。……此事蒙大宪已经允准，公司各船的牌回国……现在上年回国之公司船，未有回信。”[②]

所以，无从查办！最后依然开列了一个空头支票，“再寄信回国，说明请再确查”[③]这样一种敷衍自然不能让广东方面感到满意，总督百龄收到以后，以为“与中国法律手续惯例不符”[④]，予以斥退。

双方的交涉都感到彼此的压力，但是最感到为难的或许还是夹在中间的“十三行”行商们，他们试图在广东官方与“委员会”之间进行某种调和。但结果却让他们感到失望，他们在“中英”双方不愉快的气氛中感到的可能不仅仅是压力，因为他们的命运往往与“夷商”们联系在一起。一旦双方的关系破裂，首当其冲的便是他们自己，成为“制度”的牺牲品。

1月17日，行商不得不再次与英方磋商，据公司的备忘录记载，行商“很诚恳地提出他们的要求，我们一定要做一些事情，以满足中国政府关于上季暗杀一个中国人案件的要求。又说，如果我们拒绝给予这个

① 马士著，区宗华译：《东印度公司对华贸易编年史》，中山大学出版社1991年版，第149页。

② 见《波郎上两广总督禀》，收入《达衷集》，第112页。

③ 见《波郎上两广总督禀》，收入《达衷集》，第112页。

④ 马士著，区宗华译：《东印度公司对华贸易编年史》，中山大学出版社1991年版，第149页。

问题一个满意的答复，他们恐怕会阻滞船只并引起其他的麻烦。[①]”事实上，广东方面之所以把这件拖了很久的事情在这时拿出来正是因为有了这样一个保障，虽然这样的保障并非一贯的有效。不管怎么讲，现在只剩唯一的一个办法了。嘉庆十五年十二月二十九日，广东总督百龄、巡抚韩已致函粤海关监督要求“暂缓发给该大班红牌出口，令各保商及该国大班交出凶夷，照例审办”。而粤海关在给行商的谕令中也明确在凶手没有被交出惩办之前，“断不准任意回国，致使凶夷远飏。[②]”而上述行商与波郎等的磋商正是在得到这一谕令之后。英国人对此也应该是熟悉的，但还是于21日为即将出发的第一批船队向海关申请执照（即红牌），结果可想而知。委员会“懊丧的获悉那些官员利用我们当前机遇迅速出发，乘机强迫我们顺从他们提出的关于上季杀死一个中国人一事的要求。”30日，海关监督将一份命令送到商馆，“坚持那件中国人的案件要立即按照命令办理”[③]。

即使如此，英国大班波郎还是决定继续抗争。二月初，波郎再次上书总督及海关监督，还是坚持此案“毫无供出凶手凭据”。而且他已经按照要求给国王寄信，大约到“本年秋冬方有回信”。现在季风已经逾期，“若再耽搁，货物资本重大，所关匪轻”，请政府尽快发放红牌，准予回国。等到“本年秋冬接到本国公班衙之信，有无查出凶手”，再“案请办理”[④]。而行商也极力进行调和，以避免事情达到难以为继的地步，在他们给海关的信中转述大班波郎的话说：“现在出口之船，均非上年来广之船，是以无从查出。”并认为去年来广之商船都由上一任大班剌佛“经理”，暗示应该负责任的人是“剌佛”而非“波郎”[⑤]。这种托辞和牵强的开脱对案件的进展毫无意义，也不可能满足粤方的要求。

---

① 马士著，区宗华译：《东印度公司对华贸易编年史》，中山大学出版社1991年版，第149页。
② 见《粤海关下洋行商人谕》，收入《达衷集》，第114页。
③ 马士著，区宗华译：《东印度公司对华贸易编年史》，中山大学出版社1991年版，第149页。
④ 见《波郎等上总督及海关禀》，收入《达衷集》，第116页。
⑤ 见《行商上粤海关禀》，收入《达衷集》，第118页。

最后，据《东印度公司对华贸易编年史》的记载，2月2日广东贸易委员会采取措施，由委员会的低级成员帕里和公司船队的高级指挥林赛船长到广州城门口给巡抚设海关监督投递备忘录。备忘录被巡抚和海关监督详细看过后退回，此事可能起到一定的作用[①]。随后几天，波郎等人又通过行商把他们的强硬态度告知广东的官员。2月8日，委员会曾留下这样的记录：

通过行商将通知给予主要官员，虽然我们无时不尊重中国的履历和政府的规章，但我们不能再认为当前这种滞留而损害我们的船只之举是正当的，也没有原因帝国的哪一条例律与政府的规章为理由向我们辩解，所以即使没有通常的核准，我们将自行打发船队出发。如果政府再行拖延阻滞，我们不得不采用这种不愉快的选择。[②]

这种担心已经没有必要了，在前一天（即2月7日）行商已经与政府达成一致，具结保证剌佛回国后确查凶犯。其具结的款式和内容如下：

具结行商人十家，今赴大人台前，结得缘民人黄亚胜身死一案，现拉弗回国，确查有姓委林之凶夷，得有回信，即当据实禀明，不敢徇庇，所结是实。嘉庆十六年正月十四日（1811年2月7日）结。[③]

行商具结以后，英国的船队很快就获得了粤海关颁发的离港执照——红牌，2月10日剌佛与第一批船队离开广州。3月26日，波郎随着第二批商船队顺利地离开了广州，“没有再发生什么意外”[④]。而关于黄亚胜案的交涉也到此结束，后来也未曾有人再提起此事，慢慢地淡出了

① 马士著，区宗华译：《东印度公司对华贸易编年史》，中山大学出版社1991年版，第151页。
② 马士著，区宗华译：《东印度公司对华贸易编年史》，中山大学出版社1991年版。第151页。
③ 见《行商具结》，收入《达衷集》第120页。
④ 马士著，区宗华译：《东印度公司对华贸易编年史》，中山大学出版社1991年版，第151页。

人们的视野。

综上所述，黄亚胜案自从发生到英国船只再次放港，前前后后交涉了近两年的时间，为此前类似事件所未有。从交涉结果上看中方几乎一无所获，而英国人则巧妙地利用各种借口躲过了涉嫌的一场命案。从案件的本身看，中方所提供的证据虽不是无懈可击，但也足以认定英国人与此案的重大嫌疑；正是英方始终的不合作态度使得这一案件的解决陷入多重困难，最终无法定案，而涉嫌者在不对等的交涉中获得格外保护。在此案的交涉过程中，中国官员虽然言辞锋利，但是限于体制只能采取间接交涉的办法由行商代行与英人交涉。行商对来粤英商负有全部的责任，但是又和英商有着共同的利益关系，并不能和官方保持始终的一致。他们的特殊身份决定了在交涉过程中只能以自身的利益为出发点，极尽调和之能事，绝无行事原则。这样一种制度设计的基本预设是行商和英人对“天朝”官员的驯服，而没有考虑或者没有认真考虑到这种预设的基本可靠性。一旦行商“徇庇”或夷人“桀骜”，这种制度便失去了基本的保障。而此案中最大的问题正是英国人的“桀骜不训”，行商左右摇摆、尽力调和，官方虽然不甚满意也只能不了了之。此处牵涉较大，只能另文探讨了。

国内立法与国际领土争端
——1856年美国《鸟粪岛法案》及其对我国海洋领土主权斗争的启示

郑安光

[内容提要] 国际领土争端，往往被纳入国际法的框架下思考和审视。然而在历史上，国内立法也常常在国家争夺领土主权利益的斗争中发挥独特的作用。国内立法不仅可以为领土的主权申索提供某些合法性来源，同时还可以成为领土主权斗争中博弈的工具，更可以通过立法的形式提高政府在处理这些问题时的“观众成本”，来强化主权申索的官方意志。然而国内立法在提高领土争端中博弈能力的同时，也会激化矛盾，压缩解决问题的谈判空间。本文拟通过1856年美国国会通过的《鸟粪岛法案》来探究它在美国获取太平洋和加勒比海地区岛屿中的作用、引发的领土争端，以及它对当下我国海洋领土权益斗争的启示。

[关键词] 国内立法　国际争端　美国《鸟粪岛法案》　启示

[作者简介] 郑安光，中国南海研究协同创新中心副教授；南京大学国际关系研究院副教授。

一、《鸟粪岛法案》与美国本土外岛屿的扩张

在19世纪，鸟粪具有十分重要的经济价值。在二十世纪初化学肥料发明之前，含氮丰富的鸟粪是最理想的肥料。此外，由于富含硝酸盐，鸟粪还可以用来制造枪药。即使在今天，鸟粪也是大宗经济商品之一。因此在19世纪这种各国的经济主要以农业为主的时代，寻找和开采鸟粪成为各国的重要事业。而彼时在各个大洋、尤其是太平洋的众多偏远无

人小岛上，储藏着大量鸟粪。各国为此展开了激烈竞争。事实上，当时还发生了两次“鸟粪战争”，一是1865-1866年在西班牙和秘鲁之间发生的钦查群岛战争（Chinca Islands War），二是秘鲁和智利之间发生的太平洋战争（War of Pacific War）。

作为19世纪最重要的农业国之一的美国，和英国就太平洋上的鸟粪岛的所有权展开激烈争夺。为了在这种竞争中取得先机，1856年，在当时著名扩张主义者西华德的极力推动下[①]，美国国会通过了《鸟粪岛法案》。[②]法案共分为6个部分，内容主要包括：1、美国公民发现的储藏有鸟粪资源且不在其他国家司法管辖之下的岛屿，可被视为“从属于（appertaining to）”美国。2、这些岛屿的发现者拥有对鸟粪资源的专属权，但这些鸟粪只能供应美国公民使用。3、这些岛屿上的鸟粪输入美国，按照美国内部的海岸贸易法规管理。4、在岛上的鸟粪开采完后，美国无义务维持对这些岛屿的占有。5、美国总统授权陆海军保护这些岛屿的发现者及其委派人。6、在这些岛屿及其毗连水域的犯罪行为被视为在公海上的美国船只上的犯罪，并依照相关法律处理。总的来说，该法案的核心意义在于：美国公民可以占据未被其他国家管辖的鸟粪岛，并拥有独占这些岛礁上的鸟粪资源的权利，美国政府对这种占据及权利提供军事和司法保护。法案通过后美国获取了太平洋上的许多小岛。美国的扩张模式也相应发生了变化。在法案通过之前，美国的扩张主要是在北美大陆，并且把扩张获得的地区都变成了州；而法案通过后，美国开始了海外扩张的历程，在这一过程中，除了阿拉斯加和夏威夷之外，都没有获得美国的州地位。

在该法案的鼓励下，在太平洋和加勒比海地区的诸多无人小岛美国

---

① 西华德（William Henry Seward）后来任美国国务卿，并极力促成了对阿拉斯加的购买。Christina Duffy Burnett，“The Edges of Empire and the Limits of Sovereignty: American Guano Islands,” *American Quarterly*, Vol. 57, No. 3, Sep. 2005, p. 781。

② 《鸟粪岛法案》内容可以参见《美国联邦法律大全》：*United StatesStatues at Large*, Vol. 11, Buffalo, N. Y.: Dennis & Co., Inc., 1964, pp.119-120。

人和美国肥料公司蜂拥而至，纷纷宣布占据这些岛礁。根据《鸟粪岛法案》，美国曾先后占据了100多个岛礁。后来这些岛礁的法律地位大多发生了变化。这主要是因为法案中明确规定，在鸟粪资源被开采完成以后，美国不一定要为继续占据这些岛屿提供保护。这些岛礁有的直接被放弃占有，如奎他苏诺岛（Quita Sueño Bank）①，有的争议岛屿通过协议转让给了其他国家，有的成为新独立的国家一部分，有的成为由联邦政府直接管辖的美国属地。这些属地在目前美国的领土分类中被称为美国本土外小岛（United States Minor Outlying Islands），在性质上多为非合并非建制领土（但巴尔米拉环礁为合并非建制领土）。目前作为美国领地保留下来的岛礁主要有：贝克岛（Baker Island）、豪兰岛（Howlland Island）、法国护卫舰沙洲（French Frigate Shoals）、贾维斯岛（Jarvis Island）、约翰斯顿环礁（Johnston Atoll）、金曼礁（Kingman Reef/Danger Rock）、中途环礁（Midway Atoll）、纳瓦萨岛（Navassa Island）、巴尔米拉环礁（Palmyra Atoll）、海燕岛（滩）(Bajo Nuevo Bank)、小塞拉纳岛（滩）(Serranilla Bank)、斯温斯岛（Swains Island）等。

这些岛屿的获得，首先是为美国提供了丰富的鸟粪资源。有了在法案之下美国政府提供军事和司法保护的背书，大量肥料公司纷纷前往这些岛屿开采鸟粪资源，并源源不断地运往美国本土，为19世纪美国的农业的增产稳产奠定了坚实基础。而农产品尤其是粮食的稳定产出为19世纪美国人口的大规模增长提供了物质保障。而人口的增长所带来的丰富劳动力资源是美国的工业化和崛起为一个大国的必要条件。

其次，在战略上这些小岛也具有重大意义。一方面，太平洋中间散布的小岛虽然面积都不大，但由于其位置多在从美国西海岸前往亚洲的途中，在经济和地缘政治上都十分重要。19世纪，这些小岛的一个重要功能就是用作从美洲向亚洲的太平洋航线上的远洋轮船的加煤站。由于

---

① 美国认为该浅滩没有露出水面的陆地，因此不具备主权声索的条件，因此在1972年与哥伦比亚的条约中放弃声索，但哥伦比亚认为该岛具备主权声索的条件，并声称自己拥有主权。

那时远洋轮船主要是蒸汽船，因此在漫长的太平洋航线上在中途加煤是必不可少的。这些岛屿还成为19世纪开始铺设的跨太平洋电报电缆的重要节点。[①] 到20世纪30年代，某些岛屿，如中途岛，成为从美国到中国的“跳岛飞行航线（island hopped airline)”的中转站。[②]

在地缘政治上，这些太平洋岛屿再加上1898年美西战争之后美国获得的菲律宾和关岛、1899年兼并的夏威夷，构成了从美国西海岸到远东尤其是中国的岛链。这个岛链是1899年美国提出对华“门户开放”政策的强大物质基础，同时也是美国作为一个全球性大国崛起的开始。1870年代以后，美国国内生产飞速发展，但国内市场不足，而庞大的远东市场就成为美国突破西半球藩篱的首要目标。而以这些岛屿为主要依托的太平洋航线则是美国走向世界的“生命之路”。

虽然这些岛屿在早期并不具有很大的军事意义，但随着美国的逐渐强大和卷入世界事务日益深入，这些小岛在军事上的价值日益凸显出来。1898年美西战争开始，美国舰队通过太平洋航线迅速赶到菲律宾，一举歼灭了马尼拉湾的西班牙舰队从而奠定胜局。从20世纪初开始，美国逐渐在其中的某些岛屿上派驻军队，一是未来维持美国对这些岛屿的所有权，二是保护这些岛上的一些基础设施，如加煤站和海底电缆站。如1904年到1908年，西奥多·罗斯福总统派遣了21名海军陆战队士兵驻扎在中途岛上。到1941年珍珠港事变爆发前，这些岛屿有很多为美国海军控制。而珍珠港事变爆发后，这些岛屿成为反击日本侵略的前哨，1942年的中途岛海战更成为整个太平洋战场的转折点。战争后期对日本的反击也是采取了“跳岛战术”。二战结束后到二十世纪70年代之前，美国仍然在这些岛屿上维持了大量驻军。这些岛屿还被用作海军基地、空军基地、核武器试验场、生物武器试验场、化学武器储存和销毁场所[③]、卫

① Jimmy M. Skaggs, The Great Guano Rush: Entrepreneurs and American Overseas Expansion, London: Macmillan, 1994, Chap. 11.

② en.wikipedia.org/wiki/Midway_Atoll.

③ http://history.state.gov/historicaldocuments/frus1969-76v35/d39.

星测控基地以及宇宙航空器返回舱回收地，近些年还用于美国导弹防御系统试验，从这些岛屿上发射拦截导弹，如约翰斯顿环礁，发挥了极其重要的军事作用。

二、国内立法对国际领土争端的影响及其国际法辨析

美国通过国内立法来占据海外岛屿的方式，在历史上是第一次。在19世纪大洋深处的岛礁尚未被瓜分殆尽的时代，起到了很好的开疆拓土的作用，并为美国从美洲走向亚洲提供了必要的跳板。然而这种通过国内立法的方式获取海外领地的办法在施行之初就不可避免地引起了和其他国家的矛盾，如英国、法国和哥伦比亚等，引发了大量的领土纠纷，这些领土纠纷有的延续到今天，构成了当今美国与别国领土纠纷的主要部分。

有的鸟粪岛在美国提出主权要求的当时就引起了与别国的领土争端。前文提及的约翰斯顿环礁就是一个例子。虽然约翰斯顿环礁是1807年由英国海军船长查尔斯·约翰斯顿于1807年命名的。1858年3月美国人威廉·帕克（William Parker）派“巴勒斯坦号”帆船前往该环礁，并在环礁上发现了鸟粪，遂依据《鸟粪岛法案》宣称占据该环礁，但夏威夷王国也提出拥有对该环礁的主权，6月夏威夷人塞缪尔·阿伦（Samuel Allen）登上该岛，并撕毁了美国国旗。7月“巴勒斯坦号”再次前往环礁重新确认美国的主权，同一天夏威夷宣布该处为夏威夷国王卡米哈米哈四世（Kamehameha IV）的领地。后来夏威夷国王把该岛礁租给塞缪尔·阿伦。之后美国仍不断派军舰前往该岛。此后美国和夏威夷王国之间的主权争议一直存在。期间英国还于1892年派军舰前往该岛，拟经夏威夷王国同意在此建立一个电报电缆站。[①] 但1893年夏威夷王国被推翻，1898年夏威夷并入美国，领土争端问题才自然解决。

---

① http://www.johnstonmemories.com/.

此外，还有不少因《鸟粪岛法案》而起的海洋领土争端，至今仍然没有解决，如海燕岛。海燕岛是加勒比海上的一个小岛礁，目前除了美国外，还有哥伦比亚、尼加拉瓜、牙买加和洪都拉斯四个国家对该岛提出主权要求。1869年美国人詹姆斯·加内特（James W. Jennett）依据《鸟粪岛法案》，宣布占据该岛。虽然在1972年美国与哥伦比亚签署条约，放弃了对大多数加勒比海地区鸟粪岛的主权声索，但因海燕岛在条约中并没有被直接点名列入，因此海燕岛是否属于被放弃主权的岛礁之列仍存在争议，目前该岛被美国列入未合并、无建制领土。哥伦比亚认为该岛是安德列斯群岛的一部分，而且它从1886年就提出了对该岛的主权声索要求。目前哥伦比亚在该岛上建有灯塔，海军定期巡航。尼加拉瓜声称对所有位于其大陆架上的岛屿拥有主权，包括海燕岛和所有附属于安德列斯群岛的岛屿。尼加拉瓜还不断就海燕岛主权问题在国际法院提起对哥伦比亚的诉讼。但2012年国际法院一致裁决认为哥伦比亚拥有对海燕岛的主权。洪都拉斯在1999年之前也声称对海燕岛和附近的小塞拉那岛拥有主权，但1999年两国达成海上边界条约，洪都拉斯默认了哥伦比亚的主权。但尼加拉瓜在国际法院的上诉中否认这一条约的合法性。牙买加在和哥伦比亚达成一系列双边协定后，获得了在该地区的捕鱼权，基本上承认了哥伦比亚的主权要求。1993年，两国达成协议建立“共同管制区域（Joint Regime Area)”来共同管理和开发海燕岛和小塞拉那岛之间的海域（两个岛的近海水域不包括）。

鸟粪岛的领土争端显然根源于《鸟粪岛法案》通过国内法来宣称对岛礁的主权这种行为与传统国际法准则的内在矛盾。[①] 国家对于领土的获得，传统西方国际法理论认为，“先占”的原始方式是最基本的合法途径。《奥本海国际法》认为，占领是一个国家占取的行为，通过这种行为

① 这一矛盾，即使在美国国内，也曾经有过激烈的辩论，在美国最高法院也审理过相关案件。参见：Burnett, “The Edges of Empire and the Limits of Sovereignty: American Guano Islands,” pp. 790-794。

该国有意识地取得当时不在其他国家主权之下的土地主权。① 传统的国际法认为，先占作为一种法律行为，必须具备几个方面的条件：其一，先占的主体必须是国家，即先占是一种国家行为，只能以国家名义进行。其二，先占的客体必须是无主地（no man’s land）②。其三，先占必须是有效占领③（effective occupation）。值得我们注意的是，先占的范围应该以实际占领的土地为限，而不能无限制的扩张。如，不能就一个群岛中的一个岛屿进行先占并有效控制就认定控制了整个群岛。而单纯的发现只产生一种“不完全的所有权”，占有和行政管理是使占领有效的两个条件。④

对比这些通行的传统国际法规范，我们发现美国以《鸟粪岛法案》为理由占据上述岛屿，其合法性不足。首先这些岛屿当中的很大一部分在美国人前往开采鸟粪之前就已经被发现，有的还被命名。根据先占原则来说，并非完全是无主之地。其次，先占原则的主体应该是国家，而根据《鸟粪岛法案》声明占据这些岛屿的都是个人，虽然法案授权总统对这种占据行为提供军事保护，但并没有直接申明这种占据行为是代表美国行动的主权行为。而且法案还不保证在鸟粪被开采完之后继续提供这种保证。事实上，很多岛屿上的鸟粪开采完之后肥料公司就撤出了，在很长一段时间又重新处于无人之地的状态，也不符合有效占领的规定。只是后来随着美国势力在远东和太平洋地区的扩张才使美国政府意识到这些岛屿的战略地位，开始派军队驻守或建筑军事设施。在1970年代后随着这些岛屿的军事价值逐渐变小，美国将大部分这些岛屿划为野生动

---

① 詹宁斯、瓦茨修订：《奥本海国际法（第一卷第一分册）》（王铁崖等译），中国大百科全书出版社，1995年，第74页。

② 在国际法上，无主地的定义是有争议的。西方学者认为，无主地是指不属于任何国家的或为原属国放弃的土地，包括无人居住的饿荒岛、荒原、没有形成“文明国家”的土著人居住的土地。但存在土著人居住的土地是否真的属于无主地，国际法上争议很大。1975年国际法院关于西撒哈拉法律地位的咨询意见中指出：“国家实践表明：住有土著部落或具有一定社会或政治组织的人群的地方就不能认为是无主地。”参见：王虎华主编：《国际公法》，浙江大学出版社，2007年，第206页。

③ 有效占领，是指国家不仅要有占领的意思表示，而且有占领的行为。

④ 劳特派特修订：《奥本海国际法（上卷第二分册）》，商务印书馆，1972年，第77页。

植物保护区，由相关政府机构定期派人巡视，以宣示主权和有效控制。这些国际法上的缺陷和矛盾，使得美国的许多鸟粪岛都遭遇来自其他国家的主权纷争和诉求。

进一步说，领土的获得是一种国际法行为，需要遵循通行的国际法准则。《奥本海国际法》提出，“对于与国际法相抵触的国内法，……在国际上，这样的法律不能对其他国家适用；其他国家的权利和义务首先是由国际法所决定的，而不是由另一个国家的国内法所决定的，而且其他国家因而有权在该法律与国际法相抵触的限度内置该法律以及该法律所要产生的后果于不顾”。[①]《鸟粪岛法案》通过国内立法来获得具有强烈国际法意义的领土做法显然违背了这一原则。别国与之有主权争端也不可避免的。

三、《鸟粪岛法案》对我国海洋领土主权斗争的启示

《鸟粪岛法案》虽然是一百多年前通过的，但它至今仍然有效，是美国的公共法（Public Act）之一。尽管这种通过国内立法获取领土的方式存在前述种种缺陷，尽管我国的海洋领土主权斗争所面临的形势和19世纪中叶的美国有着天壤之别，但该法案以及此后依据这些法案对这些岛礁的占据和持续保有行动依然对我国的海洋领土主权斗争具有重要启示。

首先，法案的通过意味着对这些岛礁的占有以及在上面的经济活动提供保护有了国内法律基础。法案还把美国国内法的刑事司法管辖权扩展到这些岛屿。这显然有利于鼓励国民到这些岛屿开展经济活动，从而进一步强化对这些岛屿的有效占领。虽然法案引发了诸多外国对岛礁主权的争夺，这些纷争甚至延续到今天。但却使美国在主权争夺的博弈中处于一定优势地位。从博弈论和谈判学的的角度来说，立法行动和保护责任的确立大大提高了美国在这些争端中的自我承诺，从而改变其在岛

① 詹宁斯、瓦茨修订：《奥本海国际法（第一卷第一分册）》（王铁崖等译），第47页。

礁主权博弈中偏好曲线（preference curve），从而可以在最终的博弈结果中获得更高的“报偿（pay off)”。通过提高自我承诺来获取更高报偿是博弈中常见的策略（相关博弈模型参见下图①）。如破釜沉舟即是一例。中国通过《反分裂国家法》来展示维护国家统一、反对台湾独立的决心，从而提高在统独斗争中的报偿，也是一例。更不用说，立法这种强势的行动会带来高昂的观众成本（audience cost），而使得决策者不得不采取积极的行动。事实上，美国国会通过《鸟粪岛法案》的直接推动因素之

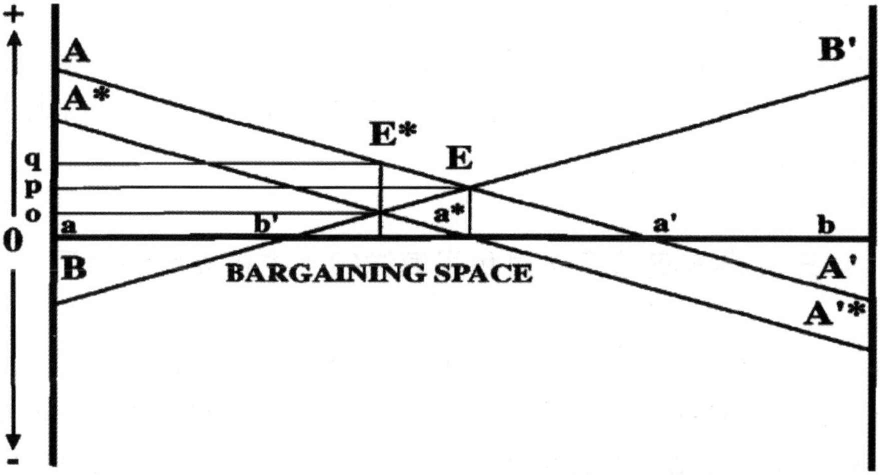

Figure 5.3 A Model of Two-Party Bargaining with Misinformation and Commitments
1. Horizontal Axis = Issue Dimension
2. Vertical Axis = Gains (+) and Losses (-) Relative to Nonagreement (0)
3. A—A' = A's "Real" Preference Curve
4. B—B' = B's Preference Curve
5. a = A's preferred outcome
a' = A's "real" minimum acceptable outcome
b = B's preferred outcome
b' = B's minimum acceptable outcome
6. E = point of "equitable solution, where gains of both parties relative to nonagreement are equal
7. A*—A'* represents A's claimed preference line:
a) a* represents the commitment of A's minimum position
b) E* represents the new "fair" settlement point
c) p represents the original gains for both parties
d) o represents B's new lower payoff
e) q represents A's new greater "actual" payoff

① P. Terrence Hopmann, *The Negotiation Process and the Resolution of International Conflicts*, University of South Carolina Press, 1996, p.55.

一就是1854年美国肥料公司在和英国公司以及委内瑞拉争夺加勒比海上的艾维斯岛（Aves Island）的控制权时落于下风，从而呼吁美国政府为此提供保护。[①]

在我国的海洋领土争端斗争中，也可以适当采用这种国内立法的方式来强化主权存在，并引导舆论。以期在国际博弈中占得先机并获取更大利益份额。事实上，我国已经在这方面作出了一定的努力，比如通过了《南沙渔业生产管理规定》，鼓励渔船赴南沙从事渔业生产，一方面提供柴油补助，尤其是对“长年坚持在南沙生产，为维护国家主权和海洋权益作出贡献的”以及“在南海断续线内作业被周边国家扰袭或抓扣，能有理有节坚持斗争的”进行补助倾斜，另一方面还对“在中华人民共和国南海断续线内南沙海域生产时遭周边国家抓扣、扰袭造成”损失的渔船提供渔业涉外损失补助。2013年海南省修订了《海南省实施〈中华人民共和国渔业法〉办法》，规定“外国人、外国渔船进入本省管辖水域进行渔业生产或者渔业资源调查活动应当经国务院有关主管部门批准。进入本省管辖水域的外国人、外国渔船进行渔业生产或者渔业资源调查活动，应当遵守国家有关渔业、环境保护、出境入境管理的法律、法规和本省有关规定。”也是通过国内立法强化海洋主权的一个例子。2014年8月海南省三沙市政府通报，该市将于今年12月起全面兑现渔民住岛作业津贴政策，按住岛时间向渔民发放补贴。[②] 另外，从一定意义上来说，划定“东海防空识别区”也是通过国内立法来进行领土权益国际斗争的例子。不过与《鸟粪岛法案》相比，在政府提供保护的方面没有明确提及。[③] 2012年中国国家海洋局决定在黄岩岛建立海洋灾害监测基地，并

---

① Burnett, “The Edges of Empire and the Limits of Sovereignty: American Guano Islands,” p. 783.

② 渔民住岛作业津贴发放标准是，对每年度在西沙群岛住岛时间满180天以上的渔民，按照永兴岛35元/天·人，七连屿40元/天·人，永乐群岛45元/天·人发放；对南沙美济社区居民，住岛时间满150天者按照80元/天·人发放补贴，不满150天者按照60元/天·人发放。参见：http://www.sansha.gov.cn/page.php?xuh=1851。

③ 海南省人民代表大会常务委员会：《海南省实施<中华人民共和国渔业法>办法》，http://www.hainan.gov.cn/data/law/2013/12/1900/。

表示依照《海洋观测预报管理条例》保护黄岩岛海洋观测站点及其设施，并特别警告，海洋观测站点及其设施受中国法律保护，任何单位和个人不得侵占、损毁或者擅自移动。[①] 其他南海岛礁的声索国也使用国内立法的方法来强化其声索行为。2009年3月10日，菲律宾总统阿罗约不顾中国的反对，正式签署“领海基线法”，将中国的南沙部分岛礁和黄岩岛划入菲领土，并将这一法案将被提交联合国审议。[②]

但是，需要说明的是，通过国内立法提高自我承诺的方法来维护国际领土权益是双刃剑，如果不能很好地利用，可能会带来负面效果。据前面的博弈模型图，我们可以看出，当一方的“报偿”提高以后，相应的谈判空间（bargaining space）就被压缩了。也就是说，会激化矛盾，减少了谈判的灵活性。更糟糕的是，当这些提高了的“自我承诺”遭到挑战后不能采取果断的措施维护其可信性，就变成了不可信承诺，会使自己在博弈中处于更加不利的地位。因此，一旦我国在维护海洋权益斗争方面出台国内立法，必须要有充足的手段保障这些法规的实施。

第三，为了维持对这些岛礁的长期有效控制，美国政府主导和推动对这些岛礁的殖民/移民活动。

美国在太平洋鸟粪岛的秘密殖民计划就是一个例子。在《鸟粪岛法案》通过几十年后，这些岛上的鸟粪被开采殆尽，肥料公司纷纷抛弃了这些小岛，有些小岛被英国人占用。到了1930年代，随着太平洋中部航线的开通，这些岛屿的军事和商业价值再次凸显出来，美国希望强化对这些岛屿控制。遂在1935年由商业部提出了对豪兰岛、贝克岛和贾维斯岛的秘密殖民计划。为了避免与禁止军事人员从事殖民活动的国家法相冲突，美国找到了一批退役军人和夏威夷土著人参与这项计划。1935年3月，第一批殖民者共18人（6名土著、卡米哈米哈学校的男毕业生和12名退役人员）前往这些岛屿。后来退伍军人退出，更多的夏威夷土著到达，最终

① 杨梅菊：“《海洋观测预报管理条例》出台记”，《国际先驱导报》，2012年6月12日。

② http://news.sina.com.cn/c/2009-03-12/065417390229.shtml.

每个岛屿分别由4人占据。这些殖民者记录气象、栽种植物、收集标本，坚持长达一年之久。这个计划直接导致富兰克林·罗斯福总统于1936年颁布行政命令，宣布这三个岛屿置于美国的司法管辖之下。后来这个殖民项目由内政部管辖，范围也扩大到坎顿岛（Canton Islands）和恩德波里岛（Enderbury Islands）。这个殖民项目一直持续到二战中的太平洋战争爆发。这个艰苦的殖民活动维持了美国对这些鸟粪岛的有效占领。

从这个例子的经验看，我国可以进一步强化对目前我国已经控制的岛礁、尤其是南海岛礁的开发利用，制定具体的计划，鼓励持续长期移民，最好是能建立基本可以自我维持的经济生活。为此目的，通过建立人工岛的方式扩大现有岛礁的面积，也是方法之一。事实上美国对这些鸟粪岛的开发利用一样也采取了这种方法。例如美国用填海造陆的方法大大增加了约翰斯顿岛的面积。

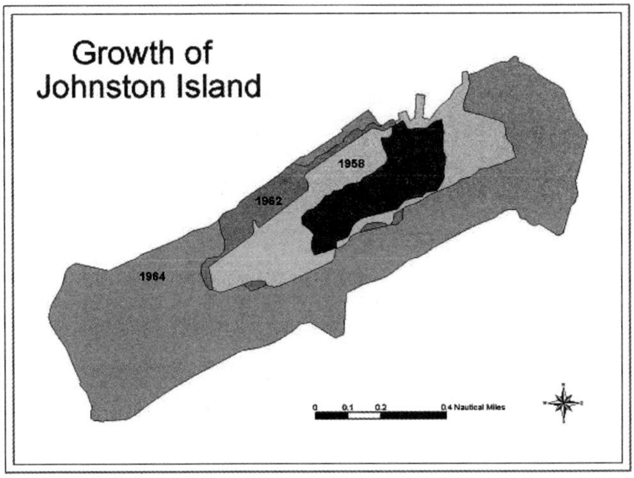

第四，政府本身也要充分开发利用这些岛礁，在发挥其价值的同时也能够彰显主权存在感。如前所述，美国从1930年代之后强化了对这些岛礁的开发利用。一方面是用于军事用途，建立海空军基地、武器试验场、储存地和销毁处、航天测控基地；另一方面也建设了灯塔、加煤站、航空中转站、电报电缆站等民用或军民两用设施；更在军事用途逐渐削弱后把这些岛屿划为国家野生生物保护地。目前，我国在南海地区的岛

礁上大规模建设军事基地存在各种条件限制，但在其中建设电信信号发射塔、卫星导航系统中继站、渔港、补给站等以民用为主的设施依然是可行的，这些设施甚至可以开放给周边国家使用。此外，我国可以在南海部分岛礁设立国家海洋生态保护区，由国家海洋局或农业部等部门定期巡视。一方面可以保护南海的稀有海洋生物和生态系统，还可以借机宣示对南海岛礁的主权，更符合国际强化环境和生态保护的大趋势。

"南海小组"与台湾南海政策（1992—2000）①

龚洪烈

[内容提要] 1992年，台湾当局设立跨部会的"南海小组"，作为规划和实施南海政策的协调机构，这是台湾南海政策的重大调整。根据随后发布的《南海政策纲领》，"南海小组"积极推动维护南海主权、开展南海资源的科学考察和研究，但是由于台湾当局以对抗大陆的统一为基本战略指向，根本无法实现《南海政策纲领》的基本目标。本文通过分析"保七南巡"事件、"南海换防"事件揭示了台湾南海政策的困境。

[关键词] 台湾　南海小组　南海政策　保七南巡　南海换防

[作者简介] 龚洪烈，中国南海研究协同创新中心副研究员，南京大学国际关系研究院副教授。

从上世纪80年代开始，随着中国南海地区战略经济价值的不断显现，周边国家加紧了对中国南海权益的非法侵占。1988年后，台湾当局开始逐渐调整在其整个对外政策中处于边缘化的南海政策，"南海小组"的设立可以视为这一政策调整的基本体现。本文试图探讨李登辉执政时期台湾当局以"南海小组"为基本政策主体的南海政策演进过程。

一、南海小组的设立：新的南海政策框架

长期以来，台湾当局以对抗大陆的统一政策为基本的战略指向，按

---

① 基金项目：本文受国家外专局"南海法理维权专门人才培养专项"和"江苏省优秀中青年教师境外研修项目"共同资助。

照台湾学者的表述就是“台湾的国家安全（国防军事安全）主体系建立在对抗中共军事威胁的基础上。”[①] 因此南海问题一直处于台湾当局政策考虑的边缘地位，1988年后，“台湾在南沙、西沙、东沙群岛的政策是避免介入与中国、或中国与其他岛屿主权声索国之间所发生的军事冲突；以及保卫在南海的军事据点，尤其是太平岛，防御来自中国或其他国家的侵犯。”[②] 这种消极政策的原因是“台湾由于考虑南海问题的复杂性，以及可能牵动两岸关系互动的变数，力主息事宁人态度，采取相当克制的绥靖政策。”[③] 其具体的政策体现就是“任何可能引发其他声索国负面反应的政策举措通常都会被总统蒋介石、蒋经国和李登辉所否定。”[④] 或者如台湾学者所说，“消极的主权宣示为我国（南海）政策之主轴。”[⑤] 但是，随着南海其他声索国加紧了对中国南海权益的侵犯，特别是随着区域经济发展成为更加紧迫的议题，其他声索国除了既有的主权的声索之外，加紧了对南海经济资源的开发。台湾僵化的南海政策面临外部压力的挑战，必然引发内部对既有政策的反思，作为岛屿型地区台湾对南海经济资源的开发也有着强烈的政策驱动，因此政策的调整不可避免。

随着冷战结束所带来的国际格局以及亚太区域政治、经济、军事、战略情势的变化，台湾当局对南海问题的重视程度也大为提高。一九八九年六月三十日，“内政部长”许水德率团赴东沙群岛竖立“南海屏障”的国碑，随行的官员指出，“近年来由于我国与菲律宾等国迭发生疆界纷争，东沙这项立碑行动，其政治意义非比寻常，可明确表示该地

---

① 刘复国：“国家安全定位、海事安全与台湾南海政策方案之研究”，《问题与研究》（台湾）第39卷，第4期，2000年4月。

② Shim Jae Hoon, "Blood Thicker than Politics: Taiwan Indicates a Military Preparedness to Back China," *Far Eastern Economic Review*, May 5, 1988, p. 26.

③ 刘复国：“国家安全定位、海事安全与台湾南海政策方案之研究”。

④ Cheng-yi Lin and Anne Hsiu-An Hsiao, “Taiwan’s South China Sea Policy, 1999-2011”, 2012 Workshop on the South China Sea Disputes : political and security implications for the region's future, January 12-13, 2012, Taipei, Taiwan / Center for Asia-Pacific Area Studies RCHSS, Academia Sinica ; East-West Center.

⑤ 转引自林正义、宋燕辉：《南海情势与我国应有的外交国防战略》，台北：行政院研考会，1996年，第121页。

主权的归属。”[①] 次年元月，“内政部”会同“外交”、“国防”两部代表暨学者专家组成南沙太平岛访问团，12日在太平岛竖立“南疆锁钥”国碑，领队的“内政部”地政司司长王杏泉强调“在太平岛立碑具有两项重大的意义，其一是让全国民众了解政府维护领土主权的决心，其二是证明国军戍守南疆，努力耕耘的成果受到肯定”。[②] 访问团还商讨了有关南海主权维护与资源开发等相关事宜，并向“行政院”提交了十二项建议，其中就提到关于由“行政院”设立“南沙（问题研究）小组，以因应南沙争议所引发的一系列军事、经济及外交议题。1991年1月15日，“内政部”与台湾中山大学在台北召开南海问题研讨会，在向与会专家学者发出的邀请函中表明会议的主旨是借此“唤起国人对南海主权维护与资源开发的认识与使命感”，首次由官方和学术界共同组织研讨会“代表政府和学术界对南海问题的醒悟与重视，为未来长程的发展揭开了序幕。”[③]

1992年5月25日，“内政部长”吴伯雄率团前往东沙岛，为岛上“南海屏障”国碑新建回廊主持落成仪式，并在回廊上题书“汉疆唐土”，重申对南海的主权。吴伯雄还指出台湾将在不影响主权的情况下，与其他国家共同开发南海海域，“这是内政部研议筹设‘南沙小组’以来，吴伯雄首次针对南海资源开发问题，所作的公开宣示。”[④] 6月3日，“内政部”正式审议通过“南海小组设置要点”草案，确立设置“南海小组”的宗旨，其基本目标是“维护我国南海诸岛、南海水域之权益，以及和平开发与管理南海”。南海小组将由“内政部长”吴伯雄任总召集人，“外交”、“经济”、“国防”、“交通”等相关部会副首长及高雄市长等12人为成员，因此层级提高，因此决定将“南沙小组”提升为“南海小组”。而有关中长程目标规划，将研议两岸共同开发南海海域资源的可行性，同时也将考

---

① 洪金立：“‘南海屏障’我国在东沙树立国界碑”，《联合报》(台湾)，1989年7月1日。

② 黄原亮、张震嘉：“‘南疆锁钥’耸矗太平岛”，《中国时报》(台湾)，1990年1月18日。

③ 俞宽赐：《南海诸岛领土争端之经纬与法理——兼论东海钓鱼台列屿之主权问题》，第33页。

④ 康添财：“我愿寻求他国共同开发南海”，《中国时报》，1992年5月26日。

虑规划有关台闽地区居民移民南海诸岛的可能性。[①] 8月，“南海小组设置要点”草案获“行政院”核准。12月3日，南海小组成立并召开首次会议，这一则消息罕见地成为《中国时报》的头版头条新闻，足见当时社会各界对当局的南海政策调整有相当期待。会议还通过“南海政策纲领”草案，并接受马英九委员（时任陆委会副主委）的建议，决定报请“行政院”修改南海小组设置要点，将南海小组会议从半年召开一次改为三个月召开一次。[②]

与会学者指出，“从那时起，许多关于南海的政策性问题正等待‘南海小组’研议和定夺。”[③] 南海小组的成立标志着台湾南海政策的重大调整，南海小组成为台湾新的南海政策的基本框架。

二、南海小组：政策的调整与实施

主要表现在以下三个方面：

（一）南海小组对南海政策的推动

1993年4月13日，“行政院”院会核定通过“内政部”所提“南海政策纲领”及“南海政策纲领实施纲要分办表”草案，为南海小组的运作确立了基本依据。“南海政策纲领”及“南海政策纲领实施纲要分办表”作为台湾当局南海政策的纲领性文件首先明确了对南海岛屿的主权宣示：“南沙群岛、西沙群岛、中沙群岛及东沙群岛，无论就历史、地理、国际法及事实，向为我国固有领土之一部分，其主权属于我国。”纲领还确立五大政策目标（坚定维护南海主权、加强南海开发管理、积极促进南海合作、和平处理南海争端、维护南海生态环境）及九项实施纲要，包括了内政、外交、资源开发及配合国家统一纲领研拟两岸涉及南海问题有

① 康添财：“研议两岸共同开发南海资源”，《中国时报》，1992年6月4日。
② 康添财：“我成立南海小组确定政策纲领”，《中国时报》，1992年12月4日。
③ 俞宽赐：《南海诸岛领土争端之经纬与法理——兼论东海钓鱼台列屿之主权问题》，第33页。

关事项、筹开南海问题国际研讨会或两岸及港澳多边南海会议，并强化战备整备，捍卫南海诸岛加强巡弋。[1] 因此南海政策实际上涉及到政治、经济、外交、防务、两岸关系等几乎所有的政策面向。新的组织机构的诞生无疑极大地推动了南海政策的规划和实施，台湾的南海政策进入了一个较为活跃的积极作为时期，主要表现在下述方面。

第一，举办或资助南海问题的学术研讨推进相关研究。5月26日，“南海小组”召开第二次会议，做出了两项决议，其一是举办“南海问题讨论会”，以落实“南海政策纲领”的执行；另一项决议是邀集南海小组相关人员赴东沙岛及南沙太平岛进行实地考察，作为业务规划与执行之参考。1993年9月6、7两日，“南海小组”举办的“南海问题讨论会”如期举行，共有近两百位台湾学者专家与机关代表参加。会议按照“南海小组”的五大政策目标将讨论会划分为“如何坚定维护南海主权”、“如何加强南海开发管理”、“如何积极促进南海合作”、“如何和平处理南海争端”及“如何维护南海生态环境”五次题十九讨论子题，进行讨论及意见交流，会议共达成七八十项结论，成为政府施政的重要参考。会议的一个重要亮点是更高层级的政府官员“行政院院长”连战出席并在开幕式致词，“无论就法理或历史来看，任何国家都无法否认南海诸岛的主权属于我们。……但为了维护亚太地区的安全，我们有诚意与南海各国充分合作，包括科学研究、资源开发，以及海域污染防治工作。”[2] 连战提出了“主权在我，共同开发”的基本思路，同时作为“内阁首脑”的“行政院院长”的公开表态提升了台湾对南海主权宣示的行政层级。

1994年3月21日，“南海小组”第三次会议召开，南海小组执行秘书报告“南海问题讨论会”召开的基本情况以及筹办第一批南沙太平岛

---

① “南海政策纲领”见林正义、宋燕辉：《南海情势与我国应有的外交国防战略》附录七，第213-215页，亦见台湾海巡署网站，http://www.cga.gov.tw/GipOpen/wSite/public/Attachment/f1259488571867.pdf(上网日期2013年10月30日)；“南海政策纲领实施纲要分办表”见台湾“内政部”网站。www.land.moi.gov.tw/law/files/0713-3-01.doc （上网日期2013年10月30日）。

② 林正义、宋燕辉：《南海情势与我国应有的外交国防战略》，第134-135页。

考察团之经过，参与太平岛考察之各机关也分别提出考察结果报告，会议的另一议题是关于召开两岸三地南海问题研讨会的计划。“在政府表达官方目前不便召开南海问题国际会议立场情形下，民间团体提出，邀集两岸及港澳相关人士召开两岸三地南海问题研讨会的计划。这一计划昨日获得内政部南海小组原则同意，至于具体办理方式将提报行政院核示。”①

1994年6月28、29日，在“南海小组”赞助下，台湾中国国际法学会主办“两岸及海外学人南海学术研讨会”分别就有关南海的国际法、历史考古、环境保护、交通管制、安全维护、资源开发及海洋科学研究等议题进行讨论，这次研讨会大大推进了两岸共同维护南海主权的共识。相关的政府相关机关根据“南海政策纲领实施纲要”所分配的各项与自身职能相关的研究及情报工作。比较重要的包括：1994年2月，“陆委会”委托学者完成“两岸就南海诸岛事务进行对等合作可行性之研究报告”；1995年6月，“教育部”中央图书馆台湾分馆与政治大学历史系联合举办“南海资料交换合作座谈会”，由两岸各主要公共图书馆、大学图书馆就其相关馆藏现状提出报告并研商合作事宜；十月举办“海南暨南海学术研讨会”，邀集两岸及海外学者就南海及海南议题进行广泛交流、切磋，但受李登辉访美等台湾当局执意破坏两岸合作政策的影响，两次会议提交论文的大陆学者都未能与会，但会议成果可谓丰硕，为南海研究奠定了坚实基础。②1995年8月，“内政部”开会通过建立“南海小组”情报搜集管道，以提供政府决策之参考。同时拟定“内政部南海决策咨询顾问”名单，视南海情势发展需要，以座谈会、项目报告、或其他方式，邀请专家学者提供咨询意见。研考会亦完成“我国历史性水域法律地位

① 刘永嘉：“两岸三地学者将召开南海会议计划获内政部南海小组同意，具体办理方式将提报政院　核示”，《中国时报》，1994年3月22日。

② 两次会议出版了下列著作：《南海数据交换合作座谈会：各单位馆藏　究报告》，台北市：中央图书馆台湾分馆，1996；《南海数据交换合作座谈会实录》，台北市：中央图书馆台湾分馆台湾分馆，1996；《海南　南海学术　讨会实录》，台北市：中央图书馆台湾分馆台湾分馆，1996；《海南　南海学术　讨会论文集》，台北市：中央图书馆台湾分馆，1996。

之研究”报告。

第二，此一时期台湾较为积极的南海政策还表现在开始推进“南海政策纲领”所确立具体政策措施。1993年12月中旬，第一批南沙太平岛考察团二十余人乘坐海军舰艇前往太平岛，成员主要是高雄市测量大队测量人员以及气象局、台大、清华大学的研究人员，还有“国科会”资助的海洋一号科学船随行。这次实地南海搜集资料之行就设立沿岸导航设施、开放南海观光、南海卫星通讯、兴建机场、及加强气象设施等问题进行探勘作业，以作为政府未来制定执行南海政策之依据。[①] 1994年4月28日，“内政部长”吴伯雄宣布保安警察第七总队两艘巡弋船已于27日完成首度南沙太平岛巡弋任务，“为我方警力首次延伸至南沙群岛，宣示我方维护南疆固有主权决心。……吴伯雄还表示，保七这次巡弋任务的完成，显示我方有能力执行南海巡弋任务，未来，仍将不定期执行南海巡弋任务，向国际宣示我方在南海存在的事实。”但吴伯雄也强调台湾方面“无意在南海制造紧张对立气氛，而是希望能和各国共同和平开发南海”。[②] 这次巡弋任务是“内政部”根据“南海小组”在去年9月南海研讨会中所提议为维护主权、强化管辖功能而采取的措施，并规划每年编排一至两次南沙群岛巡弋任务。同一时期，由各大学海洋生物学者专家所组成的学术研究团体15日从高雄搭乘农委会“渔训二号”首次至南沙群岛从事海洋生态研究，这次行程“宣示领土的意义与科学研究并存。……在历经十三天的海上之旅后，昨日（28日）上午乘渔训贰号船返回高雄。由于南沙群岛的领土主权问题敏感，以往鲜少触碰，故此行为文献上南沙群岛的空白写下序文，其意义可‘破冰之旅’。”[③] 但太平岛上的驻军竟未得到“国防部”通知，不知道有学术团体来访，拒绝该学术团体上岸，后经多方协商才登上太平岛从事生态研究。

① 陈素玲：“《前进南海》：内政部主导太平岛考察团上路”，《联合报》，1993年12月17日。

② 刘永嘉：“内政部宣示我在南海主权”，《中国时报》，1994年4月29日。

③ 李翰：“‘渔训二号’首次搭载学者赴南沙群岛研究生态星亦返回”，《中国时报》，1994年4月29日。

1994年11月，“行政院”核定“内政部”所汇编制成的“南海问题讨论会议结论分办表”，此分办表共列四十七项工作，分别交由“行政院”各相关机关办理。11月24日，“南海小组”召开第四次会议，其主要议题是探讨在南海议题上与大陆合作的可能性。这样“南海小组”在1994年召开了两次会议，达到了最初设定的半年一次会议的标准。

（二）保七南巡事件

进入新的一年之后，台湾的南海政策却因“保七南巡事件”的发生产生了巨大变化。

1994年12月开始，中国为维护美济礁主权，开始在美济礁修建人工建筑，中国外交部发言人解释这些建筑是“为了保护在南沙海域作业的渔民的生命安全，是一种生产设施”。菲律宾从2月开始派遣海军舰船和军用飞机蓄意挑起事端，导致美济礁事件逐渐升温。台湾当局对此情势相当关注，除了由“外交部”向国际社会进行南沙群岛的主权宣示之外，“内政部”保七总队决定于3月31日派遣巡护船前往南沙群岛，意在通过具体行动表明台湾当局的南沙群岛主权立场。对此，越南发表谴责声明，菲律宾则由国防部长出面指责此举将升高南沙群岛的紧张情势。菲律宾参谋总长安瑞利在31日声称菲律宾海军准备与进入“南沙群岛菲律宾主权海域”的台湾船舰对抗。① 对此，“行政院长”连战31日在立法院答复“立委”姚嘉文质询时只是做了温和回应，强调“南海是我国的固有疆域，我国对南海岛屿的固有主权，不容置疑，我国保七总队赴南海巡逻，是例行性的任务。他强调，南海应走向国际和平合作开发，我们反对以武力作为解决争端的方式”。② “外交部长”钱复除了重申主权外，也表示南海争端应和平解决并声称目前情势下“美国不会武力介入”。③

① 法新社电，《中国时报》，1995年4月1日。

② 陈杉荣：“连战　国际应合作开发南海，强调反对以武力作为解决争端方式”，《中国时报》，1995年4月1日。

③ 陈杉荣：“钱复：美国不会武力介入”，《中国时报》，1995年4月1日。

但船队出发后不久即改变航向，继而停靠东沙岛，然后竟然折返，于4日晚返回高雄港。视政策为儿戏般的"保七南巡受挫"事件引发岛内舆论一片大哗。初掌"内政部"的黄昆辉任内还没召开过"南海小组"会议，对其运作几无所知。他指出，鉴于南海情势紧张，时机敏感，在警政署保安警察第七总队执行这次南海巡弋任务前后，他曾两度试图要求警方暂缓行程，但由于警政署坚持，及船队提早启航，导致劝阻却未果。而警政署长卢毓钧则声称，没有命令怎敢出航并强调作为一次例行的巡弋行动，半年前即报"内政部"批准，出航当天"部长"只说"可去，可不去"。① 不管上述争议究竟真相如何，有一点可以确定，保七巡弋是由"内政部长"下令取消的。而身为"南海小组"负责人的黄昆辉为何取消既定的南海政策行动呢？而且正如前文所述，在出发当天"行政院长"连战在"立法院"答复质询根本未提及要取消巡弋行动。事情的转折应该是在4月1日凌晨，在李登辉访问中东的送机场合，连战及"参谋总长"刘和谦，"外交部长"钱复等军政首脑均到场，在军方向李登辉呈报的意见中认为，守土的责任与宣示，应是"国防部"与"外交部"的事务，而保七总队的护渔巡弋范围，应该限于台湾海峡与澎湖群岛海域较妥。② 虽然并没有证据显示是在此次送机时做出撤消保七南巡行动的决定，但4月4日李登辉访问归来，在举行的记者招待会上就南海主权与保七南巡中途折返之事有如下表态，"南海的太平岛与东沙岛有我国驻军，是中华民国的领域，在历史与法律上都有我主权存在的事实。而国家主权应由国防部、外交部处理，保七总队的任务是护渔，而护渔不必跑那么远。"③ 显然，作为台湾地区最高领导人，李登辉对于保七南巡事件的决策是了然于胸的。

在南海紧张局势急剧升温之际，社会各界对当局维护南海主权有极

---

① 刘永嘉："黄昆辉：曾试图劝阻；卢毓钧：没命令怎敢出航"，《中国时报》，1995年4月5日。

② 李建容："四月一日送机场合军方曾向总统呈报：保七巡弋应限台澎"，《中国时报》，1995年4月5日。

③ 李季光、樊嘉杰："李总统：保七护渔不必跑那么远"，《中国时报》，1995年4月5日。

高的期待，至少能够兑现“南海小组”设立以来做出的种种政策承诺，但保七南巡以近乎闹剧般的结局收场，除了类似“郑和的雄心，保七的屈辱”这样的反思之外，[①]必然引发来自各方舆论的猛烈抨击，要求相关人员为此承担责任。舆论抨击的焦点集中到实际负责行动的杨子敬、卢毓钧、黄昆辉三人，而实际上导致舆论大哗的政策决策一般而言不太可能是比“部会”更低的层级能够做出。有学者认为，“为了避免引发国际冲突，保七南巡仅止于东沙岛便途中折返。”[②]但南巡引发真正的海上对峙的可能性非常小，一方面是鉴于菲律宾羸弱的海军力量，另一方面在菲律宾与大陆对峙之际，不太可能有能力与意愿与台湾发生冲突。因此，中山大学的胡念祖教授在保七南巡前曾预计，“此行不会有什么状况的，因为走公海，不过，此行很有意思的，很像上回到钓鱼台的宣示行动。”[③]在南巡取消之后，他尖锐地批评保七南巡失利的根本原因在于“在高层决策人士间，欠缺实质经营南海的企图心与胆识；在组织上，欠缺高层海洋事务专责机关……。”[④]尔后他更进一步指出，“从李总统开始错。……南海小组派保七总队，以警察权来行使行政权，宣示主权的任务是一定要的，只是决策者不了解，最后连保七在公海航行都害怕，命令折返，暴露官僚体系对国际事务的认知太差。”[⑤]

“保七南巡事件”对台湾南海政策的直接影响就是先天不足的“南海小组”成为各界批评的焦点。“内政部”主导“南海小组”的机制是一个权宜之计，由于其行政层级不高，难以协调与南海议题密切相关的“外交”、“国防”等权力部门。实际上，在“南海小组”成立之前，吴伯雄就指出，“南海小组未来应由国防部、外交部主导运作较适宜，内政部则仅是运作中的幕僚单位。……吴伯雄一再撇清南海小组的工作是由内政

① 黄哲斌：“郑和的雄心，保七的屈辱”，《中国时报》，1995年4月5日。
② 林正义、宋燕辉：《南海情势与我国应有的外交国防战略》，第138页。
③ 李小芬等：“保七巡护船奉命避开争议海域”，《中国时报》，1995年4月1日。
④ 胡念祖：“南海政策定位不清观念错误”，《中国时报》，1995年4月6日。
⑤ 李小芬：“南海行动，官、学反应两极”，《中国时报》，1995年4月11日。

部负责主导，他表示，国防部和外交部才是真正的主导单位。"[①] 但"内政部"将南海小组直接设于"行政院"之下的提议遭否决，在南海小组的前几次预备会议中"内政部"协调其他部会时就捉襟见肘，难怪有分析者在当时就不看好南海小组的前景，首先南海问题并非单纯内政问题，而是涉及到周边邻国派兵侵占南海岛礁并进行资源开发，显然涉及到较多的外交与军事纠纷，这完全是"内政部"无法胜任的，但"外交"、防务部门对南海议题缺乏利益与关注，南海议题实际上成了"内政部"的独角戏，因此，"以南海小组的隶属位阶过低，小组成员单位对南海政策缺乏概念，出席会议又意兴阑珊的情况下，展望南海小组的前途，实在令人忧心。"[②]

紧接着，延宕多时的保七总队南巡检讨会议在6月14日召开，"内政部"低调处理检讨事宜。会中决定，今后保七总队将不再执行例行南海巡逻，若因特殊需要必须南巡，必须由即将成立的"南海突发事件紧急处理小组"讨论后，由"内政部"核定始得成行。[③] 这样的安排标志着"南海小组"成立以来由"内政部"主导的相对积极的南海政策宣告结束。

（三）南海换防争议

此后一直到2000年台湾政党轮替、民进党执政，在长达5年之中，"南海小组"仅召开过两次会议。1997年11月23日，"南海小组"第五次会议召开，会议讨论了开发东沙岛的可能性，还发起召开南海问题国际会议。1999年6月4日，"南海小组"召开第六次会议，决议开放奖励民间企业以BOT方式，兴建东沙岛及南沙太平岛码头，发展观光旅游等事业。"南海小组"还通过"外交部"提议，与中国大陆、越南和菲律宾

---

① 康添财："吴伯雄：南海小组运作，内政部是幕僚单位"，《中国时报》，1992年11月8日。

② 康添财："南海小组地位问题宜三思"，《中国时报》，1992年11月8日。

③ 刘永嘉："保七例行南海巡逻将取消若因特殊需要必须南巡"，《中国时报》，1995年6月15日。

共同组成国际控股公司，共同参与南海地区主权重迭区合作开发计划。[①]这一决议表明台北方面有意从非军事的角度来处理南海议题，希望通过经济合作、资源开发等方式来强化台湾对争议岛屿的主权声索，其主要推动者是李登辉和时任高雄市长的谢长廷，他们主张放松对东沙、太平二岛的军事控制与限制，促进经济开发。[②]

1997-1999年，"外交部"四次就南海主权发表声明。[③]此外，台北方面还通过立法方式宣示对南海的主权。"1997年12月30日，立法院三读通过了'中华民国专属经济海域与大陆礁层法'……1998年1月2日，立法院也三读通过'中华民国领海及邻接区法'。1998年12月31日，行政院院会通过内政部划定我国第一批领海基线，正式向国际社会宣示我国领海的具体范围。"[④]但在南沙群岛的领海基线划定却颇费踌躇，如果只公布台湾实际占领控制的太平岛领海基线及领海外界线，会导致外界认为台北放弃了对其他南海岛屿的主权声索，但如果公布范围及于所有南沙岛屿，必将使台北陷入与东南亚声索国的外交冲突中，因此决定暂不公告南沙群岛的领海基线。

1999年11月18日，"国防部长"唐飞在立法院宣示，南沙与东沙两岛未来将由新成立的海岸巡防总署进驻。他同时强调，除了南沙与东沙，其他外岛驻军并无撤军构想。唐飞解释，派驻军队和警察都能达到主权宣示的目的，海巡署具有准司法警察身份，"进驻可以解决渔事纠纷，而军人不能处理，所以由警察进驻比较适宜。"[⑤]但换防引发的轩然大波并未平息，面对各界的猛烈批评炮火，唐飞于12月9日召开临时记者会，强调是换防而非撤军，并认为换防的一个重要理由是"一旦引发争端，

---

① 董孟郎："南海小组会议决议BOT方式开发东沙、南沙"，《中国时报》，1999年6月5日；BOT即Build-Operate-Transfer，建设-经营-转让。

② Cheng-yi Lin and Anne Hsiu-An Hsiao，"Taiwan' s South China Sea Policy，1999-2011".

③ 见台湾"外交部"网站，http://www.mofa.gov.tw/Official/Home/ListOnecolumn/?opno=0ab69338-b476-449c-8554-2c7d26534828。（上网日期2013年11月23日）。

④ 宋燕辉："初探台湾新政府的南海政策"，《新世纪智库论坛》（台湾），2000年6月号。

⑤ 吕昭隆："东、南沙将撤军，海防总署接管"，《中国时报》，1999年11月19日。

不论主动或被动，均视为战争行为，若以海岸巡防总署接替东南沙守备任务，由于其为国家之公务机关，尚不具有武力之表征，若遭他国武装攻占，则将被视为侵略行为，必遭世界各国谴责，藉此自可降低南海冲突之敏感性，亦有利于以政治斡旋解决纷争，获致最高之战略利益"。① 但这样的解释却遭到强烈质疑，"国军之责任在于保卫国土，若在最具领土主权争议之国土尚且无须派驻国家最精锐之部队，请问我国防部与国军存在之意义为何？"② 更有知悉内情的学者向唐飞喊话，"淡大战略研究所教授林郁方昨天表示，南海撤军的决议系李登辉总统在一次国家安全会议中指示，他呼吁军人出身的唐飞应该将撤军的原因讲清楚，说明白，如果李登辉的指示不正确，也应坚持自己原则，甚至不惜下台。"而"总统府"则由总统府副秘书长林碧炤出面断然否认换防是李登辉的命令。③ 但有研究者实际上认可换防是李登辉的旨意，④ 在7月提出两岸是"特殊的国与国关系"，挑起两岸紧张局势之后，李登辉等一直担心中国大陆对台湾当局的分裂行为采取严厉的惩罚措施，"我军方认为从当时到次年三月总统大选投票之前，中共可能对台采取的扰台行动可能包括心理神经战、导弹射击、战机出海封锁与攻击外岛。"因此，李登辉"训令军方，加强外岛警戒"。⑤ 因此，南海换防之举是针对大陆可能的军事惩罚，"台北知道其很难有效守卫太平岛（和东沙岛），换防之后如果中国攻击驻守在这两个岛屿的海岸警卫部队会招致严厉的国际批评。"⑥ 但从事后的事态演变来看，李登辉苦心孤诣的换防之举似乎是做贼心虚的举动。

---

① 林正义："十年来南海岛屿声索国实际作法"，《亚太研究论坛》第19期，2003年3月。

② 胡念祖："南沙撤军，对国家不负责任"，《中国时报》，1999年12月7日。

③ 陈嘉宏："林郁方：李一句话，东南沙撤军；总统府：换防决策，国防部提出"，《中国时报》，1999年12月10日。

④ Cheng-yi Lin and Anne Hsiu-An Hsiao, "Taiwan's South China Sea Policy, 1999-2011".

⑤ 邹景雯：《李登辉执政告白实录》，第234、231页，台北市：印刻出版，2001年。

⑥ Cheng-yi Lin and Anne Hsiu-An Hsiao, "Taiwan' s South China Sea Policy, 1999-2011". 括号内的内容系笔者根据原作者的上下文意思所加。也有学者不同意这一观点，而认为换防是因为90年代末台军为裁军而实施的"精实案"所导致（笔者2014年7月4日对台湾淡江大学亚洲研究所陈鸿瑜教授的访谈）。当然，"南海换防"的确切原因还有待更多材料披露后才能得出更为可靠的结论。

三、结语

“南海小组”作为台北处理南海议题的政策框架只是在最初两年推行了较为积极的南海政策。但由“内政部”主导的“南海小组”从根本上来说将南海议题作为“内政”来处理：一方面“南海小组”所能设计与实施的政策行为都是内部政治行为，一旦牵涉到“外交”与“国防”，“南海小组”几乎就无能为力，这就像保七南巡事件那样；另一方面，“南海小组”设立本身与80年代末以来南海议题升温甚至激化的外部压力相关，这样的外部压力转化成学术界、舆论界要求当局实行积极南海政策的内部政治压力，而当局并无改变既有的南海政策战略动因，“南海小组”的设立只是为回应这样的内部政治压力而已。“南海小组”的命运从一开始就被这样的政策逻辑所决定。保七南巡事件成为其试金石。在最初的两年，“南海小组”的政策运作与当局的根本战略相安无事，“南海小组”的政策推行就顺风顺水，保七1994年第一次南巡是在不为外界所知的情况下进行的，但1995年的南巡由于美济礁事件等一系列南海冲突发生，在行前就被广为关注，更导致菲律宾、越南等国的抗议，虽然发生军事冲突的几率几乎可以排除，但可能引发与菲律宾等国的外交对峙。这必然与台北当局的根本战略发生冲突，保七南巡受挫是必然的。

李登辉主政以后开始推行所谓的“务实外交”，其表面目的是打破所谓的“外交”孤立局面，增加对国际事务的参与，强化台湾的“国际地位”，与更多的国家建立“外交”关系和实质关系，以“拓展国际生存空间”；而根本目的是谋求所谓的“独立国际人格”，最后在国际上造成“双重承认”的事实，形成“两个中国”或“一中一台”的局面。其重点是利用当时台湾雄厚的经济实力，以中小型的发展中国家为突破口。而地缘接近的东南亚诸国自然是重中之重。1994年2月，李登辉以“度假”为名访问了亚洲的菲律宾、泰国和印度尼西亚，在一年之后李登辉显然不愿意因为保七南巡牺牲与菲律宾建立的所谓实质关系。保七南巡折返之时，李登辉正在中东访问阿联酋和约旦，进行第二次的“度假外交”，在返回台北的记者会上一句“护渔不必跑那么远”已经将其态度暴露无遗：不愿意牺牲与菲律宾的关系；而在菲律宾与中国大陆对抗之时，更不愿意与大陆站在同一阵线。而1999年的东沙、南沙换防更是将台湾的南海政策从属于其分裂政策的目标，南海政策不是边缘化，而是完全可以为了其“特殊的国与国关系”的台独分裂政策而牺牲。

“南海小组”政策的演变凸显了台湾在南海问题上遭遇的严重“政策困境”，有台湾学者指出，“就民族情绪言，台湾有偏向中共就南海共同维护主权与开发部分进行合作的情势心理，东协南海声索国便成为两岸在南海利益的竞争者；但是，复杂的两岸恩怨情仇对峙局面，使得现阶段两岸的合作政治上成为不可能。回到现实国际政治层面，中共是台湾当前首要的安全威胁来源，亦是东协国家在区域内潜在性安全的最大隐忧，在因应中共威胁的战略层次上，台湾与东协国家间有着明显的平行战略利益存在，理论上台湾似应结合东协共拒中共以谋求相对的战略利益。”也因此“台湾内部的经营南海，实际上，不过是认命于现实困境的守成”。[①] 的确，两岸本身不仅是文化共同体，也应该是利益共同体，在南海议题上抛弃政治歧见的合作符合两岸和中华民族的长远利益。但是如果台湾当局试图在中国大陆与东南亚国家的南海争议中谋求战略利益已经被证明是错误的战略算计，而且也无法摆脱所谓的“政策困境”，从实际的政策演变来看，东南亚国家几乎无视并非南海官方对话机制的台湾所释放的所谓“善意”。作为根本不具备完全外交政策行为的实体，台湾试图推行独立的南海政策无异于缘木求鱼。

① 刘复国：“国家安全定位、海事安全与台湾南海政策方案之研究”。

近几年发现的有关南海的古航海图

朱鉴秋

[内容提要] 中国有关南海的古地图很多，但至19世纪为止，比较详细地表示南海诸岛和南海航线的古航海图仅有《郑和航海图》一种。近几年国内外发现了多种古航海图，其中与南海有关的主要有4种：英国牛津大学藏明代《东西洋航海图》、中国第一历史档案馆藏清代《东洋南洋海道图》、中国台北故宫博物院藏清乾隆《查询广东至暹罗城海道程图》和美国耶鲁大学藏《清末古航海图册》。这些图表示的南海诸岛和南海航线各有特点，为南海研究提供了新资料。

[关键词] 中国南海　古代航行图　研究

[作者简介] 朱鉴秋，上海郑和研究中心教授，中国南海研究协同创新中心研究员。

一、英国牛津大学藏明代《东西洋航海图》

牛津大学所藏《东西洋航海图》是一幅彩绘的绢质古地图。该图曾是英国律师约翰·赛尔登（John Selden，1584-1654）的私人收藏，在他逝世后，其家属将其藏品在1659年捐赠给牛津大学博德利安图书馆，其中包括这幅古地图。这幅地图原无图名，牛津大学图书馆将其命名为“The Selden Map of China”，国内一般称其为《东西洋航海图》。这幅古航海图纵158厘米，横96厘米，在尘封350多年之后，于2008年被重新发现并被修复公布，2011年该图被介绍到中国。①

① 钱江：《一幅新近发现的明中叶彩绘航海图》，《海交史研究》2011年第1期。

2014年3月至6月，香港海事博物馆与英国牛津大学博德利安图书馆合办的《针路蓝缕：牛津大学珍藏明代海图及外销瓷》特展在香港举办，《东西洋航海图》是重点展品之一。为了配合这次特展，香港海事博物馆于6月7日至8日还举办了主题为“中国明代航海史”的国际学术会议，对《东西洋航海图》进行了深入讨论。

《东西洋航海图》的成图时间约为17世纪20年代。这是一幅海区总图，包含的地理范围为北起西伯利亚，南至印度尼西亚爪哇岛和帝汶岛，东达日本列岛和菲律宾群岛，西抵中国的黄河源头（“星宿海”）及缅甸，并以特殊的手法“易地”标绘了“古里国”(今印度西南岸的卡利卡特)。就地区而言，相当于当时的东洋和西洋，但西洋并不完整；按现在的地理区域而言，基本上包括了整个东亚和东南亚（见图1）。①

该图未注比例尺，笔者根据原图的尺寸及制图的地理范围，计算出其比例尺约为四百三十万分之一（1∶4 300 000）。②

《东西洋航海图》对南海史地研究有重要价值，主要有以下三点：③

首先，《东西洋航海图》的制图区域刚好是以南海为中心。其绘制是在地理底图上加绘航线等专题要素，而其东南亚的地理底图显然采用了西方的地图资料，因而表示的南海不仅范围完整而且形态真实。该图是我国第一幅以南海为中心，并完整、正确表示南海地理范围的地图。

其次，《东西洋航海图》在南海海域绘有“南澳气”(见图2)。其左上方是福建，上方中间注记的“彭”岛即澎湖岛，右上方为台湾，右方是菲律宾。“南澳气”正是现今东沙群岛的位置。

---

① 地图图像据牛津大学博德利安图书馆该图网页（http://seldenmap.Bodleian.ox.ac.uk/map）。

② 朱鉴秋：《略论〈明代东西洋航海图〉》，载《跨越海洋—“海上丝绸之路与世界文明进程”国际学术论坛文选（2011·中国·宁波）》，宁波博物馆、浙江大学出版社，2012年版。

③ 朱鉴秋：《〈东西洋航海图〉在南海史地研究中的价值》，参加2014年香港海事博物馆国际学术会议论文。

图1 《东西洋航海图》

图2 《东西洋航海图》表示的南澳气（黑体字为引用时加注）

“南澳气”是我国古代对现今东沙群岛的称谓。在《东西洋航海图》被重新发现以前，学术界普遍认为这个称谓是清代才有的，较早记载南澳气的史籍是《海国闻见录》(1730年）和《指南正法》(18世纪初)。所以《东西洋航海图》是现存最早标注南澳气的地图，也是有关南澳气最早的史料。

第三,《东西洋航海图》对南海诸岛，既表示了南澳气，还表示了万里长沙、万里石塘（见图3、图4)。

万里长沙即今西沙群岛、中沙群岛，万里石塘即今南沙群岛。图上对各群岛绘出不同的面状图形，万里石塘还绘出了向南方延伸的形态。注记除地名外，还有“像帆船样”及“屿红色”等说明注记。所以《东西洋航海图》是至明代为止，表示南海诸岛内容最详细、位置最明确的地图。

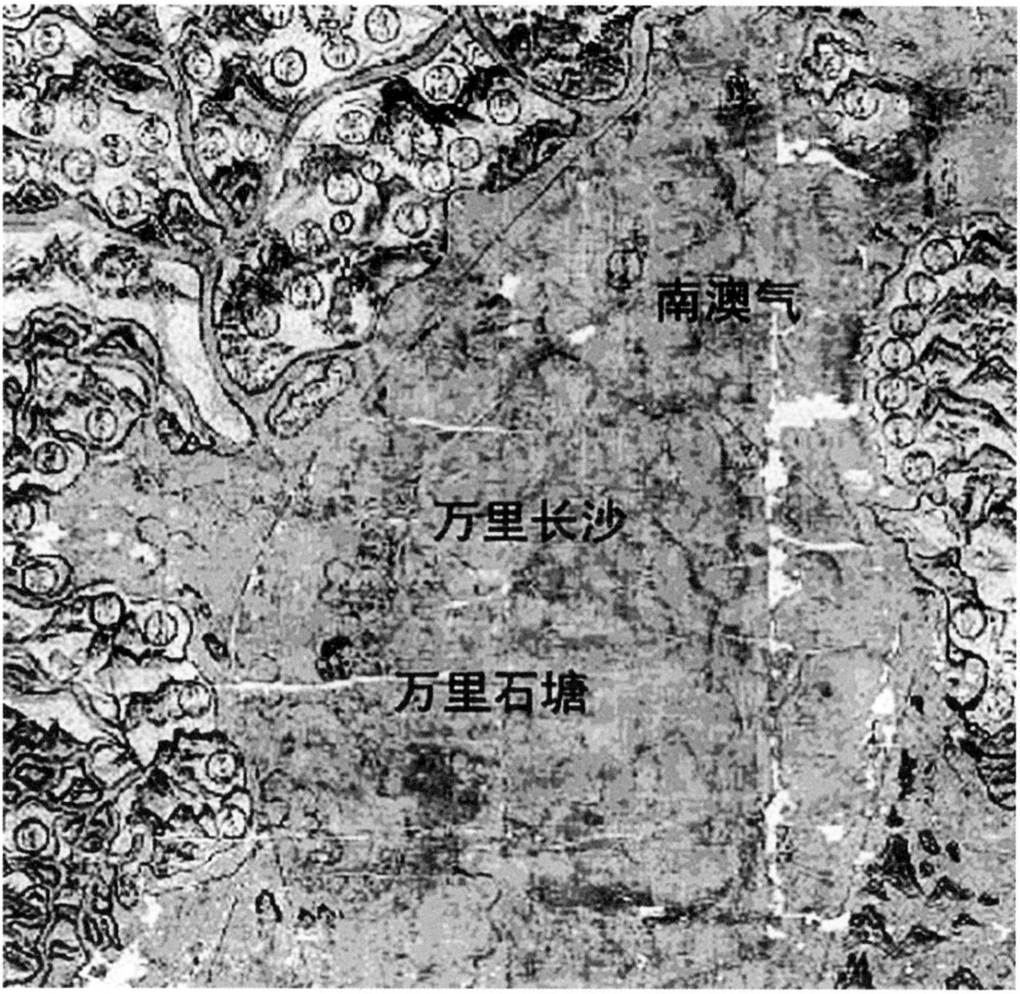

图3 《东西洋航海图》表示的南海诸岛（黑体字为引用时加注）

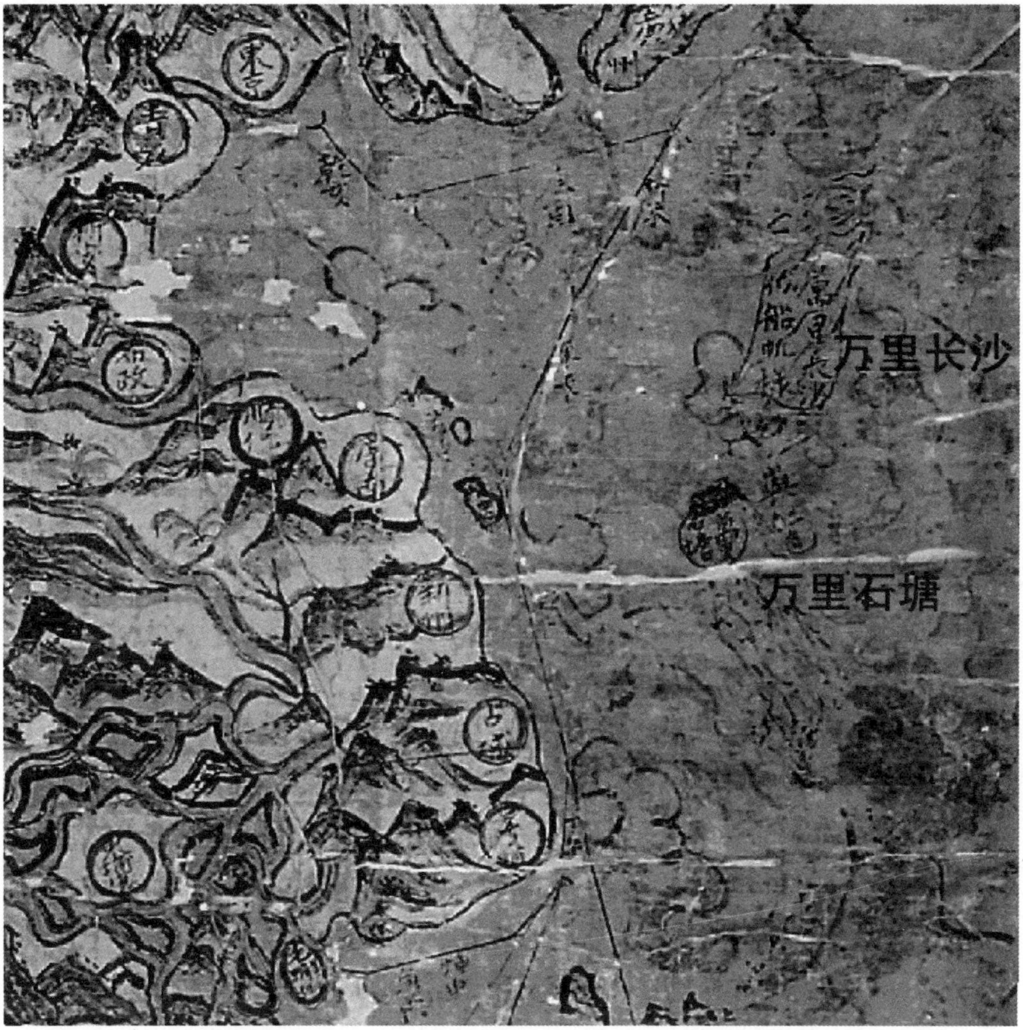

图4 《东西洋航海图》表示的万里长沙、万里石塘（黑体字为引用时加注）

此外,《东西洋航海图》表示了明代从中国东南沿海通往东西洋的主要航线，并在航线上注记了“针位”(以罗盘方位表示的航向)，对研究南海航线的变迁及明代海外贸易都有一定的意义。其主要内容如下：[①]

① 陈佳荣、朱鉴秋编著:《渡海方程辑注》，上海：中西书局，2013年版，第54、60、73、87、112、135、136页。

[漳泉往吕宋]:（出港）甲卯……丙……丙巳……吕宋。

[广州往吕宋]:（出港）……巽……巽巳……丙巳……吕宋。

[吕宋往马军礁老]:（出港）……福堂……马军礁老。

[吕宋往万老高]:（出港）……福堂……万老高。

[吕宋往文莱]:（出港）……丁未……文莱。

[漳泉往吕宋]:（出港）甲卯……丙……丙巳……吕宋。

[广州往吕宋]:（出港）……巽……巽巳……丙巳……吕宋。

[吕宋往文莱]:（出港）……丁未……文莱。

[吕宋往马军礁老]:（出港）……福堂……马军礁老。

[吕宋往万老高]:（出港）……福堂……万老高。

[漳泉往交趾]:（出港）坤未……坤申……（广州）坤……（七州）……庚酉……乾亥……东京。

[罗湾头往柬埔寨]:（出港]）坤申……庚酉……毛蟹洲。

[罗湾头往暹罗]:（出港）丁午……（真慈）……乾戌……乾……亥……壬子……（暹罗国港口）。

[旧港往吉礁]:（出港北上经马六甲）……壬子……壬亥……乾亥……

……亥……吉礁。

[罗湾头往大泥]:（出港）丁午……（真慈）……酉……大泥。

[罗湾头往彭坊]:（出港）丁午……坤未……坤未……彭坊。

[罗湾头往马六甲]:（出港）丁午……坤未……未……未……乾……亥……乾（马六甲）。

[罗湾头往猪蛮并池汶]:（出港）丁午……午……东西蛇龙山……丁午……午……丙午……巳……猪蛮……卯……乙……卯……乙辰……午……辰巽……乙辰……乙卯……乙卯……辰巽……巽巳……巳……乙卯……池汶。

[苎盘往文莱]:（出港）……甲寅……文莱。

[苎盘往马辰]:（出港）……巽巳……丙……巳……辰……巽……马辰。

[马辰往池汶]：（出港）辰巽……丙巳……池汶。

[马辰往援丹]：（出港）甲寅……乙卯……卯……卯……乙辰……乙卯……乙辰……援丹。

[顺塔往猪蛮并池汶]：（出港）乙卯……（咬嵧吧）乙辰……辰巽……乙辰……乙卯……卯……丙巳……（猪蛮）卯……（饶洞）乙……卯……乙辰……午……辰巽……巽巳……巳……乙卯……池汶。

[罗湾头往马辰]：（出港）丁午……丁未……丁午……丙午……巳……丙午……辰……巽……马辰。

[罗湾头往旧港并咬嵧吧]：（出港）丁午……坤未……未……丙……丁午……午……丁……丁未……旧港……辰……坤……丁……丁午……丙午……乙辰……乙卯……咬嵧吧。

二、中国第一历史档案馆藏清代《东洋南洋海道图》

学术界早就知道中国第一历史档案馆藏有一幅清代《东洋南洋海道图》，但对该图的介绍大多是根据相关的舆图目录辗转引述，见过此图的人少非常少。2000年中国第一历史档案馆、澳门一国两制研究中心合编的《澳门历史地图精选》出版，该书收录了此图，这才使大众了解《东洋南洋海道图》的真面目（见图5）。[①]

《东洋南洋海道图》为彩绘纸本，原图纵169厘米，横132厘米。图的方位为上北下南，左西右东。图之背面有图签，上书图名，并有“福建水师提督施世骠进呈”字样。因此推断此图系施世骠于康熙五十一年至六十年（1712—1721）出任福建水师提督时所绘。

① 中国第一历史档案馆、澳门一国两制研究中心合编：《澳门历史地图精选》，北京：华文出版社，2000年版。

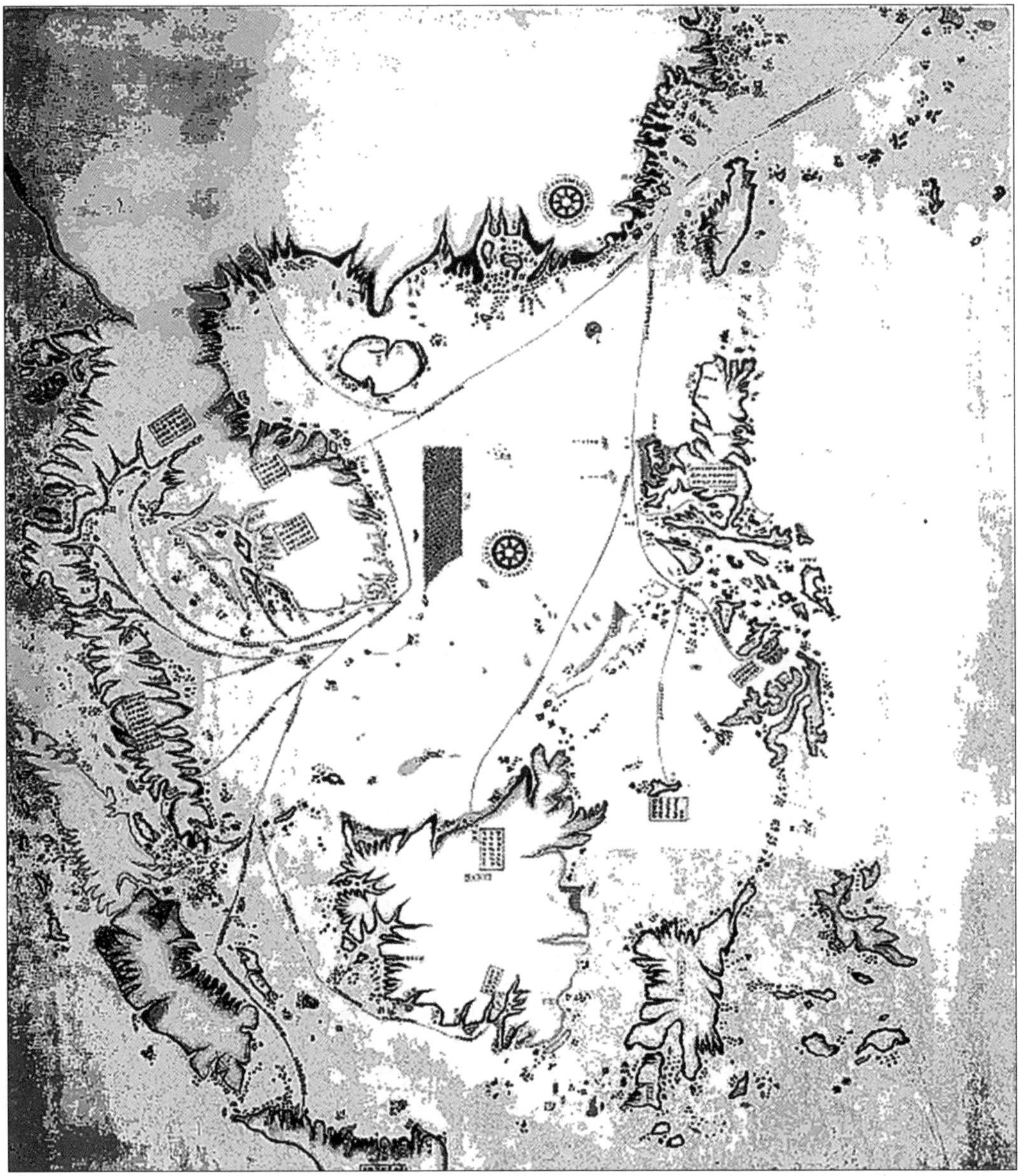

图5 《东洋南洋海道图》

该图的制图范围为中国东南部及东南亚地区，图上绘有中国东南沿海各口岸通往日本、菲律宾、越南、柬埔寨、泰国、马来西亚、新加坡、印度尼西亚、文莱、帝汶等国的航线，并注记针位（航向）及航程。图上画有两个方向盘。

《澳门历史地图精选》出版后，《地图》杂志2002年第3期亦曾刊载此图，有些文章也对此图作了介绍。但由于《澳门历史地图精选》是大16开本，版面所限，地图缩小后细节难以看清，影响了对该图的深入研究。今特将图上注记的针路资料转录如下，供研究者作参考。[①]

1、[东洋针路]:

[厦门往日本]往日本从此去：用艮寅针及甲寅针壹百肆拾肆更取日本港口。

[厦门往吕宋]往吕宋从此也：用丙午针壹百肆拾肆更取表头入吕宋港。

[吕宋往苏禄]往苏禄从此路：庚酉伍拾肆更取苏禄港。

[吕宋往淑务]往淑务从此路：巽巳针肆拾伍更取淑务港。

[吕宋往文来]往文来从此路：坤未针壹百伍拾更取文来港。

2、[南洋针路]:

[厦门往咬嵧吧等]往咬嵧吧等海路从此去。

[厦门往广南]用坤申针壹百肆拾伍更取广南港。

[厦门往交趾]往交趾从此路：(往广南中途）用乾戌针柒拾伍更取交趾港口。

[广南往罗原头]用辰巽肆拾肆更取罗原头。

[罗原头往柬埔寨]往柬埔寨港从此路去：辛酉伍拾更取过昆仑内。

[罗原头往暹罗]坤申针叁拾更取昆仑。庚酉针贰拾更过真薯。乾戌针贰拾更过大横。乾坤针拾更过小横。乾未针肆拾更取竹屿。用癸针叁拾更取暹罗港。

[罗原头往斜仔、六坤、宋龟勝、大哖]用坤未针肆拾更取昆仑。过

---

① 此针路资料及下文《查询广东至暹罗城海道程图》的航程资料，由笔者挚友香港陈佳荣先生整理。

昆仑用乾坤针往斜仔及六坤。乾坤针肆拾更取大哖港。坤未针拾伍更入斜仔港。辛戌更贰拾更取六坤港。庚酉针贰拾伍更取宋龟朥港。

[罗原头往丁佳奴]乾坤针肆拾贰更从此路（往丁佳奴港）。

[罗原头往彭亨]往彭亨从此路：用坤未针肆拾更取彭亨港。

[罗原头往柔佛、马六甲]丁未针肆拾更过昆仑山。未针叁拾更取柔佛港。庚针柒拾更取马六甲。

[罗原头往马辰]往马辰从此路：辰巽针捌拾更取吉宁马礁。辰巽针肆拾更经此处。甲卯针肆拾更从此路去。艮针肆更取马辰港。

[罗原头往旧港]辰巽及丙午柒拾伍更经新洲港。辰针肆拾伍更取旧港口。

[旧港往咬𠺕吧]取旧港从此海过浅，从此路出口。巳针肆拾更取头屿。午针肆拾更取咬𠺕吧港。

中国第一历史档案馆还藏有一幅《西南洋各番针路方向图》，《澳门历史地图精选》也曾收录。该图也是彩绘纸本，纵81.5厘米，横72厘米。图的背面有图签，上书图名，并注“觉罗满保恭送”。其制图范围与《东洋南洋海道图》大体相同，配置一个方位图，但图上仅表示中国东南沿海各口岸及东南亚各国的相对位置，没有表示航线及其他内容。对南海研究意义不大。

三、中国台北故宫博物院藏清乾隆《查询广东至暹罗城海道程图》

2012年9月29日至2013年3月31日，台北故宫博物院举办“河岳海疆：院藏古舆图特展”，并出版了特展的图录。该书依展览呈现方式，以河、岳、海、疆为轴线，分为“舆图中的河川”、“邦畿千里”及“肇域四海”三单元，选录了台北故宫博物院所藏明清时期古舆图五十四幅，“肇域四海”单元中有一幅《查询广东至暹罗城海道程图》(见图6)。[①]

图6 《查询广东至暹罗城海道程图》

据《河岳海疆》所载图幅说明介绍，该图为乾隆三十四年（1769）六月二十九日，两广总督李侍尧呈奏为遵旨《查询暹罗国情形由》折件附图。

该图右上角标有图名。图的方位为上西、下东，左南、右北。收藏

---

① 林天人主编、冯明珠等撰文：《河岳海疆：院藏古舆图特展》，台北：故宫博物院，2012年9月版。

者标注："清乾隆年间，纸本彩绘，纵64公分，横70公分"。

此图内容比较简略，是以形象的手法绘出广东至暹罗所经的主要山峰和岛屿，并分段注记航程。航程资料主要内容如下：

自广东虎门出口放洋至暹罗城，共一百四十八更，每更七十里，共计一万零三百六十十里"。

虎门至琼州十八更。

琼州至外罗山二十二更。

外罗山至烟筒山十二更。

烟筒山至赤坎十三更。

赤坎至昆仑山十五更。

昆仑山至真薯山七更。

真薯山至大横山十五更。

大横山至笔架山三十更。

笔架山至暹罗城十二更。

四、美国耶鲁大学藏《清末古航海图册》

耶鲁大学所藏《清末古航海图册》是在1841年第一次鸦片战争期间被英国侵略军掠去的。当时，英军"先驱"号军舰在中国近海拦截了往来于中国与新加坡之间的一艘四五百吨的中国商船，并掠走了船上的航海图。这些航海图后来由耶鲁大学图书馆所收藏。1997年美国纽约城市大学李弘祺教授撰文公布他的发现，介绍了这册航海图的情况。[①]

但由于航海图的图像没有公布，研究难以深入。2013年这册航海图的图像传到了内地，《海交史研究》2013年第2期全本刊载，对图幅按针路进行了重新编排和编号，并发表了钱江、陈佳荣的推介文章。这对此

---

① 李弘祺：《美国耶鲁大学珍藏的中国古航海图》，《中国史研究动态》1997年第8期。

图册的深入研究提供了极大的便利。①

这册古航海图共123页，除第1页为后加的英语文字说明外，实有122幅图。表示的地理范围很广，北至朝鲜、日本，南抵越南、柬埔寨、泰国(间及菲律宾)。其中有4幅是表示了南海诸岛的古航海图（见图7—10)。

这本图册的图幅，主要是表示山峰、岛屿、礁石的侧面形状。而这几幅图根据南海诸岛的地形特点，采用了不同的表示方法。②

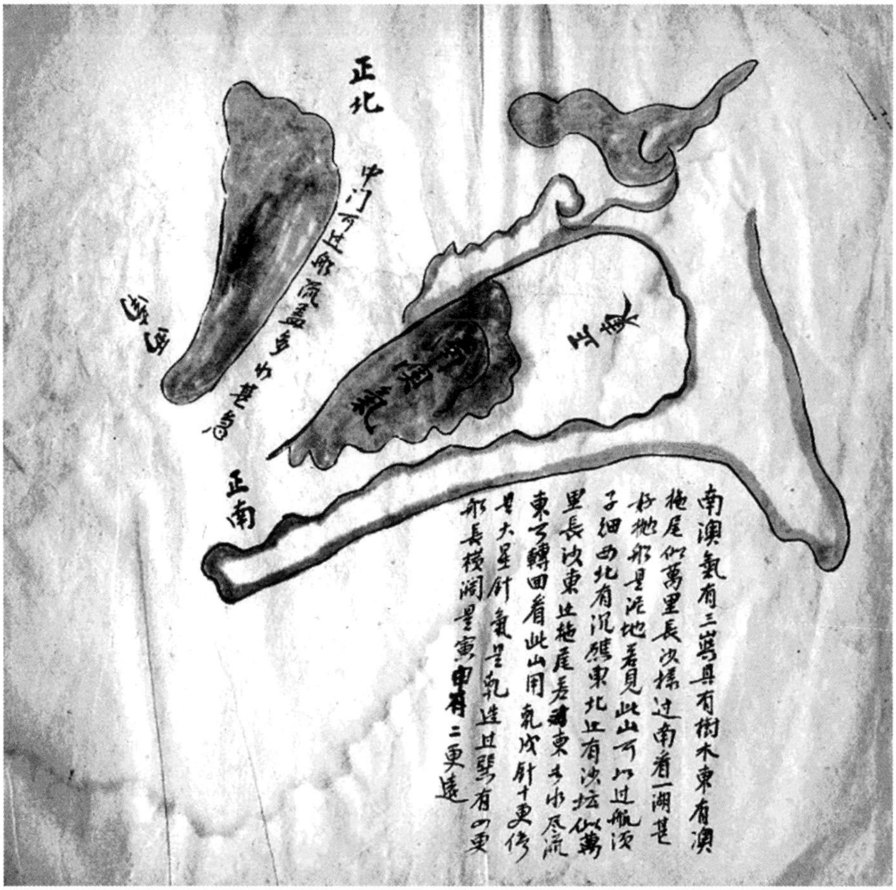

图7 《清末古航海图》之一幅（南澳气）

---

① 钱江、陈佳荣:《牛津藏〈明代东西洋航海图〉姐妹作——耶鲁藏〈清代东南洋航海图〉推介》,《海交史研究》2013年第2期。

② 参见朱鉴秋:《耶鲁藏中国古航海图的绘制特点》,《海交史研究》2014年第2期。

图7是表示“南澳气”（今东沙岛附近）的图幅。东沙岛平均高度仅5至6米，面积不到2平方公里，其东面有低潮时露出水面、高潮时被海水淹没的珊瑚礁（今名东沙礁），周围并有长期淹没于水中的珊瑚礁脉。在海上望去，东沙岛及其周围珊瑚礁的形状很不明显，因而也就很难绘出岛礁的侧面形状图。现在这幅图绘的是平面图形，不仅表明了东沙岛及东沙礁的轮廓范围，还显示了水下礁脉的延伸情况及礁湖的基本特征。

这幅图上还详细注记了海区的地形特点和航行要点：

图8 《清末古航海图》之一幅（下部有万里长沙）

中门可过船，流盖多，水甚急。

南澳气有三屿，具有树木，东有澳拖尾，似万里长沙样。过南看，一湖甚好抛船，是泥地。若见此山可以过航，须子细西北有沉礁，东北止有沙坛，似万里长沙，东止拖尾。若对东去，水尽流东，可转回。看此山，用乾戌针十更，停是大星，针气是乾造过巽，有四更，船长横阔是寅申，有二更远。

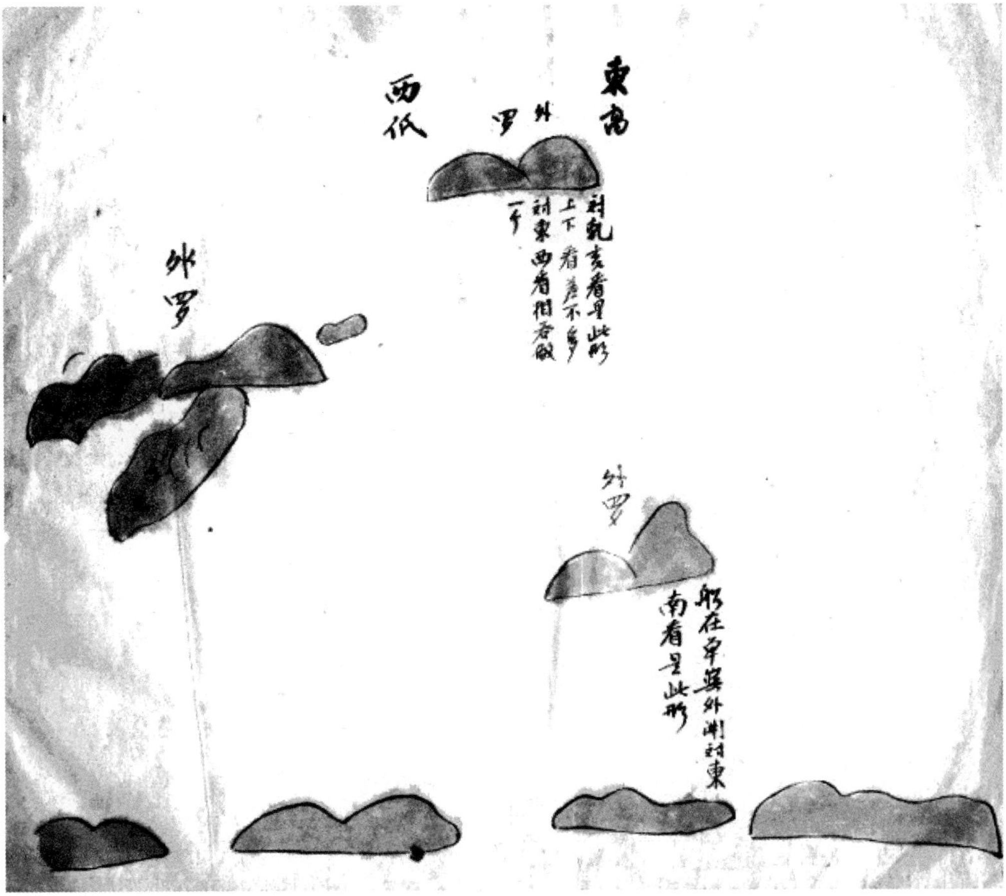

图9 《清末古航海图》之一幅（下部有长沙、石塘之图形）

图10 《清末古航海图》之一幅（下部有长沙尾、石塘头）

图8、9、10这三幅图的下半部，注记的主要地名有“万里长沙”、“长沙尾”、“石塘头”等。“万里长沙”在我国古籍中有时也称“千里长沙”，或简称“长沙”。“长沙尾”即“万里长沙”之尾部。“石塘”有时也称“千里石塘”或“万里石塘”，“石塘头”是指“石塘”的开端。这里的“长沙、石塘”即指南海诸岛西沙群岛和南沙群岛。群岛大范围内的众多岛礁不可能详细表示，因而采用了示意式的长带状图形。图10注记“长沙尾，石塘头：白沙坛并老古石，似船帆样，拖至烟筒头止。”这可与前述《东西洋航海图》所表示的万里长沙附近注记“帆船样”（见图3）联系起来研究。

对越南南海[1]权利主张的分析及思考

张炜

[内容提要] 在南海岛礁主权和海洋权益争端中，越南是全面挑战我权利主张的国家，其权利主张得到西方国家若明若暗的支持。本文对越南的权利主张进行了分析，认为这些主张使用当今国际社会流行的国际法语言，有相当的蛊惑性。针对越南权利主张，文章提出了当前我南海研究中的一些不足，认为应当着力加强南海研究，以争取和掌握南海维权斗争的主动权。

[关键词] 越南　南海权利主张　对策思考

[作者简介] 张炜，海军军事学术研究所研究员，中国南海研究协同创新中心研究员。

南海争端的核心是南海诸岛领土主权之争。自上世纪50年代起，越南、菲律宾、马来西亚、文莱开始主张对西沙和南沙群岛拥有主权和海洋权益，印尼主张对南海南部的部分海域拥有专属经济区和大陆架，南海争端由此产生，并形成了南沙群岛为4国5方分占、南海海域为6国7方分割的局面。在这些国家中，越南是南海周边国家中占领南沙岛礁最多，常年驻扎兵力达2000多人；与我海洋权益争议最大，主张管辖海域占我南海断续线内2/3的水域。越南还是提出历史和法理证据全面挑战我南海权利主张的国家，并且得到西方国家若明若暗的支持，从而成为我处理南海问题的最大障碍和困扰之一。

---

① 南海，越南称之为“东海”。

一、越南对南海岛礁主权的权利主张

越南对南海岛礁主权的权利主张本不明确。但在上个世纪60年代末到70年代初逐步显现，尤其是1974年中越西沙之战以后更加凸显，南越西贡政权发表了《关于黄沙群岛和长沙群岛的白皮书（1975）》，越南外交部先后《越南对于黄沙和长沙两群岛的主权（1979）》、《黄沙群岛和长沙群岛——越南领土（1982）》、《黄沙群岛和长沙群岛与国际法（1988）》等白皮书，系统提出“黄沙群岛”和“长沙群岛”（即我“西沙群岛”和“南沙群岛”——下同）历来就是越南领土的权利主张。其提出的主要论据及观点是：

（一）“越南是首先占有黄沙群岛、并以国家名义行使主权和进行开发的国家[①]”

越南认为，早在15世纪越南人就到过黄沙和长沙群岛。越南许多古地理书和地图都明确记载黄沙、长沙很久以来就是越南的领土。如黎贵淳在《抚边杂谈》（1776年）一书中经常提到“大长沙岛”，是指帕拉塞尔（黄沙）和斯普拉特利（长沙）两群岛，更通常指的是越南的一切岛屿属地。[②]在17世纪中叶杜伯编绘的《纂集天南四至路图书》称帕拉塞尔群岛为“罢葛鐄”，记载了至少在17世纪时越南地图已称这两个群岛为黄沙滩，划归广义府平山县辖区。[③]1833年，塔伯尔（TABERD）主教在其《寰宇志》中记载“早在34年前，被越南人民称为‘葛鐄’（黄沙）的帕拉塞尔群岛……已被交趾支那的越人所占据”，书中还记载了

① 《越南对于黄沙和长沙两群岛的主权》，越南外交部白皮书，1979年9月28日。见戴可来等编：《越南关于西南沙主权归属问题文件资料汇编》，河南人民出版社1991年版，第29页。

② 《关于黄沙群岛和长沙群岛的白皮书》，南越外交部，1975年5月。见戴可来等编：《越南关于西南沙主权归属问题文件资料汇编》，河南人民出版社1991年版，第29页。

③ 《黄沙群岛和长沙群岛与国际法》，越南外交部白皮书，1988年4月。见戴可来等编：《越南关于西南沙主权归属问题文件资料汇编》，河南人民出版社1991年版，第102页。

1816年阮朝嘉隆皇帝“在那里隆重地树立了交趾支那的旗帜”，[①]之后各朝皇帝在行政、卫务运输和经济开发各方面采取了系统性管辖[②]。特别是建立的黄沙队每年都在岛上驻留五六个月，是越南行使主权的有力证据。[③]1838年塔伯尔主教绘制的《安南大国画图》标明了“金沙”（即黄沙，原注）的坐标，正好与现在黄沙群岛的坐标吻合。[④]1838年出版的《大南一统全图》以“万里长沙”的名称明确指出斯普拉特利群岛是越南领土的一部分。[⑤]越南还举证称，明朝广东琼崖副总兵邓钟编绘的《安南图志》也把“大长沙”标属越南，说明中国古代承认黄沙和长沙群岛属越，而西沙、南沙这两个词是中国“近几十年才提出来的名称”。[⑥]

（二）“法国以越南国家的名义继续行使对黄沙群岛和长沙群岛的主权”

越南认为，19世纪下半叶，南部越南称为交趾支那为法国所领有，1883年法国对越南其余领土成立保护国。从此“法国人暂时担负了‘安南帝国’领土完整的责任。”[⑦]法国在黄沙群岛进行了科学考察，派军队驻扎，1932年在该群岛设立行政代理署，隶属越南承天省，直到1956年为止。1937年法国深信自己在争端中有合法权利，给中国外交照会建议将黄沙之争提交国际仲裁。[⑧]对于长沙群岛，1930年4月法国派炮舰“马里休士”号侵占南威岛。同时因中国广东当局准许商人投标开发该群岛

---

① [越]武海鸥《越南对黄沙、长沙两群岛的主权非常清楚，不容争辩》，见戴可来等编：《越南关于西南沙主权归属问题文件资料汇编》，河南人民出版社1991年版，第124页。

② 同2。（1932年9月29日，中国政府声明，在嘉隆时，领有这些岛屿的越南是中国的藩属。）

③ 《黄沙群岛和长沙群岛——越南领土》，越南外交部白皮书，1982年1月18日。见戴可来等编：《越南关于西南沙主权归属问题文件资料汇编》，河南人民出版社1991年版，第77页。

④ 同2。这一观点为中国外交部1980年1月30日白皮书所批驳，越南地图上所谓标绘的南沙是临近越南的岛屿，当时越南根本没有可以到达南沙群岛的船。（戴可来书第29页）

⑤ 《关于黄沙群岛和长沙群岛的白皮书》，南越外交部，1975年5月。见戴可来等编：《越南关于西南沙主权归属问题文件资料汇编》，河南人民出版社1991年版，第29页。

⑥ 同6，第73页。

⑦ 同8，第17页。

⑧ 同8，第21页。

向中国提出异议，认为该群岛是越南领土。1933年4月，法国派军舰侵占长沙群岛的南威岛附近各小岛。1933年7月，法国政府公开宣布占领的长沙九小岛为法国领土，并通告有关国家。1933年12月12日，法国总督巴士基氏下令将九岛划入南圻巴地省管辖。1937年3月30日，日军驱逐法国人，直接出兵占领西沙和南沙群岛，将其改名为“新南群岛”，划归台湾总督管辖，编属高雄市。1946年中国政府派军舰前往接收两群岛并划归广东省管辖后，法国向中国外交部提出交涉，请中方注意法国以“安南王”名义在西沙和南沙群岛所行使的主权，并声明对中国军队占领两群岛所产生的后果予以保留。

（三）“越南在1951年旧金山会议上声明帕拉塞尔和斯普拉特利群岛属于越南，并得到国际社会的承认”

1951年越南参加了制定对日和约的旧金山会议。越南认为，会上日本明确放弃对南沙群岛及西沙群岛的一切权利、权利根据及要求，但条约没有规定哪些国家收回日本所放弃的具体领土。在9月7日的第七次会议上，越南代表团团长、总理陈文友声明“……由于我们必须坦率利用我们所得到的一切机会来制止分歧的发生，我们确认我们对斯普拉特利和帕拉塞尔各岛的权利，这些岛屿从来就是属于越南的。”这个声明没有引起参加会议的51国中任何一国的反对，必须是认为已经普遍承认了越南对这些岛屿的主权，这对于没有参加会议的中国也是有效的。越南还认为，在旧金山会议上苏联代表提出关于中国对包括西沙、南沙在内的领土权利的修正案，被会议裁决为不合程序，以43:3及1票弃权而否决。因此可以认定中国对两个群岛的主权要求被绝大多数否定了。[①]

---

① 《关于黄沙群岛和长沙群岛的白皮书》，南越外交部，1975年5月。见戴可来等编：《越南关于西南沙主权归属问题文件资料汇编》，河南人民出版社1991年版，第40-41页。

（四）“越南独立后继承法国对黄沙群岛和长沙群岛的领土主权”

1954年《日内瓦协议》签订后，法国殖民当局从印度支那撤军。在美国干涉下，越南出现了南北分裂局面。1956年台湾当局恢复驻守太平岛，5月29日中国政府发表声明指出西沙和南沙群岛向来是中国领土的一部分，中华人民共和国对这些岛屿有无可争辩的合法主权。对此，6月1日南越外交部发表公报，声称对这两个群岛享有主权。南越外交部长武文牧说法国对这两个群岛的管辖从未引起争议，越南独立后即继承此项权利。8月22日，南越政权派军舰登陆南沙群岛的南威岛，并在该岛上升旗。10月22日，南越政权以“NV字第143号总统令”将南沙群岛划归福绥省。此后，南越政权逐渐占据并控制了南威岛等6个南沙岛礁①。

（五）“越南统一后从南越手中接管了长沙群岛的主权，而黄沙群岛是中国从南越手中抢占的”

1975年，在越南实现南北统一的过程中，北越出兵夺取了南越占领的南子岛、北子岛、敦谦沙洲、宏庥岛、景宏岛、南威岛、安波沙洲等岛礁，并在出版的越南全国地图中，将中国的西沙群岛和南沙群岛分别易名为“黄沙群岛”和“长沙群岛”，划入其版图。② 越南政府1979年5月出版了证明越南对两群岛拥有主权的文献资料，同年9月发表《越南对于黄沙和长沙群岛的主权》白皮书。统一后的越南坚持认为，南沙群岛是越南从南越手中夺回的，而西沙群岛则是中国侵占越南的领土③。在坚持主权要求和进一步扩大占领南沙岛礁的同时，1982年12月9日越南

---

① 吴士存著：《纵论南沙争端》，海南出版社，2005年9月第1版，第4章。

② 《越南对于黄沙和长沙两群岛的主权》，越南外交部白皮书，1979年9月28日。

③ 越南的这一立场，在2007年5月13日越南副外长阮富平与我国副外长武大伟谈话中表现的尤其明确。阮富平称：“你［武大伟］提到了黄沙（即我西沙）、长沙（即我南沙）群岛问题，也提及越方的所谓非法侵占。必须指出，长沙群岛是越方于1975年从南越伪政权手中抢过来的，至于中方怎么获取的黄沙群岛，我不愿多说。”见《外交部简报》，外简［2007］第590号。

成立了黄沙县与长沙县，分属于广南——岘港省与富庆省[①]。

越南认为，以上一系列的历史证据和论据，可以无可争辩地表明从17世纪以来的300年中，越南已经有效、连续、和平地行使了自己的国家主权。[②]

二、越南对南海海洋权益的主张

越南的海洋权益主张，集中体现在1977年5月《越南对领海、毗连区、专属经济区和大陆架之声明》、1982年11月12日《关于越南领海基线的声明》、[③]2009年5月8日《越南大陆架外部界限国家报告》、以及2010年越南的《海洋基本法》等相关文件中。基于对我西沙群岛和南沙群岛拥有领土主权的立场，越南主张其陆地领土和所占岛礁均在南海海域享有领海、毗连区、200海里专属经济区和200海里甚至更宽的大陆架。

（一）直线领海基线制度和12海里领海制度

1977年5月12日，越南发布《关于领海、毗连区、专属经济区和大陆架的声明》，主张12海里领海和24海里毗连区。1982年，越南签署了《联合国海洋法公约》，11月12日越南发表《关于越南领海基线的声明》建立了基本的直线基线体系，宣布了其领海基线基点的地理坐标。越南在该声明中没有具体提出黄沙（西沙）群岛和长沙（南沙）群岛领海基线，但明确提及这一问题并提出将在以后加以确定。2000年12月25日，中越两国政府在北京签署了《关于两国在北部湾领海、专属经济区和大陆架的划界协定》。该协定解决了中越两国在北部湾的领海、专属经济区和大

① 《黄沙群岛和长沙群岛与国际法》越南外交部，1988年4月25日。见戴可来等编：《越南关于西南沙主权归属问题文件资料汇编》，河南人民出版社1991年版，第105页。

② 同上。

③ 越南1964年9月发表12海里领海声明，1977年5月发布《关于越南领海、毗连区、专属经济区和大陆架的声明》，1982年11月12日发布《越南社会主义共和国政府关于越南之领海基线的声明》。见吴士存主编：《南海问题文献汇编》，海南出版社2001年版，第209-225页。

陆架划界问题，规定了21个界点，其中第1界点至第9界点的分界线是两国在北部湾的领海分界线，第9界点至第21界点的分界线是两国在北部湾的专属经济区和大陆架分界线。至此，双方在北部湾的划界问题得到彻底解决，但北部湾之外的海域争端仍在继续。

（二）200海里专属经济区

专属经济区制度是《联合国海洋法公约》确立的新海洋法制度。获取专属经济区是沿海国在第三次联合国海洋法会议上争取到的最大的海洋权益。越南也不例外。越南支持并主张建立200海里专属经济区制度。1977年，越南发表声明建立了专属经济区，其宽度从测算领海宽度的基线量起连同领海在内为200海里。越南所主张的专属经济区面积约121万平方公里，侵入我南海断续线内约为111万平方公里。

（三）200海里大陆架

越南的大陆架立法始见于1967年。1967年9月7日，南越宣布邻接越南领海的大陆架及其上发现的所有自然资源均处于越南共和国的专属管辖之下。1970年12月1日，南越颁布了《石油法》。该法规定，大陆架为“不超过200米深度，或超过此深度但技术手段仍允许开发自然资源的海底”。1977年5月12日，越南发表的大陆架声明宣布，越南的大陆架包括其领海以外依其陆地的全部自然延伸，扩展到大陆边外缘的海底区域的海床和底土。如果从测算领海宽度的基线量起到大陆边的外缘的距离不到200海里，则扩展到200海里的距离。越南主张的大陆架范围，大部分在我国南海断续线以内。越南在其所主张的大陆架区域，划设了大陆架矿区，并采取多种国际合作方式开采自然资源。

（四）200海里外大陆架

《公约》第76条规定，“沿海国的大陆架包括其领海以外依其陆地领土的全部自然延伸，扩展到大陆边外缘的海底区域的海床和底土，如果从测算领海宽度的基线量起到大陆边的外缘的距离不到二百海里，则扩展到二百海里的距离。"《公约》允许沿海国根据本国大陆架的实际情况主张200海里外大陆架，并要求有此主张的国家应在2009年5月之前将该大陆架外部界限的地理地质资料提交"二百海里以外大陆架界限委员会"① 随着这一事件节点的临近，2007年上半年，越南聘请俄罗斯研究机构为其开展大陆架外部界限研究，并租用了俄北方海洋地球物理公司"波利什科夫院士号"考察船对南海大陆架进行实地考察。考察海域北起西沙群岛南部海域，南至南沙西南海域，西靠近越领海基线，东至越领海基线以东350海里。2009年5月，越南先与马来西亚联合向联合国大陆架界限委员会提交了外大陆架申请，两天后又单独提交了该国的200海里外大陆架申请。

三、越南权利主张对我南海维权造成的困扰及思考

从1975年开始，越南集中了政治、法律、历史各界的专家学者、包括向外国借力，不遗余力地搜集资料，使用当今国际社会熟悉的、流行的国际法语言炮制论据，批驳我国的论点和论据，赢取国际舆论，形成了一套立论在据体系。就我国而言，近年来专家学者做了很多研究，也提出许多对策建议，但超过1980年我外交部白皮书的新研究成果不太多，对越南的权利主张深入研究不够，对我国历史证据的系统研究及有价值的结论也不多见，面向国际社会有影响力的新文章、新著作凤毛麟角，尤其是没有出台官方的新文件。南海维权斗争主要靠政治决断，但

① "二百海里以外大陆架界限委员会"是根据《公约》附件二成立的。该委员会由二十一名来自各个公约缔约国的委员组成。委员会的主要职责是：(1) 审议沿海国提出的200海里外大陆架外部界限的资料和其他材料，并提出建议；(2) 应有关沿海国请求，提供科学和技术咨询意见。《公约》要求，拟划定其二百海里以外大陆架外部界限的沿海国，应将这种界限的详情连同支持这种界限的科学和技术资料，尽早提交委员会，而且无论如何应于本公约对该国生效后十年内提出。委员会应就有关划定大陆架外部界限的事项向沿海国提出建议，沿海国在这些建议的基础上划定的大陆架界限应有确定性和拘束力。在不同意委员会建议的情形下，沿海国应于合理期间内向委员会提出订正的或新的划界案。"

在当今国际社会法制化的大趋势下，论“理”、论“法”，争取国际舆论仍然极其重要。当前，越南的权利主张对我南海维权斗争产生的困扰和影响不应被低估，我需要认真对待。

（一）关于“先占原则”

从1975年开始，越南与我国的南海斗争进入了历史和法理领域，双方均运用传统国际法关于对无主地“先占”领有的原则，提出了各自历史上对西沙和南沙岛礁发现、开发和连续性管辖的依据。越南突出强调“有效原则”，即“对无主地”“有效占领及有效、持续、和平地行使国家权力”。[①] 尤其是其迎合当代国际社会和国际判例对实际占领在主权认定上的优先地位，提出1816年阮朝嘉隆皇帝西沙群岛树旗和国家派出“黄沙队”历史证据的有效性。对于我国1980年外交部白皮书中提出的我汉代以来的发现、命名、开发权和宋代以来的管辖权等大量历史证据，则驳斥以“首先发现权和首先占有权和象征性占有原则”已经是“过时的和不适当的观点”，必须对发现的领土进行“有效占有和有效管辖”；“私人占有不导致其所在国的领土权。只有国家才是占有的主体”；“通过征服取得的占有不意味着导致对所征服的土地的领土主权”，领土主权的产生必须是对这些土地进行“有效占领，有效、持续并和平地行使主权”，[②] 实际上是企图以1816年为“有效占领”，撼动之前我提出的历史证据，将南海诸岛作为无主地而取得有效占领意义上的“先占”权。

从1979年到1988年，中越两国进行了两轮历史和法理问题的论战，其中，中国外交部在1980年白皮书中对越南提出的历史证据进行了批驳，越南外交部1982年又进行了反批驳；越南外交部在1988年4月25日发表《黄沙群岛和长沙群岛与国际法》等官方文件，5月12日我《人民日报》发表《关于西沙群岛、南沙群岛问题的备忘录》，再次批驳了越南

---

① 《黄沙群岛和长沙群岛与国际法》，越南外交部白皮书，1988年4月。见戴可来等编：《越南关于西南沙主权归属问题文件资料汇编》，河南人民出版社1991年版，第101页。

② 同上。

的不实之词。[①] 上个世纪的两次论战，已经向国际社会昭示中国拥有的发现、命名、开发、管辖的历史证据浩如烟海，比越南多得多、也早的多。尽管越南提出的历史证据最早仅在17世纪，其1816年阮朝嘉隆皇帝在西沙群岛植旗之事记载在一个外国主教1838年写的书中并非直接证据，而法国占领以后以殖民当局代行越南主权之说更难以与中国政府维护主权的国家行为相抗衡，然而当前的国际舆论却仍旧不在我们一边。究其原因，除了"怜弱"的人之常情外，西方国家因素是重要原因。越南是法属殖民地，采取肯定法国占领代行主权的说法可以换取法国的支持，对1951年旧金山会议的认定可以换取美国的支持，当今国际法体系是由西方主导的，因此我们面对的就不只是一个越南。从另一方面看，1988年以来，我国官方虽有大量的声明和外交部发言人对南海主权的宣示，但对南海主权主张的系统舆论宣传基本没有；我国虽有不少专家学者对南海主权问题著书立说，但总体上影响有限，尤其是在国际上影响有限。而越南近年来却大力宣传其主权主张和历史法理依据，加上西方有意的偏袒，我明显处于舆论劣势。如果研究中越上世纪70-80年代的两轮论战，我对1982年越南提出反驳我主权证据的论点没有直接回应，对1988年越南提出的其主权要求的国际法依据也没有直接批驳，作为研究中越南海争端的主要资料，这些不能不是一个缺憾。此外，对于国民政府时期和台湾方面对南海主权认定资料的发掘、研究和利用也很不够。我应当将我所有的历史证据给以系统整理，对越南的论点进行不间断地批驳和揭露，扭转我在国际舆论方面的不利态势。

（二）关于"关键日期"

"关键日期"（Critical Date）是一个国际法术语，指争端的形成时间。关键日期的确定之所以成为问题，主要是与领土主权、权源（title）以及权利（right）等诉讼主题相关，也是对争端进行国际仲裁所必然要遇到

---

① 吴士存主编：《南海问题文献汇编》，海南出版社2001年版，第148页。

的问题。在迄今为止的国际判例中，通常会不要求追溯某一领土形成的遥远日期，而会更重视“关键日期”，即某国的某领土主权受到挑战的那个时间。就中越南海争议而言，也就是要判定中方或越方“是否”和“何时”确立了对南海诸岛的领土主权，以及双方又在“何时”对该领土主权发生了争议。随着中越南海西沙、南沙争端的深入发展，“关键日期”很可能会成为越南先于我提出的问题。因为越南的历史证据不充分，已经提出了1816年阮朝嘉隆皇帝在西沙群岛植旗事件之“有效占领”、法国占领代行主权时期与中国政府多次交涉、1951年旧金山和约签署中争论等可能与“关键日期”有关的问题，有一定的法律诉讼准备。

目前，我国学者也提出了以1933年7月25日法国占领“九小岛”和1939年4月29日，日本占领南沙群岛并宣布“新南群岛”为两个“关键日期”的意见，并认为，“如果能够证明这两个国家对我国拥有南沙群岛主权的挑战是非法的、无效的，那么也就从另外一个角度证明了我国对南沙群岛主权的无可争议。”① 目前，国内研究这一问题成果还不多。笔者以为，从应对国际仲裁和争取国际舆论看，“关键日期”是需要研究的，也是当今国际社会更加关注和听得懂的语言，并可能成为重要的裁决因素，如果在这一点上能够取得突破，无疑对我是重要的。确立“关键日期”，应从整体上周密考虑我维护南海主权和海洋权益的“权源”，“关键日期”不能与我坚持南海断续线和历史性权利主张发生冲突，或产生间接的、逻辑上的影响。我应进一步研究明确争端的“关键日期”，严密历史证据的逻辑联系，我南海维权斗争争取主动权。

（三）关于“历史性权利”

进入21世纪以来，南海争议不断升温。迄今，越南除主张北部湾属于越南的海域为其历史性水域外，越南没有基于历史性权源对其他海域提出相应的权益主张，主要是依据《公约》主张领海、毗连区、专属经

---

① 吴士存《南沙争端的起源与发展》，中国经济出版社，2013年版，第77页。

济区、大陆架和外大陆架。这是因为越南认为基于历史性权源主张权利对其不利，而利用《公约》这一现实性权源主张权利对其有利。为此，越南竭力以我国对断续线以内海域享有“历史性权利”的主张不符合《联合国海洋法公约》为由，否定我这一主张的合法性。对此，国际上和者亦众。

（四）关于南海断续线

近年来，越南多次主办高级别的南海问题国际研讨会，加大对西方国家的影响和工作力度，并将着力点集中于否定中国的南海断续线，西方主导的国际舆论对于南海断续线质疑的声浪也不断高涨。越南也好，西方支持越南的国家也好，都把南海断续线当作我国的软肋，认为是可以“将”军、并可以“将”死我的一步要棋。其中原因之一是多年来我一直回避这个难题，用模糊的办法处理这一难题，让他们认为有懈可击。

南海断续线的划设，是基于中国最早发现、最早命名、最早管辖南海诸岛及相关海域的历史实践。当前，就领土主权而言，我在南沙所占岛礁数量有限，所占岛礁在海域划界中能够发挥的效力有限；就海域划界而言，我南海没有划定领海基线。因此南海断续线不但决定了我南海岛礁主权的归属，也应该成为我南海权利主张的重要依据之一和海域划界谈判的起点。

南海仲裁中隐匿争端的先决问题及附带问题：菲律宾若干仲裁请求评析

牟文富

[内容提要] 为了绕过中国在《海洋法公约》第298条下作出的管辖保留，菲律宾声明仲裁不涉及岛屿领土主权、海洋划界争端，也试图以此构建其仲裁请求。从内容来看，菲律宾的若干仲裁请求仅仅属于领土争端、海洋划界争端中的先决问题、同时也是附带问题，因为其请求必须涉及岛屿主权及海洋划界，至少具有这类争端的隐含性质。仲裁庭应当查明争端的背景、争端事由、范围，也必须注意双方对若干岛礁的主权存在争端的事实。其次是仲裁庭应当考虑行使管辖、作出裁决的适当性。抛开主权争端、潜在划界问题的背景、前提，菲律宾提出的岛礁法律地位的问题实际上只不过是抽象问题。在背后存在主权争端的情形下，仲裁庭就岛、礁的地位之类的抽象问题作出裁决并不适合，因为这样做实际上相当于对岛礁附近的海洋划界问题有管辖权。

[关键词] 南海仲裁　管辖权　领土主权　海洋划界　先决问题　附带问题

[作者简介] 牟文富，四川省社会科学院法学研究所副研究员，中国南海研究协同创新中心研究员。

菲律宾在仲裁请求中试图绕开中国做出的管辖保留，因而明确声明仲裁不涉及岛屿的领土主权、海洋划界。然而，从内容来看，菲律宾的仲裁请求并不构成两国之间严格意义上的法律争端；即使构成法律争端，也仅仅属于领土争端、海洋划界争端中的先决问题、同时也是附带问题，因为其请求必须涉及岛屿主权及海洋划界，至少具有这类性质的隐含的争端。菲律宾的仲裁请求是否真的能完全绕过中国根据《海洋法公约》第298条作出的保留？下文就这些问题进行简要分析。

一、南海仲裁的背景：被隐匿的领土主权争端及海洋划界争端

（一）中国、菲律宾之间的岛屿主权争端

谈到菲律宾发起的南中国海仲裁，不能不提到两份涉及中、菲两国争端的文件。在2009年5月7日，中国政府就马来西亚、越南向“联合国大陆架外部界限委员会”的联合提案向联合国秘书长提交的第CML/17/2009照会中，中国用法律术语清楚地表达中国的法律立场：“中国对南海诸岛及其附近海域拥有无可争议的主权，并对相关海域及其海床和底土享有主权权利和管辖权。”[①]2011年4月5日，菲律宾向“联合国大陆架外部界限委员会”提交的“000228”照会是对中国上述照会的回应，其中基本阐明了菲律宾的南海主张：卡拉延群岛构成其领土不可分割的部分；主张对卡拉延群岛、该地区每个地貌物周围、毗邻水域依照《海洋法公约》规定享有主权、管辖权；国家对有关海洋地物附近水域行使主权和管辖权的基础在于“陆地支配海洋”原则，而这种水域的范围在公约中是可以确定的，尤其是根据公约第121条规定；中国主张的九段线中的相关水域、海床及其底土并没有国际法依据，尤其是《海洋法公约》。对该地区的主权、管辖权必然与同沿海国或群岛国相关，或属于这些国家，这些水域及其海床、底土与菲律宾邻近，根据《海洋法公约》第3、4、55、57、76条，它们在性质上要么是领海，或200海里专

---

① 2009年5月中国政府就马来西亚、越南向大陆架委员会的联合提案向联合国秘书长的第CML/17/2009照会，http://www.un.org/Depts/los/clcs_new/submissions_files/mysvnm33_09/chn_2009re_mys_vnm.pdf，2013年11月21日访问。

属经济区，或大陆架。[①] 值得注意的是，在菲律宾所谓的卡拉延群岛中，鸿庥岛（namyit）、景宏岛（Sin Cowe）、永暑礁（Fiery Cross Reef）、华阳礁（Cuarteron Reef）、南薰礁（Gaven Reef）、渚碧礁（Subi Reef）、美济礁（Mischief Reef）、赤瓜礁（Johnson Reef）、仁爱礁（Second Thomas Shoal）、西门礁（Mckennan Reef）、东门礁（Hughes Reef）出现在菲律宾的仲裁通知书及起诉状中，成为菲律宾构造《起诉状》的基础。然而，颇为怪异的的是菲律宾并未在有关仲裁文书中提到涉及卡拉延群岛的领土争端，而是化整为零地仅仅针对其中若干岛礁。

（二）菲律宾仲裁请求所寻求的裁决：绕过主权争端

2013年1月，菲律宾根据《海洋法公约》附件七向中国要求就南沙群岛的相关争端进行仲裁。在其仲裁《通知及权利主张之理由说明》中，[②] 菲律宾要求仲裁庭就下列13项内容请求仲裁庭作出裁决：

（1）请求宣布中国在南海海域中的有关权利，与菲律宾一样，由《海洋法公约》规定，其组成部分为《公约》第二部分规定的领海、第五部分规定的专属经济区、第六部分规定的大陆架；

（2）请求宣布中国在南海基于所谓“九段线”而提出的海洋主张与《海洋法公约》相冲突，因而无效；

（3）要求中国使其国内立法与《海洋法公约》保持一致；

（4）请求仲裁庭宣布美济礁、西门礁属于水面之下的海洋地物，根据《海洋法公约》第六组部分构成菲律宾大陆架的部分，中国的占领和在其上从事建筑活动违反了菲律宾的主权权利

（5）要求中国停止在美济礁、西门礁的占领和其他行动。

（6）请求宣布南薰礁、渚碧礁是南海中的水下地物，在高潮时没有

---

① 菲律宾11-00494照会，http://www.un.org/Depts/los/clcs_new/submissions_files/mysvnm33_09/phl_re_chn_2011.pdf，visited on Nov. 21，2013。

② Notification and Statement of Claim on West Philippine Sea, www.plj.upd.edu.ph/wp-content/uploads/2013/01/Notification-and-statement-of-claim-on-West-Philippine-Sea.pdf, visited on Nov. 21, 2013.

高出水面，不是《公约》中规定的岛，也不是位于中国大陆架，中国对这些地物的占领、在其上修建设施是非法的。

（7）黄岩岛（Scarborough Shoal）、赤瓜礁（Johnson Reef）、华阳礁（Cuarteron Reef）、永暑礁（Fiery Cross Reef）属于高潮时仍处于海平面之下的水下地物，除了高潮时每处有小部分露出水面，符合《公约》121(3）条中的“岩礁”，只能拥有12海里的领海。

（8）请求宣布黄岩岛、赤瓜礁、华阳礁、永暑礁是海面以下的地物，在高潮时处于海面以下，除了每处都有一个小的突出物在高潮时高出水面。它们都属于《公约》第121（3）规定的岩礁，因此只能拥有12海里的领海，中国主张超过12海里的权利是非法的。”

（9）要求中国不得妨碍菲律宾船舶在黄岩岛、赤瓜礁附近水域以可持续方式开发生物资源，不得在这些地物上或附近从事其他有违《公约》的行为；

（10）宣布菲律宾享有《海洋法公约》第二、五、六部分规定从其群岛基线量起12海里的领海、200海里的专属经济区和大陆架；

（11）宣布中国在菲律宾专属经济区、大陆架非法主张、开发生物及非生物资源，非法阻止菲律宾在其专属经济区、大陆架开发生物及非生物资源；

（12）宣布中国非法干涉菲律宾在《公约》规定的菲律宾群岛基线起200海里以内、之外行使航行权及其他权利；

菲律宾自己也将其请求总结为三大类：

（1）在所谓“九段线”水域内，中国没有权利在《海洋法公约》规定应享的水域、底土范围以外行使“历史性权利”。

（2）中国在南海主张所依赖的若干海洋地物并非岛屿，不能拥有专属经济区或者大陆架，而是《海洋法公约》第121（3）条意义上的岩礁，或者是低潮高地，或者是暗礁，不能产生这类权利。如诉状中的第（3）至（7）项。

（3）中国非法干涉菲律宾依照《海洋法公约》及其他与其相一致的

国际法规则行使的主权权利和自由。

菲律宾的2013年1月《通知及权利主张之理由说明》与其2011年的“11-00494”号照会相比有显著不同。首先是回避了岛屿领土之争。其次是集中阐述一般性的法律原则、规则，如通知中的第（1）、（10）项请求。再次是孤立地主张相关岛礁的法律地位，如通知中的第（3）项。

中国在批准《海洋法公约》时根据第298条做出了保留，“中华人民共和国政府就公约第298条第1项（a）、（b）、（c）三款所指的所有争端，不接受公约第15部分第2节的任何争端解决程序”，所以领土争端、海洋划界争端被排除在依据公约设置的争端解决程序之外。菲律宾在仲裁通知中说，“菲律宾并未设法通过仲裁去确定哪一方拥有那些岛屿的主权。也不要求确定进行海洋划界。菲律宾明白中国于2006年8月25日根据公约298条做出的声明，因此避免提起那些中国通过声明排除仲裁管辖的那些主题、主张。”从菲律宾的仲裁请求内容来看，它试图绕过中国依据《海洋法公约》第298条作出的保留，将争端限制在有关海洋地物的法律地位上，即是否具有岛的地位、是否应该拥有相应的海洋空间。显而易见，中、菲两国之间的“黄岩岛”主权归属争端被排除在仲裁之列。其次，根据“陆地支配海洋”的原则，只有在确定了领土主权归属之后才能考虑它应该拥有的海洋空间。所以对于菲律宾提出的仲裁请求，仲裁庭必须确定它会否涉及领土争端。

针对菲律宾提出的“中国在南海主张所依赖的若干海洋地物并非岛屿，不能拥有专属经济区或者大陆架，而是《海洋法公约》第121（3）条意义上的岩礁，或者是低潮高地，或者是暗礁，不能产生这类权利”之类的请求，核心的问题是菲律宾的这些仲裁请求是否真的能绕过中国根据《公约》第298条作出的保留。下文简要说明。

二、取得领土对象之岛礁的法律地位

菲律宾把争端引向水面之下的地物、低潮高地是否可以实效占有的问题。其实质上通过将仲裁请求集中在海洋地物的地理状况、法律地位上，其立场是"水下地物在高潮时没有露出海平面，国家不能取得它们"，不属于岛屿的海洋地物不能拥有专属经济区、大陆架。基于这样的理由，菲律宾试图转移目前南海争端的焦点，抹去南海争端中核心的领土争端性质，将中国拥有主权的岛礁，尤其是中国实际控制、管理的岛礁所应享有的海洋空间、主权剥离、压缩，最终消解中国的主权主张所带来的各种权利。

菲律宾的仲裁请求将南海争端引向海洋地物所应拥有的海洋空间问题。它的主张、诉讼策略与尼加拉瓜在"领土主权及海洋划界案"一案的策略相似。尼加拉瓜主张阿尔布开克礁、东-东南礁、龙卡多尔、塞拉纳、塞拉尼亚和新巴霍这些海洋地物全部属于《公约》第121条第3款规定的情况，即不应有大陆架或专属经济区。尼加拉瓜认为这些海洋地物必须独立对待，它们所形成的权利不能将它们作为一个群体而扩大。[①]哥伦比亚主张将各种岩礁所在的滩涂、沙洲的面积计算在这些岛屿上，这使得这些岛屿比它们实际要大，尼加拉瓜拒绝这种立场。尼加拉瓜认为，只有那些个别的海洋地物高出水面，它们因此才产生海洋权利，而且在每一种情况下，那种权利的范围要由单个岛屿来决定，而不是它同其他海洋地物的关系来确定。[②]

相似地，菲律宾将美济礁、西门礁、黄岩岛、赤瓜礁、华阳礁、永暑礁与它的周边环境割裂开来，就其单独的情况，要求仲裁庭宣布它们为海面以下的地物，或属于《公约》第121（3）条下的岩礁。例如，菲律宾完全抛开自己的第"11-00494"照会，非常突兀地请求宣布赤瓜礁、华阳礁、永暑礁不产生专属经济区或大陆架。这项请求的难言之隐在于菲律宾无法以所谓卡拉延群岛的主权为核心去构造其仲裁请求。

菲律宾的诉讼策略就是试图使仲裁庭忽略中、菲两国争端中领土争

---

① Territorial And Maritime Dispute (Nicaragua V. Colombia), para. 170.

② Ibid, 170.

端的背景，从而达到绕过中国保留的目的。问题在于：从菲律宾的请求是否构成了仲裁庭具有管辖权的争端？

三、争端主题的先决、附带问题性质

（一）南海仲裁中的争端主题

1、水下地物能否被实效占领

在《通知》中，菲律宾主张，南海中一些水下地物在高潮时仍沉没于，没有位于沿海国的领海，属于海底组成部分，不能被国家取得，或受其主权支配，除非根据《公约》第六部分规定构成国家大陆架的部分。① 菲律宾要求仲裁庭宣布“美济礁、仁爱礁是低潮高地，不产生领海、专属经济区或大陆架，不能够通过占有或其他方式进行实效占有。”对于水下地物，菲律宾有一个立场“国家不能够取得”它们。这涉及领土取得对象。实效取得的英文表达是“appropriate”，本意是通过排他性占有而取得所有权，在国际领土争端中，该术语被用来指领土取得的途径。

在“卡塔尔、巴林之间关于海洋划界及领土问题案”中，在确定相关海岸线的时候，② 有关低潮高地的实效占有问题被提出来：“Fasht al Azm是否必须被视为Sitrah岛的一部分还是在自然上并不与之相连的低潮高地。” ③ “另一个问题是，Qit’at Jaradah到底是岛还是低潮高地，双方对此的立场针锋相对。” ④ 双方都认为，无论低潮高地的位置，支配领土主权之取得、维持的法律也支配低潮高地。⑤ 案件中出现一个问题：“低潮高地是否属于领土，是否可以根据领土取得的规则、原则进行实效占

① Para. 31 of Notification and Statement of Claim on West Philippine Sea, see note [3].

② Maritime Delimitation and Territorial Questions between Qatar and Bahrain (Qatar v. Bahrain), Merits, Judgment, 2001, para.186.

③ Ibid., para.188.

④ Ibid., para.191.

⑤ Ibid., para.200.

有（appropriated）。”[①] 法院跟进一步将问题提炼为：“对本案具有决定性的问题是，一个国家是否可以通过实效占有的方式对位于其领海范围内、同时也位于另一国领海范围的低潮高地取得主权。”[②] 但国际法在该案中得出了一个法律不明的结论：“低潮高地是否能够被认作是‘领土’的问题，国际条约法对此沉默不语。本院也未悉知存在统一、广泛的国家实践能产生一种习惯国际法，能明确无误地准许或者杜绝对低潮高地进行实效占有。”[③] 该问题在“主权及海洋划界案”（尼加拉瓜v.哥伦比亚）中也被提出来，法院的意见是：“在解决主权问题之前，法院必须确定争议海洋地物是否可以实效占有。”[④] 法院引用了“卡塔尔、巴林之间关于海洋划界及领土问题案”的判决，但对于“国家是否可以通过实效占有方式就低潮高地取得领土主权”的问题，国际法院的立场与“卡塔尔、巴林之间关于海洋划界及领土问题案”不同，它在这里有一个明确的结论：“国际法业已确立的规则是无论多小的岛屿都可以进行实效占有。相反，低潮高地不能实效占有。沿海国对位于其领海以内的低潮高地沿海国家对位于其领海范围内的低潮高地（低潮时高于水面但在高潮时没入水中的地物）拥有主权，并且为测算领海宽度可考虑到这些低潮高地。”[⑤] 这意味着，在高潮时高出海面则具有岛屿的地位，能够实效占有。

值得注意的是，这两起案件中关于低潮高地的实效占有问题被提出的相关情景。在“卡塔尔、巴林之间关于海洋划界及领土问题案”中，该问题是在确定巴林海岸的相关状况被提出来的。在“主权及海洋划界案”（尼加拉瓜v.哥伦比亚）中，该问题是在岛屿的领土争端中提出来的。在当下的“南海仲裁”中，菲律宾的请求之一——“美济礁、仁爱礁是低潮高地，不产生领海、专属经济区或大陆架，不能够通过占有或其他方

---

① Ibid., para.204.

② Maritime Delimitation and Territorial Questions between Qatar and Bahrain (Qatar v. Bahrain), Merits, Judgment, 2001. para.204.

③ Ibid., para.205.

④ Territorial And Maritime Dispute (Nicaragua V. Colombia), judgment, para. 25.

⑤ Ibid., para. 26.

式进行实效占有”——被置于一种孤立的背景中，问题是，谁主张过美济礁、仁爱礁可以通过占有方式取得领土主权？如果中国或者菲律宾都没有主张，则该问题并不构成争端。倘若是中国有这样的主张，而菲律宾反对，则该类争端构成了涉及岛屿之领土主权的争端。

2、岛还是岩礁？

菲律宾在《通知》中请求仲裁庭“宣布黄岩岛、赤瓜礁、华阳礁、永暑礁是海面以下的地物，在高潮时处于海面以下，除了每处都有一个小的突出物在高潮时高出水面。它们都属于《公约》第121（3）规定的岩礁，因此只能拥有12海里的领海。”在其诉状中，菲律宾又要求宣布“黄岩岛不产生专属经济区、大陆架之类的权利”，“美济礁、仁爱礁是低潮高地，不产生领海、专属经济区或大陆架”，“南薰礁、西门礁（包括东门礁）是低潮高地，不产生领海、专属经济区或大陆架”，“赤瓜礁、华阳礁、永暑礁）不产生专属经济区或大陆架”。这类请求是菲律宾提起的仲裁中最为典型、也是颇具迷惑性的。从表面上看，菲律宾提起这些请求的基础是《海洋法公约》第13条、第121（3）条，因而构成公约的解释、适用问题。然而，从法律争端的构造来看——一方的主张被另一方否认，菲律宾的请求实际指向的不是岛、礁法律地位本身，而是背后的主权、海洋划界。国际法院在若干案件中确实处理了海洋地物是否应该拥有相应的海洋空间的法律问题，但这些争议焦点并非孤立的问题，而是在争端的其他问题背景下才成为需要解决的问题。例如，在“卡塔尔v.巴林海洋划界和领土问题”中，产生了“Fasht al Azm”到底是“Sitrah岛”的一部分还是单独的低潮高地、“Qit’at Jaradah”是岛屿还是低潮高地的问题，但该问题是在海洋划界的背景下才产生的。“法院的结论是，“Qit’at Jaradah”这种海洋地物满足了上述标准，是一个岛，在划等距离线时应当考虑。在“罗马尼亚v.乌克兰黑海海洋划界案”中，也产生了“Serpents’ Island”是否属于《公约》第121条之（2）款下的到还是（3）款规定的岩礁的问题。同样，该问题产生的背景是两国的海洋划界，尤其是该岛对划界具有何种效力、是否导致临时线的调整。[①]

在最近的尼加拉瓜v.哥伦比亚的“领土主权及海洋划界案”中，围绕“基塔苏埃尼奥”的法律地位也产生了类似的争议。但该问题产生的背景更说明了法院很难在孤立的情况下处理这些问题。背后的原因在于对于“基塔苏埃尼奥”存在主权争端。正是由于双方对基塔苏埃尼奥都有主权要求，所以法院才说，“在处理主权问题之前，法院必须先确定这些有争议的海洋地物是否可以实效占有。”关于海洋地物形成的权利问题，如“阿尔布开克礁、东-东南礁、龙卡多尔和塞拉纳、基塔苏埃尼奥 ”(the Alburquerque Cays and East-Southeast Cays，Roncador，Serrana)是否拥有海洋权利，是在两国海洋划界背景中产生的。这涉及到它们是否属于《公约》第121（3）条中的岩礁。对此，国际法院明确指出该问题产生的条件、背景：“对于这些岛屿是否属于该种例外范畴的问题，仅仅在决定它们是否有权拥有大陆架和专属经济区的时候才相关。”[②]

（二）中、菲之间存在什么争端？

菲律宾明确表明，“菲律宾并没设法通过仲裁去确定哪一方拥有那些岛屿的主权。也不要求确定进行海洋划界。”菲律宾的请求必须避开中国的保留。菲律宾为了做到这一点，它必须证明两国之间存在法律争端，但又不属于中国的保留范围。

菲律宾请求宣布美济礁、西门礁构成菲律宾大陆架的部分，这种请求只有在大陆架划界背景出现才是正当的。更有甚者，菲律宾的这项请求的隐含前提是菲律宾的大陆架的外部界限明确、没有涉及任何划界争端，只有这种情况下，菲律宾才可基于地理坐标来主张美济礁、西门礁

---

① [16] Territorial Sovereignty Maritime Delimitation in the Black Sea (Romania/Ukraine) Judgment of 3 February 2009), para. 187.

② Whether or not any of these islands falls within the scope of that exception is therefore relevant only to the extent that it is necessary to determine if they are entitled to a continental shelf and exclusive economic zone.” Territorial And Maritime Dispute (Nicaragua V. Colombia), judgment, para. 180.

构成菲律宾大陆架的部分。至于请求“宣布南薰礁、渚碧礁是南海中的水下地物，在高潮时没有高出水面，不过是《公约》中规定的岛，也不是位于中国大陆架，中国对这些地物的占领、在其上修建设施是非法的”，从表面上看它无关于菲律宾的直接利益，甚至它是否构成一种争端也令人怀疑。倘若中国主张“南薰礁”、“渚碧礁”附近海域的大陆架，而菲律宾认为中国的主张不符合《海洋法公约》相关规定而想要表达自己的反对意见，适当的场合应该是“大陆架外部界限委员会”。或者中国与其他国家通过裁判解决争端，菲律宾可能在特定条件下作为第三方参与诉讼。如果菲律宾要在起诉状中构造争端的法律性质，就必然会涉及到中菲两国对这些南海中的海洋地物的主权之争的背景和实质。

至于请求“宣布黄岩岛、赤瓜礁、华阳礁、永暑礁是海面以下的地物，在高潮时处于海面以下，除了每处都有一个小的突出物在高潮时高出水面。它们都属于《公约》第121（3）规定的岩礁，因此只能拥有12海里的领海，中国主张超过12海里的权利是非法的。”如同尼加拉瓜在“领土主权及海洋划界案”中主张“阿尔布开克礁、东-东南礁、龙卡多尔和塞拉纳、基塔苏埃尼奥”不应拥有超过12海里的海洋空间，但不同的是尼加拉瓜提出这类主张的背景是在两国划界争议中出现的，而菲律宾的请求则是孤立的，即便它属于中、菲两国海洋划界过程中的争端，也因中国的保留而被排除在仲裁管辖权之外。

因中国的保留，菲律宾的仲裁请求表面上似乎与海洋地物的主权无关。但如果脱离了南海海洋地物的主权争端，菲律宾仲裁请求就难以能够构成法律争端。法律争端的实质是一方的权利要求遭到另一方的明确反对。菲律宾主张，“南海中的水下地物在高潮时没有高出海平面，也没有位于沿海国领海之内，它们属于海床的组成部分，国家不能取得它们，也不受其主权支配……”。如果双方对海洋地物不存在主权争端，海洋地物是否可以实效占有的问题也不存在，它是否位于菲律宾或者中国大陆架上的问题也无关要紧。另一方面，鉴于海洋地物可能在海洋划界中具有一定的效力，假设不存在海洋划界方面的争端，那么它们是否具有岛屿的地位、是否拥有海洋空间的问题也就失去了法律上的意义。

（三）领土争端、海洋划界争端中的先决问题、附带问题

中国决定不参加诉讼，仲裁程序可以一直进行，由于中国不到庭，也就不会对在仲裁程序中对管辖权、菲律宾要求仲裁的问题是否构成争端等问题提出自己的看法。但根据《海洋法公约》附件七第9条要求，仲裁庭仍然需要“查明对争端确有管辖权，而且查明所提要求在事实上和法律上确有根据”。就近几年中国、菲律宾两国在南海上争端的广阔背景来看，当双方有可能对争议的范围、争端的主题这些问题存在分歧，仲裁庭有义务查明。再加上菲律宾刻意掩盖两国争端的实质，仲裁庭就更应该确定到底两国之间的争端是什么。国际法院在一些案件中要做出争端主题的查明。

例如，在“主权及海洋划界案”（尼加拉瓜v.哥伦比亚）的初步抗辩阶段，尼加拉瓜、哥伦比亚对争议的范围、争端主题存在分歧，因此法院在处理哥伦比亚提出的初步抗辩前就先解决这些问题。[①] 在该案中，尼加拉瓜认为，争端的主题是确定两国之间的单一海洋边界，领土主权并非争议主题，但它却是最终确定海洋范围的必要先决条件。[②] 尼加拉瓜声称，争端涉及到下列问题：1928年条约的效力、因实质违反而终止；1928年条约的解释、尤其涉及到圣安德烈群岛的地理范围；1928年条约排除若干岛屿的后果；两国间的海洋划界。尼加拉瓜认为，最后一项——海洋划界——囊括了所有其他的问题。有鉴于此，海洋地物的主权问题对于海洋划界来说具有附带和先决性质。[③] 而哥伦比亚认为，尼加拉瓜的真正目的是海洋划界而非确定海洋地物的主权归属。[④] 双方的分歧在于，岛礁的主权问题是否属于争端的主题。

---

① Territorial And Maritime Dispute (Nicaragua V. Colombia), preliminary objection, para.33

② Ibid., para.35.

③ Ibid., para.36.

④ Ibid., para.37.

在法院看来，“《1928年条约》和《1930年议定书是否》是否已经妥善地解决了当事国之间存在的与岛屿和海洋地形物主权以及海洋分界线走向相关的争议问题，并不是当事国之间争议的主题，而且此问题在本案的具体情况下，只是一个先决问题。”[①] 而对于哥伦比亚否认海洋地物主权问题属于争端主题的主张，法院注意到，关于海洋地物的主权问题，毕竟一方的主张被另一方明确反对。法院的结论是，构成双方实质性争端的主题首先是领土主权，其次是海洋边界走向。[②]

当然，尼加拉瓜与哥伦比亚之间的领土争端与海洋划界案件不同于菲律宾提起的仲裁。尼加拉瓜明确地提出了基于岛屿主权争端、海洋划界的请求，仅仅在这种争端中才提出“可否实效占有”问题：“尼加拉瓜对Providencia，San Andrés and Santa Catalina及附近岛屿、暗礁拥有主权，而且只要Roncador，Serrana，Serranilla and Quitasueño这些礁石可供实效占有，尼加拉瓜也拥有主权。”[③] 这是国际法院在实质问题阶段处理一些海洋地物可否实效占有问题的背景，也是前提。[④] 法院不能、也不应该孤立地就此问题作出判决。就此而言，可否实效占有的问题是一个主权争端的先决问题和附带问题。

菲律宾的仲裁请求可能同时具有以下性质。首先，菲律宾要在仲裁请求书、诉状中构建出中、菲两国的法律争端，它必须证明菲律宾的权利遭到中国的明确反对，在提出证据的时候，倘若菲律宾诚实地去构建双方的争端到底为何，那它绕不过双方对海洋地物主权存在争端的事实，如果是这样，这类争端就落入了中国的保留范围。

其次，菲律宾在若干仲裁请求仅仅属于中、菲两国间领土争端、海洋划界争端中的先决问题、同时也是附带问题的性质。在“领土主权及海洋划界案”中，国际法院基本认为是否已妥善解决当事国之间存在的

---

① Ibid., para.40.

② Ibid., para.42.

③ Ibid., para.11.

④ Territorial And Maritime Dispute (Nicaragua V. Colombia), judgment, para.25.

与岛屿和海洋地形地物主权以及海洋分界线走向相关的争议问题在该案的具体情况下是一个先决问题。菲律宾请求宣布“南薰礁（Gaven Reef）、西门礁（包括东门礁）是低潮高地，不产生领海、专属经济区或大陆架，但是它们的低潮线可以分别作为测量鸿庥岛、景宏岛领海宽度的基线。”该项请求非常突兀。目前越南占领着鸿庥岛、景宏岛两岛，但中国、越南、菲律宾都对两岛提出了主权要求。采取何种领海基线的权利属于享有领土主权的有关国家，当然其他国家可以质疑，但不能由后者决定采用何种基线。此外，南薰礁、西门礁目前由中国实际控制，而鸿庥岛、景宏岛则由越南占领，菲律宾的这种请求未免是政治上的小伎俩。此外，南薰礁、西门礁到底在确定鸿庥岛、景宏岛领海基线的过程中具有什么样的地位，首先是在解决后者的主权归属的情况下才可能涉及该问题。即便如此，南薰礁、西门礁的法律地位、在确定领海基线中的功能问题，也只有在海洋划界争端中才可能被提出来，属于划界中的先决、附带问题。这个问题属于《海洋法公约》第298条（1）(a）所规定的情形：“任何争端如果必然涉及同时审议与大陆架或岛屿陆地领土的主权或其他权利有关的任何尚未解决的争端，则不应提交这一程序。”

菲律宾的仲裁请求属于领土争端、海洋划界争端中的先决问题、同时也是附带问题，目的仅仅是为了绕开中国的保留。抛开这个背景、前提，那它们事实上只不过是抽象问题。在背后存在主权争端的情形下，仲裁庭就岛、礁的地位之类的抽象问题作出裁决并不适合，因为这样做实际上相当于对岛礁附近的海洋划界问题有管辖权。

总的看，尽管中国对南海的立场是众所周知的，但考虑到中国不接受、不参与菲律宾提起的仲裁，而且菲律宾为了避开中国在《海洋法公约》第298条下所作出的保留而有意地隐匿了两国领土争端的实质，所以仲裁庭应当查明争端的背景、争端事由、范围。尤其是为了构建法律争端，仲裁庭必须查明菲律宾的主张遭到中国的明确反对。仲裁庭在查明争端事由的时候，必须注意双方对若干岛礁的主权存在争端的事实。

其次，仲裁庭应当考虑行使管辖、作出裁决的适当性（propriety）。

抛开主权争端、潜在划界问题的背景、前提，菲律宾提出的岛礁法律地位的问题实际上只不过是抽象问题。在背后存在主权争端的情形下，仲裁庭就岛、礁的地位之类的抽象问题作出裁决并不适合，因为这样做实际上相当于对岛礁附近的海洋划界问题有管辖权。

人工岛屿之国际法定义及分类

吴蔚

[内容提要] 人工岛屿问题一直是国际法学界颇有争议的议题。尤其是随着人类对海域使用的需求的增多，合理合法地应用人工岛屿建造技术显得尤为重要。众所周知，我国在东海南海海域跟周边国家相邻海域有争议，有些是历史遗留问题，有些是基于历史而产生的新问题，这些新的问题主要是关于争议海域人工岛屿及设施的建造，以及如何对争议海域进行有效管控等问题。纵观中国东海和南海争议海域，由于许多争议海域的争议特点是“持续性”和“暂不可解决性”，使得现今国际社会必须面对长期的纷争的现实问题，并在海域归属不明晰的状态下进行海域治理。无论争议海域最后的归属如何，人工岛屿的建造都能对争议海域起到一定的管控作用。在现阶段历史条件下，尽量缓解争议，努力实现对争议海域的管控，才能切实可行地保护海洋权益，才能真正从根源上奠定人工岛屿建造的国家实践基础。本文通过对人工岛屿及天然岛屿，船舶，海上结构设施等相关的概念进行辨析，探讨其法律性质及分类。得出结论是，在争议海域争端尚未解决的历史阶段，我国在争议海域建造人工岛屿是非常必要的。一方面能够促进海洋的可持续发展，增强对争议海域的管控，另一方面可以对争议起到缓解作用，巩固我国现有的主张。另外，对人工岛屿的管辖权的立法缺失，造成了许多有关国际社会和个体的沿海国利益的问题，所幸的是国际法会随着新形势的发展而变化。笔者认为国际社会因此应该通过长期的计划，谈判和善意来建立一个有关人工岛屿建造的国际法制度，让其使用更为合理。

[关键词] 人工岛屿　人工岛屿建造　管辖权　争议海域

[作者简介] 武汉大学边界与海洋研究院讲师，“2011领土与海洋协同创

新中心”研究员，剑桥大学访问学者，剑桥大学国王学院“康河计划”青年研究员，欧盟伊拉斯谟项目学者。

人工岛是人类填海建造的海上生产和生活空间。早在我国明代嘉靖年间就已有建造人工岛的文字记载，古时的人工岛多是为当时渔业、盐业和军事的需要而建造的墩台。随着人类科学技术的进步，现代人工岛用途广泛，可修建深水港、海上机场、海上公园、海上城市，可为近海油气开发、海底矿产开发、水产品加工、废品处理等提供基地，亦可用作为大型火力电站或核电站站址等。在海洋开发领域日益拓展，海域、海岛、海岸资源开发利用强度和密度不断加大，土地资源日益稀缺的背景下，无论是中国还是其他国家，在历经多年由陆向海平推围填海之后，建人工岛的用海方式成为了人类向海要地的另一种选择。近日，中国自主研发的首座深水钻井平台“海洋石油981”在中国西沙群岛海域完成了第一阶段的油气勘探作业，并开始了第二阶段的钻探任务。作为第六代深水半潜式钻井平台中的佼佼者，“海洋石油981”在近期的惊艳表现，也显示着中国深海石油的勘探开发步伐愈加稳健[①]。

国家海洋局为规范和完善人工岛建设用海管理工作，2007年曾下发了《关于加强海上人工岛建设用海管理的意见》，要求沿海各省、自治区、直辖市、各级海洋行政主管部门，一定要高度重视和切实做好人工岛建设用海管理工作，尽量减少人工岛建设对海洋生态环境造成的不良影响，在不断强化管理的同时，进一步总结经验，使人工岛建设用海管理工作更加规范和完善。人工岛建设作为一种围填海用海方式，一直得到国家海洋主管部门的高度重视。2008年，为了加强围填海造地的管理，保护稀缺岸线和近岸海域资源，国家海洋局又下发了《关于改进围填海造地工程平面设计的若干意见》，在此意见中进一步提出了必须尽快转变围填海造地工程设计理念，切实改进围填海造地工程的平面设计方式，

① 刘洪强，“981平台：高大上的‘微型城市’”，人民日报海外版，2014年6月13日第016版。

全面提升围填海造地工程的社会、经济、环境效益，最大限度地减少其对海洋自然岸线、海域功能和海洋生态环境造成的损害，实现科学合理用海。这也为人工岛建设指明了方向。

近年来，中国与周边国家在争议海域的问题，尤其是东海南海海域显得尤为突出。虽然中国早已在外交部声明中全面阐述了严正立场，中国政府将一如既往坚定捍卫主权和领土完整，但是这其中所涵盖的问题，早已不仅是一个主权问题，而是一个日益尖锐的利益冲突。这些冲突主要集中在对石油的控制，对大陆架的争夺，对渔业的管理，还有潜在的军事价值。尤其近十年间，部分国家频繁地进行政治军事活动，进行人工岛屿建造，使得人工岛屿与争议海域的管控问题再度成为国内外学界的焦点。由于人工岛屿的建造涉及国家主权，海洋管辖权，海洋划界，开发和利用海洋自然资源，如果不妥善处理，可能会成为一个新的国际争端和冲突的爆发点，使得人工岛屿问题再次成为学界研究的重中之重。

笔者在结合联合国海洋法公约有关人工岛屿的立法史对人工岛屿的概念进行梳理的时候发现，由于人工岛概念的不确定性和模糊性，联合国海洋法公约对人工岛屿管辖权又缺乏系统地论述，在一定程度上影响了国际社会和沿海国在人工岛屿领域的实际建造和使用。为了更好地促进和保护沿海国在其海域，尤其是争议海域的经济、国防、环境、安全等利益，笔者认为所有沿海国在建造人工岛屿的时候，应该考虑到周边各国的利益，航行自由，以及污染的控制，尤其是使其仅用于和平用途。

本文在联合国海洋法公约的框架下，对人工岛屿、船舶、天然岛屿、设备等概念进行了辨析和梳理。虽然在第三次联合国海洋大会中，人工岛屿的问题被提上重要的议程，最终大会没有给人工岛屿一个明确的定义，亦没有将人工岛屿与天然岛屿进行明确的划分，在这些已有的决议和法条中，可以看到有关人工岛屿的管辖法律机制严重缺失。虽然人工岛屿与船舶以及天然岛屿拥有一些共同的特点，但是，人工岛屿不能等同于船舶或天然岛屿。随着新科技的发展，需要完善对人工岛屿的法律概念和管辖权，才能更好地解决现有的和潜在的涉及人工岛屿的问题。

一、人工岛屿的概念与相关概念之辨析

传统的关于人工岛屿的研究，一般仅限于国家主权在海洋上的延伸，但是对人工岛屿的法律地位作用等问题，仍旧含糊不清。由于之前的人工岛屿科学技术的发展滞后，人们并没有迫切的需求要把联合国海洋法公约中涉及的术语例如“岛屿”“船舶”“离岸装置”“结构”“设备”等与“人工岛屿”进行精确区别。如今的科技发展，国际社会需要为人工岛屿建立一个清晰的国际法概念。本小节旨在比较人工岛屿与其相关概念的区别与联系，来分析人工岛屿的法律性质和地位。

（一）人工岛屿与天然岛屿的比较

关于人工岛屿的概念，既没有出现在1958年的《日内瓦公约》中，也在1982年的《联合国海洋法公约》中找不到对应的条款。尽管没有定义，但从字面上来看，既然是“人工岛屿”则是与“天然岛屿”相区别的，也就是与天然相反的，说明其既不是自然形成的，也不是土壤和岩石等天然结构组成的。有学者认为，是否是以天然结构物构成是区分人工还是天然岛屿的重要标志①。很明显，人工岛是人造的，在国际法历史上，这个词以及它的法律地位从来没有被明确定义过。有时它被视为天然岛屿，例如，按照Gidel认为的，一座人工岛可以被视为一个天然岛屿，只要它们符合下列条件：四面环水;在满潮时露出水面;具有可以让人类居住的自然条件。此外，人工岛屿必须是那些在人类的帮助下，从天然环境，如江心洲转化来的②。

根据海洋法《公约》,“岛”,“是一个自然形成的土地面积，四面环

① Maltese submission to the UN Sea-Bed Committee, op. cit. n. 15; Report on the Removal of Installations in the EEZ by the Committee of the Netherlands branch of the International Law Associ-ation, Report of the Sixty-first ILA Conference (1984), 235.

② Gidel, *Le Droit International Public de la Mer*, Vol. III, Paris, 1934, 684.

水，涨潮时处于水面上”。[①] 这个定义包含了一些重要因素：一块土地，自然形成的四面环水，以及在涨潮的海面之上。这说明了要符合天然岛屿的性质，必须是自然形成的而非人工形成的，在海平面以上的，并且在涨潮时也能显露出来的。但《公约》并不能解释在何种程度上周围环绕着水，在涨潮时在水面上的一块土地，可视为一个岛屿。在各国的惯例中，一些国家在非常广泛的意义上使用“岛”这个词。例如日本，它把“冲之鸟”命名为“shima”（日语中的island），中国使用的是“群岛”（汉语中的archipelagoes）命名的所有这样的区域。在中国南沙群岛（Spratly Islands）被称为南沙群岛。然而，海洋法《公约》在“天然岛屿”的定义上留出了空间作进一步的辩论和讨论，关于岛屿的定义的形成与发展，要追溯到几次联合国海洋法会议对岛屿的定义的历史。

早在1973年，希腊提出一个对岛屿的定义，为“一个自然形成的，被水域环绕的，在涨潮时还高出水面的陆地区域”。[②] 这个定义进一步规定了一个岛屿“构成了其所属国家领域内不可分割的一部分。对该岛屿的领土主权延伸到其领水，岛屿之上的空气空间，领海及其海床和底土，还有供探索和利用其自然资源的大陆架”。此外，岛屿的领海是“依据适用于国家领土陆地部分的领海测量的相同条款来定义的”。相同的定义由希腊在联合国海洋法第三次会议中提出过。[③] 此外，在会议期间，英国拒绝了任何参考不同标准，包括大小、人口、位置、与大陆的距离和政治地位，以将岛屿分成不同种类的想法。[④] 此外，罗马尼亚提请，为

---

① UNCLOS III Art.121.

② Greece: draft article under item 19, Regime of Islands (document A/AC.138/SC.II/L.29 and Corr. 1 and 2 of 26 July 1973), Official Records of the General Assembly, Twenty-Eighth Session, Supplement No. 21 (A/9021), vol. III, annex II, appendix V, text 18.

③ DOALOS, Legislative History of Article 121, p. 31, para 33 (b): Official Records of the Third United Nations Conference on the Law of the Sea, Vol. III (United Nations Publication, Sales No. E.75.V.5), document A/CONF.62/C.2/L.22.

④ DOALOS, Legislative History of Article 121, pp. 66, para 34 (b) (xvi) (b).

大小不足一平方公里的小岛建立独立政权。① 罗马尼亚认为，国家实践、习惯法和国际法律理论证明了有区分小岛和礁石、小岛和岛屿之间区别的必要。② 另外，诸如土耳其等国，提请礁石和低潮高地没有它们自己的领海。③

在联合国海洋法第三次会议期间，由一组非洲国家提请的条文草案试图在岛屿、小岛和礁石之间做出区分。④ 岛屿，即一个“巨大的自然形成的陆地区域”；小岛，即一个“较小的自然形成的陆地区域”；礁石，即一个“自然形成的岩石的低潮高地”。它们都被水域所环绕，且在高潮时高于水面。⑤ 一些代表团认定这些定义相当武断，主张它们没有阐明，一个岛屿在何种程度上类似于小岛，而将区别于岛屿。⑥

在1975年，一个基于在1974年由13个非正式工作论文合成一个单一工作文件而成的单一协商文本被提出。⑦ 1975文本第132（1）条将岛屿定义为“自然形成的陆地区域，被水域所环绕，且在高潮时高于水面”，以及把礁石定义为不能够维持“人类居住或其自身的经济生活”。⑧ 其进一步规定，“领海、毗连区、专属经济区和岛屿的大陆架依据现行适

---

① DOALOS, Legislative History of Article 121, para 33(g), p. 40: Official Records of the Third United Nations Conference on the Law of the Sea, vol III (United Nations publication, Sales No. E.75.V.5), document A/CONF.62/C.2/L.53.

② DOALOS, Legislative History of Article 121, para 33(g)(ii)(a).

③ Article 3(4), Draft Articles submitted by Turkey: Official Records of the Third United Nations Conference on the Law of the Sea, Vol. I (United Nations publication, Sales No. E.75.V.5), document A/CONF.62/C.2/L.55.

④ Algeria, Dahomey, Guinea, Ivory Coast, Liberia, Madagascar, Mali, Mauritania, Morocco, Sierra Leone, Sudan, Tunisia, Upper Volta, Zambia: draft articles on the regime of islands: DOALOS, Legislative History of Article 121, para 33(j) Official Records of the Third United Nations Conference on the Law of the Sea, Vol. II (United Nations publication, Sales No. E.75.V.5), document A/CONF.62/C.2/L.62/Rev.1.

⑤ Ibid, Draft Article 1(1)-(3).

⑥ Trinidad and Tobago, DOALOS, Legislative History of Article 121, para 34 (b)(iv)(d.), 57.

⑦ Document A/CONF.62/C.2/WP.1 published separately: see Official Records of the Third United Nations Conference on the Law of the Sea, vol. III (United Nations publication, Sales no. E.75.V.5), document A/CONF.62/L.8/Rev.1, introduction.

⑧ DOALOS, Legislative History of Article 121, pp. 82-83, para 43, document A/CONF.62/WP.8/part II.

用于其他陆地区域的公约条款来定义”。[①]

这个非正式的单一协商文本是构成1976年3月协商的基础。[②] 事实上该文本没有变动。[③] 对于1977年的协商，该文本也在实质上未有变动。[④] 接下来的几年，针对岛屿的草案条款获得了联合国海洋法会议的认可，且其在实质上仍与之前的内容保持一致。[⑤] 在联合国海洋法会议公开供签字时，即1979到1982年之间，其文本，也就是现在的第121条，没有进一步的改变。[⑥]

最终在联合国海洋法公约第121（1）条表明了构成一个的要素。[⑦] 这个定义减少了将该条款适用到人工岛屿和设施的可能性。而关于人工岛屿和设施，相关针对性的条款是公约的第11、60、80和147（2）条。

笔者认为，之所以国际法上将“人工”和“天然”来区分岛屿，是为了避免人工建造的岛屿与天然岛屿相混淆。虽然日内瓦公约和联合国海洋法公约都将岛屿的要素定义成为“自然形成”，其实，“自然形成”这一表述也是模糊的。因为如果将一块海床进行填海造陆工程而形成的岛屿，不能算是自然形成的[⑧]。在岛屿上的建筑物可以作为岛屿的一部分，但是建筑物不是自然形成的，因此只能算作是岛屿的添附而不能被认定为是岛屿的一部分。

总之，“人工岛屿”一词，从构词法的角度来看，很容易让我们产生

---

① DOALOS, Legislative History of Article 121, p. 83, para 43, document A/CONF.62/WP.8/part II.

② DOALOS, Legislative History of Article 121, p. 83, para 46.

③ Article 128, in document A/CONF.62/WP.8/Rev.1/part II of 6 May 1976.

④ DOALOS, Legislative History of Article 121, p. 87, para 55: the outcome of the work of the team appears in the Informal composite negotiating text, document A/CONF.62/WP.10 of 15 July 1977.

⑤ Ibid, vol. III (United Nations publication, Sales No. e.78.V.4,) document A/CONF.62/62.

⑥ Informal composite negotiating text – revision 1, document A/CONF.62/WP.10/Rev.1 of 28 April 1979; Informal composite negotiating text – revision 2, document A/CONF.62/WP.10/Rev.2 of 11 April 1980; Draft Convention on the Law of the Sea (Informal Text), document A/CONF.62/WP.10/Rev.3 of 22 September 1980; Draft Convention on the Law of the Sea, document A/CONF.62/L.78 of 28 August 1981.

⑦ Nordquist Commentary, Volume VI, para 121.1, 326.

⑧ Roberto Lavalle, Not Quite a sure Thing: The Maritime Areas of Rocks and Low-Tide Elevations Under the UN Law of the Sea Convention, I JMC L, Vol. 19 No 1 March 2004, 58.

误解。笔者认为，即便是借用了“岛屿”这个词，但是“人工岛屿”的实质内涵并不具备任何“岛屿”的法律性质。包括人工岛屿（VLFS）等人工平台在内，只是借用了岛屿的物理概念，并不构成岛屿的法律特征。即使是固定在海床上的海洋平台，还是只能算作是人造海上漂浮结构，属于“人工岛屿”的概念。用于勘探和开发海床为目的的人工装置也不是岛屿。他们既不是“天然形成的”也不是“真正的领土的构成部分”。1951年，约翰逊宣称“一个海洋装置是今天在这明天在那里的”。经不起持久的考验①。即使是钢架结构的人工结构，例如钻井平台，无论是固定的还是移动的，都不具备岛屿的性质②。

（二）人工岛屿与船舶的区别

有关船舶的定义，首先，船舶的法律概念在国际法上，也没有明确的规定。国际法上最早关于船舶的法律概念是借用1927年的莲花案中的“一个特殊性质的可移动的动产”这个概念的③。接着在20世纪50年代，在日内瓦海洋法公约的谈判期间，特别报告员弗朗索瓦先生在国际法委员会上起草的“船舶”的定义为“一种能够穿越大海，而不是大气，为了它的目的而拥有适当的设备和船员“④。然而，这个定义草案最终在1955年被国际法委员会删除。草案中船舶的概念是“船舶是一种能够在海洋里、非海上空间内穿越的设备，拥有一定的装置和船员。”有学者认为这样对船舶定义的限制会造成冲突，鉴于此，联合国海洋法公约也没有给船舶以明确的定义，只定义了“军舰”一词⑤。

纵观包含“船舶”定义的国际条约和公约，不难发现，所有的对船舶的定义都是在为特定的目标服务的。在1973年国际防止船舶污染公约

---

① Clive R. Symmons, The Maritime Zones of Islands in International Law, Martinus Nijhoff Publishers 1979, 25.

② Nikos Papadakis, The International Legal Regime of Artificial Islands, Leyden 1977, 6.

③ Lotus Case（France v. Turkey）1927 PCIJ，Ser. A No. 10.

④ *Yearbook of International Law Commission*, 1955, Vol.1, 10.

⑤ UNCLOS III, Art. 29.

中，将船舶定义为“任何类型的船舶，只要在海洋环境中运行，则为船舶。包括水翼船，气垫船，潜水器，固定或浮动平台。”[①] 这个定义是在1972年的保护海洋禁止倾倒废物与其他物质污染的“1972年伦敦倾倒公约”的基础上发展起来的，只是“1972年的伦敦倾倒公约”中涵盖面更大一些，包含了“水上或空中的任何类型的装置，包括无论是否具备自航能力的气垫船和浮船”[②]。在控制船舶有害防污系统国际公约[③]中，公约控制和管理传播压载水和沉积物，“浮动仓储装置”（浮动油库），以及“浮式生产储卸单位”，都被认定为是船舶。在国际海上生命安全公约[④]中，虽然没有对船舶有明确的定义，但是对用于不同目的的船舶进行了罗列，其中包括客船，货船，游轮，渔船和核动力船舶。联合国海洋法公约也只是提及了不同目的的船舶，例如“科学考察船”“军舰”“渔船”“政府船舶”“商船”和“测量船”。也对其不同目的的船舶的作业范围和领域进行了规约，并没有对船舶有明确的定义，这就给各国的国内法如何定义船舶留有很大的空间，也为将哪种类型的人工岛屿认定为“船舶”留有余地。

从上述概念中能够看出，船舶具备的法律性质除了是船舶本身的设施外，还具备自航能力。以航行为目的，具备自航能力，是船舶的重要特征[⑤]。这些是其区别“人工岛屿”于“船舶”的重要标志性特征之一。

人工岛屿与船舶的概念之间的关联，最早要追溯到国联理事会于1927年公布的一份报告，其中指出，“由人类创造的岛屿并锚定在海底而不是固定连接到海底的，只作为一个稳定的基础，促进航空事业，这种

---

① The International Convention for the Prevention ofPollution from Ships (MARPOL), 1973, Art. 2 (4).

② Convention on the Prevention of Marine Pollution and Dumping of Wastes and Other Matter, 1972.

③ The International Convention on The Control of. Harmful Anti-fouling Systems on ships2001,:AFS.

④ Protocal of 1978 Relating to the International Convention for the Safety of Life at Sea 1974：SOLAS 74/78.

⑤ Esmaeli Hossein, The Legal Regime of Offshore Oil Rigs in International Law, Dartmouth Publications 2001, 22.

虚构的岛屿必须视为在公海航行的船舶”[①]。这里就将公海的人工岛屿等同于船舶的性质。

接着在1992年的赫尔辛基公约第二条第三款中，提出船舶的定义，“船舶是任何在海洋环境作业的船舶，包括水翼船、气垫船、潜艇、浮船以及固定的或移动的人工平台。”似乎与人工平台没有任何区分。还比如联合国大会海洋法公约就对管道和平台进行了区分[②]，但1973年国际防止船舶造成污染公约第二条第四款“船舶”系指在海洋环境中运行的任何类型的船舶，包括水翼船、气垫船、潜水船、浮动船艇和固定的或浮动的工作平台。则是从船舶入手，并将海洋平台定义为船舶[③]。

尤其是随着科技的进步，有很多新型发明的海上结构物并没有在国际法上找到合适的定义或者获得承认。现代科技的人工岛屿，例如移动钻井平台、海洋热能转换船（OTEC）、人工岛屿（VLFS）、以及太阳能岛屿等浮动平台，一方面具有自航能力，另一方面也能固定在海床上。有些国家认为海洋平台的新型发明是人工岛屿；有的国家为了简约，将移动钻井平台认定为船舶[④]；还有些国家认为其性质是自成一类的，这些定义的方式根源上是与他们国家的利益息息相关。

而且这些新型结构物航行和在使用时，他们的功能也是有争议的。如果改变其位置和功能的时候，法律性质会有所改变[⑤]，使得定义起来更为复杂。以钻井平台为例，有些国家认为移动钻井平台为船舶。笔者认为由于钻井平台同那些不具备自航能力的，例如浮气灯标，停泊浮桥等一样，由于其导航方式是推进或其他方式，并不符合船舶的概念[⑥]。

笔者认为，浮动平台虽然具有移动的能力，但是不具备船舶的性

① Committee of Experts, 1927 ; cited in Moten, “Continental Shelf”, 1952, 235.

② UNCLOS III Art.58.

③ Protocol of 1978 Relating to the International Convention for the Prevention of Pollution From Ships 1973：MARPOL 73/78.

④ Ibid.

⑤ John King Gamble, Jr., Law of the Sea: Neglected Issues,Law of the Sea Institute 1978, 277.

⑥ Marine Craft Constructors Ltd. v Erland Blomqvist (Engineers) Ltd.(1953) 1 Lloyd’s Rep 514.

质[①]。理由有三：其一，在浮动平台上作业的工作人员的性质与船员性质显然是不同的；其二，浮动平台的根本属性是漂浮，而船舶的根本属性是航行。也就是说浮动平台虽然具备自航能力，并不是以航行为目的的，因此不能算船舶。其三，在海商法中，人工浮岛与船舶的法律避让[②]等方面有明显的区别，说明两者不是一个概念。

由此可见，如果技术发展，有新型的船舶或者新型的海上结构物，是不能统称之为船舶的。传统的对船舶，海上结构物等定义，会随着更多新型技术的发展和人工岛屿类型的更迭而发生变更，其概念的内涵势必应该得到延伸和扩展，逐渐为世人所接受。

（三）人工岛屿与离岸装置、海洋平台、装置和设备

马普国际法百科全书将人工岛屿定义为在海洋环境的人造物的一系列术语。这些人工岛屿、设施和结构等术语在联合国海洋法公约的60条和80条中提及，主要涉及沿海国在专属经济区和大陆架上对这些设施的权利与义务规约。从1974年到1982年期间，联合国海洋法大会用协商的方式，试图用一系列的术语来对人工岛屿进行阐述，均未获得成功。由于这些术语在联合国大会海洋法并不总是一致地使用。例如，在194条第三款中指“安装和设备，但在209条第二款中表述是“安装，结构和其他设备。笔者认为，离岸装置、海洋平台、设备设施虽然在定义上有所区分，在性质上应该是等同的。但是其与人工岛屿是否能划等号，应该从广义和狭义的两个范畴来分析。

首先，笔者想通过分别研究离岸装置、海洋平台、安装和设备的国际法定义，试图对这些概念的细微差别进行区分。

“离岸装置”，除了1982年联合国海洋法公约之外，1992年的东北大

① H. Meyer, *The Nationality of Ships*, The University of Chicago Press 1967, 15.

② Convention for the Suppression of Unlawful Acts against the Safety of Maritime Navigation (concluded 10 March 1988, entered into force 1 March 1992) 1678 UNTS 201.

西洋保护海洋环境公约[①]的第一条为离岸装置进行了定义，认为“离岸装置是指任何人造结构、建筑、船舶或者类似部件，可以是固定的也可以是浮动的，是以海上活动为目的的”[②]。1982年联合国海洋法公约56条规定了沿海国在专属经济区内的管辖权和义务。沿海国的主权权利包括经济勘探和开采区域，如“水能、洋流能和风能。”[③]海洋法承认海上能源的生产与使用。但是关于“设施”和“结构”在海洋进行勘探和开采的活动并未进行描述。之后开始的项目却包括了海洋的利用，例如能源岛，太阳能岛和风电场。但是只有模糊的法律界定。

“海洋平台”，受到联合国海洋法公约的管辖和限制，例如具有人工岛屿性质的海洋平台不能拥有领海，不能被视为是永久性海港工程，以及沿海国必须承担的环保义务，等等[④]。海上平台与海上浮标和灯塔的区别在于海上平台是具有一定的面积，能够供人类在上面进行长时间的作业[⑤]。有些其他公约把固定海洋平台与人工岛屿规约成一样的法律性质。比如在1988年制止危及固定平台非法行为议定书中就把“固定平台”定义为是永久固定在海床上用于勘探或开采资源或其他经济目的的人工岛屿、装置和结构。海洋平台中，用于开采石油资源而建造的钻井平台，也是值得探讨的问题之一。移动的钻井平台和固定式钻井平台的性质不同。尤其是存在时间长达半世纪以上的固定的钻井平台具有类似人工岛屿的“永久性”特征。有些学者认为岛屿是一定要附着在海床上[⑥]，有学者认为，没有任何的技术的分割线来划分海洋平台、设施、结构和人工

① Article 1 (1) of the 1992 Convention for the Protection of the Marine Environment of the North-East Atlantic (OSPAR).

② Convention for the Protection of the Marine Environment of the North-East Atlantic (OSPAR), adopted 22 September 1992, entry into force 25 March 1998.

③ UNCLOS III Art. 56. (a).

④ George K. Walker, Definitionsfor the 1982 Law of the Sea Convention, CWILJ Volume 36 2006.

⑤ Churchill & Lowe, The Law of the Sea(1983), 36-37,64.

⑥ L. Bouchez, G. Jaenicke and R. Jennings, International Law Aspects of Feasibility Study on the Development of Industrial Islands in the North Sea (1974), cited in the ILA Report, op. cit. n. 73.

岛屿。也有一种概念认定人工岛屿是永久性的，不可移动的[①]。

“设备”，在海洋环境的保护和保全方面是与“装置”一起使用的。[②]但是在联合国海洋法公约中提到的用于海洋勘探和开发的“装置和设备”，以及用于海洋环境的“其他设备”，是有区别的。在牛津字典中，设备的定义是指为特定的目的而设计的，比如机械等。[③]因此从语言学的角度，“设备”是一个术语，在海洋法公约中，则是指的是为用于勘探和开采或其他用途而专门设计的一种机械。此外，“设备”的近义词是发明物，也就是不同于任何其他已知类型的新型设备。“设备”在联合国海洋法公约中，可以理解为是移动的装置，而别的表述是固定的。在关于海洋环境污染的方面，联合国海洋法公约授权沿海国采取法律和法规，防止、减少和控制各方面带来的污染，其中包括“来自船舶、装置、结构和其他设备的污染”[④]。海洋法公约274条还规定了应该给各国提供有关“设备”“机械”“装置”的技术文件[⑤]，这些词都无一例外地与机械是相关联的。

其次是将人工岛屿与离岸装置、海洋平台、安装和设备进行区分。

正因为人工岛屿的法律性质本身有其不确定性，目前，没有任何国际公约和条约对人工岛屿的概念有清晰的界定，笔者认为，如果从狭义的角度来看，人工岛屿与所有永久性海上结构应该是同等的法律性质，因为它们都构成了对海洋的永久性使用。如果一定要将人工岛屿和离岸装置、海洋平台、安装和设备进行区分的话，人工岛屿要比离岸装置要大[⑥]；人工岛屿是可以为任何目的而建，而离岸装置等只能用于勘探和开发，保全和管理自然资源，保护海床和底土，以及用于其他的经济目的。

---

① Bouchez, Jaenicke and Jennings, ibid. National legal systems may nevertheless purport to differentiate these concepts.

② UNCLOS III Art. 145. (a), Art. 194. (c), (d).

③ Oxford Dictionary of Current English, Third Edition, 23 June 2005.

④ UNCLOS III Art.258, 262.

⑤ UNCLOS III Art.274 (b).

⑥ Esmaeli Hossein, The Legal Regime of Offshore Oil rigs in International Law, Dartmouth Publishers 2001, 43

无论是离岸装置、海洋平台、安装和设备都构成了对海域使用的重要部分。由于在海域内进行一项持续很长时间的工程，则被看作是对海域的永久使用[①]，因此只要是人工的或者是人造的，只要有一定的“永久性”，不管是固定的还是浮动的结构，都应该是人工岛屿的性质。进一步得出结论，所有具有人工岛屿性质的海洋平台和设备是等同于人工岛屿性质的。

总之，随着科技的进步，当一些新的技术取代旧技术存在的时候，这些新型技术的产物暂时并没有得到法律上的承认。人工岛屿科技的发展，以及在一定程度上造成对现有法律的冲击，大多数国家一般不会采取行动，除非他们发现此类冲击对自己国家的主权和领土完整构成威胁。另外一部分国家也不会轻举妄动，因为他们对新出现状况的不确定性持谨慎态度。学界对人工岛屿的法律性质的研究，也只能从法学家的学说以及国家实践等非传统的法律评价等的方式进行。对于人工岛屿可能产生的潜在的问题，联合国海洋法公约也并没有给出具体的独立的法律制度来阐述其重要性。一个概念很重要，然而制定一个概念是尤为困难的。即使是对人工岛屿的定义，也是一个相对于特定范围内的立法，不可能找到一个普适性的定义适用所有的情况[②]。国际法学界对人工岛屿的定义由辨析到最终落实，还有很长的路要走。总之现阶段科技条件下的人工岛屿涵盖了诸多人造结构，外延很大，包含了钻井平台等近岸设施[③]。而人工岛屿的用途多元化，例如，漂浮式旅店、海上城市、机场、浮动工厂、离岸装卸港等，也包含了用于勘探和开发资源的海上钻井平台等。虽然人工岛屿和海洋平台（例如固定钻井平台，人工岛屿结构VLFS等）有不同的法律属性，比如管辖权，对污染的管制以及安全问题，都有所

---

① Marlowe J. Blake,Floating Nuclear Power Plants – A “Reasonable use” of the High Sea?, CWILJ,Volum 1, 1978, 194.

② Esmaeli Hossein, The Legal Regime of Offshore Oil Rigs in International Law, Dartmouth Publications 2001, 21.

③ UNCLOS III Art.56,60.

不同。但是笔者认为建造的位置、大小，都不是认定一个平台是否为人工岛屿的根源，安全规则的不同是因为安全环保责任的不同，位置的不同，只是个体的功能的差异，但是本质上，应该是相同的。由此，笔者认为人工岛屿的定义应该是：海洋上的人造结构物，无论是浮体还是固定钢架结构，只要在一定程度上有固定性，能在上面长期作业的，无论用途，都应该认定为是人工岛屿。

二、人工岛屿的功能分类

现有的人工岛屿的多样性给其定义带来了诸多障碍，技术进步的同时也需要法律的进步和完善。本节旨在介绍不同类型的人工岛屿，并不是在做一个详尽的描述，而是试图将纷繁复杂的人工岛屿进行归类，以便更好地了解相关国家实践。但是需要明确的是即使国际法是不断变化的，它也不可能满足通过技术创新而发展的所有不同类型的人工岛屿①。我们能够做的就是解决当前人工岛屿技术的国际法问题的同时，预见未来可能发生的变化。由于在第一小节中，笔者将具有人工岛屿性质的海洋平台，设备都归为广义的人工岛屿，本小节所论述的所有海上结构物、海洋平台、设施和设备都被定义为“人工岛屿”。

传统意义上讲，学者索恩斯（Soons）认为人工岛屿有如下四种类型②。1、浮式结构物，靠锚或其他装置固定在同一个位置上。2、靠桩柱和管道固定在海床上的结构物。

---

① Nikos Papadakis,*The International Legal Regime of Artificial Islands*, Leyden 1977, 4

② Alfred H.A. Soons, Artificial Islands and Installations in International Law, Occasional Paper 22, July 1974.

（一）对争议海域的影响

1、航行

人工岛屿是可以被拖航到指定的海域进行拼接和组装的。其建造和存在都必须尊重沿海国的航行利益[①]。海洋法公约第60（7）条通过规定人工岛屿不能在对“对国际航行至关重要的公认海道的使用”造成干预的地方建造。尽管该条款在原则上仅直接适用于专属经济区和大陆架[②]。事实上，这些“公认的海道”一般是指供国际航行使用的海峡或群岛海道，这要求沿岸国不能在交通管理上耍单边，而应该遵循国际海事组织的要求[③]。同样，如果人工岛屿的建造可能干预国际海事组织所采纳的船舶的路线，沿岸国还应当寻求国际海事组织介入[④]。各沿岸国都无论如何有义务对人工岛屿的建造和存在给予适当的通知[⑤]。这都是对人工岛屿建造提出的要求。不过由于其“人工岛屿”的性质，决定了周围有500米的安全区。这些安全区的建立，会对航线造成一定的影响。所幸的是，人工岛屿和其周围安全区的建立虽然要尊重航行利益，但并不必受制于国际海事组织的批准[⑥]。由于此类人工岛屿的建造，只要履行海洋法公约中的相关沿海国“适当通知”义务即可，这说明，人工岛屿还是能够在争议海域建造的。

不过，值得注意的亮点是，首先基于人工岛屿的规模，此类人工岛屿的建造一旦对重要的国际航行造成阻碍，则会面临移除[⑦]。其次，对人工岛屿对航行造成的潜在风险与海洋安全息息相关，风险评估就显得尤为重要。由于船舶的航行路线会因为人工岛屿的建造而发生改变，可能

---

① 马廷雷：《对自升式移动海洋石油平台拖航作业安全的探讨》，载《今日科苑》2010年第20期。

② UNCLOS III,Art. 22(3)(b).

③ UNCLOS III，Arts 41（4）and 53（9）.

④ Para. 3.12 of the Ships' Routing Provisions.

⑤ UNCLOS III，Arts 24（2）and 60（3）.

⑥ IMO Res. A.671(16).

⑦ UNCLOS III,Art.60(7).

会造成海上交通的状况的拥堵，增加船舶碰撞的危险系数，而任何一种碰撞都会造成人员伤亡，环境损害和经济损失[①]。由此可见，人工岛屿的建造与航行关系是非常紧密的。

2、捕鱼

人工岛屿的建造和使用对于捕鱼来说有两点含义。首先，今后可能在特定区域内不可能实施捕鱼行为。除了人工岛屿的建造，其安全区的存在有影响之外，其建造海域的海洋生物资源会从丰富变得较为稀少。人工岛屿的建造和使用不能严重影响鱼群的规模或条件（产卵地和育苗场所在此处尤为相关）。因此除了在人工岛屿建造的选址上，需要考虑海洋生物资源等因素外，还要考虑到如果一定要在特定海洋生物资源丰富的海域建造的话，应该对沿海国的损失进行补偿。其次，人工岛屿的建设和使用或对渔业有影响。人工岛屿的建造国应该担负起海洋环境的保护和维护相关的义务。沿岸国对其领海、群岛水域和专属经济区内海洋生物资源的开采享有管辖权和主权，这些考量和利益通常能在国家层面得以应对[②]。但是如果人工岛屿的建设和使用的影响延伸到超越一国的海洋区域，牵涉到众多其他国的海洋区域，结果必然是不同的[③]。其建设可能会导致捕鱼配额争议等问题的产生。由此可见，人工岛屿的建造与捕鱼关系是十分密切的。

3、海底电缆与资源开发

海底电缆和输油管是人工岛屿建造和使用将考虑的另一个方面。那些已经铺设就绪的电缆和输油管可能不能应对因建造人工岛屿而带来的压力或者海洋水流的改变，可能导致维持问题或其他不可预料的困难[④]。沿岸国的领海外大陆架上人工岛屿的建造将明显影响到沿海国铺设海底

---

① UNCLOS III,Art.208.

② UNCLOS III,Art. 51(1).

③ UNCLOS III,Art. 194(2).

④ UNCLOS III,Art. 79(2) and (5) .

电缆和输油管的自由[1]。尽管沿岸国不能改变海底电缆和输油管的铺设，但对铺设线路的划定，则应受制于沿岸国家的同意[2]。修改海底电缆和输油管线路以规避人工岛屿也会导致一些困难，其中牵涉到能源安全。中国东海南海争议海域是世界（石油和天然气）资源最丰富的地区之一。这些资源已被发现，并由沿海国家瓜分，人工岛屿的建造，必须充分考虑到该地区的沿海国家或者投资人、外国公司和外国行为人对资源的分配和占有情况。由此可见，人工岛屿的建造与海底电缆和资源开发息息相关。

4、生物养护及环境保护

争议海域人工岛屿的建造牵涉到中国东海和南海的海洋生态系统。尤其是南海，有一个相对封闭的海洋生态系统。如果对自然系统的干扰，使得该地区环境脆弱，由于共同环境的相互依存性，这种有害影响也将蔓延至别的沿海国。人工岛屿的建造有可能危害海平面和海底的植物和动物种类，破坏自然流动。人工岛屿的建造可能引起的海底环境污染，使珊瑚礁以及某些独特的生物资源例如海洋植物、藻类受到严重损害；人工岛屿对延伸到几公里的水域的渗透，水流的方向和岛屿和海岸可能造成危害，大陆架也可能因为人工岛屿的锚定方式而有所破坏；人工岛屿在建造过程中，还会形成的泥浆，污染周围的干净水源，影响生物多样性，甚至改变涨潮流向和低潮流向，影响沿海国海岸线。

综上所述，由于中国东海和南海环境特殊，极易受到影响，在该地区的任何行动都要考虑环境效应。正如前面提到的，沿岸国家按照海洋法公约，可以采取措施，在其水域内建造人工岛屿。人工岛屿的建造，应该是基于充分考虑环境规划和海洋邻国的共同利益的基础之上的。

---

① UNCLOS III,Arts 58(1), 79(1) and 87(l)(c).

② UNCLOS III,Art. 79(2)(3)(4).

（二）针对争议海域可能涉及问题的建议

主要有以下几个方面：

1、沿海国应该通过举行峰会，提出改革措施，为原有的合作公约注入活力，或者重新建立新的公约，因为现有的公约和条约已经无法适应当前因人工岛屿的产生给该地区带来的变化。同时改进现有相关国际组织的法定构成，提高该组织的重要性，并鼓励各国执行法律。该组织与东海南海进行理事合作，以增强该地区各国的统一性。

2、对于该地区各国建立人工岛屿的普遍倾向性，虽然在该地区保护环境措施具有挑战性，但是在该领域的成功将为重要政治和安全领域的合作铺平道路。关于人工岛屿的建造，沿海国应该明确一下几个方针：首先，基于国际法明确的原则，非沿海国国家不得在东海与南海海域建立人工岛屿。其次，建造并持有人工岛的国家应知会该区域各国关于人工岛建设的环境影响，并出台关于消除人工岛对环境伤害的有关计划，一旦环境遭到破坏，应当采必要措施进行弥补。再次，建造人工岛屿的国家不得扰乱国际自由航运。应该考虑东海和南海周边邻国的关切，并且采取措施，消除顾虑。

（三）人工岛屿的建造对争议海域的管控作用

主要表现在以下几个方面：

1、人工岛屿的建造能够加强实际控制，为以后划界起到影响作用。人工岛屿的建造能够对争议海域实施长期有效的控制，这样的控制不仅是争议海域内的，还包括争议海域上空的。从现实的角度来看，这类在争议海域建造的人工岛屿，能够对海域提供守护、补给，甚至能够作为科学观测基地和渔政基地，以扎根的方式来对海域进行实际控制，同时能够开展安全区内的常态化巡航管理，以保护海域的环境和渔业，开展有所作为的海上执法活动，对不符合国际法有关航行自由规定的外国船舶实施驱离，如此能够掌握对争议海域的主动权。从发展的眼光来看，这种持续不断控制地实施行为，能被国际社会认定为是划界的考量因素，符合我国的长远利益。

2、人工岛屿的建造能够对争议海域的资源进行有效的开发和利用，在争议尚存的历史时期，对海域的资源进行有效地开发和利用符合我国目前的国情，也符合党的十八大报告提出的有关建设海洋强国的战略目标。能够真正做到“提高海洋资源开发能力，发展海洋经济，保护海洋生态环境，坚决维护国家海洋权益，建设海洋强国”。人工岛屿的建造，能够在技术上保证我国能在争议海域进行海洋资源开发，对海洋资源进行勘探、开采和利用管理等活动，能够实现海洋资源的有效利用和可持续发展，同时，人工岛屿能够对渔业提供综合保障服务，为渔业生产提供支撑和服务，为渔船提供避风条件，最大限度地减少灾害的发生。总之，这是一个解决当前历史时期争议海域现状的一个较好的“临时措施”。

3、人工岛屿的建造能够完善海洋执法，维护海上安全。目前的中国海监执法船舶，大部分不具备远洋执法能力，除了少数超过千吨的船舶外，大多数都是排水量为数百吨的小型船舶，只能在近海进行执法。在我国东海和南海的争议海域，渔业、资源、石油等争端加剧，护航力度也必须加强。为了能够更好地对较远海域进行维权，人工岛屿能够提供补给和船舶修缮、停靠、船员休息等，能够保证在争议海域进行24小时全天候巡航，对突发事件做出迅速有效地反应。

4、人工岛屿的建造能够对现有的海域争议起到激化或弱化的作用。一方面，人工岛屿的建造这一举动，势必会引起沿海国的强烈反应，会在原有的海洋争端的情况下激化矛盾，对海域的划分，海洋权益保护以及争议岛屿的主权方面，使争端进一步加剧，影响中国与沿海国之间的关系。但从另一个方面来说，人工岛屿的建造能够在国际上展示我国的海洋工程技术的实力，能够让世界看到中国国力的大幅跃升以及国际影响力的日益扩大。由于人工岛屿能够在一定程度上对争议海域实施有效管控，加大执法和维权力度，从而能够制衡各个沿海国在争议海域的势力，继而能够让各个沿海国在争议海域的海洋划界、岛屿归属、资源开发等问题上进行让步和协商。由此可见，人工岛屿的建造本身就是一把双刃剑，其建造和使用对争议海域是利大于弊的，而针对有可能对争议造成激化的事实，也应该建立预警机制，首先通过国际法的协商和谈判把矛盾降到最低。

南海旅游开发中的法律问题解析与对策研究

范健

[内容提要] 南海旅游开发作为南海经济发展与资源利用的重要举措，如何进行科学的系统规划，开展有效的岛屿与旅游资源开发，体现我国对南海的实际控制，是南海问题和平解决的重要议题。其中所涉及的基础设施建设、旅游运输、金融互通及法律保障是本文重点研究的内容，并在此基础上提出积极的法律应对与对策建议。

[关键词] 南海　旅游开发　法律　对策研究

[作者简介] 范健，中国南海研究协同创新中心法律平台长，南京大学历史系教授、博士生导师。

一、我国南海旅游开发的战略意义

（一）南海旅游开发是捍卫南海诸岛国家主权的有效途径之一

南海自古就是中国神圣的领土，是中国人民最早发现，最早命名，最早开发经营，并由中国政府最早进行管辖和行使主权的，中国对南海的主权是不可争辩的。[①] 然而自从20世纪60年代以来，越南、菲律宾、马来西亚、印度尼西亚和文莱等国觊觎我国南海丰富的自然资源，特别是石油资源与优越的区位，开始寻找各种借口并采取派兵抢占等各种手段侵占我国南海岛礁，直接导致南海诸岛中由中国控制的只有 9 个，其中中国大陆控制的有 8 个，台湾占1个，而被越南、菲律宾、马来西亚、印度尼西亚和文莱所占的却已多达45个，与此同时，美国、日本、印度

① 任珂瑶：南海问题上的利益冲突与中国的战略选择［D］，苏从州大学，2011。

三国各怀意图插手中国南海问题。近期越南又通过《越南海洋法》将西沙群岛和南沙群岛纳入所谓越南“主权”和“管辖”范围内，菲律宾也在南沙中业岛建幼儿园，世界已经将南海主权问题推到风口浪尖，中国必须采取有效措施解决这一关键问题，捍卫南海主权。

海洋是人类社会文明发展的摇篮，特别是20世纪90年代以来，世界海洋经济发展迅猛，在国民经济中地位日趋重要，因此各国在海洋领域的竞争也不断加剧，我国南海的作用也日益突出。中国南海拥有以石油为代表的丰富的矿产资源、渔业资源，并且是国际贸易的主航道，经济意义与战略意义显而易见，客观地说，谁掌握了南海的制海权，谁就控制了整个东亚与东南亚的经济命脉，因此南海主权问题对中国来说至关重要。目前，海洋旅游市场发展迅速并已经成为与城市旅游、乡村旅游并列的世界最受旅游者喜爱的三大旅游形式之一。南海诸岛拥有230多个岛、礁、沙、滩，气候宜人，自然人文旅游资源都十分丰富，应以三沙市设立为契机，通过南海旅游开发巩固国防，向世界宣示南海是中国的神圣领土①，通过南海旅游为游客提供身临其境的爱国主义教育，也有利于中国南海其他岛屿问题的解决。

（二）南海旅游开发有利于生态环境的保护

南海是中国唯一的热带海区，旅游资源特色鲜明，旅游市场前景广阔。无论是从捍卫南海主权，保护生态环境，满足人民海洋旅游需求，还是从改善南海军民生活条件等方面来看，南海旅游开发意义十分重大。南海独特的区位、良好的自然环境，较高的旅游资源品位都为旅游开发提供了良好的基础，应以三沙市的设立为契机，大力推动南海旅游发展。应重点开发热带海洋观光、潜水健身、休闲渔业、科普探险、国防教育等旅游产品，并通过建立良好的运作机制与保障体系促进南海旅游开发顺利进行。

---

① 王新越：中国海洋旅游开发探析，中国海洋大学学报，2013年。

我国南海岛礁众多，生态系统具有海岸滩涂、湿地、河口、海岛、珊瑚礁、红树林、上升流及大洋等各种生态系统，并且这些生态系统存在一定脆弱性，一旦被破坏则很难在近期恢复，或者永远不能恢复。由于自然环境的变迁及人类活动的影响导致南海生态环境逐步恶化，主要表现在过度捕捞导致渔业资源衰退、陆源污染促使近岸水体质量下降、填海围垦破坏海洋生态环境。[①] 为了保护南海典型的自然生态系统、自然资源、海洋生物多样性，选择在具有重要意义的滨海岸段或者海岛设立自然保护区，是对南海生态环境进行保护行之有效的重要方法。因此，对南海进行旅游开发必须要在对其生态环境进行积极保护的前提下进行，同时良好的生态环境是旅游开发的基础，也是旅游开发的目标之一，通过旅游开发，尤其是通过生态旅游区的建设，促进南海生态环境与珍稀濒危物种的保护。旅游开发获得的收益也可以为保护区建立与维护提供经济支持，自然保护区良好的生态环境又会促进当地旅游业的繁荣。

（三）南海旅游开发有利于满足我国人民日益增长的海洋旅游需求

南海远离我国大陆，可以使旅游者从心理上彻底摆脱纷繁复杂的世俗，特别对那些长期处于高度紧张工作状态、疲惫奔忙于单调刻板的高楼大厦之中的都市人群也具有极大的吸引力。从2010年开始，中国已经成为全球第三大入境旅游接待国和第四大出境旅游消费国，旅游市场需求旺盛。我国众多出境旅游者都会选择马尔代夫、印尼巴厘岛、泰国普吉岛、美国夏威夷等海岛度假休闲，中国南海旅游资源完全可以与这些世界级海岛旅游目的地相媲美。南海旅游开发可以为打算奔赴国外去体验欣赏美妙海岛风光的中国游客提供一个触手可及的、理想的目的地[②]。

---

① 颜云榕，袁路，安立龙：南海资源利用与生态环境保护存在的问题及对策 [J]，海洋开发与管理，2009，(11)：92—96。

② 王新越：中国海洋旅游开发探析，中国海洋大学学报，2013年。

（四）南海旅游开发有利于改善南海军民生活条件

在南海除了保卫祖国南疆的解放军以外，还有600多名渔民散住在永兴岛、赵述、北岛、鸭公等岛礁上，虽然政府已经给这些渔民免费配装柴油机发电，每月给一定的柴油补助，还可以享受补给船送淡水与食品、医生巡诊等服务，但是从总体上看，这里的基础设施和生活服务还是比较落后。而旅游开发需要为游客提供食、住、行、游、购、娱全方位的服务，与此同时这些服务设施也可以为南海官兵与当地居民提供服务，改善南海艰苦的生活条件。也可以通过南海旅游开发为当地渔民提供更多的就业增收机会，通过为游客服务增加渔民收入，提高渔民生活水平。南海旅游开发也可以带来明显的外部经济效益，推动岛礁公共设施和基础设施开发建设，吸引外来投资，刺激和带动三沙经济发展，进而缩小区域差异，促进南海经济协调发展。

二、南海旅游开发基础分析

（一）三沙市的设立将大力推动南海旅游开发

2012年6月21日，国务院批准设立三沙市，进一步加强我国对西沙群岛、中沙群岛、南沙群岛的岛礁及其海域的行政管理和开发建设，保护南海海洋环境。三沙市是中国政府对西沙、中沙、南沙群岛宣示主权的重大表态，也是国家在南海问题上长期战略考虑的结果，表明了中国政府维护南海诸岛主权的决心。特别是三沙市政府所在地永兴岛，其面积为2km²，是南海诸岛中面积最大的岛屿。岛上热带植物茂盛，主要有麻疯桐、椰子树、羊角树等。永兴岛经过近30年的建设，已经建成邮电局、银行、商店、气象台、海洋站、水产站、仓库、发电站、医院、图书馆、宾馆、饭店等生产和生活设施。其中邮电局既可以办理邮政业务，同时也承担西沙群岛固定、移动电话及3G无线上网服务业务。岛上还建有环岛公路、机场、码头，有班机、轮船通海南岛，开发旅游条件已经成熟，可以作为南海旅游开发的基地。地级三沙市的设立为南海旅游开发搭建了良好的发展平台，推动南海旅游迅速发展[①]。

（二）南海区位优势突出，自然环境优美

世界上著名海洋旅游胜地主要分布在热带，如地中海沿岸的西班牙巴利阿里群岛、马耳他，加勒比沿岸的墨西哥坎昆，美国夏威夷群岛，东南亚泰国普吉岛和印度尼西亚巴厘岛等。我国南海与这些海洋旅游区基本处于相同纬度，具有优越的地理区位条件。南海濒临的台湾、福建、广东、广西四省（自治区）及香港和澳门都是中国经济最发达的东南沿海地区，从地缘上看，这一区域位于华南与西南旅游经济圈、港澳台旅游经济圈、东亚与东南亚旅游经济圈的结合部，同时也是亚太旅游圈的中心地带。[②] 南海不仅在地缘上是亚太地区的海上枢纽，而且气候宜人，日照充足，全年宜游天数在300天以上，自然环境优美，绿树银滩风光如画，不仅是绝佳的避寒胜地，并且一年四季皆适合开展旅游。南海诸岛因距离大陆遥远，主要从事渔业及少量种植业，而使环境几乎没有受到污染；并且因气候条件适宜，植被茂盛，四季常绿，空气中负氧离子含量较高，具有一定的康体作用。我国南海良好的自然环境，独特的热带风光与丰富的“3S”资源完美组合，能够满足游客观光游览、度假休闲、康体健身、科普探险等需求。西南中沙群岛的珊瑚礁地貌是一种特殊的地理景观，其环礁、台礁、塔礁等占据了珊瑚礁地貌的大部分类型。基岩海岸景观别具一格，有峡谷、象柱、象台，或似飞禽走兽，巨石突兀，俨然鬼斧神工的杰作。独特的珊瑚礁地貌是旅游文化的重要组成部分，也是打开珊瑚礁奥秘之门的钥匙。

---

① 王新越：中国海洋旅游开发探析，中国海洋大学学报，2013年。

② 朱坚真，高世昌：南海区域发展海滨旅游构建中国与东盟自由贸易区 [J]，海洋开发与管理，2002，(4)：29—36。

（三）南海旅游资源品位和稀缺程度均较高

我国南海海洋自然旅游资源与人文旅游资源都很丰富，并且资源品位和资源稀缺程度都较高。南海是我国唯一的、真正的热带海区，拥有得天独厚的海洋资源，珊瑚、鱼类、贝类及其他海洋生物不仅类多量大，[①] 可观赏性强，而且具有极高的科学价值，是我国其他海洋旅游区域无法相比的。南海海水颜色有深蓝、淡青、淡绿、杏黄，变幻莫测，让游客不禁感叹自然的神奇与瑰伟。西沙、中沙和南沙群岛绝大部分是由造礁珊瑚所构成的珊瑚礁，为海洋中一类特殊的生态系统，[②] 珊瑚礁本身五彩斑斓，绚丽多彩，尤其是红色珊瑚在海洋中格外引人注目，而在我国其他海域大部分只有白色珊瑚分布，因此在南海开发海底观光旅游项目优势格外突出。此外，在珊瑚礁水域蕴藏着丰富的鱼类资源，名贵鱼类即达数十种，也是渔业开发的良好区域。各色珊瑚碎片与形态各异的贝壳装点的白色沙滩是每个孩子梦想的天堂。南海不仅有珊瑚礁、红树林等丰富的海洋生态系统，还有文昌鱼、中华白海豚等稀有动物，其吸引力独特，旅游开发潜力巨大。在南海诸岛上还栖息着种类众多的鸟类，其中西沙群岛鸟类最多，在西沙热带海洋动物保护区栖息的鸟类有40多种、6万多只，可以满足人们与鸟类亲近的梦想。西沙诸岛上植物茂盛，有椰树、美人蕉、黄金梅，徜徉在绿树成荫的海边，抬头看空中翱翔的飞鸟，俯首见水里悠游的鱼群，尽享人生乐趣。西南中沙海域良好的自然生态环境，繁育着数量丰富而又珍贵的水产品，不仅有食用、药用价值很高的海藻等海岛植物资源，而且生长着经济价值很高的热带鱼类、贝类等各种海洋动物200多种。岛屿礁缘、礁坪浅水区和潟湖里盛产的刺参、螺贝、海胆、海蜇、砗磲、龙虾和各种各样的鱼、虾、蟹等海产是最为名贵的海洋珍品，也是营养价值和医疗价值极高的上等美味佳肴，

---

① 张莉，中国南海发展滨海生态旅游的思考 [J]，生态经济，2002，(11)：75—77。

② 陈国宝，李永振，陈新军，南海主要珊瑚礁水域的鱼类物种多样性研究 [J]，生物多样性，2007，(4)：373—381。

游人到此可以大饱口福。而艳丽异常的鹿角珊瑚则是天然精美的艺术品，为中外游客所青睐。

总之，南海开发旅游具有区位优越、气候宜人、旅游资源品位高、稀缺度强等突出优势，完全可以与世界一流的海洋旅游胜地相媲美。适合开发热带海洋观光、新婚蜜月、休闲度假、潜水健身、生态旅游、科普探险、国防教育等旅游市场。通过旅游产业集聚，推动交通业、餐饮业、住宿业、出售旅游装备和生活用品的商品零售业等其他与旅游相关产业发展及城市基础设施建设，使旅游业发展成为当地经济的支柱产业。

三、南海旅游开发的运作机制

（一）南海旅游开发协调机构的建立

开发南海旅游是一个系统工程，需要各部门的协调与配合，需要建立专门的南海旅游开发协调机构，开发初期可以以三沙市旅游局为依托建立南海旅游发展规划与管理中心，就旅游开发遇到的各种问题进行协调解决，制定南海旅游开发系统规划。

（二）南海旅游开发的市场运作与招商引资

为确保南海旅游的有序开发，取得社会、经济和生态保护的多重效益，借鉴马尔代夫的做法，可由政府授予某个旅游开发公司一定时限的特许权和经营权。获得经营权的旅游开发公司必须具备一定的经济实力与旅游开发与经营能力[①]，在政府主管部门的宏观指导下，开发和经营某一岛礁或者某一旅游产品。

（三）南海旅游产品促销与宣传

树立独具特色、形象鲜明的南海旅游形象，创建“魅力南海”旅游

① 王新越：中国海洋旅游开发探析，中国海洋大学学报，2013年。

品牌，联合营销。运用报刊、杂志、报纸、网络、电视台、广播等形式宣传南海旅游品牌。通过国际旅游交易会、国际旅游博览会、旅游产品推介会，印发各种宣传资源、画册，拍摄并播放南海旅游电视、电影作品等形式，向国内国外广泛宣传南海旅游资源的优势与特色。联合福建、广东、广西、海南及香港和澳门对南海旅游进行开发，整体营销旅游产品。

（四）南海旅游开发过程中的政府作用

旅游业的发展与国家政策导向密切相关，旅游业的发展也将成为地方经济发展的重要增长点。政府应在遵守市场规律的前提下，制定扶持旅游产业发展的相关政策，提供公共性服务，协调好旅游产业发展与其他产业发展的关系，为旅游开发创造良好的环境保障。南海旅游开发起步较晚，更需要国家、省、地方各层次的大力支持。相关政策的制定与执行必将有效推进南海旅游开发的顺利进行。

四、南海旅游开发的保障体系

（一）旅游信息服务

随着旅游消费者获取旅游信息方式的转变，越来越多的旅游者倾向于通过网络获得与旅游相关的大量信息。此外，自驾游、背包旅游的兴起，以及旅游者受教育程度的提高共同推动了中国旅游信息服务系统的迅速发展。面临这样的国内国际环境，构建中国南海旅游信息服务系统平台势在必行。通过这个平台，加强旅游信息沟通，将交通、景点、旅游产品等纳入南海旅游网，为游客提供旅游产品介绍、查询、预订等多种功能的服务。

（二）旅游安全保障

旅游活动需要在安全的前提下进行，旅游产业、旅游安全管理体系的完善是旅游业可持续发展的重要保障。因此，南海旅游开发必须建立南海旅游公共安全保障机构，负责对旅游安全进行管理及为突发事件确立应急预案，完善旅游紧急救援服务与旅游保险体系，增强南海旅游抵御各种风险的能力。

（三）旅游基础设施

基础设施的建立与完善是南海旅游开发必须首先突破的难题，必须构建海空交通网络，实现游客畅通往来。国家海洋局已经同意在西沙晋卿岛建立综合补给基地码头。南海海域综合补给基地码头项目也已经在论证中。西沙和南沙补给基地码头建成，可为南海旅游和渔业开发提供良好的交通保障。开发旅游的岛礁之间与岛礁内部的交通也应逐步完善。此外，淡水供应、污水处理、供电、通信等设施应迅速建立以满足旅游发展的需要。[①]

（四）健全旅游法律法规

旅游业的持续、健康、快速发展需要健全的旅游法律法规作保障。对中国南海这一广阔海域进行旅游开发，亟需出台旅游法律法规对旅游开发商、旅游经营者、旅游从业人员、旅游者的义务与权力进行规范。

（五）完善旅游人才培养体系

南海旅游开发需要大量专业人才，完善的旅游专业人才体系是南海旅游可持续发展的重要保障，可以通过引进旅游专业人才，开设旅游职业培训班，建立旅游学校、旅游院校等多种渠道逐步建立。[②]

---

① 夏林根：西沙群岛旅游开发研究 [J]，桂林旅游高等专科学校学报，2000，(1)：63—69。

② 王新越，张广海，宋珊珊，谢思环：中国南海旅游开发探析[J]，中国海洋大学学报（社会科学版），2013，(1)。

五、法律法规梳理与分析

目前，我国有关海洋旅游资源的法律体系还不完善。综合性的海洋资源法律法规的缺失使得海洋旅游资源的开发很容易进入一种无序、混乱的局面，不但造成的人力、物力和财力的浪费，也对海洋旅游资源造成了巨大的损害。目前的突出问题是：

海洋旅游资源优化配置体系不合理，缺乏整体性和综合性。在开发海洋旅游资源的过程中需要一套综合全面的开发规划，使得各个部门可以相互协调，合理分配和开发海洋旅游资源，形成相辅相成的资源共同体，促进各方面的平衡发展。然而，现阶段由于很多海洋部门对海洋旅游资源缺乏综合管理意识，没有形成总体规划，信息交流不足导致资源的闲置和浪费，甚至是破坏。

海洋旅游产品开发不足，多受限于传统的海洋旅游项目。海洋旅游产品一般可以分为海洋观光旅游、海洋度假旅游、水上游乐活动、探险等特色旅游等，但是就目前来说，海洋旅游项目的还相对单调，大部分集中于观光、游泳、沙滩活动等简单活动。因此，海洋旅游迫切需要产品创新以满足各种不同层次的海洋旅游需求。

海洋旅游资源的污染严重。对海洋旅游资源的污染主要分为对海洋自然旅游资源、海洋历史遗迹、海洋文化资源三大类污染损害，这些污染主要来自于工业污染、农业污染、服务业污染、生活污染等方面，其中工业污水、工业废气、油田溢油、农药化肥污染等传统污染源的影响作用较大。而在经济高速发展的背景下，旅游垃圾、旅游设施污染以及生活垃圾等污染也日益成为主要的海洋旅游资源污染源。分析污染原因可知有部分因素是归结于风暴、海啸等自然灾害，然而更大一部分是由于缺乏管理、过度开发等人为因素。

有关海洋旅游资源的法律体系还不完善。综合性的海洋资源法律法规的缺失使得海洋旅游资源的开发很容易进入一种无序、混乱的局面，不但造成的人力、物力和财力的浪费，也对海洋旅游资源造成了巨大的损害[①]。

海洋旅游业与其他产业的合作不协调。海上资源的开发离不开陆上产业的支持，而与陆上资源的对接不充分，不能利用陆上资源的现有优势，也限制了海上资源的辐射效应，也阻碍了海陆协调发展的整体规划和思路。制定合理、完整、全面的海洋旅游资源开发规划，形成完善的开发原则和指导思路。不论是对何种资源的开发利用，首先都要遵循一定的原则和指导思路，对海洋旅游资源这类一旦开发就要投入大量人力、财力和物力，并且难以重整或修复的重要资源来说更要在一个思路清晰、合理经济、综合全面的规划下进行有序合理的开发和利用。

六、对策研究与应对分析

针对以上问题，对海洋旅游资源的开发原则可以总结为以下四点：一是保护生态环境原则，即在开发中坚持以保护为主；二是市场导向原则，即根据市场需求和预测对资源进行开发和利用；三是综合整体开发原则，即综合利用各种资源以尽量满足体验者各类需求；四是突出特色原则，即各地区的开发要结合各地实际，形成有特色的风格和形象。

充分与陆上产业相互合作，重视海洋旅游产业的开拓。坚持海陆一体化的原则，加强与陆域产业的互动联系，利用陆域资源优势，形成综合平衡发展。同时，重视实施旅游管理业的集团化、专业化和市场化转变，不断开拓和发展海洋旅游景区、交通产业、海洋旅游旅行社、海洋旅游餐饮业等海洋旅游核心产业，以及加强与社会服务、金融保险等关联产业的结合，形成较为完善的海洋旅游产业体系，实现海洋旅游业的综合发展。

旅游业的发展与国家政策导向密切相关，旅游业的发展也将成为地

---

① 王新越：中国海洋旅游开发探析，中国海洋大学学报，2013年。

方经济发展的重要增长点。政府应在遵守市场规律的前提下，制定扶持旅游产业发展的相关政策、提供公共性服务、协调好旅游产业发展与其他产业发展的关系，为旅游开发创造良好的环境保障。南海旅游开发起步较晚，更需要国家、省、地方各层次的大力支持。相关政策的制定与执行必将有效推进南海旅游开发的顺利进行。

加快海洋资源的立法进程，完善海洋资源法律体系。建立完整的海洋资源法律体系有利于海洋旅游资源的可持续开发，有利于提高海洋资源管理的效率，有利于形成海洋旅游资源开发的激励机制，有利于处理海洋旅游资源与海洋生态环境和海洋旅游经济之间的互动关系，从而更好地构建海洋旅游资源开发体系①。

滨海旅游发展应建立健全滨海环境保护法规，具体而言之：给采取环保措施和污染控制的企业或个人，提供直接的经济补贴和减免税收等激励政策，禁止工厂向滨海直接排污；征收能源资源使用费，减少交通工具对滨海环境污染；收取污染治理费；利用价格调节滨海旅游区的旅客规模，平衡淡旺季游客数量；建立滨海旅游区资源税，实行不同税率，限制对生态旅游区的集中过度开发②。

随着旅游消费者获取旅游信息方式的转变，构建中国南海旅游信息服务系统平台势在必行。基础设施的建立与完善是南海旅游开发必须首先突破的难题，必须构建海空交通网络，实现游客畅通往来。西沙和南沙补给基地码头建成，可为南海旅游和渔业开发提供良好的交通保障。

旅游活动需要在安全的前提下进行，旅游产业、旅游安全管理体系的完善是旅游业可持续发展的重要保障。因此，南海旅游开发必须建立南海旅游公共安全保障机构，负责对旅游安全进行管理及为突发事件确立应急预案，完善旅游紧急救援服务与旅游保险体系，增强南海旅游抵御各种风险的能力。

---

① 唐梦雪：我国海洋旅游资源开发现状问题与对策，物流工程与管理，2012年。

② 林宝民：厦门海滨生态旅游开发，福建师范大学学位论文，2005年。

旅游业的持续、健康、快速发展需要健全的旅游法律法规作保障。对中国南海这一广阔海域进行旅游开发，亟需出台旅游法律法规对旅游开发商、旅游经营者、旅游从业人员、旅游者的义务与权力进行规范。

南海旅游开发需要大量专业人才，完善的旅游专业人才体系是南海旅游可持续发展的重要保障，可以通过引进旅游专业人才，开设旅游职业培训班，建立旅游学校、旅游院校等多种渠道逐步建立。

对于海洋旅游环境资源的保护，政府部门加强对海洋环境和资源保护的宣传教育，在全社会树立起海洋环保意识；立法部门进一步完善健全海洋污染损害预防控制及索赔的法律制度；执法部门严格对海洋环境污染损害进行监控和加强执法力度，发现污染损害行为必须及时处理执行、严加惩罚；成立专门的管理机构，制定一贯的经济与社会政策，才能有效保护海洋旅游地区环境。

南海旅游发展就具体法律适用而言，首先，应仿效我国土地使用权制度，由国家海洋行政管理部门行使管理南海岛屿的类别确认、类别变更等工作，探明岛屿相关旅游资源，明确主权归属。其次，制定完善南海旅游法律体系，诸如制定南海旅游人身保险制度、旅游危机预防机制等相关法律，为南海旅游开发提供有效的法律支持。最后，坚持可持续发展理念，建立完善海洋旅游资源环境保护制度，制定相关的南海生态旅游法律法规，最终实现南海生态旅游和谐科学发展。

《联合国海洋法公约》强制性争端解决机制例外性规定的研究

——《公约》298条1（a）款解释适用问题和中菲仲裁案

林蓁

[内容提要] 《联合国海洋法公约》引入了强制性争端解决机制，保证《公约》大量新的规则可以得到施行。作为一个一揽子交易，《公约》不允许保留，但由于某些争端的特殊性，不适合强制性争端解决机制的适用，《公约》298条对强制性争端解决机制作出了例外性规定。298条的解释和应用，尤其是其1（a）款的解释将直接关系中菲仲裁的结果，而其结果又会对298条的未来解释和适用产生深远的影响。

[关键词] 《联合国海洋法公约》298条1（a）款的解释和适用问题　强制性争端解决机制　中菲仲裁案

[作者简介] 林蓁，厦门大学南海研究院助理教授，博士。

2013年1月22日，菲律宾将和我国在南海存在的争端提交仲裁。2月19日，我国政府决定不应诉，并随即表明不接受仲裁任何决定。2014年3月30日，菲律宾向仲裁庭提交了其完整诉状。我国因为不应诉，将彻底缺席整个诉讼过程[①]。政府立场鲜明，学界对此意见却并不统一。唯有一点可以肯定，在此关键时刻，学者应踊跃发声，代为政府厘清我国不应诉之理由，对方要求之荒谬，以正视听。

在对菲仲裁案上，前辈先进已经有极其精彩论述，笔者毋庸赘言。笔者更多地想从《联合国海洋法公约》298条的解释应用出发，以及和本

---

① http://pca-cpa.org/showpage.asp?pag_id=1529，2014年5月9日访问。

案的相互影响入手，希望能稍稍从不同角度展开论述。298条的解释和应用，尤其是其1（a）款的解释将直接关系本案的结果，而本案结果又会对298条的未来解释和适用产生深远的影响。所以，关于本案的管辖权问题，仲裁庭理应慎之又慎，因为这不仅仅关系到未来整个南海局势的问题，更会对整个《联合国海洋法公约》所建立的强制性争端解决机制产生影响。无论结果如何，本案的裁决都会成为298条适用的重要先例。

值得注意的是，在习惯国际法上并无强制性争端解决机制的问题，国家并无义务将其与他国的争端提交国际法院或仲裁。恰恰相反，在缺乏国家明确的意思表示的情况下，法院和仲裁庭很难建立其管辖权。而《联合国海洋法公约》引入了强制性争端解决机制，保证《公约》大量新的规则可以得到施行。但同时也应当注意到，这种强制性争端解决机制只是《公约》所创立的条约义务，而非习惯法上的义务。作为一个一揽子交易，《公约》不允许保留，但由于某些争端的特殊性，不适合强制性争端解决机制的适用，《公约》298条对强制性争端解决机制作出了例外性规定。

《公约》在制定时，为了争取最大程度的支持，不得不作出一系列的妥协。可以说，《公约》本身充满各种利益的妥协和交换。而为了确立强制性争端解决机制，适当作出例外性的规定，容许国家在关乎核心利益的争端中排除强制性争端解决机制，是完全合理的，这种安排本身不构成对《公约》强制管辖制度的抵消，而反而是从实际出发，最大程度保留这一制度而做出的安排，否则，《公约》这一新建立的制度必会因为过多国家的反对而瓦解。

298条1（a）款制定过程一直伴随着巨大的争议和不断的妥协，历经数次重大的修改才呈现出如今的样子，而为了正确诠释298条1（a）款的含义，笔者认为有必要对其制定过程和数个版本进行一个回顾。

一、298条1（a）款的立法过程和版本异同

298条1（a）款最初的版本里，是如此规定的，“一国可以宣布不接受《公约》对以下争端的强制性争端解决机制：相邻国家之间关于海洋划界或者历史性海湾或者历史性权利的争端，只要该国同时指明其接受的区域或其他裁判有【或没有】拘束力的第三方程序对相应争端的管辖”。[①]

而在1979年第二个重要的版本中[②]，相关条款增加了“海洋相向的国家”的规定，但最重要的改变无疑是中括号里的文字删除了[③]，其结果是一国拒绝〈公约〉第十五部分第二节的裁判有拘束力的程序对某些争端的管辖的前提是它同意选择另一裁判有拘束力的程序来解决相应的争端[④]，这一修订引发了巨大的争议。与会的代表团的意见出现了两极分化，赞成修订和反对的各占一半[⑤]。赞同的认为因《公约》适用产生的所有争端都不能排除裁判有拘束力的强制程序的管辖；反对的理由则同样充分，作为第十五部分第二节的例外性规定，如果保留“具有拘束力”，则该条的存在意义就受到了极大削弱。

之后的ICNT则对本条做出了较大的调整：“只要该国，在争端产生的时候指明接受区域或其他裁判具有拘束力的第三方程序对此类争端的管辖，但应以争端各方都可以诉诸的程序为限，而该程序不能就关于大

---

① SD.Gp/2nd Session/No.1/Rev.5(1975,mimeo) art.17, A/CONF.62/Background Paper1(1976,miemo), Art.17(Co-chairmen, SD.Gp), XII Platzoder108, 194, 另见M.H. Nordquist, S. Rosenne, L. B. Sohn, *United Nations Convention of Law of the Sea, 1982: A Commentary,* vol. V, Center for Oceans Law and Policy, Virginia, Kluwer Law, the Hague, 2002, p. 110.

② A/CONF.62/WP.9/Rev.2(RSNT, Part IV, 1976) Art. 18, VI Off. Rec., 144, 148 (President), M.H. Nordquist, S. Rosenne, L. B. Sohn, *United Nations Convention of Law of the Sea, 1982: A Commentary,* vol. V, *op.cit.*, p.111.

③ *Ibid.*, p.112.

④ *Ibid.*, p.117.

⑤ *Ibid.*, p.112.

陆或岛屿领土主权或其他权利的任何争端做出裁决。”[①]

由于双方意见始终没法达成一致，“具有拘束力”依然得到了保留[②]。但对此也作出了限定，该“裁判具有拘束力的程序”必须是可以接受争端各方的诉讼请求的程序，不能将一方排除在外的程序，这样当然是合理的，例如争端一方将与区域外一国的争端提交至某一仅仅接受区域内国家诉讼请求的区域内程序，那么显然是不合理的。

而ICNT对于本条最大的调整就是允许国家整体排除第十五部分第二节对于领土主权相关的争端的管辖权。这一修改合情合理。《公约》本身不涉及领土争端，所以应当允许国家整体排除强制程序对此类争端的管辖。在第三次联合国海洋法大会时，许多国家担忧别国借海洋划界的名义将领土争端提交强制程序[③]，所以对298条特别做出安排，允许国家通过声明排除强制程序对此类争端的管辖。

正如之前提及，此时的争议焦点还是是否应该允许系统整体地排除第十五部分第二节的裁判有拘束力的程序对海洋划界和关于历史性权利的争端的适用。[④]很多国家认为只能通过谈判协商的方式进行划界，只有在当事国一致同意的情况下，才能将相应的争端提交第十五部分第二节规定的裁判有拘束力的强制程序，持此观点的国家包括前苏联、阿根廷和土耳其[⑤]。另一方面，别的国家则支持裁判有拘束力的程序应不加区分地适用于所有由《公约》适用而产生的争端，保证《公约》的有效实行，持此种意见的国家有阿尔及利亚、希腊、哥伦比亚、日本、韩国、智利、西班牙及塞普路斯等[⑥]。由于难以让两方达成合意，ICNT的第二版修改稿对此又作出了重大修订，引入了强制调解的概念。

---

① A/CONF.62/WP. 10 (ICNT, 1977), Art.297, VIII Off. Rec., 1, 48, M.H. Nordquist, S. Rosenne, L. B. Sohn, *United Nations Convention of Law of the Sea, 1982: A Commentary,* vol. V, *Ibid.*, p.113.

② M.H. Nordquist, S. Rosenne, L. B. Sohn, *United Nations Convention of Law of the Sea, 1982: A Commentary,* vol. V, *Ibid.*, p.112.

③ *Ibid.*, p.117.

④ *Ibid.*, p.118.

⑤ *Ibid.*, p.118.

⑥ *Ibid.*, p.118.

“一国可以宣布，对于以下争端的一类或者几类，不接受第十五部分第二节规定的一种或几种程序：关于划定海洋边界的第十五条、第七十四条、第八十三条的解释或适用上的争端，或涉及历史性海湾或历史性权利的争端。但如此类争端发生在本公约生效之后，经争端各方谈判仍未能在合理期间内达成协议，经争端任何一方请求，做出声明的国家应同意将争端提交附件五所规定的调解。如此类争端必然牵涉未解决的大陆或岛屿领土主权或其他权利的争端，则不应提交调解。“①

如前所述，各国在有关于海洋划界，历史性权利的争端，是否应适用第十五部分第二节的程序存在着巨大的分歧。为争取最大程度的支持，修订者不得不寻求一个让双方都可以接受的方案，而强制调解的引入无疑是这样一个折中的方案。认为不应对强制性争端解决机制做出例外性安排的国家，例如德国，认为强制调解的规定虽然不尽如人意，也算勉强可以接受。② 而前苏联和阿根廷、索马里等国，旗帜鲜明地表明海洋划界只能通过谈判协商的方式达成。但这些国家都表示基于“强制调解”的概念是与会代表团妥协的产物，也得到了广泛支持，则其代表团不再反对。③

至于新增的关于《公约》生效前的争端的规定，成为了各国代表争议的新焦点。首先，根据新版本的规定，一国可以系统地排除强制程序对所有发生在《公约》生效之前的关于海洋划界和历史性权利的争端，如此类争端产生在《公约》生效前，在争端一方就298条1（a）款做出了声明的情况下，即使争端各方在合理期限内谈判没有达成合意，争端一方也无法单方面启动强制调解程序。此前，很多国家担心随着《公约》新规则的建立，一些国家会要求重新谈判一些已经解决的争端，将不可

① A/CONF.62/WP. 10/Rev.2(ICNT/Rev.2, 1980, miemo), Art. 298, II, Plaztoder, 3, 123, 124, 另见M.H. Nordquist, S. Rosenne, L. B. Sohn, *United Nations Convention of Law of the Sea, 1982: A Commentary,* vol. V, *Ibid.*, p.124.

② M.H. Nordquist, S. Rosenne, L. B. Sohn, *United Nations Convention of Law of the Sea, 1982: A Commentary,* vol. V, *Ibid.*, p.129.

③ *Ibid.*, p. 130.

避免地动摇现有的国际秩序。[①] 当然，也有国家持反对意见，认为排除强制程序对“过去”争端的适用难以找到足够的理由支撑，这些国家显然更加倾向于最大限度地保证强制程序适用于所有争端，而尽可能将例外性规定降到最低。其背后的考量当然是认为只有裁判有拘束力的强制程序才是得以保证《公约》的大量新规定得以执行，抱有相同想法的有智利、马耳他、巴基斯坦、阿联酋及荷兰，等等[②]。当然，由最后的结果来看，前一种意见占了上风，得到了采纳，就国际司法实践来看，这也是更为合理的选择。例如，各国可以就国际法院的任意强制管辖作出保留声明，排除国际法院对某个时间点之前的争端的管辖权，至于如何解释这一“某一时间点之前”，国家实践也提供一项参考。“某一时间点之前”的争端包含了“某一时间点之前发生”的争端，但并不局限于此。如果某一争端发生在特定的时间点后，但如果这一争端和这个时间点前的某一事实紧密相连，则该争端也应视为被国家的声明排除在相应程序的管辖外[③]。但是，《联合国海洋法公约》的规定却不同，《公约》明确规定了“公约生效前产生的争端”，那么在这种情况下，在公约生效后产生的争端，即使是之前某一事实造成的，或者是之前事实的延续，也不能包含在内。

总体来说，298条1（a）款允许各国就关于其核心利益的争端，排除《公约》强制性争端解决机制的适用，这些争端主要包括海洋划界的争端和有关历史性权利的争端，前者是《公约》规定的重点，《公约》为此制定了大量的新规则，然而此类争端往往和一国的主权紧密相联，在第三次联合国海洋法大会时，国际法上并不存在一条普遍规则，要求任何一个国家将其有关海洋划界的争端提交任何裁判有拘束力的程序[④]。如果一国不表明接受特定程序的管辖，那么该程序的管辖权是不能推定的。在

① *Ibid.*, p. 124.

② *Ibid.*, p. 127-129.

③ *Ibid.*, p. 118-119.

④ *Ibid.*, p. 123.

这种背景下通过的《联合国海洋法公约》如果不允许国家排除第十五部分第二节程序对有关海洋划界的争端的适用，势必难以得到与会各国的赞同。而对于后者，《公约》已经尽量避免探讨这个问题，而更倾向于把历史性权利的问题留待习惯法解决，那么一国通过声明排除《公约》第十五部分第二节所规定的程序对此类争端的管辖权，也顺理成章。

而根据298条1（a）款，诸多法学家认为几类争端是可以系统地、整体地，被排除在第十五部分第二节所规定的程序的管辖之外的。即使争端各方在合理期限内没有达成协议，也不能适用附件五第二节规定的强制调解：1．必然牵涉未解决的领土主权争议的争端；2．在《公约》生效前产生的争端；3．争端各方已经以一项安排解决的争端；4．应按对争端各方有拘束力的协议加以解决的争端。[①]

笔者之前已经简要分析了第一和第二类争端，这里将简要探讨第三第四类争端。对第三第四类争端的排除，无疑是对争端各方意志的尊重。如果各国能够达成双边或多边协议来解决他们之间的争端，那么第十五部分第二节显然是无用武之地的。尤其是第四类争端，即使双方还未就具体争端达成一致，但如果争端方通过对双方有拘束力的协议来决定争端解决，此种情况下，则应以双方选择的方式来解决两者之间的争端。虽然《公约》未就双方选择的方式是否必须是裁判有拘束力的程序作出规定，但普遍的解释是为了尊重双方在选择争端解决方式上充分的自由，应当认为双方可以约定以任何和平的方式来解决争端[②]。笔者也完全赞同这一观点。不过前提是达成对争端双方有拘束力的协议，如双方签订的是一项政治文件，只产生道德上的压力，则不能归于此类。

总体来说，公约承认某些争端具有特殊性，包括涉及领土主权，海洋划界和历史权利的争端。虽然，公约未能像苏联等国所建议那样，承认此类争端只能通过谈判的方式解决，但仍从某种程度上承认了在习惯

---

① *Ibid.*, p. 133.

② *Ibid.*, p. 134.

法上，一国并无将此类争端提交任何导致有拘束力裁判的第三方程序的义务。公约明确规定缔约国对公约不得作出保留或例外，除非公约其他条款明示许可[①]。而298条无疑属于这样的条款。作为强制争端解决机制的例外性规定，298条明确规定缔约国可排除强制性争端解决机制对某些特殊争端的适用。法国国际法学权威Alain Pellet教授认为缔约国就298条做出的声明实质就是对公约第十五部分第二节做出的保留，而且是为公约309条所允许的合法有效的保留[②]。

实际上，无论从298条制定的过程还是从各国随后的实践来看，很多国家都在极力避免涉及自身的相关争端被提交任何导致有拘束力裁判的第三方程序。

二、相关国家实践和判例

简要回顾了298条的立法过程，笔者依循《维也纳条约法公约》的脉络，接下来将简要探讨一下有关298条的国家实践和相关判例。遗憾的是，如开头所述，国家关于《公约》298条的实践相对稀少，尽管很多国家都就298条作出了声明，但司法实践中引用298条的国家却很少。

（一）国家实践

根据资料统计，至今已经有35个国家就298条作出了声明[③]。而其中就298条1（a）款作出声明的有25个，这些国家都排除了第十五部分第二节程序对海洋划界，领土主权，历史性权利的争端的适用。包括了安

① 《联合国海洋法公约》309条，http://www.un.org/zh/law/sea/los/article17.shtml，2014年5月9日访问。

② «Les réserves aux conventions sur le droit de la mer », in La mer et son droit –Mélanges offerts à Laurent Lucchini et Jean-Pierre Quéneudec，Pedone，Paris，2003，pp. 506-507，http://www.alainpellet.eu/Documents/PELLET%20-%202003%20-%20Les%20r%C3%A9serves%20aux%20Conventions%20sur%20le%20droit%20de%20la%20mer%20%28%20MELANGES%20Lucchini%20Queneudec%29.pdf，2014年5月9日访问。

③ http://www.un.org/Depts/los/settlement_of_disputes/choice_procedure.htm，2014年7月1日访问

哥拉、阿根廷、澳大利亚、白俄罗斯、加拿大、智利、中国、西班牙、俄罗斯、法国、加蓬、加纳、赤道几内亚、意大利、墨西哥、黑山共和国、帕劳、葡萄牙、韩国、泰国、特立尼达和多巴哥、突尼斯、乌克兰。

可以看出，各国普遍担忧涉及其核心利益的争端被单方面提交导致有拘束力裁判的第三方程序，这一忧虑并不仅仅局限于某一地区或者某一特定类型的国家。做出声明的国家分布在不同的地区，处于不同的社会经济发展水平，拥有不同的法律制度体系。这其中不乏海疆广阔，海洋争端复杂的大国。而阿根廷和俄国都是在第三次联合国海洋法会议时主张领土争端、海洋划界只能通过谈判协商的方式才能得到解决，而亚洲范围内，中国，韩国，泰国等国都就298条1(a）款作出了排除性声明。

菲律宾虽然没有做出过明确的表态，但在批准《公约》时做出了一个言词十分暧昧的声明。“菲律宾共和国同意将《公约》298条所列明的争端提交《公约》的争端解决机制和平解决，但以不违反菲律宾主权为限。”[①] 应当如何解读菲方的这一声明呢？实际上，我国很多法学家认为这一声明构成了对298条1（a）款列明争端排除使用第十五部分第二节程序的声明，和以上各国的声明并没有本质不同[②]。那么根据298条的规定，“根据第1款作出声明的缔约国，应无权对另一缔约国，将属于被除外的一类争端的任何争端，未经该另一缔约国同意，提交本公约的任何程序。”[③] 如此一来，菲方并无立场就298条1（a）款的争端提交仲裁[④]，虽然菲方坚持认为其请求并不涉及298条1（a）款列明的争端，当然，大多数中国学者是不赞同这一说法的，笔者也不例外。

---

① https://treaties.un.org/Pages/ViewDetailsIII.aspx?&src=TREATY&mtdsg_no=XXI~6&chapter=21&Temp=mtdsg3&lang=en，2014年5月9日访问。

② M. Shengti Gau, “The Sino-Philippine Arbitration of the South China Sea Nine-Dash Line Dispute: Applying the Rule on Default of Appearance”, Ocean Yearbook 28, 2014, pp. 129-131.

③ 298条第三款。

④ *Ibid.*

（二）相关判例

至于相关案例，至今鲜有国家援引公约298条以拒绝接受国际法院或者国际仲裁的管辖权。然而，即便当事国不提，国际法院或者仲裁庭往往也会在确立其管辖权之前，首先检视当事国是否就298条做出了声明，而提交司法解决的争端又是否为该声明所排除。

例如在巴巴多斯诉特立尼达多巴哥案中，仲裁庭在检视其是否拥有管辖权时，特意考察当事国是否就298条做出了任何声明。仲裁庭认为，《公约》第十五部分第二节给予了当事国一方单方面将某一争端提交仲裁的权利，而这一权利却不是无限制的，如另一当事国已经就298条作出声明，排除了强制性争端解决机制对此类争端的适用，则仲裁庭不具有管辖权[①]。而本案中，由于两国均未做出此类声明，那么当事国便不能基于此排除仲裁庭的管辖权[②]。

由该案例看来，国际法院和国际仲裁对于各国就298条所作声明的态度是很明确的。就《公约》第十五部分的规定来看，当事国有权单方面将某一争端提交仲裁，对争端另一方来说，被随时拖入司法程序的风险是始终存在的。298条作为对《公约》第十五部分第二节的例外性规定，显然是对这一权利的限制。如一国已依298条的规定排除了第十五部分第二节程序对某一类或者某几类争端的适用，那么一旦涉及该国的这一类或几类争端被提交仲裁时，则仲裁庭不能享有管辖权。

三、该款在本案中的适用

由于菲方的正式诉状没有公布，现在依然只能依靠菲方2013年1月

① Barbados/Trinidad and Tobago，Award of the Arbitral Tribunal，11 April 2006，第203段至204段，http://www.pca-cpa.org/showfile.asp?fil_id=178，2014年5月9日访问。

② Barbados/Trinidad and Tobago，Award of the Arbitral Tribunal，11 April 2006，第192段。

22日的声明来分析本案，菲方在该声明的请求大体上可以分为三类：[①]

菲方请求仲裁庭裁判中方在南海的U形线和《公约》的规定不符，应当无效；

菲认为中菲争端涉及的，中方实际控制的，某些岛礁，不是《公约》所定义的岛屿，而其中某些符合121条第一款规定的岛礁不符合同条第三款规定，只能称作岩石，不能享有自己的专属经济区和大陆架；

菲方请求裁判能保证菲方在“其专属经济区和大陆架”的权利能够得到行使并不受他国的“无理干扰”。

虽然菲方坚持认为其请求不涉及任何被中方就298条所作声明所排除的争端类型，但这一说法并不为大多数法学家所认同。

首先，菲方的请求涉及中国南海断续线的性质。中方排除了第十五部分第二节对于有关海洋划界，领土主权和历史性权利的适用，菲方为了绕开中方声明，顺利将本案提交仲裁庭，坚持认定中国在南海画出的断续线是和领土主权、历史性权利都不相关的单纯的海域主张。当然，相信菲方的正式诉状会对此做出更加详细的论述，但有一点是可以肯定的，即菲方认为南海断续线和岛屿主权、历史性权利都没有关系，不包括在中方排除的争端类型中[②]。

我国至今也没有对南海断续线及其所包括的水域的性质作出明确的说明，唯一可资参考的大概是2009年我国对越南外大陆架请求，以及越南马来西亚共同的外大陆架请求做出的外交照会。这份外交照会中，我国首次在对外官方场合使用南海断续线图[③]。在正文里，我国政府的措辞是我国对于南海“岛屿及其附近海域”拥有主权，这一措辞耐人寻味。

---

① https://www.dfa.gov.ph/index.php/component/docman/doc_download/56-notification-and-statement-of-claim-on-west-philippine-sea?Itemid=546，2014年5月9日访问。

② M. Shengti Gau, “The Sino-Philippine Arbitration of the South China Sea Nine-Dash Line Dispute: Applying the Rule on Default of Appearance”, Ocean Yearbook 28, 2014.

③ http://www.un.org/depts/los/clcs_new/submissions_files/mysvnm33_09/chn_2009re_mys_vnm_e.pdf，http://www.un.org/depts/los/clcs_new/submissions_files/vnm37_09/chn_2009re_vnm.pdf，2014年5月9日访问。

首先，中方明确了其对于岛屿的主权要求，这点应是无疑义的。第二，就是关于“附近海域”的确切含义，这并不是一个公约概念，领海、专属经济区和大陆架是否是附近海域？那么附近海域是否又仅限于领海，专属经济区和大陆架？

附近海域应当包括了领海、专属经济区和大陆架，但很可能不仅仅局限于此。我国政府对此没有明确的表述，但从国内立法实践来看，如果把附近海域局限在领海、专属经济区和大陆架，很可能是不准确的。实际上，我国专属经济区和大陆架法对理解附近海域的含义提供了一些启示，“本法的规定不影响中华人民共和国享有的历史性权利”[①]。而1999年12月25日颁布的海洋环境保护法则更为明确，“本法适用于中华人民共和国内水、领海、毗连区、专属经济区、大陆架以及中华人民共和国管辖的其他海域。”[②] 那么，这是否意味着我国除了内水、领海、专属经济区和大陆架，还存在一种特别的海域，而在这些海域我国能主张的权利和《公约》规定一国可以在其内水、领海、毗连区、专属经济区和大陆架所享有的权利都不同。根据《公约》，并没有明确除内水、领海、毗连区、专属经济区、大陆架以外属于一国管辖的水域还有哪些。那么，这类水域究竟在哪里？又是什么性质？

《公约》未加界定的，不代表在习惯法上不存在，恰恰相反，《公约》有意识地回避了有关历史性权利的部分，留待习惯法解决。那么，南海断续线内的水域很可能就是我国国内法中提到的其他中华人民共和国管辖的水域。

当然，并不是所有学者都赞成这一观点。也有许多学者认为南海断

---

① 《中华人民共和国专属经济区和大陆架法》，1998年6月26日第九届全国人民代表大会常务委员会第三次会议通，1998年6月26日中华人民共和国主席令第6号发布，http://www.gov.cn/ziliao/flfg/2005-09/12/content_31086.htm，2014年5月9日访问。

② 《中华人民共和国海洋环境保护法》，1982年8月23日第五届全国人民代表大会常务委员会第二十四次会议通过，1999年12月25日第九届全国人民代表大会常务委员会第十三次会议修订通过，1999年12月25日中华人民共和国主席令第26号公布，自2000年4月1日起施行，http://www.gov.cn/ziliao/flfg/2005-08/05/content_20925.htm，2014年5月9日访问。

续线是一条岛屿归属线。但无论该线的性质是岛屿归属线还是历史性权利的界限，仲裁庭都无法对这一诉求做出裁判，因为这两类争端已经明确为我国排除在第十五部分第二节的程序的管辖外。

菲方的第二类请求实质上是关于岛屿的效力。菲认为其罗列的岛屿，即中方实际控制的岛屿，或不符合《公约》121条第一款的规定，或属于121条第三款规定的岩石，总之，中方不能依据这些岛礁主张其专属经济区和大陆架，故而中方在岛礁附近的活动损害了菲方在“其专属经济区和大陆架”的利益。

菲方的这一请求是有欺骗性的。首先，菲方把中方在此地区的存在完全建立在这几个岛礁上，而有意无意地忽略了中菲争端的大背景[①]。我国在此处的存在是基于对整个南沙群岛的主权要求的，虽然中方在南海断续线中水域的法律地位一直没有做出澄清，但中方对于岛礁的主权要求一直是明确而清晰的。而由此对岛礁周围的专属经济区和大陆架提出要求是顺理成章的。即使菲方罗列的岛礁不支持广阔的海域主张，在南沙群岛的诸多岛屿里，至少有2到3个岛屿是可以主张自己的专属经济区和大陆架的。根据高教授的资料，菲所列的岛礁大部分都在太平岛200海里的范围内，其含义是中方至少可以以太平岛为出发点，主张对此处海域的权利[②]。菲方视为自己专属经济区和大陆架的海域实质上是有争议的海域。争端的核心不在于这些岛礁的性质，而在于重叠的海域主张。

而第三类请求无疑由第二类衍生而来。此类争端和中方在该海域的执法活动紧密相关。海南省于2012年11月27日修订了十三年前通过的《海南省沿海边防治安管理条例》，该条例2013年1月1日正式施行。菲方在其声明中多次提起该条例，均以“法”称呼之[③]，事实上，该条例只

① M. Shengti Gau, “The Sino-Philippine Arbitration of the South China Sea Nine-Dash Line Dispute: Applying the Rule on Default of Appearance”, Ocean Yearbook 28, 2014, pp. 108-111.

② M. Shengti Gau, “The Sino-Philippine Arbitration of the South China Sea Nine-Dash Line Dispute: Applying the Rule on Default of Appearance”, Ocean Yearbook 28, 2014, pp. 109-110.

③ https://www.dfa.gov.ph/index.php/component/docman/doc_download/56-notification-and-statement-of-claim-on-west-philippine-sea?Itemid=546,2014年5月9日访问。

是地方性条例，远不到法的位阶。而菲方的第三类请求实际上是很有问题的。

首先，关于引发争议的条例本身，菲方请求仲裁庭责令中国政府修改其国内法使之和国际法一致。那么，该条例是不是和国际法不相容呢？首先，地方人大拥有对其管辖海域内的违法行为立法加以管理的权利，海南省的做法是符合宪法要求的。第二，该条例的内容部分并没有和《公约》冲突的地方，其针对的是外国船舶在本省管辖海域内的特定违法行为[①]。这些违法行为在国际法上也是不被允许的行为。例如危害国家安全的宣传行为[②]。就该条例措辞来看，和世界上任何国家规范本国管辖水域的外国船舶行为的法令都并无不同。与其说是条例本身存在问题，不如说是条例的实施范围涉及中菲两国的争议水域。所以矛盾的本身不在于条例本身或者是其施行，而在于两国间的领土主权和海洋划界争端。

除此以外，也很难认为菲方已经履行了将争端提交仲裁的程序性义务。《公约》第283条要求争端双方在争端发生时迅速以谈判或其他和平方法就解决争端一事交换意见。这是适用第十五部分第二节程序的前提。菲方坚称与中方自1995年已经就领土主权和海洋划界争端充分交换意见，双方就此已经谈判了17年[③]。菲方已经充分履行了其交换意见的义务。这一结论也是无疑有欺骗性的。双方交换意见的争端必须和最后提交的争端一致。即争端方不能就某一争端交换意见后将另一争端诉诸强制程序并声称已履行了交换意见的义务。这应当是不言而喻的。中菲17年谈判的焦点，领土主权和海洋划界争端甚至没有出现在本案的诉讼请求中。而相反，笔者甚至无法肯定这么多年的谈判是否有涉及南海断续线的性质或者岛礁的效力等问题。但至少较为肯定的是双方应该还没有

---

① 《海南省沿海边防治安管理条例》，1999年11月26日海南省第二届人民代表大会常务委员会第十次会议通过，2012年11月27日海南省第四届人民代表大会常务委员会第三十五次会议修订，http://www.hq.xinhuanet.com/hngov/2013-01/04/c_114233756.htm，2014年5月9日访问。

② 《海南省沿海边防治安管理条例》第三十一条，第四十六条。

③ Para. 25-26, https://www.dfa.gov.ph/index.php/component/docman/doc_download/56-notification-and-statement-of-claim-on-west-philippine-sea?Itemid=546,2014年5月9日访问。

就海南省的新条例交换意见。因为海南省的新条例2013年1月1日施行，而菲方1月22日的声明已经声称对于两者间的争端已经充分交换过意见。从时间来看，这是很难做到的。

总而言之，就298条1(a)款的适用来看，本案无疑是很重要的案例，将对之后援引298条产生重要的影响。但就诉讼本身而言，正如高教授所说，菲方将完整的诉讼标的割裂成零星的碎片提交仲裁庭，仲裁庭很难在不触及领土主权和海洋划界这些核心问题的情况下做出判决①。而中国早已经依据298条1（a）款排除了第十五部分第二节程序对涉及领土主权，海洋划界和历史性权利的争端的适用，无论是根据公约的规定，还是相关国际判例，仲裁庭都是明显不具有管辖权的。寄希望于仲裁来解决南海争端是极度不现实的。

四、结论

《联合国海洋法公约》引入了强制性争端解决机制，保证《公约》大量新的规则可以得到施行。就《联合国海洋法公约》第十五部分的规定来看，当事国有权单方面将某一争端提交仲裁，对争端另一方来说，被随时拖入司法程序的风险是始终存在的。298条作为对《公约》第十五部分第二节的例外性规定，显然是对这一权利的限制。公约承认某些争端具有特殊性，包括涉及领土主权、海洋划界和历史权利的争端。缔约国可以根据298条1（a）款作出声明，排除第十五部分第二节程序对于此类争端的适用。

虽然菲方坚持认为其请求并不涉及298条1（a）款列明的争端，但只要稍加分析，便可以看出其提交的诉讼本源仍然在于中菲两国之间还未解决的领土主权争端和海洋划界争端，其中更是牵涉到对中方历史性

---

① M. Shengti Gau, "The Sino-Philippine Arbitration of the South China Sea Nine-Dash Line Dispute: Applying the Rule on Default of Appearance", Ocean Yearbook 28, 2014, pp. 118-123, 131-133.

权利的认定问题。在中菲仲裁案中，菲律宾将明显已经为中方依298条1（a）款声明所排除于第十五部分第二节程序管辖权之外的争端提交仲裁，中方当然有权拒绝应诉，仲裁庭也明显不具有管辖权。

正如笔者一贯认为的那样，无论结果如何，本案的裁决都会成为298条适用的重要先例。298条的解释和应用，尤其是其1（a）款的解释将直接关系本案的结果，而本案结果又会对298条的未来解释和适用产生深远的影响。所以，关于本案的管辖权问题，仲裁庭理应慎之又慎，因为这不仅仅关系到未来整个南海局势的问题，更会对整个《联合国海洋法公约》所建立的强制性争端解决机制产生影响。但就中菲南海争端的实质部分而言，目前正在进行的仲裁并不能解决任何问题。单方面将有关南海的争端提交任何《公约》第十五部分第二节的程序，都不是南海问题的解决之道。在目前的情况下，在《南海各方行为宣言》的基础上，回归谈判，才是目前南海问题的解决之道。

南海区域渔业管理法律问题研究与对策建议

刘思培

[内容提要] 南海渔业资源利用与开发是南海问题的重要议题之一，如何对现有渔业资源现状进行系统分析，针对现有问题对渔业管理中相关的法律问题进行积极的应对，对南海区域渔业管理提出有益的对策建议是本文的重要意义所在。

[关键词] 南海　渔业管理　法律问题　对策

[作者简介] 刘思培，南京大学历史系讲师，博士，中国南海研究院协同创新中心研究员。

一、南海渔业资源概况

南海是世界上渔业资源最丰富的地区之一，其极具多样性的海洋生态系统有很高的生态价值，同时作为世界最著名的商业渔场之一，也是周边各国经济发展的重要基础。南海位于北回归线以南的热带和亚热带海域，属西太平洋最大、最深的边缘海之一，除拥有广阔的陆架、河口三角洲和大型海湾之外，其地理条件也十分复杂。珠江、红河等水系给南海注入了大量的陆源物质；通过巴士海峡进入南海的黑潮暖流也给南海带来了丰富的养料。大量海洋生物及海洋鱼类纷纷汇集于此，形成了一个具有高度多样性的海洋生态系统。据统计，南海已知鱼类多达2,321种，分别隶属于3纲35目236科822属，是世界上海洋鱼类生物多样性最丰富的海区之一。南海海域不仅蕴藏着丰富的石油天然气及可燃冰等矿物资源，还有着极其丰富的渔业资源。南海大部分海域处于热带，属于热带海洋，这一气候条件十分适于珊瑚繁殖，西沙、中沙及南沙群岛均属珊瑚岛屿，岛礁众多、海域渔场广阔。中沙群岛附近海域营养盐分丰富，海水清净，海温在25~28℃之间，最适合各类海产繁殖生长，是南海重要渔场，这里盛产金带梅酮、旗鱼、箭鱼、金枪鱼等多种水产，更是以出产海参、龙虾、砗磲等珍贵海产品而著名，且产量极高；西沙群岛是中国主要热带渔场，有珊瑚鱼类和大洋性鱼类400余种[①]，是捕捞金枪鱼、马鲛鱼、红鱼、鲤鱼、飞鱼、鳖鱼、石斑鱼的重要渔场，这里丰富的海产资源每年吸引了众多的渔民到此作业；南沙海域的海洋水文环境相对稳定，海区气温高，浮游生物繁殖快，这里不仅鱼类资源数量丰富、种类繁多，而且品质优良，是中国重要的热带海洋渔场。根据台湾大学海洋研究所所做的调查，南沙群岛邻近海域有四个金枪鱼类的密集分布海区：南沙群岛西北部、东北部、西南部和巴拉巴克海峡附近。[②]而在1981年的一次海洋生物考察中，在南沙群岛海域收集的鱼类标本多达2,597种。[③]

南海孕育了金枪鱼、竹笑鱼、鳍鱼、海龟、海参、大龙虾、墨鱼、鱿鱼等多种热带海产。其南部海域有鱼类约800种，南海北部大陆架已有记录的鱼类1,064种，虾类135种，头足类73种。[④]关于南海的渔业资源量，由于数据来源、调查方法、评估方法的不同以及渔业资源本身的结构变化等因素，目前还未能得到统一的数据。

二、南海渔业管理现状分析与问题阐释

南海区渔业发展迅速，渔船数量及功率不断增长，据资料统计，至

---

① 张湘兰：南海渔业资源合作开发的国际法思考，海南大学学报，2013年。

② 陈真然：《南沙群岛邻近海域渔业资源研究综述》，载《南海研究，J开发》1991年第2期，第28页。

③ Bobearley and Makmur Ke—iatsprat—ys: Theoisputeinthesourhehsnasea, Great Britain, Bidd—es Limited, 1997, P—47—48.

④ 参见《中国渔业资源调查和区划》编辑委员会：《中国海洋渔业资源》，浙江科学技术出版社1990年版，第23一40页。

1997年已发展到73,997艘，306 × 104kW，其中90%以上的渔船集中在南海北部沿岸和近海渔场捕捞[①]。小型渔船比例攀升较快，多为底拖网作业，使得南海区渔业资源总体上处于严重的过度捕捞状态，捕捞总产逐年上升，但资源密度、捕捞渔船单产和渔获质量不断下降。1983—1992年间，国营渔业公司渔轮在南海北部大陆架拖网渔获率从251kg/h下降到105kg/h，下降了58%。近几年受周边国家抓扣等影响，生产渔船数量有所减少，但随着2009年开始的渔政船伴随渔船护渔，渔船数量保持逐步稳定增长。当前，南沙作业渔船的作业时间不断延长，作业方式拖围刺钓更加趋于合理，作业范围遍布整个南沙。除捕捞生产活动外，南沙养殖开发也已取得初步效果。南沙渔业开发在时间、空间和作业类型、作业方式以及组织、管理等形式上，日益发展成熟，有效显示存在，宣示了国家主权。邻近国家和地区对于鱼产品需求量的增大而导致的过度的捕捞，使南海的生态环境和渔业资源不断地遭到严重破坏，利用状况十分令人担心[②]。南海水产研究所1978—1979年在南海北部进行的渔业资源调查结果为平均时产207.26公斤，相当于中国资源调查船“北斗”号于1997—1999年在同样范围所做的调查结果的7倍多，即目前南海北部底拖网渔业资源密度相当于1978—1979年的七分之一。[③] 由于南海主权争端，南海渔区内作业渔船数量众多，且分属不同国家，直接导致无法对渔业资源的利用实施有效的监督和管理。加之，渔业作业结构不合理，为提高海捕产量，各国渔民采取先进捕捞技术，配备科学助渔导航设备，更有甚者采取炸鱼、毒鱼等毁灭性捕捞手段。调查表明，在南沙群岛北部的捕鱼量已逐渐减少，渔业资源在10年之内将因非法和过度捕捞而耗尽，南海渔业资源可持续发展进程受到严重阻碍。[④]

---

① 广东省海洋水产厅资环处.《广东近海拖网渔业资源现状和今后意见》,《南海区渔业资源管理咨询委员会会刊》1989年第4期，第12—18页。

② 柳珺：推进南海外海渔业资源开发利用专题研讨会在京召开，中国水产，2013年。

③ 苏冠强:《南海渔业资源现状一瞥》，载《华南新闻》，1999年6月3日，第四版。

④ 张锦峰：南海渔业资源合作开发法律机制研究[D].海南大学：海南大学，2012。

我国南海海洋渔业资源养护与管理法存在立法规划性不强、可操作性不强，难以实现预定的实效、法律规范缺位、内容不全面等问题。同时，我国渔业水域环境保护与管理法律存在一定的问题，与《海洋环境保护法》、《水污染防治法》、《渔业法》中有关基本法律规定相配套的法规不完整，致使法律制度的可执行性较差；部分重要的法律规定不明确，存在执行上的困难或无法执行；现有法律制度未能严格执行；一些重要的法律制度不健全。

中国渔业资源养护与管理的法律存在一些缺陷：《渔业法》配套行政立法滞后；部分已经实行的养护和管理措施尚未有立法予以规范；现有的渔具限制、幼鱼保护等措施未能得到有效执行；捕捞产出控制和渔业资源分配制度缺失，仍主要依靠捕捞投入控制和技术管理措施；捕捞准入制度、捕捞统计管理制度等重要的基本制度缺乏。当前南海渔业纠纷的法律缘由在于专属经济区重叠导致渔业管辖权争议，以及传统捕鱼权与专属渔业管辖权的冲突，南海渔业合作开发须遵循循序渐进的原则：以接壤国家和南海周边国家为起点，以双边合作为契机，逐步推进南海海域的多边合作，创造机会解决争议海域的问题，实现渔业的全面合作。1987年实施的渔业法，经过了2000年和2004年两次修改后，有关渔业资源养护与管理的规定已经较为明确。但《渔业法实施细则》却至今未根据修改后的渔业法进行修改或重新制定，这导致了法律执行效力的尴尬：一方面修改后的渔业法的一些条款因过于原则被“束之高阁”而缺乏执行性，另一方面现行的1987年的老旧实施细则中一些与渔业法相冲突的规定已失去了法律效力。一些现实中已实施多年的资源养护和管理措施仍缺乏立法予以规范，比如重要的渔船削减措施——捕捞渔民转产转业，渔业资源增殖放流等资源增殖养护措施均已实施多年，但仍缺乏相应的行政法规或规章予以具体规范。

三、区域渔业管理法律对策建议

20世纪80年代中后期，我国渔业资源养护与管理的法律制度体系主要形成，其内容主要包括一些捕捞许可制度以及禁渔区、禁渔期等技术管理措施，值得我们深思的是，在同一时期的渔业发达国家已经将渔业资源管理细化到以总可捕量制度、配额制度等产出控制为主，产出控制、投入控制、技术管理措施综合运用的阶段。在2000年我国《渔业法》进行修改后，该法中也明确规定了捕捞限额制度，至此我国渔业资源养护与管理制度体系在立法层面上已经全面构建完成。从法制建设的发展历程来看，我国已明显落后于国际渔业管理的发展。

根据前述分析和讨论，我国目前的渔业资源养护与管理的法律制度在立法和执行上都存在较大的缺陷，尚不能满足渔业资源养护与管理的实际需求，难以据此实现《中国水生生物资源养护行动纲要》提出的长期养护目标。因此，需要进一步完善我国渔业资源养护与管理的法律制度。

（1）对现有的较为完整的法律制度严格执行，特别是对渔具数量、规格的限制性管理以及有关幼鱼保护技术管理措施必须加强执行，借此来充分发挥其管理效果，并维护法律的严肃性和权威性。

（2）尽快落实修改或重新制定《渔业法实施细则》工作，提高《渔业法》的可执行性；对于捕捞限额制度等非常重要的但目前仅有原则性法律规定的管理制度，应加强实施问题的研究论证，并从体制、机制等方面为其实施创造条件，尽早制定具体的实施办法。

（3）改革现有的捕捞统计制度，建立数据监督与核实机制，包括严格执行捕捞日志管理、规定渔船在指定港口卸载渔获物、监督海上转载等，为渔业资源养护与管理提供可靠的科学决策依据，也为将来捕捞限额制度的实施提供条件[①]。

（4）积极探索适合我国国情的渔业资源分配制度。以现有捕捞渔船数量和主机功率指标管理为基础，将渔具纳入指标管理，结合渔场使用分配，初步实现捕捞投入指标分配和作业渔场分配，减轻捕捞竞争。在此基础上，在将来捕捞限额制度的实施中，引入渔获量配额制度[②]。

（5）健全渔业管理法制，加强执法队伍建设。2013年7月22日清晨，位于北京复兴门外大街的国家海洋局门口，重组后的国家海洋局正式挂牌。与此同时，已悬挂14年的“中国海监总队”牌匾被取下，换上了“中国海警局”牌匾。十二届全国人大一次会议表决通过的《国务院机构改革和职能转变方案》提出，为推进海上统一执法，提高执法效能，将原国家海洋局及其中国海监、公安部边防海警、农业部中国渔政、海关总署海上缉私警察的队伍和职责整合，重新组建国家海洋局，由国土资源部管理。主要职责是，拟订海洋发展规划，实施海上维权执法，监督管理海域使用、海洋环境保护等。国家海洋局以中国海警局名义开展海上维权执法，接受公安部业务指导。《国家海洋局主要职责内设机构和人员编制规定》，重组后的国家海洋局在海洋综合管理和海上维权执法两个方面的职责得到加强。国家海洋局将内设海警司（海警司令部、中国海警指挥中心），负责承担统一指挥调度海警队伍开展海上维权执法活动具体工作，组织编制并实施海警业务建设规划、计划，组织开展海警队伍业务训练等工作。国家海洋局北海分局、东海分局、南海分局对外以中国海警北海分局、东海分局、南海分局名义开展海上维权执法。3个海区分局在沿海省（自治区、直辖市）设置11个海警总队及其支队[③]。

“国家海洋局以中国海警局名义开展海上维权执法，接受公安部业务指导”。本文认为，这表明国家海洋局与中国海警局并不是同一主体，目前“合二为一”是阶段性做法，未来的中国海警局与国家海洋局应分别

---

① 全红霞.南海渔业资源合作开发法律机制探讨.理论月刊，2010年。

② 唐议，邹伟红.中国渔业资源养护与管理的法律制度评析[J].资源科学，2010,（1）。

③ 卢卫彬.海上执法中武力使用问题研究.太平洋学报，2013年。

代表执法与决策两类机构。中国海警局本质上仍是行政执法主体，没有军事性质，但具有刑事执法权。世界上很多国家的海洋警卫队都具有行政与军事双重属性。这些海岸警卫队是海洋执法的重要武装力量，他们区别于其他武装力量的特点是：和平时期归属于政府部门，战争时期被军队征用，成为海军力量。例如，美国海岸警卫队平时承担国防任务和辅助测量、海洋执法等非国防任务，战时则受美国海军总司令领导承担海军任务。伊拉克战争时期，美国海岸警卫队就曾被派遣至海湾地区执行港口警戒任务。再以日韩为例，中日钓鱼岛争端事件与中韩渔业资源争夺事件中，日本海上保安厅、韩国海洋警察厅也常单独或在海军舰艇的伴护下从事海洋维权行动和海洋防卫活动。“这些海洋统一执法队伍，虽然具有浓厚的军事色彩，拥有国防力量之实，却不具备国防力量之名。其本质上只是一只政府领导下的准军事化警察部队。”我国的海警局并不具备军事属性，而是纯粹的行政执法机关①。本文认为，条件成熟时应赋予国家海警局军事属性，这可以增加执法效率，达到最优资源配置。

（6）开展护渔执法行动，严厉打击南海外来侵渔。自1994年起，中国农业部组织渔政船定期到南沙海域巡航执法。近期不断加大南沙巡航护渔力度，调整护渔实施方式，由过去大范围、计划性巡航，调整为按渔业生产、渔民需要进行伴随式护渔。护渔行动为渔民提供了实质性帮助，坚定了我国渔民远赴南海外海生产作业的信心。然而，目前护渔工作尚不完善，主要问题是护渔对象仅针对大陆渔民没有明确规定将台湾渔民也纳入其中；由于南海海域广阔，渔船流动性较强，护渔力量虽有所增强，但仍显单薄，无法确保给予所有在南海作业渔民及时保护。针对中国渔民频繁遭南海周边国家侵袭事件，可设立南海渔民援救中心，一旦获悉发生涉外侵渔事件，及时向渔业主管机关报告，并会同中国大陆渔政、外交、海军等部门和台湾“海岸巡防署”协调各方力量，提高

① 郭倩.中美海洋管理机构的比较分析——以重组国家海洋局方案为视角.上海行政学院学报，2014年。

涉外事件处理的效率和质量[①]。

四、区域渔业管理的其他建议

自20世纪80年代以来，南海渔业资源出现明显衰退，其主要原因是捕捞过度和海洋生态环境破坏。要达到渔业可持续发展目标，我们不仅要从渔业生产本身去考虑渔业资源可持续利用问题，还要对海洋生态系统结构、功能和受控机制及其变化有深入了解，这样才有可能达到渔业生产的可持续发展。从海洋生态系统的角度来看，南海渔业的管理方向，应该由过去的开发型管理向着管理型管理方向转变。这种管理方式涉及面广，不仅包括开展限额捕捞、增大网目尺寸、实行禁渔区禁渔期，还要保护栖息地、防止海洋污染、捕养并重、健全法制、强化渔政队伍建设与执法力量配置以及开展国际渔业合作等管理措施，在此，笔者就浅谈一些意见，以供参考。

（一）重视渔业资源调查评估，实施多渠道管理渔业

渔业资源的调查评估，是渔业管理的一项基础工作，渔业资源及其生产的多渠道管理是一种有效的管理方法，这是世界渔业先进国家长期摸索得出的经验，我们可以借鉴。

1、重视渔业资源调查评估

因为海洋渔业资源有再生性、洄游性和共有性的特点，所以要想了解渔业资源变动以及捕捞强度和海洋环境恶化对渔业资源的影响，首先就必须加强对渔业资源的调查评估，以便给随后作出决策提供科学依据。例如，美国拥有世界上最先进的22所海洋渔业研究单位从事这项工作，对鱼类的种群范围、资源总量，以及捕捞活动对资源总量的影响作了调查评估，其中对黑线鳕、鲆鲽类的可捕量推算，做得十分准确，取得显

① 褚晓琳.两岸合作开发南海渔业资源法律机制构建.台湾研究集刊，2013年。

著效果，对后来渔业发展起到积极推动作用[①]。这个成功经验我们可以借鉴。针对当前南海北部湾渔业情况，结合《中越北部湾渔业合作协定》中的规定——双方进入共同渔区的渔船数量，必须在共同渔区渔业资源调查评估的基础上才能决定渔船数量，为此我们一方面要加强对作业渔船生产的抽样调查，随时了解渔场资源状况；另一方面我们还要有针对性地与进入不同渔区的中越双方渔船进行合作，让渔船详细记录各渔区的渔获品种、渔获率以及不同时间渔获率变动等数据，为北部湾渔业管理提供科学依据。同样，我们对南海其他海域的渔业资源状况，也必须与周边国家共同合作，开展渔业资源调查评估，这样才能更好地开发南海渔业资源和发展南海渔业。

2、实施多渠道管理渔业

渔业多渠道管理是指对渔业资源及其生产的间接管理、直接管理、综合管理、调整捕捞结构以及发展增养殖业，等等。这些管理方法都有各自特点，执行中必须互相配合，单靠一种管理方法是难以达到管理目标。

（1）渔业资源的间接管理。这种方法包括对禁渔区、休渔区和保护区的规定和渔具、捕捞方法的规定等，其优点是在渔政管理部门监督下实施起来比较方便。在渔政管理部门的监督下，可以确保规定得到遵守，但如果没有可靠的监督系统和管理手段，单靠捕捞者自觉执行也是难以做到的。根据南海的实际情况，其中随机性禁渔做得不够甚至没有去做。随机性禁渔即在捕捞过程中渔获物的平均个体小于可捕标准或带卵个体比例和幼鱼比例超过标准时的禁渔，或者是因渔获物肌体内污染物、有害化学物质含量超过标准而不能安全食用时实行一定时期的禁渔。因为个体小的捕捞对象和幼鱼是渔业资源的生长量，带卵个体是渔业资源的补充量，两者之和是渔业资源的增长量，所以随机性禁鱼是保护渔业资源的重要措施之一，不可忽视。

---

① 陈松涛，郑署光，主编.渔政管理学[M].上海：上海交通大学出版社，1995. 341~345。

（2）渔业资源的直接管理。它是一种比较高级的管理手段，代表了现代渔业管理趋势。这种管理方法包括总允许捕捞量的分配和对捕捞力量的限制两种类型。前者是保护和合理利用渔业资源的先进措施，如美国每年都要按海区具体情况确定最佳产量，国内每年渔获量、国外每年许可总渔获量以及保留量，来实施限额捕捞，效果很好[①]，但配额制定有一定困难，而且还需要有比较完善的监督系统。至于捕捞力量的限制，是与总允许捕捞量相适应的发放捕捞许可证。这种对捕捞渔船和捕捞规模的限制，也是需要有效的管理和广泛的监督作保证，不然也是难以实现。这种方法从生产效果来看，对捕捞渔船的直接限制措施，用在开发不足或可捕潜在量大的渔场或种群资源上可以在捕捞过度发生前有效地控制捕捞强度增长的，但在已经捕捞过度种群资源的作用不能预期过高[②]。这种情况很像我们南海渔业生产出现的情况，值得我们注意。

（3）渔业资源的综合管理。它是渔业管理的一项重要方法，因为渔业资源管理是一项错综复杂的工作，其实施往往是一个协调和兼顾各种因素的过程。这种管理方法包括两个部分，一是以征税和收取资源费来控制能力的过分增长，从而保护和管理渔业资源；二是放流增殖，从而使渔业资源得以持续利用的目的。例如，日本每年进行溯河性鱼类苗种的增殖放流，其产值约为放流成本的20倍。

（4）调整捕捞结构发展增养殖业。调整捕捞结构和发展增养殖业也是保护南海渔业资源的一项重要措施。因为南海捕捞业中拖网比例太大，不仅造成底层鱼类捕捞过度，而且还严重破坏海底生态环境。为此今后必须严格限制调整拖网作业船数，发展捕捞对象选择性较强的钓业和单片刺网作业。南海自然条件优越，特别是海南岛和南沙等许多岛礁水域污染少，很适合发展增养殖业。

---

① 陈松涛，郑署光，主编.渔政管理学[M].上海：上海交通大学出版社，1995. 341~345。

② 同上。

（二）保护渔业水域生态环境，预防赤潮发生

渔业水域生态环境，是鱼类赖以生存、繁衍和生长的场所。首先是确保水域生态系统免遭破坏，其次是保护渔业水域生态环境，实际上也是保护渔业生产者的切身利益。再者就是不仅为发展渔业生产的需要，而且也是保证人民群众健康的需要。但近几年来随着经济的发展，南海近海渔业环境污染日趋严重，工业废水、生活污水、养殖残渣及其排泄物等加剧了近海水域的污染，威胁着渔业资源的繁衍和生存①，也造成渔场外移、鱼贝死亡、鱼体内残留物增加和养殖场荒废，为此必须引起各级领导的重视②。至于保护渔业水域环境的措施，主要有：

1．健全渔业水域环境监测机构，加强渔业水域环境监测工作。因为要掌握各种污染物的来源、分布范围、变化规律和危害程度，只能是加强水域监测工作，这样才能及时准确地掌握水域污染动态，为渔业执法部门提供依据。

2．重视渔业水域的污染治理，加强对污染物的宏观控制。因为水域生态环境保护的关键是对污染物的治理，而对污染物排放的宏观控制又是保护渔业水域环境的核心。这些宏观控制的途径有：控制污染物排放总量、浓度、新污染源、排放口位置、拆船业排污、水下爆炸勘探施工，以及合理调整沿岸工矿企业布局等。

3．禁止围湖造田，注意非水体污染对渔业水域的破坏。围湖造田必然减少渔业水面，而围垦海涂也只能在不影响渔业养殖场、种苗基地及港口航道下进行，对重要的种苗基地和养殖场不得围垦。

4．做好各部门的水域管理，加强与有关部门的协作配合。渔业水域保护单靠渔业行政部门的管理是困难的，渔业行政管理部门应主动积极与各行各业密切配合，才能保护好渔业水域生态环境。

---

① 夏章英.浅谈南海渔业管理对策[J].湛江海洋大学学报：2005（2）。

② 夏章英，编著.渔政管理学[M].北京：海洋出版社，1996. 47~64。

5．加大力度建造人工鱼礁。人工鱼礁能保证生物繁殖生长、鱼类聚集和增殖鱼虾贝藻等资源，同时又能限制拖网在此海区作业继续破坏海底生态环境。因此建造人工鱼礁是很有必要的，但在建造中必须注意：该海区水域没有污染、远离航道、海底坚硬、风浪较小、生物丰富，以及不靠近天然鱼礁，而且一般水深不超过100米的海域，礁体要求较大洞穴、无毒性、经久耐用，礁体常为水泥构件或废旧汽车、钢船、轮胎等。

6．预防赤潮发生。治理赤潮是一件难度很大的事情，目前只能是"以防为主"的对策。其中最主要的有：必须以该海域的自净能力为依据，控制各种污水的入海量[①]；控制沿岸内湾水产养殖自身造成的污染，为此一方面要规划养殖面积的合理布局，避免出现养殖过度，另一方面应通过建立生态养殖系统来减轻养殖水体自身的污染程度；改善富营养化水质和底质，如在水体富营养化的内湾或浅海，有选择地养殖海带、裙带菜、紫菜等大型经济海藻，既可净化水体，又可提高经济效益。

（三）加强红树林的保护与发展，护卫海岸、净化海水、丰富生物资源

红树林是生长在热带、亚热带海岸港湾河口泥滩上的水生森林植物群落，是海岸淤泥浅滩上富有特色的生态系统。我国红树林主要分布于海南、广西、广东、福建、浙江和台湾，总面积为1.4万公顷，还不足全球红树林面积的十分之一。保护红树林具有重要意义：首先是红树林能形成一道缓解或抵抗风暴和海浪对海岸的冲击，护卫着海岸和堤防；其次是红树林有发达的根系，能坚固泥土。并随着红树林的生长、发展和扩大可以增加陆地面积，同时红树林发达的根系和茂密的枝叶具有吸附污染物防治污染的能力。只要污染物不超过它的吸附能力，就能起到净化海水、防止赤潮和保护水质的良好作用；再次是红树林有丰富的生物

① 夏章英．浅谈南海渔业管理对策[J]．湛江海洋大学学报：2005（2）。

资源，据联合国粮农组织调查，红树林浅海区的鱼虾蟹贝等水产品产量比无红树林区的多7倍以上①。还有就是红树林体形千姿百态，是宝贵的旅游资源和理想境界的植被群落及生态系统的研究场所。然而长期以来由于人们对红树林缺少保护和管理知识，结果造成严重破坏。建国50多年来红树林面积几乎减少了一半②。近年来还有人认为保护红树林影响经济开发，部分红树林处被开挖的养虾塘还没有按规定填塘还林。为此必须引起各级领导关注。至于红树林的保护与发展措施，主要有下列几方面：

1．组织力量对南海三省（区）现有的红树林进行全面调查，其内容包括物种、质量、分布、面积、环境、经济及社会效益等，摸清红树林家底。

2．制订红树林发展规划，包括计划中的造林面积和物种，通过引种试验，力争把世界上所有红树林品种引进试种，并进行大面积推广③。

3．健全保护红树林的法制，各级执法部门必须依法行政，严格执法，对构成犯罪行为的，要坚决按《中华人民共和国刑法》处理。

4．要广泛深入地开展宣传教育，提高公民保护红树林的自觉性，在红树林种子成熟季节，采摘种子进行义务人工种植树苗，增加红树林面积和品种。

5．积极参加国际有关红树林的保护与科研活动，吸取世界先进经验，这是保护和发展我国红树林生态系统的难得机会，具有深远意义。

（四）加强珊瑚礁的保护与建造，保护海洋生物的多样性

珊瑚礁是热带和部分亚热带海洋环境中独特的一种生物群落，它的生态功能：首先是珊瑚坚硬的骨骼可抵御海浪对海岸的冲击，能改善海洋局部流态，有消波护岸作用。同时由于珊瑚礁中的珊瑚虫能过滤海水

---

① 沉国英，施并章.海洋生态学[M].北京：科学出版社，2002.329～339。

② 同上。

③ 夏章英.浅谈南海渔业管理对策[J].湛江海洋大学学报：2005（2）。

中的各种微粒从中获取营养，保持海水的洁净；其次是珊瑚礁能为各种海洋生物提供栖息场所和食物，世界海洋鱼类中有1/4是分布在珊瑚礁水域[①]，即珊瑚礁对保护海洋生物多样性和渔业资源起着十分重要的作用；再次就是珊瑚礁能维持地球上的二氧化碳平衡，减轻温室效应作用。还有，珊瑚除了在考古研究应用之外，还可供医学上的研究之用。另外，珊瑚礁还可开发为旅游区，据有关资料报道，全世界由珊瑚礁带来的旅游收入每年高达4,000亿美元。所以保护珊瑚礁对发展国民经济和社会效益都有重要意义[②]。然而，长期以来由于人们对珊瑚礁的价值缺少认识，常把它看成石头做为砌墙盖房的材料，还有的渔民为了便于布置缯网捕鱼和养殖珍珠，将大片的珊瑚礁铲平，致使目前2米以内浅海海区的珊瑚全被毁掉。那么我们又如何去保护和建造珊瑚礁呢，这里笔者只能浅谈一些做法[③]：

1．建立珊瑚礁自然保护区[④]。这是保护珊瑚礁的先决条件。保护珊瑚礁是一项保护生态环境和促进渔业发展的重要措施，具有历史性意义，为此政府必须投入足够的人力、财力。同时广泛宣传提高广大群众特别是周边居民自觉遵守保护区的法律、法规的意识，并要求自觉参加和维护珊瑚自然保护区的建设[⑤]。

2．建立法律保障体系，强化法制管理。在《国家自然保护区条例》的基础上，为确保珊瑚自然保护区的建立，在规划建设过程中，除了严格遵守建立自然保护区的法律、法规之外，还要结合当地的具体情况，制订更为详细有效的实施细则，建立法律法规的保障体系，做到有法可依和依法管理的要求。

---

① 沉国英，施并章.海洋生态学[M].北京：科学出版社，2002.329～339。

② 同上。

③ 夏章英.浅谈南海渔业管理对策[J].湛江海洋大学学报：2005（2）。

④ 湛江市海洋与渔业局，湛江海洋大学.徐闻珊瑚自然保护区建设规划及调查报告[R].2001，127～131。

⑤ 湛江市海洋与渔业局，湛江海洋大学.徐闻珊瑚自然保护区建设规划及调查报告[R].2001，127～131。

3．禁止在保护区内捕鱼养鱼。由于捕捞和养殖都会影响珊瑚的生态环境，例如刺网、钓具作业极易钩挂珊瑚，而且丢失的刺网和钓具也会缠绕在珊瑚礁上，影响珊瑚生长甚至造成死亡，也影响天然景观，同时对潜水旅游者人身安全也造成威胁。至于对虾养殖对珊瑚礁造成的不利影响，是因为对虾养殖由于饵料残渣沉积和对虾排泄物会污染水域质量，而珍珠养殖虽然不用饵料也无残渣污染，但由于珍珠食性与珊瑚相似，均以浮游生物为食，在养殖密度较大的海区，会引起食物不足，影响珊瑚生长，同时养殖珍珠还要在海区挂设网笼、打桩等对珊瑚也有不同的影响，而且珍珠笼在珊瑚上方，不同程度地会遮蔽阳光，使珊瑚得不到足够光照，影响生长，珍珠的排泄物虽然很少，但沉淀后堆积在珊瑚礁的表面上，对珊瑚不利。

4．严控保护区周边的污水排放。保持一类海水水质是建设保护区的基本要求，为此必须对保护区周边沿岸的工矿企业布局进行合理调整，加强污染源和水质管理，必要时还得建立专门的管理机构，加强日常管理，进行常规性的水环境监测工作。

5．建立科技支撑体系。珊瑚有其独特的生态环境和生长条件，要保护好珊瑚礁，不能只停留在看护不被破坏和盗卖的水平上，而应有科技的支撑，如开展对珊瑚的生态环境、繁殖、病害防治以及移殖等方面的研究①。

（五）加强渔船与船员管理，做好渔民转产转业工作

渔船与船员是渔业生产的两个基本因素，一是渔业生产工具，二是渔业生产者，保证渔船与船员安全生产是渔业生产得以顺利进行的基础，因此加强这方面工作是非常重要的。结合当前北部湾海域和南沙海域的实际情况，如加强对进入北部湾共同渔区和过度性安排水域生产渔船与船员的管理，以便保证《中越北部湾划界协定》和《中越北部湾渔业合

① 夏章英．浅谈南海渔业管理对策[J].湛江海洋大学学报：2005（2）。

作协定》(下称两个协定)的顺利实施是非常重要和紧迫的工作[①]。

1. 加强渔船编队跟帮生产。这是保障渔船在生产中发生突发事件和安全生产的有效办法。到共同渔区和过度性安排水域生产的渔船必须根据两个协定的要求,做到灵活编队,并建立完善的通信联络,保持陆上与海上,渔船与渔船之间的正常联系,防止渔船单独行驶时可能发生的涉外事件和安全事故。

2. 加强渔船证件等检查。主要检查渔船是否有各种合法生产的证件,是否悬挂国旗和"渔委会"规定的标志,是否按规定报告渔船动态和填写渔捞日志,是否违反我国渔业法的有关规定,是否按规定配置通信设备,以及遵守国际避碰规则,等等。

3. 建立渔船动态报告制度。掌握渔船到协定水域生产的动态,是提前预警指导渔船生产和减少涉外事件发生的重要措施。为了更好地掌握渔船动态,必须建立共同渔区渔船船位监控系统,中越双方凡是批准进入共同渔区从事渔业活动的渔船,必须安装统一的渔船船位监控设备,在两国有关办事机构内设置渔船船位监控中心,对所有进入共同渔区的渔船进行实时监控。该系统具有实时显示、航迹重放、船舶资料、统计打印、资源共享等功能和数据库。

4. 加强渔船排污管理。因为渔船航行作业中的漏油、海难事故、压舱水、废弃物、生活污水,以及拆船业的油污扩散等都是造成水域污染的重要污染源之一。对于外籍渔船在我国港口停泊也要加强这方面的管理,特别是来自疫情国家的渔船,必须经过卫生防疫机关的检查和处理才能准予停泊。

5. 做好废旧渔船管理。废旧渔船管理是加强海上安全生产,维护国家、集体及渔民群众的财产和生命安全,消除海损事故发生的隐患重要措施之一,特别是在南沙海域生产的渔船,由于水深、浪大、离岸又远,更要注意这方面工作。对非法买卖废旧渔船的,渔政海监部门应依

① 夏章英.浅谈南海渔业管理对策[J].湛江海洋大学学报:2005(2)。

法处理。

6．加强对渔民的宣传教育。针对北部湾目前渔业生产情况来说，首先要组织好渔民学习两个协定，以及《联合国海洋法公约》、《国际海上避碰规则》和专属经济区大陆架法、领海与毗连区法等。其次是加强对渔民的爱国主义教育，要维护国家声誉，不得超越协议规定而进入越方海域生产等。

7．加强对渔民转产转业的引导和扶持。针对北部湾目前情况，由于两个协定生效后，我国沿湾地区渔船的作业渔场面积将减少一半左右，这样就有很多渔船从北部湾西部传统渔场撤出，从而造成很多渔民要转产转业。为此各级政府和渔业行政主管部门要多渠道引导渔民转产转业，如结合人工渔礁建设，引导渔民发展游钓渔业、滨海旅游业、养殖业，或发展外海远洋渔业生产等，国家和地区政府要给予大力扶持，如免费接受就业技术培训，免收农业特产税、企业所得税或工商管理费等[①]。

① 夏章英.浅谈南海渔业管理对策[J].湛江海洋大学学报：2005（2）。

论海上共同开发“区块”的选择问题

杨泽伟

[内容提要] 从目前海上共同开发的理论与实践来看，海上共同开发“区块”的选择主要涉及“区块”的地理范围、具体面积以及与领海的关系等。影响海上共同开发“区块”选择的因素主要有：政治意愿、经济考量、所涉国家的多寡、主张的合法性以及文化因素等。为了推进中国与有关国家在南海共同开发“区块”的选择工作，有必要进一步拓展在南海的地理和资源的调查活动，选择的潜在共同开发“区块”宜小，要鼓励石油公司积极参与南海的共同开发活动。

[关键词] 海上共同开发 “区块”选择 国际实践 南海共同开发

[作者简介] 杨泽伟，武汉大学珞珈特聘教授、法学博士、博士生导师，国家领土主权与海洋权益协同创新中心研究员，中国南海研究协同创新中心研究员。

2013年10月，中国、文莱两国发表了《中华人民共和国和文莱达鲁萨兰国联合声明》，双方决定进一步深化两国关系，并一致同意支持两国相关企业开展海上共同开发，勘探和开采海上油气资源。紧接着，中国、越南两国发表了《新时期深化中越全面战略合作的联合声明》，双方同意积极研究和商谈共同开发问题，在政府边界谈判代表团框架下成立中越海上共同开发磋商工作组；本着先易后难、循序渐进的原则，稳步推进湾口外海域划界谈判并积极推进该海域的共同开发。可以预见，海上共同开发问题将成为未来中国对外关系的重要内容之一。因此，探讨海上共同开发“区块”的选择问题，无疑具有重要的理论价值和现实意义。

一、海上共同开发“区块”选择的理论与实践

选择共同开发“区块”、划定共同开发区，不但是推进海上共同开发的前提，而且是迈出有效解决两国海上争端的重要一步。[①] 关于海上共同开发的“区块”，有不同的称呼：有些直接采用“共同开发区”(the Joint Development Zone）的名称，如日本与韩国；有些则称为“特别区”(A Special Zone，如法国与西班牙)、“共有区”(the Common Zone，如苏丹与沙特阿拉伯)、“中立区”(the Neutral Zone，如科威特与沙特阿拉伯)、“合作区”(the Zone of Cooperation，如澳大利亚与印度尼西亚）或“特别合作区”(the Special Cooperation Area，如英国与阿根廷）等。[②] 然而，从现今海上共同开发的理论与实践来看，海上共同开发“区块”的选择主要涉及“区块”的地理范围、具体面积以及与领海的关系等。

（一）海上共同开发“区块”的地理范围

一般认为，海上共同开发主要是指“主权国家基于协议，就跨越彼此间海洋边界线或位于争议区的共同矿藏，以某种合作形式进行勘探或开发”[③]。因此，海上共同开发包括跨界的共同开发和争议海区的共同开发。

1. 跨界共同开发“区块”的地理范围

在海上边界线已经划定的情况下，两国一般是在其海上边界线两侧划出面积基本上相同的两块区域作为一个跨界共同开发“区块”，从而进行跨界共同开发。例如，按照1974年《法国和西班牙关于两国在比斯开

---

① See Hazel Fox et al (eds.), *Joint Development of offshore Oil and Gas: A Model Agreement for States with Explanatory Commentary*, London 1989, p. 207.

② 参见余民才:《海洋石油勘探与开发的法律问题》，中国人民大学出版社2001年版，第141页。

③ 萧建国:《国际海洋边界石油的共同开发》，海洋出版社2006年版，第16页。

湾划分大陆架的协定》(the French-Spanish Convention on the Delimitation of the Continental Shelves of the Two States in the Bay of Biscay)，法国和西班牙所划的海上共同开发“区块”在边界线两侧的面积是相等的。又如，根据1974年《苏丹和沙特阿拉伯关于共同开采共有区域内的红海海床和底土的自然资源的协定》(Agreement between Sudan and Saudi Arabia Relating to the Joint Exploitation of the Natural Resources of the Sea-bed and Subsoil of the Red Sea in the Common Zone)，海上共同开发“区块”则是从每一个国家的海岸向外1,000米等深线之间的海床区域。

例如，1976年《英国政府和挪威政府关于开发弗里格气田并从气田向英国输送天然气的协定》(Agreement between the Government of the United Kingdom of Great Britain and Northern Ireland and the Government of the Kingdom of Norway relating to the Exploitation of the Frigg Field Reservoir and Transmission of Gas there to the United Kingdom) 就明确指出："弗里格气田——应作为一个单独的联合体 (A Single Unit) 以本协定附件A所列设备进行开发"。此外，有的海上共同开发“区块”则以潜在矿藏为范围，如1981年《冰岛和挪威关于冰岛和扬马延岛之间大陆架协定》(Agreement between Iceland and Norway on the Continental Shelf in the Area between Iceland and Jan Mayen) 的有关规定。①

2. 争议海区共同开发“区块”的地理范围

在海上边界线尚未划定的情况下，可以把争议海区或主张重叠区的一部分或者全部划为海上共同开发“区块”，以实现争议海区的共同开发。因此，争议海区共同开发“区块”选择的前提条件是双方承认争议海区或主张重叠区的存在。② 例如，1979年《马来西亚和泰国就泰国湾

---

① 值得注意的是，冰岛和挪威间的海上共同开发“区块”被两国的大陆架界线分为不相等的两部分，大陆架界线以北的挪威部分为32,750平方公里（该协定第5条），大陆架界线以南的冰岛部分为12,720平方公里（该协定第6条）。

② See Robert Beckman (eds.), *Beyond Territorial Disputes in the South China Sea: Legal Framework for the Joint Development of Hydrocarbon Resources*, Edward Elgar Publishing Limited 2013, p. 140.

两国大陆架确定地域海床中的资源进行开发而建立联合管理署的谅解备忘录》(Memorandum of Understanding between Malaysia and the Kingdom of Thailand on the Establishment of a Joint Authority for the Exploitation of the Resources in the Sea-Bed in a Defined Area of the Continental Shelf of the Two Countries in the Gulf of Thailand）的前言就明确规定：“承认作为两国就泰国湾大陆架边界线所提出相互重叠的主权要求的结果，在相邻的大陆架上存有一块重叠区”，并将这一重叠区作为共同开发“区块”。又如，1995年《英国和阿根廷共同声明》(The UK- Argentine Joint Declaration）提出，双方承认对福克兰（马尔维纳斯）群岛及其附近海域存在主权和管辖权的争议，并同意在不影响各自主权立场的条件下划出部分海域作为海上共同开发的“区块”。①

（二）海上共同开发“区块”的面积

从现有的海上共同开发案来看，海上共同开发“区块”的具体面积不完全一样、有大有小。面积较大的有澳大利亚与印度尼西亚的共同开发“区块”，约61,000平方公里；面积较小的如法国与西班牙的共同开发“区块”，约814平方公里；而马来西亚和泰国间争议海区的面积为7,250平方公里。② 不过，为了便于实施海上共同开发，各个共同开发“区块”常常又分为一定数量的“小区块”。例如，澳大利亚与印度尼西亚共同开发的“A区块”又分为14个产品分成合同“小区块”；日本与韩国共同开发“区块”先后被分为9个和6个“小区块”。

① See Patrick Armstrong and Viv Forbes, Calming the Ripples: The Cooperative Management of Ocean Resources- The Falkland Islands Example and Some Southeast Asian Comparisons, in Gerald Blake etc. (eds.), *Boundaries and Energy: Problems and Prospects*, Kluwer Law International 1998, p.350.

② See Patrick Armstrong and Viv Forbes, Calming the Ripples: The Cooperative Management of Ocean Resources- The Falkland Islands Example and Some Southeast Asian Comparisons, in Gerald Blake etc. (eds.), *Boundaries and Energy: Problems and Prospects*, Kluwer Law International 1998, p.354.

（三）海上共同开发“区块”与领海的关系

关于海上共同开发“区块”能否延伸至一国或双方的领海范围问题，我们可以从理论和实践两方面进行分析。一方面，从理论上来看领海是一国领土的重要组成部分，它隶属于国家主权的管辖范围，沿海国的“主权及于领海的上空及其海床和底土”①。因此，主权国家原则上是不会把该国的领海包含在海上共同开发“区块”之内的。另一方面，就当今海上共同开发的实践而言，各国的做法不完全一致。例如，《苏丹和沙特阿拉伯关于共同开采共有区域内的红海海床和底土的自然资源的协定》第5条明确指出：共同开发“区块”“并不包括任何一方政府的领海部分”；1993年《几内亚比绍共和国与塞内加尔共和国管理与合作协定》(Agreement on Management and Cooperation between the Republic of Guinea-Bissau and the Republic of Senegal）第1条也规定，两国的领海应排除在共同开发“区块”之外。而1965年《科威特与沙特阿拉伯划分中立区协定》(Agreement between the State of Kuwait and the Kingdom of Saudi Arabia relating to Partition of the Neutral Zone）第1条，则将领海部分包括在共同开发“区块”之内。此外，1989年《澳大利亚与印度尼西亚共和国关于在印度尼西亚东帝汶省和北澳大利亚之间的区域内建立合作区的条约》(Treaty between Australia and the Republic of Indonesia on the Zone of Co-operation in an Area between the Indonesian Province of East Timor and Northern Australia)，也把分别位于澳大利亚领海范围内的B区和位于印度尼西亚领海范围内的C区均纳入共同开发“区块”之内。因此，“在特殊情况下不应当完全排斥领海部分地区并将其包含在共同开发区的可能性”。②

---

① 《联合国海洋法公约》第2条第2款。

② 蔡鸿鹏：《争议海域共同开发的管理模式：比较研究》，上海社会科学院出版社1998年版，第24页。

二、影响海上共同开发“区块”选择的主要因素

在海上共同开发的实践中，选择共同开发“区块”、划定共同开发区，往往并非易事。例如，从20世纪70年代末开始，中、日两国在东海共同开发“区块”的选择和具体开发方式上，一直分歧巨大。中方建议，在东海北部的大陆架争议区域和钓鱼岛周边海域建立共同开发区；日本则提议，在其所称东海“中间线”包括该线西侧的“春晓”、“天外天”、“断桥”和“龙井”四个油气田在内的“广泛区域”进行共同开发。同时，日本以所谓“钓鱼岛是日本领土”的理由，不接受中方共同开发钓鱼岛周围海域的设想。[①] 综合海上共同开发50多年的实践，海上共同开发“区块”的选择，主要受下列因素的影响：

（一）政治意愿

“相关国家间有共同开发的政治意愿，是共同开发谈判获得成功的关键。”[②] 作为一项政治色彩浓厚的国际合作行为，无论是共同开发“区块”的选择、还是共同开发协议的签署及其实施等各个环节，都受到双方政治意愿强弱的影响。例如，如前所述在1981年“冰岛和挪威间关于扬马延岛共同开发案”中，两国共同开发“区块”的面积挪威部分要远远大于冰岛部分。挪威之所以在“区块”面积等方面做出较大让步，主要是因为挪威希望冰岛能继续留在北约，并使之作为抗衡苏联的前哨；同时对冰岛的让步，挪威也可以得到美国及北约国家的认可和保护。[③] 又如，马来西亚和泰国在签署有关进行共同开发的谅解备忘录后，虽然两国就

① 中日双方虽然于2008年6月达成了《东海问题原则共识》，但是对该“共识”有着截然不同的认识。

② Robert Beckman (eds.), *Beyond Territorial Disputes in the South China Sea: Legal Framework for the Joint Development of Hydrocarbon Resources*, Edward Elgar Publishing Limited 2013, p. 141.

③ 参见蔡鸿鹏：《争议海域共同开发的管理模式：比较研究》，上海社会科学院出版社1998年版，第103页。

建立联合管理局的问题分歧较大，但是在11年后终于达成了协议。这与两国关系良好、均为东盟成员国、并且双方一直存在进行共同开发的政治意愿密切相关。[①] 同样，在1989年"澳大利亚和印度尼西亚共同开发案"中，两国的共同开发"区块"能够包含A、B、C三个次区块，也是双方政治妥协的结果，目的是为了促成A区的实质性共同开发。

此外，一国国内的政治因素对海上共同开发"区块"选择的影响，也不容忽视。特别是在某些共同开发的谈判中，国内的政治因素有可能成为讨价还价的筹码，或者变成一国做出妥协的重要障碍。例如，2001年柬埔寨与泰国签订有关在两国大陆架重叠海区进行共同开发的谅解备忘录后，因两国关系紧张、以及泰国国内政局的变化，泰国于2009年11月单方面宣布废除该谅解备忘录。[②]

（二）经济考量

对油气资源的需求和油气开发技术的需要等经济因素，也是促进两国划定海上共同开发"区块"、达成共同开发协议的重要原因。例如，如上所述1976年英国与挪威签订了联合开发协定，就是为了使两国尽快获取北海的石油和天然气，以有效应对1973年以来的第一次全球性能源危机。同样，在1979年"马来西亚和泰国共同开发案"中，经济实用主义也起到了较大作用。因此，"国家急需油气资源等经济因素，会促使政府寻找办法先从开发上受益，而不致于使资源的开发利用由于有时甚至会影响国家关系的划界谈判而拖延"[③] 此外，在1992年《马来西亚和越南关

---

① See David M. Ong, The 1979 and 1990 Malaysia-Thailand Joint Development Agreement: A Model for International Legal Co-operation in Common Offshore Petroleum Deposits? *International Journal of Marine & Coastal Law,* Vol.14, No.2, 1999, p. 221.

② See Thai Cabinet agrees to revoke MoU (2001 Memorandum of Understanding between Cambodia and Thailand on the Area of Overlapping Maritime Claims to the Continental Shelf) on overlapping waters with Cambodia, Thailand Observers, 11 November 2009, available at:, http://www.thailandobservers.com/thai-cabinet-agrees-to-revoke-mou-on-overlapping-waters-with-cambodia.

③ Yu Hui, Joint Development of Mineral Resources – An Asian Solution, *Asian Yearbook of International Law*, Vol.2, 1994, p. 90.

于在两国大陆架确定区块勘探和开发石油的谅解备忘录》(Memorandum of Understanding between Malaysia and the Socialist Republic of Viet Nam for the Exploration and Exploitation of Petroleum in a Defined Area of the Continental Shelf involving the Two Countries）中，双方能够达成协议将争议区限定在1,358平方公里的区域并将之作为共同开发“区块”、以实现共同开发，其重要原因除了经济因素以外，还包括越南希望通过适当的妥协和让步以实现共同开发，从而获取相关的油气开发技术和管理经验等。①

值得注意的是，如果油气资源主要位于一国明确主张的海区内，那么该国往往只想独占这些资源，至多愿意划出较小的共同开发“区块”。在这种情况下，相邻或相向的国家则有可能提出较大的共同开发“区块”，以分享更多的油气资源。②

（三）所涉国家的多寡

一般而言，通过共同开发的方式解决多边争端要比双边争端更加困难。虽然在国际实践中并没有共同开发只限于两国的原则性规定，但是到目前为止大多数共同开发案例都是双边的。因为争议海区涉及的国家越少，越容易划定共同开发“区块”以进行共同开发。例如，1999年越南、泰国和马来西亚三国，虽然原则同意在泰国湾划定进行共同开发的“区块”③，但是迄今为止一直没有取得实质性进展。又如，2005年中国、菲律宾和越南的三国石油公司尽管签署了《在南中国海协议区三方联合海洋地震工作协议》(A Tripartite Agreement for Joint Marine Scientific Research in Certain Areas in the South China Sea)，也是缺乏后续行动。

① See Nguyen Hong Thao, Vietnam and Joint Development in the Gulf of Thailand, *Asian Yearbook of International Law*, Vol.8, 2003, p. 147.

② See Robert Beckman (eds.), *Beyond Territorial Disputes in the South China Sea: Legal Framework for the Joint Development of Hydrocarbon Resources*, Edward Elgar Publishing Limited 2013, p. 143.

③ See Nguyen Hong Thao, Vietnam and Joint Development in the Gulf of Thailand, *Asian Yearbook of International Law*, Vol.8, 2003, p. 138.

（四）主张的合法性

如前所述，选择共同开发“区块”的一个重要前提是双方存在明确承认的权利重叠海域（海区）。而判定各方主张的权利重叠海域合法性的依据是现代国际法的原则和规则。换言之，一方的海洋权利主张只有符合现代国际法的要求，才有可能获得对方的承认，才能成为双方进行共同开发谈判的基础。诚如史久镛法官所指出的：“在相邻或相向国家间大陆架和专属经济区的划界案中，目前国际法院一般是先临时划定一条等距离线，然后再考虑是否存在需要对这条线进行调整的特殊情况。”[①] 这种“特殊情况”包括海岸的形状、岛屿的存在、安全利益以及历史性权利等。因此，相关各方主张有关海域的权利时也应考虑上述情况。总之，相关各方海洋权利主张的合法性，对确定海上共同开发“区块”面积的大小及其位置具有重要作用。[②]

（五）文化因素

文化因素也有可能促进海上共同开发“区块”的划定、达成共同开发协议。[③] 例如，在上述“扬马延岛的共同开发案”中，冰岛和挪威均受基督教文化的影响并具有共同的北欧价值观；而在“泰国湾的共同开发案”中，不但泰国、马来西亚和越南都是东盟成员国，而且《东南亚国家联盟成立宣言》《东盟宪章》和《东南亚友好合作条约》均有“本着平等和合作的精神，通过共同努力来加速该区域的经济增长和社会进步等”方面的类似规定；同样，在“波斯湾的共同开发案”中，巴林、沙

---

① Shi Jiuyong, Maritime Delimitation in the Jurisprudence of the International Court of Justice, *Chinese Journal of International Law,* Vol.9, No.2, 2010, p. 284.

② Robert Beckman (eds.), *Beyond Territorial Disputes in the South China Sea: Legal Framework for the Joint Development of Hydrocarbon Resources*, Edward Elgar Publishing Limited 2013, p. 141.

③ See Chidinma Bernadine Okafor, JointDevelopment: An Alternative Legal Approach to Oil and Gas Exploitation in the Nigeria-Cameroon Maritime Boundary Dispute? *International Journal of Marine & Coastal Law*, Vol. 2, No. 4, 2006, p. 515.

特阿拉伯和科威特等国也都受伊斯兰文明的影响。因此，在这些海上共同开发的实践中，文化因素不但有利于排除海上共同开发“区块”选择的障碍，而且有助于成功推进这些地区的海上共同开发。[①]

三、中国与有关国家在南海共同开发“区块”的选择问题

南海争端涉及五国六方。因此，中国与有关国家在南海共同开发“区块”的选择问题，颇为复杂。为此，我们可以做好以下工作：

（一）拓展在南海的地理和资源的调查活动

南海岛屿主权争端、海域划界争端以及油气资源等，是制约南海共同开发“区块”选择的重要因素。因此，中国要想与有关国家划定在南海的共同开发“区块”，就必须首先进一步拓展在南海的地理和资源的调查活动，以准确掌握南海岛礁（特别是南沙岛礁）和油气资源等方面的具体情况。

1. 南沙岛礁

关于南沙岛礁的数量及其地理特征，至今还被“蒙上一层神秘的面纱”[②]，没有一份被国际社会公认的科学、权威的统计数据，有关资料相互矛盾、差别较大。例如，有中国学者指出：“在南沙群岛的范围内分布着230多个岛屿、沙洲与礁、滩（根据航空照片和卫星照片判断有310个）——目前已定名的岛、洲、沙、滩共189座，其中岛屿14个、沙洲6个、暗礁113个，暗沙35个，暗滩21个”[③]。而维基百科认为，“南沙群

---

① See A. Strati, Potential Areas for Joint Development, in Hazel Fox et al (eds.), *Joint Development of offshore Oil and Gas: A Model Agreement for States with Explanatory Commentary*, London 1989, p. 122.

② Robert Beckman (eds.), *Beyond Territorial Disputes in the South China Sea: Legal Framework for the Joint Development of Hydrocarbon Resources*, Edward Elgar Publishing Limited 2013, p. 323.

③ 吴士存：《南沙争端的起源与发展》，中国经济出版社2010年版，第4页。

岛包括750多个岛屿、暗礁、沙洲等”[①]。众所周知，按照《联合国海洋法公约》的规定，岛屿与洲、沙、滩的法律地位截然不同，“不能维持人类居住或其本身的经济生活的岩礁，不应有专属经济区或大陆架”[②]。因此，充分了解南沙岛礁的地理信息，是确定争议海区的性质和范围、进而划定共同开发“区块”的关键性步骤。

2. 南海油气资源

同样，对南海蕴藏的油气资源的估计，中外学界也有较大出入。[③]例如，中国有专家认为，南海石油总潜量约550亿吨，天然气约20万亿立方米。[④]而俄罗斯外国地质学研究所和美国能源信息署的估计是南沙的石油储量是60亿桶（约8.5亿吨）[⑤]，但有的学者却把南海油气藏资源誉为“第二个波斯湾”[⑥]。由于普遍认为油气资源是导致南海争端产生的重要原因之一，因此准确的油气资源储量信息，一方面有可能使有关国家对无油气资源海域的极端主张有所松动[⑦]；另一方面也能保证选定的共同开发“区块”蕴藏丰富的油气资源、以便进行实质性的共同开发活动。[⑧]

总之，无论是南海岛礁的地理信息还是南海油气资源的情报，都缺乏权威的统计。因此，中国一方面可以单方面进行相关的调查科考活动，

---

① http://en.wikipedia.org/wiki/Spratly_Islands.

② 《联合国海洋法公约》第121条第3款。

③ 例如，2013年美国能源信息署发表了一份题为《南中国海有争议区域可能没有多少常规意义上的油气资源》的报告，认为在南沙群岛附近可能没有石油，天然气储量也不足1000亿立方英尺，只相当于中国一周的天然气消耗量。参见【美】霍利·莫罗：《不是为了石油——而是为了那些小岛礁》，载（美国）《外交政策》双月刊网站2014年8月5日。

④ 参见萧建国：《国际海洋边界石油的共同开发》，海洋出版社2006年版，第159页。

⑤ See the South China Sea Virtual Library website, available at http://www.southchinasea.org/why-a-south-china-sea-website-an-introductory-essay/.

⑥ Daniel Ten Kate, South China Sea Oil Rush Risks Clashes as US Emboldens Viet Nam on Claim, Tuoi Tre News, 30 May 2011, available at http://www.tuoitrenews.vn/cmlink/tuoitrenews/politics/china-s-power-thirst-underpins-sovereignty-breach-1.32681.

⑦ 例如，在1989年“澳大利亚与印度尼西亚共同开发案”中，B区油气资源不丰富也是澳大利亚愿意做出让步的原因之一。

⑧ 值得注意的是，也存在这种情况：对有关海上共同开发“区块”的信息了解越少，双方越有可能做出妥协、达成协议；反之，如果有关国家确信该“区块”蕴藏丰富的油气资源，那么该国越有可能提出最大的权利主张。

另一方面，也可以倡导成立多国或中立性的调查机构，在不损害有关各方权利主张的基础上，全面深入地进行南海岛礁和油气资源的调查活动，从而为共同开发“区块”的选择、共同开发的具体实施创造条件。

（二）选择南海共同开发的“区块”宜小

海上共同开发的顺利实施，与共同开发“区块”的大小也有关系。选择的共同开发“区块”面积较小，不但容易达成协议，而且便于管理。例如，日韩共同开发“区块”多达8万平方公里，不得不分成几个小区块对外招标。因此，南海共同开发的“区块”面积宜小、所涉的国家宜少。如前所述，南海争端涉及“六国七方”。如果选择面积较大的共同开发“区块”，必然涉及两个以上的国家或争端方，那么就不容易达成协议。事实上，在目前已有的南海相关国家的实践中，无论是海域划界的谈判还是海上共同开发协议的签署，成功的案例都是双边的，如2000年《中越关于在北部湾领海、专属经济区和大陆架的划界协定》、2009年《马来西亚与文莱关于共同开发的换文》等。值得注意的是，1999年越南、泰国和马来西亚三国原则同意在泰国湾进行共同开发的“区块”，也是面积较小的重叠区。[①] 此外，选择南海共同开发的“区块”应避开岛屿争议区。因为岛屿争议区，不但涉及岛屿主权的归属，而且还包括岛屿周围海域的划界问题。这无疑会加大划定共同开发“区块”的难度。

（三）鼓励石油公司积极参与南海的共同开发活动

“石油公司能够发挥推动南海共同开发的重要作用。”[②] 鉴于在南海进行共同开发的复杂性和敏感性，南海的相关国家应鼓励各自的石油公司就共同开发问题进行探讨和尝试，争取达成一致。其实，石油公司最有

---

① See Nguyen Hong Thao, Vietnam and Joint Development in the Gulf of Thailand, *Asian Yearbook of International Law*, Vol.8, 2003, p. 138.

② Robert Beckman (eds.), *Beyond Territorial Disputes in the South China Sea: Legal Framework for the Joint Development of Hydrocarbon Resources*, Edward Elgar Publishing Limited 2013, p. 328.

可能就南海的共同开发安排提出合适的建议。特别是一些石油公司被委托参与了南海潜在共同开发“区块”附近的地震调查活动，更应当参与共同开发的谈判中。石油公司还能为南海的相关国家提供有关共同开发的技术性支持，如油气开发设施的安全问题、许可证制度、法律适用、管辖权及争端解决方式等。况且，石油公司还是南海共同开发的最终实施者。因为在南海的共同开发活动，终究还是需要由石油公司来完成。值得一提的是，在1992年“马来西亚和越南共同开发案”中，马来西亚和越南两国政府采取了较为灵活的方式，把共同开发“区块”内有关石油开发活动的具体事项委托给各自的石油公司来磋商解决。①

（四）南海潜在的共同开发“区块”

如上所述，选择南海潜在的共同开发“区块”，既要限于两国之间，又要蕴藏较为丰富的油气资源。从已有的开发实践来看，南海南部的油气资源较北部丰富，发现了许多大型油气田；而南海北部除了发现Ya13-1、LW3-1、LH29-1等大型油气田外，其他均是中小型的油气田。因此，可供选择的南海潜在的共同开发“区块”主要有：

2. 万安滩盆地

有资料显示，南沙油气富集区主要集中在万安滩盆地、礼乐滩盆地和曾母暗沙盆地。其中，万安滩盆地油气总资源量约为49.9亿吨。万安滩盆地位于中越两国主张的海域重叠区。近些年来，越南加快了对该区域的勘探开发，从而使之成为了国际石油公司相继投资的热点区域之一。因此，可以考虑将此区域作为中越两国海上共同开发的潜在“区块”。②

---

① See Nguyen Hong Thao, Vietnam and Joint Development in the Gulf of Thailand, *Asian Yearbook of International Law*, Vol.8, 2003, p. 147.

② See Robert Beckman (eds.), *Beyond Territorial Disputes in the South China Sea: Legal Framework for the Joint Development of Hydrocarbon Resources*, Edward Elgar Publishing Limited 2013, p. 326.

3. 礼乐滩盆地

礼乐滩面积约为2.5万平方公里，油气资源量约为10-14亿吨。①“中菲越三方地震勘探合作协议”于2008年期满后，菲律宾单方面对外招标，并计划在礼乐滩海域GSEC-101区块（中菲争议海区）单方面进行勘探开发。目前中菲两国的关系受到“黄岩岛事件”和“仲裁案”的负面冲击很大。两国关系改善后，礼乐滩盆地可成为中菲两国海上共同开发的潜在“区块”。②

4. 曾母暗沙盆地

曾母暗沙盆地发现了B11、D12、E8、F6、F13、F14、F23、F28、F29、M1、M4、G7等15个大型气田，油气总资源量约为92.09亿吨。曾母暗沙盆地虽然位于中国的“南海断续线”范围以内，但是已成为了马来西亚海上油气资源开发的主要基地；况且，马来西亚深水油气资源的开发在不断推进，发展势头迅猛。不过，该区域虽然有可能成为中马两国海上共同开发的潜在“区块”，但是如何付诸实施也是一个难题。

5. 纳土纳海域

中国与印度尼西亚在南海南部存在3万多平方公里的海域重叠区。而在该重叠海区的纳吐纳气田可采储量约为1.31万亿立方米，是世界上最大的气田之一。③ 因此，纳土纳海域也是中国和印尼两国海上共同开发的潜在“区块”。

---

① 参见梁金哲：《关于南海争议区开发若干问题的思考》，载钟天祥等编：《南海问题研讨会论文集》，海南南海研究中心2002年版，第112页。

② 据美联社马尼拉2013年10月23日电，菲律宾能源部长赫里乔·佩蒂利亚说，一家菲律宾-英国合资公司已开始与中国海洋石油公司为达成在里德滩（即中国的礼乐滩）联合勘探石油和天然气的协议而展开谈判。转引自《参考消息》2013年10月24日第16版。

③ 参见梁金哲：《关于南海争议区开发若干问题的思考》，载钟天祥等编：《南海问题研讨会论文集》，海南南海研究中心2002年版，第113页。

四、几点看法

通过对上述海上共同开发“区块”选择问题的理论与实践的分析，我们可以得出以下几点规律性的认识：

（一）海上共同开发“区块”的选择并不影响海上边界的划定

按照《联合国海洋法公约》第74条和第83条的规定，在达成划界协议前，“有关各国应基于谅解和合作的精神，尽一切努力作出实际性的临时安排，并在此过渡期间内，不危害或阻碍最后协议的达成。这种安排应不妨碍最后界限的划定”。从这一“不损害条款”可以看出，作为临时安排的一种类型，海上共同开发活动包括“区块”的选择并不影响海上边界的划定。诚如有学者所指出的：“共同开发区虽然可以当成边界的替代物，但无须一定这样做；在大多数国际实践中，共同开发至少在最初是被看作临时措施的。”① 例如，在2001年“尼日利亚与圣多美及普林西比的共同开发案”中，双方签订的共同开发协议被解释为，不会对双方在共同开发区内的定位、权利或主张造成损害。② 又如，在2002年“澳大利亚与东帝汶共同开发案”中，双方同意两国签订的《帝汶海协议》(the Timor Sea Treaty between the Government of East Timor and the Government of Australia）对任何一方在联合石油开发区永久大陆架界定中的定位都不造成损害。此外，1997年泰国与越南签订了海上划界协定后，两国仍在划定的共同开发“区块”内继续进行共同开发活动。③ 因

---

① Patrick Armstrong and Viv Forbes, Calming the Ripples: The Cooperative Management of Ocean Resources- The Falkland Islands Example and Some Southeast Asian Comparisons, in Gerald Blake etc. (eds.), *Boundaries and Energy: Problems and Prospects*, Kluwer Law International 1998, p.356.

② See Article 4 of the Treaty between the Federal Republic of Nigeria and the Democratic Republic of Sao Tome and Principe on the Joint Development of Petroleum and other Resources, in respect of Areas of the Exclusive Economic Zone of the Two States 21 February 2001.

③ See Nguyen Hong Thao, Vietnam and Joint Development in the Gulf of Thailand, *Asian Yearbook of International Law*, Vol.8, 2003, p. 148.

此，在共同开发“区块”选择的谈判中，首先提出“不损害条款”、并引导国内民众对海上共同开发性质的正确认知，不但有助于共同开发“区块”的划定，而且有利于共同开发的顺利实施。

（二）明确争议海区的存在有助于划定海上共同开发“区块”

如前所述，双方对争议海区的承认是划定海上共同开发“区块”、进行共同开发的前提条件。如果一方或双方对有关海域的主张不明确，就难以界定海域划界争端的具体范围，也不可能确定潜在的海上共同开发“区块”。同时，在这种情况下，国际石油公司也不愿甘冒风险、投资于法律地位不明确的海域来参与共同开发活动。① 因此，从某种意义上来说，进一步明确中国在南海的权利主张，清晰地界定中国与相关国家间在南海的争议海区范围，无疑有助于划定海上共同开发“区块”。

（三）海上共同开发安排不存在“绝对的输赢”(no gain no loss) 之别

作为一种临时安排，海上共同开发活动有助于缓和乃至消除两国间的紧张关系、增进双方的互信。事实上，海上共同开发“区块”的选择、共同开发协议的签署，都是建立在承认对方的主张存在一定的合法性的基础上、并进行相互妥协和让步的结果，因而不存在“全输或全赢”(no winner or loser) ② 的可能性。例如，在2001年“尼日利亚与圣多美及普林西比共同开发案”中，虽然尼方获得了共同开发区收益的60%，但是需要承担圣方的一些社会发展项目；而圣方虽然只能分享共同开发区收益的40%，但是却实现了该国希望参与共同开发管理的目标，并且还将视为前景巨大的、且由尼方已将许可证颁发给埃克森美孚石油公司的地理

① See Nguyen Hong Thao, Vietnam and Joint Development in the Gulf of Thailand, *Asian Yearbook of International Law*, Vol.8, 2003, p. 148.

② Robert Beckman (eds.), *Beyond Territorial Disputes in the South China Sea: Legal Framework for the Joint Development of Hydrocarbon Resources*, Edward Elgar Publishing Limited 2013, p. 307.

区域——OPL246区域纳入了共同开发“区块”。[①] 又如，在2002年“澳大利亚与东帝汶的共同开发案”中，澳方虽然在石油收益比例分配方面做了较大让步，使东帝汶获得了联合石油开发区内石油收益的90%，但是澳方负责下游业务的利润也颇为丰厚。

（四）海上共同开发通常不能一蹴而就

海上共同开发“区块”的选择、共同开发协议的达成及其实施，事关国家利益，往往举步维艰，需要较长的时间。例如，在“马来西亚与泰国的共同开发案”中，两国从1979年签订关于共同开发的谅解备忘录到1994年共同开发的正式实施，用了近15年的时间。其中，双方达成联合作业协议就花了4年时间，而签订旨在执行备忘录中的《关于建立马泰联合管理局有关章程及其他事项的协定》则耗费了漫长的11年。又如，在“澳大利亚与印度尼西亚的共同开发案”中，虽然两国间合作区的建立要比马来西亚与泰国联合开发区快得多，但是从联合开发原则的议定到投产还是花了将近20年的时间。因此，中国对与相关国家在南海的共同开发活动，也要有足够的耐心和反复磋商的心理准备。

① See Article 3 of the Treaty between the Federal Republic of Nigeria and the Democratic Republic of Sao Tome and Principe on the Joint Development of Petroleum and other Resources, in respect of Areas of the Exclusive Economic Zone of the Two States 21 February 2001.

中菲“共同开发”礼乐滩前景不乐观

李金明

[内容摘要] 菲律宾早在20世纪70年代就引进外国石油公司，对礼乐滩的油气资源进行单边开发，近年来又将之划成区块进行招标。2012年，菲律宾菲莱克斯石油公司总裁邦义礼南因资金与安全问题，提议引进中国海洋石油公司在礼乐滩“72号合同区”联合进行开发，但后来因菲方在合同中增加了联合“开垦协议”，要求中方承认菲律宾对礼乐滩“拥有主权”而遭到中方的拒绝。此次谈判破裂预示，中菲在礼乐滩“共同开发”的前景不乐观。

[关键词] 中菲　礼乐滩　油气资源　共同开发

[作者简介] 李金明，厦门大学南海研究院教授、中国南海研究协同创新中心兼职教授。

礼乐滩（Reed Bank）位于中国南沙群岛的东北，在“南海断续线”的范围之内，属中国的固有领土。它距离菲律宾西部的巴拉望岛约85海里，目前在菲律宾的控制之下。“共同开发”是我处理争议海域问题的一项基本原则，但是，中菲对处于争议状态下的礼乐滩油气资源实行“共同开发”，难度较大。

一、菲律宾无视中国主权将礼乐滩划区块进行国际招标

近年来，菲律宾的石油勘探已逐渐深入到南沙群岛海域，主要在礼乐滩和巴拉望西北盆地一带。截至2006年1月，菲律宾已探明的天然气储量为3.9万亿立方英尺，几乎都在礼乐滩附近的马兰帕亚气田。根据

2009年的统计，在菲律宾的能源结构中，石油和天然气所占的比重分别为32%和8%，其能源自给为58.89%。可见，油气资源的开发对菲律宾而言极其重要。

菲律宾自2011年6月开始启动第四轮能源承包项目，即准许外国勘探油气资源公司参与其15个油气区（总面积约10万平方公里）的合作开发，其中第三区块和第四区块属于南海“断续线”范围，中国曾就此向菲方提出严正抗议。但菲方无视中国的反对，于2012年7月31日宣布对位于南海中菲争议海域的3个区块进行招标。开放招标的3个区块都位于巴拉望西北外海的中国南沙海域，总面积达16万公顷。这是中菲争议海域，也被认为是最有可能成功开采石油和天然气的海域。该区域紧邻菲律宾的马兰帕亚气田，该气田目前已承担了菲律宾吕宋岛近40%的能源供应。①

2014年5月9日，菲律宾能源部宣布启动第五轮能源合同招标。在推出的11个油气勘探区块中，第7区块位于南沙群岛的礼乐滩。据菲能源部称，该区块总面积约46.8万公顷，估计石油储量可达1.65亿桶，天然气储量可达34,860亿立方英尺。

此次中标的是纳卯市巴那干社的末申地·刘建筑公司，获得两项保护马兰帕亚气田和礼乐滩工程的承建合同。按照工程方案，该公司将在仙牙仙牙、沓威沓威及巴拉望的公主港，各建一个用作研究和救援的基地和飞机棚。据菲国防部发布的公告称：这个方案的目的是强化海上安全与保护马兰帕亚天然气田，以及礼乐滩和将来在苏禄海上竖立的一个钻井平台。菲国防部相信，该方案将提升空军的能力并加强其支援救援的工作。②

---

① “菲招标开发南海3油气田”，(菲律宾)《世界日报》2012年8月1日，第2版。

② “纳卯一公司竞得礼乐滩1.5亿工程”，(菲律宾)《世界日报》2014年7月7日，第3版。

二、中菲公司“共同开发”礼乐滩谈判未见成效

中菲石油公司谈判在礼乐滩实行共同开发始于2012年。时任菲律宾菲莱克斯石油公司董事长兼首席执行官万雷·邦义礼南（Manuel Pangilinan）提出，由于礼乐滩油气资源的开发需要庞大的经费和科技力量，因此，他计划引进一个或两个外国伙伴来参与。由于菲莱克斯石油公司多年来开设在香港的母公司——菲莱克斯矿业公司，及其控股公司——第一太平洋有限公司与中国的关系良好，于是，他决定到北京与中国官员和中国海洋石油公司的行政首长举行会谈。“中国人非常清楚地告诉我们，如果我们能搁置主权问题，他们将准备以商业利益处理受争议地区。”邦义礼南表示，该公司作为石油公司，没有资格也没有获得授权谈论主权问题，相信与中方在争议区可以制定出一个合适的开发模式。[①] 中菲石油公司共同开发的谈判引起国际上的关注，美国华盛顿智库亨利·史汀生中心的助理研究员扎克·迪贝尔撰文称，这一项合作工程将成为南海其他海域进行类似合作开采的先例。他写道：“尽管邦义礼南称中海油仅是可能合作的伙伴，菲莱克斯并不排除与其他外国公司合作的可能，但是中海油至少有一只脚已迈进这个工程的大门。深海钻探方面的技术专家对工程的开发有所帮助，同时这将为南海其他海域的共同开发开一个先例。”[②]

2013年1月17日，邦义礼南应邀出席菲律宾外国记者会举办的论坛，在谈到礼乐滩共同开发问题时说，继续与中海油商谈合作是最佳的选择，菲莱克斯公司渴望与中海油合作开发礼乐滩的油气资源。在记者的追问下，他证实有一些美国公司曾对礼乐滩油气资源表示感兴趣，但他强调

---

① “邦义礼南要带进中国公司，前去礼乐滩共同勘探石油”，（菲律宾）《世界日报》2012年6月25日，第2版。

② “美国智库研究员称：中菲或在礼乐滩合作开采油气”，（菲律宾）《世界日报》2012年7月6日，第3版。

正集中与中海油商谈。目前也仅在与中海油商讨合作，"如果中海油同意，才会引入第三方参与。"他表示，在南海争议未解决的情况下，菲中两国可先达成商业合作。[①]2013年10月23日，菲能源部长贝蒂诺证实，菲律宾和英国合资的弗洛姆能源公司正和中国海洋石油总公司，谈判在南沙群岛礼乐滩共同勘探石油和天然气问题。双方在外地已举行多次例行会议，最近一次在香港，目前谈判仍处于初步阶段。他表示，中菲在礼乐滩有主权争议，但这是政府之间的事，他期望两个石油公司最终能签定商业协议。他强调说："如果不能达成一项商业伙伴协议，那就不要进行钻油，也就是可能永远不要进行钻油。"[②]因此，他呼吁邦义礼南领导的集团，尽快与中国石油公司达成商业协议，从而为勘探有争议的礼乐滩海域铺平道路。[③]

2012年5月7日，邦义礼南在提交给阿基诺总统的一份报告中，介绍了他与中海油董事、总经理杨华等人会谈的情况。列举了他提出的11点建议，其中包括菲莱克斯石油公司与中海油的一个"关于将被72号合同定义为共同利益区"的框架协议。由于"72号合同"规定了7年的勘探期（可延期3年）和25年的生产期（可延期15年），故邦义礼南称："框架协议的有效期应从执行之日开始，直至双方确定共同利益区内的油气资源是否具有商业开发价值为止。"他认为："框架协议将只是涉及到商业和技术问题，双方在主权问题上均不得采取立场，双方同意主权问题是政府间的问题。"邦义礼南在备忘录中还写道："中海油与菲莱克斯石油公司之间在共同利益区进行油气开采的任何后续协议（包括盈利分配协议），必须视菲中两国政府就领土争端解决的情况而定。"他澄清道，双方将就各自的责权达成协议，"包括中海油将以何种角色参与勘探工作计

---

① "菲企业希望与中海油合作开采礼乐滩油气"，(菲律宾)《世界日报》2013年1月18日，第1版。

② "菲中石油勘探公司拟在南海合作采油"，(菲律宾)《世界日报》2013年10月24日，第2版。

③ "能源部长贝蒂诺呼吁邦义礼南尽快与中国石油公司达成协议"，(菲律宾)《世界日报》2014年1月10日，第2版。

划，是技术顾问还是投资方，或是二者兼有。”两家公司选择成立一个工作组，负责谈判并制定框架协议，以送交各自的政府审批。至于法律方面，邦义礼南表示，他稍后将把框架协议置于“一部中立但享有国际认可的法律”之下，这就是英国的法律，只要这种做法不与菲律宾法律和菲莱克斯石油公司与政府签订的72号合同内容相抵触。[①]

邦义礼南在这份提交给总统的报告中还提到，中海油董事、总经理杨华认为，邦义礼南对“72号合同”所涵盖地区提出的有关经济、技术活动的建议是“积极的”。杨华明确表示：“中国政府已经赋予中海油对这一片地区的勘探权，这片地区包括了‘72号合同’涵盖的海域。”同时，杨华对他们的会谈还作了如下三点总结：(1）主权问题仍是根本问题，而中海油和菲莱克斯石油公司均没有处理该问题的权力。但是，中海油认为两家公司之间的经济和技术合作不存在任何障碍，因为菲中两国政府均同意两公司在潜在共同利益地区进行联合勘探，并同意将主权问题作为政府与政府之间的问题加以区分处理；(2）两家公司均同意研究所有创新性的提议，以便继续推动合作；(3）两家公司均同意，中海油的及早参与将有助于确定潜在的共同利益地区中蕴藏有何种资源。

然而，邦义礼南提交总统的这份报告据说此前从未被公开过，但菲律宾资深调查记者组织“VERA Files”获取到了该报告的内容。该组织于2014年3月9日披露说，报告中称中海油在2012年5月2日与邦义礼南担任董事长兼首席执行官的菲莱克斯石油公司举行的一次会谈中就回绝了签署共同开发礼乐滩油气合同的建议，原因是“涉及到领土问题，在SC—72（即72号合同）中增加‘联合开垦协议’的建议不被接受。”所谓“开垦协议”指的是一种由“农场”的所有者和开发伙伴签署的合同。签署此类协议可以被解读为，中海油接受菲律宾是礼乐滩的“拥有者”。[②]

---

① “在礼乐滩资源开发谈判中，邦义礼南献议中海油进入南沙”，(菲律宾)《世界日报》2014年3月11日，第4版。

② “中海油拒绝邦义礼南提议，不与菲在礼乐滩联合开采”，(菲律宾)《世界日报》2014年3月10日，第3版。

邦义礼南之所以主动提出与中海油联合开发72号合同区，据说与2011年3月中国两艘巡逻舰在该海域和菲律宾一艘石油勘探船对峙有关。此前的菲律宾媒体报道就称，邦义礼南把中海油带入礼乐滩项目是为了解决中国造成的安全问题。另有报道说，开发南海天然气是菲律宾不可或缺的能源政策，但仅依靠菲律宾民营企业很难筹资，上述共同开发谈判未见成效，对菲律宾政府是个打击。[①] 由此说明，邦义礼南主动提议与中海油联合开发为的是解决安全问题和资金问题，菲政府不可能因此而搁置对礼乐滩海域的主权索求。这一点菲法律界专家早就发出过警告：邦义礼南对中海油的献议可能违反了菲律宾宪法，宪法规定“对自然资源的勘探、开发和使用，必须在国家的全面控制和监督下进行。”宪法进一步阐明：“国家可以直接进行上述活动，也可以与菲律宾公民，或者与菲公民控制资本六成以上的企业或组织签署共同生产、合营或者产量分成协议。”2004年阿罗约政府时期，菲、中、越三方签署的对争议区进行联合地震勘探的协议，就因为涉嫌触犯上述条款而在大理院遭到质疑。[②] 况且阿基诺三世一再强调，与中国签署的任何该种交易都必须符合菲律宾法律。他说道，位于菲律宾西北的巴拉望省显然是处于本国的专属经济区之内。[③]

三、结论

此次谈判的破裂预示着，中菲在礼乐滩“共同开发”的前景不乐观。究其原因，全在于菲律宾对礼乐滩海域的实际控制和对其资源的单边开发，也就是说，他们在共同开发的谈判中占有先机，因此才会以所谓的“遵守菲律宾宪法”为借口，迫使中方承认其对礼乐滩的“主权”。扭转

---

① “抗中国，非向韩买战机”，(菲律宾)《世界日报》2014年4月11日，第3版。

② “在礼乐滩资源开发谈判中，邦义礼南献议中海油进入南沙”，(菲律宾)《世界日报》2014年3月11日，第4版。

③ “菲中石油勘探公司拟在南海合作采油”，(菲律宾)《世界日报》2013年10月24日，第2版。

中方现处“被动”局势的做法，就是要经常派出巡逻船在礼乐滩海域进行巡逻，以防止菲方在争议海域继续进行单边开发。同时，亦应派出海洋探测船定期在该海域进行水文、地质等方面的探测，以显示我国对该海域的主权和管辖权。此外，还要在我国当前实际控制的南海海域内实行单边开发，如同最近在西沙群岛中建岛附近设置981钻井平台那样，以不断扩大我国在南海政治、经济和军事方面的实际存在，迫使周边其他争议国不得不坐下来与我们谈判共同开发。只有这样，我国向来主张的“搁置争议，共同开发”才有可能得到贯彻落实。

日韩共同开发案及其对中国的启示*

邓妮雅

[内容提要] 日本—韩国共同开发案是继1969年北海大陆架案后，在争议地区进行共同开发的第一案。日韩东海大陆架油气争端产生于两国经济高速发展的20世纪70年代初，东海具有广阔石油前景的预测推动了两国在重叠区域勘探和开采石油的活动。日韩共同开发从谈判到协定生效这个过程中受一系列因素的影响。日韩共同开发协定是一份全面而务实的法律文件，规定了共同开发区域、联合委员会、特许权人确定方式、法律适用、争端解决等内容。虽然经过两轮开发，并未发现有商业价值的油气资源，但是该案对中国与邻国进行共同开发具有借鉴意义。

[关键词] 日韩共同开发案　共同开发　联合国海洋法公约　油气资源

[作者简介] 邓妮雅，武汉大学中国边界与海洋研究院博士。

日本—韩国共同开发东海大陆架案（以下简称日韩共同开发案）是继1969年国际法院北海大陆架案判决之后，在争议地区进行共同开发的第一个案例。1974年1月，日本和韩国草签了《日本和大韩民国关于共同开发邻接两国大陆架南部的协定》[①]（以下简称《1974年协定》），该协定于1978年6月生效。根据该协议，日韩两国将建立面积为84,280平方千米的共同开发区，该开发区位于日本主张的大陆架“中间线”与韩国

* 本文系“教育部哲学社会科学研究重大课题攻关项目‘海上共同开发国际案例与实践研究’（项目批准号13JZD039）”阶段性成果之一。

① Agreement Between Japan and the Republic of Korea Concerning Joint Development of the Southern Part of the Continent Shelf Adjacent to the Two Countries, https://treaties.un.org/doc/Publication/UNTS/Volume%201225/ volume-1225-I-19778-English.pdf.

主张的大陆架延伸线之间的争议区。迄今为止，日韩共同开发区并没有发现有商业价值的油气田。但是，从共同开发的功能性角度来看，它却是一个较成功的案例，协定的文本也为研究共同开发提供了一份全面而务实的法律文件。①

一、日韩东海大陆架油气争端的产生

1969年5月，亚洲近海矿物资源联合勘探协调委员会发表了东海具有石油远景的报告（也称《埃默里报告》），引起了日本和韩国的注意。从1969年4月至1970年9月，韩国先后与美、英等四家外国石油公司签订了租让合同，开展了大规模的地球物理和石油钻探工作。韩国政府起草的《海底资源开发法》(Submarine Resources Development Law)，也于1969年通过，1970年生效。1970年5月，韩国发布了执行《海底资源开发法》的法令，宣布了韩国大陆架的界限。韩国将海底开发区域划分为7个区块（区块命名为K1至K7），其中1—4矿区在黄海，其西缘大致靠近我国的中间线；第5—7矿区的南缘和东缘则按自然延伸原则，大体按东海的200米等深线，第6矿区位于日本海。② 这个授权开发区的南部超过了理论上的日韩中间线，并与日本石油公司开发的区域相重叠。

日本政府也十分重视东海大陆架的油气资源。1967、1968、1969年，日本三家石油公司分别申请了海底资源开发的许可权。1969年至1970年，日本有关机构在政府资助下对东海大陆架进行多次调查。1970年后半期，

---

① 参见萧建国：《国际海洋边界石油的共同开发》，北京：海洋出版社2006年版，第37页。

② 韩国授予几个外国石油公司在黄海和东海开发大陆架的许可权：1969年4月15，韩国政府在K-2和K-4区块与Gulf Oil CO.ltd石油公司签订油气资源勘探和开发合同；1969年12月，韩国政府在K-3和K-6区块与Shell CO.ltd石油公司签订油气资源勘探和开发合同;1970年2月，韩国政府在K-1和K-5区块与Social & Texas CO.lt石油公司签订油气资源勘探和开发合同；1970年9月，韩国政府在K-7区块与Wendell Phillips石油公司签订油气资源勘探和开发合同。See Takeyama Masayuki, Japan's Foreign Negotiations over Offshore Petroleum Development : An Analysis of Decision –Making in the Japan-Korea Continental Shelf JointDevelopmentProgram, in Robert L.Friedheim et al., Japan and New Ocean Regime, Boulder：Westview Press, 1984, pp.281-282。

日本还制定了东海大陆架寻油5年计划，后由于中美关系改善、中国对东海大陆架的严正立场、中日关系正常化等因素，该计划未真正实施。① 自从《埃默里报告》预言这里存在石油之后，日本在这一带也划定了4个租让区（区块命名为J1至J4）。日本的J2和J3与韩国的K5和K7租让区重叠，形成了海上争议区。②

在韩国宣布在东海、黄海建立大陆架矿区后不久，日本做出积极反应，要求日韩双方谈判划定两国大陆架界限，同年9月韩国接受这一提议。但是，经过1970年11月、1971年9月、1972年3月三轮谈判，日韩谈判无果。1974年1月日韩签订了《1974年协定》。韩国于1974年12月批准了该协定，而日本直到1978年6月才批准它。

二、日韩共同开发的谈判过程

从1972年开始，日韩两国就准备进行东海海域的共同开发，但双方在利益协调和法律规则调整等方面的谈判耗费了大量的时间和精力。日韩共同开发从谈判到生效受到一系列因素的影响，包括阻碍因素和促成因素两个方面。

（一）阻碍谈判的因素

1、日本《采矿法》(Mining law）与共同开发协定的冲突。日本石油开采受到1950年《采矿法》(Mining law）的管制。例如,《采矿法》规定矿区规模不能超过15公顷，而日韩共同开发协定所管辖的开发区面积为24,092平方海里；属于国家的矿产资源不能由私人享有，矿产资源不能

---

① 参见蔡鸿鹏:《争议海域共同开发的管理模式：比较研究》，上海：上海社会科学出版社1998年版，第109页。

② See Takeyama Masayuki, Japan's Foreign Negotiations over Offshore Petroleum Development: An Analysis of Decision–Making in the Japan-Korea Continental Shelf Joint Development Program, in Robert L.Friedheim et al., Japan and New Ocean Regime, Boulder: Westview Press, 1984, p.282.

无偿产出；采矿法的申请核准以先来先办原则处理，而对申请人能力的审核无经济规定，而日韩共同开发协定则以竞争原则对采矿执照申请加以筛选等。[①] 为了促进共同开发的实施，日本于1978年6月颁布了《特别措施法案》(Special Measure Law)。

2、日本海洋法律政策的阻碍。日本在大陆架制度、重叠海域的划界原则、渔业问题上的海洋法律政策是阻碍日韩共同开发案谈判进程的一个重要原因。

第一，大陆架制度。日韩共同开发案谈判时,《联合国海洋法公约》还处于第二轮的谈判之中。1958年《大陆架公约》赋予相关沿海国家开发大陆架自然资源的主权权利[②]，日本如果想开发其领海之外的离岸油气资源，则需要加入该公约；但《大陆架公约》也规定可开发的资源包括定居物种的渔业资源[③]，这又会引起日本渔业机构和渔民的强烈抗议。为此，1969年2月日本发表官方声明：沿海国家对大陆架矿产资源的主权权利是一项习惯国际法原则，而并不由1958年《大陆架公约》赋予；但是这项解释不适用于大陆架的定居物种。

第二，日韩大陆架划界原则不一致。日本一直坚持中间线原则，而韩国坚持自然延伸原则。1969年国际法院在“北海大陆架案”判决中否定了等距离线原则构成了习惯国际法，并立足于大陆架应该是陆地领土的自然延伸来做出了最终裁决。[④] 若将之运用于东海海域，则中国和韩国的主张会得到支持。1969年2月，北海大陆架案判决做出仅几个月后，《埃默里报告》出台。这使日本政府高层对《1974年协定》的态度分化为两派：一派主张不能放弃中间线原则，应在新的海洋法公约达成之后再划分大陆架界限。他们主要的理由是：(1) 日本放弃中间线原则会导致

① See Takeyama Masayuki, Japan’s Foreign Negotiations over Offshore Petroleum Development: An Analysis of Decision –Making in the Japan-Korea Continental Shelf Joint Development Program, in Robert L. Friedheimet al., Japan and New Ocean Regime, Boulder: Westview Press, 1984, pp.279-280.

② 1958年《大陆架公约》第2条，http://www.un.org/chinese/law/ilc/contin.htm。

③ 1958年《大陆架公约》第2条第4款，http://www.un.org/chinese/law/ilc/contin.htm。

④ See North Sea Continental shelf Cases, I.C.J Reports, Judgment of February 1979, p.33.

日本对大陆架权利的放弃；(2) 第三次联合国海洋法会议表明，200海里内大陆架主要权利与专属经济区制度发生重叠①，而日韩共同开发区完全包含在两国200海里专属经济区内，坚持中间线原则完全合理。另一派则主张尽快通过《1974年协定》，该协定通过耗费时间越长，情况会越不利。这是因为：(1) 基于国家诚信原则；(2) 如果不推进共同开发，韩方单独推进共同开发时，情况会更加不利。

第三，海洋污染与渔业问题。渔业和航运是影响日本海洋政策的两大核心因素。② 由于国土面积小，日本的畜牧业发展受到限制，日本民众90%的动物蛋白质来自于海洋，同时渔业产业在日本的对外贸易中也占据非常重要的地位。日本是世界上第二大渔业国，其本土附近海域是世界上渔业资源最丰富的地区之一。近海石油开发可能会带来了两个方面的问题：海洋污染和对渔业活动的影响。③ 如果在该区域内进行石油勘探开发，建立的油气设施将对渔业和自由航行造成影响；石油开采活动也可能造成海洋污染。但是，日本渔民也担心日韩共同开发区不建立或者延期建立，韩国会废除《日韩渔业协定》，或者建立200海里专属渔区，这对于日本西部的渔业也会是沉重的打击。④

3、国内政治派别之间意见的分歧。日本自民党坚持要求核准《1974年协定》，而其他政党及自民党部分议员则持反对态度。日本国会内部就《1974年协定》的批准问题就争论了3年多的时间，牵动了整个日本国内社会。日本国会需要审议两个议案：一是批准《1974年协定》，二是《特

① 1974年1月，第三次联合国海洋法会议在加拉加斯召开，经济区的定义是主要议题之一，See Park Choon-Ho, the Sino-Japanese-Korean Sea Resources Controversy and the Hypothesis of a 200-Mile Economic Zone, Harward International Law Journal, Vol.16, 1975, p.32,

详情可参见http://legal.un.org/diplomaticconferences/lawofthesea-1982/Vol3.html。

② See Akaha Tsuneo,A Cybernetic Analysis of Japan's Fishery Policy Process, in Robert L.Friedheim et al., Japan and New Ocean Regime, Boulder：Westview Press,1984, p.175.

③ 在日韩共同开发区内，日本渔民的年捕鱼量为5，700吨，占日本整个西部水域捕鱼量的28.5%。这不难看出共同开发区在日本渔业的重要地位。

④ See Takeyama Masayuki, Japan's Foreign Negotiations over Offshore Petroleum Development: An Analysis of Decision –Making in the Japan-Korea Continental Shelf Joint Development Program, in Robert L.Friedheim et al., Japan and New Ocean Regime, Boulder: Westview Press, 1984, p.308.

别措施法案》。1974年5月，《特别措施法案》提交国会讨论，但是从第75次议会至80次议会都没有得到通过。《1974年协定》提请批准过程中，同样也遭到了自民党内部部分成员的反对。自民党党内的亲中派认为，共同开发案不应该急于通过，应该等海洋法公约纳入200海里专属经济区之后再做考量；且通过《1974年协定》将会有损于中日关系。甚至在这两项议案通过后，反对该法案通过的自民党成员离开了自民党，组成了新的党派——新自由俱乐部（New Liberal Club），并继续在第80次议会中通过分化选票和煽动公众舆论以反对通过该议案①。直到1977年6月，日本国会才正式批准《1974年协定》。

4、中国和朝鲜的抗议。②《1974年协定》的签订不仅遭到了日本内部的反对，也引起了朝鲜和中国的强烈抗议。协议签订后，中国有3次强烈抗议和7次低层次的外交抗议。中国政府在抗议中提到日本政府实际的开发活动会影响未来的中日关系，这是1972年9月中日建交以来中国政府第一次措辞强烈地谴责日本政府的政策。它一度震惊了日本政府和其他相关机构。③

（二）促成谈判的因素

1、国际环境的影响。第一，政治关系缓和。20世纪60年代，日韩两国关系走向缓和，并于1965年6月实现了两国关系的正常化，这为两国共同开发合作的开展酝酿了较好的政治环境。

第二，两国经济发展需要。20世纪60年代末70年代初，韩国实行

---

① See Takeyama Masayuki, Japan's Foreign Negotiations over Offshore Petroleum Development : An Analysis of Decision –Making in the Japan-Korea Continental Shelf Joint Development Program,in Robert L.Friedheim et al., Japan and New Ocean Regime, Boulder：Westview Press,1984,p.306.

② 中国的外交抗议主要参见：《人民日报》1974年，第2.5卷，第1页；《人民日报》1977年，第5.28卷，第3页；《人民日报》1977年，第6.14卷，第1页；《人民日报》1978年，第6.27卷，第1页。朝鲜的外交抗议转载于《人民日报》，1974年，第2.10卷，第5页。

③ See Takeyama Masayuki,Japan's Foreign Negotiations over Offshore Petroleum Development : An Analysis of Decision –Making in the Japan-Korea Continental Shelf Joint Development Program,in Robert L. Friedheimet al., Japan and New Ocean Regime, Boulder: Westview Press,1984,p.289.

“重化工业立国”的战略。[①] 但是韩国工业生产的原材料大部分依赖于外国，在经济高速成长时期这种对外依赖性进一步加深。[②] 日本工业化的发展带来了能源消费的巨大增长。[③] 日韩共同开发谈判时，两国都处于经济高速发展时期，石油是两国工业化建设中重要的能源构成，两国需要稳定的石油供应以支持高速发展的经济。

第三，石油危机的影响。1973年以及1978—1980年，中东国家以石油为武器引发了石油危机。市场上石油短缺，油价从1973年的每桶大约2美元跃升至1980年每桶30美元左右。日本本土缺少资源，需要进口大量的原油和天然气，是世界上第四大能源消费国和第二大能源进口国。日本当时作为一个主要的石油使用国，80%的石油供应来自于中东。[④] 石油危机日本感到确保石油来源稳定性的重要性，因此日本积极寻求石油供给来源的多元化。[⑤] 韩国石油对外依存度也很高，因而开发近海石油的愿望较为迫切。[⑥]

2、对潜在资源的评估。1969年《埃默里报告》的出台，引发日韩和中国台湾三方纷纷划定矿区，客观上促成了三方之间就东海进行共同开

---

① 参见曹忠屏、张琏瑰等编著：《当代韩国史（1945-2000）》，天津：南开大学出版社2005年版，第271-272页。

② 韩国特别是在产品原材料中，原油、原棉、油脂等全部依赖进口。1970年，韩国石油进口花费1.2亿美元，约占当年全部外汇收入的10%。1971年，石油输出国组织第一次石油提价，使韩国的消费品价格在三个月内上涨了44.5%。参见朱凤岚：《“日韩大陆架协定”及其对中国的启示》，载《当代亚太》2006年第11期，第33页。

③ 统计数据发现，日本1955年消耗的总能源数量为644兆大卡，其中将近79%是国内生产的，而煤占了将近一半。1975年消耗的总能源为3435兆大卡，国内生产的能源只有445兆大卡；而原油为2,436兆大卡，占总能源的将近80%。到1990年，国内总能源消耗为4,663兆大卡，国内生产的能源只有816兆大卡，只占总能源的大约17%；原油为2,158兆大卡，占能源消耗近50%。具体数据参见[美]康拉德·托特曼：《日本史》(第二版)，补充统计表7:1955至1999年各种主要能源，王毅译，上海：上海人民出版社2008年版，第578页。

④ 参见[美]康拉德·托特曼：《日本史》(第二版)，王毅译，上海：上海人民出版社2008年版，补充统计表7:1955至1999年各种主要能源，第478页。

⑤ 参见萧建国：《国际海洋边界石油的共同开发》，北京：海洋出版社2006年版，第163页。

⑥ See Ian Townsend-Gault, Rationales for Zone of Co-operation, in Robert Beckman et al., Beyond Territorial Dispute in the South China Sea: Legal Framework for the Joint Development of Hydrocarbon Resources, Camberley:Edward Elgar Publishing Limited, 2013, p.131.

发的讨论和谈判。同时，日本对大陆架进行了评估：日本过半大陆架具有可开发石油和天然气的沉积地貌；与之相比，日本国土只有16%（60，000平方千米）拥有这种沉积地貌。同时，不仅在大陆架，在大陆坡也有约840，000平方千米的海域测定有这种沉积地貌，包括九州西部和东海。[①] 由此可见，大陆架的潜在油气资源储量对于日本来说是非常具有吸引力的。

3、日韩合作委员会的努力。当日韩在共同开发前期谈判陷入僵局的时候，一些政治和经济方面的重要人士在非政府层面上做出了不少努力，其中核心就是日韩合作委员会（Japan-Korea Cooperation Committee）。[②]

1970年8月，白南宇（Paik Nam-Ok）和11名韩国成员与日本前首相岸信介和23名日本成员见面。在这次会议上矢次一夫（Kazuo Yatsugi）提出了离岸共同开发议案，议案的目标不仅是海底油气资源的开发，也包括海底资源的全面开发。正是这个提案促使了大陆架共同开发的产生。[③] 1970年9月，日本—韩国合作委员会和日本—台湾合作委员会，包括日本前首相岸信介、日本经济组织联合会副主席堀越祯三（Teizo Horikoshi）、国家政策协会的常务理事矢次一夫，提出了日韩台三方东海大陆架共同开发方案。虽然三方共同开发案最终流产，但在第六次日韩合作委员会常规会议，以及1971年1月19日至1月20日召开的日韩离岸

① See Takeyama Masayuki, Japan's Foreign Negotiations over Offshore Petroleum Development : An Analysis of Decision –Making in the Japan-Korea Continental Shelf Joint Development Program,in Robert L. Friedheim et al., Japan and New Ocean Regime, Boulder：Westview Press,1984,p.276.

② See Takeyama Masayuki, Japan's Foreign Negotiations over Offshore Petroleum Development : An Analysis of Decision –Making in the Japan-Korea Continental Shelf Joint Development Program,in Robert L. Friedheim et al., Japan and New Ocean Regime, Boulder：Westview Press,1984,p.286.

③ See Takeyama Masayuki,Japan's Foreign Negotiations over Offshore Petroleum Development : An Analysis of Decision –Making in the Japan-Korea Continental Shelf Joint Development Program,in Robert L. Friedheim et al., Japan and New Ocean Regime, Boulder：Westview Press,1984,p.286.

开发协调委员会提交报告的基础上，日韩共同开发案的讨论仍在继续。[①]

4、自民党的推进和民社党的支持。日本政治很大程度上是由企业工业主义经济所决定的。纵观1950至1990年日本众议院的选举情况，自民党的选票，虽然从最初占70%以上有所下降，但是即使在选票最低的70年代，自民党的选票仍然占40%以上。[②] 由此可见，自民党在日本国会中是不可取代的政治力量。自民党内的亲韩派认为，日本已经签订了共同开发协定，则需要通过该协定以遵守国际诚信原则；况且，即使日本不进行共同开发，韩国方面也会实行单独开发。正是这部分主导力量的推动，《1974年协定》才可以最终通过。民社党是日本众多政党中（除了自民党），唯一支持日韩共同开发的政党。但是，直到1977年4月民社党的态度，才正式转为支持共同开发案。此后，在民社党的支持和帮助下，自民党最终在议会通过了共同开发议案。在日本政党政治的氛围下，无论是在议会审议还是在最后的通过阶段，自民党内部部分党派和其他党派的强烈反对是造成共同开发案迟延通过的主要原因；占主导作用的共同开发案支持力量（自民党亲韩派和民社党）的推进，在促进共同开发中的作用也是不可取代的。

5、日本政府政策的不断完善。日本政府对可能产生的海洋污染做了更加详细的安排。第一，日本政府主张在共同开发安排中，消除日韩政府在防止和处置海洋污染中明显不一致安排；同时规定资源的勘探和开发不能影响航行和渔业；需要采取措施阻止爆炸，防止和处置海洋污染；

---

① 根据矢次一夫的回忆，1972年7月28日，日韩合作委员会会议期间，在韩国总统金钟泌举行的晚宴上，他应日本大使的要求探韩国官员关于共同开发的口风，出乎意料他的共同开发提案被轻而易举地接受了。但根据官方说法，共同开发协定是在1972年9月5-6日，日韩部长级第六次常规会议上最终达成。不管共同开发案何时提出，可以肯定的是日韩非官方、非政府层面的政治和经济领域内的早期活动是存在的。

② 参见[美]康拉德·托特曼：《日本史》(第二版)，王毅译，上海：上海人民出版社2008年版，第475页。

同时也规定了如何处置污染带来的损害。[①]第二，为了减轻渔民对海洋污染的担忧，取得渔业部门对共同开发案的支持，日本外务部与日本国际贸易与商业部、自然资源与能源署、农业和林业部、渔业署、海洋安全署、环保署等机构交换意见[②]。日本国际贸易与商业部和渔业署成立了协调办公室，做出了确保海底勘探开发最大程度的安全进行，建立了海洋事故引起的全额渔业赔偿制度。[③]第三，《1974年协定》的会议纪要规定，双方政府要对需要给予各国特许权方行政指导，尽最大努力调整平衡双方的渔业利益。[④]1974年1月30日，日韩的第二次和第三次外交换文中，双方对于如何防止共同开发区内勘探和开发活动产生的海上碰撞，防止和消除海洋污染的具体措施达成了一致。[⑤]同时在《1974年协定》中还规定：为了保护共同开发区重要鱼群，对石油开采和相应措施施加了某些限制；对渔民要进行补偿。[⑥]

6、韩国政府的压力。韩国政府对日本不断施加压力，促使其通过《1974年协定》。韩国政府发表声明，声称正在准备单边开发，准备建立200海里专属渔区，将日本渔船驱逐该区域。1974年3月共同开发协定签署仅仅40天之后，韩国在野党民主共和党、政策制定委员会的主席朴俊

---

① See Takeyama Masayuki, Japan's Foreign Negotiations over Offshore Petroleum Development : An Analysis of Decision –Making in the Japan-Korea Continental Shelf Joint Development Program, in Robert L. Friedheim et al., Japan and New Ocean Regime, Boulder: Westview Press, 1984, p.300.

② 影响日本政府海洋政策的四个部门主要是：内阁、外务部、农林渔业部、渔业署。See Akaha Tsuneo，A Cybernetic Analysis of Japan's Fishery Policy Process，in Robert L.Friedheim，et al.，Japan and New Ocean Regime，Boulder：Westview Press，1984，p.179。

③ See Takeyama Masayuki, Japan's Foreign Negotiations over Offshore Petroleum Development : An Analysis of Decision –Making in the Japan-Korea Continental Shelf Joint Development Program,in Friedheim, Robert L. et al., Japan and New Ocean Regime, Boulder: Westview Press, 1984, p.308.

④ Agreement Minute to the Agreement Between Japan and the Republic of Korea Concerning Joint Development of the Southern Part of the Continent Shelf Adjacent to the Two Countries,article 4,p.127, https://treaties.un.org/doc/Publication/UNTS/Volume%201225/volume-1225-I-19778-English.pdf.

⑤ Exchange of Note, January 30, 1974, Note b and Note c,pp.130-135,https://treaties.un.org/doc/Publication/UNTS/Volume%201225/volume-1225-I-19778-English.pdf.

⑥ Agreement Between Japan and the Republic of Korea Concerning Joint Development of the Southern Part of the Continent Shelf Adjacent to the Two Countries,article 27,https://treaties.un.org/doc/Publication/UNTS/Volume%201225/volume-1225-I-19778-English.pdf.

奎就公开抗议日本政府拖延日韩共同开发进程，声明如果日本不批准共同开发协议，韩国将进行单边开发。1977年4月，韩国总统朴正熙和其他韩国官员的后续声明中也表达了同样的警告。[①] 韩国政府持续的声明给日本政府造成了压力，使得日本自民党产生顾虑，害怕韩国将进行单边开发，因而积极推进共同开发。

三、日韩共同开发协定的主要内容及其后续进展

（一）日韩共同开发协定的主要内容

日韩共同开发的法律框架包括：两个协定《日韩北部大陆架划界协定》、《1974年协定》，四个外交换文和一个会议纪要附件。

1、共同开发区域

《1974年协定》确定了共同开发区，并在附件中详细标示了7个分区的坐标。日韩共同开发区的具体位置在北纬28°36′至北纬32°57′，东经125°55′5″至东经129°9′之间，面积大约为24,101平方海里。共同开发区共划分为9个区块，划分流程附在《1974年协定》附录中。[②] 1987年8月，第一轮开发结束后，日韩双方协议将区块重新划分为面积大致相等的6区块。

2、日韩联合委员会

《1974年协定》要求两国成立日本—大韩民国联合委员会（以下简称“委员会”），以对涉及《1974年协定》的问题进行磋商。该协议第24条、25条对委员会的组成以及职责做了规定。[③] 该委员会的所有决议、建议

---

① See Takeyama Masayuki, Japan’s Foreign Negotiations over Offshore Petroleum Development : An Analysis of Decision –Making in the Japan-Korea Continental Shelf Joint Development Program,in Robert L.Friedheim, et al., Japan and New Ocean Regime, Boulder: Westview Press,1984,p.303.

② 1987年5月第一轮开发结束之后，日韩共同开发区被重新划分为6个大致相等的区块。

③ Agreement Between Japan and the Republic of Korea Concerning Joint Development of the Southern Part of the Continent Shelf Adjacent to the Two Countries,article 24-25,https://treaties.un.org/doc/Publication/UNTS/ Volume%201225/volume-1225-I-19778-English.pdf.

及其他决策，均只能通过国家部门之间的协议达成。委员会缺少权威性，它的许多职能仅限于向两国提供建议。

在共同开发后期，委员会也没有发挥实质性的作用。《1974年协定》规定委员会应至少每年召开一次会议，而早在1985年3月东京会议后，委员会便没有再召开过会议。但是，日韩共同开发区的活动直到1989年9月才最终停止。[①] 虽然，共同开发区联合委员会的职权范围，取决于国家协商采用的模式，但委员会也具有一些与生俱来职能。具体而言，联合委员会至少具有三个基本功能：首先，对共同开发区活动，它具有最低限度的监管功能；其次，它是一个永久性的论坛场所，共同开发的双方可以进行常规性的会议；再次，当共同开发的双方或者多方之间涉及重大利益的问题出现的时候，联合委员会可以作为咨询和协调的媒介。[②] 虽然在日韩共同开发案中，委员会仅具有咨询和协调的功能，但是在共同开发活动还没有终止之前委员会就停止其职能的行使，委员会的价值和功效并没得到充分的体现。

3、分区块特许权人的确定

日韩共同开发区内。每个分区的石油勘探工作均由两国的特许权受让人一同进行。每个国家针对各个分区必须至少授予一个特许权受让人。如果特许权受让人或分区出现变更，有关国家必须尽快授予新的一个或多个特许权受让人。[③] 一个分区工作的特许权受让人必须携手合作，应签署联合作业协议。协议内容必须包括：有关自然资源共享及费用分摊的

① 1989年9月，是日本新石油公司（New Nippon Oil Exploration Co.）与韩方租让权人达成共同开发协议的最后期限。See Miyoshi Masahiro, The Japan/South Korea Joint Development Agreement of 1974” , in Hazel Fox et al., Joint Development of Offshore Oil and Gas, London: the British Institute of International and Comparative Law, Vol.II, 1990, P.97.

② See Clive R. Symmons, “Regulatory Mechanisms in Joint Development Zones”, in Hazel Fox et al., Joint Development of Offshore Oil and Gas, London: The British Institute of International and Comparative Law, Vol.II,1990, P.146.

③ Agreement Between Japan and the Republic of Korea Concerning Joint Development of the Southern Part of the Continent Shelf Adjacent to the Two Countries,article 4,https://treaties.un.org/doc/Publication/UNTS/ Volume%201225/volume-1225-I-19778-English.pdf.

详细情况、指定作业者、对独承风险运作的安排、渔业利益的调整、争议解决。[①] 在作业者选择方面，设立了僵局机制（deadlock mechanism）：双方需要在规定的时间内选定作业者，如果无法确定将采取抽签的方式决定。[②]

4、开发区的法律适用

日韩共同开发区的法律适用模式非常特殊，由不同分区块中进行作业者的所属国行使管辖权并适用其法律。[③] 这种法律适用带来的后果是，共同开发区不同地区适用的法律和规定可能不尽相同，如果受让人组合情况发生变化，某个地区的适用法律也可能变化。这样的方式有其便利性，日韩不用为了协调不同的法律规则，或者制定一套新的法律规则，而耗费大量的时间和精力。同样，这也会带来一些复杂的情形。根据《1974年协定》第10条，基于商业性开采价值的自然资源的发现，双方租让权人的申请勘探权可以转化为开发权，此时分区内的作业者如果发生改变，法律的适用也会发生改变，这样同一个分区内勘探和开发期间需适用不同国家的法律。

以上法律适用规则只适用于自然资源的勘探和开发事项，其他事项上存在例外。第一，共同开发区内的刑事法律规则的适用，双方并没有达成一致，只在《1974年协定》中规定委员会可以提出适当措施的建议的原则性规定。第二，征收捐税和其他费用问题也是作业者规则的另一个例外情形。《1974年协定》第17条，规定了各方征收税收的情形以及一方不得向另一方征收税收的情形，会议纪要中也对各方征收税收的情形

① Agreement Between Japan and the Republic of Korea Concerning Joint Development of the Southern Part of the Continent Shelf Adjacent to the Two Countries,article 5, https://treaties.un.org/doc/Publication/UNTS/, Volume%201225/volume-1225-I-19778-English.pdf.

② Agreement Between Japan and the Republic of Korea Concerning Joint Development of the Southern Part of the Continent Shelf Adjacent to the Two Countries,article 6,https://treaties.un.org/doc/Publication/UNTS/, Volume%201225/volume-1225-I-19778-English.pdf.

③ Agreement Between Japan and the Republic of Korea Concerning Joint Development of the Southern Part of the Continent Shelf Adjacent to the Two Countries,article 19, https://treaties.un.org/doc/Publication/, UNTS/Volume%201225/volume-1225-I-19778-English.pdf.

做了补充规定[①]。第三，根据《1974年协定》，租让权人在共同开发区内开采出来的自然资源应视为该方在享有主权权利的大陆架上开采的资源，应当适用该方的法律法规。[②]

5、争端的解决

《1974年协定》第26条规定，双方关于解释和执行协定的任何争端应当首先通过外交途径加以解决，无法解决时应当提交仲裁委员会决定，仲裁的决定具有约束力。[③] 该条款对仲裁员的组合和权限做了规定，但是对于仲裁规则的适用并未做出具体规定。此外，该协议并未就受让人与国家间、或分区内共事的受让人间，争议解决方式提出具体要求，只是要求共事的受让人间达成的联合作业协议必须包括争议解决条款。[④]

《1974年协定》中还对退还面积、权利移转、环境与安全保护、单一风险条款等事项的做了相关规定。

---

① Agreement Minute to the Agreement Between Japan and the Republic of Korea Concerning Joint Development of the Southern Part of the Continent Shelf Adjacent to the Two Countries,article 16;Agreement Between Japan and the Republic of Korea Concerning Joint Development of the Southern Part of the Continent Shelf Adjacent to the Two Countries,article 17,https://treaties.un.org/doc/Publication/UNTS/ Volume%201225/volume-1225-I-19778-English.pdf.

② Agreement Between Japan and the Republic of Korea Concerning Joint Development of the Southern Part of the Continent Shelf Adjacent to the Two Countries,article 9, article 16,https://treaties.un.org/doc/Publication/ UNTS/Volume%201225/volume-1225-I-19778-English.pdf.

③ Agreement Between Japan and the Republic of Korea Concerning Joint Development of the Southern Part of the Continent Shelf Adjacent to the Two Countries,article 9, article 26,https://treaties.un.org/doc/Publication/ UNTS/Volume%201225/volume-1225-I-19778-English.pdf.

④ Agreement Between Japan and the Republic of Korea Concerning Joint Development of the Southern Part of the Continent Shelf Adjacent to the Two Countries,article 9, article 5(1),https://treaties.un.org/doc/Publication/UNTS/Volume%201225/volume-1225-I-19778-English.pdf.

（二）共同开发的后续进展

《1974年协定》生效后，日本和韩国政府即正式发布共同开发区区块划分公告，授权有关公司可以进入共同开发区经营。第一轮开发至1987年5月结束，共八年，但未发现具有商业可行性的油田。此后，日韩政府进行了磋商，双方对矿区的分配和钻探义务进行了协商。1987年8月，日韩双方根据《1974年协定》第3条第2款的规定，将9区块重新划分为大小大致相等的6区块，钻探义务从原来的11条减少至7条。1987年5月，日本新石油公司（Nippon Oil Exploration CO.）向日本政府申请了勘探权，但是直到该公司权利的最后有效期间（1989年9月），韩方都没有有效授权的石油公司。此后，没有进一步的勘探开发活动。

四、日韩共同开发案对中国的启示

日韩共同开发案对中国的启示主要有：

（一）进行海上共同开发之前，要充分评估拟开发区实际的经济效益

海上共同开发直接和最大的目的就是及时有效地获取对国民经济发展至关重要的油气资源。日韩共同开发区勘探与开采工作进行了将近10年，没有发现具有商业价值的石油，最终搁浅。因此，我们在进行海上共同开发之前，要充分评估拟开发地区的资源，以保证进行共同开发的经济效益。在东海和南海这样敏感的地区，在区块的选择上我们最好提前做好科学评估，否则共同开发协议签订后既没有发现商业价值的油气资源，又招致周边国家外交上的抗议是得不偿失的。

（二）良好的政治环境和国家间关系，对共同开发协定的达成有重要影响

日韩共同开发案的达成，是两国战后关系正常化的背景下实现的。美国作为影响两国外交政策的重要因素之一，也发挥了推动作用。良好的政治环境和国家间关系，使得国家之间进行海上共同开发时更容易达成共识，也能较好地解决或者缓和共同开发过程中的争议和分歧。因此，在当今的国际背景下，中国在选择共同开发的国家时也要率先选择冲突和争端较小的国家，从易到难。中国与周边邻国进行共同开发，一方面要考虑第三方争议国家的利益并进行安抚，但同时也要勇于推进开发进程，以先行开发带动共同开发。

（三）充分利用联合委员会的职能

在共同开发中，联合委员会的职能范围随着选择开发模式的不同会有差异。但是，在共同开发的过程中，我们要充分利用联合委员会这样一个平台，增强其常设性，发挥其监管功能、咨询协调功能。在共同开发活动遭遇瓶颈和困难的时候，联合委员会可以作为一个可供选择的场所和机构，双方进行协商和协调，对共同开发的安排进行修改，协调解决开发活动中的争端。

（四）要注意利益的分配与义务的协调

在日韩共同开发案中，双方为石油开发的承包方设定了一系列详尽的渔业、环保、安全等方面的责任，尤其是对渔业利益的让步，对石油开采活动的限制。在石油资源开发的前景不甚乐观的情形下，石油公司作为一个追求盈利的私主体是否仍然愿意承担如此繁重的责任？

在设计共同开发方案时，我们应该注重利益分配与义务的协调，将不同层次的利益进行区分。海上资源的共同开发不仅包括油气资源带来的经济利益，也包括潜在的利益，如海上基础设施的建设、雇佣机会的

增减、能源安全的保障等。[①] 国家作为最终的受益方，更要考虑这种潜在收益；石油公司作为直接执行者，也需要得到其应该分享的经济利益，因而国家之间、国家和承包商之间，都需要协调好彼此的经济利益和义务的分配。

在石油开发活动中，进行共同开发的国家可分享的利益包括直接和间接利益两个方面，前者包括授予石油合同、税收、矿区租赁的收益，后者包括国家通过上游和下游产业的经济链条产生的经济效益。往往一个国家的石油产业越发达、市场越开放、地理位置优越，这种间接受益就会更多。[②] 从国家政策层面上说，在共同开发协定中，我们需要考虑到不同国家的差异性，可以规定一个较为灵活的利益分享机制，并且根据我国与邻国国家情况的不同做出调整，这样才能吸引邻国与我们进行共同开发。

---

① See Gavin Maclaren and Rebecca James, "Negotiating Joint Development Agreements", in Robert Beckman et al., Beyond Territorial Dispute in the South China Sea: Legal Framework for the Joint Development of Hydrocarbon Resources, Camberley: Edward Elgar Publishing Limited, 2013, p148.

② See Thomas H. Walde, "Financial and Contractual Perspectives in Negotiating Joint Petroleum Development Agreement", in Hazel Fox et al, Joint Development of Offshore Oil and Gas, London: the British Institute of International and Comparative Law, Vol.II,1990, PP.158-159.

越南南海油气开发与渔业捕捞行为分析与对策研究

张振克

[内容提要] 21世纪被称为“海洋世纪”，人类寄予蔚蓝海洋的是无限希望和美好蓝图。然而，围绕海洋空间争夺和海洋渔业资源开发中的冲突事件，却在“海洋世纪”的舞台上不断上演并日趋紧张。越南是南海争端和中国南海权益维护的重要挑战者，也是南海油气资源和渔业资源开发的最大受益者。因此，开展本课题的研究具有重要现实意义，研究力图为解决南海资源开发争端和相关危机事件处理有所参考。

[关键词] 越南　南海油气开发　南海渔业捕捞　对策研究

[作者简介] 张振克，南京大学地理与海洋科学学院教授，中国南海研究协同创新中心研究员。

越南是南海争端和中国南海权益维护的重要挑战者，也是南海油气资源和渔业资源开发的最大受益者。越南在南海的油气开发和渔业捕捞行为不仅仅是经济行为，还必须从战略层面认识其服务南海海洋权益声索、将南海争端引向国际化、激化南海周边国家特别是中越之间矛盾冲突、单方面不断挑衅和试探中国维护南海海洋权益的忍耐“底线”等目的。本报告结合近30年来越南在南海的资源开发活动，从行为学角度，对越南南海油气开发和海洋捕捞行为进行分析，并提出相关的对策建议。

一、越南南海油气资源开发现状和开发进程

1961年11月27日越南国家地质总局批准越南石油勘察开发调查计划(No36 Expedition)，开始了越南国家意志下的油气勘察开发行动。1977年成立国家石油天然气公司（Petrovietnam)，1986年在白虎油田开采出第一吨原油，1988年12月原油产量总计100万吨，1992年原油产量总计达1,000万吨，2001年原油产量总计1亿吨，2003原油产量总计1.5亿吨；2006年原油产量总计达到2亿吨。

在前苏联的帮助下，1986年越南在南海海域的白虎油田开采出石油，1987年开始出口原油赚取外汇收入；从1988年开始的越南对外开放政策，鼓励国际资本投资越南资源开发活动。由于政策优惠，采用利润分成的办法，国际油企勘探开发投产后，占据50%以上的资源分成，国际油企纷至沓来。根据越南石油网信息，2006年4月5日越南国家石油天然气公司颁发了第51个海外油气勘探开发合同（124块区，面积约6,000平方公里)，投资合作方是Pogo Producing Company（美国）和Keeper Resources Inc.（加拿大)；2006年4月28日越南国家石油天然气公司颁发了第58个海外油气勘探开发合同（122块区，面积约7,000平方公里)，合作对象是美国第二大石油公司雪佛龙（Chevron)。因此，在短短的2006年4月期间越南颁发了至少8个块区的油气勘探开发合同，合同的使用期限是30年。2011年涉及9个块区，之后，越南有计划隐瞒和封闭类似的消息，以免引起包括中国在内的南海周边国家的抗议。

为了最大幅度地开发远海（offshore）油气资源，分得更多的南海资源利益。越南的油气勘探和开采钻井大多在远海，少量在近岸海域。其中90%以上的油气开发合同在远海海域，而近岸海域的开发不足10%。根据2006年之后零星的油气开发和合作信息，我们保守估计，越南已经将大部分公布的招标勘察区域签署了国际油气勘探开发合同，合同的数量应该在100个左右，合同涉及的海域面积600,000~700,000平方公里，

其中大部分块区进入我国海洋疆界线（九段线）以内。

进入21世纪后，越南南海油气开发进入巅峰时期，持续增长的油气产量和丰厚的油气出口收益，让世人震惊和羡慕。越南主要油田是：白虎油田、东方油田、龙油田和大雄油田是大油田，而Bunga-Kekwa油田和Rubby油田是较小的油田。我们认为，越南的油气供应量在2000年前后达到顶峰。此后，尽管相关的石油网站资料显示油气生产量没有大幅度的增加，呈波动下降的趋势，但我们根据越南启动的南海油气井数量的变化，越南在南海海域的油气产量每年2,000万吨左右的生产量应该有所隐瞒，作者根据油气井数量的变化和趋势推测越南每年从南海的油气开发量在相当于4,000万吨左右。但是，美国能源信息中心（EIA）在2010年前后对全球石油产量峰值进行了大量研究，对石油产量的前景看淡，其中对越南石油峰值期的研究显示：2014年之后越南的石油产量将呈下滑趋势。

二、越南渔业资源开发现状

南海，是我国南部大陆南端的边缘海，被中国大陆、中国台湾岛、菲律宾群岛、大巽他群岛以及中南半岛所环绕，面积约350万平方公里，是世界第三大陆缘海。其中，中国管辖主张范围的海域（即断续线以内）面积有210万平方公里左右。南海地区渔业资源丰富，据国内外海洋渔业专家估算，南海潜在渔获量为650万吨至700万吨。其中水深500m以南海浅陆架区水域约50万平方公里的区域渔业资源最为丰富，潜在渔获量约500万吨，占整个南海地区潜在渔获量的近80%。根据FAO统计资料，2004年南海与各大洲渔业产量的比例数据可以看出，南海的渔业产量占2004年全球渔业产量的18.8%，占同年亚洲渔业产量的近40%，可见南海周边海域的渔业资源极其丰富。2011年中国南海周边国家和地区的总捕获量国家构成中，以印度尼西亚产量最高，越南次之，菲律宾和泰国分别列居第三位和第四位。上述四国均有绵长的海岸线，海洋渔业在沿海地区国民经济构成中占据重要地位，依靠周边海域丰富的渔业资源，海洋捕捞量占据重要地位，淡水捕捞量所占比重很小。与此同时，在沿海地区海洋养殖业发展迅速，泰国、越南、马来西亚的对虾养殖业比较发达，在世界虾产品交易中占有重要地位。

（一）越南的海洋渔业资源开发

越南的东南和南面临北部湾和南海，海岸线呈南北走向，跨越13个纬度，长达3,260km，随着地区的不同，水深、气候、水文、渔业季节变化显著。沿岸被众多的岛屿（4,000多个）、海峡、海湾（12万公顷）环绕，浅水水域广阔，滩涂29万公顷，入海河流112条，河口淡水迳流年总量为3,000—4,000亿立方米，为河口区域和沿岸水域提供了大量无机盐类，为鱼类创造了良好的繁殖、栖息条件。1989年实行渔业体制改革后，渔业发展很快。富饶的资源潜力以及捕捞业、养殖业发展趋势和人力资源条件方面的优势，为越南发展成为亚洲的渔业大国奠定了基础，渔业养殖已经成为世界第三大国，仅次于中国和印度人口大国。从FAO统计的中国和越南近期的捕捞量可以看出：越南淡水捕捞在萎缩，而海洋捕捞量的增加速度是中国的近两倍。越南海洋捕捞的优质商业鱼类收益颇丰，2013年越南出口水产品贸易达到67亿美元，而2012年我国全国出口水产品总额为190亿美元。渔产品主要出口市场为：美国、日本、欧盟、以及中国、俄罗斯及其他中东国家，主要出口产品为冷冻鱼和冷冻虾等海产品。

越南海岸线长度达其陆地边界总长度的约84%，渔业产量发展迅猛，由统计的1950—2011年越南渔业产量，由1950年的60,000吨增长到2011年的2,502,500吨，增长了约42倍，年均增长6.4%。海洋渔业捕捞量构成中海洋鱼类占主导地位，伴随海洋养殖业的发展，海洋渔业呈快速增长态势，1995—2011年越南的海洋渔业总量从50,000吨增长到2,300,000吨，其中海洋鱼类由40,000吨增长到1,713,900吨；海洋甲壳类由7,000吨发展到229,800吨；海洋贝类发展最为明显，由3,000吨上升到

356,300吨。

（二）作业渔场、渔期和主要鱼类

越南的渔业以海洋捕捞业为主，海洋渔业作业区多集中在20m沿岸近海水域。作业渔区分为北部湾、南海和泰国湾三大海区。北部湾有渔场面积15.36万平方公里，是以鱼类密集最高而著称。大陆架辽阔，海底平坦，可用多种渔具作业。沿岸作业的季节是3—8月；外海作业是9月至翌年1—2月。主要渔获物是生长或洄游于近海范围内的鱼类，经济价值较高的鱼类有鲣、金枪鱼、圆鲹、斑鰶、鲱、鲳、马鲛鱼、沙丁鱼等。此外，还盛产各种海珍品，如海蚌、鲍海参、龙虾、蟹、蚶、蛤、海螺等。南海区从越南中部的广治到南部的湄公河一带，近岸海底也较平坦，但近海、外海则水深突增，外海海底崎岖不平，还有大量珊瑚礁。近岸可以进行拖网作业外，捕中上层鱼类用的渔具主要有围网、流刺网、光诱敷网和定eight渔具。捕捞的鱼类有沙丁鱼、竹荚鱼、鲹、鲣、鲐等。泰国湾为大片浅海区，西面与大陆相连，渔场面积34.28万平方公里。其地理特征与北部湾有许多相似之处。海底平坦，主要覆盖沙泥，可拖网作业。越南南部渔汛分淡旺两季，即8月至翌年1月份为旺季，其中，9—12四个月生产最好。2—7月份为淡季。越南的金枪鱼钓生产比较好，渔场在北纬7~15°之间，距离越南海岸线约100~200海里的海域。以10月至翌年4月份生产较佳，尤其是在农历1—2月份。

三、对越南南海资源开发行为的分析

在油气资源开发方面，可以从以下3个方面进行解读：

（一）南海油气资源全面开发和增加油气资源供给是越南国家意志行为，半个世纪以来越南油气资源开发战略不断升级，从无到有，更得益于1991年后外部环境稳定（尤其是1991后中越关系的改善和发展）、油气勘探开发的法律保障和优惠政策。

越南本是一个完全依赖石油进口的国家，1986年前没有油气资源产出。应北越政府邀请，苏联石油地质专家在1959-1961年调查基础上提供的《越南地质和油气资源潜力报告》激发了越南开发南海油气资源的国家意志。1961-1986年期间越南跟苏联油企合作，进行了大量油气资源勘探工作。但国家投入少、成效并不显著，1977年越南成立了"越南石油天然气公司"，越南和苏联油企联合成立了Vietsovpetro合资公司，承担相关区域的勘探开发和技术人员培训，直到1985年6月在南海白虎油田区域勘探发现有商业开发价值的油气资源。

1986—1996年是越南石油天然气开发岸段起步腾飞的十年。1986年在南海白虎油田开采出商业价值的油气资源后，极大的油气资源潜力和经济利益驱使越南政府对外开放油气资源勘探开发的市场，巨大的优惠条件和收益使得国际知名油企纷至沓来，在1992年越南宪法的基础上，1993年7月越南通过《石油法》，从法律层面为大规模的外国公司进入越南进行南海油气资源合作和勘探开发扫清了道路。1996年11月越南通过《外国投资法》，在南海油气资源开发的法律保障方面做了进一步的规定和强化。可以看出，越南依托南海油气资源，利用国家外国投资鼓励政策和法规，越南国家油气公司和世界著名油企之间进行了实质性的合作，1995年越南虽然天然气开发尚未有商业开发，但原油产量已经达到1,000万桶，已经为越南谋取了巨大的经济利益。

1997—2010年是越南在南海油气资源开发的黄金期。2010年之后，伴随美国亚太战略的新动向，在南海油气资源开发捞足了好处的越南，伴随国力的增强和南海局势的新变化，越南和中国间的矛盾爆发出来，突出表现为2012年6月《越南海洋法》的出台将南海的西沙群岛和南沙群岛以法律形式纳入越南版图，此后的南海981平台冲突、越南打砸抢在越南的中国企业或公司等一系列重大事件是中越矛盾的进一步升级。总体上看，越南将南海油气资源开发作为国家意志行为，越南南海油气资源开发战略依靠法律手段和鼓励政策在不断推进并取得了巨大的成功。

（二）在油气资源开发中不断声索并维护其海洋权益主张，1990年代之后加强了南海海洋战略的实施，将渔业、油气资源开发作为突破口，不断利用各种机会将南海问题国际化，加强南海的军事存在，动用宣传机器宣扬“中国威胁”、“东海主题”和“南海西沙群岛和南沙群岛归属越南”观点。

国内外记者时被问及本次东盟首脑会议能否就南海问题达成一个协议时，越领导人回答说：“维护东海（即南海）的和平稳定及安全是东盟和区域内国家的共同利益和最大的关心点。区域内有关的国家制定了许多协议和合作机制，以保证东海的和平、稳定与合作，《南海各方行为宣言》(DOC）就是其中的一个。东盟与中国已同意尽早召开会议，来讨论促进实施DOC的办法。我们相信，出于维护地区稳定利益的善意，各方将继续遵守和实行DOC以及《1982年联合国海洋法公约》，以维持与促进东海的和平、稳定和安全”。

2010年4月10日，越南的一篇题为《越南决心推进东海主题》的文章就提到，越南决心在这一热点地区正在发生剧变的背景下推进东海主题。文章指出，《南海各方行为宣言》将被列为第16次东盟首脑会议上各国领导人讨论的主要议题之一。文章还提到4月6日，大会发言人陈玉安在回答BBC的采访时说：《南海各方行为宣言》(DOC）是关于和平、稳定和合作以及建立互信的话题，是所有国家关心的领域。这也是东盟实现共同体的14个优先领域之一，因此越南将其列入第16次东盟首脑会议各国领导人议事内容中”；在被问到“本次会议能否把《南海各方行为宣言》(DOC) 提升到《南海各方行为准则》(COC)”时，陈玉安回答说：《南海各方行为准则》(COC）是东盟与中国之间签订的一个文件，它是一个目标，各国将为实现这一目标而努力。把《南海各方行为宣言》和南海问题写进会议议题，是越南政府将南海问题国际化进程中迈出的新一步。越南资深外交评论家阮玉常博士指出：“从2009年至今，东海问题国际化的过程自然而又合理”。在强大的宣传下，在越南，公众个体的潜意识行为和无意识行为中，有强烈的“南海主权”意识和“中国侵害越南利益”的意识，在南海海洋权益维护进程中民族之间的矛盾和对立将持续下去。

对此，应有积极的应对准备，如何加强中国的南海海洋权益宣传、实施维护南海的海洋权益的具体行动，应该在更高、更大、更远的战略层面开展研究，真正维护中国在南海尤其是在西沙、南沙群岛附近海域的渔业、油气资源开发活动。

（三）越南油气集团公司（PVN）的南海油气资源开发行动和意义。

在过去50多年越南石油和天然气开发中不断壮大，在南海油气资源开发中，与西方大国的石油、天然气以及海洋装备和炼油企业之间加深了交流和合作，PVN已经成为越南最大的国家控股公司，在越南国民经济中占据重要位置。PVN不仅是经济上为越南带来巨大收益，而且维护海域国防安全、增加就业、推进南海海洋战略取得标志成效等方面受到越南政府和公众的热捧。因此就国家意志和民族意志方面，越南更强烈地表现出“不怕争端”、“解决维护其海洋权益”的精神。就PVN具体的南海油气资源开发行为来看，主要表现为：

一是将南海西部油气资源块区划入越南版图，强烈推进南海油气资源“国际化开发”局面。一旦中越矛盾激化，西方油企所属国家必然要维护其利益，因此，国际化的开发局面将进一步将南海争端引向国际化。

二是在争议激烈的海域的油气资源开发越南给国际油企最优惠的政策。如90年代初期在干扰中国和美国克里斯通石油公司勘探开发的同时，越南主动联系相关国际油企，给出远远高于中国的待遇。在国际市场竞争中，选择不正常的手段挤压中国在南海开发油气资源。

三是重视整个石油天然气工业的整体实力的发展。在早期与苏联的合作中，越南培养和积累了经验、锻炼和培养了技术队伍。西方油气企业和集团的进入和投资，让越南有机会吸引和借鉴了先进的勘探和开发技术，包括后期的炼油技术。2011年越南第一座大型炼油厂建成并投产，改变了越南长期成品油依赖进口的局面。近年来，越南在国际合作和第三方国家进行合作油气开发的活动不断扩大，如在俄罗斯、蒙古国、委内瑞拉、马来西亚-越南毗邻海域以及非洲国家进行油气开发合作，力图保证其经济快速增长之后的石油供应问题，主要是考虑南海油气资源在

2014年之后产量有下滑的趋势。PVN成为越南一个知名的招牌企业和国家的象征。

2004年4月29日签署了《中越北部湾渔业合作协定补充议定书》，对过渡性安排水域的范围和管理进行了规定，同时还签署了《北部湾共同渔区资源养护和管理规定》。因为面临海警监管、袭扰的影响，中国海南、广西和广东有很多的渔民转产、弃船，放弃在北部湾传统渔区的捕捞活动。

二是武装护渔，更多参与盘查、驱赶中国渔船离开北部湾。2009年越南国会以89%的支持率通过《民兵自卫队法》，规定今后越南渔船队出发之际，将有一组执行自卫任务的民兵随行，为越南渔民出海“保驾护航”。这就是国内常说的“武装渔船”的由来。其实，越南的武装渔船在2009年之前已经在北部湾频繁的活动，扮演的角色是无理地登船检查、没收网具和鱼产品等，长期袭扰中国渔民的北部湾的捕捞。其目的不言而喻，越南旨在北部湾的渔业资源分配中获得更大的利益。

三是越南在西沙群岛海域的捕鱼不断加强。应该看到越南在北部湾划界之后，国家鼓励渔民南海远海捕捞，英国《金融时报》2011年6月20日一篇名为《越南渔民冲到了中越冲突的最前线》的报道称，越南政府执行了越来越严格的近海休渔政策，使得越南渔民不得不更深入南海深处捕鱼。而越南还在不断地向渔民造船买船补贴、提供燃料补贴、软贷款和其他金融支持，帮助越南渔船提升发动机功率，远洋渔船免费装备卫星定位系统等。2006年《国际先驱者导报》报道西沙工委谭显坤书记描述的越南渔船在西沙海域的作业比以往有显著不同：首先，从零散捕捞到集群大规模作业。以往越南渔船到中国西沙海域作业一般只有1至2艘船，最多也不过3艘船。但从去年以来开始变成了10多艘联合行动，最多的一次甚至达到15艘。其次，从暗地到公开。以往越南渔船到中国海域作业大多偷偷摸摸，而从2005年下半年开始则公开在渔船上悬挂越南国旗。第三，从过去的“捞一把”就跑，到现在公然在中国岛礁安营扎寨。近年来，我国南海渔政有计划地驱赶越南渔船离开西沙附近海域，虽然有一定的效果，但渔政仅仅是驱离而已，没有越南海警的“武装驱赶中国渔船”更有效果，因此，南海海洋渔业资源管理渔政和海警联合执法的效果会更明显。

四是越南不断强化对在南海捕捞渔船、渔民的支持力度，开发南海丰富的远海渔业资源成为国家意志和国家海洋战略的优先领域。越南在20世纪80年代之前，主要是小型的渔船为主，很少有大型的远海捕捞渔船。目前越南近海的小型渔船还有11万多，但在越南对外开放之后，越南对渔船、渔民的鼓励、支持力度不断加强，尤其鼓励远海捕捞，对在西沙和南沙群岛进行捕捞和居住的渔民有更多的经济补助，越南已经有大约3万艘100吨以上的较大型渔船。2014年越南政府支持下，增加的1400艘大型渔船和配套的冷冻运输船只，进一步支持在南海海域的海洋捕捞。

五是谋求在南海海域的海洋渔业资源开发利益最大化。越南不断宣示对西沙、南沙群岛的主权要求，反对中国的休渔期制度；越南渔民潜意识和无意识地将南海海域当作自己的“专属经济区”。国际水产品市场上，越南不断加强对美国、日本、欧盟的贸易出口，打造品质、安全的水产品形象，谋求在南海海洋渔业资源开发中的最大利益。同时，也将南海因渔业捕捞中越摩擦和冲突，引入南海问题国际化的道路上。

四、中—越南海（北部湾）渔业合作十年反思

1991年中国和越南双边关系改善，政治和经济交流不断加强。2000年12月25日，中越政府签署了《中越关于两国在北部湾领海、专属经济区和大陆架的划界协定》和《中越北部湾渔业合作协定》。2004年4月29日签署了《中越北部湾渔业合作协定补充议定书》，对过渡性安排水域的范围和管理进行了规定，同时还签署了《北部湾共同渔区资源养护和管理规定》。

越南努力把南海问题国际化与其长期以来推行的海洋经济战略中发

展海洋经济与国防战略相结合的指导思想是紧密相连的。越南2010年担任东盟轮值主席国取得了其预期的效果。它不仅促使东盟在2010年中召开了东盟以及与东盟有关的各种会议、论坛，还通过把美国、俄罗斯等区域外大国拉进参与东盟外长论坛而巧妙地推进了东盟的大国平衡政策。通过担任轮值主席国，越南提升了自身在东盟的影响力。2012年6月在中国十八大召开之前越南通过《越南海洋法》，将我西沙群岛和南沙群岛以海洋基本法的形式纳入其领土范围。

从90年代开始在南海争端中中国采取和平发展的外交战略，甚至尝试实施过在南海海域搁置争议共同开发的行动，如中国、菲律宾和越南的石油公司2005年3月14日签署了《在南中国海协议区三方联合海洋地震工作协议》。据越南《青年报》报道，越南渔业部副部长阮文忠2014年6月19日在岘港市称，过去十年来，越南在北部湾驱逐违反《越中渔业合作协定》的大约9,700条中国渔船。其中的数字有待核实，应该不乏有水分在其中，目的是在舆论上恶人先告状，对中国渔民在北部湾捕鱼进行进一步的限制，以彰显其海洋权益保护。中国-越南政府倡导下的渔业合作在南海海域起步最早，2004年6月30日生效的《中越北部湾渔业合作协定》至今已经整整十年，中、越渔业合作进程中更多的是不和谐的冲突事件和不断升级和加剧的渔业争端，值得深入思考。

五、维护南海海洋资源和海洋权益战略的对策建议

南海西部海域丰富的油气资源被越南从1986年开始商业化开采，油气资源为越南带来了经济的腾飞，建立了现代化的石油-天然气工业体系，南海海域西部越南“独享”油气资源收益近30年，入侵和开采我九段线内海域的油气资源；2012年6月在十八大召开之前越南通过《越南海洋法》，将我西沙群岛和南沙群岛以法律形式纳入其领土范围。为维护南海海洋资源和海洋权益，提出如下对策建议：

一是南海资源和海洋权益维护要坚持“主权在我”的指导思想。

1988年小平同志在中顾委讲话就当时的周边国际关系问题提出了“主权在我、搁置争议、共同开发”的思想（见邓小平文选第三卷88页）。但在中越之间的部门合作中，往往会重视“搁置争议、共同开发”，而严重地忽略了“主权在我”，这应该是我们在南海争端中应该关注的问题，坚持“主权在我”不动摇。我国在南海海域享有历史性权利，九段线是南海海域历史性权利的最好证据。历史性权利一方面得到了《联合国海洋法公约》的承认，公约的相关规定体现了对历史性权利的尊重；另一方面历史性权利制度本身就是国际习惯法，与《联合国海洋法公约》中规定的海洋划界制度是平行关系，海洋划界必须要考虑历史性权利的影响。所以，中国在南海海域的是平行关系，海洋划界必须要考虑历史性权利的影响。所以，中国在南海海域的历史性权利不能被忽视或漠视，南海的海洋划界应该充分考虑中国的历史性权利，捕鱼权应该得到尊重和保护。

二是要认清越南的渔业争端和冲突的目的是为了南海更大的权益争夺。北部湾划界和渔业协定并没有让越南与中国在南海问题上友好协商和和平相处，越南目的是窃取和占据整个南海岛礁，2012年6月《越南海洋法》的通过，已经将越南的这一计划展现给世人，将西沙和南沙群岛纳入自己的版图，并以法律形式宣布。2005年之后越南频繁在西沙群岛周围海域的渔船活动是有目的的政府鼓励行为，应该给予强烈的还击，必要的短时间、局部的武力驱赶是必要的，而非仅仅是渔政船的行动。

三是加强南海海洋权益维护的管理体制。鉴于南海的国家战略地位重要性，建议成立“国家南海海洋事务综合管理局”，强化海警部队在海洋权益维护中的地位和作用，制定南海正常的护渔行动方案。目前，我国南海除海军外，还有海警、海事、海救、海监、渔监、渔政、海关缉私等机构，还包括“搜救中心”和打捞部门。如此分散执法，存在职责重复、职责分散、设备（船艇飞机）重复购置以及人员队伍重复建设等诸多问题。如能统一管理组建“国家南海海洋事务综合管理局”整合战略资源，形成拳头力量，加强武装护渔，对维护南海国家海洋权益意义重大。

四是强化南海智库作用和国际话语权。挪威奥斯陆大学的藤纳森教授90年代曾经坦诚地说，他到过南中国海周边的好几个国家，也到过很多欧美国家，会见了众多世界各地研究南沙问题的专家、学者，了解到了这些国家官方的主张和学者的认识。他感到遗憾的是，在众多有关南沙的国际交流中，最难听到的就是中国学者、专家的声音。尽管近年来中国学者在南海问题上的声音开始加强，但研究队伍、研究成果还有待进一步提升和加强。中国人喜欢说“沉默是金”，而沉默也往往会被人误解为默认。可以通过强化国际合作交流研究的方式，派出去和请进来相结合，加强与亚洲、欧、美国家相关国际问题专家的沟通和交流，搭建国际平台，多种渠道争取南海问题国际话语权，维护国家南海资源和海洋权益。

南海方向军警民联合维权问题研究

赵绪明　金晶

[内容提要] 军警民联合维权是当前世界主要濒海国家海洋权益斗争的一种新方式。针对南海方向海上维权的形势特点，加强该海域海军与海警、海事及地方其他力量联合维权研究，对于强化南海方向海上维权斗争具有重要的理论和实践意义。

[关键词] 南海方向　军警民　联合维权

[作者简介] 赵绪明，海军军事学术研究所战略室主任，中国南海研究协同创新中心研究员；金晶，海军军事学术研究所助理研究员，中国南海研究协同创新中心助理研究员。

军警民联合维权是当前世界主要濒海国家海洋权益斗争的一种新方式。针对南海方向海上维权的形势特点，加强该海域海军与海警、海事及地方其他力量联合维权研究，对于强化南海方向海上维权斗争具有重要的理论和实践意义。

一、南海方向军警民联合维权需求分析

南海是我国资源最丰富、面积最辽阔的海域，是我实现可持续发展不可或缺的战略空间。目前，我南海方向海洋权益遭受严峻的威胁与挑战，而南海执法力量相对薄弱，不能满足南海方向海上维权需要，因而对海上联合维权提出新需求。

（一）南海方向严峻的维权形势要求加强军警民联合维权

自2009年以来，菲律宾、越南、马来西亚等国在南海加速“圈地”速度，并向联合国大陆架界限委员会提交200海里大陆架及350海里外大陆架勘界申请，把我南海传统疆域瓜分殆尽。不仅如此，菲律宾、越南等国还通过海洋立法、资源开发等手段强化南沙群岛控制。越南是南海争端中占领岛礁最多、时间最长的国家之一，也是在争端中涉及范围最广的国家之一。1978年，越南正式声明对我西沙和南沙群岛拥有主权，并将西沙群岛、南沙群岛称为其“黄沙群岛”和“长沙群岛”。1979年9月，越南发表“越南对黄沙和长沙两群岛主权”的白皮书。目前，越南共侵占我南沙29个岛礁。2007年4月，越南在南威岛设立了“长沙县”，并分别在南子岛、景宏岛、南威岛设立3个乡镇，2009年又公然在西沙和南沙群岛任命了行政官员。菲律宾在1970至1980年期间采取军事举措先后侵占我南沙8个岛礁，官方将其统称为“卡拉延群岛”，设立巴拉望省下辖的“卡拉延市”。1999年菲律宾又侵占我仁爱礁，侵占我南沙岛礁数量达到9个。近年来，菲律宾在中业岛上修建了一条长约1.3千米的飞机跑道以及兵营、观察塔、碉堡等军事和民用设施，并移民达300余人，还开办了一家小型幼儿园。马来西亚先后在南沙11个岛礁上立了主权碑，对其中5个岛礁实行了武装占领，将其划归东马管辖。马来西亚还对弹丸礁进行扩建，由不足0.1平方千米扩建到0.35平方千米，成为南沙第一大人工岛，并在上面建立海军基地和机场，还大力开发旅游业，建立豪华酒店，吸引大批游客前来旅游观光[①]。越、菲、马高官还多次前往所占岛礁进行“视察”和“慰问”，举行选举活动，显示在南沙的“事实主权”，还不断加强对所占岛礁的行政管理和军事管控，积极寻求“法理依据”，从法理上强化“有效占领”，增加了南海问题处理的法理难度。[②]

① 咚咚：《重拳出击》，《舰载武器》，2012年第10期，第10—15页。

② 付荣华：《浅析应对当前南海形势的思路对策》，《华南军事》2013年第2期，第31页。

目前，南海有生存条件的岛礁已被瓜分完毕，周边国家开始觊觎无人岛礁。2009年2月，菲律宾国内通过“领海基线法案”，将我国黄岩岛纳入到菲律宾所谓的领土管辖范围。

越南、菲律宾等部分声索国还加紧在争议海域开发石油和天然气，他们将南海海域划分为若干个油气招标区，以最优惠的政策吸引美国、俄罗斯、日本等国的石油公司，合作开发石油和天然气。随着近海浅水区油气资源勘探开发的基本完成，周边国家油气资源开发范围不断扩大，日益深入我南海断续线内的富矿海域，并通过外大陆架申请进一步扩大开发空间。南海周边国家还通过多种手段，抢夺我渔场和渔业资源，限制我渔民的生产范围和作业方式，抓、扣、打、杀我渔民事件时有发生。当前，向海洋要资源、要空间、要发展已经成为沿海国家的共识。为了霸占和攫取更多海洋资源，南海有关国家将继续采取多种手段掠夺我传统海域的资源，我海洋权益将面临更多损失，南海方向海上维权形势将非常严峻。面对南海复杂的海上形势，我们必须发挥军警民联合维权的优势，加强联合维权执法力度，确保我海洋权益不受损失。

（二）南海方向复杂的维权斗争要求加强海军与海监联合维权

基于南海的重大经济利益、军事利益和地缘战略利益，南海周边许多国家和众多域外大国聚焦于此，确立各自的战略意图，对我海洋权益产生重大威胁和危害，使我南海维权面对不同意图、不同实力的诸多国家，维权斗争十分复杂。菲、越、马等周边国家是南海维权的主要对象。这些国家不仅掠夺油气资源，进行非法捕鱼、非法勘探活动，以及对我勘探开发活动进行阻挠破坏，还通过国内立法等手段，固化甚至扩大主张海域，夯实进一步掠夺我海上资源的基础。美国为扩大其南海影响力，高调插手南沙问题，加强与南海声索国的军事合作，频繁与南海周边国家举行军演，不断提高舰机对南海的侦察监视力度，并多次侵入我专属经济区[①]，利用南海问题遏制我的意图明显。日本为牵制我，也积极推进南下战略，以经济手段为主拉拢南海国家，并以反恐为名在军事上实现逐步介入，力图保持和扩大其在南海的影响力。很长一个时期，我南海维权不仅要面对独立的国家，还要面对各种国家或地区联盟，斗争将异常复杂、尖锐。这要求我们必须充分发挥海监执法的民事功能和海军执法的威慑与实战功能，充分发挥军警民联合维权所特有的应变功能，提高维权水平，降低斗争风险，实现维权效益最大化。

（三）南海方向艰巨的维权任务要求加强军警民联合维权

为了提高执法质量和水平，世界各国比较重视海岸执法力量建设。美国海岸警卫队一直以来都处在稳定建设发展之中[②]，日本海上保安厅兵力规模较大，甚至超过许多国家的海军[③]，韩国海洋警察厅也是一只较强的海上执法力量[④]，包括南海周边的越南等国家也大力加强执法装备建

① 2009年3月，发生了“无暇”号测量船事件。

② 美国海岸警卫队是美国的第五大武装力量，也是当今世界最强大的海上执法力量。如果单从舰艇和飞机数量上看，堪称世界第十二大海军和第七大海军航空兵。目前拥有各类船舶1,600余艘，其中大中型舰船200余艘、小艇1,400余艘、固定翼飞机和直升机200余架，以及300处岸上设施。拥有各类人员123,000人，其中现役人员40,000人，文职人员6,200人，后备役人员9,600人，辅助人员34,200人。(资料来源，互联网)

③ 日本海上保安厅是仅次于美国海岸警卫队的海上执法力量，其规模之大、能力之强在亚洲首屈一指。目前，拥有各类人员12,000余人，其中中央1,600余人，地方10,000余人（陆上4,300余人，海上和航空6,000余人）。装备有各型船艇共计507艘，其中巡视船24型126艘，巡视艇15型233艘，海洋情报船6型13艘，航路标识船12型50艘，教育业务用船2型3艘。飞机共75架11个机型，其中固定翼飞机29架，直升机46架，能够遂行维持海上治安、海上交通、海难救助、防污染和防灾等多种任务。海上保安厅的船艇和飞机不仅规模大，而且性能十分先进，其中“敷岛”号巡视船吨位达7,175吨，是目前世界上最大的巡视船，可搭载2架“超级美洲豹”。(资料来源，互联网)

④ 韩国海洋警察厅共有人员10,000余名，其中警察5,800余名，主要从事现场执法工作；公务员610余名，主要从事行政管理和技术服务工作；现役军人3,590余名，协助警察执法，属于义务兵，并且定期轮换。拥有各类船舶260余艘，直升机10余架，包括警备救难舰、警备舰艇、刑事机动艇、机动巡察艇、防治艇、消防艇、拖船等，特别是2001年7月装备的5,000吨级警备救难舰“三峰”号，开启了拥有大型警备舰的历史。海洋警察队伍实行中央垂直管理，划分为厅一署一派出所一派出分所四个层级，与陆地警察部门没有隶属关系。警察厅下设警务计划局、警备救难局、情报搜查局、海洋污染管理局等部门，下辖13个海洋署，从地域上分为东海、西海、南海3个区域，拥有一所海洋警察学院。(资料来源，互联网)

设，一批高性能的执法船只、飞机纷纷列装。近年来，我南海方向海上执法力量建设取得长足进展，装备了巡逻飞机、大中型舰船等装备，并在南海维权行动中表现突出，在打击周边国家侵权行为方面发挥了重要作用。但同时也暴露了我南海方向海监执法力量总体水平的不足，主要表现为装备性能落后，总体吨位偏小，大型执法船数少。目前多数执法船只仅仅装备了一些轻型机枪，武器装备整体性能落后，缺乏像美国海岸警卫队、日本海上保安厅那种排水量3,000吨以上、装备中小口径舰炮以及直升机和信息化设备的巡逻舰（船），空中执法力量更为薄弱，维权时经常出现"捉襟见肘"、"疲于应付"的被动局面，在与有关国家海上执法力量对峙时也处于不利态势。面对艰巨的维权任务，单靠一种力量海上执法将难以应对。这要求我们必须打破常规思维，走一条军警民常态化联合维权的路子，将海上执法力量与军事力量、民兵力量结合起来，以寓军寓民的执法方式，应对多种形式的海上侵权行为和不断增强的海上侵权力量。

二、南海方向军警民联合维权的主要特点

南海方向形势复杂，维权行动特殊。军事力量参与的军警民联合维权，将是包括政治外交军事经济等诸多因素在内的综合斗争，呈现如下特点：

（一）联合维权行动的意义更加重大

与某一部门单独维权执法相比，联合维权作为军警地联合实施的行动，国家由幕后走向前台，成为维权行动的直接组织者和后果的直接承担者，因而属国家行为。特别是当前南海形势复杂，矛盾比较尖锐，关乎国家的重大利益，联合维权的成功与否，都将对民心士气和国家形象产生重大影响。

（二）联合维权行动的影响更加广泛

南海方向军警民联合维权，主要对象不是民间的侵权行为，也不是海盗和恐怖组织，而是外国政府有计划、有组织的侵权行为。当前，南海局势矛盾复杂，周边国家都不同程度地存在海域划界或岛屿争端，域外大国横加干涉，南海问题区域化、国际化趋势明显，维权过程中出现域内外国家联合对我的局面不可预知。作为以国家名义组织的执法行动，联合维权无论成功还是失败，对我与侵权国的关系，对周边地区甚至国际形势都将产生深远影响。一旦维权行动失败，则会刺激相关国家甚至其他方向效仿，使局部失利发展为全局被动。

（三）联合维权行动的风险性进一步提高

当前，我南海方向海洋权益遭受的侵犯主要包括四个方面：一是南海岛礁、海域被多个国家侵占和管控，二是外国石油公司、渔船等对我油气资源、渔业资源疯狂掠夺，三是域外大国在我专属经济区内进行非法测量和侦察监视活动，四是我南海有关开发活动受到周边国家的阻挠和破坏。这些侵犯，有些涉及国家主权问题，有些涉及海域划界和我专属经济区权益问题，具有高度的政治性。特别是一些国家已经从争议海区开发中获得了巨大利益，抢占、掠夺我海洋资源已上升至国家战略层面，其国内已经形成庞大的利益集团，并且具有强大的舆论基础，迫使政府不会在这些问题上轻易妥协。我海上维权，不论是由地方执法力量还是军警地联合执法力量，都将以国家名义进行执法，将面对外国的军用或民用舰船、飞机。维权与侵权斗争的双方，都有国家力量的支撑，都肩负艰巨的政治和历史责任。双方的成败，无论是对国内，还是对两国关系，甚至对周边地区和国际形势，都会产生深远的影响。

（四）联合维权行动的顾虑进一步增多

南海联合维权斗争形势变化往往既大且快，决策指挥必须统一高效。

军警地指挥体系不同，适用斗争场合及方式方法也有很大区别，特别是现场指挥关系转换把握难度大。转换过早会使本可能在民事范围内解决的问题变成军事对抗，造成政治外交被动。转换过晚又会使海上形势难以扭转，造成后续行动被动。就联合维权行动本身看，联合维权通常是以牺牲部分军事优势为代价的。如联合维权过程中，要求舰艇距执法海域和受援船舶较近，有时还会与海警执法船舶共同编组行动，往往会限制或影响装备战术技术的发挥。海军在采取行动时，不仅要考虑对付对方民用船舶，还要考虑对付敌军用舰机，不仅要考虑保护海监执法力量安全，还要考虑自身防御，这就容易导致兵力行动顾虑大，很多措施难于出手。

三、南海方向军警民联合维权的组织实施

鉴于南海方向复杂的维权形势，以及军警民联合维权所具有的特点，南海方向军警民联合维权应以有军队参与、掩护的各类侵权目标为对象，突出在争议海域的运用，以积极主动的联合维权行动，制止有关国家的非法海洋科考调查、非法开发等行为，保护我海洋科考、海洋渔业生产等的活动安全，实现南海维权效益最大化。在兵力运用上要遵循“注重联合行动、突出维权效果”的基本思路，着重把握好组织指挥、力量编组和兵力运用三个关节点。

（一）南海方向联合维权的组织指挥

加强联合维权，科学的组织指挥是关键。为适应南海方向军警民联合维权的特点，提高联合维权指挥的权威高效，必须简化指挥层级，建立指挥实体，明确指挥权限，突出靠前指挥。要建立联合维权指挥机构，实施统一指挥决策。根据简化指挥层级和现代海上扁平指挥要求，在南海方向建立岸上和海上两级联合指挥所，对军警民联合维权兵力实行统一指挥。岸上联合指挥所是负责联合维权的最高指挥机关，负责海上联

合维权事宜。海上联合指挥所是负责海上联合维权的前线指挥机关，负责海上联合维权行动的具体组织指挥。海上联合指挥所可设在吨位较大、指挥能力较强、位置较为靠前的海军舰艇或海警舰船上。根据任务需要，若以海上执法为主，则岸上指挥所设在海警机关，海警部队相应职务领导担任指挥长，南海舰队派相应职务领导担任副指挥长；海上指挥所设在海警舰船上，由海警舰船为主指挥海上兵力统一行动。若以海上安全保卫为主，则岸上指挥所设在南海舰队机关，南海舰队相应职务领导担任指挥长，海警部队派相应职务领导担任副指挥长；海上指挥所设在海军舰艇上，由海军舰艇指挥海上兵力统一行动。[①]

（二）南海方向联合维权的力量编组

军警民在南海方向联合维权时兵力的选择与配置，应基于任务和海域，结合各自兵力特点，以利于发挥联合维权的优势为原则和目标。在执行以安全保卫为主的任务时，以海军力量为主，海警和地方执法力量为辅；在执行以海上执法为主的任务时，以海警和地方执法力量为主，海军力量支援和配合；在执行联合行动时，海军力量与海警和地方执法力量混合编组，梯次配置[②]。根据任务需要，参与维权的力量可分为现场兵力、支援兵力和岸上兵力三类。现场兵力要立足对付当面敌人，侧重民事较量，着力形成数量优势、近战优势。通常情况下，现场总体兵力数量应不少于对方，兵力选择上应务求在机动力、撞击力、耐波力上对敌拥有综合优势。支援兵力要立足对付援敌并支援现场任务兵力，侧重军事较量，着力形成质量优势、远战优势。岸上兵力通常由机动性能好、突击能力强、持久作战水平高的兵力组成。岸上兵力平时按照不同的战备级别在岸上部署，也可将部分兵力集中到南海方向相关机场、码头，根据海上情况随时前出支援。

---

① 刘章仁：《再谈海警部队与海军及其他海上执法部门的协同配合》，《公安海警高等专科学校学报》，2008年第2期，第25—28页。

② 安立平：《提高军地联合处置海上社会性事件能力》，《海军杂志》，2012年第4期，第8—9页。

（三）南海方向联合维权的兵力运用

按维权行动是否演变成作战行动，军警民在南海方向联合维权可分为一般性维权和作战性维权两种情况。作战性维权是由维权而引发的作战行动，一般性维权指武力使用程度较低的维权行动。在维权行动上升为海上战斗时，使用作战性维权，按照海上作战的要求采取行动；在维权行动保持在低强度斗争时，使用一般性维权，按照利于发挥最佳维权效果的要求，选择合适的战法。军警民联合维权战法的运用，一是要注意抓关键，抓住敌关键目标、敏感目标，有效制止其侵权行动。二是要注意掌握必要预备力量，以备不时之需。三是要正确使用武力，应尽可能由低到高进行，以控制冲突升级，但这一原则是以有利于发挥己方优势并确保完成任务为前提的。只要能完成维权任务，哪种战法有利就用哪种战法，而不是机械地执行兵力使用规则。

四、推进南海方向军警民联合维权需解决的主要问题

推进南海方向军警民联合维权，应围绕一个“合”字，重点在力量、情报、装备、训练、保障、法规等方面的建设实现重大突破，从多个方面提高联合维权能力，增强联合维权效益。

（一）建立健全南海方向军警民联合维权体制机制

根据世界主要国家海上维权经验，并结合我南海维权斗争实际，加强南海方向军警民联合维权，关键是抓好联合维权体制机制建设。要建立健全联合指挥体制。根据南海方向海上维权任务多的实际，可考虑在南海方向建立以军、警为主，必要时国家相关部门参加的南海联合维权指挥体制。在担负重大维权任务时，由军委总部、海军和海警局联合组成岸上指挥所，其他情况由海军、海警南海方向指挥机关联合组成岸上指挥所，海军、海警海上编队及其他地方海上力量按平战两种状态实行

分段指挥，必要时可进行混合编组并建立海上现场联合指挥小组，实行全程统一指挥。要建立健全联合发展体制。无论从海上维权斗争需要还是从建立军警民一体化海防需要看，军警民联合都应逐步具备联合编组的能力，编队乃至单艘舰船间开展战术协同的能力。为此，积极探索军警民结合的新路子，推进军警民融合的创新发展。要建立健全一体化的海上联合情报机制，海军、海警指挥机构之间、海上舰船之间建立海上情况通报机制，实现军警民海上情报信息的互通、互联。要建立健全协作保障体制。按照后勤服从于作战的要求，建立健全军警民协作保障体制，打破军警地部门界限，统一筹划双方港口、码头、机场、仓库、检测维修等军警民两用后勤装备和设施建设，借鉴现代物流业的成功经验，全面整合军警民后勤资源，凝聚后勤力量，形成一体化后勤保障力量，逐步实现联勤联保，提高保障效率。要建立健全联合维权法规制度。针对当前南海方向军警民联合维权缺乏相关法规制度保障，协调难度大、组织复杂等问题，研究建立一套综合性法规制度，提高军警民联合维权的积极性、主动性。应通过法规的形式明确赋予军、警、民在联合维权中的任务，制定与联合维权行动相关的条令条例，将联合维权行动纳入常态化、规范化、制度化的轨道。

（二）加强南海方向联合维权力量建设

维权力量是实施海上维权的物质基础。提高军警民联合维权能力，应不断加强海警、海军和地方相关力量建设。要扩大南海方向军警兵力规模。规模和质量都是衡量维权能力的指标。合理足够的规模是形成能力的重要保障；扩大兵力规模，关键要高质量的规模。所谓合理足够的规模，就是在保证达到质量前提下，能够有效地完成维权任务。海军在南海方向的数量规模，首先要从海上方向战略全局考虑，满足海上作战的需要，同时兼顾海上维权。海警在南海方向的数量规模，应结合南海方向管辖海域、斗争对象、维权特点、侵权情况等，遵照“规模合理、精干顶用”的原则，适度扩大兵力规模。要加快高性能装备建设。考虑到南海距离大陆远、海上维权形势复杂，应不断提高海上执法装备的性能。舰船是海上维权的基本力量，应注重发展综合性能先进、航速快、续航力长、装备齐全的大中型执法船只，并根据需要发展相关维权特需装备。3,000吨级中远海执法船作为一种为满足长时间在争议海域，及200海里专属经济区外广阔海域进行巡逻和执法而设计的高性能执法船，具有巡逻时间长、适航性好、装备完善、执法手段多样等诸多优势，是目前各国海上执法机构进行中远海执法行动的主要力量①。考虑到南海海区特点，应重点发展3,000吨级综合执法船只，力求使大中型装备形成规模化、序列化、标准化。为提高发展起点，海警执法船只可采取采购新船与接收退役军舰并举的方法，在自行建造新型船只的同时，接收海军退役的舰艇。②航空巡航维权具有机动灵活、反应快速、搜索面积大和取证角度广等优势，在监控海域使用、海洋环境、海岛保护、及时发现案源及海上维权等方面有着不可替代的作用，对提高海洋综合维权效益具有重要意义。应按信息化机械化同步协调发展的要求，遵循“规模建设、高低搭配、综合配套”的原则，着眼装备远程化、信息化、综合化、系列化，构建由直升机、固定翼飞机和无人机三种力量组成的体系完整、性能先进、综合配套的航空力量体系。三种力量比例结构，特别是固定翼飞机和直升机比例结构的确定，应结合世界主要国家相关比例结构和南海方向海上维权执法实际情况这两个尺度考虑。要加强机动保障装备建设。考虑到南海执法海域广，距离大陆远，综合保障需求高，应根据海军海上作战的需求，并适当兼顾海军海监维权要求，发展具备机动保障能力的海上综合保障装备体系，尤其要大力发展具有综合伴随保障能力的大吨位综合补给船，具有单一保障功能的油船、水船，以及大型综合修理船等保障装备，提高联合维权机动保障能力。要注重海军与海警装备发展的协调性。尤其是海警装备发展，一方面，要考虑海上执法目

---

① 覃俞盛：《中、日、韩3000吨级执法船PK》，《舰船知识》，2012年第11期，第26—30页。

② 唐月伟，窦含章：《中国海洋局开始接受退役军舰》，《现代舰船（c版）》，2012年第11期，第78—80页。

标、执法环境、执法对象等特殊性要求，体现海上执法的专用性，另一方面，要考虑与海军舰船的协调，尤其在设计时就应该借鉴海军的技术标准，为与海军舰艇协调配合预留“接口”。要注重加强海上民兵建设。充分发挥海南的优势，把海南后备力量建设成为控海稳边的重要力量、支援保障的骨干力量、南海维权的常用力量。依托海上执法部门和大中型国有、股份制、民营企业及符合条件的个体渔船，扩大海上民兵组织规模，组建海上维权民兵队，配备必需的武器装备，开展针对性、适用性教育训练，提高民兵海上维权能力。①

（三）加强南海方向情报的搜集和利用

信息情报联合是实现军警民联合的重要措施，应加强南海方向信息情报的获取、分析与利用，以信息的联合促进行动的联合。要拓展情报搜集渠道。注重发挥天基信息系统、空基信息系统和水下信息系统等信息获取覆盖面广、实时性高的优势，加强对南海海域特别是争议海域的侦察监视，及时掌握当面海上动态。要培养海军全体官兵、海上全体执法人员和渔民、运输船只等地方民兵的信息意识，抓住巡逻、执法、维权等一切机会，搜集海上方向各种情报信息，及时发现南海有关侵权情况，为正确决策提供依据。要建立南海情报信息互通机制。可考虑建立南海方向维权情报分发系统，将军用、警用、民用情报系统与该系统对接，实现南海方向海上情报资料和实时信息的互通共享。要依托军地现有信息系统，以军队力量为骨干，以海警和地方力量为补充，建立一体化军地联合预警机制，综合运用军地信息探测系统，布设立体侦察预警网络，做到实时获取、信息共享、态势显示，为海上联合维权编队正确处置情况提供有力的情报支持②。要建立南海方向情报会商制度。该会商制度可由军、警及其他涉海部门广泛参与，融合各个部门的情报信息，

---

① 谭本宏：《在解决矛盾问题中推进海南军民融合式发展》，《国防大学学报》，2013年第5期，第103—104页。

② 安立平：《提高军地联合处置海上社会性事件能力》，《海军杂志》，2012年第4期，第8—9页。

及时掌握周边国家海上政策法规和最新侵权行为进展情况，深入研究侵权国家及其侵权行为的特点规律，分析判明其意图，为下一步联合维权方案预案制定提供科学依据。

（四）强化军警民间的联合教育训练

加强军警在人员培训、海上训练、巡逻执法等全方位、多层次的联合，为海上联合维权打牢基础。要加强军警民人才培养和交流。加强人才交流与培养是促进军警民深层次联合的重要措施。军警民应建立相应的人才交流培养机制，为各方人才培养和熟悉彼此业务创造条件。海警可依托海军训练机构培养相关指挥人才和专业技术人才，如航海、机电、雷通等部门官兵专业训练是相通的，可由海军训练，也可定期派人员到海军部队交流、代职，提高对海军业务的熟悉程度，还可大量招收有经验的海军官兵[①]。海军也应定期或创造时机派人到海警各部门学习和参加执法实践，熟悉海上维权力量的运用方式，提高各级指挥员的维权意识。要定期组织军警民进行联演联训。联演联训是形成和提高军警民联合执法能力的根本途径。要建立军警民联合训练磋商机制，定期对南海方向海军和海警联合训练内容、海域、兵力等进行研究部署，并组织相关兵力围绕联合维权的相关战法，开展有针对性地编组联训。要制定军警民联演联训实施办法，明确演练课题和内容，按照设置基本情况、制定演练方案、组织实兵演练、严格考核评估和做好研究总结的程序组织实施。[②]要加强联合维权问题研究，针对维权对象的活动特点和维权海区的水文气象特征，联合研究制定应对各种复杂情况的预案和想定，并进行研练和试验，不断提高联合维权临机处置水平。

---

① 唐月伟，窦含章:《中国海洋局开始接受退役军舰》,《现代舰船（c版）》，2012年第11期，第78—80页。

② 安立平《提高军地联合处置海上社会性事件能力》,《海军杂志》，2012年第4期，第8—9页。

南海海洋管理与执法维权对策研究

王军杰

[内容提要] 1994年《联合国海洋法公约》的正式生效，开启了一个海洋环境资源保护和海洋综合管理的新时代。诸多沿海国重新确立海洋发展战略，建立相应的海洋管理与执法维权体制，有效地维护了本国海洋权益。面临日趋复杂的南海趋势，近年来中国强化了在该地区的存在和管控。但是，强化我国对南海海域的管理与执法维权的前提是，必须明确我国的海域范围，传统“断续线”海域的界定不够清晰，受到周边国家的质疑，并给我国的执法维权带来困境。本文就此问题展开讨论，并在此基础上提出自己的看法。

[关键词] 南海　执法维权　海警局　海洋法

[作者简介] 王军杰，四川大学法学院副教授，中国南海研究协调创新中心研究员。

2012年7月24日，三沙市政府在西沙永兴岛正式设立，旨在强化中国对南海的管控。2012年8月1日，国防部在南海有争议地区建立一个新的警备区，并宣布在南海区域确立常态化战备巡逻制度。2013年7月9日，新版国家海洋局“三定”方案公布，7月22日，重组后的国家海洋局和中国海警局正式挂牌，这标志着中国海警局正式成立。重组执法机构，提升维权能力，是海警局设立的初衷。但根据《国务院机构改革和职能转变方案》（以下简称“方案”）的制度设计，中国海警局成立后正式履职面临诸多困境，需要认真研究应对。

一、南海执法维权的前提和基础：明确南海我国管理的区域范围

《联合国海洋法公约》第3条规定“领海宽度从本公约确定的领海基线起不超过12海里”;《联合国海洋法公约》第57条规定“专属经济区从测算领海宽度的基线量起”；第76条规定沿海国的大陆架“从测算领海宽度的基线量起”，这充分说明领海基线对于一国海域法律性质确定的重要性。缺少了领海基线，就缺乏了海洋管理与执法维权的边界。南海领海基点和基线以及断续线的海域位置及法律地位，是我国在该区域范围内执法的一个起始点，一个前提，需要尽快予以明确。

（一）勘定南沙岛礁的地理坐标，公布南沙群岛的领海基线[①]

中国已于1996年公布了西沙群岛领海基线[②]，东沙群岛基本由台湾管

---

① 划定南沙群岛领海基线的顾虑主要有：一是现状，南沙群岛多数岛礁被外国占据；二是确定基线将会产生广阔的“内水”海域，在该海域我国目前无法做到充分的执法维权；三是涉及自由航行。钓鱼岛领海基线划定，证明岛屿被外国占据不影响领海基线的确定，划定反而增加了我国执法维权的法律依据。无法充分地执法维权而影响划定领海基线的理由，亦难以成立。因为要逐步做到充分执法维权，更需要一个明确的领海基线。领海基线的划定，必然会出现“内水”，无需顾虑其他国家的观感。如菲律宾众议院曾通过法案，将南海二十多万平方公里的海域划为自己的“内水”。菲律宾在南海的领海基线之所以没有成功，不是因为会产生“内水”，而是因为其领海基线偏离陆地270多公里，严重违背《联合国海洋法公约》关于划定领海基线的规定。涉及自由航行影响划定领海基线，道理也不充分。在南海海域，最重要的国际航线是日本、韩国方向，经东海、南海到马六甲海峡的航线，该航线在南海北部位于西沙群岛和中沙群岛之间，在南海南部位于南沙群岛以西，已划定的西沙群岛领海基线未影响这条航线，待划定的南沙群岛领海基线也不会影响这条航线。马尼拉到胡志明市、柬埔寨、泰国，以及马六甲海峡方向的航线位于南沙群岛以北，马尼拉到雅加达方向的航线会在南沙群岛领海线以东，也不会受到南沙群岛领海基线的影响。只有越南中南部港口到菲律宾马拉望岛的航线，要穿越南沙群岛海域、通过南华水道。但中国政府可以宣布在这条航线上，外国船只可以无害通过，且这条航线上的船只并不多，无害通行不会影响各方自由通行的利益。

② 1958年9月4日，中国公布了《中国政府关于领海的声明》：中国大陆与近陆岛屿的领海基线为各基点之间的各直线，中国领海宽度为12海里。1992年2月25日，全国人民代表大会常务委员会通过了《中华人民共和国领海及毗连区法》对此加以法律确认。1996年5月15日，中国政府正式发布了77个领海基点，连接了大陆领海的部分基线和西沙群岛的领海基线。2012年9月10日，中国政府公布了钓鱼岛及其附属岛屿的17个领海基点和相应基线。

辖，故当前主权被侵蚀最严重的是南沙群岛，越南、菲律宾、马来西亚等国对南沙均有所染指，[①]再加上美、日等国势力的渗透，致使南沙群岛海域成为南海管理与执法最为棘手的区域。故，南海当前最需要明确的管理与执法区域是南沙群岛海域。

通过立法明确宣示对有关海岛及海域的主权是各国普遍的做法。2009年3月10日，菲律宾总统阿罗约不顾中国的强烈反对，正式签署了第9522号“领海基线法法案”，将我国南沙群岛的部分岛屿和黄岩岛划入菲领海。在1982年，越南就发表了《关于越南领海基线问题的声明》，将西沙、南沙群岛及南海绝大部分海域据为已有。2007年1月，越共决议通过“2020年越南海洋战略”，旨在到2020年建设成“海洋强国”。2010年4月，越南政府批准了《至2020年越南岛屿经济发展总体规划》，明确了“越南将岛屿经济发展与国防建设密切结合”的思路。2012年6月21日越南国会表决通过《越南海洋法》[②]，该法第1条即明确了对中国的西沙群岛及南沙群岛的所谓“主权”。越南亦是唯一对我国南沙群岛和西沙群岛宣布拥有“主权”的国家。

为了回应越、菲等国对南海的侵蚀，中国于2012年6月21日，公布了批准设立地级三沙市的决定。三沙市管辖西沙群岛、中沙群岛、南沙群岛的岛礁及其海域。但由于南沙群岛的领海基线未公布，所以三沙市

---

① 据百度百科资料显示，当前越南侵占控制岛屿和珊瑚礁达29个；菲律宾侵占岛礁达9个；马来西亚侵占岛礁5个；文莱侵占1个，参见：http://baike.baidu.com/view/16187.htm?fr=aladdin，2014年11月8日访问。

② 2012年6月21日越南国会审议通过《越南海洋法》，共7章、55条，自2013年1月1日起施行。第1章：范围、定义等综合内容；第2章：对越南海洋区的规定，包括领海基线、内海、领海、毗连区、专属经济区、大陆架、岛屿、群岛等；第3章：对越南海洋区中活动的规定，含：在领海进行无害通过，在领海确保无害通过的交通管制，领海中的活动禁区和限制区，有关外国来越南的军事和公务船只，外国军事和公务船只在越南海洋范围内的责任，对于船只在越南内海和领海从事秘密活动，有关外国船只案件的刑事和民事裁决权，对外国船只的驱逐权等；第4章：海洋经济。条款涉及海洋经济的发展原则、海洋经济各业、海洋经济的发展规划、海洋经济的建立和发展、对海洋和岛屿上经济投资的刺激和优待；第5章：对海洋巡逻和稽查的规定和条款，巡查任务、责任范围、旗帜、制服和徽章。第6章：有关违反该法的处理方式。该章包括处理违犯地点、预防违法措施、向外交部通报与对违法者的处理。

的管辖范围以及国家海事局和中国海警局的执法维权范围均难以确定。故，需尽快公布南沙群岛的领海基线，确立我国的管理与执法海域。在此基础上可以考虑设立西沙县、中沙县和南沙县，行政上隶属三沙市管辖，进一步落实对南海的行政管辖，彰显在南海的行政存在。

根据1992年2月25日《中华人民共和国领海及毗连区法》、《中华人民共和国专属经济区法》和《中华人民共和国大陆架法》，领海基线一旦确定，我国的专属经济区和大陆架的区域范围亦随之确立，根据《联合国海洋公约》之规定，我国在自己的专属经济区和大陆架上享有相关的权利，即我国的执法的区域范围和执法权利内容也随之明确。

公布南沙群岛领海基线，一来可以延续西沙群岛领海基线的划定精神，坚持岛屿及其周边海域（领海）是中国的领土，进一步表明专属经济区和大陆架上的资源可以共同开发的姿态；二来可以为我国公开宣布“断续线”的法律性质奠定基础。

二、国外海洋综合管理海洋执法模式

为了维护本国的海洋权益以及谋取更多的海洋利益，各国相继建立起强大、高效、精干的海上执法部队。目前，世界上有美国、俄罗斯、加拿大、英国、日本、韩国、印度等100余个国家拥有海洋综合执法队伍。[①] 从执法方式来讲，沿海国的海洋执法力量主要分两大类，即由单独的执法机构实施的集中统一的海上执法和多个部门所属的多个执法机构实施的分散的海上执法。[②]

① 李滨勇等："刍议我国新形势下的海洋综合管理"，《海洋开发与管理》2014年第8期。

② 焦永科："国外海上执法力量的体制和职责"，《中国海洋报》，2006年7月7日第4版。

（一）集中统一的海上执法

集中统一的海上执法队伍又可分为两种类型：一是行政部门执法。此类执法多由一个政府部门主管，执法队伍为该部门的下属单位或挂靠单位。如美国海岸警备队、日本海上保安厅和韩国海上警察厅等。这些海上执法队伍，职责几乎涉及所有涉海部门的工作，且具有执法的权限，而不具有司法权限。二是军队海上执法。一些沿海国家，特别是一些中小沿海国家，其海上执法由军事部门管理，执法任务由军队承担。例如，瑞典海岸警备队隶属于国防部；荷兰海岸警备队由荷兰皇家海军指挥；印度海岸警备队原隶属于印度国防部等。他们既是海上的武装力量，又是海上的执法队伍。①

（二）分散的多部门海上执法

有的国家是多个部门执法，其中包括军队。如德国的海上执法部门有联邦边防保护警察和海关、船舶交通警察等；葡萄牙由海军负责海上巡逻，空军承担空中巡逻和侦察走私、海洋事故和非法捕鱼，内政部设有税务警察，国防部有海上警察和港口管理局等；印度尼西亚负责海上执法的部门主要有海洋与渔业部、交通部、海关、警察和海军等。②

（三）基本看法

以上国外的执法方式中，以行政部门所属的海上执法机构集中统一执法为最佳。其优越性在于可以统一调配使用人力、物力、财力资源，便于指挥，便于协调，应急能力强，工作效率高，所以，世界上大多数国家采用此种形式，我国也应该加以仿效。

---

① 吴志飞等，“世界主要国家海上执法力量建设发展与运用”，《求实》2013年第1期。

② 米菲：“我国海上执法管理体制改革创新研究”，华南理工大学2012年硕士论文。

三、我国的海上管理与执法制度改革与面临的挑战

长期以来，我国实行的是“多龙治海”的管理执法体制，既有国家海洋局、海事局、农业部渔业局（中国渔政局）等专业性行政机构，又存在海关、公安等涉海职能行政机关，其各机关都设有专门的执法队伍。[①]这些执法力量职能单一，互不统属，执法力量分散，职能重叠或空白，致使行政资源浪费，管理与执法效率低下。

（一）对海上统一执法问题开始高度重视并制定了基本原则

2013年3月14日，十二届全国人大一次会议通过了《国务院机构改革和职能转变方案》。据此方案，我国将整合海上执法机构，中国海警将成为未来最重要的海上维权执法主体。中国海警将进一步完善南海日常维权巡航制度，开展重点维权执法，有效应对海上突发事件。[②]《方案》提出：“将实现国家海洋局及其中国海监、公安部边防海警、农业部中国渔政、海关总署海上缉私警察的队伍和职责整合，重新组建国家海洋局”、“国家海洋局以中国海警局名义开展海上维权执法，接受公安部业务指导”。国务院批准《国家海洋局主要职责内设机构和人员编制规定》，突出强调了国家海洋局“综合管理”、“统一执法”的职责。《方案》对海警局的性质与职能还进行了初步明确：首先，海警局是行政执法主体，能否成为警察机构需要立法进一步授权明确，尽管属于非军事部门，但其接受公安部的业务指导及边防海警的武装配备，“准军事化”地位得以强化。其次，海警局并非承担全部的海上行政执法职能，作为海事行政机关的国家海事局没有被整编进去，依然承担着原职权范围内的执法权。

---

① 王秀芬：“中国海洋行政执法主体研究”，《大连海事大学学报》2005第1期。

② 卢卫彬：“《越南海洋法》：立法评析与对策思考”，《大连海事大学学报》2014年第4期。

（二）海上统一执法依然面临的困境

本次机构改革涉及多个涉海部门的职能与编制的变动，对海上执法格局带来深层次、深远之影响，亦给海警局全面履职带来挑战。具体如下：

一是海上综合执法的法律依据阙失。当前，海上执法依据的法律规范多达30余部，执法主体多元和执法依据分散导致部分执法机构的主体资格、职能范围和执法程序的法律授权不甚明了。例如，中国海监局自始是国家海洋局的内设机构，其海上独立的行政执法资格并未有相关法律予以明确，故只能以国家海洋局的名义实施行政处罚。① 这导致海监局执法的人财物调配均受国家海洋局的制约，实践中，常现权责不统一、腐败滋生、效率低下等问题。根据《方案》国家海洋局将以国家海警局的名义开展海上执法维权，因此无法确定海洋局与海警局的地位关系，以及海警局是否具有行政执法的主体资格。如果不尽快出台立法规范明确海警局综合执法的独立主体资格，海监执法的弊端恐将延续。另外，明确海警局的执法依据必将牵涉大量法律规范的修改统一，这些法律规范制定部分及效力级别差比较大，内容亦存在矛盾和冲突，故，建构完善的海上综合执法规范体系将是一项十分浩瀚烦琐的系统工程。

二是当前跨部门的职能关系难以协调。《方案》只是将现有的海上执法力量进行了部分整合，多部门分散管理的局面依旧延续，导致海警局仅仅取得相对集中的执法权，必然遭受部门之间职能协调的困境。首先，海警局的执法范围涵盖国家海洋局、海关、渔政局等多个涉海部门的原有执法内容，因而牵涉一个执法事权与多个管理事权，统筹这种复杂的职能关系将十分困难。其次，《方案》保留了海事行政机关的执法权，海警局的执法难免与海事局的执法产生重叠与矛盾。再次，海警局肩负着

① 《海洋行政处罚法实施办法》第3条第3款：“中国海监局以同级海洋主管行政部门的名义实施海洋行政处罚”。

维护海上治安、保护海洋权利的重要使命，应当强调其“准军事化”发展和武装力量建设，因而必须加强与公安部门与海军的合作关系，这需要长期的探索和实践。这种跨部门职能关系的协调如果不能解决，海警局的执法将受到严重掣肘。

三是当前的人员与装备无法满足执法需求。执法人员的专业技能、执法装备和技术水平是海上管理执法赖以存在的基础。海监、渔政、海关缉私、公安边防等执法队伍的人员素质和技术装备尚未完全满足海上执法工作的需求，同时接受整合并构成海警局执法力量的基础，短期内可能难以满足海上综合执法管理的新任务。总体而言，具备海洋综合执法素质的新型海警人才比较缺乏，原有海上执法的设备设施多数难以达到海上综合执法的技术要求，海警局接受的原有武器配备仅能执行常规的治安执法任务，难以胜任打击恐怖主义海盗犯罪、制止侵犯海权的重大使命。

四、对完善海上综合执法规范问题的几点思考

完善海上综合执法规范是确保我在南海实施有效执法维权的基本制度保障，应从以下几个方面着手准备：

（一）制定海上综合执法的专门性规范

美、日、澳[①] 等大国都高度重视海上行政执法的法制化，海上综合执法的主体及具体行为都有明确的法律依据。我国有必要借鉴外国经验，制定修改相关法律规范，明确规定海警局的法律地位、机构性质、职能

---

① 如美国制定了《海岸带管理法》、《国家海洋污染规划法》和《海洋区保护法》等海洋开发利用管理法律；日本制定了《渔业法》和《海洋水产资源开发促进法》等法律法规；加拿大制定了《渔业法》、《海洋倾废法》、《航海法》和《环境评价法》等；澳大利亚制定了《海岸带管理法》、《海洋保护法》和《石油法》等。参见全永波：“构建我国海洋立法体系的思考”，《燕山大学学报》2008年第9期。

范围和执法程序，以实现海上综合执法有法可依。首先，为了克服行政执法主体资格阙失的弊端，法律应明确海警局能够以自己的名义履行海上综合执法职能，并独立承担所为执法行为的法律后果。其次，法律可以规定海警局为警察机构，赋予其刑事执法职能，进而更好履行执法管理工作任务。再次，对海警局的具体职能与执法程序也应制定相应的规范，以确保其海上综合执法行为的合法性、合理性和正当性。鉴于修改立法工作量较大，短期内难以实行，可以考虑先由全国人大或全国人大常委会出台法律，确立海警局的综合执法地位、机构性质和职权范围，以克服原有法规的模糊冲突之处，然后再由相关行政部门具体制定相关的海上综合执法的行政法规或规章。

（二）确立海警局自主执法资格，构建跨部门协作执法机制

为了实现海上综合执法的效能最优，既需要确立海警局的独立地位和高效的执法条件，也需要统筹海警局与其他相关职能部门的关系。一方面遵循执法事权与管理权分离的行政改革思路，海警局有权自主决定常规性的海上执法事项，实行中央垂直管理，以保证执法权的高度集中。而海警局作为行政执法机构，与国家海洋局、渔政局和海关内设的行政管理机构在隶属关系、职权范围和财务经费等方面必须彼此独立。另一方面，海上行政体制呈现出管理分散、执法相对集中的局面，借鉴外国实践经验，有必要建立跨部门协作机制，为海上综合执法提供资源和信息共享的平台。例如，美国1999年设立“海岸警卫队职能和使命跨部门联合工作组”，由海岸警卫队、运输部、商务部、国防部、国务院、环境保护局、国家安全委员会等多个部门的代表组成。旨在为美国海岸警卫队的职能和使命提供建议。[①] 我国可以借鉴此模式，由海警局或国家海洋局牵头，海关、海事局、渔政局、公安部、国防部、海军以及其他相

---

① 向力：“海上行政执法的主体困境及其克服——海洋权益维护视角下的考察”，《武汉大学学报》，2011第5期。

关部门的代表参与，组建海上综合执法工作组，负责研究海上统一执法的重大问题，统筹海警局与其他涉海职能部门的职能冲突，促进部门之间的沟通与协调。此外，海警局还应重视与国防部、海军的合作与交流，藉以强化武装力量建设和执法人员素质，共同构建打击海上犯罪、维护海洋权益的长效合作机制。

（三）提升海洋委员会的决策地位

《方案》把我国的海洋委员会定位于“高层次议事协调机构”，实际上我国的海洋委员会只是国务院下属的一个议事协调机构，其与美国白宫海洋政策委员会可以草拟法案并推动其在议会获得通过不同，作为政府部门的中国海洋委员会在有立法权的人大主导立法工作的体制下已经不能左右海洋法律的草拟，根据中国共产党十八届四中全会的报告，未来将建立“党对立法工作中重大问题决策的程序”。另外，对于中国海警作为一支海军后备部队的领导和训练也需要在党领导军队的原则下进行；最后，中国当前的海权问题现状决定着我国考虑海洋总体发展战略必须坚持把安全与发展当作同一个问题的两个不同方面去考虑，必须全面统筹协调各部门的职权包括行政部门与军队之间的关系。综合以上意见并鉴于我国国务院下的海洋议事协调机构尚未完全发挥作用，建议中共中央设立中国海洋安全与发展委员会作为一个党务机构全面领导我国海洋战略的制定、海洋立法的推进、海洋执法力量的进一步改革、海洋的主权的维护以及海洋经济产业的发展。设立中国共产党海洋安全与发展委员会不仅有利于体现党对立法机关的领导，实现党的领导、依法治国与人民民主专政的有机统一，有利于体现党对军队领导的绝对权威；而且还有利于进一步提升我国对海权维护的重视程度，有利于进一步明晰我国海权问题的核心在于海洋权利的“权”与“利”的问题，即海洋安全与发展的问题，更有利于把这两个方面结合起来考虑促进海权问题的解决。

（四）建立新型海警培训机构，提升技术装备水平，开展海洋执法教育

健全新型的海上综合执法队伍是一项长期艰巨的任务，应建立与之相适应的执法人员培训机制。故，建议根据海警局执法任务的性质、内容制定系统完备的人才培养计划，可以考虑在国内海事院校内增设海警专业课程，为海上综合执法提供高素质人才储备。此外，根据海上综合执法的实际需求，制定相应的设备、武器和技术更新方案，整合现有舰船、码头和通讯保障系统，并采用国际通用的方法和技术。为海警局海上综合执法提供坚实基础。

（五）及早制定和出台我国的《海洋基本法》①

沿海各国为了保障国家海洋主权利益、有序地开发利用海洋资源及保护海洋生态环境，不断完善其海洋管理法律法规体系②。我国的海洋立法整体上滞后于我国海洋开发利用及管理的进程，现行法律法规散见于各部门法或是各行业行政法规。目前尤其缺乏能与国际公约对接的诸如

---

① 近年来，我国海洋法制建设快速推进，已颁布实施海洋法律法规多部。其中，1992年《中华人民共和国领海及毗连区法》和1998年《中华人民共和国专属经济区和大陆架法》明确了我国领海、毗连区、专属经济区、大陆架的海洋疆土空间范围、主权权利和管辖权等权利内容和性质，以及国内外在管辖海域活动的管控要求。1983年的《海上交通安全法》对海上交通管理，船舶保障、设施和人命财产安全的保护进行的规定。2002年出台了《中华人民共和国测绘法》,2003年制定了《中华人民共和国港口法》。2001年《中华人民共和国海域使用管理法》建立了海洋功能区划、海域权属管理、海域有偿使用3项基本制度；2013年修订的《中华人民共和国海洋环境保护法》对海岸工程、海洋工程、陆源污染物和船舶倾废等污染源的环境防治提出了明确的法律要求，确定了入海污染物总量控制制度、海洋生态保护制度、海洋环境监督管理制度等基本制度。2009年《中华人民共和国海岛保护法》确立了海岛保护规划制度、海岛生态保护制度、海岛使用审批制度、有偿使用制度和特殊用途海岛保护制度。2013年修订的《中华人民共和国渔业法》对渔业资源的养殖捕捞、保护增殖、开发和合理利用进行规范。同时，还制定了《涉外海洋科学研究管理规定》(1996)、《铺设海底电缆管道管理规定》(1989）和《海洋倾废管理条例》(1985)、《海洋观测预报管理条例》(2012),《海洋石油勘探开发环境保护管理条例》(1983）等法规。参见孙鹏："我国海洋执法体制的现状与改革取向研究"，中国海洋大学2011年硕士论文。

② 这些法律法规按照立法层次可划分为：海洋基本法、海洋开发利用管理法律法规、海洋权益维护法律法规。

《国家海洋法》等综合性的海洋基本法；少量已经制定的综合性法律（如《专属经济区和大陆架法》、《领海及毗连区法》、《海洋环境保护法》）则存在缺乏具有操作性的实施细则、规定过于笼统等问题，导致主管部门不明确而难以实施。鉴于此，我应在海洋管理执法规范完善的同时，制定我国的海洋法，最终形成完善的海洋法律体系。

总之，我国南海执法仍然任重而道远，海洋执法的新篇章仍然等着我们更深入地认识到海权问题的实质、更彻底地转变诸如综合治海、依法治海、教育前置等理念，通过更进一步的战略部署、立法、改革去促进海洋的安全与发展才能得到根本的解决。

综合安全观视角下中国面临的挑战及应对兼谈“中国—东盟海洋合作”方略

马博

[内容提要] 长期以来，东盟一直是中国周边外交的优先方向。与此同时，中国在南海维护领土主权、海洋权益的坚定立场与部分东盟国家产生了摩擦。因此，如何将南海建设成为“和平之海、友谊之海、合作之海”，确保双方经济合作不受干扰，是当前“中国—东盟”外交的重中之重。在当今国际关系中，伴随着全球化进程，以及个人、国家、地区间的经济、政治、文化相互依存关系的改变，以往侧重于国防与军事的传统国家安全概念遭到颠覆，代之以维度更加广阔，综合社会、经济、环境、人文、军事等领域安全为一体的全新概念——综合安全观。本文从推进海洋经济、海洋环境、海上安全、海洋人文四个视角出发，探讨双方建立海上执法和海上合作的长效机制，为实现中国在南海地区“搁置争议、共同开发”提供可行性政策分析，以实现21世纪海上丝绸之路的国家发展大战略。

[关键词] 综合安全观　中国—东盟　挑战与合作　国家安全委员会

[作者简介] 马博，中国南海研究协同创新中心研究员、博士。

在当今国际关系中，伴随着全球化进程，以及个人、国家、地区间经济、政治、文化相互依存关系的改变，以往侧重于国防与军事的传统国家安全概念遭遇挑战，代之以维度更加广阔的综合社会、经济、环境、人文、军事等领域安全为一体的新概念——综合安全观（Comprehensive Security）。综合安全观早已不再是停留于时髦的提法，已经切实地被美国和其他发达国家在政策研制过程中付诸实施了。[①] 目前，中国政府对“新安全观”已经有所重视，提出了强调安全的综合性，以地区共同安全为目标和“合作安全观”。[②] 另外，东盟在冷战结束后也强调在其内部和外部实现传统及非传统安全观的建立，[③] 并且认为这体现了东盟国家在应对地区安全问题上的“国家弹性”(national resilience) [④] 。本文将重点放在中国这个在全球化格局下迅速崛起的大国所面临的来自社会经济、环境、人文和国防等诸多方面安全挑战，尤其是南海方面的安全挑战。

一、综合安全观的内涵与实践

综合安全观作为一个全新具有兼容性的安全概念，是1981年国际间讨论裁军和安全问题时，由瑞典前首相奥拉夫·帕尔梅（Olaf Palme）最先提出的。[⑤] 之后，这一概念很快被学者和政治家所接受并不断赋予新的解读。例如，日本前首相大平正芳就将“充满活力的工业基地，蓬勃发展的经济贸易，积极活跃的对外援助”作为了实现综合安全的前提条件，而日本也成为了世界上最早采用综合安全观的国家之一。[⑥] 纽约大学国际问题专家熊玠则站在国际关系学术的角度上认为“除了军事安全

---

① 早在1998年，美国国防部就发表了一份名为“美国在东亚及太平洋的安全战略”的报告，其中有一章专门探索“21世纪的综合安全观”。详见“*U.S. security strategy*in the Asia-*Pacific region*”, *DOD, 1998. Access from*www.dod.gov/pubs/easr98/easr98.pdf。

② 这一“新安全观”的核心是“互信、互利、平等、协作”。详见“中国关于新安全观的立场和文件”http://www.fmprc.gov.cn/mfa_chn/ziliao_611306/tytj_611312/t4549.shtml（上网时间：2014年11月14日）；葛洪亮，鞠海龙.中国—东盟命运共同体构想下南海问题的前景展望[J].东北亚论坛，2014,（4）：25-34；郑先武.中国—东盟安全合作的综合化[J].现代国际关系，2012,（3）：47-53。

③ 赵晨.东盟的新安全观[J].国际问题研究，1998,（3）：21。

④ 曹云华，彭文平.东盟的经济安全观[J].东北亚论坛，2010，19（2）：73-79。

⑤ Hsiung, James C.*Comprehensive Security: Challenge for Pacific Asia*. Indianapolis, IN: University of Indianapolis Press, 2004.

⑥ Chapman, J W. M, ReinhardDrifte, and I T. M. Gow.*Japan's Quest for Comprehensive Security: Defence--diplomacy--dependence*. New York: St. Martin's Press, 1982.

之外，经济、环境和人文层面的安全也应当纳入综合安全观的范畴”。① 库特·拉德克（Kurt W. Radtk）和雷蒙德·费德马（Raymond Feddema）在其主编的《综合安全观在亚洲》一书中更进一步地指出，“综合安全观的意义远远超越对一个特定敌人的军事防御的要求，还需要考虑到其他因素，例如食品、能源、环境、通讯和社会保障对国家稳定的影响”。他们特别强调，安全研究应当超越“我们”和“他们”的界线，以加强预防性外交（preventive diplomacy）、能源安全、国际金融市场的透明度为手段，提高一个国家的整体稳定性。② 吉拉德·奎勒尔（Gerrard Quille）在讨论欧洲安全战略要素时突出了国家综合安全的概念，认为“欧洲必须应对来自欧盟之外地区由于治理不善、贫困和冲突而导致的对其安全的威胁，应该通过采取外交、经济、人道主义和军事等综合手段和措施来应对这些挑战”。③ 威廉·克拉克（William Clark）等人认为，综合安全观是国家、人文和环境安全相结合的综合体，它是可持续发展中更具人性化的，即以人为本的安全观。④ 中国国内学者对综合安全观的研究自90年代末期开始也取得了进展。北京大学教授王逸舟最先将综合安全观的研究介绍到中国学界，并提出综合安全研究要“以国际国内多种行为主体为对象，把安全范围扩大到比国家更广大、更立体的层面”。⑤ 在这之后，国内学者将综合安全观的概念引入到包括中国外交政策及形象、

---

① Hsiung 2004.

② Radtke, Kurt W, and Raymond Feddema. *Comprehensive Security in Asia: Views from Asia and the West on a Changing Security Environment*. Leiden: Brill, 2000.

③ Gerrard. "The European Security Strategy: A Framework for Eu Security Interests?" *International Peacekeeping*. 11.3 (2004): 422-438.

④ Khagram, Sanjeev, William C. Clark, and Raad D. Firas. "From the Environment and Human Security to Sustainable Security and Development." *Journal of Human Development.Carfax*. (2003).

⑤ 王逸舟 . 论综合安全 [J]. 世界经济与政治 . 1998（04）。

中国与邻国关系等具体外交政策研究中。[①] 下文作者将从经济安全、环境安全、人文安全和军事安全四个方面来探讨全球化背景下综合安全观对一个国家的含义。

（一）经济安全概念

许多学者和政治家普遍认同一国的经济实力在其历史兴衰的过程中起决定性作用。迈克·曼（Michael Mann）总结道，衡量一个帝国强大与否，要看它是否掌握政治权力、意识形态权力、经济权力、军事权力等四种社会权力，而经济权力是其中一个最重要的因素。[②] 哈佛大学的保罗·肯尼迪（Paul Kennedy）在研究了人类历史上大国兴衰的原因之后，同样得出了经济实力是决定国家繁荣昌盛的最关键因素，而军事实力通常只是经济实力外延的结论。[③] 冷战结束后，战争和冲突在国际关系中的重要性正在逐步降低，地缘经济（geo-economics）因素已经上升甚至超越了地缘政治（geopolitics），成为当今决定一个国家综合国力和制定外交政策目标最重要的考量因素。[④] 从宏观层面看，经济实力体现在制造业、金融业、科技研发与创新（R & D）的跨国化和全球化的程度上。从微观层面看，国家的综合实力不再仅仅取决于军事实力，而是包括了诸如人力和技术资源、进出口额、科技水平和影响全球经济决策的能力等，军事实力转而成为了保障国家经济安全的手段。在今后很长一个时期，国与国之间竞争的表现形式将主要为综合国力，特别是经济实力的竞争。鉴于全球化带来的不仅是国家在国际市场上经济的竞争，更面临

---

① 详见田甲方.树立综合安全观[J].国际关系学院学报，2010，(6)；王晓玉，许涛.论上海合作进程中的综合安全理念[J].俄罗斯中亚东欧研究，2003，(5)；杨万明.论综合安全观[J].国际问题研究，2005，(4)；李洪波.试析“综合安全观”指导下的中国对外政策选择[J].太平洋学报，2004，(7)；傅新.综合安全与国家形象[J].现代国际关系，2004，(6)；张蕴岭.综合安全观及对我国安全的思考[J].当代亚太，2000，(1)；周季华.综合安全保障与东亚国际新秩序[J].国际政治研究，2001，(1)。

② Mann, Michael. *The Sources of Social Power*. Cambridge: Cambridge University Press, 1986.

③ Kennedy, Paul M. *The Rise and Fall of the Great Powers*. New York, NY: Random House, 1988.

④ Hsiung 2004; Nye, Joseph S. *Soft Power: The Means to Success in World Politics*. New York: Public Affairs, 2004.

全球经济动荡产生的风险。因此，国家经济安全在经济全球化中起着基础性、决定性作用的论断得到了普遍认同。考虑到全球市场上各国的相互依存关系，经济安全要求各国在制定其经济政策时，应当高度重视维护整体经济安全及风险防控。

（二）环境安全概念

一般说来，环境安全的概念是以破坏环境，空气与水质量恶化，土地退化，对人体健康、食品来源等人类最基本的安全需求及生活福祉构成直接影响或是构成严重威胁为前提的。环境对于人类生存的威胁可能来自地方、国家、区域或全球等不同的层面。如果说在冷战期间，全球环境安全问题还没有被各国提到议事日程的话，那么自上世纪90年代开始，环境安全的概念逐步得到确立，环境和安全之间的联系与全球环境的变化逐渐为众多国际组织所关注，并且成为了国际公共政策辩论的重要话题。[①] 当今世界，多数环境问题例如全球气候变化问题，已经超出地域界限，没有任何一个国家可以置身事外，只有各国合作去实现自身的环境安全或者为他国提供环境保障才能实现共赢。如今，承受环境安全压力的已不再是一个国家，而是整个区域乃至全球。全球环境变化，特别是人为造成的环境变化，如人口过快增长、资源枯竭、能源短缺、水资源恶化、粮食匮乏等生态灾难，已经严重影响到人类整体的福祉，向全世界所有国家都亮出了红灯。

学者们普遍认为，不能简单地将环境安全问题归结为生态系统的恶化。由于它不可避免地要涉及到如何掌控自然资源以及如何对待稀缺资源，因此也同样会对国家的关系产生威胁，进而影响国际社会的公平正

---

① 国际地圈和生物圈计划（IGBP），国际人文因素计划（IHDP），世界气候研究计划（WCRP）和国际生物多样性成为一个全球环境变化研究的重要科学项目，并越来越多地受到决策者和公众的好评。

义，诱发国家之间或是国家内部的冲突。[①] 非洲一些国家因为石油资源丰富但却仍然战火连绵就是很好的例证，学术界称其为“石油诅咒”(The Oil Curse)。[②] 这些因为环境安全压力而导致的极端暴力结果和潜在的威胁亟待国际社会高度重视，同时帮助有关国家调和政府、社会、经济等层面的关系来加以解决的工作也势在必行。在这方面，联合国系统在环境安全问题上的立场为促进各国环境安全合作提供了法理平台和依据。例如近年来，联合国通过广泛蹉商，促使主要发达国家和广大发展中国家签署了旨在共同解决气候变化问题的《京都议定书》和《联合国框架气候变化公约》(UNFCCC)，就使无论发达国家还是发展中国家，都承担起对环境安全的义务。

此外，环境安全与自然和人类活动紧密相关，具有高度的复杂性。因此，一味地注重本国环境安全而忽略周边国家环境安全的做法是狭隘的，无法逃脱全球整体环境安全恶化。同时，环境安全威胁的主体又是多元的，包含了个人、每个社区、每个国家乃至全世界。通常情况下，环境灾难都是从世界上最不发达的国家和地区开始，然后逐渐蔓延波及到发达国家和地区。鉴于此，世界各国在制定国家安全政策时，必须树立正确的大局观，统筹考虑维护自身和周边环境安全的问题，协调发展与保护环境的关系。

（三）人文安全概念

人文安全指的是个人和社会的安全，联合国开发计划署将其定义为“免于匮乏，免于恐惧”(Freedom from want and freedom from fear)。人文威胁不仅来自于自然灾害，如飓风或洪水等，同时来自食品、卫生、居

---

① Pirages, Dennis. *The New Context for International Relations: Global Ecopolitics*. North Scituate, Mass: Duxbury Press, 1978.

② Ross, Michael. *The Oil Curse: How Petroleum Wealth Shapes the Development of Nations*. Princeton, NJ: Princeton University Press, 2012.

住条件的恶劣与匮乏，以及屠杀和奴役。① 联合国前秘书长科菲·安南曾多次提到要建立一个以保护人的基本生存和健康发展为中心思想的安全理念。② 他认为，国家安全不再被理解为纯粹的军事术语，它还应包括经济发展、社会公正、环境保护、民主化、裁军、尊重人权和法治等多项内容。③ 目前，在社会科学和国际关系研究中，人文安全的概念仍然存在争议。④ 例如，爱德华·纽曼（Edward Newman）和奥利维尔·理查蒙德（Oliver P. Richmond）将人文安全的内容概括为以下四点：1.人类的基本需求；2.维护个人权利；3.社会福利和发展；4.非传统的安全，例如药物安全及免受恐怖主义侵袭。⑤ 纽约大学的熊玠认为，人文安全与发展事关人类福祉；人文安全常常受到国内社会不公平现象，例如收入分配不平等现象，以及独裁政府野蛮暴行的侵害，例如发生在达尔富尔地区的种族屠杀等。⑥ 也有学者认为，国家恐怖主义袭击和健康问题是人文安全威胁的又一新的表现形式。例如针对平民的袭击和艾滋病的传播，这些非传统的威胁已经不局限于战争地区和欠发达国家，而且迅速波及到了包括美国、中国在内的全世界绝大多数国家和地区。

（四）军事安全概念

在全球化的今天，国家安全概念已非传统的以应对来自外部军事威胁的国防安全所能涵盖，它还应包括维护国家内部社会安全稳定，特别是抵御恐怖主义、分裂主义、极端宗教等三股势力对国家安全的危害等

---

① Kaldor, Mary, Mary Martin, and Sabine Selchow. "Human Security: a New Strategic Narrative for Europe." *Human Security*. 1 (2013): 437-454.

② UN SG Kofi Annan: Millenium Report, chp. 3, pp 43-44, access from http://www.un.org/millennium/sg/report/

③ Kofi Annan: “Towards a Culture of Peace.” Access from http://www.unesco.org/opi/lettres/Text/Anglais/AnnanE.html.

④ Baruch 2005.

⑤ Newman, Edward, and Oliver P. Richmond. *The United Nations and Human Security*. Houndmills, Basingstoke, Hampshire: Palgrave, 2001.

⑥ Hsiung 2004.

内容。冷战结束后，国家之间爆发战争的机率逐渐减少，但国家内部由于长期累积的社会或者民族、宗教矛盾而引发的对立冲突、政局不稳、社会动荡乃至内战等情形在全球范围内不断发生。例如，近年来在中东地区爆发的一系列“阿拉伯之春”的社会运动，导致了像埃及、利比亚、叙利亚等不少国家的民族矛盾激化，深陷内乱、内战状态之中。由此可见，维护国家内部安全与维护国家外部安全同等重要，同样应当纳入国家整体、全面安全规划的范畴。特别值得关注的是，自2001年“9·11”事件后，来自非国家组织的，针对平民的，带有政治目的的国际恐怖组织暴力活动日益猖獗，对各国的安全构成了极大威胁。[①] 在新的形势下，已有不少国家的国家安全观外延拓展到了在全球范围内单独或者集体应对国际恐怖主义。美国虽然打了两场“反恐战争”，但反恐任务依然没有完结，特别是中东地区“伊斯兰国”的极端组织的突然坐大，迫使它不得不重新返回中东反恐战场，继续投入战争。

总的看，上述四种形式的安全构成了综合安全观的主要内容，树立和强化国家综合安全观，在二十一世纪的今天对一个国家显得尤为重要。四种形式的安全有着密切的内在联系，它们相互影响作用，伴随着全球化的进程而不断发展。世界各国需要以综合的、全球的视野统筹应对二十一世纪的经济安全、环境安全、人文安全、国家安全方面的挑战。综合安全的各组成部分相互交织渗透，不能仅由某一个国家担当或协调，而应通过国际社会的合作和共同努力来实现。中国作为一个迅速崛起和高速发展的大国，在确保国家安全的同时，还应当承担更大的国际安全责任，更加积极主动地参与国际安全事务的决策。下文讨论中国面临的来自综合安全方面的挑战并将中国和东盟海上安全挑战与合作作为重点进行梳理。

---

① 关于恐怖主义的定义，见Goodwin，Jeff. "Theory of Categorical Terrorism." *Social Forces*. 84.4（2006）。

二、综合安全观视角下中国面对的挑战及与南海问题的关系

随着中国经济的腾飞及其在国际政治舞台上影响力的逐步增强，整个亚太地区原有的安全环境也随之发生了变化，引起了各国学者和政策制定者的高度关注。本文认为，中国的安全稳定与安全政策不仅事关自身的可持续发展，而且能够为发展中国家提供借鉴；不仅作用于周边国家和区域安全，同时迫使超级大国美国不得不重新审视、评估和调整自身在亚太的外交政策。而美国自2011年提出并开始部署的“亚太再平衡”战略，也为地区稳定产生了负面影响。另一方面，中国与南海相关国家主权争议的复杂性、尖锐性也日益突显。南海问题已经成为当前困扰中国周边外交、牵制中国区域影响力，以及左右区域大国关系的重要因素。然而，南海问题毕竟只是中国在综合安全环境下面临的一个安全威胁，应该把它放在中国在全球化背景下所面临的来自经济、环境、人文和国家安全等四个方面安全挑战下综合考量和评估其重要性。

（一）经济安全挑战

中国经济的总量已经超过9.3万亿美元，位居世界第二，并仍然保持年均7%以上的增长率。众多国际组织做出估算，按照购买力评价（PPP）计算，中国的经济总量在2014年末就将超过美国。站在经济安全的角度看，中国经济有三个基本特点：首先是作为有十三亿人口的大国，中国的人均GDP依然偏低；第二是整体经济表现取决于社会政治稳定和中央政府的效率；第三是中国经济仍旧主要依靠制造业和出口制成品。

对出口制成品和劳动密集型产品的过度依赖，还将意味着对能源和资源的巨大消耗与需求，决定着对国际特别是欧美市场的依赖，制约着创新能力提升和经济增长的可持续性，同时增大了经济转型过程中社会稳定的风险，因为面对着因经济腾飞对能源和原材料的巨大需求，为获

得自然资源，确保经济发展不受资源短板的制约，中国政府在积极开发新能源和替代能源的同时，也在全球范围内积极开拓能源和原材料市场，在很多情况下不得不与西方国家展开激烈竞争。对此，美国等西方国家颇有微词，称中国之所以抵触国际核不扩散条约或人权条约，完全是为了获得某些国家，例如苏丹和伊朗的石油资源。因此，中国政府必须在履行国际责任义务和维护自身经济安全中做出正确权衡。

中国作为世界最大的外贸出口国，外贸出口在国民经济中始终扮演着举足轻重的角色。基于比较优势，中国目前仍以出口低技术、劳动密集型商品为主，在国际制造业的分工中处于相对下游。中国商品以“低价格”打开国际市场，扩大销售份额，同时整体的经济增长以促进出口作为保证，长此以往，势必使中国陷入“浅度全球化”的境地。① 值得注意的是，近年来，由于国内劳动力成本上升、人民币升值、比较优势减弱等因素，越来越多的跨国公司开始撤离中国，将生产基地向东南亚国家转移。以越南为例，早在2007年，外国的直接投资就已创造了近180亿美元的历史高度。② 另一方面，吸纳外资和外国在华直接投资并未带来核心技术，中国的许多知名企业以人力资源作为外国资本的附庸，很难生产出属于自己的国际品牌，从某种意义上说，外国直接大量投资潜在或间接地妨碍了中国自主品牌的研发，呈现出如学者岳健勇所形容的“无技术工业化”的现象。③ 因此，从劳动密集型制造到技术和资本密集型生产的转变，是维护中国经济安全的重要一环。

经济安全对于东盟国家有着相对于中国更加重要的地位，因为东盟内很多国家的政治合法性基于其政府带动国家经济发展以此解决社会及民族问题。④ 另一方面，诸如1997年首先在东盟国家爆发的“亚洲金融

---

① Yue, Jianyong. "Peaceful Rise of China: Myth or Reality?" *International Politics*. 45.4 (2008): 439-456.

② See The New York Times, “Investors Seek Asian Options to Costly China” on June 18, 2008.

③ Yue, Jianyong. "Peaceful Rise of China: Myth or Reality?" *International Politics*. 45.4 (2008): 439-456.

④ 曹云华，彭文平. 75-76。

危机”也使许多东盟国家对于未来的经济安全心有余悸。因此，从经济安全角度上看待南海问题有两个值得注意的地方：一是南海海域本身蕴含着丰富的资源，同时是中国迈向远洋，走向“深蓝”，实现“蓝色经济”的必经之路；二是东南亚国家是中国贸易进出口巨大的市场，必须妥善处理领土诉求和区域经济发展之间的关系。目前，中国“密切经济合作、建设利益共同体、淡化主权冲突”的基本原则需要具体化和实效化。未来中国的南海经济政策和战略，应该在经济合作和共同开发这两大政策杠杆之后，探讨和摸索中国南海维稳和维权的新思路。大力发展与东盟组织的关系是处理以上两个经济安全挑战的方式之一。2014年的中国—东盟博览会，张高丽副总理提出了“坚持把东盟作为周边外交的优先方向”，“支持东盟在区域合作中的主导地位”，“将南海建设成为和平之海、友谊之海、合作之海”，并且重申了习近平主席2013在印尼访问时提出的建立“建设中国—东盟命运共同体”的构想，并建议将2015年定为“中国—东盟海洋合作年”。[①]

可以看出，中国政府正在试图尝试通过利用东盟这个世界上最大的发展中国家国际组织的平台，来推动解决包括领土争议在内的南海问题。中国政府明确指出要和东盟在双边贸易上“实现2015年5,000亿美元，2020年达到1万亿美元的目标”，[②] 同时利用此前设立的中国—东盟海上合作基金，今后在海洋经济、海上联通、海洋环境、海上安全、海洋人文等领域进行全面合作。这些都是如何完善在南海“搁置争议，共同开发”的具体维护中国—东盟经济安全的举措。

（二）环境安全挑战

首先，中国为经济发展付出了巨大的环境代价。过去二十多年来，由于环保建设滞后，过度使用传统的煤炭等非清洁能源，工业废水和农

① “携手共建21世纪海上丝绸之路共创中国—东盟友好合作美好未来，”人民日报，2014年9月17日。

② 同上。

业药剂滥排滥用，给中国的水、空气质量造成了大量污染和伤害。噪声污染、水土流失、草原退化和荒漠化问题在中国也达到了相当严重的程度。[①] 自2007年后，中国就已取代美国，成为世界上最大的二氧化碳排放国，同时温室气体排放量每年增加值占全球的三分之二。[②] 目前，限制全球温室气体排放的《京都议定书》已经过期，取而代之的《哥本哈根协议》尽管面临着诸多阻力，但一旦实施，必将给中国的环境治理施加更大的压力和挑战。

其次，环境恶化无疑会阻碍中国经济可持续发展。环境恶化威胁人类生存，如空气污染和水质污染可以导致慢性肺部疾病，破坏人体免疫系统，使民众更容易受到病菌侵袭，成为直接影响人民身体健康的两大危害。据国家环保总局统计，中国的河流、湖泊有70%受到一定程度的污染，有28%受到严重污染，甚至不能作为灌溉或者工业使用。[③] 近年来，朝鲜半岛和日本的部分地区也受到中国环境污染的影响，酸雨和沙尘暴时有发生；东南亚等国也抱怨因中国过度开发而导致湄公河水资源正在枯竭等。显然，中国的环境安全问题正在上升成为一个地区性问题。因此，重新审视牺牲环境换取经济发展的粗暴做法、挑战“唯GDP”为重的政绩观，统筹兼顾经济建设与公民健康，确保“和谐社会”、实现“中国梦”和人民生活福祉，是中国政府制定综合安全战略必须正视的问题。

在南海上涉及环境安全的议题很多，其中船源污染一直以来都是威

---

① 具体数据可参考*OECD Environmental Performance Reviews: China*. Paris: Organization for Economic Co-operation and Development，2007。

② See the New York Times “China Increases Lead as Biggest Carbon Dioxide Emitter” on June 14, 2008.

③ Freeman, Charles, and Xiaoqing Lu. *Assessing Chinese Government Response to the Challenge of Environment and Health: A Report of the Csis Freeman Chair in China Studies*. Washington, DC: CSIS Press, 2008.

胁海洋环境的重要污染源，船难事故又是船源污染的重要组成部分。[①] 众所周知，南海作为全球第二大繁忙海道，一旦发生船舶事故，因为缺乏联合救援及管控机制将使海洋环境遭受重大损失。在环境安全这一领域，与东盟的合作可以借鉴“欧洲波罗的海和地中海地区海洋合作”经验，探索建立南海资源、环境和渔业等非传统安全领域内沿岸国合作制度。[②] 通过对比分析波罗的海和地中海区域海洋合作机制，通过研究和总结波罗的海和地中海沿岸国家超越政治利益分歧，采取对话与谈判，妥协与让步的方式，成功解决主权争议、实现合理划界、合作承担保护生态环境和资源开发责任，实现渔业、航道共同管理的经验和做法，深入探寻海洋合作在法理和机制创新方面的方法和路径。目前，中国与东盟联合制订了《中国—东盟环保合作战略（2009-2015）》，确定在公众意识和环境教育、环境无害化技术、环境标志与清洁生产、生物多样性保护合作、环境管理能力建设、环境产品和服务合作、全球环境能力建设六个方向进行优先合作。这为未来双方共同应对环境安全挑战打下了良好的基础。

（三）人文安全挑战

解决贫困和收入不平等问题，是世界上任何一个国家都必须面对的人文安全挑战。中国政府需要重新考虑并进一步完善现行的社会政策，致力于分配制度改革，努力消除贫困，缩小贫富差距，特别是在内陆省份与沿海省份之间、城乡居民之间求取资源配置的均衡和收入不平等的现象。需要从国家社会安全稳定的层面上去应对“三股势力”在民族地

---

① “Torrey Canyon”号事件、“Amoco Cadiz”号事件以及“Exxon Valdez”号事件和“prestige”号事件等一系列船难溢油事故，少则数万吨，多则数十万吨的溢油造成了海洋及沿岸国家的环境灾难。

② 波罗的海和地中海地区海洋合作起步早，合作程度高，发展历程长达几十年，积累了丰富的经验。拟将与该地区沿海主要国家的相关学术机构合作，重点研究海洋合作的法理框架（包括《国际海洋法》、《赫尔辛基公约》、《巴塞罗那公约》、周边国家有关海洋环境保护、渔业资源合作开发、科学研究、信息共享等多边条约，欧盟相关法律），组织结构，运行模式，管理涉及项目和领域，以及通过双边方式和司法途径解决包括海洋划界，渔业纠纷，航道管理等争议和摩擦的机制等。

区的蔓延。中国曾经是极少受到恐怖袭击的国家之一。但是近年来，阿富汗局势持续动荡，促使新疆自治区内“东突”势力蠢蠢欲动。极端恐怖分子频频发动恐怖袭击，已经威胁到中国国民的生命安全。此外，流亡印度的达赖喇嘛麾下的“藏青会”等民族分裂组织也狂妄叫嚣在西藏和中国内地发动恐怖袭击，妄图最终实现西藏独立。西藏2008年、新疆2009年的骚乱在国际社会中造成了极其恶劣的影响。纽约城市大学的孙雁教授认为，有三个地缘因素决定了少数民族地区的安全对中国领土完整及经济发展的重要性。第一，这些地区覆盖中国总面积的一半以上；第二，西部少数族群地区与中国西部所有周边国家接壤，其中包括中亚，西亚及西南亚的众多国家，因此，恐怖主义很可能会上升到外交层面进而影响中国与周边国家的关系；第三，幅员广阔的少数族群地区蕴藏着中国现代化建设所需要的丰富矿产和能源。[1] 因此，打击恐怖主义势力，既有维护国家的长治久安，保护人民群众生命财产安全的考量，同时也关系到区域性地缘政治问题。

在南海问题上，中国政府提出的“维权”与“维稳”相结合的原则、制定的“一带一路”战略、设立“中国—东盟海上合作基金”和成立“亚洲基础设施投资银行”，都是为了改善地区经济发展不平衡，促进及改善受惠国政府治理能力的举措。应该认识到，很多东盟国家与中国在南海划界问题上争议不断，很大程度上是其自身国内经济发展极为不平均、社会矛盾突出、政府有时不得不利用民粹主义推行激进外交政策以获得民众支持的表现。如果中国政府可以通过以上合作改善这些国家的政府治理水平及民众生活水平，那么将为“搁置争议，共同开发”创造更为有利的政治条件。

① 孙雁：“累赘还是隐患？——评估中国族群问题的危机度，”载《领导者》2011，第39页。

（四）军事安全挑战

中国自1979年对越自卫反击战以来，就没有对任何国家使用过武力的记录。但因为与邻国的领土纠纷问题，以及大国势力在亚洲及太平洋地区的战略角逐，使得中国的军事安全依然面临严峻挑战。当前及今后一个时期，海峡两岸关系的走向、朝鲜半岛的紧张局势、中印边境领土划界、以及新近凸显的中日钓鱼岛领土之争、南海划界以及美国“重返亚洲”的计划的实施等一系列国际和地缘政治热点问题，都充满着紧张或不确定性，容不得中国在国防安全上有丝毫的懈怠。①

在南海问题上，目前除了域外大国美国之外，中国与越南和菲律宾都在一定程度上存在着潜在的军事紧张局面。因此，除了应该做好与这两个国家的危机管控工作，还应探讨和东盟的安全合作机制的建立。这一由中国和东盟所组成的南海合作与安全机制应该涉及三个方面：一是中国和东盟应该共同摸索和探讨中国—东盟框架内的争端管控与危机管理机制；二是根据东盟各国和相关国家的海洋安全关注需要建立的南海多边安全合作机制，落实李克强总理2013年东亚峰会所提出的东亚需要建立多边合作机制的设想。这一机制包括如何实现军事信息交流、海上通讯与沟通、抑制舰机抵近侦察等挑衅行动、防止舰船和军机事故性碰撞、降低军备竞赛等措施。这些措施不仅是要增强信任，同时，也是在回应和管理南海问题上的多边安全关切。三是要加强在非传统军事安全方面的合作，在应对海上突发情况的救援，应对海盗、人口贩卖与走私、贩毒问题上展开积极的合作，建立长效合作机制。

---

① 有关近年来中国的周边局势，见马博，“‘弃台论’背后的美国对华政策分析”，载《中国评论》，2012年2月号，第35—40页。

三、实践综合安全观：国家安全委员会的作用

近年来中国在外交方面的表现，反映出中国在制定具体外交政策时，都不是从单纯的安全需要出发，而是出于国家综合安全的考量。和超级大国的关系上，尽管中美关系被世界公认为是“二十一世纪世界上最重要的双边关系”，但中国一贯反对美国的霸权主义，并不遗余力地捍卫自己的“核心利益”(台湾、西藏、领土完整等问题)，同时无意也不愿效仿过去的苏联全力与美国对抗。因此，当朝核危机剑拔弩张的时候，中国都会积极主动斡旋，力促“六方会谈”以遏制朝鲜发展核武器的计划，缓和地区的紧张局势；针对中美贸易摩擦，中国积极推动“美中战略经济对话”论坛以解决货币和贸易问题。中国不断强化国防建设，也是立足于捍卫领土完整（如台湾问题）。但是，中国要求美国不要干涉自己的内政（如人权问题和西藏问题），以维护国家的主权和基本制度。

在地缘政治层面上，中国高度重视开展全方位外交和地区间的合作。中国与中亚五国及俄罗斯共同成立了上海合作组织（SCO），与东盟国家开展了“东盟+1”合作。中国奉行的“睦邻友好”外交政策优先考虑促进地区经济、环境和人文安全建设。例如中泰缅三国联合巡逻，共同打击湄公河流域的跨国犯罪及毒品走私活动。在国际关系层面上，中国代表发展中国家承诺共同应对环境安全的威胁，致力于解决全球变暖的问题。中国在解决本国十三亿人口温饱问题上为解决全球贫困问题做出了应有的贡献。但与此同时，中国又与其他发展中国家一道，共同反对人权问题上的西方价值观，强调尊重国家主权和使用对话解决国际冲突，而不是西方国家惯用的“人道主义干预”。此外，中国一方面反对“地缘政治”安全观，拒绝加入七国集团，并称其为“富国俱乐部”。但在另一方面，又积极加入有发展中国家参与的“二十国集团”和“金砖四国”集团。

同样值得关注的是，在全球化大背景下，威胁一个国家主权和利益的已经不再是传统意义上的敌对国家，它可能来自很多无国界组织，例如国际非政府组织或是跨国公司。一些发达国家的跨国公司，利用资本优势就可能造成其所在发展中国家投资地区民众的失业、分配的不平等、环境的严重污染以及腐败的滋生蔓延。例如“沃尔玛”在墨西哥贿赂当地政府，以获得廉价的土地和劳动力资源。[①] 2013年为欧美跨国公司提供服务的孟加拉国的一间制衣厂发生倒塌事件，导致受雇的1100多工人死亡。此类案例说明，很多国家的政府在跨国公司和利益集团面前，无法有效保障本国人民的生命财产安全。中国同样面对类似问题，例如2013年全球第三大制药公司英国的葛兰素史克蔑视中国法律，唯利是图，在华闹出行贿风波等。因此，非传统安全因素也会对中国的治理构成新的威胁。

基于提升和完善国家安全体制，积极应对传统与非传统安全挑战的考虑，党的十八届三中全会决定设立“国家安全委员会”。其实，西方主要国家早已设有各自的综合国家安全机构。最为出名的是美国的国家安全委员会。它作为白宫的独立办事机构，由总统任委员会主席，法定成员包括副总统、国务卿、国防部长和财政部部长等要员，由总统直接委任国家安全事务助理，而不需要经过参议院批准。[②] 英国国家安全委员会于2010年建立，负责统筹和指导英国包括外交、国防、国土、能源和国际发展部门的安全问题，处理国家面临的诸如恐怖活动、水资源和能源短缺、自然灾害等威胁。据不完全统计，目前全世界已有30多个国家设立有类似安全机构。因此，国家安全委员会不仅仅是“大国标配”，更

---

① “The Bribery Aisle: How Wal-Mart Got Its Way in Mexico,” the New York Times, December 17, 2012.

② 它的主要职能是汇总有关国家内政、军事和外交机构的信息，提出安全建议并辅助总统决策。在中美建交的历史上，两位时任国家安全事务助理的基辛格、布热津斯基均发挥过独特和关键作用，而当时的两位国务卿却都被排除在核心决策圈之外，无缘获此殊荣。由此可见，美国国家安全委员会对美最高层政策的影响力。

是许多国家协调处理内外安全问题的现实需要。[①]究其成立的原因，除了传统安全问题，很多国家都认识到了诸如金融安全、能源安全、产业安全、文化安全、食品安全、粮食安全等非传统安全问题，其背后牵涉着更为复杂的部门协调问题，需要在国家层面上来协调与决策。[②]

国内的国际问题专家也纷纷就设立国家安全委员会的意义进行了解读。曲星认为，设立国家安全委员会有利于打击“恐怖主义、分裂主义、极端主义”三股势力的活动。[③]李伟认为，当前国际环境下的传统安全和非传统安全问题，即除军事、政治和外交冲突以外的对主权国家构成威胁的因素，包括经济安全、金融安全、生态环境安全、恐怖主义、海盗等问题，国家安全委员会将为中国今后的长治久安发挥决定性作用。[④]罗援少将认为，设立国家安全委员会将有利于协调与国家安全有关的机构，高效快速进行国家安全决策，该机构应由国家主要领导人领衔，应是包含军事、安全、公安、外交、经济、金融各方的大安全体系，其核心机构应该精干、权威，但辐射面广，涵盖传统安全和非传统安全领域。[⑤]由此可见，无论是国家领导人还是研究国际关系的学者，都把构建综合性安全理念和机构作为解决当前中国政治经济发展所面临威胁的重中之重来看待。

中国成立国家安全委员会，意味着中国领导层已经认识到从综合安全的角度制定国家发展战略的重要意义，标志着中国的国家综合安全观念提升到了一个崭新的高度。中国共产党的十八届三中全会公报指出：“设立国家安全委员会，完善国家安全体制和国家安全战略，确保国家安

---

① “外国‘国家安全委员会’扫描”,《解放军报》，2013年11月22日。来自http://www.chinamil.com.cn/jfjbmap/content/2013-11/22/content_58581.htm。

② 同上。

③ “专家：设立国家安全委员会提高了国家安全协调层级”，人民网-理论频道，2013年11月12日，见http://theory.people.com.cn/n/2013/1112/c148980-23518980.html。

④ “中国将设立国家安全委员会”北京青年报，2013年11月13日，见http://epaper.ynet.com/html/2013-11/13/content_23962.htm?div=-1。

⑤ “罗援少将谈国家安全委员会：结构将是"小核心，大外围"，人民网-军事频道，2013年11月13日，见http://military.people.com.cn/n/2013/1113/c1011-23523370.html。

全”。国家主席习近平就设立国家安全委员会特别做出说明，指出“当前中国面临对外维护国家主权、安全、发展利益，对内维护政治安全和社会稳定的双重压力，各种可以预见和难以预见的风险因素明显增多。而我们的安全工作体制机制还不能适应维护国家安全的需要，需要搭建一个强有力的平台统筹国家安全工作。设立国家安全委员会，加强对国家安全工作的集中统一领导，已是当务之急。国家安全委员会主要职责是制定和实施国家安全战略，推进国家安全法治建设，制定国家安全工作方针政策，研究解决国家安全工作中的重大问题”。① 之后，习近平主席在国家安全委员会第一次会议上又强调国家安全委员会要树立总体国家安全观，“以人民安全为宗旨，以政治安全为根本，以经济安全为基础，以军事、文化、社会安全为保障，以促进国际安全为依托，走出一条中国特色国家安全道路”。②

本文认为，设立国家安全委员会意义重大，对南海问题尤其如此，因为它可以将南海地区的综合安全问题纳入其管辖范围之中，由其统一协调与东盟各国的各项工作。随着中国与周边国家，同世界各国联系的日趋紧密，在研讨、决策、处理重大国际政治、军事、外交、经济等问题时，必须要有能够统筹与国家安全密切相关的各领域和各部门，极具权威性的顶层机构，必须要能够横向联系世界各国相关对等的机构，才能够保证安全决策在国内得到高效无障碍地实施。例如2011年发生在泰国湄公河金三角地区清盛港附近13名中国籍船员遇害事件，虽然凶手最终得到了惩处，但在解决该事件的过程中还需通过多种途径，经过多方协商磨合，去解决涉及外交、法律、执行等一系列程序，并不是能一蹴而就的。中国政府随后与老挝、泰国和缅甸商议签署《湄公河流域执法安全合作协定》，为维护该区域的长治久安提供了法理依据。然而这一协定的出台尚需时日，未能积极有效地展开多边安全合作也是之前湄公河

① “习总亲释“国安委”职能权力大过美国“国安委”，大公网，2013年11月16日，见http://news.takungpao.com/world/exclusive/2013-11/2043077.html。

② 习近平：《习近平谈治国理政》，外文出版社，2014年，第200-201页。

流域治安隐患存在多年却始终得不到根除的一个重要原因。[①] 此外，在涉及到中国—东盟海上航行安全、航道安全问题上，目前地区内部联合护航、协同缉私和追捕海盗及跨国犯罪等机制还不完善，而这些都是保障地区综合安全刻不容缓的问题。

随着国家安全委员会的成立，今后处理类似国际合作问题，在决策、磋商、执行等方面则会顺畅、便捷、快速得多。这是因为：首先，协商和决策更具权威性。在解决国际重大问题时，代表中国政府的将不再仅仅是某个或某几个国务院具体部门，例如外交部、商务部等，而将是从级别和跨度上都更加权威的机构，这将有助于适应全球化条件下安全威胁和挑战多样化和复杂性。其次，决策和执行更加高效率。国家综合安全涉及到的领域宽广，制定宏观政策或者决策一项重大安全政策以及该政策的贯彻落实，可能同时包括政治、军事、外交、经济、环境、文化等诸多部门，需要最高层级的机构领导、统筹、推动和监督。而由国家安全委员会统一实施纵横两个方向的领导和协调，将使工作效率实现最大化。最后，有助于提升中国作为负责任大国的形象。随着中国国力的不断提升，在全球性事务中话语分量越来越重，中国不仅要做国际惯例、法则的执行者，更要做建立国际新秩序的创新者。国家安全委员会的设立，在适应全球化进程的同时，也宣示了中国维护包括本国、本地区乃至世界安全的信心和能力。

综上所述，在全球化的今天，以军事安全单一维度来研究安全环境已经丧失了意义。一个国家受到的安全威胁可以来自金融崩溃、生态灾难、贫困饥荒、种族灭绝式的人道主义灾难等。国家制定的安全战略与策略应当建立在全方位综合考量政治、军事、经济、环境、人文安全因素之上。中国是全球化进程的受益者之一，但也受到由全球化带来的前所未有的挑战。正如大多数发展中国家那样，中国正在探索一整套有别于西方民主并具中国特色的社会、政治制度，工业正在由劳动密集型向

---

① 马博：“善用国际法　杜绝‘湄公河惨剧’再次发生”，载《中国评论月刊》，2011年12月。

高科技、资本密集型以及服务业转型。中国设立国家安全委员会，就其规模和影响力而言，向世界发展中国家提供了审议综合安全观的一个典范，而未来与东盟在综合安全领域的合作，最终解决南海问题，也应成为一个很好的研究综合安全观的案例。

南海航行自由与安全问题研究

冯梁　杜博　阮帅

[内容提要] 南海航行自由与安全从来就不是什么问题。近年来，一些国家基于不同的政治考量，故意夸大和吹嘘南海航行自由受到威胁，并以此为借口介入和干涉南海事务。认识域内外主要国家对南海航行自由的诉求，分析南海航行自由问题对南海主权安全和区域稳定的影响，提出确保南海航行自由与安全稳定的应对之策，对维护我国南海权益和国家发展重要战略机遇期具有积极意义。

[关键词] 南海　航行自由　安全　研究

[作者简介] 冯梁海军指挥学院教授，南京大学教授、博士生导师，中国南海研究协同创新中心副主任；杜博，海军指挥学院研究员，中国南海研究协同创新中心研究员；阮帅，海军指挥学院研究员，中国南海研究协同创新中心研究员。

近年来，一些国家基于不同的政治考量，故意夸大和吹嘘南海航行自由受到威胁，并以此为借口介入和干涉南海事务。认识域内外主要国家对南海航行自由的诉求，分析南海航行自由问题对南海主权安全和区域稳定的影响，提出确保南海航行自由与安全稳定的应对之策，对维护我国南海权益和国家发展重要战略机遇期具有积极意义。

一、南海航行自由问题的提出

航行自由作为海洋实践由来已久，作为一种理念上升到国家政策高度，大约是在新航路开辟后国家海洋利用的历史过程中。研究南海航行自由与安全问题，应当追根溯源，着眼历史和国际法角度深入考察。

（一）对航行自由的历史和法理认识

对海上航行自由，可以从两个角度上认识：

一是着眼历史角度。历史上，海上殖民运动直接催生“航行自由”理念。自15世纪大航路开辟以来，西班牙、葡萄牙凭借先进的航海技术和强大的海军力量，掀起疯狂的蓝色“圈地”运动，使得畅通无阻的海洋成为殖民国家“领地”。针对西班牙、葡萄牙等国划海为界、分割海洋之举，1609年，被誉为“国际法之父”的荷兰法学家格劳秀斯发出“海上自由”的呼唤。1702年，荷兰学者宾刻舒克发表《海洋领有论》，将海洋划分为领海和公海，领海属于沿岸国家管辖，公海则不属于任何国家管辖，对于国家维护“领海主权”、“公海航行自由权”进行了系统理论阐述，从此掀开人类对海洋进行国际共治，实现自由航行、安全利用的序幕。然而，在近代相当长时期内，西方殖民统治者为了掠夺殖民地和海外市场，利用强大海军实施海洋控制。1890年美国海军战略家马汉出版《海权对历史的影响》，正式提出海权论，1911年再次出版《海军战略》，提出利用海外基地控制海洋的主张，对西方殖民统治者发展海军力量，实施海洋交通线的控制，夺取海外殖民地和势力范围提供了理论依据。而广大的发展中国家，受制于相对薄弱的海上力量，无法对本应自由的海洋实行“自由利用”。二战结束后，全球殖民体系土崩瓦解，威胁航行自由的殖民因素不复存在，各国在海洋的自由利用上渴望追求与西方大国平等地位，并导致了东、西方围绕海洋利用问题一次又一次激烈斗争。上个世纪70年代末，联合国历经13年一百余次海洋会议，最终于1982年通过《联合国海洋法公约》，其中有关“航行自由”的规定，得到世界150多个国家的认可。

二是着眼国际法角度。公海自由是公认的国际法原则，是公海制度的核心和基础。1982年《联合国海洋法公约》规定：公海对所有国家开放，不论其为沿海国或内陆国，都有在公海上从事国际法所不禁止的活动的自由。[①] 航行自由是公海自由的一项最基本的制度，包括航行权、船舶的国籍及其地位以及船旗国义务等内容，即任何国家的船舶都可以悬挂旗帜在公海中自由航行，任何国家不得对在公海中合法航行的别国船舶加以阻碍。同时,《公约》58条规定，世界各国在一国的专属经济区内享有公海制度下的航行自由。[②]

（二）南海航行自由问题的产生

步入新世纪以来，我国对外开放步伐不断加快，国家经济总量不断上升，综合国力日益增强，已经成为世界第二大经济体，并预计2020年超越美国成为全球最大经济体。[③] 中国的快速崛起对美国维护其世界霸主地位带来了极大挑战。随着本·拉登被击毙，新一届美国领导人再度拾起当年把中国视为“战略对手”政策[④]。2009年3-4月，中国政府利用公务船对长期在专属经济区非法活动的“无暇”号侦察船实施驱离行动，引发一贯标榜“海洋自由卫士”美国的极度不满。5月，中国针对越南与马来西亚联合和单独向联合国大陆架界限委员会提出南海划界案，向界限委员会提出反对意见。[⑤] 为牵制中国和平崛起，在2009年7月东盟地区论坛外长会议上，美国借口“南海航行自由”，对中国国力增长引发南海安全局势动荡、从而严重危及美国“航行自由”议题进行了大大发挥。随后，西方少数国家“随美而舞”，借口南海和平稳定，提出“南海航行自由”受到威胁的伪命题。

---

① 《联合国海洋法公约》，海洋出版社，1982年版，第63页。

② 同上，第39页。

③ 舜网-济南时报，“2020年中国经济总量或超美国”，2013年03月24日，http://news.sina.com.cn/o/2013-03-24/021926622102.shtml。

④ 2000年，美国前总统小布什公开把中国视为影响美国全球霸主地位的“战略对手”。随着次年“911”事件发生，美国出于对中国参与全球反恐的需要，暂时搁置了围堵中国的政策主张和实践行动。

⑤ 腾讯网，“马来西亚越南提交外大陆架‘划界案’，我国反对”，2009年05月08，http://news.qq.com/a/20090508/000029.htm。

（三）南海航行自由的本质

美国提出所谓的“南海航行自由问题”，实质上是美国政治和战略利益考量的结果。在“911”以后的较长时期内，美国忙于全球反恐和中东国家改革，无暇顾及中国的崛起。随着美国全球反恐斗争告一段落，美国开始重新拾起上任总统的衣钵，寻求对华实行“接触＋遏制”的双重政策。然而，当年美国屡试极爽、利用台湾问题牵制中国的政策，在中国政府强有力的对台政策下面临着操作余地大大压缩的境地。而美国近十年的反恐战争也使得自身伤痕累累，财政入不敷出。为此，美国迫切需要有人充当反华政策的“敢死队”。为了博取东盟国家对美国插手本地区事务的认可，甘当美国南海政策的马前卒，美国巧妙地利用了南海主权声索国与中国围绕南海岛礁主权和海洋权益而起的争端，开始在南海问题上“仗义执言”，以航行自由大做文章，公开指责中国的实力扩张已致南海局势动荡，美国不能袖手旁观，南海航行自由应当予以确保，作为全球领导者的美国，在此问题上具有不可推卸的“责任”，南海问题应当置于国际的多边框架范围来解决，从而将南海航行自由受威胁的伪命题正式推向国际社会。

显然，美国从冷战“零和”思维和“国强必霸”的逻辑出发，“以己之心，度他人之腹”，不能容忍中国国力和地区影响力的合理增长，狭隘地认定中国利用美国无暇东顾之机在东亚推行“亚洲版门罗主义”，无端地虚构中国今后将挑战美全球霸权。美国在其航行自由根本未受任何影响的背景下，仍然提出南海航行自由问题，背后的动机，主要是为其插手南海问题、加大对华战略遏制做借口。“南海航行自由”实际上是美国在台湾问题外设置的另一个牵制中国和平崛起的抓手。美国鼓吹“南海航行自由与安全受到威胁”，客观上也给国际社会造成一种南海局势堪忧的假象，从而为一些西方政客编造“中国威胁论”增加注脚，为离间中国与东盟关系提供新的说词。

二、相关国家关于南海航行自由的主张与诉求

南海是沟通太平洋和印度洋、连通亚洲与大洋洲的主要战略海域。在经济全球化的时代背景下，南海航行对世界几乎所有国家都有影响。但就主题所论及的国家而言，南海航行自由主要涉及到南海周边国家以及深度关注南海事务的域外大国。

（一）南海航行自由的主张与诉求

南海周边国家是南海航行自由的利益方，其主张与诉求对南海航行自由的走向和发展产生着重要影响。

南海周边国家长期以来一直高度关注南海航行自由问题。越南过去对航行自由问题没有发过什么声音，但随着近年来与中国海洋争端问题的积累以及斗争加剧，越南多次强调南海航行自由问题。在2012年的香格里拉对话会上，越南国防部副部长阮志咏呼吁，沿海国家在200海里专属经济区内的主权权利要得到彻底尊重。海上主权争议要对国际社会保持透明和公开。2013年6月，更是表示南中国海的冲突会威胁到地区的稳定和安全，特别是海上安全，以及航空、航海自由。菲律宾也多次以南海航行自由为借口插手南海。2011年9月，菲律宾召集东盟召开南海问题会议，企图借南海航行自由问题拉东盟抗衡中国。2012年5月，菲律宾外长声称中国威胁南海航行和贸易自由。文莱在南海问题上始终采取低调的姿态，但对南海航行自由表示关切。2012年文莱外长在与越南外长会晤期间，双方就南中国海问题进行了商谈，强调维持和平、稳定、安全和通行自由的重要性，并提出争取早日签署“南海行为准则”。此外，印尼、新加坡等周边国家也不同程度地表示了对南海航行自由问题的关注。2011年7月，印尼在东盟十国外长会议上表示“我们需要向世界传递一个强烈的信号……南中国海地区的未来是可管理的和乐观

的”，并呼吁尽快制定‘南海行为准则’，保证航行自由。”[①] 2011年11月，新加坡表示“作为一个主要的贸易国，保持这一地区（南海）的自由航行对新加坡的利益至关重要。”

域外大国出于多种目的高度关注“南海航行自由”问题。除了美国外，日本对南海航行自由表现出浓厚的兴趣，总体上呈现出与美国南海航行自由声明亦步亦趋的态势。2010年7月，日本时任外相松本刚明对南海局势表示：“海洋起着连接世界经济的重要作用，航行自由是国际社会的关注焦点。”2011年6月，日本邀请越南领导人访日，双方借口“确保航行自由”达成了在南海问题上紧密合作的计划。9月，菲律宾领导人应邀访问日本，双方就建立有关南海主权问题和保障航行安全自由的协调机构等问题达成协议。2012年5月，日本和太平洋岛国联合宣言声称“要尊重南海航行自由”。[②] 印度在南海问题上态度比较明确，即支持南海航行自由，希望各方遵守《南海各方行为宣言》。2012年10月，印度国防部长AK·安东尼在谈及南海问题时表示，“印度呼吁各方在解决南海问题时保持克制，南海地区航行与资源获取的自由应该获得保证”，“印度支持符合国际法规的自由航行和资源获取，这些应该得到所有方面的尊重”。[③]

我国高度重视南海国际航道的安全畅通。2012年9月，中国时任外交部长杨洁篪表示“在南海的航行自由、安全是有保证的。南海是各方交流、贸易、通商的生命线，现在没有问题，将来也不会有问题”。[④] 针对西方某些国家的指责，中国认为，中国维护南沙岛礁主权和海洋权益并没有影响外国船舶根据国际法所享有的航行自由。2013年10月，中国

---

① 新浪新闻，“东盟国家正拟定南海行为准则草案欲约束中国”，2011年07月19日，http://news.sina.com.cn/c/sd/2011-07-19/091922838813.shtml。

② 凤凰网，“日本与太平洋岛国开会首提‘尊重南海航行自由’”，2012年05月25日，http://news.ifeng.com/world/detail_2012_05/25/14817926_0.shtml。

③ 环球网，“印度防长吁南海各方保持克制称应保证航行自由”，2012年10月17日，http://world.huanqiu.com/exclusive/2012-10/3195908.html。

④ 中国新闻网，“杨洁篪：中国政府关于南海问题立场一贯、明确”，2012年09月05日，http://www.chinanews.com/gn/2012/09-05/4161447.shtml。

国务院总理李克强在出席第八届东亚峰会时再次表示，“南海的航行是自由的，南海的航行安全是有保障的，中国将继续与地区各国维护好南海航行自由与安全……”。[①] 每年有10多万艘各国船只安全通过南海，南海地区贸易的日益繁荣就是一个明证。

（二）主要国家诉求的异同

南海周边国家和域外大国不断强调南海航行自由，既有共性，也有差异。

对于美、日、印等域外大国来说，其提出南海航行自由问题的共同目标在于：一是利用南海航行自由问题牵制中国。从美国来说，其与中国之间的博弈是霸权“守成国”与新兴国家之间的博弈。随着中国综合国力的上升、国际地位的提高，美国把中国视为现行国际体系的“挑战者”，将对美国领导世界的意愿和能力构成挑战。过去很长一段时间，美国一直把台湾问题作为遏制中国崛起的撒手锏，但自2008年以来，由于两岸关系的逐步缓和，美国转而把南海问题视为遏制中国最重要的棋子之一。美国有意放大中国军事现代化、特别是海军现代化，并将其视为“中国威胁论”的佐证。美国国防部2011年发布的《中国的军力和安全力量的发展》中认为，“中国军事现代化的目标是要加强自身在太平洋、东南亚和印度洋地区的影响力”。[②]

然而，美国不允许世界上任何国家在任何地区建立排除美国力量的单独控制区域。因此，美国下决心以南海航行自由为借口，通过插手南海事务，使之日益国际化，离间中国与东盟关系，促使南海问题朝着有利于美国的方向发展，最终实现分散中国力量、牵制中国、延缓中国崛起的战略目的。

日本与美国在牵制中国上存在共同利益。日本一直把中国视为自己

---

① 国际在线，“李克强：中国愿继续与地区各国维护南海航行自由与安全”，2013年10月11日，http://gb.cri.cn/42071/2013/10/11/2225s4279551.htm。

② 鞠海龙：“美国奥巴马政府南海政策研究”，[J]．当代亚太，2011（3）。

走向世界大国最大的竞争对手和绊脚石。日本一方面把中国的发展视为压力和挑战，在各种场合极力渲染“中国威胁论”，另一方面又认为在东亚地区合作的领导权问题上，中国和日本存在着竞争关系，双方是“零和博弈”。日本认为，南海问题是亚太地区热点问题，其解决前景，将直接关系到亚太地缘政治格局的变化。日本想把南海问题作为牵制中国的一个重要“筹码”，企图以“确保海上航行自由”为借口，积极介入南海问题，从而达到“遏制中国的目的，进而提高地区影响力实现它的政治大国的梦想”。当然，确保日本通往中东能源通道的安全，也是日本历届政府国策中的重要内容。

印度作为南亚地区的核心国家，自独立以来一直推行海洋大国和世界大国战略。早在2000年印度就提出“从阿拉伯海的北面到南中国海，都是印度的利益范围”，其制定的《20年国防建设新规则》提出，印度要积极发展高科技武器装备，全面提高军队现代化水平，力争2015年前成为世界军事大国。2011年7月20日，美国国务卿希拉里访印时所说的“现在是抓住21世纪机会的时候了，现在是（印度）应当领导亚洲的时候了”，[①] 更是刺激了印度“大国梦”的神经。然而，印度把中国视为其实现大国梦的竞争对手，对中国在南海和印度洋地区不断增长的实力表示担忧。[②] 为此，印度就把搅局南海问题作为牵制中国的重要“筹码”，并于2011年9月15日宣布要和越南合作开采南海争议区的油气资源。印度在南海航行自由问题上随美起舞有其一定的战略考虑，但倘若完全听任美国摆布，在具体行动上充当美、日的开路先锋，恐怕未必会遵命服从。

以菲、越为代表，南海周边国家之所以提出南海航行自由问题，主要目的在于将南海问题国际化、复杂化，把域外势力引入南海，从中渔利。越南是唯一（中国除外）提出对南沙群岛拥有全部主权的国家，也

---

① Hillary Clinton. “We are betting on India’s future”, India Today, 20 July, 2011 [EB/OL]. http:// India today. intoday. In/story/Hillary Clinton—in—Chennai/1/145572.html.

② Eric S. Morse. Geopolitics in the South China Sea and Indian Ocean Region: Tiny Ripples or Shifting Tides? National Strategy Forum Review,August 30, 2010 [EB/OL].

是南海争端中目前最大的既得利益者。除攫取巨大的政治利益外，经济利益也盆满钵满。越南1974年以前不产一滴石油，但其在南沙进行的石油开采不仅能够满足其国内需要，其出口收入占到国家出口收入的1/2。[①]近年来，中国逐渐加强南海维权执法行动，越南意识到，即使东盟国家联合起来也无法平衡中国的力量，为此，不断制造舆论，把美、日、印等区域外大国力量引入南海地区，以制衡中国在南海的影响力。越南于2011年与日本防卫相会谈中获得了后者合作确保南海航行安全的承诺。2012年6月，越南在与美国高官的会谈中又获得了美国在航行问题上合作的承诺，包括制定“南海行为准则”以改善海上自由通行。2013年10月，在出席APEC峰会期间，越南国家主席与日本首相进行会谈，双方同意开展海洋安全领域的合作……。[②]域外大国的逐渐介入给越南维护南海既得利益提供了良好的“保护伞”。

菲律宾是南海争端当事国之一，在南海的安全利益和经济利益巨大，与中国在南海争端中的矛盾相对突出。[③]特别是2012年“黄岩岛事件”以来，菲律宾不断搬弄是非，企图将中菲双边问题上升为中国与东盟之间的问题。更为严重的是，其还多次在公开场合大肆散播“中国破坏地区和平稳定，影响南海航行自由”的论调，意在获取美、日等域外大国的支持，从而进一步扩大菲律宾在南海的利益。2013年8月，菲律宾武装部队总参谋长艾曼努尔·包蒂斯塔和美军参联会主席马丁·登普西表示：“在维护航行自由、无障碍合法贸易、人员和货物的海上通行方面，我们有着共同利益”。[④]菲律宾将美国拉入南海争端，从中渔利之心可见一斑。

---

① 环球网社区，环球谈兵，“中国如何破解‘南海乱局’”，http:/bbs.huanqiu.com/thread-1347694-1-1.html。

② 凤凰资讯网，“安倍晤越南主席日越同意开展海洋合作应对中国”，2013年10月7日。

③ Rory Metcalf and Raoul Heimlich, “Crisis and Confidence: Major Powers and Maritime Security in Indo-Pacific Asia”, Lowy Institute for International Policy, June 2011, P.22.

④ 新华网，“美菲扬言要维护南海‘航行自由’”，2013年08月25日，http://news.xinhuanet.com/2013-08/25/c_125240290.htm。

尽管主要国家对南海航行自由有着共同的诉求，但是，也各自打着自己的小算盘。域外国家中，美国、日本更加关注维护其军舰和商船在南海航行的自由与安全。对于美国来说，南海海域的航行安全和自由航行不仅关乎美国的军事安全，也关乎美国的能源和经济安全。据统计，西太平洋部队消耗油料的85%须从中东经南海海域运输。美国各种原料的进口量中，亚太地区提供的天然橡胶占88%、棕油占99%、椰油占95%、钛占97%、锡占82%，其中大部分原料要通过南海航线。[①] 正因为如此，美国在发表关于南海问题的声明或出台关于南海政策时，总说南海海域的航道安全和航行自由关乎美国的国家利益。日本作为一个能源极其贫乏、高度依赖海上运输的岛国，经济对外依存度高，战略资源和产品市场均严重依赖海上运输通道，而其中从波斯湾出发，经马六甲海峡或巽他、龙目海峡，进入南海、东海，最后抵达日本的“西南航线”被称作日本海上运输的“生命线”。根据日本方面的统计，日本每年约90%的进口石油和40%的进出口贸易均要经此航线。一旦南海航行自由问题出现，日本的经济大动脉就近乎将被切断，其国家生存和发展将受到致命的打击。正因为如此，日本长期以来一直坚持南中国海扼其海上生命线的战略认知，将维护其军舰和商船在南海航行的自由与安全上升到国家战略高度。至于印度，则更加关心确保南海航行自由对其顺利开采南海油田，实现国家能源来源多元化的战略意义。此外，日本、印度与中国都存在领土争端问题，都试图通过介入南海争端，给中国制造麻烦，分散中国的精力，使中国东海与中印边界问题上顾此失彼。周边国家中，文莱国民经济收入90%来自海上石油；[②] 马来西亚已在南沙海域打出近百口油气田，年产石油3,000万吨，天然气近50亿立方米，[③] 它们之

① 郭渊：“冷战后美国的南中国海政策”，载于《学术探索》，2008（1）。

② 早报网，“背景资料：文莱达鲁萨兰国”，http://www.zaobao.com/special/oil/pages/oil090900a.htm。

③ 国际能源网，“马来西亚如何攫取南海石油”，http://intl.ce.cn/qqss/201204/24/t20120424_23266564.shtml。

所以希望南海航行自由与安全，更多的是出于经济利益的考虑。对于泰国来说，南海是其进出口资源最重要的战略通道，关乎国家的生存和发展。印尼关心南海航行自由与安全，更多是因为地区海盗、海上恐怖主义、海上走私等非传统安全威胁对其国家带来了不利影响。这与域外大国对南海航行自由的关注有本质不同。

三、南海航行自由问题对我南海主权安全和区域稳定的影响

南海周边部分国家借口“南海航行自由”搬弄是非，域外大国以“南海航行自由”为口实插手南海，已对南海地区的安全稳定和我维护南海主权带来了不利影响。

（一）域外大国借南海航行自由问题干预南海事务，导致南海局势更加复杂

南海是当今世界最繁忙的航运通道之一，每年包括美、日、印等国船只在内的多达10万多艘各种船只均安全、畅通无阻地通过南海，并没有发生一起正常航行遭到中国妨碍的事件。然而美、日、印等国在南海航行自由问题上，公然颠倒黑白，无中生有地抹黑中国。只要稍有分析头脑的人便可看出，美日等国指责中国影响南海航行自由，完全是别有用心。美国为牵制中国的和平崛起，以“南海航行自由事关国家利益”为由，政治上巩固与泰国、菲律宾等传统盟友的关系，提升与越南、柬埔寨的政治关系，实现美—老关系的破冰之旅，意图获取它们在南海航行自由问题上对美国的支持；军事上不断加强在南海地区军事存在，与东盟国家频繁进行海上军事演习，意在兑现对相关国家的安全承诺，增强对中国的军事威慑；舆论上，把中国视为南海局势的麻烦制造者，支持东盟相关国家在南海问题上的诉求，意在国际舆论上置中国于不利局面。一句话，美国企图通过牵制中国的和平发展，确保美国实现“再领

导世界一百年”目标。日本作为美国的亲密盟友和忠实追随者，在南海问题上紧跟美国声调和步伐，强化日、菲南海军事合作，为菲律宾海岸警卫队提供训练；增强日、越海上防务合作，协助越南培训军官。2013年10月，在出席APEC峰会期间，日本首相安倍晋三与越南国家主席张进创进行会谈，双方同意开展海洋安全领域的合作，以应对在东海及南海拓展海域活动的中国。[①] 日本意图也十分明显：在遏制中国海洋崛起的同时，确保其东亚事务主要领导者的地位。印度利用南海问题牵制中国，以便在中印陆上领土争端中占据主动，而南海航行自由恰好成为其介入南海事务的最佳借口。不难看出，南海航行自由问题正在成为域外大国干预南海事务的借口，而这一趋势也将会随着时间的推移愈演愈烈。

（二）南海周边国家借南海航行自由命题，企图掩盖其侵占我南海权益的事实

长期以来，南海周边国家利用我集中力量应对台湾问题之机，频繁采取挑衅行为，侵犯我南海主权，不仅侵占我南沙岛礁多达42个（越南29个、马来西亚5个，菲律宾8个），而且不断扩展岛礁控制海域。更为严重的是，无视我“搁置争议、共同开发”的倡议，在我传统九段线内通过拉拢域外国家投资等方式，恣意掠夺我海洋油气资源。使得我南海权益“岛礁被侵占、海域被瓜分、资源被掠夺”的局面更加严峻。更为严峻的是，菲、越等国利用美、日牵制我国的政策和行动，寻求扩大侵犯利益，且态度日趋强硬，步子不断加大，甚至提出为确保侵占利益不惜一战的论调。事实上，影响南海航行自由的，恰恰是那些为了维护既得侵占利益的国家，而不是中国。南海航行自由受到影响，作为一个伪命题，遭到南海周边国家的放大，其目的不言而喻，即通过吸引世界眼球、扰乱国际舆论、引入国际势力等方式，混淆视听，为其继续保持侵

---

① 凤凰资讯网，“安倍晤越南主席日越同意开展海洋合作应对中国”，2013年10月7日，http://news.ifeng.com/world/detail_2013_10/07/14817896_0.shtml。

占利益打掩护。南海航行自由，作为一个伪命题不值一驳，但其产生的影响则不可小觑，不仅使得南海岛礁主权争议因国际势力的介入而更加复杂，更为重要的是，它也为南海周边国家转移南海问题实质、确保非法既得利益增加了一个“挡箭牌”。

（三）妥善处理南海航行自由，可以对南海安全稳定产生积极影响

南海航行自由与南海安全稳定相互作用、彼此影响。一是南海航行自由是确保南海安全稳定的重要前提。稳定的南海安全环境是域内外国家共同努力，共同作用的结果。但目前，域内外国家以“航行自由”为名将南海问题复杂化、国际化，对南海安全产生极其不利影响。一方面，南海周边国家通过采取大力发展海军力量、加强相互间的海上军事安全合作、主动挑起南海事端以及引入域外大国势力介入等方法和手段，造成了南海紧张的海上安全局势，恶化了南海安全环境；另一方面，域外大国对南海周边国家的“邀请”做出积极回应，以确保航行自由、维护国家利益为借口，通过多种方式不断加强在南海的军事存在，使南海安全环境雪上加霜。因此，妥善处理和确保南海航行自由，可以击破周边国家将南海问题国际化的图谋，减少域外国家介入南海事务的借口，缓解南海安全局势，有利于南海安全稳定。二是稳定的南海安全环境可以为南海航行自由创造良好的条件。当前，南海安全环境总体稳定，但周边国家不断采取挑衅行动，严重侵犯我国南海权益，引发了南海海域一系列紧张事端。

四、确保南海航行自由与安全稳定的对策思考

航行自由作为一个世界命题，尽管在近代以来的漫长岁月中成为了西方国家谋求海洋控制的借口，但在经济全球化背景下，它已成为中国等后发海洋国家必须高度重视的问题。针对美国等西方大国的舆论攻势、南海主权声索国的应声附和以及它们之间的一唱一和，中国既要在理论上进行必要的研究，提炼航行自由的历史价值和现代意义，更要在国际话语权等问题上赢得主动地位，进行必要斗争。

（一）理论上，挖掘海上航行自由的历史价值和现实意义

海上航行自由是一个世界级命题。之所以这样认为，是因为它的产生具有普世意义。在大航路开辟后，近代西方殖民统治者利用海上航线对外扩张，又利用武力来确保海上扩张成果，形成“海军—殖民地—贸易”运作方式，为资本主义原始积累发挥了重要作用。在近代，航行自由通常是西方统治者为了打开殖民地门户的借口。在上个世纪70、80年代，伴随着海洋法的新发展，广大第三世界国家为维护海洋权益，与发达国家进行了长达13年的磋商、较量和妥协，最终达成《联合国海洋法公约》。《公约》虽然赋予沿海国巨大的海洋权益，但在许多地方用词含糊，为他国进行有利于本国的解释留下了空间，也为西方强国借用《公约》侵犯他国专属经济区权利提供了方便之门。从另一角度看，海上航行自由对后发海洋国家，也具有非常深远的现实意义。伴随着经济全球化不断深入，世界各国之间的经济联系日益加深，相互依赖不断加大，海上航行自由在促进世界经贸方面发挥着巨大作用。对于经济和海洋领域的后发国家来说，不断拓展海外市场，为本国产品源源不断地提供海外产品需求，并依托海上航道不断输入国家经济所需的资源能源，是国家可持续发展的前提条件。尤其对中国这样的后发国家，保持海上航行自由，确保海上通道安全畅通，具有特别重要的现实意义。

（二）战略上，确保南海航行自由对我建设海洋强国具有积极意义

海洋强国是几代中国人的共同梦想，但它决不会一蹴而就，而需要从多个途径和多个角度持久推进。进入新世纪以来，我国海洋事业对国民经济的支持作用显著。据国家海洋局权威数据显示，2005年我国海洋经济对国民经济的支持和贡献仅为5%，2012年贡献率上升为9.7%，接近10%的海洋大国水平。依据国家海洋发展战略规划，至2020年，我国海洋经济对国民经济的贡献率要达到15%，达到海洋强国的水平。[①] 而我国经济对外依存度达到60%以上，海上通道安全在促进国家经济可持续发展中具有十分重要的意义。在对外贸易上，我国进出口贸易额由1978年的206.4亿美元增长到2013年的4.16万亿美元。欧盟依旧为我国第一大贸易伙伴，中欧双边贸易总值达到5,590亿美元，美国成为我国第二大贸易伙伴，贸易额超5,210亿美元，中国—东盟双边贸易达4,436.1亿美元，比2012年增长10.9%，至2020年，中国—东盟双边贸易将努力达到1万亿美元。南海航行通道安全在国家对外经贸中发挥着越来越重要的作用。自1993年我国从出口国转为石油纯进口国以来，我国石油进口量逐年攀升，2011年我国石油进口2.5378亿吨，2012年中国石油净进口量达2.84亿吨，[②] 2013年，中国石油进口已超越美国成为世界最大石油输入国，石油对外依存度上升至近60%。[③] 在矿产上，2012年我国矿产品贸易进出口总额9,919亿美元，同比增长3.9%，铁矿石对外依存度高达71%，[④] 仅从澳大利亚、巴西、印度三国就进口铁矿石51,247.25万吨，占进口总量

① 中国新闻网，“报告称2012年中国海洋生产总值突破5万亿元”，2013年05月10日，http://finance.chinanews.com/cj/2013/05-10/4806055.shtml。

② 和讯网，“2012年中国石油净进口量达2.84亿吨，石油对外依存度上升至58%。”，2013年1月30日，http://news.hexun.com/20130130/150767427..html。

③ 新华网，“2013年中国石油进口依存度或达60%”，2013年11月25日，http://www.askci.com/news/201311/25/25953267920.shtml。

④ “中联钢：2012年中国铁矿石对外依存度为71%”，2013年1月17日，http://cj.gw.com.cn/news/news/2013/0117/200000095687.shtml；而在2010年，我国铁矿石对外依存度仅为53.6%。

的74.70%。[①] 而进口石油输入区域上，中东、非洲和东南亚已成为我国石油天然气的主要输入区域。2013年10月，习近平主席在印度尼西亚国会发表演讲时提出建设21世纪“海上丝绸之路”的宏伟倡议，该倡议正在获得南海不少周边国家以及印度洋海域国家的积极响应。21世纪海上丝绸之路建设成为中国和平发展，实现海洋强国整体战略布局中的重要一环。而它的实现，必须以南海航行自由以及南海航行安全畅通为基本前提。

（三）舆论上，揭露域外大国荒谬论调，赢得南海航行自由话语权

南海是连接太平洋、印度洋，沟通亚洲与大洋洲的交通枢纽，南海航行自由既对世界上从事洲际贸易国家有着重要价值，也对保持海上力量机动能力具有现实意义，是西方大国关注焦点。近年来，南海利益攸关国基于不同政治目的与战略企图，不断鼓噪南海航行自由问题，认为中国在南海采取了“扩张性”行动，使得本来没有问题的南海航行自由受到安全威胁。尤其是美国，出于对中国和平发展的战略牵制以及战略围堵目的，不断鼓吹“南海航行自由”受到威胁的荒谬言论，以便为美国战略上重返亚太、军事力量“再平衡”及海军力量在东南亚谋篇布局制造舆论借口。

赢得在南海航行自由问题上的话语主导权，是今后一个时期我与域外大国、特别是美国进行斗争的焦点问题。在这个问题上，要从两个方面入手：一是要努力寻求与利益攸关方及相关国家的利益交汇点，消除我与相关国家展开南海航行通道安全合作的外在阻力。可采取适当方式，明确表明中国政府在确保南海航行通道安全上的义务和责任，展现中国在维护南海通道安全上负责任的大国形象。深化与世界大国在海运管理

---

① 中国金融信息网，“中国钢铁工业协会秘书长张长富”，http://news.xinhua08.com/a/20120323/927422.shtml。

制度等方面的合作，加强南海通道安全的磋商与对话协调机制，积极拓展非传统安全领域，如打击海盗、反恐、反走私、缉毒、搜救等领域的务实合作，共同维护南海重要海上运输通道安全。二是要高度重视海洋公共安全产品的服务问题。努力研发能服务于南海通道安全的公共安全产品，在船舶导航、航运安全、水文气象、灾害预报、抢险救灾等方面，向东盟国家提供价廉质优的安全产品。加强南海海域的海洋观测、航道测量、航海保障等能力建设，加大海上航运监管与服务力度，优化船舶交通管理系统布局，完善沿海干线航标体系，建成西沙、南沙海域公用航标，航道安全巡航扩展至专属经济区及其他管辖海域，为南海海上通道安全提供更为全面、准确的公共服务产品。此外，我国还应当加强与南海进出大洋海峡水道途经国，如印尼、马来西亚、新加坡等国的合作，积极参与地区机构的活动，维护马六甲海峡、巴士海峡、巽他海峡等重要国际水道的航行安全。

（四）措施上，采取切实手段与东盟等国一起确保南海航行自由

一是树立新的安全理念，深化战略互信。开展安全合作符合国家发展的长远利益，顺应国际安全互动的潮流，是国际安全关系的重要准则，是中国与南海周边国家的共同需要。应立足国内外两个大局，秉承“以和为贵、协和万邦”的传统智慧，突破“远交近攻”、“零和博弈”的思想藩篱，坚持“互信、互利、平等、协作”的新安全观，倡导把综合安全、共同安全、合作安全、可持续安全的理念作为构建“公正合理、自由有序、和平安宁、和谐共处、天人合一”和谐海洋观念的重要支撑，使之成为中国构建和谐世界的重要范式选择、制约霸权思维与行为的理论基础与实践标准。要加强与南海周边国家文化安全领域的交流与合作，共同塑造和谐南海文化，主动参与并加强在南海安全合作理念领域的磋商和合作；积极推动和开展多形式、多层次、多渠道的地区安全对话与合作，深化有关合作机制，增进战略互信，营造南海新秩序。

二是加强公共安全领域合作，维持南海良好安全环境。积极开展南海公共安全领域合作，有利于加深与周边各国的友好关系，营造和谐稳定的周边安全环境及较为宽松协作的国际发展环境。我与南海周边国家的合作可在多个领域展开，如灾害预报、抢险救灾、船舶导航、航运安全、水文气象、海洋生物、海洋捕捞、资源勘探、科学考察等，先开展学术研究和技术交流，在达成共识后逐步采取联合行动。

三是深化南海通道安全合作，共同维护南海海上秩序。南海通道安全与世界大国经济发展密切相关，维护南海通道安全对促进南海安全稳定具有重要意义。加强与世界大国的海上安全合作，确定南海航行应遵循的国际法律、法规，商定避免发生海上意外事故的基本规则和处置程序，建立相互通报制度和通信方式方法，建立海上安全问题的沟通对话渠道等。加强与东盟在传统安全领域合作，全面落实《南海各方行为宣言》，并在此过程中，不断推进“南海行为准则”进程；深化与东盟在非传统安全领域的合作，实施《落实中国—东盟面向和平与繁荣的战略伙伴关系联合宣言的行动计划》中“……本着循序渐进的原则，在诸如海洋环保、海上航行和交通安全、海上搜救、海上遇险人员的人道主义待遇、打击海上跨国犯罪等领域加强对话与合作……”规定。[①] 此外，要完善中国—东盟防长会议机制，深化海上防灾救灾、海上联合执法、海上搜救、海洋环保等非传统安全领域的合作。当我与东盟达成较为成熟的战略互信时，我可倡导南海周边国家，商讨一个各国共同遵守、确保南海航行自由的普遍准则，一劳永逸地解决南海航行自由问题。

---

① 中国驻印尼大使馆网站，“落实中国—东盟面向和平与繁荣的战略伙伴关系联合宣言的行动计划（2011-2015）”章节1.5.4，2012年2月29日，http://www.fmprc.gov.cn/ce/ceindo/chn/zgyyn/zywx/t909437.htm。

南海问题的新动向及中国的应对策略

金永明

[内容提要] 近来南海问题出现了新的动向，主要包括菲南海仲裁案和中越西沙海域对峙事件两个方面，为此，有必要结合《联合国海洋法公约》的争端解决制度包括仲裁制度分析其内容和特征，也有必要论述中国对于南海问题的政策和立场，特别应阐述南海断续线的性质及线内水域的法律地位，以确保中国在南海的权益，并为合理处置南海问题争议探寻合理的解决方法。

[关键词] 南海问题　司法化　对峙事件　中国南海政策

[作者简介] 金永明，上海社会科学院法学研究所研究员，上海社会科学院创新工程特色人才。

一、南海问题争议的司法化动向：菲律宾南海争议仲裁案

2014年3月30日，菲律宾向仲裁庭提交了南海争议的书面主张和诉求。此仲裁案源于2013年1月22日，菲律宾外交部向中国驻菲律宾大使馆递交了菲将南海问题提交国际仲裁的照会和《关于西菲律宾海的通知和权利主张声明》(简称《通知和声明》)，主张依《联合国海洋法公约》(以下简称《公约》) 第287条及其附件七（《仲裁》）提起强制仲裁程序“以求和平并永久地解决”双方争端，即菲南海仲裁案。这是全国人大常委会于1996年5月15日通过批准《公约》的决定以来，南海声索国依《公约》第15部分（争端的解决）第2节（导致有拘束力裁判的强制程序）海洋争端解决机制“状告”中国的第一例案件。2013年2月19日，中国

外交部将其退回菲律宾，并申明中国反对此种做法，希望菲律宾回到谈判桌上来的立场；而菲则表示将继续单方面推进仲裁程序。2013年6月25日，由五名仲裁员组成的仲裁庭正式成立，并于7月11日在海牙召开了第一次会议。8月27日，仲裁庭发布了第一号程序令，确定了书面程序和初始时间表（2014年3月30日）和适用仲裁的程序规则。

实质上，菲南海仲裁案，其蕴涵的国际法问题重点涉及四个方面：第一，菲律宾提起南海仲裁案的依据是否妥适当？第二，菲律宾提起南海仲裁案的前提条件是否满足？即仲裁法庭的可受理性问题。第三，仲裁庭的组成包括指派仲裁员的程序是否合理？第四，仲裁庭对菲律宾的诉求是否具有管辖权等。

（一）菲律宾提起南海争议仲裁案的依据

菲律宾在其《通知和声明》中指出，中菲均为《公约》的缔约国（菲律宾于1984年5月8日批准《公约》），双方均未以第287条的规定就有关本公约的解释或适用的争端选择方法（国际海洋法法庭、国际法院、仲裁法庭和特别仲裁法庭）作出书面声明，所以双方同意就有关本公约的解释或适用的争端仅可提交附件七规定的仲裁程序（第287条第3款）。即菲方单独提起南海仲裁案不需要中方的同意。为此，菲律宾依据《公约》附件七第1条的规定，提起南海争议强制仲裁。可见，菲方认为自己提起南海仲裁案的依据可谓合理。

（二）菲律宾提起南海争议仲裁案的前提条件并未满足？

《公约》附件七第1条规定，在《公约》第15部分的限制下，争端任何一方可向争端他方发出书面通知，将争端提交本附件所规定的仲裁程序；通知应附有一份关于其权利主张及该权利主张所依据的理由的说明。那么，在《公约》第15部分的限制下的内容是指什么呢，即提起强制仲裁案的前提条件。根据《公约》及其附件七的规定，单方面提起强制仲裁案的前提条件主要包括以下三个方面：

第一，是否用尽了和平方法解决争端的义务。《公约》第286条规定，有关本公约的解释或适用的任何争端，如已诉诸第一节（一般规定）而仍未得到解决，经争端任何一方请求，应提交根据本节（第二节）具有管辖权的法院或法庭。而依据《公约》第279条的规定，利用第一节解决任何争端的和平方法，主要是指《联合国宪章》第33条第1款所指的方法。其规定，任何争端之当事国，于争端之继续存在足以危及国际和平与安全之维持时，应尽先以谈判、调查、调停、和解、公断、司法解决、区域机关或区域办法之利用，或各该国自行选择之其他和平方法，求得解决。

菲律宾在《通知和声明》中指出，菲律宾已经充分并善意地遵守了《公约》第279条（用和平方法解决争端的义务）规定，并用尽了通过谈判解决争端的可能性。尽管自1995年起在17年间，中菲在许多场合就解决双方间涉及南海海域权利争端交换了意见，并进行了多次磋商，双方达成了“循序渐进进行合作，最终谈判解决双方争议”的重要共识，但中方于2010年3月提出建立“中菲海上问题定期磋商机制”以及2012年1月提出重启“中菲建立信任措施机制”等建议，未得到菲方的积极回应。此后，菲方不顾中方合法权利和正当关切，抛开对话框架，启用军舰袭扰黄岩岛海域作业的中国渔民（2012年4月），引发两国严重外交对峙事件，使中菲关系及南海和平稳定受到严重损害，进而发展成为菲方单方面强推强制仲裁程序。更值得注意的是，在中菲举行的17次双方南海问题对话中只涉及磋商层面，还未进入谈判阶段。因为磋商不同于谈判，磋商只是谈判的初步阶段，所以根本谈不上已用尽谈判的和平方法。

第二，是否用尽了协议规定的和平方法。《公约》第281条第1款规定，作为有关本公约的解释或适用的争端各方的缔约各国，如已协议用自行选择的和平方法来谋求解决争端，则只有在诉诸这种方法而仍未得到解决以及争端各方间的协议并不排除任何其他程序的情形下，才适用强制性的程序。对于南海问题争议，中菲已存在《南海各方行为宣言》（2002年11月4日）的协议。其第4条规定，有关各方承诺根据公认的国际法原则，包括1982年《公约》，由直接有关的主权国家通过友好磋商和谈判，以和平方式解决它们的领土和管辖权争议，而不诉诸武力或以武力相威胁；第7条规定，有关各方愿通过各方同意的模式，就有关问题继续进行磋商和对话，包括对遵守本宣言问题举行定期磋商，以增进睦邻友好关系和提高透明度，创造和谐、相互理解与合作，推动以和平方式解决彼此间争议。可见，菲方单方面将南海争议提交强制仲裁的做法，违反了《南海各方行为宣言》排除第三方强制管辖的义务。

第三，是否用尽了交换意见的义务。《公约》第283条规定，如果缔约国之间对本公约的解释或适用发生争端，争端各方应迅速就以谈判或其他和平方法解决争端一事交换意见；如果解决这种争端的程序已经终止，而争端仍未得到解决，或如已达成解决办法，而情况要求就解决办法的实施方式进行协商时，争端各方也应迅速着手交换意见。在此的争端各方交换意见内容包括：谈判解决争端交换意见，用其他和平方法解决争端交换意见，以及就解决争端的办法的实施方式交换意见等方面。菲方在《通知和声明》中指出，菲方自1995年开始便一直存在交换意见的行为，同时承认，这些交换意见的内容仅涉及中菲在南海争议海域的航行权利、开发生物和非生物资源的权利、南沙群岛中海洋地质结构以及黄岩岛的地位。而它们均是中菲南海争端的具体内容，不涉及就解决争端的和平方法交换意见，所以菲方所谓的“已用尽交换意见的义务”显然是不全面的。

（三）仲裁庭的组成，包括指派仲裁员的程序也不合理

尽管在菲方的《通知和声明》中包含了附其权利主张及该权利主张所依据的理由的说明，也指派了菲方的仲裁员。在中方反对仲裁，拒绝指派仲裁员的情形下，国际海洋法法庭庭长指派了其他仲裁员，从而组成了由五名仲裁员组成的仲裁庭。那么，国际海洋法法庭庭长在指派其他四名仲裁员时，是否与中方进行了协商，则是考验仲裁庭组成是否符合程序的重要问题。因为《公约》附件七第3条规定，如争端他方在收

到通知后的30天内未作出指派，提起程序的一方，可在该期限届满后两星期内，请求国际海洋法法庭庭长作出必要的指派；法庭庭长应在收到请求后30天内，在与当事双方协商后，从仲裁员名单中作出指派。

（四）仲裁法庭对菲律宾的“诉求”是否具有管辖权

在菲方的《通知和声明》中，其“诉求”包括13个事项。依据其“诉求”内容，主要包括三个方面的内容：依据《公约》领海及毗连区、专属经济区和大陆架制度确定中菲在南海海域的权利；宣布中国南海九段线违反《公约》无效；中国占领的南海岛礁依据其特性为《公约》的岩礁，无法主张相关的专属经济区和大陆架，中国应停止开发资源和执法活动。换言之，这些所谓的“诉求”内容，是否属于《公约》的解释或适用方面的争端，是仲裁庭对其是否具有管辖权的焦点。

《公约》第288条第3款规定，对于仲裁庭是否具有管辖权，如果发生争端，这一问题应由该法庭以裁定解决。《公约》附件七第8条规定，仲裁庭的裁决应以仲裁员的过半数作出；不到半数的仲裁员缺席或弃权，应不妨碍法庭作出裁决，如果票数相等，庭长应投决定票。

在菲方的《通知和声明》所指称的三项“诉求”内容中，它们是紧密关联的。依据国际海洋法中“陆地支配海洋”的原则，国家拥有了对陆地（岛屿）的主权，才可主张相关的海域包括领海、专属经济区和大陆架等。所以，要确定中菲依据《公约》在南海海域的权利和管辖权，必须先确定在南海争议岛屿的领土主权，确定南海岛礁的地位问题，才可主张管辖的海域，也才可划定重叠海域的界限包括岛屿在划界中的地位问题。换言之，菲方在《通知和声明》内三项“诉求”内容的实质是，确定岛屿领土主权（包括“历史性权利”在《公约》中的地位及作用，而《公约》对“历史性权利”的尊重体现在以下条款：《公约》第15条：领海划界的例外；《公约》第51条：群岛国对传统捕鱼权利的尊重；《公约》第58条：专属经济区对外国权利的适当顾及；《公约》第298条：划界时对历史性海湾与历史性所有权的程序例外）及其在海域划界中的地位问题。而这些问题均不是仲裁法庭管辖的事项，因为它们不属于对《公约》的解释或适用的任何争端内容，所以，仲裁庭对其没有管辖权。

同时，尽管菲律宾于1972年1月18日作出了接受国际法院管辖的声明，但其对与海洋管辖权和对陆地领土有关的争端作了保留。换言之，菲律宾针对与海洋管辖权和陆地领土有关的争端，不接受国际法院的管辖。

中国于2006年8月25日，根据《公约》第298条的规定，向联合国秘书长提交了书面声明，中国政府不接受《公约》第15部分第2节规定的任何国际司法或仲裁管辖。换言之，中国对于涉及国家重大利益的海洋权益争端，排除了适用国际司法或仲裁解决的可能性，坚持有关国家通过协商谈判解决的立场。

《公约》第298条第1款第（a）项第（1）目规定，任何争端如果必然涉及同时审议与大陆或岛屿陆地领土的主权或其他权利有关的任何尚未解决的争端，则不应提交附件五第二节所规定的调解。

此外，如果中菲两国无法就南岛礁归属争议问题达成其他协议，则国际法院或国际海洋法法庭就没有管辖权。因为《公约》第288条第2款规定，第287条所指的（国际）法院或（国际海洋法）法庭，对于按照与本公约的目的有关的国际协议向其提出的有关该协议的解释或适用的任何争端，也应具有管辖权。

如果菲律宾向国际法院或国际海洋法法庭提起南海岛礁领土争议，中国如果不撤回书面声明或不使用应诉管辖的话，则国际法院或国际海洋法法庭也没有管辖权。

可见，利用政治方法或外交方法是解决包括中菲在内的南海领土争议问题的有效方法和可行的路径选择。

二、中越西沙海域对峙事件

中国海洋981平台自2014年5月2日，在西沙群岛的中建岛南部海域进行海洋地质钻探作业以来，越南为维护“本国利益”需要，派遣多艘船只进行所谓的维权行动，严重干扰和影响了我国海上平台的正常作业活动，从而引发中越海上船只对峙及冲突事件。同时，越南一些不法分子示威活动严重损害了我国在越企业和人员的财产及生命安全，引发了严重的外交事态，并引起国际社会的高度关注。为此，本部分拟就中国海洋981平台在西沙群岛西南海域的正常钻探作业的依据、此次事件对解决南海问题争议的影响等内容，予以解析。

为使海洋981平台顺利在西沙群岛西南海域进行钻探作业，中国海事局于2014年5月3日发布了航行通告，以确保过往船只及船员的安全。同时，中国外交部指出，这次在西沙中建岛南部海域的作业活动是过去10年相关作业的例行延续，包括中国企业曾于2013年5-6月在这一海域进行了地震作业和井场调查，为钻探作业做了必要的准备。

今次中越在西沙群岛西南海域发生冲突事件的焦点或本质为，中国企业是否有权在距离西沙群岛的中建岛以南约17海里，距离越南海岸约150海里处的海域进行正常的钻探作业。即中国企业在西沙群岛西南海域的钻探作业活动是否合法合理的问题。

众所周知，在南海争议问题上，越南是唯一同时对西沙群岛和南沙群岛岛礁主张主权的国家，同时将西沙群岛和南沙群岛的领土纳入其海洋法的规定内。中国历届政府在南海问题上，经过多次调查（1935年，1947年，1983年）对南海诸岛予以了命名、核定，并在地图上标记和公布了南海诸岛的名称，即1948年中国政府在地图上公布了南海U形线或南海断续线，宣示中国对南海诸岛的领土主权和管辖范围，并被新中国所继承。针对南海断续线的性质，国际社会存在多种观点或学说，包括历史性水域说，历史性权利说，海上疆域线说和岛屿归属线说，尽管其内涵及解释不一，但对南海诸岛的领土主权属于中国，则是一致的或共同的。即它们的共同之处是，中国对南海断续线内的所有岛、礁、沙、滩等拥有主权，对南海诸岛附近海域也拥有主权；不同之处为，对于南海断续线内水域的法律地位存在差异。

中国常驻联合国代表团于2009年5月7日向联合国秘书长提交就马来西亚和越南联合外大陆架划界案，以及越南单独外大陆架划界案的照会中指出，中国对南海诸岛及其附近海域拥有无可争辩的主权，并对相关海域及其海床和底土享有主权权利和管辖权；中国政府的这一一贯立场为国际社会所周知。如上所述，中国政府已就南海断续线的性质及线内水域的法律地位作了澄清，即中国南海断续线的性质为岛屿归属及资源管辖线。尤其是对于南海诸岛的附近海域，存在两种不同性质的类型。第一类海域是作为缔约国基于《公约》下的海域，包括领海、毗连区、专属经济区和大陆架等；第二类海域是基于历史性权利下的特殊海域，以弥补无法依据《公约》中不符合岛屿制度规范的礁、沙、滩等领土主张海域的缺陷。其不仅符合时际法，也符合《中国专属经济区和大陆架法》第14条和中国的《海洋环境保护法》第2条的规范。

诚然，依据《公约》的专属经济区制度，越南可主张200海里的专属经济区，但当相向或相邻国家之间的海域不足400海里时，则出现重叠海域，需要予以划界的情形。对于中国来说，中国政府依据《中国政府关于领海的声明》(1958年9月4日）和《中国领海及毗连区法》(1992年2月25日）第2条的规定，中国政府已于1996年5月15日作出了《中国政府关于中国领海基线的声明》。在该声明中宣布了西沙群岛领海基线的坐标及直线连线，所以中国也拥有西沙群岛内以中建岛为基点主张200海里专属经济区的权利。换言之，中越两国在西沙群岛西南海域存在划分专属经济区和大陆架的问题。

由于《公约》对专属经济区和大陆架划界的相关条款（第74条和第83条）并未作出明确的规定，而从国家实践看，依据相邻或相向国家之间公认的中间线，则是划分两国专属经济区和大陆架界限的起始工作线，所以从这个意义上说，即使中越两国在西沙群岛西南海域并未划界的情形下，中国企业海洋981平台在距离中建岛以南约17海里海域进行钻探作业的区域，远离了中越两国所谓中间线（约83.5海里），中国企业自然拥有在自国的海域予以钻探和开发资源的权利。

对于中越专属经济区和大陆架的划界问题，双方应通过政治或外交方法协商解决。因为，中越两国均未对《国际法院规约》第36条作出选择性声明，所以国际法院对这些争议就没有管辖权，除非越南提交南海争议后中国予以应诉，则国际法院对于此类争议才拥有管辖权。此外，如上所述，由于我国已于2006年8月25日，根据《公约》第298条的规定，向联合国秘书长提交了书面声明，指出，对于《公约》第298条第1款第（a）、（b）和（c）项所述的任何争端（即涉及海洋划界、领土争端、军事活动等争端），中国政府不接受《公约》第15部分第2节规定的任何国际司法或仲裁管辖。

今次中越在西沙群岛西南海域的冲突事件，对于南海问题争议利用政治方法解决无疑有一定的消极影响和作用。在南海问题上，中国政府一贯主张由相关国家通过政治方法包括双边对话协商解决的政策立场，并与越南双方合作取得了良好的成绩，包括缔结《中越北部湾划界协定》和《中越北部湾渔业协定》（1994年6月30日生效）；2005年3月14日，中国与菲律宾和越南签署的《在南中国海协议区联合海洋地震工作协议》。同时，这次中越在西沙群岛西南海域的冲突事件对两国的政治关系，尤其是双方努力维护南海问题稳定的意愿、拓展海洋低层面领域合作，也将带来冲击。在政治上，中越于2011年10月11日缔结了《关于指导解决中国和越南海上问题基本原则协议》；2011年10月15日《中越联合声明》的发布，均为两国利用和平方法解决南海争议问题提供了政治保障。尤其是2013年10月15日，《新时期深化中越全面战略合作的联合声明》指出，双方同意继续推进在海洋环保、海洋科研、海上搜救、防灾减灾、海上互联互通等领域合作；双方同意切实管控好海上分歧，不采取使争端复杂化、扩大化的行动，用好两国外交部海上危机管控热线，两国农业部门海上渔业活动突发事件联系热线，及时、妥善处理出现的问题，同时继续积极探讨管控危机的有效措施，维护中越关系大局及南海和平稳定；双方一致同意，全面有效落实《南海各方行为宣言》，增进互信，推动合作，共同维护南海和平稳定，按照《南海各方行为宣言》

的原则和精神，在协商一致的基础上朝着制定南海行为准则而努力。换言之，今次中越西沙群岛西南海域冲突事件的发生，对于实施中越政治文件内确定的目标和任务有一定的冲击作用。

总之，中国企业海洋981平台的钻探作业行为及地点，是中国依据法律的合法行为，也是中国主权范围内的事项，越南不得干扰。① 对于越方的干扰必须排除，由此带来的损害应由越方承担。但为维系中越关系尤其是确保南海区域稳定，落实中越政治文件内规定的措施，中方仍通过多种途径和渠道，解释中国政府的主张和立场，尽力消弭可能带来的负面影响，更好地维护国家的海洋权益。

三、关于南海问题争议的解决路径及目标取向

（一）在南海问题争议的解决路径上，可采取分步骤阶段性地解决，具体可分为以下三个步骤

第一，实施低敏感（或低层面）领域的海洋合作。即相关国家之间应积极在中国与东盟国家之间缔结低敏感领域（例如，海洋环保、海洋科学研究、海上航行和交通安全、海上搜寻和救助、打击跨国犯罪包括但不限于打击毒品走私、海盗和海上武装抢劫以及军火走私）的工作协议或合作协议，并推进其实施进程，这是延缓争议升级的有效方法和途径。这种安排不仅符合《公约》第123条的规定，也符合《南海各方行为宣言》第6条宣言的原则及其指针（2011年7月20日）共识。

第二，待低敏感领域的合作深化、互信增强后，应尽快制定具有法律拘束力的文件。尽管2004年12月设立了中国与东盟联合工作组，自2005年8月至今已举行了八次会议，各方尽管均表示愿意继续推进“南海行为准则磋商进程，但仍未能就制定具有法律拘束力的文件内容达成

① 中国外交部针对“981钻井平台作业：越南的挑衅和中国的立场”（2014年6月8日）内容，参见http://www.fmprc.gov.cn/mfa_chn/zyxw_602251/t1163255.shtml，2014年6月9日访问。

一致。[①] 为此，各方应继续就制定南海行为准则进行协商，并为协商一致而努力，这是符合区域制度的原则和要求的。例如，《南海各方行为宣言》第10条。

可以预见，在制定南海行为准则时遇到的难题之一为：如何处理他国已抢占或非法控制的原属于我国的岛礁行为及资源开发活动的法律属性，即这些行为或活动是无效，冻结，还是其他，对此各方会产生严重的对立和分歧。

第三，力图最终解决领土争议问题，抑或实施共同开发制度。应该说，利用和平方法通过缔结最后或最终协议，是解决南海问题争议的最好方法，为此，各方应继续努力包括坚持“搁置争议、共同开发”的原则，切实实施共同开发制度；淡化或弱化领土主权争议，设立诸如能源共同体那样的机构；实施共同开发，包括自主开发、合作开发和共同开发联动的策略。

（二）在南海问题争议的目标取向上，应体现功能性和规范性的要求

所谓的功能性，是指应合理地开发和利用南海资源，尤其应加强在低敏感领域的合作进程，以共享南海资源利益。所谓的规范性，是为合理地开发和利用南海资源，应就制定诸如南海行为准则而共同努力，规范各国的行为或行动，弥补包括《南海各方行为宣言》在内的制度性缺陷，实现南海资源及空间的有序开发和合理利用。

（三）中国与东盟国家之间应就南海渔业管理和巡航合作展开磋商，争取构筑区域性共同巡航和渔业管理合作制度，尽力缔结执法联络机制和危机管理制度，以维护南海区域秩序，确保渔民权益

尽管南海渔业资源合作，并未纳入《南海各方行为宣言》的范围，

① 参见《文汇报》2013年6月7日，第6版。

但由于多数南海问题争议是由渔业纠纷引发的，所以，中国与东盟国家应继续推进《南海及其周边海洋国际合作框架计划（2011-2015年）》，以取得实质性的成效，避免南海争议升级，包括复杂化和国际化，为最终解决南海问题争议创造有利条件和重要基础。当然，中国继续与相关国家之间利用政治方法包括通过对话协商、谈判等手段，推进南海问题争议的解决，也十分必要。

南海问题的解决事关中国核心利益的维护，关系中国建设海洋强国战略目标进程，更关系中国的生存利益和发展利益，所以，决不能掉以轻心，应该采取综合性的力量，合理稳妥地处理南海问题争议。考虑到南海问题在近期无法取得实质性的进展，我应在南海资源开发和利用的功能性和规范性目标取向上寻找利益的共同点和切入点，并取得实质性的成果，以遏制南海问题的复杂化、国际化和司法化趋势。为此，中国应以制定南海行为准则为契机，为尽快构筑和完善南海规则体系，稳定南海区域安全和秩序，保障南海共同利益，作出中国的贡献，体现中国的价值和作用，实现中国建设海洋强国之目标，这才是中国的应有之道和目标取向。

四、几点思考意见

主要从两个方面来考虑：

（一）关于我国应对菲南海争议仲裁案的对策建议

第一，我国可依据《公约》第294条的规定就仲裁庭适用的程序提出初步反对的权利，使仲裁庭就仲裁庭的组成是否符合规定的程序予以答复。

第二，我国可依据《公约》附件七第6条的规定向仲裁庭提供文件和证据，以证明自己的权利主张。尽管我国反对仲裁并拒绝参加，但仲裁庭为审议案件，在对案件的事实和法律上的根据予以审议时，需要对案件的内容予以调查，所以，我国可利用此机会，提交南海争议问题的证据。

第三，进一步加强国际宣传。我国应用国际通用的语言，就我国针对南海问题的政策和立场发表书面声明，并对外作出宣传和解释，特别应整合各方力量加强对中国南海U形线的性质及线内水域的法律地位的确认，包括适时发表学者版南海政策蓝皮书，以坚定捍卫我国在南海的主权和其他海洋权益。

第四，我国应加快制定中国海警组织法那样的法律制度，以统一规范执法行为，应对挑衅行为，强化惩罚措施和实际控制。

第五，加强与菲方的沟通和协调，尽力劝其撤诉。

（二）关于中国南海断续线的基本属性与《公约》的关系之思考

由于菲方希望仲裁庭对中国南海U形线的性质作出违反《公约》的裁定，因此，仲裁法庭是否具有管辖权便成为焦点问题。对此，我们应该在以下方面加以努力：

第一，中国南海断续线可否适用《公约》判定涉及时际法的概念或理论。对于时际法的概念，学者们有不同的看法，大致可分为两类：其一，认为时际法是自成一类的法律，或者是一种法律原则或规则；其二，认为它不过是一种方法，或一种法律原则的另一种表达方式或实例。[①]在帕尔马斯岛仲裁案（Palmas Island Arbitration）中，仲裁员胡伯（Max Hubes）指出："至于在一个具体案件中，在先后继续的不同时期所实行的几个法律体系中应当适用哪一个（所谓时际法）的问题，应该在权利的创设和权利的存在之间加以区别。创设一项权利的行为受该权利创设时有效的法律支配；依照这一原则，该权利的存在，换言之，该权利的

① 参见王可菊：《时际法与领土的取得——基于解决领土争端中的理论与实践》，《太平洋学报》2012年第5期，第21页。

继续显示，必须与法律的演进要求的情况相一致”。即时际法包含两个要素：一是权利的创设必须依照与之同时的法律来判定；二是权利的存续必须依照涉及该权利存在的关键时候的法律予以确定。在此，时际法的第一要素的实质是“法律不溯及既往”，这为国际法学者所普遍接受；时际法的第二要素，基于第一要素的权利，如果没有按照法律的演进予以相应的维护就有丧失的可能，尽管新的法律不能追溯地使其自始无效。但这在国际法学界引起了很大的争论。①

第二，系统阐释中国南海断续线成形的背景和目的。众所周知，中国南海断续线雏形产生于法国侵占南沙群岛九小岛之时（1933年），定形于抗日战争之后，法国再度侵占西沙群岛的珊瑚岛和南沙群岛的部分岛礁，以及菲律宾企图将群岛“合并于国防范围之内”的背景下，以及受美国《杜鲁门公告》（1945年9月28日）的影响后加速采取的一种防患措施，目的是为了维护中国政府在南海诸岛的领土主权，并向世界公布中国在南海的管辖海域。换言之，中国政府采取比较温和的政策，公布了“中间线”方式划定的南海断续线，试图区隔其他南海周边国家与中国在南海海域上的权利和利益空间，并保障中国本身在此海域的历史利益，即基于历史性权利下的利益。中国历代政府对南海诸岛经过多次调查和勘探后，为南海诸岛予以命名并在地图上标记的做法不仅符合当时的国际法，也被中国历代政府所承认、继承和管辖，始终不存在放弃的意图，也不存在默认其他国家抢占南海诸岛及开发资源的行为。②

第三，明确中国南海断续线的性质及属性。南海断续线的地位和性

---

① 对时际法第二要素的争论，主要表现在：美国的杰塞普（Jessup）等一批学者对胡伯阐释的时际法原则提出了批评，认为它可能对许多领土权利的继续存在的合法性提出挑战，并由此丧失对既得权利的法律保障，并带来不稳定因素。杰塞普指出，所有权的连续性的要求，使新法具有追溯效力，而危及旧的所有权。英国的詹宁斯（Jennings）认为，原始权利国维持权利的行为程度尽管不如其对手的竞争程度，但只要前者的行为不构成默示的放弃权利，或默认对手取得权利，就不能认为其丧失权利。参见王可菊：《时际法与领土的取得——基于解决领土争端中的理论与实践》，《太平洋学报》2012年第5期，第24页。

② 中国标记南海断续线的背景及目的等内容，参见金永明：《中国南海断续线的性质及线内水域的法律地位》，《中国法学》2012年第6期，第36-41页。

质含义，关联中国与东盟国家在南海诸岛的主权和海洋权益争议，所以，界定南海断续线的性质及其属性就显得特别重要。例如，巴里·维恩（Barry Wain）主张，如果中国仅主张对断续线内岛礁拥有主权，应删去九段线。哈西姆·贾拉尔（Hasyim Djalal）指出，这些断续线既无定义，又无坐标，故其合法性和准确位置不清楚，中国不能主张对断续线内的全部水域拥有主权。新加坡学者许通美认为，中国的主权主张不明确，如果南海断续线是岛屿归属线就同《公约》一致，否则与该公约不一致，等等。这些学者的观点，试图极力否定中国在南海诸岛的历史性权利，企图抹杀南海断续线的效力和地位，甚至采用片面解释《公约》的制度和作用，最终目的是消减或减损中国在南海诸岛尤其在南沙群岛的领土主权和海洋权益。

本文认为，即使用1982年通过，1994年11月生效的《公约》来判定，成形于1947年12月，并于1948年2月在“南海诸岛位置图”上标注的，符合当时边界划分标准和要求的中国南海断续线的地位和性质，其基于历史性权利下的法理依据也符合《公约》的规范，因为《公约》第15条，第51条第1款，第58条第3款和第298条第1款，均对历史性权利予以了尊重，所以，《公约》并不反对运用历史性权利主张权益。

第四，努力促成两岸在南海断续线问题上形成统一的共识。加强两岸学者等多渠道之间的共同研究，适时就南海断续线的性质和地位及作用提出明确的政策主张和法律解释（学者版和政府版），对于延缓和解决南海问题有重要的意义和价值。

对南海问题发展走向与应对之策的思考

高子川　闫伟锋　朱丹

[内容提要] 南海问题的发展走向是多种因素综合作用的结果。其中，南海争端当事国的政策，中国与东盟国家相互关系的发展状况，美国等域外国家对南海问题的介入，台海、东海局势的发展态势及其与南海问题的联动为四个基本因素。在上述基本因素的共同作用下，南海问题的发展将呈现出斗争与合作并行、域内与域外互动、总体稳定可控与局部对抗紧张共存的复杂态势。围绕领土主权与海洋权益的斗争仍将持续，不排除出现局部紧张和冲突；谋求局势稳定、推动争端和平解决的努力将逐步推进，南海局势总体可控；南海问题的最终解决仍将经历较长的时间。面对当前形势及今后可能的走向，应明确国家在南海的基本利益和在南海问题上的战略目标；确立处理和解决南海问题的基本原则；发挥南海断续线在南海维权斗争中的基础性作用；构建多元整合的力量及其支撑体系；不断推进我国在南海的油气资源勘探开发；循序渐进地推进关于“南海行为准则”的谈判。

[关键词] 南海问题　海洋权益　发展走向

[作者简介] 高子川，海军指挥学院教授，中国南海研究协同创新中心研究员；闫伟锋，海军指挥学院讲师；朱丹，海军指挥学院讲师。

近年来，南海问题的发展出现新的态势，在各种内外因素的作用下，本世纪初期一度形成的合作和稳定的积极势头为新一轮的对抗、斗争甚至紧张所取代。作为我国海洋安全面临的重大现实问题，南海问题的发展走向不仅直接关系到我国领土主权和海洋权益的维护，关系到我国南部方向周边安全环境的稳定，也将关系到我国和平发展与建设海洋强国的历史进程。面对新的形势，需要在国家安全与发展总体战略的指导下，在坚持我国一贯立场和政策的基础上，创新维权与维稳的方式方法和手段，积极、稳妥地处理和解决南海问题，使南海真正成为中国安全与发展的战略依托。

一、影响南海问题发展走向的基本因素

南海问题的发展走向是多种因素综合作用的结果。同时，决定和影响南海问题的各种相关因素也是发展变化而非一成不变的。这种变化既包括基本因素的增减，或者各种因素影响权重的升降，例如过去外部势力对南海问题的影响相对有限，而如今却日益凸显；这种变化也包括每一种因素本身内容的变化，比如争端当事国及外部势力对南海问题基本政策的发展变化。从当前及今后的角度看，决定和影响南海问题发展走向的基本因素主要包括以下方面：

（一）南海争端当事国的政策

这是影响南海问题发展走向的最主要因素，属于事物发展变化的“内因”。因为南海问题如何发展，最根本的取决于争端当事国对该问题采取什么政策及其实施的相应行动。概括地讲，当事国在南海问题的政策可分为合作政策、对抗政策以及不作为政策，而合作或对抗政策又各包括积极与消极两种类型，不同的政策会产生不同的影响、导致不同的结果。除政策类型外，由于南海争端涉及多方，因此还应关注各争端当事国可能采取的政策的差异，有的国家可能比较激进、强硬，一味进行对抗和挑衅；有的国家可能比较温和和克制，不过多采取刺激对方的行为；有的国家则可能具有明显的两面性，既谋求或扩展实际权益，又不排斥对话与合作。另外，争端当事国的政策因素还应关注各方政策之间的互动性，即一方的政策与行为会对其他方产生直接或明显的影响，一方若实施强硬或挑衅政策可能会引发其他方的反击与对抗，而一方若采

取忍让与克制的政策有可能促进其他方政策趋于理性（这只是一种可能性，也可能产生其他的结果，因为一方的最终政策是受多种因素、而非单一因素影响的）。

从近几年的实际情况以及今后的发展动向看，南海争端当事国的政策大体如下：中国坚持统筹维权与维稳两个大局，既坚决维护在南海的国家主权与海洋权益，反对他国对中国领土主权与海洋权益的侵犯，同时又坚持和争取通过和平手段解决南海争端，并积极推进与相关国家的对话和协商。越南一方面进一步巩固在南海的既得利益（包括对南沙岛礁的侵占和附近海域油气资源的开发）并扩大在西沙群岛海域的侵渔、侵权行动；另一方面，又力图保持和发展与中国的政治、经济合作关系（用官方语言表述是全面战略伙伴关系），包括在海上问题方面的对话与磋商。从发展趋势看，越南对华政策存在着一定的不确定性和可变性，即究竟是继续与中国保持总体睦邻友好关系还是进一步与中国全面对抗。此外，越南继续保持并加强与马来西亚、菲律宾等争端当事国在南海问题上的协调与合作，企图形成对华联合阵线。菲律宾自阿基诺三世上台以来，在南海问题上的政策日趋强硬，一方面加强与美国的同盟关系，谋求在南海问题上得到美国的支持和援助；另一方面，不断采取行动挑衅中国的领土主权与海洋权益，激化中菲之间的矛盾，企图使之在南海侵占的权益合法化，并进一步加大军费投入，增强海空军事力量。马来西亚与文莱在南海问题上的政策相对比较温和，但也很具实用主义色彩，即一方面继续巩固在南海的权益（马来西亚体现为对岛礁的侵占及油气资源的开发，文莱则表现为对油气资源的开发），另一方面保持和发展与中国的睦邻友好合作关系，避免与中国在南海问题上发生正面和激烈的对抗与冲突。从上述各国政策看，当前及今后一段时期南海争端的矛盾主要集中在中菲和中越之间，中菲矛盾激烈程度为最，而中越矛盾的涉及面和深刻性则更大。

（二）中国与东盟国家相互关系的发展状况

这是影响南海问题发展走向的重要宏观因素。这里所说的中国与东盟国家相互关系包括两个层面：一是中国与争端当事国之间的双边关系，二是中国与东盟国家的整体关系。从第一个层面看，南海争端作为中国与越、菲、马等国之间的领土与海洋权益争端，是中国与这些国家双边关系的重要组成部分，它既对中国与这些国家相互关系的发展产生影响或制约，同时其本身的发展走向无疑也受到这些双边关系整体状况的影响或制约。从现实情况看，自上世纪90年代以来、特别是进入本世纪之后，中国与上述东南亚国家的双边关系不断发展，体现在政治互信、经贸合作、安全与军事交流等各方面，中越已于2008年宣布建立全面战略合作伙伴关系，中马于2013年宣布将双边关系提升为全面战略伙伴关系，中文于2013年同意建立战略合作关系。上述双边友好关系的发展将有助于缓和双方在南海问题上的矛盾，有助于推动双方有关南海问题的谈判与协商，促进双方在南海的合作；也有助于在南海争端上出现局部对抗或紧张时，制约局势的升级或失控。因此，中国与越、马、文的双边关系发展状况总体上对南海问题起到正面积极的作用。相比而言，中菲关系虽继续保持与发展，并未陷入全面对抗，但近年来与南海问题相互影响，明显处于冷淡和疏远状态，因此，中菲之间的南海争端在双边关系层面缺少强有力的积极因素的推动与制约，这对双方避免冲突、稳定局势、推动合作是不利的。

从第二个层面看，南海问题虽不是中国与东盟之间的问题，但由于除中国之外的争端当事国均为东盟国家，且东盟在不断加强各领域的合作，因而南海问题受到了东盟的关注；同时，中国与东盟又建立了对话机制，包括与东盟国家共同签署了《南海各方行为宣言》并进一步磋商“南海行为准则”。因此，南海问题的发展也受到中国与东盟整体关系发展状况的影响。从现实情况看，冷战结束、特别是进入新世纪以来，中国与东盟的睦邻友好合作关系不断向前发展，政治上已确立面向和平与繁荣的战略伙伴关系，经济上建立中国——东盟自由贸易区，安全上也形成了双边与多边框架下的各种交流与合作，2013年10月习近平主席访问东盟国家时强调中国与东盟是命运共同体，表示中国愿同东盟国家发展好海洋合作伙伴关系，共同建设21世纪“海上丝绸之路”。从发展趋势看，中国与东盟的整体关系只会继续加强，而不会削弱。当然，东盟内部对南海问题也有不同意见和立场，个别国家对中国在南海的政策与相关做法并不认同，甚至进行批评与指责。因此，从影响结果看，中国与东盟整体关系的不断发展对稳定南海局势是起到积极作用的；但与此同时，由于东盟某种程度上介入了南海问题，也使中国在处理南海问题上面临东盟的集体压力，也为个别国家利用东盟框架形成联合制华态势提供了一定条件。总体而言，在现实条件下，中国与东盟相互关系的发展对南海问题的影响正面作用大于负面影响。

（三）美国等域外国家对南海问题的介入

这是近年来及今后影响南海问题发展走向的重要外部因素。换言之，南海问题的国际化发展动向已成为影响南海问题的不容忽视的重要因素。近年来美、日、印等域外国家不断介入南海问题。域外势力介入南海问题，有着多方面的背景和考虑。首先是这些国家在南海有着重要的利益，包括南海作为其海上交通与货物运输的主要通道之一，参与南海油气资源的勘探开发；其次是出于地缘政治和地缘战略的考虑，即通过介入南海问题显示其作为全球及区域大国的影响力，牵制中国在南海地区的政策行为，遏制中国在南海地区影响力的上升。从对南海问题的影响程度看，上述第二个方面的影响更为深刻和重大，考虑到美国“亚太再平衡战略”的实施及其引发的印太地区地缘政治博弈的现实态势，域外国家对南海问题的介入不会减弱或消失，还会继续存在，甚至会有新的发展。换言之，美、日、印等域外国家对南海问题的介入，反映了它们对中国崛起的戒备和防范，这是由它们的地区安全政策和对华政策所决定的。域外国家介入南海问题的方式手段主要包括：经济上支持本国企业参与越、菲、马、文等国在南海海域的油气资源勘探开发；外交上要求确保南海地区的航行自由与安全，要求和平解决南海的领土与海洋权益争端，反对使用武力或武力威胁“胁迫”其他国家；安全上加强与越、菲等国的海上安全对话与合作，向越、菲等国提供海上安全的物质、技术援助；军事上与越、菲等国开展军事交流、装备合作以及海上联合军事演习等。域外势力的介入对南海问题的发展产生了重大影响，使本为中国与部分周边国家之间海洋争端的南海问题演变为复杂的地缘政治和地区安全问题，由此也使南海问题呈现出更加复杂的态势。对中国而言，在南海问题上不仅要面对同周边国家之间的矛盾，也要面对外部势力的干涉，也就是说在南海问题上面对的斗争对象多了，需要考虑的因素多了，面临的形势更复杂了，制定政策与实施行动的空间将受到更多的制约。对其他争端当事国而言，特别是菲律宾，得到了外部势力物质和精神上的支持和鼓励，也一定程度上增强了经济与军事实力，这很可能推动它对中国采取强硬的对抗与挑衅的政策（近年来的形势已经证明了这一点），而这对于稳定南海局势、通过争端当事国直接谈判和平解决南海问题将产生干扰和阻碍作用。当然，从外部势力介入对南海问题的影响程度看，是有差异的。其中，美国的介入范围最广、介入力度最大、介入程度最深，介入行动也最具实质性，而且也对其他域外势力介入南海问题起到了鼓励、带动和示范的作用。因此，美国对南海问题的影响是最为突出、也最为关键的。总之，从根本上说，外部势力的介入对中国处理南海问题产生了极大的干扰和制约作用。

（四）台海、东海局势的发展态势及其与南海问题的联动

这是影响南海问题发展走向的重要相关因素。新中国成立以来，中国在海上方向先后面临台湾问题、南海问题以及东海问题这些涉及国家主权、领土完整与海洋权益的重大问题。自20世纪70年代起，这三个海上安全问题长期并存，且相互影响，尤其是进入本世纪以来，这三个问题之间的联动与制约关系更加明显、更为突出。其原因与背景，一是因

为中国在同时应对和处理这些问题时，面临着将战略重点放在哪里、国家资源如何分配等重大问题，三个问题之间要有轻重缓急的区分与排序，不可能等量齐观、平均用力；二是这三个问题的背后都有美国因素的存在，特别是在美国实施“重返亚太”政策和“亚太再平衡”战略的背景下，这三个问题已成为美国从海上遏制和围堵中国的重要平台和抓手，是美国亚太横盘上相互关联的三个棋子；三是三个问题中除中国之外的当事方之间存在或加强了相互联系与合作，包括台湾与日本及相关东南亚国家之间虽无官方关系，但保持和发展各领域的交流与合作，尤其是近年来日本出于牵制和围堵中国的战略需要，加强了与越、菲等南海声索国之间在海洋问题上的对话与合作，并极力拉拢台湾、离间两岸关系，由此，使台海、东海、南海局势之间的关联性、联动性进一步增强，也对中国处理海上安全问题产生不容忽视的牵制和制约作用。因此，南海问题的发展走向已经并将继续受到台海、东海局势发展以及三者之间联动关系的影响。从台海局势对南海局势的影响看，上世纪50年代至70年代，台湾问题的存在及迟迟不能解决，客观上制约了中国对南海问题的关注和处理；80年代后期至90年代中期，台海局势出现明显缓和，而同期我在南海问题上取得了重大进展，实现了中国大陆在南沙岛礁实际控制方面的“零的突破”，两者之间不是偶然的巧合；90年代末至2008年，台湾岛内“台独”势力不断发展，台海局势日趋紧张，为应对来自台海方向的重大现实威胁，中国在南海问题上以保持稳定为基本目标，战略上处于防守态势；2008年国民党在台湾重新执政后，台海局势由紧张转向缓和，为中国在南海问题上采取更加积极进取的战略姿态创造了有利条件。可见，台海局势的缓和有利于中国集中较大的精力应对南海问题；而如果未来台海局势有变，再度趋紧，则将较大程度地影响中国在南海问题上的政策与行动空间。从东海局势对南海局势的影响看，虽然自20世纪70年代初两者之间即存在相互联系和相互影响，但其联动效应存在一个由弱到强的过程，尤其是近几年来两者之间联动关系日益明显和突出。一是南海问题与东海问题同时升温、紧张使中国在海洋领土争端问题上面临两条战线，战略压力明显增大；二是日本与越、菲等国在东海、南海问题上相互支持、相互呼应，形成联手对华的局面，使中国面临外交、舆论乃至军事上的压力和挑战，使维权维稳行动面临更加复杂的形势；三是中国在南海、东海某一问题上采取的政策措施也会产生联动效应，会对另一争端当事方传递出或强硬、或和缓的信号，进而影响对方的政策行为走向。因此，南海问题的发展也会受到台海局势、东海局势发展变化的直接与间接影响。

二、南海问题的发展趋势

在上述主要因素及其他因素的共同作用下，南海问题的发展仍将呈现出斗争与合作并行、域内与域外互动、总体稳定可控与局部对抗紧张共存的复杂态势。具体可作如下判断和展望：

（一）围绕领土主权与海洋权益的斗争仍将持续，不排除出现局部紧张和冲突

南海问题事关争端当事国的政治、经济和安全利益，很难想象相关国家会轻易放弃这些利益，反而有关国家还会采取措施进一步巩固或扩大在南海的利益。因此，有关各方围绕南海岛礁主权、海域划分和资源开发的斗争不会停止。这种斗争一方面围绕各方已占岛礁及控制海域展开，主要体现为强化本国主权存在、加强军事力量部署、推进行政与民事管理、加紧开发油气资源。另一方面将围绕目前的无人岛礁及其附近海域展开，主要体现为加强对无人岛礁的监控和巡查，防止其他方占领或控制这些岛礁及海域。在此过程中，南海局势存在着出现紧张对抗、甚至局部武装冲突的可能性。一是不排除有的国家出于内外目的需要，在南海地区采取新的行动，例如在敏感海域或争议较为严重的海域实施油气资源勘探与开发，动用军事或非军事力量占领或控制无人岛礁。一旦发生这样的事件，必将激化争端当事国之间的矛盾，引发其他当事国

的强烈反应，有可能导致局部紧张与对抗。二是由于争端各方在南海、特别是南沙地区处于交错并存的态势，相互之间的各类海上行动有可能会引发对方的误解或误判，并引发过度的反应，由此导致擦枪走火式的海上突发事件。与此同时，围绕南海问题的斗争与较量还在外交、舆论、法律等领域展开，表现为相关国家将进一步谋求获得国际社会对本国政策立场的理解与支持，向国际社会宣传本国拥有南海岛礁主权和海洋权益的历史与法理依据，运用国内与国际法律手段维护本国权益等，特别中、菲围绕菲律宾提交的南海仲裁案将展开激烈的攻防战。此外，美、日等域外势力仍将继续介入和干预南海问题，并鼓动有关争端当事国继续向中国挑衅，利用这些国家反对和阻挠中国维护南海领土主权与海洋权益，中国在南海问题上还要面对与美、日之间的斗争与较量。因此，围绕南海问题的斗争仍将持续存在，有时还会比较激烈。

（二）谋求局势稳定、推动争端和平解决的努力将逐步推进，南海大局可控

尽管争端当事国、特别是中国与菲律宾、越南之间在南海问题上存在着较为突出的矛盾，并引发局部对抗与对峙，但从总体上看，南海局势不会失控，在南海问题上的总体稳定是能够保持和实现的。这是因为：有关各方并不将武装冲突和战争作为处理南海问题的首要选项，在战争问题上各方将慎重决策，不会轻易挑起或引发大规模武装冲突或局部战争；有关各方均表示愿意通过和平手段解决南海争端，而且中国与菲、越、马等国之间均已建立了相关的对话与磋商机制，如中越近年来先后签署了《关于指导解决中越海上问题基本原则协议》，并决定成立海上共同开发磋商工作组，努力稳定南海局势并推进争端的和平解决；中国与大多数争端当事国以及与东盟整体的关系持续推进，随着相互之间政治互信、经贸合作、安全交流的深入发展，特别是海上非传统安全领域合作（如海洋科研、打击跨国犯罪、海洋环境保护等）和海上丝绸之路建设的不断推进，中国与东盟国家、包括与争端当事国之间的共同利益将

进一步增多，相互信赖将进一步加强，这必将有助于推动南海局势的缓和与南海争端的和平解决。随着中国与东盟国家睦邻合作关系的发展和海上问题协商谈判的推进，今后几年有可能在南海共同开发方面取得明显进展，有关“南海行为准则”的谈判也将逐步推进，从而为稳定南海局势、推动南海问题和平解决创造并积累条件。

（三）南海问题的最终解决仍将经历较长的时间

南海问题演变至今，各争端当事国在南海均有重要的利益，特别是东南亚有关国家已获得占领岛礁、划定管辖海域、开发油气资源的既得利益，南沙岛礁及附近海域已成为它们国家安全的重要空间和经济发展的重要依托，它们不可能轻易放弃这些利益，因此，即使是通过协商和谈判来解决南海问题，也将面临如何在尊重历史与照顾现实之间实现平衡的难题，面对如何通过合作实现共赢的问题。而这些问题不可能轻易找到各方满意的解决方案，因此，南海问题的解决仍需时日，很难在短时间内得到解决。另外，南海问题涉及“五国六方”，无论是协商谈判，还是共同开发，都远比两国两方要复杂和困难得多，这也将加大南海问题最终解决的难度。而且，在南海问题的发展过程中，在争取和平解决的同时，也存在着发生新的对抗和冲突的可能性，因此，南海问题的发展与解决既充满机遇，也面临挑战，并将呈现出复杂性、长期性和艰巨性。

三、解决南海问题的战略思考

南海问题是一个事关国家安全与发展的战略性、综合性、复杂性问题，应当从战略和全局的高度认识和处理南海问题，要在确立解决南海问题总体战略指导的基础上，稳步、扎实地推进和实施相关政策和举措。根据当前面临的形势及今后可能的走向，本文认为需要重点关注以下几个方面：

（一）明确国家在南海的基本利益和在南海问题上的战略目标

实施南海问题的总体统筹和战略指导，首先必须明确国家在南海的基本利益。中国在南海的基本利益涵盖政治、经济、安全等领域，主要包括：对南沙群岛等南海诸岛的领土、领海主权及其专属经济区和大陆架的主权权利与管辖权，对南海断续线内海域的历史性权利，对南海管辖海域内自然资源开发利用的权益，南海海上运输通道的使用及其安全畅通，通过海上防卫保障陆地国土安全，慑止和抵御来自南海方向的入侵或攻击。上述利益中，领土主权和国家安全完全属于中国的核心利益，南海资源的开发利用和海上通道的安全畅通事关国家经济社会的可持续发展，一定程度上也属于国家核心利益的范围。[①] 可见，南海方向的利益对中国而言具有相当的重要性。其次，必须明确国家在南海问题上的战略目标。那就是：维护南海领土主权与海洋权益，发展壮大南海海洋经济，保障南海通道安全，推进与东南亚邻国的睦邻友好关系，保持南海方向的和平稳定，反对域外国家对南海问题的无理干涉。上述目标可简单归纳为维权与维稳、安全与发展。战略目标对国家处理南海问题具有引领性，国家在南海问题上采取的各项举措都应当围绕上述目标展开，必须为实现上述目标服务，而不是干扰或破坏上述目标的实现。

（二）确立处理和解决南海问题的基本原则

根据南海问题的发展态势以及国家在南海问题上的战略目标，可确立以下处理和解决南海问题的基本原则：一是争取和平解决，防范对抗冲突。和平解决与周边国家的领土与海洋权益争端是中国政府一贯的立场，从根本上说也是对争端各方最有利的解决方式，必须继续坚持，为此需要积极采取各种措施努力推动与相关国家的对话、协商、谈判以及

① 中国国务院新闻办公室2011年9月发布的《中国的和平发展》白皮书指出，我国的核心利益包括：国家主权、国家安全、领土完整、国家统一，中国宪法确立的国家政治制度和社会大局稳定，经济社会可持续发展的基本保障。

有助于促进和平解决的各类合作；但与此同时，针对南海局势的严峻性，也要做好防范发生紧张对抗和武装冲突的准备。这里的防范既包含反对和防止对抗与冲突的发生，也包括一旦发生对抗与冲突有能力应对，能够制止和控制对抗与冲突的升级或失控，并在对抗与冲突中占据战略主动。二是明确底线，敢于斗争。维护国家在南海的核心利益和重要利益，是中国在南海问题上的基本目标，因此在处理南海问题时，必须向相关国家表明中国的底线，即“决不能放弃正当权益，更不能牺牲国家核心利益”[①]，对于侵犯中国正当利益、特别是核心利益的行为，必须予以坚决反对、有力回击。三是统筹协调，综合施策。在处理、应对和解决南海问题的具体过程中，涉及到国家外交、立法、行政管理、海上执法、经济发展、资源开发、舆论宣传、海洋科技、军事安全与军事斗争等领域和部门，必须在国家层面实施总体统筹和战略指导。在国家最高决策机构的统一筹划和协调下，在政治、外交、经济、法律、科技、舆论、军事等各个领域和层面考虑和实施处理南海问题的具体举措，并做到相互配套、相互配合，相互支持，相互促进，形成合力，以达成最佳效果。四是区分对象，因势利导。南海问题既涉及区域内多个国家，又涉及一些域外国家；即使域内国家，也存在不同情况。因此，必须区分不同对象，有针对性地开展工作。对本地区争端当事国，努力争取通过对话协商，缓和局势，推进和平解决进程；但对于其中顽固坚持对抗政策、不断进行挑衅的个别国家，则应针锋相对，通过外交斗争、海上执法、军事力量运用、调整经济关系等方式，打击其嚣张气焰，遏止其侵权行为。对域外国家，则应通过外交沟通、战略对话、在其他事务上的合作等方式，排除其对南海事务的干扰和干涉，或降低其介入对我带来的不利影响。五是把握机遇，勇于创新。历史已经证明，在南海问题的发展过程中，存在着一些难得的机遇，关键在于能否发现和抓住，抓住了机遇，

---

① “习近平在中共中央政治局第八次集体学习时强调进一步关心海洋认识海洋经略海洋推动海洋强国建设不断取得新成就”，载《人民日报》2013年8月1日。

就能明显地改善自身在南海问题上的处境和地位，从而有利于维护国家主权和海洋权益，促进与周边国家的睦邻友好合作；而看不到机遇或不及时利用好机遇，则会使自己继续处于被动境地，并使战略目标的实现面临更大的困难。因此，要注意捕捉南海问题发展过程中出现的机遇，或利用对方的挑衅加大我国维权力度，或接过对方对话协商、合作共赢的倡议，推进南海问题的和平解决进程。而且，在利用机遇维权维稳的过程中，要解放思想、拓宽思路，敢于和善于创新方式方法，根据形势发展的需要，探索和运用一些新的维权方式、合作方式和和平解决争端的方式。

（三）发挥南海断续线在南海维权斗争中的基础性作用

中国政府于1947年划设的南海断续线（俗称“九段线”）是对中国在南海权益具有政治和法律意义的官方宣示，也是我国在南海领土主权和海洋权益的重要法理依据。在近年来的南海斗争中，它既是一些国家极力攻击和否定的对象，也是我国必须坚持、并且使之发挥作用的法理武器。当前需要做的重点工作，是要有力回应和反击有关国家对“九段线”的歪曲和攻击。针对一些国家和势力对“九段线”的质疑和污蔑，要通过政治、法律、舆论等途径，宣示该线的法律地位，揭示该线的正当性与合理性，驳斥有关国家和势力关于“九段线”的错误评判，使更多的国家理解、认同和支持我国“九段线”法律地位的主张。

（四）构建多元整合的力量及其支撑体系

近年来，菲越等国仍在不断加强南海既占岛礁的扩建，扩充军备和实际控制力量，致使我在维护南海，特别是南沙群岛的海洋权益时面临的位远难及、力量手段薄弱等诸多困境更加凸显。为保卫南海岛礁主权，维护南海的海洋权益，国家必须构建多元整合的力量及其支撑体系，弥补短板，以有效增强我南海管控实力。应按照平战衔接、军民结合、维权和维稳相统一的原则，重点推进南海方向军事力量、执法力量和海上民兵力量“三种力量”的建设与整合，构建多元整合的力量体系。其中，军事力量应以海上移动作战平台和编队建设为牵引，整合陆、海、空三军相关力量，逐步形成全时空、全天候覆盖南海海域的作战能力，为海上维权斗争提供强大军事支撑。执法力量建设一方面要加强新的海警局成立后海上执法力量内部的深度融合；另一方面要建造更多吨位大、抗风好、续航强的执法船只，以开展全海域全时段维权巡航执法。海上民兵力量必须改变目前遇到任务临时征召、船只分散、难以组织、指挥不畅的被动局面。沿海各省应按照“吨位大一些，标准统一些、装备先进些”的思路来建造渔船，按“国家政府个人三级参与、按股分红及补贴”的思路组建渔业集团、渔业生产合作社等组织，平时赴远海捕鱼，危机时期参与维权行动，战时支援作战。最重要的是，要充分利用平时海洋维权执法的实践积极探索力量体系整体联动的体制机制。逐步理顺“三种力量”的职责关系，针对不同性质、规模、时机的斗争要求，明确处置原则、行动样式、指挥协同方法和保障机制，实现我国多元力量体系在整个南海海域“常态存在、依法维权、有效反应”的有利态势。此外，针对南海周边国家大力推进既占岛礁改扩建工程、民事化工程的现实，立足实际控制和有效管辖，我国也应在南海方向进一步推进这方面的工作，包括扩大有关基地、港口、机场的保障容量和物资储备，增加其驻泊和综合补给能力；抓紧相关条件较好岛礁建设等，这些既可以服务在南海活动的民众，也能为我南海管控力量海上行动提供补给和支撑。

（五）不断推进我国在南海的油气资源勘探开发

资源的争夺，特别是油气资源的争夺是南海权益斗争的重要方面，也是相关国家在南海所获实际利益的主要体现。周边国家自上世纪70年代以来，对南海油气资源进行持续勘探开发，获取了巨大的经济利益，对我国海洋权益形成严重侵犯。为有效维护国家海洋权益，必须打破周边国家独揽南沙等周边海域油气开发的格局，实现我国在西沙以南海域油气开发“零的突破”。为此，可采取两种方式和途径。一是按照“主权属我、搁置争议、共同开发”的方针，通过协商，与周边国家在相关海域开展油气资源的共同勘探和开发，这既是和平解决南海争端的具体举措，也将对南海问题的最终和平解决积累条件，应积极争取在这方面取得实质性进展；二是在共同开发得不到周边国家的响应而难以推进的情况下，实施自主开发，具体形式既可以是完全由我国单独开发，也可由我国面向国际进行商业招标（2012年6月23日，中国海洋石油总公司宣布对外开放位于南海的9个区块，总面积16万平方千米，供与外国公司进行合作勘探开发，这是自1992年中海油引入美国克里斯通能源公司在南沙海域万安北-21区块合作勘探之后，中国又一次在南海中南部海域进行油气开发国际招标），这既可以改变我在南海油气资源开发方面的不利地位，也有可能促使相关国家与我国就共同开发开展磋商与合作。为此，一方面要加快提升我国深海油气勘探开发的技术水平和能力。2012年以来，“海洋石油981”深水钻井平台和荔湾3-1中心平台等海洋工程设备的投入使用，表明我国已具备在南海实施油气资源开发的物质与技术条件。另一方面，要在具备技术条件的情况下尽早在西沙和南沙周边海域打井开发油气资源。2014年5月2日至7月15日，“海洋石油981”钻井平台在西沙群岛海域的海上作业表明中国已经走出了这方面的第一步。今后，要继续巩固并向南沙周围海域推进。总之，在当今南海形势下，只有实际存在和实际开发才是硬道理，实现在南海相关海域油气资源的勘探开发是我国应对和解决南海问题必须要做，而且尽早要做的一项工作。

（六）循序渐进地推进关于“南海行为准则”的谈判

制定“南海行为准则”是《南海各方行为宣言》中提出的一项努力目标，对于维护南海地区的和平稳定具有重要的积极作用。然而，“准则”的制定需要有必要的条件，其中重要的一个方面就是有关各方首先要遵守和落实好《宣言》的精神。而近年来一些国家在南海问题上的政策和行为明显违反《宣言》的精神，这无疑成为中国和东盟国家谈判制定“准则”的绊脚石。勿庸讳言的是，东盟国家在“准则”的制定问题上也存在不同的考虑和意图。有的国家确实想通过“准则”缓解或解决南海存在的争端，进而实现南海地区的和平与稳定；而有的国家则想通过制定“准则”束缚中国在南海问题上的手脚，巩固其自身在南海的既得利益，这种意图当然会引起中国方面的警惕。因此，在东盟国家内部、东盟国家与中国之间还存在较大分歧的情况下，“准则”的制定不可能在短期内完成。考虑到东盟多数国家的意愿和增进中国与东盟国家间的相互信任，中国对制定“准则”抱持积极和开放的态度，中国愿意与东盟国家共同努力，尽早就“准则”的制定达成共识。但是，我们也没有必要为“准则”而“准则”，不能为了达成“准则”而牺牲原则、损害本国的领土主权和海洋权益。制定“准则”的进程必须与有关国家在南海的行为挂钩，有关国家必须首先停止在南海的挑衅和侵权行为，才能为制定“准则”的谈判创造必要的条件和良好的氛围，应当让东盟国家明确地认识到中国的这一基本立场。只有有关各方共同努力、相向而行，不断创造和积累条件，才能日益接近制定“准则”的目标，也才能最终通过和平手段解决南海争端。

中国—东盟海上安全合作面临的主要挑战

杜博　林松　阮帅

[内容提要] 海上安全合作作为中国—东盟安全合作的重要组成部分而倍受瞩目。当前，双方海上安全合作面临诸多挑战，其中既有中国和东盟自身症结所在，又有外部因素的影响和作用。就前者而言，“中国威胁论”问题、海洋权益争端问题、海上安全合作机制问题、部分东盟国家基于私利而搅局问题、中国海上安全合作实力问题等皆影响双方海上安全合作顺利有效的开展；就后者来说，美、日、印等域外大国逐渐深度介入南海事务对双方海上安全合作带来严峻阻碍。深入分析中国—东盟海上安全合作面临的主要挑战，对我把握双方海上安全合作形势，探寻推进合作深入开展之策大有裨益。

[关键词] 中国　东盟　海上安全合作　挑战

[作者简介] 杜博，海军指挥学院研究员，中国南海研究协同创新中心研究员；林松，海军指挥学院研究员，中国南海研究协同创新中心研究员；阮帅，海军指挥学院研究员，中国南海研究协同创新中心研究员。

十八大报告强调“我国发展仍处于可以大有作为的重要战略机遇期……”，“要全面把握机遇，沉着应对挑战，赢得主动，赢得优势，赢得未来，……”。[①] 加强中国—东盟海上安全合作对维持南海地区和平稳定、维护国家发展重要战略机遇期意义重大。当前中国—东盟海上安全合作面临挑战颇多，必须认真加以分析和研判，为我寻求破解南海困局

---

① 胡锦涛：“坚定不移沿着中国特色社会主义道路前进，为全面建成小康社会而奋斗”，《中国共产党第十八次全国代表大会文件汇编》，北京：人民出版社，2012年版，第37-38页。

之道、推进与东盟合作夯实理论基础。

一、“中国威胁论”是中国—东盟海上安全合作的绊脚石

“中国威胁论”是冷战后西方国家中少数人一手炮制并大肆宣传的一种谬论，其恶意之一便是挑拨离间我国和东盟国家业已建立起来的睦邻友好关系。历史上，霸权以及暴力或非和平方式占领别人的领土，一向是西方的自保和聚财之道。所以他们认定中国有同样的野心，将“中国威胁论”强加在中国头上。在西方政客的极力鼓吹下，“中国威胁论”在部分东盟国家中深入人心。

（一）对朝贡体系及冷战时期双方友好敌对复合交织的历史记忆决定了“中国威胁论”在东南亚有着广阔的市场

东南亚地区是我国最重要的周边地区之一，历史上这里就曾作为亚洲华夏体系的一部分而与我有着各方面源远流长的密切联系。在近代以前，其是以中国为中心的东亚朝贡体系的重要组成部分，与中国保持名义上的附属关系。尽管这只是实践上的一种贸易体系，但由于其表现形式主要为主次关系这样一种客观状态，所以在该地区人民心中留下了不良烙印。二战以后，随着非殖民化运动的发展和民族主义的高涨，东南亚地区国家相继摆脱了西方新老殖民主义的枷锁，建立了自己的民族国家。在美苏两强全球争霸力量对比发生变化，以中苏决裂为代表的社会主义阵营出现裂缝，广大发展中国家自立求强浪潮迅速崛起的背景下，东盟宣告正式成立。受西方国家推销的，所谓“共产主义威胁”的影响，东盟在成立伊始，其战略意图就包含明显的反华因素，处在与中国对峙的对立面；“文化大革命”时期，中国推行一套极左的对外政策，致使与东盟各国的关系非常紧张。虽然中国已纠正了过去的对外政策，但现在东盟国家领导人均是从那个时期过来的，不会轻易忘记过去那段历史。“周边的国家普遍担心中国的崛起会伴随着大中华意识的回归，中国又像

历史上那样成为东亚的中心，其他国家则成为附庸。”在历史事件和痛苦记忆的作用下，加之西方国家的鼓吹和精心培育，“中国威胁论”在东盟这片土地上“生根发芽”、“茁壮成长”。“印尼对华政策的（任何）改变并没有根除印尼政治权势阶层预先对北京持有的猜疑和担心，这是印尼和中国人打交道的沉重历史包袱所造成的”；[①]“中国之所以被认为是其安全长期的主要威胁，是因为……它过去对东南亚威胁的历史”。[②]总的来说，“中国威胁论”在东南亚市场广阔，影响颇深。

（二）“中国威胁论”使东盟国家开展海上安全合作时担心我推行新海洋霸权主义而心存戒备

近年来，随着综合国力日益增强，中国在国际和地区事务中影响力明显扩大，国防力量，尤其是海军力量也得到长足发展。东盟国家对中国国防现代化建设不时表示关注和忧虑，在“中国威胁论”的影响下，一些人根据现实主义思维，认定中国具有扩张的危险，将对现行的国际和地区秩序带来挑战；而南海领土和海洋权益争端，更使东盟国家对中国的疑虑进一步加深，担心中国实现海空力量现代化旨在未来推行确保资源的“南下政策”，最终实现对该地区的控制。“最令人不安的是，复兴的中国正把它的势力从东亚大陆（在这里其战略权威已被广泛接受）伸向临近的海洋地区，特别是南中国海，而这里长期被东亚视为心脏地带。”[③]作为南海争端当事方之一的菲律宾认为，“中国坚持对南海水域或岛屿的过分要求使人怀疑其不扩张的保证”。[④]马来西亚作为南海既得利益方，认为“在目前情况下，地区安全中最大的问题是解决南沙和西

---

① 喻常森编著：《亚太国家对中国崛起的认知与反应》，北京：时事出版社，2013年版，第117页。

② 朱莉·塞萨尔·帕拉那斯：“在东盟的战略观中的中国和日本”，载《当代东南亚》，1994年第4期，第20页。

③ Fidel Valdez Ramos, The World to Come: ASEAN’s Political and Economic Prospects in the New Century, http://www.aseans.org/2808.htm.

④ Hebert Yee and IanStory, The China Threat：Perceptions, Myths and Reality. London, 2002, p.250.

沙群岛的归属问题，及中国是否要利用军队来实现其对该地区的领土要求。”[①] 印尼作为东盟创始国之一，尽管不是直接争端方，但认为“中国继续被认为是对印尼主权最大的、潜在的直接威胁。……印尼对中国领土收复主义日程的关注，触及到了它自身过于分散的群岛组成而带来的潜在的政治分裂倾向这种先天的自然脆弱性”。[②] 凡此种种，无不使东盟与我开展海上安全合作时心存芥蒂。

为了化解、消除东盟国家的疑虑和戒心，中国采取了强调走和平发展的道路，积极倡导共同、综合、合作、可持续的亚洲安全观，签署《东南亚友好合作条约》与《南海各方行为宣言》，推进“南海行为准则”制定等一系列增信释疑的措施，但是在安全层面，东盟部分国家仍旧存在着通过结盟、增强威慑力、以“敌人的不安全是自己安全的前提”这样冷战思维的安全观，对于中国始终保持着警惕和防范。目前中国—东盟海上安全合作，尤其是海上军事安全合作，大多是停留在建立相互信任阶段，形式多、内容少，领域多、深度浅，这就是“中国威胁论”影响下双方海上安全合作的真实写照。

二、海洋权益争端是中国—东盟海上安全合作的重大障碍

自20世纪90年代以来，南海问题就已经成为横亘于中国与部分东盟成员国之间的一道藩篱，并逐渐升级成为亚太地区最为炙手可热的焦点问题。近年来，中国与部分东盟国家围绕南海领土主权问题产生的摩擦日渐升温，从某种程度来说，其已成为中国—东盟开展海上安全合作的最大障碍。

---

① 简氏防务周刊，1992年9月26日，转引自喻常森编著：《亚太国家对中国崛起的认知与反应》，北京：时事出版社，2013年版，第56页。

② 喻常森编著：《亚太国家对中国崛起的认知与反应》，北京：时事出版社，2013年版，第118页。

（一）海洋权益争端关乎国家核心利益

海洋权益包括海洋权利和海洋利益。海洋权利，即国家在内水、领海、岛礁享有的领土主权，在毗连区、专属经济区、大陆架海域享有的资源拥有权和专属管辖权，以及在公海、国际海底区域等本国管辖海域范围以外应享有的自由航行、科研、开发等权利。海洋利益，即国家通过行使海洋权利所获取的各种好处。国家利益是一个国家赖以生存和发展的客观物质需求和精神需求的总和，是国家一切对外行为的根本出发点和归宿点。① 国家核心利益是国家利益的重要组成部分，是国家利益结构中次序优先、关系全局、不容挑战的利益，在现存国际秩序下，其已经成为主权国家生存发展、兴旺发达的重大问题。

21世纪是海洋的世纪，海洋在国家生存发展中所发挥的作用日益凸显，特别是对处于和平崛起阶段的中国而言更是如此。目前海洋经济已经成为拉动我国国民经济发展的有力引擎，② 而南海在我国海洋经济发展中的重要地位不言而喻。其一，南海战略资源极为丰富。仅就石油资源而言，整个南海的石油地质储量大致在230亿至300亿吨之间，约占我国总资源总量的1/3。其二，南海战略通道关乎国家能源命脉。目前，我国能源和贸易运输对以马六甲海峡为首的通道形成过分依赖。据统计，我国进口石油的80%、对外贸易的40%都要通过马六甲海峡，每天通过马六甲海峡的船只约有60%是驶向中国，该海峡正成为扼守我海上能源和贸易"生命线"的瓶颈。如果我国在马六甲海峡的战略通道安全得不到有效保障，那么对国家安全和发展造成的危害将不可估量。可以说，南海已经成为国家实现经济可持续发展的主要资源空间、实现"海洋强国梦"和"民族复兴梦"的重要平台。对于东盟国家而言，南海亦是其生存发展的重要基石。从安全角度来看，南海争议岛礁是其国家海上安全

---

① 彭光谦、姚有志：《战略学》，北京：军事科学出版社，2001年版，第40页。

② 2015年我国要力争海洋生产总值占国内生产总值比重达到10%，接近世界海洋经济强国水平；2030年以后达15%以上，达到世界海洋经济强国的水平。

的重要屏障，如若被中国收复，无异于家门口被嵌入一枚棋子，极大程度上压缩其海上战略空间。从经济角度来说，南海油气资源是东盟国家经济增长的支柱。越南1974年以前不产一滴石油，现在南沙石油开采不仅满足国内需要，石油出口收入已占出口总额收入的1/2；文莱国民经济收入90%来自海上石油。①

综上所述，南海海洋权益对中国和东盟的生存发展都至关重要、不可复制、无法替代，是国家的核心利益所在，也必然成为利益冲突的焦点。无论在什么情况下，一个国家都不会放弃其正当权益，更不能牺牲国家的核心利益。习近平主席曾指出："任何外国不要指望我们会拿自己的核心利益做交易，不要指望我们会吞下损害我国主权、安全、发展利益的苦果"②，而部分东盟国家在南海问题上也一贯秉持强硬立场。因此，在任何一方都不会轻言牺牲国家核心利益的前提下，双方的海上安全合作将很难深入开展。

（二）海洋权益争端极大程度上影响双方政治关系

政治关系，是指政治主体之间，为了自身的利益要求，围绕国家政治权力而形成的一种相互作用、相互影响的社会关系的总称。它是国家间关系最基本的要素，是把握国家间关系的基本观察点。国家间政治关系直接反映了国与国之间关系是友好还是敌对、是合作还是对抗，影响对他国国家力量发展、国家战略意图、国际战略态势等问题的判断，其可对包括海上安全合作在内的国家行为产生重要影响。换言之，政治关系好坏与否将直接影响国家间是否合作以及开展何种程度的合作。事实证明，当国家间政治联系密切，外交往来频繁时，海上安全合作进展得较为顺利、广泛和深入；反之，当政治关系较为疏远，甚至处于敌视和敌对状态，海上安全合作缺乏必要的政治气氛，无法展开。即使偶尔进

---

① "中国如何破解南海乱局"，环球网，2013年6月17日。

② 2013年1月28日，习近平同志在十八届中共中央政治局第三次集体学习时的讲话。

行的海上安全合作，既不会深入也不会具体，而且具有很强的策略性。

中国与东盟国家南海问题影响国家间政治关系，并给开展海上安全合作带来不利影响。例如，越南与中国同属社会主义国家，在现代历史上，中国曾在越南抗击法国、美国侵略的过程中给予过巨大的经济和军事援助，两国本该建立起同志加兄弟般的战略互信关系。但是，尽管“越中政治关系是双边关系的基石，但以领土领海问题为内容的一条暗线却在不断地侵蚀着这一基石”。[①] 南海问题对两国政治关系的影响颇深。1974年当中国收复被越南侵占的西沙群岛时，越南攻击这是侵略行为；同年8月就划分北部湾海域而举行的谈判会上，越方仍明确表示将继续占领北部湾三分之二的海域，[②] 这使得双方政治关系更加紧张。2010年以来，越南各地多次以中国在南海的正常行动为由，发生反华示威，反对中国南海行动政策。特别是2014年5月，越南国内又以中国“海洋石油981号”在西沙附近海域勘探石油作业为由，爆发了大规模的反华游行示威，同时在多个城市发生针对中资企业的打砸事件，直接导致双方暂停交流，关系降至冷战结束后的最低点。可以说，中国与部分东盟国家的海洋权益争端直接影响了国家间的政治关系，进而对开展海上安全合作带来不利影响。

（三）海洋权益争端导致双方民族主义思潮激烈碰撞

民族主义思潮是民族主义的重要内容和主要表现形式，具有思想先导性和动态变化性的特点，受到历史和现实事件的影响，并对国家政治、经济、文化发展产生影响和作用。[③]

近年来，个别东盟国家置《南海各方行为宣言》精神于不顾，单方

---

① 李春霞：“越南官方媒体的中国认知变迁分析—以越南《人民报》(2000-2011）为样本”，载《当代亚太》，2012年第5期，第36页。

② 郭明主编：《中越关系演变四十年》，南宁：广西人民出版社，1992年5月版，第21页。

③ 危丽萍：“当代中国新民族主义思潮及其对外关系的影响”，[D].西南交通大学，2006年12月，第12页。

面在南海争议地区采取挑衅性行为，企图进一步扩大既得利益。中国为了维护国家领土主权和海洋权益而采取的合法行动被肆意炒作为中国“以大欺小”，东盟国家也借此发出许多不和谐声音，可以说海洋权益争端成为了双方民族主义思潮激烈碰撞的导火线。越南的反华排华事件、菲律宾国内爆发的反华游行示威、中国百姓以经济制裁越南的声音，反对给予菲律宾“海燕”灾后救援资金的呼声，等等，无不深刻地反映了这一事实。“近年来，亚洲各国民族主义的崛起已经成为一个不争的事实。不难看出，这一波民族主义是对领土和领海的主权纠纷，可以说是一种最古老的民族主义形式”。“在和中国的关系上，越南、菲律宾等国家的民族主义也在上升过程之中。”当前，随着各国社会的多元化发展，民间团体影响力日益加强，特别是在网络逐渐普及、媒体公开化与透明化更加突出的情况下，政府在进行决策时必然无法回避民众的意愿、感情以及价值取向。而公众的民族主义情绪反映到政府层面上来，必然会影响到政府的对外政策。从某种程度上说，其将导致政府被部分民众和舆论的情绪化以及所谓“强硬论”主张束缚手脚，从而缩小了其从战略高度进行理性政策探索和选择的空间。特别是部分东盟国家，为了转移国内矛盾和人民注意力而选择迎合国内民族主义情绪，采取极端行为的做法更是直接助长了该国的民族主义思潮，造成了“国家决策为民族主义思潮服务—民族主义思潮继续膨胀—国家决策为膨胀的民族主义思潮服务”这样的恶性循环，这对海上安全合作的开展毫无益处可言。

三、域外大国不断介入南海事务给中国—东盟海上安全合作带来严峻挑战

南海是太平洋与印度洋之间的重要海上走廊，自16世纪起就成为海洋大国博弈的焦点和兵家必争之地。进入新世纪以来，美、日、印等域外国家出于多种目的，以部分东盟国家为跳板和支点，加紧向南海地区进行全面渗透，直接或间接影响了中国—东盟海上安全合作开展。

（一）美国运用“巧实力”，加深中国—东盟在海上安全问题上的裂痕与分歧

南海历来是美国高度重视之地。从1899年占有菲律宾，历史上第一次获得在南海的立足点，到二战时期与日本爆发的争夺西太平洋主导权的战争，再到冷战时期将南海作为遏制社会主义阵营的主要阵地，无不昭示了南海在美国国家战略中的重要地位。冷战结束后，为在东亚地缘竞争中占据先机，美国不断提升对南海的关注强度，抢占这一“边缘地带理论学家”眼中的地缘要地。“9·11”事件后，基于能源安全的需要，美国只对南海保持了基本的关注。[①] 随着“重返亚洲”和“再平衡”战略的提出，美国再次加大了对亚太地区的战略经营，在硬实力相对减弱的情势下，企图运用“巧实力”确立在亚太地区的战略主导地位，而深度介入南海问题，巧妙利用南海问题则成为了其施展“巧实力”的有力抓手。政治上，2011年对缅甸实现了半个世纪以来的首次访问，谋求削弱中缅持久稳固的政治关系；深化与越南关系，加强政治上的往来，力图利用“一河一海”策略制衡中国。经济上，力推“跨太平洋战略经济伙伴协定”（TPP），以期夺取亚太经济合作的主导权，迟滞中国—东盟自贸区的发展势头；暗中指使美国石油公司参与南海争议地区的石油开发，并将这些油井作为其南海大棋局的“马前卒”，一旦南海发生冲突，美国便可以保护本国公司利益为由，强势介入南海问题。安全上，巩固强化与菲律宾和泰国的盟友关系，深化与新加坡的战略伙伴关系，发展与越南、印尼等可预期的战略伙伴关系，并与他们形成了海洋安全方面的共识；通过一系列的军事、准军事活动，进一步维持并强化了对东南亚海

① 据统计，西太平洋部队消耗油料的85%须从中东经南海海域运输。美国各种原料的进口量中，亚太地区提供的天然橡胶占88%、棕油占99%、椰油占95%、钛占97%、锡占82%，其中大部分原料要通过南海航线运输。参见郭渊：“冷战后美国的南中国海政策”，载《学术探索》，2008年第1期，第54页。

域地缘安全局势的影响力；[1] 不断在非传统安全领域加强与东盟国家的海上安全合作，以此增强其在南海安全领域的影响力。舆论上，不断抛出支持东盟国家的言论。2012年8月7日，美国国务院公开发表声明，"谴责中国'加剧南海紧张局势'，并宣称美将坚决维护南海的航海自由及根据国际法和平解决争议"。

出于遏制中国崛起、谋求亚太主导地位、维护自身及盟友战略通道安全的考量，美国充分运用"巧实力"，采取多种方式和手段直接或间接挑拨南海主权声索国与中国的关系，刻意夸大、渲染其与中国的矛盾，加深在海上安全问题上的分歧和裂痕，阻碍中国和东盟国家海上安全合作开展。

（二）日本加强与东盟海上安全合作，不断炒作"南海安全"等话题拉拢东盟国家对抗中国

作为唯一大规模入侵过南海的国家，日本长期以来一直对该地区保持着高度关注。对日本来说，在南海争端中"保持中立是困难的"。[2] 进入新世纪以后，日本政府正式提出海洋战略构想，积极推进"南进"战略，采取多种手段加强与东盟海上安全合作，逐步高调介入南海问题。政治上，改善与东盟国家关系，为介入南海事务打下基础。自2012年再次上任以来，安倍晋三在不到一年的时间里完成了对东盟10国的全部出访，其对发展同东盟国家关系重视程度可见一斑，通过东盟国家介入南海事务之心"路人皆知"；经济上，出资帮助印尼和菲律宾等国加强港口建设，提出"海洋东盟经济走廊"地缘战略构想，企图达到以美元换得南海介入权的目的。军事上不但与越南、菲律宾等东盟国家开展海上联合军演，还以资金、装备、技术等形式提供军事援助。此外，日本还不断强化美日同盟、将南海纳入《美日安保条约》适用范围，以期强化在

---

① "美国不断强化东南亚军事部署"，《大公报》，2011年12月10日。

② Ralph A. Cossa, A Pacific Forum CSIC Special Report :Security Implications of Conflict in the South China Sea: Exploring Potential Triggers of Conflict, http://www.csic.org/pacfor/opSChinaSea.pdf.

南海的存在。更为严峻的是，2014年7月1日，日本内阁就修改宪法以允许行使集体自卫权的决定案达成一致，这对日本深度介入南海、加强对南海地区的影响力提供了法律保障。

日本是除美国以外，介入南海事务程度最深的域外国家，除了因为积极策应奥巴马政府的“重返亚太”战略之外，地缘经济因素以及与中国的领土争端是其深度介入的重要原因。其一，日本国内资源匮乏，南海名副其实是其“海上生命线”，一旦被切断，将对日本经济带来致命性打击。[①] 其二，当前中日围绕钓鱼岛问题展开的竞争日趋白热化。日本在应对争端乏术、中国逐渐占据主动的情况下，积极插手南海问题，无疑是想让中国在南海事务上花费更多的精力，捆绑住中国东海维权的手脚，借机牟利。

目前日本深度介入南海事务已经成为既定的事实，其种种行径助长了南海部分主权“声索国”的嚣张气焰，给使得本身就难以深入开展的中国—东盟海上安全合作带来了更大障碍。

（三）印度加强与东盟战略互动，增大东盟消极对待我倡议的底气

作为金砖国家之一，印度近年来随着综合国力的持续增长，政治追求也不断提升，朝着“印度要么就做一个有声有色的大国，要么就销声匿迹”的方向奋力前行。南海作为印度亚太安全战略的重要一环，更是被其当作扩大地区和世界影响力的重要战略方向和潜在空间，印度总理瓦杰帕伊曾公开表示，“印度……是一个全球大国，其利益范围包括从波斯湾到马六甲海峡以东的广大地区”。为此，印度不断加强与东盟国家的战略互动，逐渐加大介入南海事务的力度，使得南海争端更加复杂化。政治上，将与东盟的关系升级为“战略伙伴”，推进其“东向政策”。经

① 据统计，日本超过80%的石油供应和超过70%的货物贸易都要通过南海。参见杨继龙：“论南海争端中的日本因素”，载《太平洋学报》，2013年第12期，第94页。

济上，以油气开发为纽带逐渐深度介入南海。尽管印度一再宣称与越南在南海进行的油气开采合作是出于纯粹的商业目的而无任何政治诉求，但印度将经济利益与东盟捆绑在一起的做法无疑摆明了其在南海问题上的总体战略。安全上，加紧在南海地区的军事存在。通过军舰访问、军事人员培训、推动对东盟各国军售等形式，“逐步深入地与印尼、越南、泰国等东盟国家海军进行交流，实现深入的合作”。[①] 舆论上，多次强调“南海航行自由问题”，表示“印度呼吁各方在解决南海问题时保持克制，南海地区航行与资源获取的自由应该获得保证……，印度支持以和平手段解决南中国海争端，这些原则应当被所有国家遵循”。[②]

遏制中国和平崛起、谋取经济利益是印度介入南海的部分原因，也是与美、日介入南海的相同之处，但是印度介入南海的原因还存在其特殊性。其一，谋求大国地位的需要。作为四大文明古国之一，印度几千年悠久的历史文化培育了印度民族的自豪感及其自负的大国情结。尼赫鲁曾指出，“印度以它现在所处的地位，是不能在世界上扮演二等角色的”，而南海作为新世纪地缘战略的中心自然成为了印度关注和介入的重点，只有加强在南海的存在，才有可能获取在亚太事务上的话语权，才能进一步在世界政治舞台上有所作为。其二，反制中国“珍珠链”战略的需要。在印度看来，“珍珠链战略”是中国逐渐加强在印度洋的存在、蚕食印度战略后院的表现。尼赫鲁大学教授坎特·孔达巴里的话语较具代表性，“中国在印度洋小国大兴援建的深水港可能将用于军事和战略目的，达到包围印度的目的”，“很明显，中国对印度洋的关注并非完全是出于贸易考虑，还可能是21世纪的大战略”。因此，印度不断介入南海事务，企图以南海问题应对“珍珠链战略”就不难理解了。但是我们应该认识到，印度介入南海事务并非像美、日那样全力介入，而是有所保留的。在2013年召开的印度—东盟峰会上，当越南总理阮晋勇就南海问

① Ministry of Foreign Affairs of India, “South China Sea Dispute”. Dec.8th, 2013, http://www.mea.gov.in/lok-sabha.htm/dt1/22665.

② 同上。

题向印度寻求支持时，印度只给出了“南海争端应由相关声索国解决，外界‘介入’并非最好办法”这样较为谨慎的回应。

印度自独立以来就一直推行海洋大国和世界大国战略，其积极介入南海问题既是自身发展的需要，亦是国际政治格局风云变幻的必然选择，更是其实现大国梦想的强烈追求。印度与东盟国家、特别是南海主权声索国持续进行战略互动，犹如给后者注入了一针“强心剂”，一定程度上增大个别国家消极对待我倡议的底气，掣肘中国—东盟海上安全合作开展。

四、海上安全合作机制存在缺陷，无法为中国—东盟海上安全合作提供良好制度保障

海上安全合作机制是指在各海洋国家认同的原则下，以全球性或区域性国际组织、国家有关职能机构为主体，按照条约、公约、协定、条例等要求，结成紧密或宽松的组织框架，通过一定制度安排和双边或多边的合作形式，对武装冲突、海盗、海上恐怖主义以及其他突发性事件进行预警、应对和处理。其是海上安全合作顺利、高效开展的重要保证。目前，中国—东盟海上安全合作机制为双方开展合作发挥了重要作用，但仍存在明显不足。

（一）应对海洋争端等敏感问题的安全合作机制较为松散，机制安排缺乏有效制约

当前南海局势更加复杂，且“日益脆弱”。[①] 为了将南海建设成为和平之海、合作之海和友谊之海，中国与东盟开展了诸多合作，其中《南海各方行为宣言》(以下简称《宣言》)的签订，对促使争议各方建立互信、采取自我克制行为、促进争端的和平解决发挥了重要作用，可以说

① “美称南海紧张局势非单独国家造成望和平解决争议”，《环球时报》，2014年7月12日。

是中国—东盟海上安全合作机制的一个典范。但就其实质而言，该宣言不属于国际法律文件，只是南中国海有关国家间的政治承诺书，其约束力远弱于国家间的条约，换言之，正是由于《宣言》缺乏必要的强制性和约束性导致了违规行为的发生，亦即此合作机制存在的缺陷铸成了违规行为的发生。国际机制的最大功能是“制约和调节国际社会角色的行为”，[①] 中国—东盟海上安全合作机制也是如此。尽管中国—东盟有着“安全和发展”这样的共同目标，且双方都同意“得大于失”的谈判和协商手段是解决南海问题的最好途径，但是由于参与者不能一致接受并遵守机制准则，或者说《宣言》本身不是“具有自制力的外交法律规则”，[②] 导致了机制有效性的缺失，最终造成了部分东盟国家前述行为的发生。更具可操作性的“南海行为准则”目前还处于起步阶段，距离各方达成一致意见尚需时日。

东盟地区论坛（ARF）是由东盟国家主导的、多层次的地区安全论坛，其在亚太地区安全事务上所发挥的作用越发重要。自成立以来一直把海上安全合作作为重点工作方向之一，设有海上安全小组，就促进海上安全等议题开展工作。然而它也是机制不够完善的典型一例，或者说其制度效力还有待提高。[③] 其所倡导的运行模式实质上就是东盟方式的扩大版，基本制度特征是非强制性的，即没有建立强制性的监督、惩罚、制裁机制和制度执行机制，成员国完全是在自愿、自觉基础上遵守制度。虽然ARF提供了一个多边对话、协商的场所，但只是“一个地区的多边主义的初步尝试，它的存在更多的是为了装点门面，还称不上政府间进行合作的有凝聚力的框架”[④]；同时囿于其本身的处理问题的方式，“ARF

① Stephan Krasner, International Regimes, Cornell University Press, 1983, p.62.

② 倪世雄等著：《当代西方国际关系理论》，上海：复旦大学出版社，2012年版，第360页。

③ 东盟地区论坛倡导的是“一个成功的东盟地区论坛需要所有成员国积极的、全心全意的和平等的参与。但东盟承担作为主要驱动力之义务；东盟地区论坛进程应该让每个成员国都感到舒适的步伐前进；东盟地区论坛将在全体参与国仔细地和广泛地协商的基础上，一致地作出决策……”。

④ 方军祥：“中国与东盟非传统安全领域合作的现状与意义”，载《南洋问题研究》，2005年第4期，第16页。

不具备对成员国的约束力，只是为成员国及周边国家提供了一个安全对话和协商的平台，并不可能提供真正意义的多边安全合作，论坛提倡的原则和精神是否能得到贯彻落实，完全取决于各成员国的自愿合作。”[①]论坛的制度和规范能否执行和实施是测量国际制度效力的重要标准，[②]该合作机制有待完善。

（二）应急反应机制尚存不足，制约海上非传统安全合作及时有效开展

在海上非传统安全合作方面，东盟与中日韩（10+3）武装部队非传统安全论坛起步较早。2008年，出席东盟与中日韩（10+3）武装部队国际救灾研讨会的代表就对框架内救灾协作机制的建设等问题进行了探讨；2012年举办的第三届论坛除了就“东盟与中日韩武装部队抗震救灾应急行动”这一主题进行探讨以外，还首次增加了各方代表共同参加的救灾桌面推演，[③]对促进各国武装部队救灾经验共享和重大灾害救援能力建设颇有益处；2006年中国与东盟召开了海上执法合作研讨会，就加强海上执法合作基础、建立沟通联系机制等问题进行了广泛探讨。[④]尽管中国—东盟在非传统安全领域的合作机制逐渐完善化、规范化、制度化，为中国—东盟在非传统安全领域开展深入广泛的合作提供了良好的保障，但是机制尚存些许不足。

以目前较具代表性的中国—东盟海事磋商机制为例。2003年至今，中国—东盟海事磋商机制会议已经召开了9次。在中国大力推进下，双方先后通过《加强船员管理和海事履约合作文件》，签署了《中国—东盟海事磋商机制谅解备忘录》，并正在推进《中国—东盟交通合作战略规

① 崔海宁：“中国国家利益及其在中国—东盟关系中面临的机遇与挑战”，载《南洋问题研究》，2007年第2期，第33页。

② 奥兰·扬提出的测量国际制度效力的标准之一。

③ “东盟与中日韩武装部队代表探讨抗震救灾应急行动”，中国网，2012年6月25日。

④ 中华人民共和国外交部网站，“中国—东盟合作：1991-2011”。

划》，对促进双方海事磋商机制进一步完善发挥了显著作用。但是，与中国—东盟海上安全合作紧迫的战略需求相比，机制存在明显缺陷。其一，顶层设计不足。由于缺少系统性的规划，磋商机制中大的区域框架又含有小框架，不同框架之间又存在交集，各个框架之间看似独立却又相互关联，如何厘清这些关系亟需解决。例如，船舶航运安全框架包括船员安全和货物安全，海洋互联互通框架既包括港口等交通基础设施建设，又涉及港口安全等问题，之间存在着交集，但却息息相关；确保航运口岸畅通的机制又涉及到海洋环境清洁等方面的内容，等等。此外，在中国—东盟海事合作内容不断丰富，合作程度不断推进的背景下，磋商机制单一性问题逐渐暴露出来。如海洋生态环境安全存在长期性和潜在性的特点，需要进行长期监控和预警，而中国和东盟双方迄今还没能完全建立一个高效的预警机制和信息交换机制；再如，从马航飞机失联后海上搜救环节来看，中国与东盟应对突发事件的应急磋商机制与现实要求相距甚远。其二，机构运行模式比较单调。中国—东盟海事磋商机制是根据中方建议于2005年由中国交通运输部海事局与东盟各成员国海事机构正式建立的，旨在加强中国和东盟各国在海事领域的友好关系和合作。但是，双方磋商机制运行模式仅限政府官员会议和沟通，表现形式甚为单一，缺乏民间学者交流和沟通的平台，机制的高效性远未发挥出来。其三，磋商内容不够深入。《中国—东盟海事磋商机制谅解备忘录》就地区海上航运安全、海上安保原则等问题达成了一致，但后续务实合作表现不足。如保证航运安全，需要相关各方加强合作，提高对海洋与气候变化规律的认识，增强应对气候变化、防灾减灾能力等，目前涉及面与深度均较为有限。例如，中菲越南海联合科考对于了解南海的各种自然现象，认识南海科学问题的特殊性和规律性，研究南海在气候变化中的作用以及对气候变化的响应等科学问题，具有重要的科学意义，对保证航运安全意义重大，但是到目前为止，中菲越联合科考只进行了一次。

因此，如何尽快在中国—东盟海上安全合作中形成完备的合作机制，以促进双方有效开展海上安全合作，共同应对、预防海上安全问题，还需要中国和东盟的共同努力。

五、部分东盟国家基于私利而搅局，一定程度上限制中国—东盟海上安全合作开展

以越、菲为代表的东盟国家出于自身利益考量，并不情愿看到中国—东盟的友好合作大局。因此，他们以南海问题为契机，采取多种方式和手段，挑拨中国和东盟关系，从中渔利。

（一）附和南海航行自由问题，故意夸大南海局势动荡

南海航行自由问题本不存在，目前每年有十多万艘各国船只安全通过南海，南海地区贸易日益繁荣就是一个明证，且中国维护南海岛礁主权和海洋权益从没有影响外国船舶根据国际法所享有的航行自由。南海航行自由问题不过是美国为谋求亚太战略的新支点，增加遏制中国砝码的借口。而部分东盟国家恰好借此东风不断挑拨中国和东盟国家间的关系，以使各自利益达到最大化。菲律宾长期以来一直是制造南海事端的急先锋。2011年9月，菲律宾召集东盟召开南海问题会议，企图借南海航行自由问题拉东盟抗衡中国；2012年5月，菲律宾外长声称中国威胁南海自由航行贸易。越南近来一改往日“事不关己，高高挂起”的姿态，多次对东盟国家散播中国妨碍了南海航行自由等言论。在2012年的香格里拉对话会上，越南前国防部副部长阮志勇呼吁，“沿海国家在200海里专属经济区内的主权权利要得到彻底尊重。海上主权争议要对国际社会保持透明和公开…”；2013年6月更是表示“南中国海的冲突会威胁到地区的稳定和安全，特别是海上安全，以及航空、航海自由…”。受菲、越等国家舆论造势的影响，许多东盟国家也在不同场合表达了对南海航行自由问题的关注。文莱在南海问题上始终采取低调的姿态，但也对南海航行自由表示关切。2012年文莱外长在与越南外长会晤期间，双方就南中国海问题进行了商谈，强调维持和平、稳定、安全和通行自由的重要

性，并提出争取早日签署“南海行为准则”。2011年7月，印尼在东盟十国外长会议上表示“我们需要向世界传递一个强烈的信号……呼吁尽快制定‘南海行为准则’，保证航行自由”。2011年11月，新加坡表示“作为一个主要的贸易国，保持这一地区（南海）的自由航行对新加坡的利益至关重要。”仔细分析不难发现，虽然表面上印尼、新加坡等国仅仅是表达了对南海航行自由问题的关注，但实质上他们已经受到菲、越等国的影响，按照“中国威胁了南海航行自由”的思维想问题；换言之，菲、越挑拨中国—东盟国家关系的阴谋正逐渐得逞。

（二）“绑架”东盟组织，企图推进南海问题东盟化

南海问题本质上是中国与部分南海声索国的双边问题，本应由中国与东盟南海争端方之间通过政治协商来解决。然而越、菲深知在实力与中国相差悬殊的背景下，只有“绑架”东盟，使东盟“以一个声音说话”，将“一对一”模式变成“多对一”模式，才能在与中国的抗衡中争取最大利益。于是它们采取多种方式，特别是不断利用东盟机制的作用，推进南海问题“东盟化”。《南海各方行为宣言》签署后，菲、越两国不仅一再强调要建立“南海行为准则”，而且还利用2007年、2010年担任东盟轮值主席国之机提升东盟介入南海问题的程度。① 在越、菲的大力推动下，2012年7月20日，东盟轮值主席国、柬埔寨副首相兼外交部长贺南洪宣布了东盟外长就南海问题达成的六项原则，② 并表示，东盟外交部长决定依据《东南亚友好合作条约》《东盟宪章》及六项原则加强有关争

① 2007年，菲律宾担任东盟轮值主席国，主持召开了东盟外长会议和东盟地区论坛，因此在当年南海问题不仅成为这两个会议的讨论内容，而且在会后发布的联合公报与主席声明中也有较大篇幅的描述。2010年，越南利用担任东盟轮值主席国这一时机，不仅将南海问题列入由其主持的一系列会议议程中，还特别在2010年举行了第16次和17次东盟首脑峰会，强调建立“南海地区行为准则”的必要性。

② 这六项原则包括：1.全面落实《南海各方行为宣言》及有关声明；2.落实《南海各方行为宣言》后续行动指针；3.尽快达成“南海行为准则”；4.全面遵守包括《联合国海洋法公约》在内的、被国际社会广泛认可的国际法；5.各方继续保持克制，不使用武力；6.依据《联合国海洋法公约》在内的、被国际社会广泛认可的国际法和平解决有关争议。

端的磋商。目前，东盟南海问题立场日趋统一，南海问题“东盟化”已初步显现，不排除未来东盟在某种程度上沦为越、菲等国推行南海政策工具的可能。

（三）多管齐下引入域外势力，推动南海问题国际化

引入域外势力介入南海问题是越、菲等东盟国家推进南海问题国际化的主要方式和手段。其一，频繁与域外大国在南海进行海上军事演习。据统计，仅1999年，美军与南海周边各国举行联合军事演习就多达14次。[①] 在2000年1月至2001年5月间，在南海地区举行的有区外大国参加的联合军事演习至少有9次。[②] 其二，拉拢区外有关国家参与南海油气资源的勘探和开发。虽然表面上同意“搁置争议，共同开发”的理念，但实质上他们均本着“早开发、早得益”的原则，借“共同开发”之名，联合区外拥有先进技术、设备和资金的发达国家公司和集团，求掠夺南海油气资源之实。目前，东盟各国已分别同美国、日本、英国、荷兰、俄罗斯、瑞典、意大利等30多个国家签订了联合开发南海石油、天然气资源的合同。其三，借“南海行为准则”拉入域外大国。“南海行为准则”是越、菲等引入域外大国的利器，在他们的鼓噪下，以美国为首的域外国家欣然接纳这个橄榄枝，将其作为介入南海事务的法理支撑。2012年7月，在东盟地区论坛上，美国国务卿希拉里·克林顿发表讲话称，希望中方与东盟尽快展开“具有法律约束力”的“行为准则”谈判，以“避免纷争”。2013年6月，美国代理助理国务卿尹汝尚表示，包括大陆在内的南海周边国家，应该尽快达成制定“南海行为准则”的共识。此外，越南还利用担任东盟轮值主席国的身份召开了首届东盟防长扩大会议，邀请区域外美国、日本、印度等国的防长集中与会，讨论包括南海问题在内的地区安全议题。在越、菲及域外大国的共同“努力”下，南海问

① 张贵洪、唐杰：“东南亚地区安全与中美关系”，载《国际论坛》，2004年第6期，第56页。
② 王传军：“区外大国对南海地区的渗透及其影响”，载《当代亚太》，2001年第3期，第92页。

题从法理上和事实上都越发国际化，客观上造成了目前南海紧张局势，阻碍了中国—东盟海上安全合作开展。

六、中国海上安全合作软硬实力存在缺陷，影响海上安全合作水平

海上安全合作实力是海上安全合作顺利、有效开展的重要基础和保证，没有过硬的实力，合作便无从谈起。近年来，通过多种努力，中国海上安全合作软硬实力显著提升，但与世界海洋强国相比还存在明显差距。

（一）海洋软实力相对不足①

1、海洋外交理念不成熟。中国海洋外交虽然已从最初的茫然无措转变到现在的积极作为，但囿于起步晚、经验不足等因素，中国海洋外交的理念较西方海洋强国还有一定的差距，特别是观念上的问题直接制约了中国海洋外交的开展。一是将海洋外交简单地理解为国家总体外交的海上部分。虽然海洋外交源于国家总体外交，但是其并不仅限于国家总体外交的海上部分，其是以海洋立法、海洋政策及其执行为基础，旨在调整海洋国际关系并规范海洋政治秩序，是进一步谋求海洋战略主动性的国家战略行为。在海洋世纪中，海洋外交的地位和作用正在逐渐增加，是一国国家总体外交的重要组成部分。此外，海洋外交的形式也有其特殊性，如参与国际海底区域事务、海军舰艇互访、海上联合科学考察，等等，均突破了传统的国家外交形式。二是偏重海洋经济外交。针对东盟国家经济发展极不平衡的实际，中国延续了以往外交中以经济为先导

① 海洋软实力是各国实现海洋治理、维护海洋权益、与海洋和谐共处时的文化、价值观、法规制度、生活方式所产生的吸引力和感召力，是建立在此基础上的认同力与追随力。海洋软实力包含的内容较多，本文仅以我国较为薄弱的海洋外交为代表进行分析。“海洋软实力”的概念参见王印红、王琪：“中国海洋软实力的提升途径研究”，载《太平洋学报》，2012年第4期，第36页。

的观念，如设立30亿元人民币的中国—东盟海上合作基金，旨在促进中国与东盟国家间的海上安全合作。但是客观来看，过度重视经济外交不一定能够达成最佳效果。1997年的东南亚金融危机中，中国宣布人民币不贬值，向东南亚国家提供无偿贷款等，对稳定东南亚国家局势，帮助其渡过难关发挥了不可磨灭的作用，但是“中国威胁论”在东南亚仍旧甚嚣尘上；而美国一手导演了东南亚金融危机，但在该地区民众心目中仍旧有着光辉、民主的形象，这明显的反差不得不引起我们的深思。三是忽视舆论宣传。中华民族几千年的传统文化铸就了中国人朴实、内敛、不善言辞的民族性格。在开展海洋外交的过程中，中国仍秉承着“只做不说”或“不争论”的理念，认为身正不怕影子斜、酒香不怕巷子深，敏于行而讷于言，忽视宣传推销自己。由于上述错误或模糊认识，从而使中国海洋外交工作事倍功半，效果大打折扣。

2、高层海洋外交主动性不够。当前国际战略格局深刻调整，我国安全和发展形势更趋复杂，受周边错综复杂的地缘战略，日益加剧的战略竞争以及利益拓展带来的安全压力等影响，海上方向面临的安全威胁日益上升。海洋外交作为国家外交的重要手段，对中国传播“和谐海洋”和“新型海洋安全观”等理念，化解当前海洋安全困局意义非凡。新世纪以来，中国领导人高度重视海洋外交的意义和作用，并身先士卒，不断推动海洋外交。在2006年举行的“中国—东盟建立对话关系15周年纪念峰会”上，中国与东盟国家领导人发表联合声明，“承诺有效地落实《南海各方行为宣言》，在协商一致的基础上，为最终达成南海行为准则做出努力。”2013年10月，国家主席习近平访问印尼期间表示，中国愿同东盟国家加强海上合作，使用好中国政府设立的中国—东盟海上合作基金，发展好海洋合作伙伴关系，并就通过防务安全磋商和海军对话等机制加强沟通和协调，深化双边及中国—东盟安全合作达成一致意见。……从某种程度上说，高层海洋外交正逐渐以一种惯例的形式，成为我国海洋外交工作的一大亮点。然而，仔细探究中国高层海洋外交，不难发现其还存在许多不足，特别是海洋外交的主动性还有待提高。虽然高层海洋外交目前取得了一定的成效，但缺乏主动出击意识，往往多是被动应对，制于人而非制人。随着美日印等域外国家逐渐深度介入南海事务，南海形势必将更加复杂，如何充分发挥我国高层海洋外交优势，变被动外交为主动外交，进而化解当前海洋安全困局值得深思。

3、海洋外交理论研究滞后。正确的海洋外交理论可以为海洋外交实践提供更好的现实指导，促进海洋外交的开展。当今中国海洋外交实践方兴未艾，但海洋外交理论更多是源自美国等西方海洋强国，表现出某种程度的理论“饥渴”，主要体现在下述几个方面。其一，缺乏海洋外交的顶层设计相关理论。目前，我国海洋外交理论尚未形成自己的体系，思路不够清晰，目标不够明确，未有针对性地进行海洋外交的战略布局，没有从国家的海洋核心价值理念、未来目标和理想、国家的形象标志和身份识别、海洋外交的总体目标、战略任务、决策机制和运行机制等方面入手，全面制定中国海洋外交的总体发展规划，导致中国海洋外交效果大打折扣。其二，操作层面理论研究不足。约瑟夫·奈认为：“公共外交的价值不可替代，它不仅有获取特定时限目标的潜力，而且是实现一国长期战略目标必不可少的部分，它通过软实力资源的比较优势使对外政策利益得以巩固……”。海洋外交是国家总体外交的重要方式，又是国家公共外交的表现形式，其作用更甚于此。东盟国家国情各异，经济、科技水平发展不一，文化千差万别，只有适时、恰当的操作层面理论才能够有效指导怎样与东盟国家开展海洋外交，何时开展海洋外交，开展何种程度的海洋外交；才能清楚哪些国家是我应重点开展海洋外交的对象，哪些国家是我应拓展的海洋外交对象；才能知晓采取什么海洋外交方式和手段以巩固我传统友好国家的海洋关系，发展同持中立立场国家的海洋关系，改善与我有海洋争端国家的关系，等等。其三，相关研究成果较少。近年来，随着海洋外交逐渐兴起，学界对海洋外交的关注也逐渐增加，然而针对海洋外交理论开展的研究少之又少，目前仅有《当代海洋外交论析》《1962—1973苏美东地中海对峙对中国海洋外交战略的启示》等几篇文章问世，还有个别学者对海洋外交的一种方式（手段）—

海军外交进行了深入细致的探索，但大多数学者还是停留在“国家外交”、“公共外交”的角度进行研究。21世纪是海洋世纪，海洋外交的深入广泛开展迫切需要相关理论的指导，如何适应当前海洋外交形势的变化，有针对性地开展海洋外交，使其重要作用充分发挥出来，还需要进一步加强理论研究。

（二）海洋硬实力存在诸多短板

1、国家海上力量建设滞后。国家海上力量是指为确保国家合理利用海洋和开发海洋，确保国家在海上方向谋求持续发展的各种物质力量和保证力量的总和。① 它既是中国开展海上安全合作的坚强柱石，也是支撑中国和平发展的有力后盾；不仅表现为拥有一支强大的海军力量，而且也体现在建立强大的以海洋为舞台的国家海上整体力量，后者又体现为国家海洋研究和开发力量、造船力量和远洋运输力量等；不仅表现为国家意志和决心等无形的战略决策层面，而且也表现为国家的机制运行等有形力量。总之，国家海上力量应当由一支现代化的强大的海军，一支以大型远洋运输船为骨干的强大的商船队，一支有组织的强大的渔船队，一支强大的海上科学考察和海洋资源勘察开发力量，一支包括海上执法队、海上缉私队、海洋秩序监察队在内的综合性海上执法力量，以及一个完善的海上基础设施体系等组成，涉及到维护和推进国家海洋权益，保护国家海外利益，推动国家海洋经济可持续发展，维护海上通道安全，推进船舶建设和港口管理，处置海洋突发事件，进行海上人道主义搜救和国际海事合作，等等。海军是国家开展海上安全合作的主体力量，在参与海上人道主义援助，打击海上犯罪等国际合作中的作用不可替代。目前，中国海军已成为一支多兵种合成、初具现代作战能力的现代化海军力量，部分舰艇已具有一定的远洋作战能力，遂行国际海上安

---

① 冯梁等著：《中国的和平发展与海上安全环境》，北京：世界知识出版社，2010年版，第354页。

全合作任务的能力有了极大提升，但从整体来看，还属于一支近海防御型力量，尚存在非战争军事行动能力不强、军兵力结构尚不合理等问题。商船运输队是任何国家海洋战略的紧要一环，其所承担的海洋交通运输业是海洋传统产业，是衡量一国海洋经济发达与否的重要指标。当前我国海洋运输业发展迅猛，已与世界上60多个国家签订了双边和多边海运协定，连续多年当选为国际海事组织A类理事国；商船运输队处于世界领先水平，数量和规模堪称全球最大，每年往来于世界160多个国家和地区的1,000多个港口。2012年，我国海运行业实现增加值4,802亿元，[①] 但还存在着管理水平与海洋强国有较大差距的问题。随着渔业资源在国家经济发展中的比重逐年提升，我国渔船队也不断发展，早在2006年我国就有1,000多艘远洋渔船在毛里塔尼亚、斐济、阿根廷等国家的专属经济区，以及太平洋、大西洋、印度洋等三大洋的公海进行远洋捕捞，年捕捞量近100万吨；2012年我远洋捕捞渔船数量增至2,200多艘，到2015年，中国远洋渔业产量将达到130万吨，产值为162.5亿元人民币，年均增幅3.4%，[②] 但是专业化、科技化、现代化渔船的数量和规模等较西方海洋强国还有差距。中国的海上科学考察和海洋资源勘察开发力量，正在向世界强国迈进：南极、北极科学考察稳步推进，981钻井平台在南海成功作业，"蛟龙号"更是实现了我国深海技术的重大突破，标志着我国可以在全球99.8%的海底实现较长时间的海底航行、矿物取样、地形地貌测量等作业。随着国家对海洋科研投入力度的不断加大、海洋科研技术的不断发展，中国的海洋科考和勘探力量将会进一步发展，能力必将会进一步提升。然而我在极地、深海的科学考察实力还不够雄厚，成果还不够丰硕；重大海洋核心技术自主研发和创新能力有待于加强；开发惠及全球，尤其是广大发展中国家的海洋公共产品的能力也亟待进一步提

① 国家海洋局海洋发展战略研究所课题组：《中国海洋发展报告》(2013)，北京：海洋出版社，2013年版，第89页。

② 国家海洋局海洋发展战略研究所课题组：《中国海洋发展报告》(2013)，北京：海洋出版社，2013年版，第112页。

高；核心技术和尖端科技方面与顶尖国家比，尚有差距。我国的公务执法力量目前还处于整合融合状态，综合维权能力有待于提高，虽然重新组建了国家海洋局，将之前分属不同部门的渔政、海监、海警、缉私等力量进行了整合，但是多年来由于条块分割、各司其职，要想从纷繁复杂的职能中梳理、整合出一套统一、规范、明晰的职能职责以形成合力尚需时日。此外，我国在港口管理、交通维护、海洋突发事件处置、海上人道主义搜救、国际海事合作上与现实要求差距不小。

国家海上力量是海上安全合作的主体，强大的海上力量能够为海上安全合作开展提供有力的保障，反之则会影响合作的有效开展。加强国家海上力量建设，提高海上安全合作能力，对促进中国—东盟海上安全合作意义重大。特别是如何使得中国的海洋利益拓展和海洋事业发展惠及东盟各国人民，为东南亚地区和国家提供高质量、高水平的公共安全产品，服务于人类海洋公共事业方面，中国还有大量的事要做。

2、海上安全合经验不足。随着海盗、海上恐怖主义、海上自然灾害等非传统安全威胁的不断上升，国际社会对共同应对海上非传统安全威胁逐步达成共识，“联手重拳打击海盗犯罪活动已成为国际社会的共识，各国联手海上反恐，重拳打击海盗已成为大势所趋。”① 近年来，我海军通过参加国际海上护航、海上人道主义救援、海上联合军演、为叙利亚化武运输船护航等活动，取得了一些宝贵的实践经验。但由于我海军参与海上安全合作时间不长，在合作的内容、方式上都不够深入，影响力有限。特别是一些实质性合作刚刚起步，如2003年才首次与外国海军举行海上联合演习，2008年才首次派遣海军赴亚丁湾索马里海域执行国际护航任务……虽然2014年，我海军首次参加了环太平洋联合军演，一定程度上提高了我海军的海上安全合作能力，但是与海洋强国相比，我海军还有很长的路要走。除海军合作外，我国还开展了其他形式多样、内

① 赫凛冽：“当前国际社会海盗犯罪的特点及对策”，载《辽宁警专学报》，2005年第4期，第53页。

容丰富的海上安全合作。如围绕南海问题组织“南海合作与发展”、“海洋公共利益与秩序”等国际研讨会，为国家外宣工作做出较大贡献；设立中国—东盟海上合作基金，推进双方海上安全合作；组织中菲越南海联合科考，积极推动南海各方务实合作；以我为主建设“南海区域海啸预警中心”，全面参与海委会、伦敦公约等重要涉海国际组织事务，在双边及APEC、北太平洋海洋科学组织框架下成功实施多个合作项目，增强了合作吸引力。但总体来看，以我为主的海上安全合作项目还较少，我组织相关合作的能力和经验还相对欠缺。与推进中国—东盟海上安全合作的现实需求相比，我海上安全合作的经验还有待积累和提高。

3、中国海上安全合作人才培养有待完善。如果说国家海上力量是海上安全合作的主体，那么人则是海上安全合作的重中之重。随着参与海上安全合作活动机会的增多，我国相关人才队伍建设正逐步实现制度化、科学化和规范化，人才培养取得了一定的成绩，但总的来说还存在许多问题。其一，国际化素质有待增强。就目前参与海上安全合作的情况来看，无论是地方人员还是舰艇官兵，大多数都对国际海上安全交流与对话的发展状况缺乏足够的了解，对海上安全合作的现实情况掌握有限，且参与国际海上安全合作的频度和强度也非常有限。此外，相关人员的外语水平和实践运用能力离参与国际海上安全合作的要求还有一定差距。其二，国际视野有待拓展。海上安全合作，是国家海上力量代表国家进行的对外交流、沟通行动，政治敏感性强，决策层次高，这就要求相关人员应具备宽广的国际化视野，能以国际战略的视角分析和判断国际形势和海上安全形势的走向，发现特点，挖掘规律，为正确制定决策和妥善应对突发情况奠定良好基础。目前仅有部分指挥员具备了较为宽广的国际化视野，能够深入研究当今国际环境中诸多变化因素并进行深刻分析，对国内外错综复杂的国际安全事务进行研判，而绝大部分人员还不具备此项素质和能力。其三，战略意识有待提高。海上安全合作是国家海洋外交的重要方式，更是国家总体外交的重要组成部分，也是国家政治意图的集中体现，具有战略性、高层性、敏感性等特点。因此，作为海上安全合作的参与人员，必须要胸怀国家大局，理解国家意志，明确国家的大政方针，清楚为什么参与海上安全合作，参与海上安全合作要实现什么目标，参与海上安全合作的指导思想是什么等问题。然而当下，我国相关人员的战略意识还不够强，往往是认真执行上级下达的任务而忽视任务背后的国家意图，知其然而不知其所以然。

总的看，加强中国—东盟海上安全合作是维持南海地区和平稳定的重要手段，是策略推进“南海行为准则”磋商和制定的有力保证，是维护国家发展重要战略机遇期的关键所在。当前中国—东盟关系已进入“钻石十年”的成熟期，双方合作逐渐进入快车道，但相对而言，双方海上安全合作却严重滞后，加深中国—东盟海上安全合作研究遂成为现实而紧迫的议题。我们应继续加紧深入分析中国—东盟海上安全合作面临的主要挑战，为加强相关领域理论研究，提出行之有效的应对措施提供依据，不断推进中国—东盟海上安全合作，构建中国—东盟海上命运共同体。

马来西亚南海政策的确立与演变

计秋枫、苏奕文

[内容提要] 海洋问题在马来西亚国家战略占据非常重要的地位，南海尤其如此，同时，马政府高度重视海洋规划与开发，并为此展开了一系列的布局活动，其做法值得我关注。

[关键词] 马来西亚 南海政策 发展演变 研究

[作者简介] 计秋枫，南京大学中美研究中心主任，南海研究协调创新中心研究员；苏奕文，南京大学中美研究中心研究员，南海研究协调创新中心研究员。

马来西亚全境领土被南中国海分割成东马来西亚（简称东马）和西马来西亚（简称西马），西马来西亚位于马来半岛，北部接壤泰国，南部与新加坡交界，西临印尼苏门答腊岛，东部是南中国海，东马来西亚位于加里曼丹岛北部，包括沙巴和沙捞越两个州，南部接壤印尼，北部靠近菲律宾群岛。海洋问题在马来西亚国家战略中占据非常重要的地位，南海尤其如此，同时，马政府高度重视海洋规划与开发，并为此展开了一系列布局活动。

一、马来西亚南海政策的权益建构和维护

马来西亚对于海洋的重视以及开始行使其权利是随着国际上开始注重海洋法规而开始的。1957年独立的马来亚在1960年就参加联合国海洋法公约第一次会议，并在1958年和1960年召开的日内瓦国际海洋法会议中，出台了一系列相关的海洋法规：《领海及毗连区公约》、《公海公约》、

《捕鱼及维护公海生物资源公约》和《大陆架公约》。其中，1958年4月29日通过的《大陆架公约》最受瞩目，该公约明确表示关于领海和大陆架的规定，表示大陆架即自沿岸向外海延伸的水下区域且深度在200公尺以内，沿海国家拥有支配邻接大陆架的权利，包括勘探、开采自然资源，此权利并不基于实际占领或公告。[①] 1969年8月2日，马来西亚当局宣布领海范围为12海里。1979年12月21日，马来西亚政府出版了一张新的1比150万比例尺的领海和大陆架疆域图，把南沙群岛东南部的12个岛礁划入其大陆架范围：[②]

1．弹丸礁（马来文为Terumbu Layang-Layang，意思为风筝礁，英文为Swallow Reef）坐标位于北纬7°22'东经113°50'，为长5海里的狭窄珊瑚带，环绕着一个浅水洼，高潮时有部分高出海平面3米。弹丸礁目前是距离马来西亚沙巴州最靠近的南海岛礁，并且是马来西亚当局开发最多的岛礁。

2．南通礁（马来文为Terumbu Samarang Barat Kecil，英文为Louisa Reef）坐标位于北纬6°20'东经113°16'，为高潮时高出海平面1.8米的珊瑚礁，要在礁上停靠非常困难，需要配合风向和潮水。马来西亚在礁上建有一方尖碑形的航海灯塔。

3．光星礁（马来文为Terumbu Laya，英文为Dallas Reef），坐标位于北纬7°38'东经113°48'，坐落在安渡滩西5海里处以及距离弹丸礁以北26公里，礁中间围着一个小潟湖，看起来比安渡滩还大。目前被马来西亚占领。

4．光星仔礁（马来文为Terumbu Ubi，译为木薯礁，英文为Ardasier Reef），坐标位于北纬7°38'东经113°56'，形状为三角形，距离光星礁9公

---

① "Convention on the Continental Shelf", *The United Nation*, http://untreaty.un.org/ilc/texts/instruments/english/conventions/8_1_1958_continental_shelf.pdf.

② 这12个岛礁的内容参考自R. Haller-Trost, "The Contested Maritime And Territorial Boundaries Of Malaysia", London: Kluwer Law International, 1998, pp-326-328；李金明：《论马来西亚在南海声称的领土争议》，载《史学集刊》，2004年第3期，第66—67页。

里，为一个浅潟湖的干礁。马来西亚于1986年占领该礁。

5．簸箕礁（马来文为Terumbu Siput，因形似蜗牛而得名，英文为Erica Reef)，坐标位于北纬8°06'东经114°08'，坐落在南海礁24公里处，退潮时几乎都能看见，但是涨潮时只露出小块的石礁。目前被马来西亚占领。

6．榆亚暗沙（马来文为Terumbu Peninjau，从英文直译过来，英文为Investigator Reef)，坐标位于北纬8°07'东经114°29'，该礁向东扩展海里，为不规则的环礁，整个被小块的干珊瑚礁所环绕，礁西部几块岩石高潮时仍可看到。目前被马来西亚占领。

7．南海礁（马来文为Terumbu Mantanani，英文为Mariveles Reef）坐标位于北纬8°00'东经113°53'，为围住两个潟湖的礁，礁中部有一高潮时高出海平面1.5米的沙洲，距离弹丸礁有59公里。马来西亚于1986年占领该礁。

8．安波沙洲（马来文为Pulau Kecil Amboyna，英文为Amboyna Cay)，坐标位于北纬7°53'东经112°55'，是一个高出海平面2米的小岛。1978年马来西亚曾经在岛上的最高点竖起一块石头标志，后来被越南给拔掉。此岛目前被越南军队占领。

9．柏礁（马来文为Terumbu Perahu，译为小船礁，英文为Bargue Canada Reef)，坐标位于北纬8°13'东经113°15'，为约18海里长的干礁，高潮时高出海平面2米。目前是越南在占领，礁上一直有驻防。

10．司令礁（马来文为Terumbu Laksamana，从英文直译，英文为Commodore Reef）坐标位于北纬8°22'东经115°10'，为带两个潟湖的部分干礁。该礁大约于1978年到1986年被菲律宾占领。

11．卢康暗沙（英文为Luconia Shoals)，其中包括三个暗沙岛礁。第一个是北康暗沙，马来文为Gugusan Beting Raja Jarun，英文为South Luciona Shoals，坐标位于北纬5°35'东经112°30'。第二个是南康暗沙，马来文为Gugusan Beting Patinggi Ali，英文为South Lucionia Shoals，坐标位于北纬5°00'东经112°40'。第三个是中康暗沙，马来文并未给出名称，英文为Central Luconia Field，坐标位于北纬4°20' 东经112°41'。

12．皇路礁（马来文为Terumbu Samarang Barat Besar，英文为Royal Charlotte Reef）坐标位于北纬6°57' 东经113°36'，礁高出海平面约米，带有一些圆石，圆石上建有一座灯塔。该岛为椭圆形，岛上没有主要的植被。

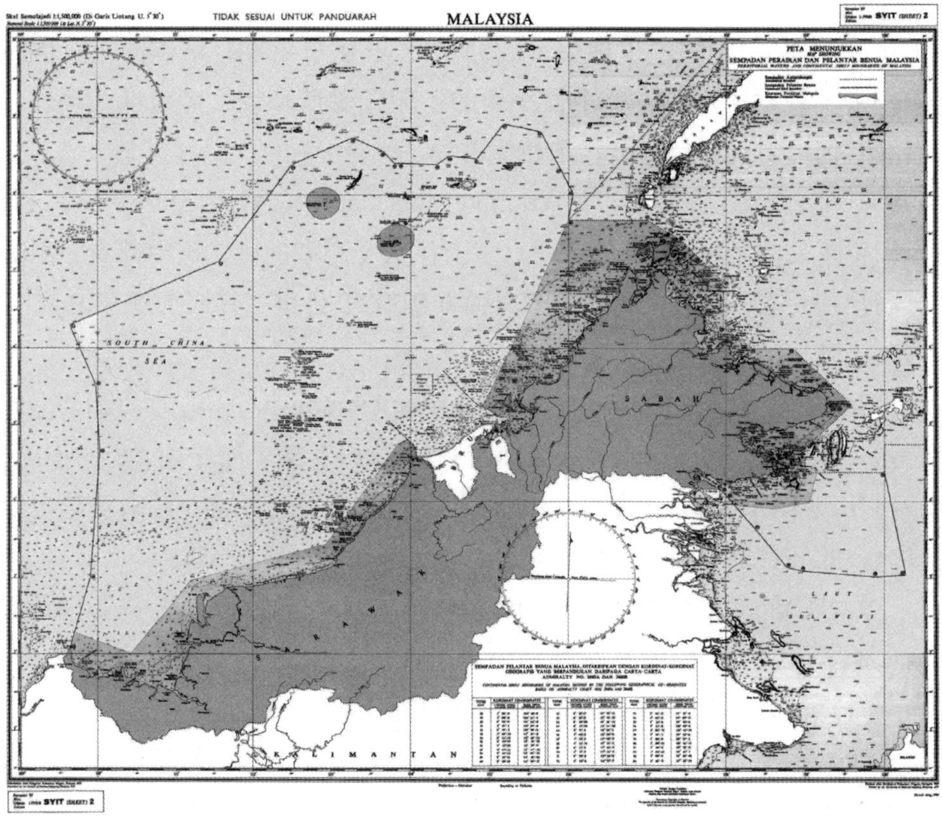

图1　1979年马来西亚所出版的划定东马领海和专属经济区的地图

资料来源从马来西亚国家土地与测量局网站所截取：http://www.instun.gov.my/index.php/bm/muat-turun/doc_download/27-pengukuran-sempadan-negeri-dan-antarabangsa.pdf。

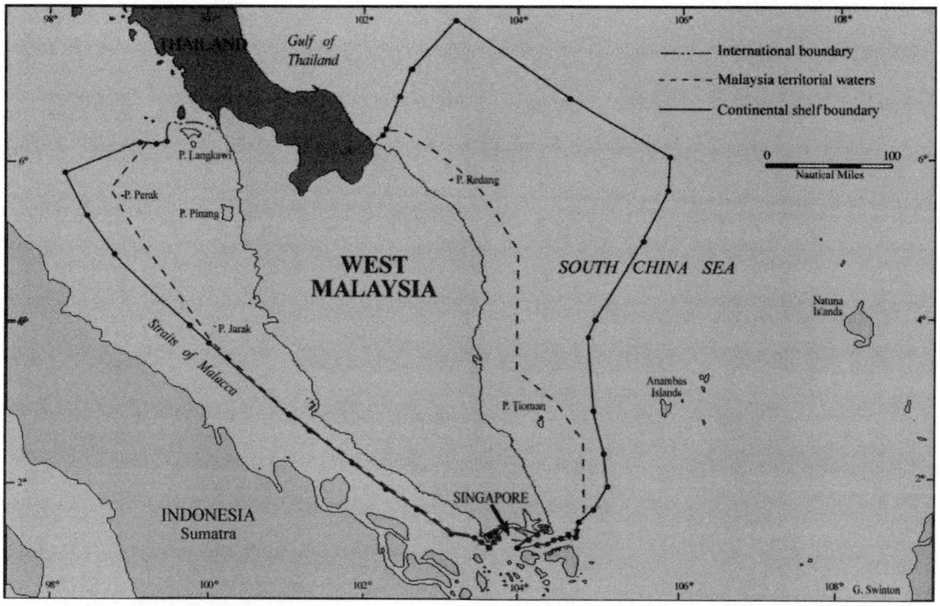

图2 西马来西亚关于其领海、大陆架和专属经济区的范围疆域图

资料来源：Asri Salleh, Che Hamdan Che Mohd Razali, Kamaruzaman Jusoff, “Malaysia’s policy towards its 1963-2008 territorial disputes”, *Journal of Law and Conflict Resolution*, Vol.1, No.5,2009，p108。

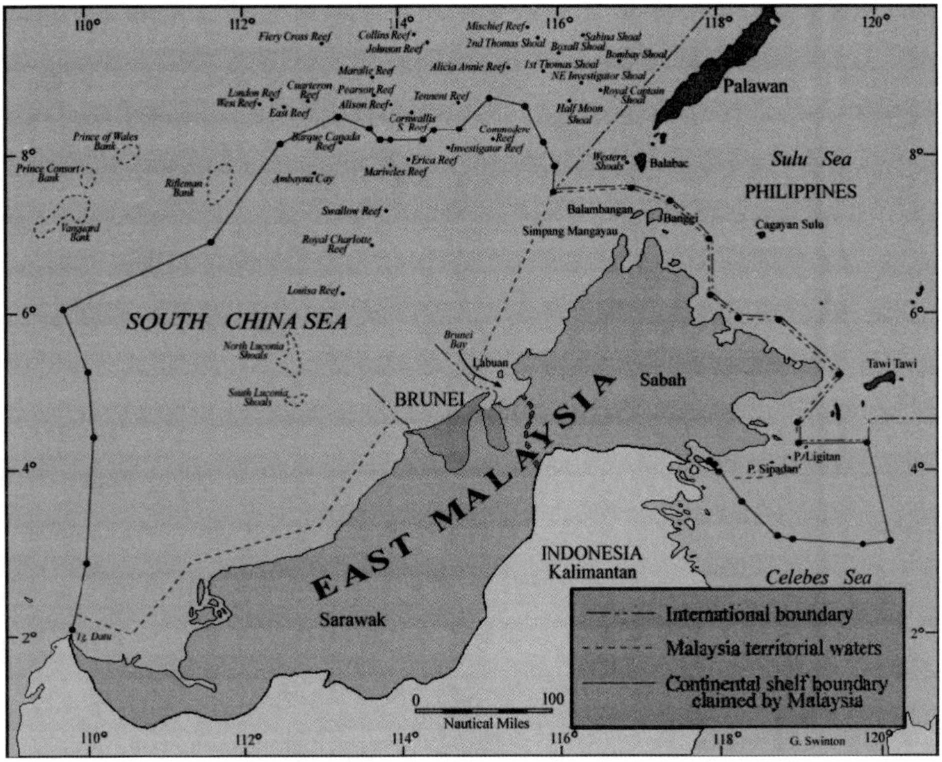

图3　东马来西亚关于其领海、大陆架和专属经济区的范围疆域图及对南沙群岛的主权声索图

资料来源：Asri Salleh, Che Hamdan Che Mohd Razali, Kamaruzaman Jusoff, “Malaysia’s policy towards its 1963-2008 territorial disputes”, *Journal of Law and Conflict Resolution*, Vol.1, No.5, 2009, p110。

1979年官方发布的大比例疆域图实际上有两张：一张是关于西马来西亚的疆域图，从北纬0°30'到北纬10°，东经从97°30'到东经109°；另一张就是东马来西亚疆域图，从北纬0°到北纬10°，东经从109°—120°30'。[①] 马来西亚这张出版的地图，明确正式地将南沙群岛的部分岛屿纳入其大陆架范围，而其所根据的就是大陆架条约。值得注意的是，往后马来西亚关于海洋权利管辖范围的划界都是以这张地图的基点来进行，并且在海洋纠纷中马来西亚也以此来当成国内的法律依据。

颁布了疆域图后，紧接下来马来西亚在1980年4月25日由最高元首宣布了马来西亚建立200海里的专属经济区。马来西亚专属经济区总面积有45.4万平方公里，并且和大陆架范围基本上重叠，外部界线基本上都一样。马来西亚在1982年签署了《联合国海洋法公约》，并且在1996年10月14日批准该公约，成为了公约缔约国的一分子。

马来西亚在海洋法规的权利主张方面，从法律的颁布基本上经历了4个阶段：第一个阶段是1966年《大陆架法令》，基本规定了大陆架范围，提出了对沿海大陆架的权利要求，但是并没有明确具体界限；第二阶段是1969年的《第7号紧急法令》，将领海范围从3海里扩展到12海里；而第三阶段是1979年颁布的大比例疆域图，明确了大陆架的具体界限，并将南沙群岛的12个岛屿划入其大陆架范围内；第四阶段是1980年的专属经济区宣告和1984年颁布的《专属经济区法令》和1985年的《渔业法令》，提出了专属经济区的范围并且明确了其职责以及把渔业活动纳入法律范畴。至此，从大陆架范围以及所行使的主权权利，到领海范围的扩大直到专属经济区的建立和进行渔业、资源探测开采的合法性依据，马来西亚正按部就班地对其相关海洋权益进行维护。因此，对于南沙群岛的相关岛屿，马来西亚当局是从国际法的角度认为其在本国的大陆架范围内，马来西亚自然对其拥有主权权利并可以进行资源开发等经济活动。

---

① R. Haller-Trost, *The Contested Maritime And Territorial Boundaries Of Malaysia*, London: Kluwer Law International, 1998, pp.19.

其实，从马来西亚的海洋权益主张变化可以看出受当时国际海洋法的影响很大，并且通过国际海洋法这个规范，逐步明白和确立自己的海洋权利权限，这无疑印证了建构主义理论所认为的国家利益由国家社会的规范来塑造。①

此后，马来西亚开始在外交上对其大陆架范围内的领土提出主权要求。在1984年10月，马来西亚政府再次提出对安波沙洲（Pulau Kecil Amboyna）的领土要求，并对越南一直占领着该岛的举动提出抗议，马来西亚负责外交事务的国会秘书法德齐亚说，马来西亚对安波沙洲做过调查，发现它位于马来西亚水域②

除了通过法律颁布以及外交上提出领土要求来宣示对于南沙群岛的主权外，为了加强对主权的合法性，马来西亚当局之后也以事实占领的策略来巩固自身对于这些岛屿的主权权利。所谓事实占领，亦即透过军事行动占领南沙相关岛屿，实施占领后部署安全部队，并采取优先控制策略，形成事实占领的现实，加强自身对于相关岛屿的主权权利。1983年8月，马来西亚派兵占领弹丸礁；1986年10月，占领南海礁与光星仔礁；1999年5月，占领簸箕礁和榆亚暗沙。从公开消息中，以上五个岛屿已被官方证实由马来西亚占领。③ 在顺利控制这些岛屿后，马来西亚也在论述中加入了“事实占领”和“有效控制”作为争取南沙群岛合法性的基础。

2002年，当南海各方签署《南海各方行为宣言》后，马来西亚遵循了宣言的规定，不再占领新的南沙岛礁。由此，马来西亚由“事实占领”转向在所占的岛礁上进行“有效控制”，以宣示主权。自2003年马来西

---

① 肖建文:《国际机制与马来西亚海权的建构及维护》，暨南大学：暨南大学国际关系硕士学位论文，2010年，第31页。

② 吴士存:《南沙争端的起源与发展》(修订版)，中国经济出版社，2013年5月版，第166-167页。

③ Yulpisman Asli.etc: “Pertahan kedaulatan kita’ -- Isu Spratly: Kerajaan didesak jangan mengalah tuntutan Filipina”, *Utusan*（前锋报）, 26 Jun 1999. http://www.utusan.com.my/utusan/info.asp?y=1999&dt=0626&pub=utusan_malaysia&sec=Muka_Hadapan&pp=fp_01.htm。

亚在弹丸礁海滩上开始举行“拉布安国际海上挑战”娱乐竞技活动以来，弹丸礁每年都吸引了数千名来自中国、马来西亚、日本、韩国等国的游客前来观光，是潜水者的天堂，已经成为了沙巴州的旅游胜地之一。[①]在开发旅游业的同时，马来西亚领导人也在不同的时刻来到岛上进行视察或参加各种仪式活动，并还在岛上派驻军队，建立飞机跑道等相关基础设施。

二、马来西亚南海政策的军事支撑表现

除了从法律方面提出对南海部分岛屿和海域拥有主权权利的合法性外，马来西亚也在军事方面针对南海问题采取了一系列的行动。马来西亚的国家国防政策开宗明义地反映出两个目的，即维护国家的战略利益及维护国家安全。为了维护这些核心利益和国家安全，马来西亚国防政策围绕着三个原则，即国防自主、区域合作和外来援助。

（一）加强国防自主和独立防御的能力

海洋对马来西亚来说是国土安全的天然屏障，也是向外联系的通道和拥有许多资源的宝库，海洋利益因而是马来西亚国家安全利益的重要部分。由此，马来西亚提出了“维护海洋环境的稳定，不受限制地开发海洋资源和开展国际贸易”的战略构想，主要目标是充分利用海洋以增强综合国力，维护海洋既得利益，加强相关岛礁防护，加快海洋油气资源开发。为了实现这一战略目标，马来西亚实施近海防御政策，在维护海洋安全上以国防自主为方向，非常重视海军的发展与建设。在国防独立的大前提下，马来西亚坚持“不冲突、不退让”的防卫原则，围绕海上阻遏的战略目标，积极构建快速反应的海上防卫力量，争取制海权或

① 在介绍马来西亚旅游的网站上也介绍了拉央拉央岛的景点，http://www.wonderfulmalaysia.com/layang-layang-island-malaysia.htm。

海上优势，确保马来西亚的领海主权和海上通道开放。为此，马来西亚海军在南海5个岛礁上建立了岸外驻地，它们分别是：位于弹丸礁的利马驻地（Stesen Lima）；位于光星仔礁的制服驻地（Stesen Uniform）；位于南海礁的迈克驻地（Stesen Mike）；位于簸箕礁的塞拉驻地（Stesen Sierra）以及位于榆亚暗沙的帕帕驻地（Stesen Papa）。

为了加强皇家海军的防御力量，壮大海上自主防御力量，政府也不断加快海军的现代化力量，从他国购买新型的武器和装备。2010年，首批六艘新一代近岸巡逻舰全部进入现役以及两艘“总理”级潜艇顺利就位，面向南海的“潜艇+新一代近岸巡逻舰”的新型海上机动部队正式成为马来西亚保卫南海利益和安全的重要平台，这让马来西亚海军在现代化建设中迈出实质性的关键一步。2011年马来西亚海军正式确定六艘濒海战斗舰的采购计划。马来西亚海军司令阿齐兹上将表示，濒海战斗舰的活动范围将覆盖到200海里专属经济区，而考虑到南沙群岛的紧张局势，可以确定的是南海海域将是其主要活动区域。① 除了购买武器外，马来西亚增设了5个海军司令部，分别是红土坎（Lumut）、丹戎格朗（Tanjung Gelang）、关丹（Kuantan海军司令总部）、纳闽（Labuan）和安都河（Sungai Antu）。

随着近几年南海争端升温，马来西亚政府也开始注重关于海事机构的能力建设，适时增加海事执法局的人员编制，到2013年，海事执法局已经拥有5,000多人、65艘巡逻船、75艘不同类别的快艇、3架直升机和1架飞机，而且，政府打算在2020年之前再给海事局增加1万到2万个岗位。②

① Mohd. Asron Mustapa:” TLDM makin Hampir Miliki Kapal Halimunan”，（马来西亚）《前锋报》*Utusan*，2011年7月20日，http://www.utusan.com.my/utusan/info.asp?y=2011&dt=0720&pub=utusan_malaysia&sec=Polis_%26_Tentera&pp=te_01.htm。

② 陈丙先、许婧：《马来西亚官方对南海争端的立场分析》，载《南洋问题研究》，2013年第3期，第87-91页。

（二）发展与区域内外的军事交流与合作

马来西亚的南海安全政策除了坚持国防自主原则外，区域合作以及与区域外大国合作也是备受关注的两个重点。在区域内军事合作方面，马来西亚积极促进和印尼、泰国、文莱和新加坡双边军事合作、人员交流、联合演习等。马来西亚与区域外国家的军事合作，最主要的是与英国、澳大利亚、新西兰和新加坡所签订的《五国防御条约》(FPDA)。《五国防御条约》是马来西亚与东南亚区域外国家签订的唯一军事条约，是马来西亚借助外部力量提高国家整体防御能力的重要途径。马来西亚视《五国防御条约》为自力更生的国防政策的一个补充。[①]

三、马来西亚南海政策的外交表现

除了通过法律途径和军事途径来应对南海争端外，外交途径也是马来西亚在南海问题上非常重视的一个方面。作为南海争端的主要一方，马来西亚不单单只是关注南海问题的最新发展情况，也是一直致力于推动南海问题和平解决的主要力量。而双边讨论、多边对话和磋商机制一直是近年来马来西亚倡导解决南海问题的外交途径。

马来西亚认为，虽然南沙争端是一个由主权重叠而导致的一系列复杂问题，但是这些争论和争端都不应该超越外交的范畴；在解决南沙争端的问题上，各方应该避免使用武力，努力寻求达成解决问题的共识。因此，对于南海领土争端，马来西亚在外交途径上一直采取比较低调的态度。近年来，马来西亚还非常重视以多边机制的外交手段来应对南海争端，注重以东盟为主并突出其整体性，并推出论坛或者多边会谈的形式讨论南海问题。其中东盟地区论坛就是其中一例。

---

① Carlyle A.Thayer:“The Five Powers Defence Arrangements- The Quiet Achiever ”, *Security Challenges,* vol.3 no.1, febuary 2007, pp.79-96.

总的看，马来西亚的外交立场就是以双边谈判的方式来解决南海争端，也可以在恰当时候以多边会谈的方式来解决，主要原则是希望遵循国际法尤其是《联合国海洋法公约》来解决，并且希望能够在东盟框架内进行磋商。但是，以和平和理性的原则来处理和解决南海争端才是马来西亚外交立场的核心，就如2011年6月马来西亚国防部长在亚洲安全峰会曾经说的："我们最重要的工作业绩，不是赢得了多少战争，而是避免了多少战争。所以我们的任务是尽可能地去避免危机、冲突或者战争。"①

① "Malaysia cadang kongsi ekonomi Laut China Selatan"，（马来西亚）前锋报 *Utusan*, 2011年6月6日，http://www.utusan.com.my/utusan/info.asp?y=2011&dt=0606&pub=utusan_malaysia&sec=Terkini&pg=bt_07.htm。

菲律宾南海行为动态及原因分析

徐亮

[内容摘要] 2010年以来，受美国“亚太再平衡”战略影响，菲律宾借机强化与美国的军事同盟关系，加快自身军队现代化建设，在南海问题上不断向中国进行挑衅。其原因是非常复杂的，但主要原因是：南海资源已经给菲律宾带来的现实利益是其直接动力，还受其国内政治因素、东盟与域外大国的影响，使菲律宾的南海政策变得更加激进。
[关键词] 菲律宾 行为动态 原因分析
[作者简介] 徐亮，中国南海研究协同创新中心研究员。

2010年以来，受美国“亚太再平衡”战略影响，菲律宾借机强化与美国的军事同盟关系，加快自身军队现代化建设，在南海问题上不断向中国进行挑衅。其原因是非常复杂的，但主要原因是：南海资源已经给菲律宾带来的现实利益是其直接动力，还受其国内政治因素、东盟与域外大国的影响，使菲律宾的南海政策变得更加激进。

一、菲律宾的行为动态

本文中的“行为动态”是指，近年来在南海争端中，菲律宾在政治、经济、军事、法律、外交等方面针对中国所采取的各种措施的发展与变化情况。菲律宾的行为动态主要表现在以下四个方面：

（一）对中国提起司法仲裁

2014年3月30日菲律宾最终不顾中国的强烈反对，正式向设在海牙的国际法庭提交了针对中国的诉状，指控中国在南海划设“南海断续线”非法。菲律宾想要通过单方面诉诸国际司法管辖的方式，利用国际舆论在中菲南海主权争议中对菲律宾所谓“同情弱者”的心态，企图达到否定中国在南海岛屿与相关海域合法拥有主权的目的。

2014年4月1日，中国外交部对于菲律宾的这种不顾事实、不顾历史，一心想要单方面否定中国的南海主权，实现菲律宾自己在南海岛屿主张的自私行动发表了声明，表示中国对菲律宾仲裁案采取“不接受、不参与”的立场。

（二）多次骚扰抓扣中国渔民

2014年5月6日，菲律宾海警又在南海半月礁附近扣押一艘中国渔船，逮捕船上11名中国船员。之前菲律宾也曾多次骚扰甚至抓扣中国渔民。2012年中菲舰船“黄岩岛对峙事件”就是因为菲军舰企图抓扣中国渔民引起的①。

半月礁是南沙群岛岛礁之一，地理坐标为北纬8°52'，东经116°16'，位于司令礁东北约118公里处，与菲律宾巴拉望岛相距110多公里，自古属于中国领土。半月礁渔业资源丰富，且有良好的锚地和天然避风港湾，我国渔民常到此捕捞。然而菲律宾不时以“位于200海里专属经济区内”为由对我在半月礁的活动进行骚扰。1995年3月，菲律宾军队出面破坏中国在半月礁以及附近五方礁等岛礁上的中国石碑。香港《明报》月刊1995年曾报道，在当年的美济礁事件中，菲方甚至派出海军巡逻艇，在空军飞机的支援下，突然袭击了停靠在半月礁附近的4艘中国渔船，拘

---

① 《菲多次骚扰抓扣中国渔民中方将出强硬杀招回应》，搜狐网：http://mil.sohu.com/20140508/n399283110.shtml。

留船上62名渔民。

（三）频繁举办联合军演

2013年，菲律宾先后与美国在南海或南海周边举行了“肩并肩2013”和“克拉克2013”等联合军演，并在我国黄岩岛附近海域举行了“两栖登陆”演习。通过联合搜救、海上拦截、岛礁登陆等科目演练，目的在于提高菲美两军间的协同作战能力。

2014年5月5日，菲律宾与美国进行了年度大规模联合军事演练。此次两国联合军事演习进行2周，5,500名美国和菲律宾士兵参加。此次联合军事演习是为提升菲律宾军队在危机应对中的能力，也将提高部队反恐行动的效率以及与美军合作的协调[①]。

2014年9月25日起菲律宾海军和日本海上自卫队，在菲律宾西南部巴拉望省海域展开联合海上演习，加强捍卫声称的“南海主权”。29日菲律宾同时与美国，在巴拉望岛及吕宋岛，进行为期12天的两栖登陆演习[②]。

借助各类联合军演，菲律宾欲通过强化美军在南海地区内的军事存在提振与中国对抗的底气，使我周边安全形势更加复杂，面临的挑战增多。

（四）加快军事现代化建设

近年“南海”议题升级后，菲律宾加大了武器购买的力度，并以进攻性的海空军武器为主。菲律宾2013年的国防部预算为29亿美元，与2012年相比增加12.5%。菲律宾表示预算包括了11.3亿美元用于国内安全防务，5千万美元用于边境防御，1.1亿美元用于舰艇、飞机及其武器

---

① 全球军事网：http://military.china.com/news2/569/20140505/18483330.html。

② 据香港《东方日报》网站9月26日报道，参考消息网：http://mil.cankaoxiaoxi.com/2014/0926/510362.shtml，2014-11-13。

装备的升级[①]。

2013年，菲律宾海军计划耗资1,515万美元为第二艘舰改装，为其装备反潜战武器系统。反潜战武器系统可探测并摧毁敌方潜艇，并通过舰载直升机进一步提升该舰的探测搜索能力。全部的反潜武器系统包括探测器、深水炸弹、水雷、鱼雷和导弹，这些武器通过数据链与岸基指挥站相连，以提高舰员的决策效率。这两艘舰用于增加该国的海上巡逻[②]。

2014年菲律宾计划从印度或法国购买新型护卫舰，还计划从以色列购买先进的防空雷达。菲律宾陆军计划在2017年前投资750亿菲律宾比索（17亿美元）以提升其军队现代化，菲律宾陆军司令科巴雷斯称："在未来的5年内，我们将完善我们的夜间作战系统和部队防御设施，而且我希望能够将无人机纳入采购列单中。"科巴雷斯说，"我们把陆军转型路线图作为战士们的指导，从而使他们更加具有专业性。"[③]

二、菲律宾南海政策激进化的原因分析

菲律宾在政治、经济、军事上均属于小国，在2009年之前，菲律宾在南海争端方面，基本执行了对话协商的政策，近几年来，菲律宾南海政策更加激进，敢于在关系到中国核心利益的南海地区与中国强硬对峙，其背后的原因多种多样，既有现实的经济利益原因，又有其国内政治原因，还有区外大国因素，具体有以下几方面：

（一）现实的经济利益

据中国国土资源部的估计，南海海域有含油气的构造结构200多个，

---

① 《印度尼西亚和菲律宾计划大幅增加2013年国防预算》，全球军事网：http://www.militaryy.cn/html/83/n-80883.html，2012年7月26日。

② 《菲律宾等国视中国为假想敌，但"中国威胁论"只是军购借口，东南亚诸国军购"各怀鬼胎"》，南方日报/2012年/5月/21日/第A13版。

③ 《菲律宾军方称将在15年内建成世界级陆军》，全球军事网：http://www.militaryy.cn/html/32/n-91932.html。

油气田估计有180个。据此初步统计，整个南海海域的石油地质储量约在230~300亿吨之间[①]。

对于南海的石油，菲律宾国内的学者曾说得很明白："南沙提供了（菲律宾）国内石油消费量的20%，有利于国内就业、出口和国民生产总值增长……"[②] 其次，南海的水产资源也十分丰富，且种类繁多。已知的鱼、虾、蟹、贝、藻、兽和鸟类等有数千种之多，仅鱼类就有2,000多种。目前，仅南沙群岛年捕鱼量就达200~250万吨，堪称世界上鱼类资源最丰富的渔场之一。此外，因其得天独厚的地理位置，南海地区的太阳能、风能、波浪能等资源也十分丰富，独特的旅游资源也开发潜力巨大。

南海岛屿的主权不仅意味着领土的获得，更意味着将收获由此带来的巨大资源。菲律宾石油资源短缺，而农林渔业又是其经济的基础和支柱，因此，南海主权对菲律宾来说是有实利的。菲律宾对南海油气资源的需求十分迫切，频频邀请他国参与其占领的南海岛屿周边石油开发，其外长德尔·罗萨里奥曾直接扬言"菲律宾正在失去耐心，菲律宾需要具备'不受约束的能力'以更好地开发南海周边岛屿附近的油气资源……中国可以再等上100年，但我们需要那些资源用于经济发展，我们应该更早而不是更晚"[③]。菲律宾觊觎南海丰富的渔业、油气资源良久，且已大量开采油气，将南海丰富的资源优势转化成经济利益，菲国内最先进的巡逻舰就是利用实际采气区已位于我国拥有主权的"南海断续线"内的马拉帕亚天然气田开采收益所购，这是菲律宾挑起争端的经济动机。

（二）菲律宾国内政治因素

近年来，菲律宾国内民族问题、宗教问题突出，政治派系竞争激烈，

---

① 曹阳："石油的希望"，《中国化工报》，2004年12月1日，第2页。

② 鲁晶："吉林省民营经济发展中的问题及对策"，《税务与经济》，2006年5月版，第64-65页。

③ 《菲律宾称需尽早开发南海资源》，《东方早报》，2011年11月21日，http://news.qq.com/a/20111121/000408.htm。

菲律宾政治人物常会在南海问题上“有所作为”。从菲律宾国内角度分析，军方利益集团和能源利益集团的利益需求是推动菲律宾南海政策转向的重要原因，军方的利益是菲律宾政府在南海问题上的首要推动力。由于军队在菲律宾国内政治局势中扮演着重要角色，赢得军方的支持早已成为菲律宾国内各政治派别竞争和巩固执政地位的关键，南海争端矛盾的激化为菲律宾总统阿基诺三世兑现其竞选时的政治承诺提供了合理的理由。能源利益集团是影响菲律宾南海政策的另一关键力量，2011年中东地区局势的动荡给世界带来了新的油气恐慌，也给菲律宾能源利益集团带来了商机①。阿基诺三世面对依然矛盾重重的国内环境，也急需挑起南海对峙来改善个人形象，弥补个人能力不足的缺陷，塑造其“铁腕领导人”的形象。

总之，从近年来菲律宾的南海行为中可以很清楚地看出，当菲律宾国会需要民众支持或当执政党面临国内问题无法解决时，菲律宾政府和国会都会把中菲南海争端当成转移矛盾、分散民众对国内问题关注的砝码。

（三）东盟因素的影响

东盟是亚太重要的区域合作组织，同中国有着独特的地缘政治关系，无论是在地缘上还是文化上都紧密相连，近些年在维护和促进地区和平与合作方面做出了重要贡献。然而在东盟的成员国中，有半数国家与中国在南海问题上存在争议，这便决定了东盟在南中国海博弈棋局中无法置身事外，必然扮演着举足轻重的角色，其南海政策将直接牵动着中国的地缘政治利益②。东盟既是南海周边国家与中国博弈的一种“集体力量”，也是南海利益相关方对话和利益协调的一个平台，菲律宾是东盟的成员国，在东南亚地区层面上，菲律宾认为东盟会与其一道在南海问题

① 鞠海龙：《菲律宾南海政策：利益驱动的政策选择》，《当代亚太》2012年第3期。

② 崔艺馨：中国海洋大学，《南海利益相关方的博弈走向与中国战略选择研究》，硕士论文，2013年6月。

上对抗中国。东盟成员国中与中国在南海有争端的国家有五个，相同的利益使菲律宾认为它们是同一战壕的盟友[①]。

中国正处于经济建设的关键时期，中国政府一贯坚持对周边国家实施“睦邻”、“安邻”政策，为集中精力发展经济营造良好的周边国际环境，尤其是目前中国正在致力于推进中国—东盟经济一体化进程。因此，菲律宾认为中国在南海问题上会趋向于“避战”、“怕战”，在一般情况下中国会竭力避免与周边邻国的冲突。对于中国形势的误判使得菲律宾挑衅中国南海主权行为得以形成。同时，中国近年来在东南亚的影响力迅速上升，已成为东盟的第一大贸易伙伴，中国军事力量的增强在很大程度上引起东盟的忧虑。面临相同的威胁，菲律宾认为东盟会支持其在南海的挑衅。

（四）域外大国的因素

近年来，美国、日本、印度等域外大国的积极介入使南海问题逐渐复杂化、国际化，菲律宾也乘机借助外部势力，在南海问题上针对中国的态度日渐强硬。

美国介入南海问题由来已久，冷战期间，美国对中国与东南亚国家在南海海域发生的冲突和争端采取了不表态、不介入、不支持任何一方要求的中立立场。冷战结束之后，美国的南海政策有了较大的变化。2008年南海问题不断升温之后，美国在南海问题上的定调和口吻又发生巨大变化。2010年国际媒体渲染中国宣布将南海视为中国的核心利益之后，美国反应更是强烈。

2012年4月16日，在中菲对峙持续升温时期，美菲又举行了人数创历年之最（菲参演士兵2,300名，美士兵4,500名）的联合军演。2013年12月菲律宾外长罗萨里奥与美国国务卿克里会谈，会后克里宣布美国将

---

① 朱陆民：《中菲南海对峙的深层原因及对东盟的双重影响》，西南科技大学学报：哲学社会科学版2014年2月第1期。

为菲律宾安全部队提供4,000万美元援助，以帮助菲律宾增强海上防卫力量和应对中国南海政策的能力。2012年7月，美国国防部长帕内塔在香格里拉防务对话会议上宣布，将美国海军力量的60%转移到太平洋地区以满足美国新的太平洋战略。通过经常性的港口访问和军事演习，宣示其太平洋舰队的存在和能力。

2014年4月，菲律宾与美国正式签署《加强防务合作协议》，期限为10年，进一步为美军进出菲律宾大开绿灯。据路透社消息，菲律宾将向美国开放本国多个军事基地，以供美方飞机、船舰及军队进行换防[①]。

美国一直以来从没停止对中国南海地区的空中侦察和海上间谍活动，每年都会出动数百架次侦察机和军事测量船赴南海地区搜集各种资料。2001年4月，美国一架侦察机在海南岛东南海域上空进行非法侦察活动，撞毁我国一架飞机，发生了震惊中外的“中美南海撞机”事件；2002年，美国海军测量船“鲍迪奇”号在距离中国海岸约60海里的海域进行海底地形绘图时，发生了与我渔船相撞的事件；2009年3月8号，美国海军监测船“无瑕号”未经中方允许，在南海靠近海南岛的中国专属经济区海域进行非法活动，与中国船只发生对峙。

除此之外，美国还从经济、技术、信息等多方面给菲律宾援助，以便和菲律宾保持特殊关系。总之，美国是在南海海域活动最为频繁的区域外大国，是推动中菲南海争端最主要的外部力量。美国已经把南海争端看成是美国防范、制约中国的整体战略企图中的新的斗争点。

日本外相在2011年访问印尼时提出“有必要构建多边框架解决南海主权争议问题”，标志着日本正式插手南海问题，认为中国解决南海争端的政策会用于中日钓鱼岛争端。南海地区是日本通往海外的交通生命线，日本想通过介入中菲南海争端，达到遏制中国的目的，大肆宣传“中国威胁论”，明显暗中支持菲律宾等国，呼吁菲律宾、越南等国团结起来，以一个声音说话，共同对抗中国，同时也想为和中国争夺钓鱼岛主权增

---

① 中华网：http://military.china.com/news2/569/20140504/18480982.html。

加筹码。2013年随着中日钓鱼岛争端的升温，菲律宾与日本的关系进一步加强。6月底，日本防卫大臣小野寺五典在日菲会谈中表示，日本将支持菲律宾加强军队建设。7月，日本首相安倍晋三到访菲律宾时明确表示，日本将增加和菲律宾的海事合作，计划通过政府开发援助资金的方式尽快向菲律宾提供10艘海上巡视船，帮助菲律宾强化海上警备力量。10月9日，安倍晋三与阿基诺三世在文莱会面，安倍许诺日本会加快向菲律宾出口海上巡逻艇的相关手续①。

日本还倚仗与美国的同盟关系，直接或间接地派遣自卫队到南海地区活动，并以打击海盗为名，加强和菲律宾等国家的军事交流，扩大日本在南海地区的影响；日本的石油公司也积极与东南亚国家合作，盗取南海的石油资源。

域外大国的介入搅乱了南海局势，而美国的介入则是菲律宾敢于挑战中国的最大外部推动力。

三、几点思考

当前，南海形势日趋复杂，我国仍然要从国家的战略全局考虑，处理与菲律宾以及其他国家之间的关系。在处理中菲南海问题上，我认为应做好以下几个方面：

（一）加强与菲律宾的经贸合作、增强菲律宾对中国经济的依赖性

菲律宾国内政治斗争激烈，民族、宗教矛盾突出，因此，菲律宾政府不得不关注经济问题，经济不景气、失业人口增多时就会引起菲律宾国内政局动荡。今后，我们应继续对菲律宾加大投资，加强经贸合作，使其国内政治保持稳定，避免因为经济不景气而发生动荡，挑起南海事

① 鞠海龙，《2013年菲律宾政治、经济与外交形势回顾》，《东南亚研究》2014年第2期。

端。这样在一定程度上可以用经济手段去影响菲律宾的南海政策。

贸易对中菲双方来说都是互利互惠的，但其对两国国民经济发展的意义却完全不同。具体来说，就是中菲经贸总额占菲律宾对外经贸总额的百分比远远大于其占中国对外经贸总额的百分比。也就是说，菲律宾对中国经济的依赖性远远大于中国对菲律宾经济的依赖性。首先，从数据上来看，2011年中国出口总额18,986亿美元，其中对菲律宾出口143亿美元，占中国出口总额的0.75%。进口总额17,435亿美元，其中自菲律宾进口180亿美元，占我国进口总额的1.03%[①]。可见，中菲贸易占中国的贸易总额比例是很小的，而中国则已经是菲律宾的第三大贸易伙伴。其次，对华贸易对菲律宾的宏观经济整体稳定性具有重要作用，而中国对菲律宾贸易则对中国的宏观经济整体形势影响不大。

在此背景下，对菲律宾来说，和中国维持良好的经贸关系可以说是国家战略层面的重大问题。因此，中菲的经贸合作是符合双方根本利益的，而相比较而言，对菲律宾根本利益的实现则更是起到了巨大的推动作用。通过加强经贸合作，也能够争取菲律宾国内更多不同声音的支持。对于南海争端，虽然菲律宾政府屡次充当急先锋的角色，但其国内的不少学者和民众却有完全不同的态度。就在中菲就“黄岩岛”问题对峙后，菲政治分析家莫诺（Alex Magno）便在《菲律宾星报》上发表文章称中国是目前菲律宾最重要的双边伙伴，他认为菲律宾政府在对峙期间发表了许多愚蠢的言论，其愚蠢的行为还包括单方面建议将此次事件提交给国际法庭进行仲裁。由此可见，菲律宾的一部分学者对菲中关系的重要性和菲律宾的根本利益是有清醒认识的[②]。而对于西方国家插手南海问题的动机，菲律宾学者也有与政府完全不同的看法。例如，菲律宾大学政治科学学院的教授爱德华·塔德姆就认为，西方国家之所以支持菲律宾目前对中国的挑衅，其目的是为了确保南海丰富的自然资源落到最弱的

① 梅新育：“中菲经济战”，《商业与金融》，2012年6月第12期，第72页。

② 王璞玉：《南中国海争端中的中菲国家利益博弈：一种理性战略选择的基础》，硕士论文，2013年6月。

主权争端国手中，以便日后牟利。因为菲律宾本身在石油资源勘探、开发方面还很落后，即便获得资源拥有权，也只能完全依赖外国公司来帮助其开发，这样，菲律宾得到的其实只能是资源中很小的一部分，而跨国公司则将赚得盆满钵满。

2014年10月22日，菲律宾参议院外交委员会主席、参议员米利亚姆·圣地亚戈再次呼吁废除菲律宾与美国之间不平等的《访问部队协议》，并敦促美国不要挑弄南海问题。圣地亚戈还指出，美国是一个不可靠的盟友，菲律宾政府应该寻求与中国开展经济外交，而非军事对抗。她并敦促，美国应尊重菲律宾的司法程序，不要挑弄南海问题，用哄骗手段增加美军舰船对菲律宾、越南等国港口的访问[①]。

菲律宾在“南海问题”上挑衅中国而蒙受实际的经济损失，这显然是不符合其国家根本利益的，为了“非根本利益”而损害自身的“根本利益”是不明智的，这种现象的发生与域外大国的战略性挑拨和其本国领导人从其政治集团私利出发是分不开的。菲律宾政府急需认清国家根本利益之所在，并在此基础上处理对外关系。

中菲在南海主权冲突问题上看似尖锐的矛盾其实是“可调和的”。当前，菲律宾在南海问题上，看到的仅仅只是眼前的一点政治与经济利益，中国如果与菲律宾在经济上加强合作，增强中国对菲律宾的影响力，给更多菲律宾民众带来实实在在的“根本利益”，这对最终解决中菲南沙争端是非常必要的。

（二）加强海军建设，稳步推进南海维权计划

在中菲南海争端上，中国以大局为重的立场被菲律宾的一些人看成了软弱可欺。当前，我国要加强南海的战场建设，从军事上实现对南海的有效控制，是维护南海利益与主权的根本出路。

当前，针对南海问题，海军应加强以下几方面建设：一是加强南海

① 中国新闻网：http://www.chinanews.com/gj/2014/10-22/6706937.shtml。

侦察体系建设，能够适时掌握南海海空动态；二是加强海上补给能力建设，为维权与开发提供强有力的保障；三是加强远程打击能力建设，确保我方的生命与财产的安全，并能起到有效的军事威慑作用；四是加强南海岛礁基础设施建设，从根本上提高南海的后勤保障能力。

在南海维权方面，要启用多样化维权手段，努力将目前被动的海洋态势转向有利我国的积极态势。同时，要加强海洋立法，明确我国在争议海域的主权范围，重视海洋管理机构力量的整合，继续加强海上维权力量建设，使维权与资源开发同步进行。我国要制定完善的资源开发计划，要能够做到在开发中维权，在维权中开发。当前，尤其是要稳步推进南海渔业捕捞与石油天然气开发，加强主动维权与军事威慑力度，不仅从战略和军事上完善准备，还要从加快海洋经济实力的建设出发，实现维权与开发的良性循环。

（三）加强与东盟的沟通和合作

东盟在南海问题上的政策选择上一贯遵循的大国平衡战略与东盟方式，这是其利益的一种集中体现。大国平衡战略的核心是平衡，即通过在大国和集团势力之间的周旋来维护和实现自身利益；而“东盟方式”则强调东南亚各国间的相互合作，主张用非正式和渐进的方法，既通过咨询和对话的途径进行合作，又同时把东盟机构化的因素降到最低水平。因此，一方面，东盟不愿受大国的牵制，希望保有其自身的完整性与独立性；而另一方面，出于政治制度、意识形态和社会发展程度等差异，东盟内部的组织结构相对松散，并且缺乏保持高度一致的约束力[①]。东盟在南海问题并不会成为菲律宾的“后援组织”，也不会那么容易形成“同一个声音”。中国应本着相互尊重与信任的精神，继续致力于推动与东盟的睦邻友好关系，支持东盟在东亚合作中发挥主导作用。

---

① 崔艺馨，中国海洋大学，《南海利益相关方的博弈走向与中国战略选择研究》，硕士论文，2013年6月。

目前，中国与东盟双边经贸发展良好，合作空间还有很大的扩展余地。中国不仅要继续和东盟保持良好的经济合作关系，还要在政治上、军事上与东盟保持密切的关系。而且，东盟国家在南海问题上存在着不少分歧。比如，在处理争端的力量上，菲律宾支持引进区域外的力量，而马来西亚反对引进外部力量。菲律宾和越南是抢占南沙岛屿的主要国家。对东盟国家要因地制宜，采取不同的政策。当前，影响南海问题的最大外部因素是美国，美国在南海的行为是积极的，但属于反应性的，中国的行为也将影响美国在这一地区参与的程度，如果中国能处理好与东盟的关系，东盟会较少要求美国进行干预，那么，美军在这一地区扩展的势头将会改变。总之，中国与东盟保持密切的关系，对和平解决中菲南海争端是有利的。

（四）加强与美、日等国的沟通，避免争端进一步国际化

俄罗斯、日本、印度、澳大利亚等域外大国在南海重视的主要是商业利益与政治影响，在解决南海争端上所能发挥的作用很有限。俄罗斯与越南有传统关系，与其他南海国家关系有限，虽然其内心可能不希望中国在南海处于主导地位，但总体上在南海的影响力有限。日本涉入南海争端有为自己在东海争端中获取支持的考虑。但日本看重的是商业利益，不会希望南海紧张升级到战争或者准战争状况，从而影响到自己的商业利益。

2010年以后，美国正式将菲律宾纳入其“全球合作伙伴计划”，承诺向菲律宾提供军备和军事安全保障，使得菲律宾在谋取南海经济利益时，减小了安全方面的顾虑。但菲律宾只是美国实现其亚太战略调整的一个棋子，美国也不可能只通过一个菲律宾就能实现应对中国崛起的目标，因此，美国对菲律宾的支持力度也是有限的。

我国要通过有针对性的双边外交处理好与这些国家的关系，争取国际社会的理解与支持，避免南海问题进一步走向国际化。在这些国家中，最关键因素是中美关系，我们要看到，美国的军事力量将会在南海地区

长期存在，南海已经成为中美之间大国角力的一个战场。我国必须要从国家战略的角度出发，制定长远的中美外交方案，才能妥善处理美国对南海问题的影响。

（五）加强两岸沟通与合作，共同维护中华民族的核心利益

解决中菲南海争端，不仅需要中国从经济、法律、国防等各方面付诸行动，两岸合作对解决中菲南海争端有着至关重要的意义。在解决中菲南海争端的问题中，不管台湾还是大陆都认识到南海权益关系到两岸共同利益，如果两岸不能联手合作，南海权益会受到更大侵犯，整个中华民族的利益将被损害。

两岸合作的可行性表现在马英九政府的南海政策上。2008年国民党重新执政以来，一改民进党对待南海问题上的消极态度，积极主张“中华民国”对南海的主权。两岸合作的可行性还表现在两岸合作开发南海的油气已有一定的基础。自1994年中国海洋石油总公司与台湾“中油”首次达成合作协议，2008年底，中国海洋石油总公司与台湾“中油”再次合作，并扩大了合作领域，计划在南海和非洲肯尼亚的油田进行合作开发。

在涉及中华民族核心利益时，两岸应该联手维护共同的南海利益。上个世纪40年代，当时中国的合法政府“中华民国”在收复南海时的文件、材料均保留在台湾，这些铁的证据有力地打击了菲律宾的非法言行。在一个中国的前提下，大陆与台湾应该搁置争议，联合起来对菲律宾非法行为进行制约。政治上两岸联手共同申明，抗议菲律宾等国侵占我国岛屿的非法行径，增强威慑力；军事上，双方应该增加互信，加强军事交流，开展联合军事演习，组建“南沙护卫队”等。在保护南海环境、护渔护航、共同开发油气资源方面都可以通过多种方式和途径进行合作。

日本的南海政策及其发展演变

李聆群

[内容提要] 作为亚洲大国和美国构建的同盟体系在亚太运转的基础，日本的南海政策对南海地区的局势有很强的影响力。通过梳理二战后，特别是冷战结束以来日本的南海政策的演变历程，本文指出，日本的南海政策的演变呈现出非常独特的规律和特点。了解和把握日本南海政策的演变与发展将有利于我国对地缘环境的变化进行准确预判和有效应对，为维护和实现我国的南海主权利益与和平发展创造良好的周边环境。
[关键词] 日本　南中国海　日美同盟
[作者简介] 李聆群，中国南海研究协同创新中心研究员、博士。

近年来，南海已成为牵动全球视野的焦点。这其中的原因，不仅是因为南海的主权争端性质复杂，牵涉岛屿、海洋划界、资源环境等多方面，更是由于美、日、印、澳等多个域外大国积极介入藉此谋求在南海和整个亚洲地区的影响力所致。在介入南海问题的域外大国中，日本的表现尤为值得关注：一方面，南海地区传统上一直承载着日本非常重要的国家利益，所以相较于其他域外大国，日本介入南海的时间最早，而且长期以来保持着极高的政策敏感度；另一方面，日本的南海政策对南海地区的局势有很强的影响力。特别是近几年来，日本加大了南海政策的调整力度，对整个中国周边环境产生了深远的影响。因此，了解和把握日本南海政策的发展演变的规律和特点将有利于我国更加主动有效地应对地缘环境的变化，为维护和实现我国的南海主权利益与和平发展创造良好的周边环境。

通过梳理日本的南中国海政策的发展历程，本文指出，日本的南海政策的演变呈现出非常独特的规律和特点。南海地区关乎日本国家经济命脉的核心利益，也承载着美国亚太同盟体系的布局，因此日本长期以来在南海地区保持相当程度的存在。其政策有非常明显的延续性，并保持与美国政策立场的高度一致性。同时，日本的南海政策也随着日本对周边环境、国际环境和自身战略定位的主观判断的变化而展现出不同的政策重心和导向，从冷战前的以经贸为重，安全完全依赖美国调整为冷战后的积极介入南海地区的政治、安全领域，辅助配合美国主导构建的亚太秩序，再升级到2010年之后的全面迎合美国的“亚太轴心”战略，组建两海联防，与中国进行战略对抗。

本文分为三个部分。第一部分介绍日本在南海地区的相关利益，这些利益的考量驱使着日本长期以来对南海保持关注，是日本南海政策的客观基础。第二部分首先简单回顾冷战结束前日本的南海政策，然后将重点考察1990至2010年之间的日本的南海政策的发展历程。第三部分剖析日本在2010年之后的南海政策演变的方向和特点。最后，本文就如何应对日本的南海政策的调整和日本战略布局的变化提出一些政策建议。

一、日本南海政策的基础：南海利益

南海是拥有重大战略地位的国际航道，有丰富的资源，南海地区的国家与日本经济紧密相连。因此，南海承载着日本非常重要的国家利益。日本很早就对南海表现出极大兴趣。早在20世纪初，日本便开始将触角伸及南海。1918年，日本的采矿公司开始在南海的岛屿上探矿。之后日本公司逐渐占领一些岛屿并开始采集鸟粪提取磷原料。1939年2月，日本军队正式占领海南岛和西沙群岛，3月出兵占领了南沙群岛，并更名为新南群岛。① 在太平洋战争期间，日本在太平岛上兴建了潜艇基地。② 二

---

① 吴士存，《南沙争端的由来与发展》，北京：海洋出版社，1999。

② Lam Peng Er, Japan and the Spratlys dispute: Aspirations and limitations, *Asian Survey*, Vol. 36, No. 10 (Oct., 1996), 997.

战结束后，日本签署了《旧金山对日和约》，宣布全面放弃南海诸岛的任何权利和主张。[①]

冷战期间，伴随着日本经济腾飞和以日本为首的亚洲雁行模式的崛起，南海在日本的经济中占据了更加重要的位置。一方面，日本十分依赖南海地区的国际航道获得能源（特别是来自中东的原油）和向世界各地输出商品。另一方面，战后日本在南海地区成功建立起以日本为主导的“雁行模式”的垂直分工格局。在与南海周边的东盟国家之间的经济关系中，日本首先通过战争赔偿方式保持和巩固进口原料、出口工业品和其他高附加值的商品的垂直贸易结构。其次，日本通过“资源型”投资，与东盟之间形成了“工业日本，矿油东盟”的地区经济格局，使东盟国家成为日本的能源和原材料供应地。[②]

冷战结束后至今，日本在南海地区依然保持着重要的利益，一方面，南海的国际航道已成为世界上最繁忙的几条航道之一。美国能源信息管理局的最新资料显示，每年全球一半的商业航队都要经过马六甲海峡，巽他海峡和龙目海峡，除了南下大洋洲的一小部分船队，其他绝大部分的航船继续横穿南海。[③] 全球一半的液化气（LNG）和三分之一的原油（Crude Oil）都穿梭于南海（见图1和图2）。这其中，超过50%的液化气和30%的原油进入日本。

---

① 1951年的《旧金山对日和约》中条款2（f）中规定，日本放弃南沙和西沙的岛屿的一切权利，所有权和主张，见Treaty of Peace with Japan, *United Nations Treaty Series* 1952 (reg. no. 1832), vol. 136: 45–164, https://treaties.un.org/doc/Publication/UNTS/Volume%20136/volume-136-I-1832-English.pdf。

② （日）大来佐武郎1987年在“首届日本—东盟会议”上的讲演，转引自金泓 ，《“雁行形态”理论与亚太地区的崛起》，《世界经济研究》1989年第4期。

③ 美国能源信息管理局，《南海报告》，http://www.eia.gov/countries/analysisbriefs/South_China_Sea/south_china_sea.pdf，第8页。

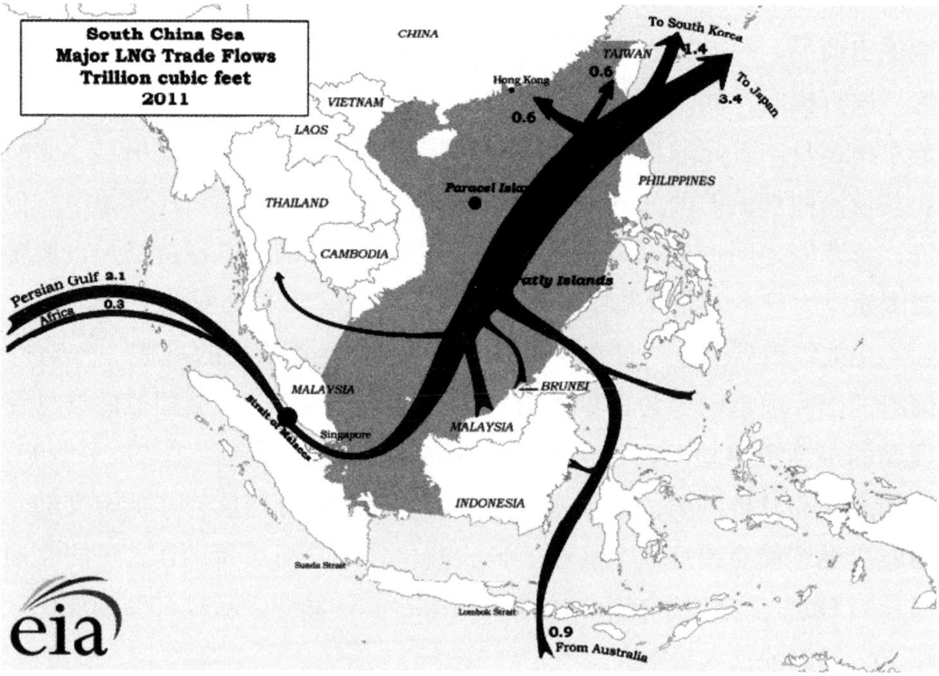

图1　2011年南海地区LNG海运（单位：万亿立方尺）[①]

① 美国能源信息管理局，《南海报告》，http://www.eia.gov/countries/analysisbriefs/South_China_Sea/south_china_sea.pdf，第9页。

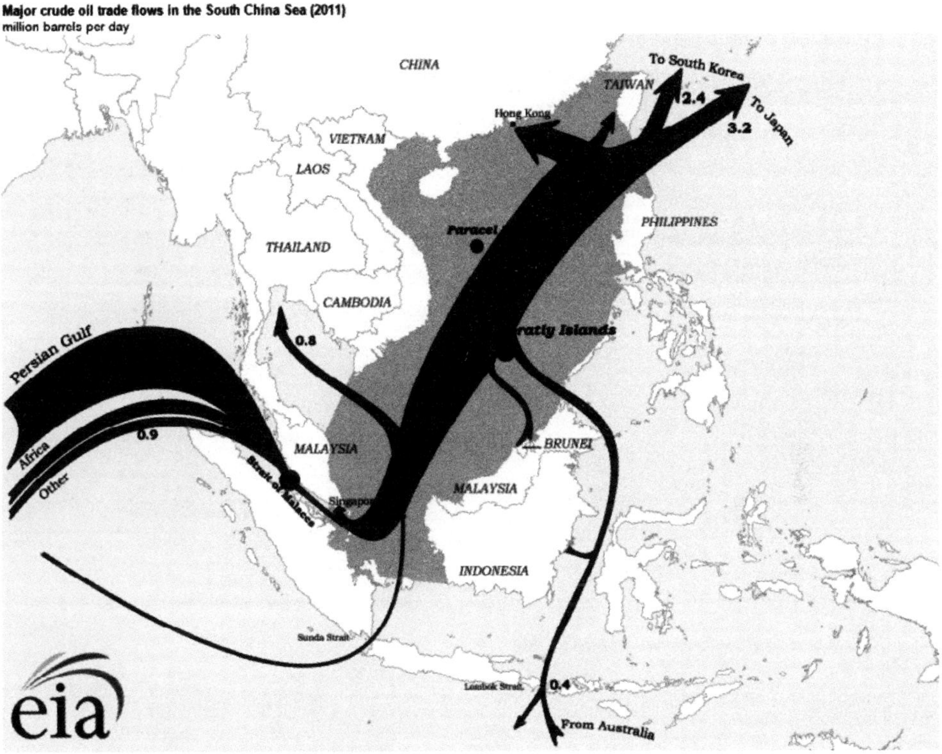

图2 2011年南海地区原油海运（单位：百万桶/天）[①]

另一方面，随着由中国牵头发起的10+3框架下的经济一体化进程逐渐深入，日本与南海周边国家的经济联系更加紧密。在东盟的十大外国直接投资来源（Foreign Direct Investment）中，日本占第二位，2011年至2013年投资总金额约为564亿美元，占整个东盟外国直接投资金额的17%（表1）。2013年，日本与东盟的贸易额约为2,410亿美元，占东盟贸易总额的9.6%（表2）。由此可见，整个南海地区的安全和稳定关乎日本经济命脉。

① 同上。

表1　2011—2013年东盟外国直接投资的十大来源①

Table 27

Top ten sources of foreign direct investment inflows in ASEAN

ASEAN Statistics

value in US$ million; share to total in percent

Country/region 1/	Value				Share to total inflows			
	2011	2012 3/	2013 4/	2011-2013	2011	2012	2013 3/	2011-2013
European Union (EU)	29,693.3	18,084.9	26,979.6	74,757.8	30.4	15.8	22.0	22.4
Japan	9,709.0	23,777.1	22,904.4	56,390.5	10.0	20.8	18.7	16.9
ASEAN	15,228.4	20,657.6	21,321.5	57,207.6	15.6	18.1	17.4	17.1
China	7,857.7	5,376.8	8,643.5	21,878.0	8.1	4.7	7.1	6.5
Hong Kong	4,273.8	5,029.9	4,517.3	13,821.0	4.4	4.4	3.7	4.1
USA	9,129.8	11,079.5	3,757.5	23,966.9	9.4	9.7	3.1	7.2
Republic of Korea	1,742.1	1,708.4	3,516.2	6,966.7	1.8	1.5	2.9	2.1
Australia	1,530.2	1,831.0	2,002.3	5,363.5	1.6	1.6	1.6	1.6
Taiwan, Province of China	2,317.0	2,242.3	1,321.7	5,880.9	2.4	2.0	1.1	1.8
India	(2,230.5)	2,233.4	1,317.5	1,320.4	(2.3)	2.0	1.1	0.4
Total top ten sources	79,250.8	92,021.0	96,281.6	267,553.4	81.3	80.5	78.7	80.1
Others 2/	18,287.3	22,263.1	26,095.0	66,645.3	18.7	19.5	21.3	19.9
Total FDI Inflow to ASEAN	**97,538.1**	**114,284.0**	**122,376.5**	**334,198.7**	**100.0**	**100.0**	**100.0**	**100.0**

Source　ASEAN Foreign Direct Investment Statistics Database as of 1 June 2014 (Data is compiled from submission of ASEAN Central Banks and National Statistical Offices through the ASEAN Working Group on International Investment Statistics (WGIIS).

Symbols used
- p/　preliminary figures
- -　not available as of publication time
- n.a.　not applicable/not available/not compiled
- Data in *italics* are the latest updated/revised figures from previous posting.

Notes
Details may not add up to totals due to rounding off errors.
1/　Ranked according to FDI inflows in 2013; covers countries on which data is available.
2/　Include inflows from all other countries, as well as total reinvested earnings and inter-company loans in the Philippines.
3/　Data for 2012 are preliminary figures. Lao PDR's data on 'by source country' are not yet available, intra-/extra-ASEAN breakdown shown are estimated by the ASEAN Secretariat.
4/　Data for 2013 are preliminary figures. Lao PDR's data on 'by source country' are not yet available.
The FDI is on a net basis, and computed as follows: Net FDI = Equity + Net Inter-company Loans + Reinvested Earnings. The net basis concept implies that the followings should be deducted from the FDI gross flows: (1) reverse investment (made by a foreign affiliate in a host country to its parent company/direct investor; (2) loans given by a foreign affiliate to its parent company; and (3) repayments of intra-company loan (paid by a foreign affiliate to its parent company). As such, FDI net inflows can be negative.

表2　2013年十大东盟贸易伙伴②

Table 20

Top ten ASEAN trade partner countries/regions, 2013

as of 24 July 2014

ASEAN Statistics

value in US$ million; share in percent

Trade partner country/region 1/	Value			Share to total ASEAN trade		
	Exports	Imports	Total trade	Exports	Imports	Total trade
ASEAN	330,379.3	278,253.1	608,632.4	26.0	22.4	24.2
China	152,521.1	197,962.5	350,483.6	12.0	16.0	14.0
EU-28	124,434.3	121,780.7	246,215.0	9.8	9.8	9.8
Japan	123,040.8	117,903.9	240,944.7	9.7	9.5	9.6
USA	114,509.8	92,439.4	206,949.2	9.0	7.5	8.2
Korea, Republic of	52,801.9	82,172.6	134,974.6	4.2	6.6	5.4
Taiwan	35,236.9	66,220.0	101,456.9	2.8	5.3	4.0
Hong Kong	82,085.0	13,135.9	95,221.0	6.5	1.1	3.8
Australia	45,505.6	22,531.3	68,037.0	3.6	1.8	2.7
India	41,936.7	25,937.3	67,874.1	3.3	2.1	2.7
Total top ten trade partner countries	1,102,451.5	1,018,336.8	2,120,788.3	86.7	82.1	84.4
Others 2/	168,621.7	222,139.5	390,761.2	13.3	17.9	15.6
Total	**1,271,073.2**	**1,240,476.3**	**2,511,549.5**	**100.0**	**100.0**	**100.0**

Source: ASEAN Merchandise Trade Statistics Database (compiled/computed from data submission, publications and/or websites of ASEAN Member States' national ASEAN Free Trade Area (AFTA) units, national statistics offices, customs departments/agencies, or central banks)

Notes
- -　not available as of publication time
- x　not available/not compiled

Some figures may not sum up to totals due to rounding off errors.
1/ Identified/ranked based on share of total trade
2/ Includes trade of all other countries and those that could not be attributed to specific countries

---

① ASEAN, Foreign Direct Investment Statistics, Table 27-Top ten sources of ASEAN foreign direct investments inflow, http://www.asean.org/images/resources/Statistics/2014/ForeignDirectInvestment/Aug/Table%2027.pdf.

② ASEAN, External Trade Statistics, Table 20-Top ten ASEAN trade partner countries/regions, http://www.asean.org/images/resources/Statistics/2014/ExternalTradeStatistics/Aug/table20_asof24Jul14.pdf.

二、日本的南海政策：谋求地区影响力（1950-2010）

南中国海在日本的政治经济利益中的重要地位，决定了日本对南海的一举一动长期保持着高度关注。冷战期间，美苏争霸主导着亚洲，特别是东南亚的局势，日本在南海的利益完全由美国保障。因此，日本在南海并未表现出太多的政策主动性，而且其关注的焦点主要集中在经贸领域，特别是“雁行模式”的构筑，这一政策符合其战后的外交战略上实施的现实重商主义方针。[①] 80年代，随着日本军事实力的增强和美国逐步收缩全球战略，日本自卫队开始承担一定的防务任务。1981年，日本首相铃木善幸访美，正式接受美国的要求，答应由日本承担从大阪湾到巴士海峡“西南航线”1,000海里的护航任务。但是，巴士海峡以南的航线，即南海地区的航线仍由美国海军保护。[②] 但是到了冷战结束后，日本对南海的参与程度明显提高，其南海政策的主要目标为在美日同盟的框架下，谋求增强地区影响力和防范中国的崛起。

冷战结束后，苏联全面收缩，基本退出亚洲的争霸舞台。美国成为世界上唯一的超级大国，在亚洲事务中获得前所未有的影响力。作为美国的亚洲盟友，日本参与构建亚洲地区秩序的空间和灵活度也迅速扩大。一方面，日本国内民众在海湾战争之后，开始反思其“支票外交”（checkbook diplomacy）的不足，呼吁日本政府在今后的国际事务中扮演更加积极主动的大国角色。[③] 另一方面，到了90年代中期，特别是在朝核危机和台湾问题的影响下，美国不断向日本施压，要求后者担负起构

---

① 关于日本在二战后至90年代期间的外交战略的评估，参见Eric Heginbotham and Richard J. Samuels, "Mercantile Realism and Japanese Foreign Policy," *International Security* Vol. 22, no. 4 (1998): 171-203。

② 日米安全保障協議委員会が了承した防衛協力小委員会の報告（昭和53年11月27日）」, http://www.clearing.mod.go.jp/hakusho_data/1981/w1981_9134.html，转引自张瑶华，《日本在中国南海问题上扮演的角色》，《国际问题研究》2011年第3期，网页版见http://www.ciis.org.cn/chinese/2011-08/03/content_4381397.htm。

③ Er, “Japan and the Spratlys dispute,” 995 and 1005.

建以美国为主导的亚洲秩序的更多的义务。1997年，美国和日本修订了1978年版的《美日防卫合作指针》，以便日本在周边地区（surrounding areas）更加有力地配合美国的安全政策。[①] 正是在这样的背景下，日本在南海问题上开始展现出更加积极的姿态。

（一）积极参与南海和东盟地区的双边和多边外交机制

这一时期，日本主要通过双边外交和多边外交对话框架内表达对南海的关切，并开始参与塑造南海局势。最早形成的一个南海问题的多边外交框架是处理南海潜在冲突研讨会（以下简称南海研讨会）。1990年，南海研讨会在印尼的巴厘岛召开，参加这次会议的全部是东盟成员国。1991年，除了东盟国家外，参加研讨会的还包括了东盟外的南海争端国和地区，即中国，中国台湾和越南。[②] 在1993年的会上，有些国家代表提出邀请非争议国参加的建议。紧接着，日本开始表达其参加该研讨会的意愿。1995年，日本向南海研讨会的发起国印尼表示愿意提供承揽和资助会议，条件是研讨会在日本举办。考虑到中国的态度和感受，这一提议被印尼拒绝。[③] 虽然日本参与南海研讨会的尝试没有成功，但同一年的11月，菲律宾战略发展研究所和美国太平洋论坛/战略和国际问题研究中心在马尼拉共同举办了南海冲突研讨会。会议邀请了亚太地区国家的政府官员，智库和学界代表，日本也派代表参加会议。[④][⑤]

另一个重要的多边外交框架是东盟地区论坛（ASEAN Regional Forum），它成立于1994年，是目前亚太地区最主要的官方多边安全对话

---

① 参见Japanese Ministry of Foreign Affairs, *The Guidelines for Japan-U.S. Defense Cooperation*, http://www.mofa.go.jp/region/n-america/us/security/guideline2.html。

② 越南此时尚不是东盟成员国。越南于1995年正式加入东盟。

③ Lai To Lee, *China and the South China Sea Dialogues*, (Greenwood Publishing Group, 1999), 144.

④ Er, “Japan and the Spratlys dispute,” 1007.

⑤ 中国没有参加此次会议，因为中国拒绝非声索国参与南海争端的磋商和部分国家将南海问题国际化的举动。

和合作渠道。[①] 在这个论坛上，日本与美国一同，一直试图将南海问题提上论坛的议程。例如，1995年在文莱举行的第二届东盟地区论坛上，美国，日本和部分南海争议国联合向中国施加压力，成功促成将南海问题纳入论坛内进行多边外交磋商的范畴。[②] 期间，日本被提名为建立信赖措施小组会议的组长。日本外相河野洋平借此机会重申了南海航行安全和和平解决冲突的意愿，并提议由东京承办小组工作会议。此外，日本（和美国）还多次利用外长后续会议（Post-Ministerial Conference）的机会向有关国家提出南海问题方面的建议并阐述日本的立场，藉此扩大日本在南海问题上的存在感和影响力。[③]

日本也尝试通过双边渠道表达其对南海问题的关注和立场。1995年2月，日本与菲律宾就美济礁事件举行了一次副部长级会议。[④] 菲律宾提出希望日本能从中斡旋，劝说中国采取更加克制的行为。紧接着，3月2日，在北京举行的中日双边副部长级会议上，日本外交部的一位代理副部长向中方表达希望中国以和平方式处理南海问题的立场。4月，中国人大委员长乔石出访日本，期间日本首相村山富市向乔石提出，日本十分

---

① 1993年7月，第26届东盟外长会议在新加坡举行。会议特别安排了东盟6个成员国，7个对话伙伴国，3个观察员国和2个来宾国外长参加“非正式晚宴”。晚宴上各国外长达成了于1994年在曼谷召开东盟地区论坛（ARF），就地区政治安全问题进行非正式磋商。1994年7月25日，ARF首次会议在曼谷召开。至2014年，已举行了21次会议。参见中国社科院东南亚研究网，《东盟地区论坛介绍》，http://sea.cass.cn/news/496194.htm。

② 关于1990年代东盟地区论坛上的南海议题的发展评估，参见Rosemary Foot, "China in the ASEAN Regional Forum: Organizational Processes and Domestic Modes of Thought," *Asian Survey* 38, no. 5 (1998): 425-440。

③ Lee, *China and the South China Sea Dialogues*, 145.

④ 美济礁位于我国南沙群岛的东部，北纬9°57′、东经115°44′。1995年2月，菲律宾军方突然宣布，在美济礁上“发现”中国的“军事建筑”，这些“军事建筑”其实是中国修建的供渔民使用的避风港设施。时任菲律宾总统的拉莫斯指控中国“入侵”菲律宾声称拥有主权的“美济礁”，是“对国家安全的一次严重威胁”，违反了“国际法和1992年马尼拉东盟会议有关南中国海宣言的精神与要旨。”此后，菲律宾利用各种渠道制造国际舆论，渲染中国在美济礁的行动，组织数十名外国记者用船只和直升机运往美济礁进行拍摄和报道，推动域外大国和东盟国家共同向中国施压。关于美济礁事件的分析，参见李金明，“美济礁事件的前前后后，”《南洋问题研究》总第101期，2000年1期，66-75页。

关注南海，希望冲突得到和平解决。[①] 同年5月，日首相村山富市访问中国，再次向李鹏总理提及南海问题，表达日本对中国和相关争议国之间的紧张态势升级和对美济礁事件的关注。[②]

与此同时，日本密切关注着中国与东盟之间关系的发展趋势。在上个世纪90年代以前，中国与东盟没有建立正式的外交关系，中国与南海周边的东南亚国家的交往基本通过双边外交进行。这一格局在90年代开始改变。1991年，中国外交部长钱其琛作为马来西亚邀请的客人，第一次参加了东盟部长会议的开幕式。同年，中国受邀参加南海研讨会。此后，中国与东盟的关系发展迅猛。到了90年代末，中国已全面参与到东盟推动建立的多种双边和多边外交框架之中。

有鉴于此，日本与东盟的外交关系变得更加有针对性，即针对中国日渐扩大的影响及时做出调整。这种调整主要表现在努力强化和扩展与东盟的合作关系、向中国与东盟的政策靠拢并反超等方面，希望在对冲中国的地区影响力的同时能够维护和扩大自身在东盟的影响力。1997年，日本首相桥本龙太郎出访东盟，提出与东盟发展全面的伙伴关系，将其在东南亚的利益重心从经贸转向政治、安全方面。[③] 2003年10月，中国在印尼巴厘岛参加中国—东盟首脑会议时宣布加入《东南亚友好合作条约》，成为东南亚地区以外第一个加入该条约的大国。中国的举动在日本国内引起震动，因为东盟长期以来希望日本能签署《东南亚友好合作条约》，但日本政府始终对此持保留态度。一个月后，日本内阁官房长官福田康夫即宣布日本政府已决定加入《东南亚友好合作条约》。[④] 12月，在日本的积极倡导下，日本—东盟首脑会议在东京举行，这是东盟首脑第

① *Japan Times*, April 12, 1995, 转引自 Er, "Japan and the Spratlys dispute," 脚注16。

② 李鹏总理回应村山首相说，中国反对任何外部势力的介入，也反对将南海问题国际化。见 Lee, *China and the South China Sea Dialogues*, 145。

③ 张瑶华，《日本在中国南海问题上扮演的角色》，《国际问题研究》2011年第3期，网页版见 http://www.ciis.org.cn/chinese/2011-08/03/content_4381397.htm。

④ 张焕利，"日本政府决定加入《东南亚友好合作条约》"，新华网，2003年11月18日，http://news.xinhuanet.com/world/2003-11/18/content_1185677.htm。

一次在东盟以外地区聚首。在此次会议上，日本首相小泉纯一郎与泰国、马来西亚和菲律宾等国家首脑分别就来年初启动双边自由贸易协定谈判达成一致。在非经济方面，小泉提出了加强与东南亚国家的合作以便维护海洋安全以及建立“东亚联盟”的倡议。① 通过强化与东盟的全面合作关系，日本试图更加灵活地利用东盟的多边机制限制中国日益增强的影响力，扩大其在南海问题上的发言权以及提升自身在整个东亚事务中的领导力。

（二）逐步强化日美同盟框架内的防务政策

这一时期，日本在南海问题上的防务政策主要在日美同盟的框架下推进。如前所述，美国和日本在1997年修订的《美日防卫合作指针》提出了“周边事态”概念。之后，日本采取一系列动作，加强和促进日美同盟在日本“周边地区”的防务合作。这一时期的合作中，日本主要承担后勤保障、情报通信等辅助工作。1999年4月通过《周边事态法》，将包括南海在内的亚洲大部分地区划入“周边事态”范围；同年5月还出台了《自卫队法修正案》和《日美相互提供物资和劳务协定修正案》。2003年6月，日本通过《武力攻击事态法》，将行使武力的时机从“受敌入侵后”提前到“遭武力攻击”或“可能遭武力攻击”之时，以便完善日本在更大范围内的防务行动的法律依据。② 2005年10月，在日美防务“2+2”谈判中，在美国的要求下，日本自卫队宣称其防卫范围扩展到马六甲海峡。与此同时，日本还建立卫星通信网络，以联结中央司令部和前方舰艇、飞机的情报共享系统。此外，日本还频繁参与美国同盟体系内的各种军演，其中包括与菲律宾、新加坡等国的联合军演，使自卫

---

① “日本东盟首脑会议开幕，加快贸易谈判与中国竞争”，中国日报网，2003年12月12日，http://www.chinadaily.com.cn/gb/doc/2003-12/12/content_289597.htm。

② 详见日本《東アジア戦略概観2003》第10章「日本の防衛」，http://www.nids.go.jp/publication/east-asian/pdf/east-asian_j2003_10.pdf，转引自张瑶华，《日本在中国南海问题上扮演的角色》。

队直接或间接地进出南海地区，不断加强其在东南亚和南海地区的存在，提高与美军及其同盟在南海的协同作战配合的能力。[①]

（三）高度重视日美同盟框架外的非传统安全合作

在日美同盟之外，日本积极谋求在南海安全事务中发挥更主动的政治领导力，保障其在南海地区的航行安全。2001年10月，日本首相小泉纯一郎在东盟10+3会议上提出了建立《亚洲地区反海盗和武装劫船合作协定》和打击南海地区的海盗与武装抢劫的设想。如果该设想完全实现，日本将大大提高在南海地区的安全合作的参与度，同时也会强化日本在该地区的军事存在。正因为如此，该提议没有得到东南亚国家的广泛欢迎。经过三年的谈判，东盟、日本、中国、韩国以及印度等国家在2004年11月11日一起通过了《亚洲地区反海盗和武装劫船合作协定》的最终文本，并在2006年9月4日生效。这个协定虽然没有达到日本的预期，但在客观上使日本获得了参与保障南海航行安全的广阔空间。在协定正式签署后不久，日本就宣布提供4,000万日元的运行经费，支持在新加坡设立的反海盗信息共享中心，负责成员国之间共享打击海盗和武装劫船的信息、能力建设和合作安排等相关工作。同时，在每个成员国设立反海盗信息联络点。[②]2009年3月，日本与马来西亚达成协议，前者向后者无偿提供总价相当于9.92亿日元的14艘快艇与40台监控设备，以援助马来西亚实施打击海盗与走私。在此背景下，日本不仅主持召开反海盗国际会议，而且还派武装舰船到东南亚海域进行反海盗巡逻。由此，通过发起和参与建构反海盗的地区合作，日本成功扩大了其在南海事务上的主动权和影响力。

---

① 关于日本与美国的安全合作的分析，参见张瑶华，《日本在中国南海问题上扮演的角色》，《国际问题研究》2011年第3期，网页版见http://www.ciis.org.cn/chinese/2011-08/03/content_4381397.htm。

② “亚洲联手打击海盗各国派专员参加情报分享中心”，中国新闻网，2007年6月6日，http://www.chinanews.com/gj/yt/news/2007/06-06/952193.shtml。

从以上的分析中可以看出，日本在1990-2010这二十年中，在积极配合美国的南海政策的同时，努力提高其自身在南海事务上的参与度和主导能力，对冲中国在南海地区日益增强的影响力。日本主要通过三种途径提高其对南海局势的影响力和参与空间。一是强化和拓展与东盟的合作关系，将合作重心从传统的经贸领域向政治和安全领域转移。藉此，日本获得参与东盟框架内的双边和多边机制，并与美国一同积极推动将南海问题纳入东盟框架内进行磋商。第二种途径是采取一系列措施实现美日安全同盟在南海地区的协同配合。日本从90年代起，通过了一系列法案，为日美同盟在亚洲的协同安全行动提供完善的法律依据。日本还与美国举行多次联合军演，并参加美国同盟体系内的多国军演，提高与美国和其他盟友之间的协同作战的能力。第三种途径是通过构建、主导和援助南海地区的反海盗合作机制，扩大与南海地区国家的安全领域的合作和信息共享。这些举措旨在深耕日本在南海事务各大领域中的参与度和影响力。

三、日本的南海政策：延续与突变（2010年以来）

2009年，巴拉克·奥巴马就任美国第56届总统。甫一上任，奥巴马就着手启动美国战略调整，决心结束对亚洲的“善意的忽略”(benign neglect)，将亚太地区放在美国全球战略的首位。[①] 奥巴马将上任后的首次出访地点选择了东南亚。2009年11月，奥巴马在东京宣称自己要做第一位“太平洋总统”。[②] 2011年，时任美国国务卿的希拉里·克林顿在美国《外交政策》杂志上撰文，题为《美国的太平洋世纪》，阐发美国的“亚

---

① 关于美国对亚洲的善意的忽略，参见Diane K. Mauzy and Brian L. Job, "U.S. Policy in Southeast Asia: Limited Re-engagement after Years of Benign Neglect," *Asian Survey* 47, no. 4 (2007): 622–641。

② “Remarks by President Barack Obama at Suntory Hall,” White House, accessed 30 October, 2013, http://www.whitehouse.gov/the-press-office/remarks-president-barack-obama-suntory-hall.

太再平衡”理念。文中直言“国际秩序的未来将由亚洲决定，而不是伊拉克或阿富汗”，呼吁“美国必须站在行动的中心”。[①] 美国“亚洲再平衡”战略的实施对南海地区的局势产生了巨大的影响。美国官员在几次重大外交场合和多边会议上面对面地质疑和挑战中国在南海的主张和政策，以此高调显示美国介入南海问题。同时，美国在南海地区强化同盟体系和拓展新的合作关系的步伐明显加快，其力图维护和巩固霸权地位的战略目标更加清晰。

在这一背景下，日本也积极调整其南海政策。2010年以来的政策特点是，日本的南海政策在保持高度延续性的同时开始由量变产生质变。日本的南海政策的延续性体现在三个方面：一，日本的南海政策与美国的南海政策相关度极高，日美同盟框架一直是日本的南海政策的核心支撑；二，谋求地区领导力和维护地区利益一直是日本在南海地区的政策目标；三，日本南海政策的历次调整都明显出于对中国崛起的警惕和对冲考量。与此同时，日本的南海政策在累积渐进的延续过程中开始孵化出突变。从上一章节的分析中可以看出，在冷战结束到2010年的这二十年中，日本在南海的介入相对温和低调，基本是在日美同盟和与南海周边的东盟国家的传统外交框架下开展。在日美同盟中，日本对美国要求其采取更积极和激进的防务姿态时常持相对保守的态度，在承担防务义务方面也将重心放在后勤服务，通信网络建设和情报搜集等辅助协调工作上。而在与南海周边国家的交往中，日本的努力主要集中在提高自身塑造南海地区局势的能力，对冲中国的影响力和保障自身的地区利益这些方面，并未直接在中国和其他争端国之间选边站队。

自2010年以来，日本的南海政策在累积渐进的调整过程中，经历了美国的“亚太再平衡”战略调整、钓鱼岛国有化事件和鹰派政治家安倍晋三二次出任日本首相的数次催化，已孵化出一个主动迎合美国并明确

---

① 详 见Hilary R. Clinton, “America’ s Pacific Century,” *Foreign Policy*, November 2011, http://www.foreignpolicy.com/articles/2011/10/11/americas_pacific_century。

与中国进行对抗的全新战略，主要体现在三个方面：一是防务方针的转变和国家体制改革；二是日美同盟体系的全面巩固和深化；三是东海与南海的捆绑联动。

（一）防务方针的转变和国家体制改革

首先，日本连续修整与防务相关的法律政策，改革防务部门，明确将中国列为战略对手和头号威胁。2010年12月17日，日本内阁通过新《防卫计划大纲》，将2004年版《防卫计划大纲》中的“严密关注”中国动向的说法升级为对中国动向进行“警戒监视”。[①] 大纲明确了“抵御中国扩张”，并用“综合机动防卫能力”的新概念替代原先的“基础防卫能力”。“基础防卫能力”仅限于应对日本遭遇小规模侵略时的防卫，而“机动防卫能力”的提出，旨在为日本国防力量的增强和活动范围的扩大提供法理上更充足的解释空间。

安倍晋三第二次上台执政后，日本的防务政策转型速度加快，目标也更加明确。众所周知，2012年上半年，围绕着钓鱼岛，日本的动作不断。4月，东京都知事石原慎太郎在美国华盛顿宣称“东京要保卫钓鱼岛”，并透露正在与土地所有者协调谈判由东京都购买钓鱼岛（还包括北小岛和南小岛）事宜。7月，日本首相野田佳彦就钓鱼岛国有化进行相关交涉。[②] 9月，野田内阁正式宣布将钓鱼岛收归国有。加上之前日本在钓鱼岛和东海的诸多挑衅行为，无视中国政府的多次抗议和外交交涉，中日关于钓鱼岛和东海存在的政治默契完全打破，中国就此向日本政府提出严正抗议，并采取行动维护我国在钓鱼岛的立场。日本朝野震动，对中国的行动感到不安。9月26日，鹰派安倍晋三当选自民党总裁。12月16日，安倍晋三再次出任日本内阁总理。不久，日本即宣布再次制定面

---

① “日本防卫计划大纲对中国从关注升为警戒监视”，北京日报，2010年12月21日，http://world.huanqiu.com/roll/2010-12/1357789.html。

② “日本政府试图将钓鱼岛收归国有”，中国新闻网，2012年7月7日，http://www.chinanews.com/gj/2012/07-07/4015707.shtml。

向未来十年的新《防卫计划大纲》，而这次调整距上一次的《防卫计划大纲》的出台仅有两年的时间。2013年5月30日，自民党确定新《防卫计划大纲》建议，主张建设“坚韧的机动防卫力量”，以取代之前的“机动防卫力量”，力图进一步强化国防力量的扩张。2013年12月17日，根据自民党的建议修订的新《防卫计划大纲》正式出台。

安倍政府改革防务部门的一项重要举措就是成立国家安全保障会议。2013年12月4日，效仿美国国家安全委员会的国家安全保障会议成立，其核心是由首相、外相、防务相和内阁官房长官出席的“四大臣会议”，每月召开两次，协商外交、防卫和安全保障问题，并确定基本政策的方向。[①] 国家安全保障会议成立后，连续出台了三项防务计划：《国家安全保障战略》、《防卫计划大纲》和《中期防卫力整备计划》。[②]

《国家安全保障战略》是日本的国家安全战略纲要性文件，《防卫计划大纲》和《中期防卫力整备计划》是《国家安全保障战略》的支撑性文件。作为日本首部国家安全战略纲要性文件，《国家安全保障战略》构建了未来日本国防发展的方向和对外战略关系的基本原则，明确将中国和朝鲜列为威胁来源。2014—2018年度《中期防卫力整备计划》是新《防卫大纲》的辅助文件，对大纲的基本理念“综合性机动防卫力”进行了细化，提出了引进新型空中预警机和无人侦察机以及加强警戒监视体制等具体建议。同时，日本还将修改自卫队体制编制，将新设多个“机动师团”和“机动旅团”，促进打破陆海空壁垒的综合运用，着力于机动灵活的部队展开。[③]

与此相应，日本的国防预算开始连续增长。日本国防开支在2012年以前一直保持稳定的水平，2012年底安倍政权上台后，伴随着强化国防

① “日本正式启动‘国家安全保障会议’”，新华网，2013年12月4日，http://news.xinhuanet.com/world/2013-12/04/c_118422050.htm。

② 见East Asia Strategic Review。

③ “日本‘中期防’将重点提高部队机动能力”，中国新闻网，2013年12月17日，http://www.chinanews.com/gj/2013/12-17/5630728.shtml。

力量的一系列措施的出台，国防开支出现首次增长。2013年度日本的防卫预算为47,538亿日元（约合人民币2,922亿元），比上一年度增加了0.8%。防卫省要求2014年度的预算在此基础上再增加2.9%达到48,928亿日元（约合人民币3,007亿元）。[①] 根据《中期防卫力整备计划》，日本的五年防卫预算上限约为24.67万亿日元（约合人民币1.5万亿元）。[②]

2014年1月7日，作为日本国家安全保障会议事务局的国家安全保障局正式挂牌成立。为了强化与防卫省的联系，安保局有多名自卫队和防卫省的官员任职。该机构下设“宏观”、“战略”、“情报”、“同盟及友好国家”、“中国和朝鲜”以及“中东等其他”6大部门。[③] 中国和朝鲜是唯一被专门列为应对的国家，明确表明日本将中国视为头号威胁。

除了防务方针明确转变为对抗中国，安倍政府还在松绑《和平宪法》的限制方面力争实质性的突破，为日本国防战略的整体转型争取更加灵活主动的空间。[④] 2012年4月，安倍晋三领导的自民党推出宪法修改草案。草案寻求修改放弃战争权的和平宪法第9条[⑤]，以便将自卫队改为“国防军”，将天皇从“国民象征”改为国家“元首”，为解禁集体自卫

---

① “日连续两年增加防卫预算安倍政权欲强化防卫能力”，国际在线，2013年11月10日，http://gb.cri.cn/42071/2013/11/10/6991s4316338.htm。

② “日本通过新《防卫计划大纲》强调构筑综合机动防卫力量”，中国新闻网，2013年12月17日，http://www.chinanews.com/gj/2013/12-17/5630891.shtml。

③ “日本国家安全保障局挂牌”，北京晚报，2014年1月8日，http://bjwb.bjd.com.cn/html/2014-01/08/content_141085.htm。

④ 日本的修宪运动自1950年代就已经开始。修宪运动在岸信介内阁时期，进入第一个高潮。当时修宪论者认为“宪法是美国强加的”，即认为一国的宪法的制定应由本国人民自由意志决定，因此应重新制定一部自主宪法。进入七八十年代后，日本修宪运动相对平稳，“和平宪法”基本上未受到实质性挑战。冷战结束后，修宪运动重新抬头，面对中国的崛起，地缘政治环境的变动，和日本防务力量配合美国在世界范围的活动，日本国内谋求地区领导力和担负大国角色的呼声越来越强。鹰派的安倍晋三上台后，和平宪法的修改进入实质性程序。

⑤ 日本宪法第二章第九条款规定，日本国民衷心谋求基于正义与秩序的国际和平，永远放弃以国权发动的战争、武力威胁或武力行使作为解决国际争端的手段。为达到前项目的，不保持陆海空军及其他战争力量，不承认国家的交战权。见*The Constitution of Japan*, Prime Minister of Japan and His Cabinet, http://japan.kantei.go.jp/constitution_and_government_of_japan/constitution_e.html。

权铺路。[①] 在2013年夏天的参院选举中，自民党在自己的竞选纲领提出了先行修改宪法第96条的口号，并与联合执政的公明党共同赢得了参议院过半席位。宪法第96条规定，若修改宪法必须得到众参两院三分之二议员的同意，并在国民投票中过半数。安倍领导的自民党力图对宪法第96条进行修改，就是为了降低修改宪法第9条的门槛。2013年7月15日，安倍晋三在长崎国际电视台访谈节目中首次正式表态欲修改宪法第9条。与此同时，安倍政府召开政府专家会议，对修改宪法第9条的解释展开广泛的讨论。2014年7月1日，日本自民党、公明党两个执政党举行安全保障法制建设磋商会，会上两党正式就修改宪法解释以解禁集体自卫权的内阁决议草案达成一致。决议草案推翻了日本历届内阁遵守的“自卫权发动三条件”，提出新的“武力行使三条件”，即：“日本遭到武力攻击，或与日本关系密切国家遭到武力攻击，威胁到日本的存亡，从根本上对日本国民的生命、自由和追求幸福的权利构成明确危险”；“为保护国家和国民，没有其他适当手段可以排除上述攻击”；“武力行使限于必要最小限度”。[②] 这三个条件给了日本运用武力的充分的自由裁量权。

（二）日美同盟体系的深化

前文提及，在南海和整个亚太地区，日本的军事行动基本围绕日美同盟的体系开展，活动范围随着美国的战略目标而变化。在南海地区，日本主要承担着为美国的军事行动提供后勤服务，建立情报共享网络等任务。但是，日本对于美国希望其承担更大范围和更多军事任务的要求，时常会采取保守的态度，甚至是一定程度的抵制。在2010年之后，特别是安倍晋三执政之后，日本政府的政策立场表现出积极主动以强化日美同盟和深化美国的整个亚太同盟体系为防务优先发展方向的倾向。一方

---

① “日本迎来宪法施行66年处于是否修宪岔路口”，中国新闻网，2013年5月3日，http://www.chinanews.com/gj/2013/05-03/4785045.shtml。

② “日本修宪解禁集体自卫权美表示欢迎韩国抗议”，环球网，2014年7月2日，http://mil.huanqiu.com/world/2014-07/5043904.html。

面，日本政府在多种场合和以书面文件的形式，明确日本将积极迎合美国在“亚洲轴心”战略下对南海和亚太地区的布局安排。另一方面，日本采取更加主动的姿态，加强美国的亚太同盟体系内美日澳和美日菲之间的防务联系。

以日美同盟为核心进行国防战略布局的原则在日本的首部国家安全战略纲要性文件《国家安全保障战略》中以明文确立，并多次加以强调。文件中的第四部分为“我国应该选择的国家安全保障的战略性路线”，其中明确规定加强日美同盟是核心政策之一。文件强调“日美同盟是国家安全保障的主轴，”“一直以来承担着美国亚太战略的基础角色”。文件提出，日本“需要进一步增加日美安全保障体系的时效性，在更多方面实现日美同盟”。具体措施包括，重新评估《日美防卫合作指针》，推进联合训练，共同开展情报手机、警戒监视与侦察活动，同时在弹道导弹防卫、海洋、太空、网络空间、大规模灾害应对等安全保障领域加强广泛合作，提升日美同盟的遏制力及应对能力。此外，日本还将主动配合美军实现其在亚太地区的最佳兵力部署，确保稳定的美军地位。[①]

为了更好地配合和提升日美同盟的合作关系，日本政府有步骤有计划地进行防务法律制度的调整。安倍政府在力推法理上解禁集体自卫权的同时，于2013年10月起，开始与美国就修订《日美防卫合作指针》展开磋商。2014年10月8日，两国公开了磋商的初步成果——《日美防卫合作指针》修订工作中期报告。报告指出，此次修订将强化日美同盟和增强威慑力，与日本的“主动和平主义”政策相一致。[②] 美国的防务官员明确表示，此次修订完全是针对美国“亚洲轴心”战略的布局，美国的盟友（即日本）将承担更大的防务责任。[③]

---

① 见《国家安全保障战略》，第18-19页。

② See *The Interim Report on the Revision of the Guidelines for Japan-U.S. Defense Cooperation*, http://www.mofa.go.jp/files/000055169.pdf.

③ Ankit Panda, “US, Japan Overhaul Mutual Defense Guidelines,” *The Diplomat*, October 9, 2014, http://thediplomat.com/2014/10/us-japan-overhaul-mutual-defense-guidelines/.

日美同盟的巩固和深化还体现在日本与其他美国盟友之间的防务关系的强化方面。2014年10月2日，日本首次参加美国—菲律宾的PHIBLEX两栖登陆演习。该演习专门针对南海地区敌方攻击岛屿时的夺岛行动。日本的加入被视为“决定解禁集体自卫权之后的日本自卫队的未来角色的第一步”。① 11月16日，美日澳三国借布里斯班G20峰会之机探讨“海洋联防”，核心内容是推动三国应对中国潜艇的活动，因为由日本向澳大利亚提供先进潜艇和水下侦察技术，可以提高澳大利亚在南中国海和印度洋对中国海军动向进行警戒监视和作战的能力。② 日澳之间的紧密合作不仅仅是美国的要求和压力，也符合《国家安全保障战略》中的规定：日澳之间“拥有共同的战略利益和相同的关切”，需“切实推进战略认识共享和安全保障合作”，“恰当发挥日美澳三国合作框架的作用”。③

（三）两海捆绑与联动

日本实施战略转型的第三种表现形式，就是将中国的南海和东海事务进行捆绑，通过渲染中国威胁论、拉拢南海地区的相关国家并博取他们的同情等手段，为形成包围中国的海洋联防体系做准备。《国家安全保障战略》将东海和南海局势捆绑，将日本与中国的周边国家捆绑，指责中国“对我国以及周边国家坚持独立主张，试图以力量改变现状”，提出将采取行动要求中国克制，并构建相应框架等措施来控制不测事态的发生。④ 这样的表述明显支持南海地区与中国有领土争端的国家。可以看出，日本已明确在南海问题上选边站，将自己和南海其他争端国捆绑起来，塑造成一个共同受中国威胁的群体，站在中国的对立面。这一立场

---

① “SDF Observes Island Defense Exercise in Philippines, Aimed at Countering China,” *Asahi Shimbun*, October 3, 2014, http://ajw.asahi.com/article/behind_news/politics/AJ201410030061.

② “日欲用潜艇技术换‘进出印度洋’”，环球时报，2014年11月17日，第8版。

③ 见《国家安全保障战略》，第20页。

④ 见《国家安全保障战略》，第21页。

与美国今年来在南海问题上表达的立场保持高度一致。

为了拉拢部分南海国家，日本大幅度修改坚持了几十年的武器出口原则，借武器技术出口打造对抗中国的南海地区军事政治同盟。“武器出口三原则”于1967年首次提出，它规定：不向共产主义阵营出售武器；不向联合国实施武器禁运的国家出售武器；不向正在发生或者可能发生国际争端的当事国出售武器。1981年日本国会通过《关于武器出口问题的决议》，确立了全面禁止武器出口的“武器出口三原则”，以树立和平国家典范。[①]2004年时任首相小泉纯一郎决定把与美国共同开发生产导弹防御系统和反恐与反海盗武器出口作为禁令的例外，正式开始放宽“武器出口三原则”。2006年日本以打击恐怖活动和海盗为名，向印尼提供3艘武装巡逻艇。[②]总之，在2010年之前，除了小幅度的调整外，日本的武器出口原则基本得以保留。但是，2011年，日本安全保障工作会议宣布修改“武器出口三原则”，允许与外国联合研制与生产武器装备，以及以人道、和平为原则出口武器。2014年4月，安倍内阁通过“防卫装备转移三原则”：不允许向争端当事国或在违反联合国决议情况下出口、转移武器装备；仅限有利于作出和平贡献和有助于日本安全情况下允许出口；仅在能够确保妥善管理情况下允许出口武器用于其他目的或转移至第三国。安倍将武器出口改名为装备转移，并且使用“和平贡献”、“日本安全”、“妥善管理”等模糊的措辞，大大放宽了日本出口武器的限制，使得原来的“武器出口三原则”禁令的性质发生了根本改变。紧接着，在南海地区，日本向菲律宾提供10艘巡逻艇，向越南提供6艘舰船，并提供相应的培训、技术和设备，以加强菲越所谓的海洋维权执法能力，并力图将越南纳入美国主导的太平洋伙伴体系。[③]除此之外，

---

① “日本新的‘武器出口三原则’及其影响”，人民网，2014年11月18日，http://gd.people.com.cn/n/2014/1118/c123932-22939900.html。

② 同上。

③ Martin Petty, “Japan Offers Vessels to Vietnam to Boost Its Sea Strength,” *Reuters*, August 1, 2014, http://www.reuters.com/article/2014/08/01/us-vietnam-japan-idUSKBN0G13EA20140801.

日本还积极拉拢同样关注和参与南海局势的其他域外国家，特别是澳大利亚和印度，例如日本向澳大利亚出口潜艇技术，向印度出口水陆飞机，以求加强彼此间的海洋联防能力、海洋安全保障能力与安全合作关系。①

综上所述，我们不难发现，南海是日本外交战略中不可或缺的一个焦点。可以说，日本对南海的关注和介入在过去几十年里从未间断过。这是我国在考量中日关系和制定南海政策时必须面对的一个基本事实。今后，日本的南海政策将展现出更加主动和强硬的姿态，也将更加灵活积极地利用美国的亚太同盟体系，力图在我国周边构筑起一个战略对抗的两海联防阵线，对我国实现和平崛起构成不容忽视的威胁和挑战。

日本在南海和整个亚太地区的战略转型，并不单纯是美国的“亚太再平衡”战略下的产物，其背后有更深层次的基于日本国家利益和国内政治变化的原因。冷战结束以来，日本国内民众希望成为与其经济相匹配的政治大国的呼声越来越高，已渐渐成为日本政治的一个基本共识，同时，日本民族主义逐渐抬头，对中国的崛起一直保持着高度警惕和防范，这些国内政治因素的变化推动着修宪运动的迅速发展，推动着日本积极争取联合国“入常”，并与非洲、拉美、欧洲等地区主动加强外交关系。因此，面对日本南海政策出现的新动向，我国在制定或完善南海政策时不仅要考虑如何应对日本在南海问题上选边站和支持部分相关国家的举动，更要考虑如何防范日本长远的战略野心和军事化转型所带来的后果。

具体而言，在南海问题上，我国需要对冲日本的两海联动战略，将东海问题与南海问题进行切割，采取不同的策略。在南海问题上，继续深化和拓展与南海周边国家和整个东盟的全面合作，同时加强在海洋的环境保护、减灾救灾、资源开发等方面的合作。在坚持主权立场的同时，我国需要保持更大的耐心并拿出更灵活的政策推动南海地区的稳定和发展，重视利益相关国的合理关切，努力减轻南海周边国家对中国和平崛

① 见《国家安全保障战略》，第20页。

起的顾虑和防范，塑造中国作为负责任的大国的形象，以减少日本插手南海的机会和借口。在东海和钓鱼岛问题上，我国应继续坚持主权立场，并采取切实行动维护我国的合法权益，同时谋求与日本共同建立危机管控和应急机制，防止不测事态造成不必要的严重后果。与此同时，我国决策层应当意识到，东海问题折射出的是地缘政治的新问题：20年前，东亚格局由世界第一大经济体的美国和世界第二大经济体的日本共同担纲；20年后的今天，东亚格局从力量对比上看显然已经发生了明显变化：中国已经上升为世界第二大经济体，日本下降为世界第三大经济体，美国虽然继续维持世界第一大经济体的宝座，但中国的经济总量已经超过了它的一半，并且是日本的两倍，在东亚事务中扮演举足轻重的角色。毫无疑问，在此形势下如何在中日美之间建立起和平稳定和繁荣的东亚新秩序，无论是对中日关系、中美关系还是日美关系，都是不能回避的重大课题。因此，我国在处理东海问题时，需要同时推进中日关系和中美关系在战略层面的不同方向的调整，防止日美同盟的进一步巩固，进而对我形成“二对一”的战略态势。

大国崛起战略与中等强国战略
——中国与澳大利亚战略合作空间初探

鲁鹏

[内容提要] 本文通过比较分析中澳两国对外战略来衡量中澳两国在亚太国际关系格局中的共存度问题。本文首先分析澳大利亚外交的两个核心内容—基于中等强国身份的对外战略和以本土安全为核心的国家安全战略，接着讨论中国以和谐世界为导向的和平崛起战略，最后在此基础上探讨中澳两国战略合作的空间。本文强调指出中澳两国在对外战略上既没有类似于中美之间霸权国——挑战国的结构性冲突也没有类似于中日之间的地区大国身份的竞争，双方在各自对外战略的制约下都不会威胁到对方的核心安全利益，因此中澳两国可以在包括南海问题在内的广泛问题上展开积极的战略对话与合作，以促进双方的战略目标的实现。

[关键词] 中等强国　对外战略　国家安全战略　和平崛起

[作者简介] 鲁鹏，中国南海研究协同创新中心研究员。

随着美国“重返亚太”战略的提出[①]，澳大利亚在亚太国际关系中的地位和作用日益凸显。一方面由于美澳同盟的存在，澳大利亚作为美国在亚太地区的一个重要军事盟友，与日本共同构成美国亚太战略的南北锚[②]；另一方面，澳大利亚与亚太各国的关系随着冷战结束也变得日益密切，这一点突出反映在澳大利亚与中国以及与东南亚国家的经贸合作方

① 张惠玉：“美国‘重返亚太’战略的发展及其影响”，《太平洋学报》，2012年第二期。

② 张秋生，周慧：“试评澳大利亚霍华德政府的均衡外交政策”，《当代亚太》，2007年第4期，第13页。

面[①]。此外，随着中国与南太平洋地区国家尤其是南太平洋岛国的接触日益加深，澳大利亚作为南太平洋地区传统意义上的强国对中国可能实施的南太平洋战略的成败起到举足轻重的作用[②]。而澳大利亚与东南亚国家的密切关系更成为中国与解决南海问题时必须考虑的一个重要因素。

有鉴于澳大利亚在亚太地区事务中以及中国对外战略中日益增长的重要性，中国国际关系学术界近来对澳大利亚外交的相关研究也日益增多。类似研究主要集中在三个层次：一是澳大利亚的对外战略，体现在对其在国际体系结构中的位置的分析、国家角色的定位、功能的探讨以及对外战略演进过程的回顾[③]；二是澳大利亚的国家安全战略，体现在对澳大利亚《国防白皮书》的解读以及由此引申出的对于其国家安全战略的评估[④]；三是澳大利亚的重要双边关系，主要是澳大利亚与美国、与中国、与日本以及与东盟的双边关系，而关注点涵盖了双边关系中的经济、政治、外交、国防等各方面的问题[⑤]。以上研究。在"对外战略—安全战略—双边关系"这一框架下进行的研究揭示出澳大利亚外交在不同层次上的主要内容和特征。

以上研究存在三方面问题。第一，在讨论澳大利亚对外战略时存在脱离甚至虚构文本来迎合观点的现象，这其中最明显的一个例子就是中国学者对于澳大利亚2009年国防白皮书截然不同的解读，这直接导致我们对于澳大利亚对外战略的评估与事实严重脱节。第二，仅仅通过强调国家间经济合作对于各国带来的绝对收益来论证中澳之间在南海问题上

---

① 鲁鹏，宋秀琚："澳大利亚与南太平洋地区主义"，《太平洋学报》2014年第1期。

② XuXiujun, "China and the Pacific Island Countries", *Contemporary International Relations*, July 2010.

③ 唐小松，宾科："陆克文'中等强国外交'评析"，《现代国际关系》，2008年第10期。于镭，萨姆苏尔康："'中等强国'在全球体系中生存战略的理论分析"，《太平洋学报》，2014年第1期。

④ 胡欣："澳大利亚的战略利益观与'中国威胁论'——解读澳大利亚2009年度国防白皮书"，《外交评论》，2009年第5期。崔越："从国防白皮书看澳大利亚的国家安全战略"，《江南社会学院学报》，2014年第1期。

⑤ 汪诗明："澳日关系：由'建设性伙伴关系'到准同盟—兼评澳日《防务与安全声明》的签署"，《现代国际关系》，2008年第8期。

利益的相互包容性，这样的做法是不可取的，因为国家之间完全可能由于对外战略的对立或者国家安全利益的相互威胁而从满足于经济合作的绝对收益转向关注相对优势①。因此只有认真讨论双方对外战略的兼容性之后才有可能谈及合作与相互依赖的问题。第三，评价澳大利亚对外战略尤其是衡量其对中国的影响时未能结合中国对外战略，澳大利亚的对外战略是建立在对他国尤其是中美这样的大国的对外战略分析和解读基础上的，不谈中国对外战略是不可能透彻分析澳大利亚对外战略中针对中国部分形成和变化的原因。第四、简单就单一文本或者特定执政者短期的外交战略进行分析，缺乏对于澳大利亚外交历史延续性的认识。

针对以上问题，本文首先简要分析澳大利亚对外战略，重点是中等强国身份的历史演进，这一身份是形成澳大利亚对外战略的基础。其次通过比较研究21世纪初期先后发布4份澳大利亚《国防白皮书》来理解澳大利亚的国家安全战略，在立足于文本的基础上讨论澳大利亚国家安全利益的层次、澳大利亚对于安全环境的整体评估以及澳大利亚对于中国崛起在国家安全层面的理解。然后本文简要讨论中国和平崛起的对外战略，重点放在和平崛起与和谐世界的相互关系上。受篇幅限制，中国的国家安全战略不在讨论范围内，这样做的另外一个考虑就是澳大利亚由于其地理位置和国力的限制对中国国家安全不构成实质性威胁。最后本文通过比较中澳对外战略来探寻双方在亚太国际关系体系中的共存度问题。

一、澳大利亚中等强国的对外战略

在国际关系中，国家基于对自己在国际社会中位置和角色的特定认识来制定对外战略。有的国家对外战略保持了长期一致性，比如美国从

① Robert Jervis, "Realism, Neorealism and Cooperation: Understanding the Debate", *International Security*, No.1, 1999.

二战结束后就一直以霸权作为自己对外战略的核心问题而将霸权护持作为自己对于这一问题的回答，因此，美国的对外战略无一不从维持自己在全球乃至各地区霸权的考虑出发，即使后冷战时期美国强调通过为国际社会提供公共产品而换取自身作为霸权国的合法性，霸权仍然是美国对外战略的基本目标[①]。而有的国家其对外战略在二战后发生了比较大的改变。比如英国在二战后曾经期待通过外交来维持自己的全球大国地位，但到50年代末60年代初期，英国的这种对自身定位的偏差很快就被国际政治现实纠正过来，英国从而采用了更为符合实际的外交战略，极力通过构建国际社会来平衡实力的不足从而继续发挥自己在欧洲乃至世界政治中的影响力[②]。再比如中国从1949年以来对于自己的定位经历了从世界革命中心到国际社会中崛起大国的转变，体现在对外战略上也从输出革命转向和平崛起[③]。当然一个国家并不完全依据对于自己在国际体系结构中的地位的认识来制定对外政策，内部的政治因素，其他国家尤其是大国的对外战略以及本国在国际社会中的合法性也是国家制定对外战略时重要的考虑因素[④]。但是一个国家在国际社会中的位置和角色是其制定对外战略的基本出发点，也是理解和分析特定国家对外行为逻辑的基本参照系。

澳大利亚的对外战略同样建立在对于本国在国际体系中的位置和角色的认识基础之上，而这一认识的基础就是对于“中等强国”身份的界定。澳大利亚对于自己中等强国身份的认识始于澳大利亚政治家对于二战后重建国际秩序的思考，而促成这种思考的根本动因则是对战后大国主宰国际关系的深切担忧——澳大利亚政治家因此力争在二战后国际关

---

① 秦亚青：“权势霸权、制度霸权与美国的地位”，《现代国际关系》，2004年第3期。门洪华：“西方三大霸权的战略比较—兼论美国制度霸权的基本特征”，《当代世界与社会主义》，2006年第4期。

② 丁虹，李林：“战后英国外交政策指导思想的演变”，《现代国际关系》，1985年第1期，第23页。王振华：“战后英国外交政策的演变”，《西欧研究》，1986年第2期。

③ 杨奎松：“新中国的革命外交思想与实践”，《历史月刊》，2010年第2期。

④ Christian Reus-smit, *The Moral Purpose of the State: Culture, SocialIdentity, and Institutional Rationality in International Relations*, Princeton University Press, 1999.

系中有本国的一席之地而不至于让大国完全主导自己的命运。1945年4月，时任科廷政府外交部长的伊瓦特（Evatt）为了提高澳大利亚在国际事务中的发言权开始使用中等强国这一概念来形容包括澳大利亚在内的对于地区安全有着重大影响力的国家①。伊瓦特主要从澳大利亚对于亚太地区安全的重要性以及澳大利亚在亚太地区国际关系体系结构中的实力地位来界定澳大利亚的中等强国身份。在他看来，每个地区都有特定的中等强国，这些国家既区别于美国和苏联这样的全球性大国，也区别于那些在地区安全事务中无足轻重的小国，中等强国“因为自己的资源和地理位置从而证明自己在维持世界不同地区安全方面的重要性”②。

冷战时期美苏两大阵营的尖锐对立加上核武器的巨大杀伤力直接威胁到了世界和平。澳大利亚尽管远离冷战的中心地带，但仍然感觉到巨大的安全压力。为此，一方面出于安全考虑与美国结盟，依靠美国的安全庇护来解决自己的安全问题。另一方面，澳大利亚在冷战时期拓展了中等强国身份的含义，开始强调自己在国际政治中的沟通与桥梁作用，这使得中等强国具有了特定的功能特征，可以缓和阵营之间的对立以及限制核武器的发展。1964年澳大利亚外长巴威客（Garfield Barwick）指出，“澳大利亚在多个方面而不仅仅一个方面是一个中等强国”，这里的多方面除了伊瓦特基于实力和地缘政治重要性的传统理解之外，还包括澳大利亚介于穷国和发达国家之间的中间位置以及所拥有的欧洲历史文化背景与亚洲地理位置③。两年后，巴威克的继任者哈斯拉克（Paul Hasluck）也明确指出“澳大利亚处于非亚洲和亚洲的中间桥梁位置……澳大利亚所有的外交政策都是为了不遗余力地扮演好这一角色”④。在冷战时期澳

① Carl Ungerer, “The ‘Middle Power’ Concept in Australian Foreign Policy”, *Australian Journal of International Affairs*, No.4 2007, p.541.

② Herbert Evatt, *Australia in world Affairs* (Sydney 1946).

③ *Commonwealth Parliamentary Debates*, House of Representatives, 11 March 1964, p.486.

④ David Goldsworthy, Facing North: A Century of Australian Engagement with Asia, Volume 1 (Melbourne 2001, p.281.转 引 自Carl Ungerer, The ‘Middle Power’ Concept in Australian Foreign Policy”, *Australian Journal of International Affairs*, No.4 2007, pp.544-5.

大利亚中等强国的桥梁作用在军备控制领域表现得非常明显，一个突出的例子就是澳大利亚外长海登（Bill Hayden）在1984年11月发起裁军倡议，邀请美苏两国商谈核军备控制问题[①]。

随着苏联的解体和冷战的结束，冷战时期形成的以社会主义和资本主义两大阵营对立为主要特征的两极格局也荡然无存。国际体系的巨大变迁对于中等国家影响深远：第一，极大改善了中等强国的安全环境，这对于冷战期间加入美国阵营的国家尤其如此；第二，使得中等强国在国际舞台上拥有了更多的空间，而这一舞台展现出的多样性也使得中等强国可以更好地借助多边机制来更好地发挥自己的作用。随着国际体系结构的深刻变动，澳大利亚政治家对于澳大利亚中等强国身份的认识也发生了变化。这主要体现在对中等强国的角色和功能界定上的改变：安全环境的极大改善加上外交空间的极大拓展导致中等强国从以往局限于大国集团之间或者发达国家与发展中国家之间的桥梁变成了国际社会中具有独立行为的意愿和能力的重要行为体，其关注的问题也从传统安全问题扩展到非传统安全问题。按照上世纪90年代初期时任澳大利亚外交部长的埃文斯（Gareth Evans）的理解，“在大多数时候中等强国的实力都不足以按照自己的意愿行事，然而中等强国能够说服与它们具有类似想法的国家赞同自己的意见，并因此采取一致的行动”[②]。在对于中等强国身份的这种明显带有多边主义和国际主义倾向的理解基础上，澳大利亚的对外战略开始逐渐与美国拉开距离，并且开始作为国际社会的独立行为体与其他中等强国一起针对一系列议题展开合作，这为澳大利亚在冷战结束的前十年里赢得了良好的声誉[③]。

从20世纪末到21世纪初期，澳大利亚对于中等强国身份认同在霍华

---

① Paul Malone, “Hayden’s arms talk plan poll coup”, *The Canberra Times*, November 22nd, 1984.

② Gareth Evans and Bruce Grant, *Australia’s Foreign Relations in the World of the 1990s* (Melbourne,1995), p. 344.

③ Carl Ungerer, “The ‘Middle Power’ Concept in Australian Foreign Policy”, *Australian Journal of International Affairs*, No.4 2007, p.548.

德（John Howard）执政时期被抛弃。澳大利亚2003年2月的外交贸易政策白皮书明确将自己定位为“位于亚太的西方国家”，强调西方价值观是澳大利亚的立国之本，是澳大利亚的“国家精神”，同时“也是我们处理各种国际商务的指导方针”[①]。基于对澳大利亚身份的这一基本判断，霍华德政府的外交在战略层面完全以美国马首是瞻。在此期间，澳大利亚一方面以美国为样本提升军事实力，增强与美国的军事合作，全面提升美澳军事同盟关系，澳洲军队开始改为美军建制并且接受美式训练，频繁与美军进行军事演习，另一方面，澳大利亚在国际上频频发声支持美国的军事战略和行动，比如2006年3月澳大利亚积极参与针对中国的美澳日三边安全对话以及2007年初公开支持美国增兵伊拉克[②]。导致霍华德政府摒弃澳大利亚中等强国身份的因素有很多，其中最主要的原因还是霍华德从大国政治的角度考虑澳大利亚的国家利益，从而一方面对美国能给澳大利亚带来的国家利益期待过高而过分依赖美澳双边关系，而另一方面又对多边国际机制能给澳大利亚带来的利益心存疑虑而抵触任何多边外交[③]。外交方面这种直接将美澳双边关系与澳大利亚国家利益挂钩的做法也是霍华德政府被广为诟病的重要原因，因为这完全失去了中等国家对外关系的灵活性和主动性[④]。

陆克文（Kevin Rudd）上台后认识到仅仅依靠超级大国并不能解决澳大利亚在后冷战时期遇到的核心问题，因此在执政初期迅速改变了其前任霍华德背弃澳大利亚中等强国身份的做法，转而强调更主动积极地发挥澳大利亚在国际社会中的中等强国作用[⑤]。促使陆克文政府重新回归

① *Australia's Foreign and Trade Policy White Paper 2003*, Canberra: DFAT, Australia, 2003, pp. vii-viii.

② 丁念亮，王明：“霍华德时期澳大利亚在中美之间的平衡”，《太平洋学报》，2010年第2期，第50页。

③ 候敏跃：“后冷战时期澳大利亚对华政策和态度中的美国因素”，《历史教学问题》，2011年第6期，第70页。

④ Kevin Rudd, “Leading, Not Following: The Renewal of Australian Middle Power Diplomacy”, an address to the Sydney Institute, 16 September 2006.

⑤ Ibid.

到中等强国身份认同的主要原因包括以下三点。首先，陆克文认识到国家间日益密切的经济活动导致了相互依赖程度的加深，从而使得以权力政治为工具作为解决国际问题的传统现实主义模式逐渐被国际社会所摒弃，而“相互依赖并不是一种理想主义的表达……相互依赖是21世纪新的现实主义”[①]。有鉴于此，传统安全问题和新兴的非传统安全问题都不能再简单依靠传统现实主义的权力政治逻辑来解决，而必须依靠国际社会的共识和共同努力。其次，美澳双边关系固然对于澳大利亚的国家安全和国际地位至关重要，但后冷战时期对于澳大利亚现实国家利益的帮助却很有限。霍华德时期澳大利亚将美国视作自己实现国家利益的最重要助力，然而一方面美国国力衰落而中国崛起成为美国霸权强有力挑战者，地区乃至世界秩序在这一过程中被重建，而澳大利亚在国际关系新秩序中的地位和作用决不可能仅仅依靠与美国的紧密双边关系就能实现；另一方面，美国在国际社会中的行为是以美国的霸权为首要考虑的，美国极端利己主义的做法非但没有给澳大利亚实现自己的国家利益带来帮助，甚至因为引发了自20世纪30年代世界经济大萧条以来最大的世界经济危机，而使得澳大利亚的经济备受打击。此外，美国在国际社会中的合法性被一系列践踏国际法的对外军事行为极大削弱，这也增加了澳大利亚在国际社会继续遵循简单跟随美国战略的困难[②]。第三，澳大利亚国际关系研究的传统影响到澳大利亚政治家对于对外战略的制定。澳大利亚国际关系学从建立伊始就深受英国国际关系学的影响，这一点在英国学派发展壮大以后尤其如此。英国学派最重要的理论家布尔（Hedley Bull）来自于澳大利亚，而布尔的代表作《无政府社会》是在他任教于澳大利亚国立大学期间（1967-1977）完成的。考虑到《无政府社会》作为英国学派理论奠基之作的地位，加上在澳大利亚国际关系学界至今仍然存在的对于布尔的高度认同，英国学派对于澳大利亚国际关系学的影

---

① Kevin Rudd, Address to the United Nations General Assembly, September 25th, 2008.

② Mark Beeson: “Can Australia save the world? The limits and possibilities of middle power diplomacy”, *Australian Journal of International Affairs*, No.5, 2011, p.565.

响可想而知。因此，英国学派（或者英国学派学者自称的传统现实主义）对于权力、安全和国际社会的关注也深刻影响到澳大利亚国际关系学者，而后者则通过为澳大利亚外交提供各种智力支持将自己对以上三方面的关注融入到国家的对外战略中去。

总的来说，虽然澳大利亚政府在不同时期对于中等强国的定义有着不同的理解，但中等强国的定位是霍华德之外历届澳大利亚政府制定对外战略时的重要参照。值得注意的是，澳大利亚对于自己中等强国身份的理解既有历史延续性，在不同历史时期也有不同的特征。中等强国身份在战后初期被澳大利亚政治家使用时是与地缘政治和地区安全密切挂钩的——澳大利亚作为南太平洋地区的大国在地区安全与稳定方面负有特殊的责任。这一时期澳大利亚中等强国身份所包含的区域地理特性以及对于国际安全的专注使得澳大利亚与其他中等强国比，如加拿大，有所区别，后者更多强调自己在国际社会中的各种功能。然而，随着冷战期间两大阵营尖锐对立，澳大利亚在面临日益严峻的安全困境时很快选择了依附美国以寻求安全庇护，澳大利亚中等强国身份中的地区大国含义因此被淡化。与此同时，以核武器为标志的各种大规模杀伤性武器的出现使得全人类的生存受到威胁，而且除了美苏两个超级大国之外，其他国家都无法来管控这种威胁，针对这一问题，澳大利亚作为沟通对立两大集团的桥梁，以及作为发起与组织关于特定国际议题的多边谈判的功能逐渐凸显起来，因此，澳大利亚中等强国身份也开始具备跨越地缘政治限制的功能性特征。而随着冷战结束和单极格局的出现，澳大利亚中等强国身份延续并且发展了以往的功能性和地缘政治双重特征。澳大利亚一方面强调作为美国盟国的重要性[①]，另一方面发展对华关系，提出做中国的诤友，并且希望成为霸权国与新兴大国之间的桥梁[②]。此外，澳

① Kevin Rudd, "The Australia-US Alliance and Emerging Challenges in the Asia-Pacific Region", speech at the Brookings Institution, Washington, DC, March 31st 2008.

② Michelle Grattan, Brendan Nicholson, "The Prime Minister finds His Voice", *The Age*, 12 April, 2010.

大利亚发起并且参与到各种地区或国际多边活动中，努力在国际社会共同关注的涉及到全人类利益的问题比如温室气体排放方面发挥自己的引领者作用①。与此同时，澳大利亚还强调自己作为亚太地区甚至印—太地区中等强国对于地区安全的贡献，包括对于地区一体化的各种倡导和促进作用。

对中等强国身份的双重理解导致了澳大利亚对外战略出现两个侧重点，即一方面坚持美澳同盟双边关系的特殊重要性，另一方面极力推动地区多边合作；一方面强调澳大利亚的国家利益，另一方面宣扬区域甚至全人类的共同利益。这种做法被认为是“澳大利亚中等强国外交的固有结构性矛盾”②，导致了澳大利亚对外战略在实施过程中困难重重，比如使得陆克文政府外交“徒具高尚情操，却缺乏实施途径”③。对于澳大利亚中等强国身份及其对于澳大利亚对外战略的影响当然会有不同的理解，然而普适性的道德规范与利己的利益考虑之间的对立并不是澳大利亚中等国家身份所独有的特征，而是在绝大多数国家外交战略中都普遍存在的现象，这一方面最为人所熟知的就是美国例外论④，而且研究表明例外论并不是美国外交所独有的特点，从历史上来看，大革命后的法国以及十月革命后苏联也都是如此⑤，甚至对于中国对外关系而言，中国例外论也是一种常见的倾向⑥。因此内在逻辑上的自洽性作为衡量一国对外战略的标准并不恰当，从国家的身份认同的演进过程来理解现在的对外战略更具有可靠性。毕竟历史是我们定位现在的参照，而过去的历史也

---

① 李伟，何建坤：“澳大利亚气候变化政策的解读与评价”，《当代亚太》，2008年第1期，第114页。

② 唐小松，宾科：“陆克文‘中等强国外交’评析”，《现代国际关系》，2008年第10期，第18页。

③ Mark Beeson: “Can Australia save the world? The limits and possibilities of middle power diplomacy”, *Australian Journal of International Affairs*, No.5, 2011, p.566.

④ 周琪：“‘美国例外论’与美国外交政策传统”，《中国社会科学》，2000年第6期。

⑤ K.J.Holsti, “Exceptionalism in American foreign policy: Is it exceptional?” European Journal of International Relations, No.3 2010.

⑥ Zhang Feng, “The Rise of Chinese Exceptionalism in International Relations”, *European Journal of International Relations*, No.2, 2013.

成为一种现在的文化[①]。从这样的角度来看，澳大利亚对外战略中对于美澳双边关系的强调在一定程度上是其在历史上处理安全问题时长期实践所形成的外交传统，这种传统具有惯性，一方面在没有受到强烈外部因素刺激的时候仍然会继续下去，另一方面在受到不同外部因素刺激时会产生强化或者弱化的结果。但显而易见的是，这种传统本身并不是澳大利亚对外战略的目的，而是实现中等强国身份的一个有效通道，而建立在多边合作基础上的国际社会秩序也是澳大利亚实现其中等强国身份的可能途径，但是前提必然是解决其安全顾虑。因此看上去具有内在逻辑矛盾的对外战略实际上是有着其内在一致性的。这一点有助于讨论澳大利亚外交对于南海问题的影响。

二、以本土安全为核心的澳大利亚国家安全战略

对澳大利亚中等强国身份的简单回顾使得我们对于澳大利亚对外战略的历史延续性和内在逻辑有了一个大致的了解，接下来讨论澳大利亚的国家安全战略。对于澳大利亚国家安全战略的分析和评价在很大程度上基于对澳大利亚官方文本尤其是《国防白皮书》的解读。然而，中国学者对于同一文本出现了不一致的解读，以2009《国防白皮书》为例，有学者认为白皮书只是"隐含将中国视为潜在威胁"[②]，而另外一些学者则认为白皮书是在"严重地警告"中国不认真解释军事现代化会出现的严重后果[③]，还有学者强调白皮书"指名道姓地称中国是澳大利亚国家安全最大的威胁"[④]，或者指出白皮书声称"中国军事现代化引起邻国担

---

① Barry Hindess, "The Past is Another Culture", *International Political Sociology*, No.1, 2007.

② 胡欣："澳大利亚的战略利益观与'中国威胁论'—解读澳大利亚2009年度国防白皮书"，《外交评论》，2009年第5期，第133页。

③ 崔越："从国防白皮书看澳大利亚的国家安全战略"，《江南社会学院学报》，2014年第1期，第11页。

④ 于镭，萨姆苏尔康："'中等强国'在全球体系中生存战略的理论分析"，《太平洋学报》，2014年第1期，第52页。

忧”[①]。对于同一文本的以上不一致解读不仅仅源于视角的差异，在很多时候更是不严格对照文本随意发挥的结果。比如有学者引用2009年澳大利亚《国防白皮书》的原文指出澳大利亚认为亚太地区“不排除在大国间发生高强度战争的可能性”[②]，然而这一引用并不存在于《国防白皮书》原文中，甚至与白皮书的原文所表达的意思大相径庭。要解决以上分歧，最简单的方法就是从《国防白皮书》文本本身出发来解读澳大利亚的安全政策，而不是采纳一些真假难辨的消息来理解一个国家的对外政策。鉴于篇幅的限制，本文讨论的重点放在21世纪初期澳大利亚发布的《国防白皮书》，也即是通过对发布于2000年、2009年和2013年的《国防白皮书》以及2014年发布的2015年《国防白皮书》讨论稿的比较与分析来理解澳大利亚政府对于以下三方面问题的理解：第一，澳大利亚国家安全利益；第二，21世纪澳大利亚国家安全的整体环境；第三，中国崛起对澳大利亚安全的可能影响与途径。此外，2008年陆克文政府发布的《国家安全声明》，以及2013年1月23日吉拉德政府发布的澳大利亚《国家安全战略》也是分析澳大利亚安全战略的重要来源。

澳大利亚国家安全战略的目的是维护其多层次的国家安全利益。从2000年至今，澳大利亚《国防白皮书》都是以地理位置为依据划分国家安全利益，而各版本的白皮书都将澳大利亚本土安全作为国家安全的核心利益。2000年的《国防白皮书》将国家安全利益分为五个层次，由内向外依次为：对于保卫澳大利亚本土和直接通道；构筑澳大利亚直接毗邻国的安全；加强东南亚地区的稳定与合作；维持亚太地区的战略稳定；以及为维护国际社会安全做贡献[③]。而2009年《国防白皮书》则将国家安全利益划分为了四个层次，依次是澳大利亚本土安全；直接毗邻国安全、

---

① 候敏跃：“后冷战时期澳大利亚对华政策和态度中的美国因素”，《历史教学问题》，2011年第6期，第72页。

② 李洪斌：“澳大利亚对华政策调整—对比分析2009及2013澳大利亚国防白皮书”，《鸡西大学学报》，2013年第12期，第41页。

③ Department of Defence, Australian Government: *Defence 2000—Our Future Defence Force*, p.x.

稳定与团结；亚太地区的战略稳定；以及建立在规则基础上的稳定的全球安全秩序①。而2013年的《国防白皮书》也将澳大利亚国家安全利益分为四个层次，然而内容却出现了变化，依次分为澳大利亚本土安全；南太平洋与东帝汶的安全；印—太地区的稳定，尤其是东南亚以及海洋环境；以及建立在规则基础上的稳定的全球秩序②。

对于国家安全整体环境的评估是澳大利亚制定国家安全战略的基本出发点。从2000年至今，澳大利亚《国防白皮书》对于国家整体安全环境的评估越来越持谨慎态度。霍华德政府时期发布的2000年度《国防白皮书》对于国家安全环境持乐观的立场，并且将澳大利亚良好的国际安全环境归结为五个要素："尽管面临复杂的地区环境，今日之澳大利亚是一个安全的国家，这得益于我们的地理位置，与邻国的良好关系，地区内国家间冲突的低概率，我们强大的武装力量以及与美国的亲密盟友关系。不可能出现对于澳大利亚的直接军事进攻"③。然而，这一基本判断在2009年《国防白皮书》发布时出现了变化，一方面白皮书仍然认为"今日之澳大利亚是世界上最安全的国家之一"，另一方面却花很多篇幅强调指出地区内国家间冲突概率发生了变化，虽然亚太地区形势恶化的可能性很小，但是并没有小到可以被忽略不计的地步，因此澳大利亚不能忽略这一变化所带来的切实风险，这种变化有可能增加澳大利亚受到直接武力攻击的可能性，也有可能使得澳大利亚战略利益严重受损④。值得注意的是，2013年《国防白皮书》包括同年发布的《国家安全战略》虽然没有如以往那样判断澳大利亚国家安全环境的整体状况，但这两份公开文件罗列出了从地区到全球、从政治到经济到科技环境的一系列重大变化，这预示着"澳大利亚国家利益面对的逐渐累积的风险要比冷战结束

---

① Department of Defence, Australian Government: *Defending Australia in the Asia Pacific Century: Force 2030*, pp.41-4.

② Department of Defence, Australian Government: *Defence Paper 2013*, pp.24-7.

③ Department of Defence, Australian Government: *Defence 2000—Our Future Defence Force*, p.ix.

④ Department of Defence, Australian Government: *Defending Australia in the Asia Pacific Century: Force 2030*, pp.25-7.

后任何时期都要高”[①]。及至2014年发布的2015年《国防白皮书》讨论稿，澳大利亚对于国家安全环境的整体判断变得更加谨慎。这一讨论稿一方面指出在现有形势下不太可能爆发大规模传统战争，另一方面强调近年来多种迹象表明国家间战争仍然完全可能出现——“国家认为符合自己国家利益时就能够而且愿意诉诸武力来解决问题”。而在延续了2013年《国防白皮书》罗列各种从单个国家到地区的诸多风险的做法以后，这一讨论稿强调指出澳大利亚国家安全环境变得复杂，而未来难以预料，因此“国防政策需要考虑‘最坏的情景’以便应对出人意料的危机”[②]。

中国的崛起是改变澳大利亚安全环境的一个至关重要的变量，总的来说，澳大利亚《国防白皮书》是以大国对地区国际关系结构影响的分析框架来理解中国崛起的意义，因此在讨论与中国相关问题时提出的核心问题是中国对于亚太地区乃至印—太地区权力结构变迁的可能影响。从2000年至今，澳大利亚官方公布的白皮书对于这一问题的解答是不同的。2000年的《国防白皮书》认为，大国关系（中、日、印度、俄罗斯以及美国）是亚太地区安全的关键因素，“这些国家之间的关系设定了整个地区的基调”。而中美日三国关系则将决定东亚战略安全结构。美国是亚太地区安全的中心，扮演着在今后数十年维持地区安全的关键角色，而中国则是本地区安全影响力增长最快的国家，是日益重要的战略对话国。就中美关系而言，中美两国都认识到处理好双边关系的重要性，但是中美关系存在一些重要问题特别是涉及到台湾的问题，因此，中美关系可能在未来成为地区紧张局势的重要诱因[③]。2009年的《国防白皮书》继续强调亚太地区大国关系的重要性，但是将大国关系的焦点放在中美关系上——“中美关系将是本地区乃至全球层面的关键国家间关

① Rory Medcalf and James Brown, *Defence challenges 2035: Securing Australia's lifelines,* Lowy Institute for International Policy, November 2014, p.3.

② Department of Defence, Australian Government: *Defence Issues Paper: A discussion paper to inform the 2015 Defence White Paper*, pp.9-10.

③ Department of Defence, Australian Government: *Defence 2000—Our Future Defence Force*, pp.19-37.

系。如何治理北京与华盛顿之间的关系将是关系到亚太地区战略稳定的重中之重”。中国的崛起将会改变亚太地区的权力结构，“因为其他大国的崛起以及美国优势地位不断地遇到挑战，权力关系不可避免地会发生改变”[①]。虽然2009年白皮书表达出对于中国军力增长的担忧，但一方面中国军力增长是客观存在的过程，相关国家对于这一过程有所担忧也完全可以理解，这和中国威胁论是有本质区别的；另一方面2009年白皮书对于这一问题的表述是委婉的，在强调中国将会发展成为全球性重要军事力量的同时，只是指出“如果中国不加以仔细说明或者不与他国沟通以建立对其军事计划的信任，那么其邻国就可能对其军队现代化的速度、规模和结构产生担忧”[②]。2013年《国防白皮书》以及2014年的《国防白皮书》讨论稿延续了以往关于中美关系对于地区安全与稳定至关重要的看法，并且都明确表示不会在中美之间做出战略选择。但是，这两份白皮书都以中美关系的现实状态来解释澳大利亚政府不在中美间做选择的立场，这使得这两份白皮书所制定的对美对华战略的稳定性成为了问题：一旦中美关系出现问题或者甚至严重对立，澳大利亚2013年白皮书所表示的鼓励中国和平崛起的姿态以及2014年白皮书讨论稿所宣称的同时深化与中国以及与美国双边关系的策略是否还能延续就很值得怀疑了。

三、以和谐世界为导向的中国对外战略

在简要分析澳大利亚对外战略和国防安全战略之后，接下来分析中国对外战略。这是因为一个国家的战略受到其他国家尤其是大国的对外战略的影响，这是一个互动的过程。要分析澳大利亚对外战略对中国乃至对南中国海问题的影响，就必须同时考虑中国对外战略，分析二者共

① Department of Defence, Australian Government: *Defending Australia in the Asia Pacific Century: Force 2030*, pp.33-34.

② Department of Defence, Australian Government: *Defending Australia in the Asia Pacific Century: Force 2030*, p.34.

存的可能性。长期以来，中国对外战略的核心问题是中国与国际体系的关系。这涉及到对于两方面问题的基本判断：一是关于国际体系的判断，即关于国际体系是什么以及应该是什么的本体论回答；二是对于中国身份的判断，界定中国在国际体系中的角色。在不同历史时期，中国对这两个问题给出了不同的答案。在毛泽东时期，中国领导人将世界划分为处于对立与分裂状态的三部分，不同世界之间的“战争与和平”问题是根本问题，而中国作为第三世界国家长期游离于国际体系之外，拒绝承认国际体系的合法性，并且以推翻国际体系或者与国际体系对抗为己任①。在邓小平时期，中国开始改变对于国际体系的判断，提出“和平与发展”是世界的两大主题②，并且不再将自己视为国际体系的挑战者，而是试图成为国际体系中的一员③。到了21世纪，中国对于国际体系的界定在邓小平时期基本判断的基础上继续向前发展。一方面中国对现实世界做出了客观分析，认为国际关系中“一超多强”的格局在短时期内不会遇到挑战，因而是相对稳定的，这也意味着美国的全球霸权在短时期内即使出现某种程度上衰减，然而距离讨论国际体系中霸权转移还为时尚早④；另一方面中国对世界的未来发展做出了明确的价值判断，指出世界的未来发展应该以人类共同体意识建立持久和平从而实现共同繁荣的和谐世界⑤。而中国对于自身的定位也有了一个新的发展。中国不仅将自己视作国际体系中的一员，而且开始审视自己对体系可能的贡献与责任，

---

① 傅耀祖：“毛主席关于战争与和平问题的若干论述”，《外交学院学报》，1993年第4期。肖飒：“建国以来毛泽东国际关系思想浅谈”，《云南社会科学》，1993年第6期。

② 姜义华：“和平与发展：当今时代的两大主题”，《复旦学报（社会科学版）》，1994年第1期。

③ 关于中国融入国际社会过程的探讨，参见Zhang Yongjing, *China in International Society*, Oxford University Press, 1998。

④ 畅征：“‘一超多强’局面，一时难变”，《领导科学》，2012年第17期。徐进：“金融危机难以颠覆‘一超多强’格局”，《世界经济与政治》，2008年第12期。王缉思：“浅论中美关系的大环境和发展趋势”，《美国研究》，2006年第1期，第90页。

⑤ 王生，尹承德：“关于‘构建和谐世界’的几点思考”，《国际问题研究》，2006年第4期。陈启懋：“中国政治理念的历史性转变—兼论构建和谐世界的理论根据”，《国际观察》，2006年第6期。刘美武：“和谐世界：国际关系的核心价值”，《学术评论》，2011年第6期。郑必坚：“中国和平崛起道路与构建利益共同体”，《社会科学报》，2013年3月28日第1版。

提出了“负责任大国”作为自我身份认同构建的目标[①]。

基于对21世纪国际关系的总体把握，中国提出了“和平崛起”的对外战略。和平崛起战略是一种自我限制的对外战略，意味着和平成为中国崛起的限制条件——“和平崛起战略决定了我们不可能以战争手段实现民族复兴，自然也不能以战争手段确立中国的地区大国地位”[②]。这表明了中国避免与体系中霸权国发生直接的对抗甚至冲突的意图，尝试以和缓变革而不是激烈剧变甚至暴力冲突的方式改变国际体系的结构从而实现自己大国崛起的目标[③]。“和平崛起”战略的关键就在于必须同时实现中国的大国崛起与维护国际体系的整体和平两个目标，而不是如同个别学者那样简单地将崛起视为最终目的，而将和平视为可以随时放弃的手段[④]。

只有将和平也作为中国对外战略的目标，强调和平与崛起这两者的同等重要性，“和平崛起”的战略目标才有获得成功的可能性。为此，中国需要在维持国际体系整体和平的前提下实现自己的崛起从而以可控的方式实现体系结构的变迁，否则“和平崛起”的战略目标就以失败告终。需要注意的是，这里的失败是指“和平崛起”战略的失败，而不是中国在国际体系中崛起的失败。换句话说，中国可以通过发动战争的方式来实现崛起的目标，然而一旦采取这种途径，不论成功与否，都证明了中国“和平崛起”战略从制定到实施都取得失败。

与“和平崛起”战略相对应，“和谐世界”是中国对于国际关系未来发展方向的价值取向，既是中国对于现有国际制度的批判性反思的结果，又是中国国内政策向外的延伸。一方面，从上世纪80年代后期开始，中国就一直对由西方国家建立和主导的世界政治、经济秩序提出了诸多批

---

① 徐正源：“权利与责任：冷战后中国负责任大国身份的构建”，《复旦国际关系评论》，2008年。吕晓莉：“‘中国责任论’语境下‘负责任大国’外交理念浅析”，《当代世界与社会主义》，2009年第4期。

② 李向阳：“中国周边战略目标与面临的挑战”，《现代国际关系》，2013年第10期，第38页。

③ 刘杰：“和平崛起与中国国际战略的理念创新”，《世界经济研究》，2004年第6期，第9页。

④ 阎学通：“对‘和平崛起’的理解”，《教学与研究》，2004年第4期，第6页。

评，从那时起建立国际政治经济新秩序就一直是中国的长远目标[①]。进入21世纪以后，与以往通过抵制现有秩序来表达强烈不满的做法不同，中国开始建设性地提出自己对国际政治经济新秩序的构想，而“和谐世界”则是这一尝试的最新成果。另一方面，“和谐世界”以及在亚洲层面的“和谐亚洲”战略是继中国国内的“和谐社会”战略目标之后提出的中国对外战略，这三者之间有着密切的关联性[②]，可以视作是中国领导人对于国内社会的构思向国际社会的延伸和发展[③]。如果说和平崛起只是中国对于国际体系整体和平所做出的承诺的话，那么和谐世界就是中国对于国际体系向良性发展所提出的建设性意见，其潜在的价值不容忽视。可以将和谐世界视作中国的长远战略目标，而和平崛起是实现这一目标必不可少的条件。从这个角度而言，中国21世纪国际战略是以和谐世界为导向的和平崛起战略。

四、中国与澳大利亚在亚太国际关系中的共存度

澳大利亚以中等强国身份为基础的对外战略，以本土安全为核心的国家安全战略，以及中国以和谐世界为导向的和平崛起战略，决定了中澳两国在战略上不会产生直接的对立，在国家安全利益上也不会相互威胁，因此在亚太国际关系格局中具有很好的共存度。这其中的原因主要有以下两点：

---

① 王文学，郭保珠：“对建立国际政治新秩序战略主张的思考”，《现代国际关系》，1989年第3期。陈启懋：“变化中的亚太格局—在亚太地区建立国际政治新秩序初探”，《国际展望》，1989年第11期。梁守德：“关于建立国际政治新秩序的几个理论问题”，《国际政治研究》，1989年第1期。

② 阎学通：“和谐社会与和谐世界的政策关系”，《国际政治研究》，2006年第1期。吴同瑞：“构建和谐社会、和谐世界与中华文明”，《北京大学学报（哲学社会科学版）》，2007年第1期。Rosemary Foot：“中国与亚太的安全秩序：‘和谐社会’与‘和谐世界’”，《浙江大学学报（人文社会科学版）》，2008年第1期。

③ 黄友牛，郑芳，梁东兴：“从和谐社会到和谐世界—胡锦涛和谐思想的新发展”，《社会主义研究》，2007年第6期。

（一）澳大利亚中等强国身份基础上的对外战略与中国以和谐世界为导向的和平崛起战略之间既没有结构性冲突也不存在国家身份的重合，因此在很大程度上是可以共存的

中澳之间既不会形成类似于中美之间霸权国与崛起中大国的结构性矛盾①，也不会形成类似于中日之间以地区大国崛起为目标所带来的战略目标的竞争和对立②。作为一个在地理上被边缘化的西方发达国家，澳大利亚对于在地区乃至世界事务中被边缘化的危险始终抱着足够的警惕性，这是其在二战初期提出中等强国身份时的基本考虑，也是进入21世纪后中等强国身份继续存在的基础。因此，澳大利亚中等强国身份基础上的对外战略更多是为了强调澳大利亚在国际舞台上的存在和作用。

此外，以中等强国身份为基础的对外战略和以和谐世界为导向的崛起战略在很大程度上是可以共同促进的。以与澳大利亚有一定关联性的南中国海问题为例。中国可以通过与澳大利亚在南海问题上采取某种程度的协调与合作以稳定东南亚形势，从而解决对于自己和平崛起最有威胁的热点问题；而澳大利亚也可以通过鼓励甚至协助中国采取和平方式解决南海问题，从而实现自己本地区中等强国身份的功能。所以，从中澳双方的对外战略来衡量，双方在相关问题上的交流与合作对于实现各自的战略目标都有极大的促进作用。

（二）澳大利亚对于国家安全利益的界定，对于亚太安全整体环境的评估，以及对于中国对于地区安全的影响的评估都表明，澳大利亚并不会将中国视为对自己国家安全的直接威胁

首先，中国对于澳大利亚国家安全利益的影响有限，而且并不涉及其核心利益。中国并没有威胁到澳大利亚国家安全的核心利益——澳大利亚本土安全，中国对澳大利亚国家安全利益的第二个层次也就是澳大

① 朱锋："奥巴马政府'转身亚洲'战略与中美关系"，《现代国际关系》，2012年第4期。

② 楚树龙："日本国家战略及中国对日战略"，《现代国际关系》，2014年第1期。

利亚直接毗邻国的安全也不构成威胁。南海问题有可能对澳大利亚国家安全的第三个层次也就是亚太或者印—太地区的战略稳定造成某种程度的影响，然而，地区战略稳定并不是澳大利亚根本安全利益所在，况且中国在和平崛起对外战略的制约下，在南海问题上最有可能采取的措施是通过协商、海上危机管控等方式来争取和平解决争端，因此，澳大利亚国家安全利益的第三个层次也不会受到太大影响。至于说中国崛起改变了世界秩序，从而对澳大利亚国家安全的第四个层面的利益，也就是稳定的国际秩序造成可能的影响，澳大利亚作为现有国际秩序的受益者产生某种担忧是可以理解的。但是，现有国际秩序的不合理性是除了霸权国及其伙伴国之外绝大多数国家的共识，更重要的是，将国际秩序视作本国利益通常是霸权国或者世界强国的行为逻辑，这在实践中完全超出了澳大利亚中等强国身份所应该关注的范围。实际上针对澳大利亚中等强国身份与国际政治现实之间的脱节，澳大利亚学者深刻地指出，一方面澳大利亚认定自己能够在世界经济、全球安全以及国际制度建设方面发挥作用，而另一方面，澳大利亚又不得不承认以上三方面目前仍然是由大国而不是国际社会中的共识来决定的[①]。

其次，澳大利亚的国家安全利益结构决定了其不可能将有限的资源投入到与中国的对立甚至对抗中去。国内学者在比较分析2009年和2013年澳大利亚《防务白皮书》时通常认为是中国经济的影响力迫使澳大利亚政府改变了视中国为威胁的立场，转而欢迎中国的和平崛起[②]。这是不符合逻辑的。一个以中等强国身份为导向的国家，一个以本土安全为核心安全利益和以直接毗邻邻国为重要安全利益的国家，是不可能将过多的资源和精力投入到地区乃至世界秩序构建上来的。这一点在被广为批评的2009年《国防白皮书》上就可以看出来。即使被认为是直接宣布中

① Mathew Sussex, "The importance of being earnest? Avoiding the pitfalls of 'creative middle power diplomacy'", *Australian Journal of International Affairs*, No.5 2011, p.547.

② 李洪斌："澳大利亚对华政策调整—对比分析2009及2013澳大利亚国防白皮书"，《鸡西大学学报》，2013年第12期。

国是澳大利亚的安全威胁，2009年国防白皮书仍然明确提出，“澳大利亚政府重申‘一个中国’是澳大利亚的长期政策”①。

综上所述，澳大利亚与中国因为没有对外战略的结构性对立，而且各自对对方的国家安全核心利益也不造成威胁，加上双方日益密切的经济合作所形成的相互依存，因此有理由认为中国和澳大利亚之间在变动中的亚太格局中仍然会有比较好的战略合作空间。此外，如果中国应对得当，澳大利亚完全有可能对于中国崛起起到积极和促进的作用。

---

① Department of Defence, Australian Government: *Defending Australia in the Asia Pacific Century: Force 2030*, p.34.

南海周边地区国家利益中诸多因素及其历史转换

于文杰　朱静怡

[内容提要] 自西方殖民主义者入侵以来，中国南海的主权便开始遭受威胁；二战之后，西方殖民主义者将霸占我国南海的部分权益转移给被殖民者，使中国南海问题继续延伸；1982年，《联合国海洋法公约》在海牙得以通过，南海周边地区岛国和半岛国家扩大自己的权力要求，中国南海问题进一步面临挑战。合理把握中国南海周边国家利益中诸多因素及其历史转换的规律，对于我国南海权益捍卫过程中优先原则与均衡战略的制定具有重要意义。

[关键词] 南中国海　国家利益　历史转换　优先原则与均衡战略

[作者简介] 于文杰，中国南海协同创新研究中心研究员，南京大学历史系教授，博导；朱静怡，中国南海协同创新研究中心研究员，南京大学历史系博士生。

加拿大约克大学阿尔伯特·塔克先生在讨论英国海洋文明的时候，提出并论证贸易在英国海洋文明建设中的特殊位置，① 这一案例说明经济贸易利益的索取是殖民主义者早期历史发展的重要原则。然而，在后殖民时代，南海地区在殖民主义贻害的影响下的外交因素发生了根本的变化：经济贸易利益、土地海洋占有、海陆交通运输、军事实力存在、政治意识形态、战争历史记忆、国际社会机构、地下社会组织和民俗宗教文化等，均成为南海地区国家间角力的重要因素。然而，就在南海区域

① Albert Tucker, *A History of English Civilization*, New York, 1972, p.320.

而言，国家和地区的存在样式在不断转换，殖民者与被殖民者、国家与地区，以及国家与地区间国家利益诸多因素的优先原则与均衡战略，始终处于一种相对稳定、转换或不断变化的状态之中，这就成为中国南海问题研究中的一个新课题。

一、西方殖民主义是中国南海问题的根源

西方殖民主义对中国南海的早期伤害主要来自于英国、法国、美国和日本。他们利用自己先行发展的军事与航海技术、商贸与海上交通、宗教与文化渗透等方式率先来到南海，掠夺南海地区的自然资源和领土主权，篡夺原属于中国政府和人民对南海的部分权利。

（一）英国在中国南海的早期殖民主义活动

英国是最早闯入我国南海的国家之一。英国不仅自己在中国领土上推行殖民主义，还由于东印度公司与英帝国、英联邦国家等因素，在印度、马来西亚、菲律宾、印度尼西亚等国留下殖民主义的遗产，影响和破坏中国的领土和领海主权。

英国人达尔瑞姆剖1784年撰写的《中国海滩礁列举》这样说，1685年，即康熙24年，伊通船长（Captain Eaton）在经纬度11.20/114.12处发现了一片约1英里长的手帕状的沙洲，是干的和破浪礁群。……是十七世纪唯一的南海诸岛的经纬度记载，这当然是伊通船长一行测定的。[①] 可见，英国是西方列强最早闯入中国南海疆域的殖民主义国家，而且留下了真实而详尽的测绘与航海记录。

《新东印度及中国航海指南》记载，1750年9月，英国舰船“约克号”经过越南的昆仑岛向中国方向进发到西沙群岛，约克号沃德船长登上了

① Fabio T, Lopez Lazaro, *The Misfortunes of Alonso Ramfrez: The true Adventure of a Spanish American wish Seventeenth-century Pirates*; University of Texas Press, 2011, p.44, 167.

位于北纬15°40'到16°之间的"英国滩"(the English bank)，又称中沙暗沙（the Macclesfield Shoal)。沃德船长对那里的地形、方位与流向等作了详细的研究与记录。[①] 可以看出，西方殖民主义者早期进入南海的使命，主要是对我国南海的地理状况进行探测与观望。

《改良使用领航员手册》1802年出版于伦敦。据该书记载，苏格兰人达尔瑞姆剖（Alexander Dalrymple, 1737年7月24日-1808年6月19日）1752年任东印度公司写手，他1759年22岁时来到广州，从事南海的测绘工作，著《实用领航书》(Practical Navigation)。1765年，28岁的达尔瑞姆剖回到伦敦。1791年（乾隆56年)，英国船长亨利·斯普拉特里（Henry Spratly）发现了南沙群岛的美济礁（Mischief Reef）,命名来自船上的德国水手美济（Heribert Mischief)。

赖特和赫尔伯特编写的《东印度和中国新航海指南》1804年在伦敦出版，记录了哈尔勒船长（Capt. John Harle）从中国来到中沙群岛主岛(Macclesfield)。1807年，霍尔斯布尔格派罗斯指挥孟买号船舰到印度，任印度海军总测绘师，在孟买主持工作直到1849年，先后赴中国南海的东沙西沙等海域勘测，被称为"印度测绘之父"。1812年，英国人霍尔斯布尔格组织测绘南沙群岛的南威岛（Storm Island)。1852年版东印度公司的苏格兰上尉、船长霍尔斯布尔格著《印度指南》有神狐暗沙（St. Esprit Bank）一节的记述，是阿塞维尔多号（Asseviedo）于1755年5月17日从澳门到马尼拉的途中发现的。可见，早期英国进入中国南海，确实是与科考测量商务等正常活动联系在一起的。1856年，也就是鸦片战争爆发之后，英国人更加关注我国南海的政治与经济地位。据泰晤士报报道，W.P.贝特船长曾经这样描述：我们乘坐的船只穿过被厚厚的热带植物和高高的棕榈树覆盖的群岛。船上的乘客期望着早日到达向往的目的地，而对这些所经过的未被驯化地区视而不见，他们不知自己所绕开的这一区域在不远的将来必将进入世界历史的轨道之中。这一地区有着

---

① *A New Nautical Directory for the East-India and China Navigation*, pp.474-476.

丰富的煤炭和其他矿藏，有着令人难以置信的肥沃土地、阳光和雨水，一年之中交替出现，在文明的所有者手中必定拥有极其重要的政治和经济地位。① 贝特船长在耗费数月绘制海图、编制航海指令后，从勘测部调到服务部，然后他又被调到停泊在中国海域装备有十六支枪的“麻鸭号”舰船，② 并立刻启程，继续他的海上活动。

令人关注的是，他们此时的到来，承担着商务、测量和武装几种使命。1867-1868年，英舰司令里德（J. W. Reed）率英国船舰在中国东海和南海从事非法测绘活动。《中国测绘史》第二卷对此做了详细的介绍，1887年11月8日，英国三桅小帆船指向号由新加坡赴上海在南海一暗沙触礁。1906年，英国海军海图局的《中国海指南》提及指向暗沙（Director Shoal）,位置是北纬8.28度，东经115.56度。1921年，英国返回中国南海进行各种调查与测绘，并发展驻新加坡的海军基地。1923年，英国海军船舰依洛郭亦族号在马来西亚北婆罗洲的米里和沙捞越工作，并从事该地区的石油输出活动，此后进驻南中国海；1925年在杰克逊司令指挥下，在南沙群岛的双子群礁进行秘密调查与测绘。英国殖民主义者对南海的介入较早地给对中国海权带来消极影响，其基本方式是商业贸易、海洋岛屿测量与武力殖民扩张。

不仅如此，英国还两次发动对中国的鸦片战争，占领中国大批陆地城市与港口与海疆，这是早期殖民主义者，对中国带来伤害最多的国家之一。

（二）法国在中国南海地区的早期殖民主义活动

法国对我国南海诸岛权力的伤害不可低估：1898年12月，法国殖民者沙布里埃向殖民部提出，在中国西沙群岛建立为渔民建立供应站做买卖，没能实现。1899年6月，法国印度支那殖民总督杜梅向殖民部提出，

---

① John Bailie, *A Memoir of Capital W. T. Bate*, New York, 1859, p.67.

② John Bailie, *A Memoir of Capital W. T. Bate*, New York, 1859, pp.117-118.

为了不让其他殖民者在西沙群岛立足，主张建立一座灯塔作为日后主权要求的根据。1920年，法国开始对西沙群岛进行测绘；1930年，法国麦里休士号炮舰强行占领中国南沙群岛的南威岛；1927年，法国军舰拉内桑尔号窜入我南沙群岛“考察”。1930年，法国殖民者派出炮舰马尔修斯号等四艘强占我南沙南威岛并插上法国国旗。1929年7月，法国殖民者叫人查档案寻找材料，以图霸占我西沙群岛。1931年，法国殖民政府喉舌西贡《舆论报》两次发表社论，要求占领我西沙群岛。1931年12月4日，法国致中国驻巴黎使馆公函中公然声明其对我国西沙群岛拥有主权。1933年4月，作为越南宗主国的法国派出所谓“探险队”，抢占了包括南沙主岛在内的西沙、南沙两个岛群的6个岛，尔后又扩大为9个岛，这就是历史上令人震撼的“法国占领9小岛事件”。1933年7月26日，国民政府外交部发言人表示，向法国政府提出严正抗议。1938年7月3日，法国派军队占领我西沙群岛，并擅自建立气象站。1946年10月5日，趁国共战争爆发，一艘法国军舰占领了西沙和南沙群岛的南威岛、太平岛等岛屿，还在岛上建立了石碑。1950年，法国人将所占岛屿的管辖权和保护权交给了南越政权，但是无论法国还是越南始终无人涉足太平岛。然而，由于西方列强法国的介入，许多南海岛屿为中国与越南之间权力争端埋下了伏笔。1947年1月9日，法国外交部在巴黎提出了我国西沙群岛应属于越南的谬论。

二、殖民主义“遗产”使中国南海问题继续存在

作为所谓殖民主义遗产，殖民主义的继承人继续对中国政府和人民带来伤害。他们主要是越南、菲律宾、马来西亚和其他一些国家与地区。

（一）越南继承殖民主义“遗产”危害中国南海主权

在西方列强殖民主义的诸多案例中，法国到越南的转换是殖民主义双重伤害的典型：

1975年越南南北统一后，越南在南海问题上一改过去承认西沙、南沙为中国领土的态度，出动海军接收原为西贡当局占领的南沙海岛，还非法将西沙、南沙纳入其版图，改名为“黄沙群岛”、“长沙群岛”。1982年12月10日，《联合国海洋法公约》在牙买加的蒙特哥湾召开的第三次联合国海洋法会议最后会议上通过，[①] 1994年生效，已获150多个国家批准。公约规定一国可对距其海岸线200海里（约370公里）的海域拥有经济专属权。2002年，东盟各国签署了《南海各方行为宣言》，[②] 有关各方承诺根据公认的国际法原则，包括1982年《联合国海洋法公约》，由直接有关的主权国家通过友好磋商和谈判，以和平方式解决它们的领土和管辖权争议，而不诉诸武力或以武力相威胁。中国政府提出：主权归我、搁置争议、共同开发的主张。2008年年底，中越两国完成了陆地边界勘界立碑工作。但在海上划界问题上，中越不但没有达成任何划界协议，反而气氛越来越紧张。2009年，该区域争议再度升级，因为越南向联合国大陆架界限委员会单独提交了所谓“外大陆架划界案”，声称对中国的西沙和南沙群岛享有主权；

追逐现实利益是南海问题的核心所在：1974年开始，越南逐渐控制了白虎油田、大熊油田、白犀牛油田、青龙油田、东方油田等。越南在中越争议海域年产油量已达800万吨，占越南3,000万吨年产油量的相当比重。截至2008年，越南已从南沙共开采了逾1亿吨石油、1.5万亿立方米天然气，获利250多亿美元。2011年，越南原油出口达824万吨，增长3.3%，出口额72.4亿美元，增长46.1%。中国是越南原油第三大出口市场，2011年，越南对中国出口原油125万吨，增长111%。利益争夺伴随着南海问题斗争的历史。来自西沙、南沙及其附近大陆架和岛屿的海洋

---

① 1982年通过的《联合国海洋法》关于大陆架和经济专属区等问题的观点明显有利于岛国或半岛国家，有些条款可以进一步争取修正与完善。该海洋法的通过，也是海洋问题复杂化的重要起因之一。

② 《南海各方行为宣言》在《国际海洋法公约》的基础上，主张为增进本地区的和平、稳定、经济发展与繁荣，中国和东盟有必要促进南海地区和平、友好与和谐的环境。

油气田收入占越南全国总收入30%左右。

（二）菲律宾的殖民主义“遗产”及其对中国南海主权的伤害

作为西方殖民主义遗产的继承者，菲律宾是严重伤害中国南海权利的国家之一。

英国与美国的殖民主义遗产直接影响菲律宾在南海问题上的基本态度与价值取向：1898年4月25日爆发的美西战争改变了亚洲乃至世界海洋力量的格局；1898年4月30日，美国击败西班牙，占领了原来由西班牙控制的菲律宾；1898年12月10日，美西签署《巴黎和约》；1899年4月11日，美国占领了菲律宾，美菲建立了殖民与被殖民的亲缘关系，美国成为跨州跨洋的殖民主义国家；二战中，日本曾经占领过菲律宾，战争结束后日本结束了在菲律宾的殖民主义的军事存在；美国的军事力量很快重返菲律宾；1951年，两国签署《菲美共同防御条约》，美国获得在菲律宾的“半永久性”军事存在；1956年，菲律宾航海学校校长托马斯·克洛马组织远征队前往南海探险，后来又多次派船舰到南沙测量考察。1970年，这种所谓的民间行为演变为军事占领。1970年8月，菲律宾先后占领了马欢岛、费信岛、南钥岛、中业岛等，一共占领南沙9个岛礁。当然，直至1990年之前，菲律宾从来没有提出对黄岩岛拥有主权。1992年，菲律宾参议院戈勒斯提出黄岩岛是菲律宾领土。1993年，菲律宾开始对黄岩岛进行勘测、考察和巡逻。

1982年12月10日，《联合国海洋法公约》在牙买加通过，尤其是1994年，《联合国海洋法公约》颁布实施，菲律宾以200海里专属经济区为由提出对黄岩岛拥有管辖权，后来又直接提出拥有主权，引起中菲黄岩岛之争。2001年9月，菲美签署《双边后勤协议》，以便使菲律宾成为美国的军事补给基地，美国则同时成为菲律宾的“靠山”。

菲律宾继承英国人的所谓殖民遗产，占领南海8个岛屿。它们是费信岛、马欢岛、中业岛、南钥岛、北子岛、西月岛、双黄沙洲、司令礁。更重要的是，越南人、菲律宾人放弃了自己民族固有的东西：2014年6

月24日，安倍晋三在东京会见阿基诺三世，菲律宾人忘记了自己被日本人凌辱的历史。这一切，或许是国家利益背景下出现的新现象。

三、南海周边国家关系诸多要素的均衡与选择

此消彼长，何以优先？在菲律宾南海问题中，战争历史记忆还有多少份额？在越南的南海意识中，政治意识形态还有多大分量？这些问题值得我们深思。

（一）战争历史记忆还有多少份额？

大约在五十余年前，菲律宾人还在为日本的战争赔偿问题犯愁；可是五十年后又可以成为合作伙伴。经过多重外交途径的交涉，1956年5月9日，双方在马尼拉签署了《菲日赔偿协定》和《关于经济开发借款的换文》。[①] 50年今后的今天，日本与菲律宾的关系发生了根本的变化。2014年6月24日，菲律宾总统阿基诺访问日本，日外相宣称将访问越南，日菲越试图联手搅浑南海局势；菲律宾支持日本修宪，日本支持菲律宾强军；他们寻求法制解决与中国有关的海洋岛屿问题。

在与中国高层相关交往过程中，有一点令人关注的细节是，“南海区域”的指称。西方人大多称南海为“南中国海”，中国国内一般称之为“中国南海”，也有称之为“南中国海”。可是，2012年6月13日，阿基诺三世率众高管出席第十一届“中非友谊日”。他表示，为了两国关系互利双赢，应继续加强合作。可是，他称南海不是叫“南中国海”，更不是称南海为“中国南海”，而是称之为“西菲律宾海”。而且不顾菲官方多次确认的黄岩岛是中国领土的事实，认为1982年《联合国海洋法公约》为菲律宾领土与海洋的界线提供了依据，其意旨在于用大陆架与经济协作区条款来抢夺我国的南海部分地区的主权与利益。

---

① 《国际条约集》，世界知识出版社1962年版，第43页。

（二）政治意识形态还有多大分量？

在相当长的历史时段，至少在二战后到20世纪70年代，政党意识形态在南海周边地区的国际交往中占有一定的影响力。在南海问题的讨论与交流过程中，政治意识形态也多次在中越高层领导中提起，并获得形式上的认可。

2013年6月，习近平总书记在会见来访的越南国家主席张晋创时指出：不管遇到任何问题和干扰，中越双方都要把握好两党两国关系的正确方向，从双方根本利益和两党两国前途命运出发，坚定不移地巩固和推进中越友好，不断增进战略互信，妥善处理分歧，不使中越关系这艘大船偏离正确的航道。张晋创主席表示赞同，并且要继承和发扬传统友谊，使越中关系发展得更好。① 回顾两党两国之间合作的历史，人们还是常用“亲密无间”和“充分信任”来认同过去的历史。可是，近年来越南与中国之间由于南海问题情形却每况愈下。

2014年5月21日，越南总理阮晋勇访问菲律宾，不仅如此，越南与美国、俄国、印度、日本都曾接触并寻求合作，以满足国家利益的需求，显然此时的菲律宾是忘记了战争的历史记忆，越南则忘记了自己的政治意识形态，国家利益已经从本质上取代了其他诸多因素。

此消与彼长，均衡与优先，积极催发着我们在习近平总书记的新亚洲安全观的指导下，着力于南海问题角力的诸多因素的甄别与融通。面对不同的时代与区域，我们应当如何选择通向南海问题解决的成功之路!?

---

① 习近平：《中越双方要朝着友好合作的道路坚定不移往前走》，《新华网》，2013年6月19日。